研究叢書59

アフロ・ユーラシア大陸の都市と国家

中央大学人文科学研究所 編

中央大学出版部

序　アフロ・ユーラシア大陸という空間と歴史
――本論文集の内容と意義――

妹尾達彦

本研究チーム「ユーラシア・アフリカ大陸における都市と宗教の比較史的研究」は、四年前に、『アフロ・ユーラシア大陸の都市と宗教』（中央大学人文科学研究所研究叢書50、二〇一〇年）を公刊し、共同研究の成果を論文集として公開した。本研究叢書は、本研究チームの共同研究の第二論文集であり、二〇〇三年から十年間にわたって継続した共同研究の最終的な研究報告書となるものである。

多くの研究者の抱く願望の一つに、時間的にも空間的にも限定される各人の専門分野の知識を、より広い視野の中で相対的に位置づけ直したいという願いがある。確かに、深い専門知識と広い視野は、研究を進める上で欠くことのできない車の両輪である。しかし、両者のバランスを保ちながら無事目的地に達することは容易ではない。本研究チームは、このような困難を克服し当初の願望を実現するために、異なる専門間、世代間の議論と交流の場として発足した。

異なる世代間の交流に関していえば、青年期にこそ提示できる新しい見方と分析があるために、いかなる研究組織も若い研究者の参加なくして新たな研究の展開を望むことはできない。若手研究者の育成が、学界の責務で

あるゆえんである。この意味において、本書において、本共同研究に参加した若い世代の論文を掲載できたことは大きな喜びである

近年における歴史研究をとりまく状況をふりかえると、まず目につくのが、爆発的な電子データの流通とおびただしい質量の研究論著の刊行、新史料の相継ぐ公刊である。同時に、新しい分析方法が絶え間なく提示され消費されている。この状況は、研究テーマの拡大と分析の進展を示してはいるが、同時に、研究の個別分散化を促進し研究の焦点をぼやけさせ、研究者に不断のストレスを付加して研究者を必要以上に保守的な立場に追いこむ働きもしているように感じる。このような状況の中で、研究者は、どのように時代と社会の要求に応え自らの研究を進めていくべきなのだろうか。地球と人類、アジアと日本が直面する問題の深刻さが年をおって激しくなる現実を目の前にする時、ここ日本列島において人類の現在と未来に向き合う歴史研究のもつ重要性を、改めて認識させられるのである。本書は、研究をめぐるこのような状況に対し、各研究員が正面から格闘した結果であるといえよう。

ユーラシア大陸とアフリカ大陸の都市と宗教の歴史を比較する、という本共同研究の大きなテーマは、歴史研究にたずさわる研究者の多くが参加できるテーマであり、また、自らの専門を広い時空の中で再考する契機となる課題であると判断して設定したものである。本書の題目を「アフロ・ユーラシア大陸の都市と国家」としたのは、現代社会の多くの問題が都市と国家をめぐって生じており、この問題の分析が現在の歴史学に課せられていると考えたからである。

幸いに、本書は、アフロ・ユーラシア大陸の広大な空間の要所をおさえた論文によって構成されている。本書を通読することで、読者は、世界史の大きな流れとともに、世界史の地域的・時期的特徴を具体的に把握することができるだろう。本書では、個別論文を通して本書の叙述の全体の把握が容易になるように、各論文を、三つ

の地域に分類し時間軸にそって並べている。三つの地域とは、1ユーラシア大陸東部、2ユーラシア大陸中央部、3ユーラシア大陸西部・アフリカ大陸である。この分類は、この3つの地域が、生態環境と歴史構造の類似によって、比較のための三つの規準となる地域と編者が考えたためである（詳細は、妹尾達彦「東アジア都城時代の形成と都市網の変遷――4～10世紀――」を参照）。

1ユーラシア大陸東部を構成する五つの論文は、中国大陸を主対象としてユーラシア大陸東部全域に関わる歴史問題を、それぞれ異なる角度から分析している。すなわち、阿部幸信「漢晋間における綬制の変遷」は、任官と封爵を賜与する際に位階をしめす標識として最も重視された印と綬の機能の解明をてがかりに、三世紀における漢晋間の王権思想の転換を新たな視角から鋭利な分析を加える。角山典幸「北魏洛陽仏寺著増考」は、五世紀末から六世紀初にかけての北魏の都城・洛陽城（奠都期間四九三～五三四年）の仏寺の隆盛ぶりを分析し、仏教都市ともいえる洛陽の仏寺の増加傾向を通して、洛陽が都城としての偉容を確立させていく様を明らかにする。妹尾達彦「東アジア都城時代の形成と都市網の変遷――4～10世紀――」は、四世紀から十世紀における東アジア都城と都城を核とする都市網の変遷を論じ、都城の時代の誕生とその変貌という分析概念を提示している。西村陽子「山西省代県所在の晋王墓群」は、十世紀に中国山西省北部で勢力を得たトルコ系沙陀族の活動を軸に、実地調査をふまえ、ユーラシア大陸東部をつつみこむ大きな政治変動の一端を論じている。川越泰博「明代辺城の軍站とその軍事活動――開平衛の諸軍站を中心に――」は、北京西方の軍事防衛拠点である開平衛を事例に、十五世紀におけるユーラシア大陸東部の軍事・交通制度を鮮やかに浮かび上がらせる大作である。

Ⅱユーラシア大陸中央部は、新免康「二〇世紀前半期の新疆におけるムスリム住民の活動とスウェーデン伝道団」が、近現代の新疆南部におけるチュルク系ムスリムの諸活動を、主にスウェーデンのキリスト教伝道団の多彩な布教活動を通して分析する。本論文は、ユーラシア大陸全域に広がるイスラーム教徒（ムスリム）の活動を、近現代の新疆を事例に分析することで、新疆ムスリム社会がユーラシア中央部の広範なムスリム社会と密接な関連をもっていたことや、新疆をかこむ当時の国際情勢を明らかにしている。本書におけるユーラシア大陸中央部の論考は、本論文一編であるが、中央ユーラシアの複雑な歴史の構造を明快に解き明かす本論文によって、この地域の歴史の枠組を把握することができると思われる。

Ⅲユーラシア大陸西部・アフリカ大陸は、三篇の論文で構成される。イスラームの歴史を論じる松田俊道、五十嵐大介論文と、西欧ブリュッセルの都市と宗教を論じる舟橋倫子論文である。松田俊道「『サラディンの稀有で至高の歴史』―その1バハー・アッディーン・イブン・シャッダード著―」は、十二世紀に、聖地エルサレムをキリスト教徒から奪回したイスラームの英雄・サラディンの伝記を、一九六四年刊行のカイロ版にもとづき、初めて現代日本語訳してそのテクストの意義を分析する。五十嵐大介「後期マムルーク朝の官僚と慈善事業―ザイン・アッディーン・アブドゥルバースィトの事例を中心に―」は、マムルーク朝（一二五〇～一五一七年）の一官僚の行った慈善事業を詳細に復元し、マムルーク朝の社会構造の特質の解明に迫っている。舟橋倫子「中世ブリュッセルの都市と宗教―ミッシェル・ヴィシュマールの遺言書を素材として―」は、十二世紀に急速に発展したブリュッセルの宗教の特色を、十三世紀に作成された織物商人の遺言状をてがかりに解明する。上記の三論文は、いわゆる十字軍の時代（十一世紀末～十三世紀末）をはさむ十二世紀から十五世紀にかけての地中海周辺と西欧の歴史を再現しており、イスラム教圏とキリスト教圏の対立と併存、交流の実態を浮び上がらせている。

アフロ・ユーラシア大陸の歴史の中に、改めて以上の論文を位置づけると、それぞれの地域で展開してきた歴史が相互に関連しており、地域は離れていても、同じ時期に同じ歴史の展開を人々が共有している様をうかがうことができるのではないだろうか。

本書の各論文は、専門性の高いことはもちろんであるが、論旨は明快で読み物としても読みやすく、意外な歴史的事実が各所で明らかにされており、一般の読者も、それほどの苦労なく読み通せる内容になっていると思われる。いずれの論文も、手堅い実証にもとづきながらも、冒頭で述べた大きな人類的問題に関連する論述となっている。一人でも多くの方が本書を手に取り、アフロ・ユーラシア大陸の歴史のもつ多様性と類似性を、ともに感じていただければと願っている。

本書の母体をなす研究チーム「ユーラシア・アフリカ大陸における都市と宗教の比較史的研究」は、本書の刊行とともに、研究活動をひとまず終える。十年におよぶ共同研究を担ってこられた研究員の方々、さまざまな点でご教示を賜った研究所の先生方、申し分の無い研究環境を整えていただいた研究所の事務の方に、心から感謝を申し上げたい。

目次

Ⅱ　ユーラシア大陸中央部

目　次

Ⅰ　ユーラシア大陸東部

漢晋間における綬制の変遷

阿部幸信

はじめに

かねてよりわたしは、漢代において任官・封爵時に賜与されるものとしてもっとも重要な役割をはたしてきた位階標識、すなわち公印と綬に着目し、それらに関係する諸制度の検討をとおして、漢朝の支配機構の秩序構造を分析してきた(1)。その結果、前漢末以降、封建諸侯に擬せられた公印の所持者（=官長・封君）によって率いられる諸官府が重層的に積み重なった構造が出現すると同時に、支配機構の全構成員を包摂した「公―卿―大夫―士」序列（以下これを「周制」と称す）が綬によって可視的に表示されるようになり、両者を組み合わせるかたちで支配機構の分節化と再統合がはかられていたことが明らかになった(2)。このうち諸官府の重層的構造やその封建制への擬制については、夙に宮崎市定・板野長八が指摘しているところであるが(3)、それが公印賜与の制度と結合していたこと、ならびに、重層的構造の全体を貫く位階秩序が周制であった――官秩序列でも、二十等爵制でもなく――ことは、これまで十分には論じられてこなかった点である(4)。

如上の「擬制的封建（封建擬制）[5]」は、漢朝の支配機構の形態的特徴として後漢にも継承されたことが、すでにわかっている。しかるに、後漢以降の推移には依然不明な点が多く[6]、とくに晋南朝における綬制の構成原理や具体的機能は、漢代のそれが正当に評価されてこなかったことの必然的帰結として、従来、まともに議論される機会がなかった。そこで本稿では、漢晋間の綬制の変化に注目し、そこに横たわる差異を手がかりに、当該時期に生じた支配機構の秩序構造の変化について考えるための一材料を提示することを試みたい。

とはいえ、最初に断っておかねばならないが、当該時期の制度を体系的に伝える同時代史料が存在しないという点において、本稿の手法は、はじめから大きな制約を受けている。改めていうまでもなく、こと諸制度に関して『三国志』の記載は体系性を欠くし、一方、『後漢書』『晋書』は同時代史料ではない。のみならず、後漢末の制度を語るうえで外せない胡広『漢制度』や蔡邕『独断』についても、前者の現存する断片のうちに綬制に関する部分は含まれないし、後者はそもそも綬制全体に言及していないのである。また、それ以前の問題として、漢代と両晋南北朝においては公印や綬の機能に違いがあるといわれていること[7]をふまえれば、綬制をもとに検討を進めることの妥当性も問われるかもしれない[8]。ゆえに、以下の議論はあくまでも試論の域にとどまることを、あらかじめご承知おき願いたい。

一　前漢末～後漢における綬制

漢晋間の綬制の変化についてのべるに先だち、まずは、漢代における綬制の詳細について確認しておこう。なお、以下で「綬制」というとき、それは綬色の序列を指すものとする[9]。

「漢代の綬制」とひとくちにいっても、その起源は文献にみえず、いまのところ不明である。『漢書』巻一九上

百官公卿表上の記載を総合すると、

諸侯王…盭綬　　列侯・秩万石…紫綬　　秩二千石…青綬

秩千石～六百石…黒綬　　秩五百石～二百石…黄綬

という制度が前漢のある時期に存在していたことがわかるが、漢初には皇帝と同格であったと思われる諸侯王の綬[10]が独立した格式となっていることから、漢朝が諸侯王国を包摂し、諸侯王国の官吏をも直接任命するようになった武帝元狩年間［前一二二～前一一七］を遡ることはないものと思われる[11]。ただ、いずれにせよ、漢の綬制は、諸侯王・列侯を架上していることを除けば、もともと官秩序列と完全に一致するかたちのものであったらしい。

これに修正を加えたのが、成帝綏和元［前八］年の綬制改革である。『漢書』巻一〇成帝紀綏和元年条・『漢紀』巻二七成帝紀同年条に該当する記事はないものの、『漢書』巻一九上百官公卿表上の末尾には、

凡吏秩比二千石以上、皆銀印・青綬、光祿大夫無。秩比六百石以上、皆銅印・黒綬、大夫・博士・御史・謁者・郎無。其僕射・御史治書尚符璽者、有印・綬。比二百石以上、皆銅印・黄綬。成帝陽朔二［前二三］年除八百石・五百石秩。綏和元年、長・相皆黒綬。哀帝建平二［前五］年、復黄綬。

と、その痕跡が残されている[12]。これだけをみると、この新しい綬制は三年後の建平二年に旧に復したかのごとくであるが、同じく綏和元年に導入され建平二年に白紙に戻された三公制・州牧制は、いずれも哀帝元寿二［前

二」年に綬和元年の状態へと戻されており、[13] また孫星衍輯・衛宏『漢旧儀』にも、

舊制、令六百石以上、尚書調、拜遷四百石長相至二百石、丞相調、除中都官百石、大鴻臚調、郡國百石、二千石調。哀帝時、長・相皆黒綬。亡新吏黒綬、有罪先請、與廉吏同。

とあることから、綬制についても哀帝のある時期、おそらくは元寿二年に、綬和元年時点の制度が回復された公算が大きい。この綬制のもつ特徴については、後ほど改めて確認することにしよう。

後漢王朝も、基本的に、この綬和元年の綬制を継承した。『続漢書』志三〇輿服志下、綬条の、

千石・六百石黒綬、三采、青・赤・紺、淳青圭、長丈六尺、八十首。四百石・三百石長同。

という記述が、そのことを伝えている。が、これまで注目されてこなかったことであるが、後世への影響という観点からみたとき、後漢の綬制には特筆すべき一つの変化を認めることができる。『続漢書』志三〇輿服志下に、

諸侯王赤綬、四采、赤・黄・縹・紺、淳赤圭、長二丈一尺、三百首。

とある、諸侯王綬としての赤綬の新設がそれである。これに使用される色糸の構成（赤・黄・縹・紺）は、同志に、

乗輿黄赤綬、四采、黄・赤・縹・紺、淳黄圭、長二丈九尺[14]、五百首。

とみえる皇帝の黄赤綬とまったく同一であり、使用する色糸の組みあわせを等しくする綬は、この二種以外に存在しない。この赤綬は、諸侯王のみならず、公主や皇帝の実母といった宗室劉氏の構成員・近親者に対してもしばしば賜与されていたことが知られており[15]、色糸の構成と相俟って、皇帝との親近性を示す機能が付与されていたものと考えられる。後漢時代に顕著にみられた親親主義の強調[16]は、綬制にも反映されていたのである。さらにこのほか、前漢においては諸侯王のみが所持していた緑綬（＝盭綬[17]）が、後漢では赤綬の下・紫綬の上に位置するものとして定制化されたこともわかっている。

さて、以上でみたとおり、漢代の綬制は前漢末にその骨格ができあがったのであったが、そこでは四百石・三百石の県長・侯国相が千石・六百石と同じ黒綬であったことからもわかるように、官秩序列と綬制が対応しなくなっていた。それと連動して、『漢書』巻八宣帝紀黄龍元［前四九］年条に、

夏四月、詔曰、「擧廉吏、誠欲得其眞也。吏六百石位大夫、有罪先請、秩祿上通、足以效其賢材、自今以來毋得擧」。

とみえる「六百石」の「大夫」に対する「有罪先請」の特権が、綏和元年ののちには、

秋七月、…庚辰、詔曰、「吏不滿六百石、下至墨綬長・相[18]、有罪先請。…」。（『後漢書』紀一上光武帝紀上、建武三［二七］年条）

と、六百石未満の「墨綬の長・相」にまで拡大していたことは、注目に値する。ここから、綏和元年綬制改革は単に綬制を改めたものではなく、綬制と周制を一致させたうえで、それらを官秩序列から独立させるものであった、ということが了解される。

しかも、この時期の制度に特徴的なのは、綬制によって可視化された周制が、朝廷の席次すなわち朝位の一定のまとまりを示す役割をはたしていたことである。『北堂書鈔』巻六二設官部一四、御史中丞条所引『漢旧儀』には、

御史中丞朝會獨坐、出討姦猾、內與尚書令・司隷校尉會同、皆専席。京師號之曰「三獨坐」者也。

とあり、後漢期に[19]御史中丞・尚書令・司隷校尉が「三独坐」という朝位の面での殊遇を受けていたことが知られるが、それは『続漢書』志三〇輿服志下、綬条所引『漢官儀』の、

馬防爲車騎將軍、銀印・青綬、在卿上、絕席。

という一節が伝える「絶席」と類似した[20]、「卿（上）」の朝位において他から隔絶した席を占めるものであったと考えられる。これら「三独坐」のうち司隷校尉は、

司隷校尉一人、比二千石。（『続漢書』志二七百官志四）

とあるように、もともと青綬を所持する二千石官であったが、いっぽう御史中丞・尚書令については、

御史中丞一人、千石。(『続漢書』志二六百官志三)

後漢光武復改爲中丞、兩梁冠、銅印・青綬。與尚書令・司隸校尉朝會、皆專席而坐、京師號爲「三獨坐」、言其尊也。(『通典』巻二四職官典六、御史中丞条)

尚書令一人、千石。(『続漢書』志二六百官志三)

至秦、置尚書令。尚、主也。漢因之。銅印・青綬。(『通典』巻二二職官典四、尚書令条)

といわれており、千石官でありながら青綬を佩びる存在であったという。[21] つまり、「卿」の朝位をもつ「三独坐」の官は、官秩のうえで比二千石・千石という差異があるにもかかわらず、斉しく青綬を帯びていたのである。[22] 綏和元年以降の綬制が周制と一致していたこと、ならびに、当該時期においては綬色が朝位の一定のまとまり(上の例では「卿」)を表示していたことは、上から容易に確認することができよう。

朝位は、百官であると封君・異民族であるとを問わず、朝廷において席を占めるすべての者がそれを保持するものであるから、[23] その序列を綬制が示していたということは、漢帝国の支配階層に属する全構成員の位階序列が綬制によって一元化されていたことを意味する。[24] そのうえ、この「一元化」の作用は官府内秩序の自律性を凌駕するものであり、だからこそ、少府に属した御史中丞や尚書令が少府と同じ青綬を佩びるばかりか、その上位に位置して「三独坐」を構成するようなことが、制度的に可能だったのである。換言すれば、それが帝国全体を貫く唯一絶対の秩序を表現していたことこそ、漢の綬制の最大の特徴である。

以上を要するに、成帝綏和元年には、周制を官秩序列から独立させかつ綬制と結びつける改革がおこなわれ、

綬制が朝位を規定することをとおして、綬制・周制（＝古制）が官秩序列・爵制序列（＝漢制）を超越した漢朝の統一的位階序列として機能するようになったのであった。後漢におけるその「統一的位階序列」とは、以下のようなものである。

諸侯王…赤綬　上公…緑綬[25]　三公・列侯…紫綬
卿…青綬　大夫…黒綬　士…黄綬

かくして、位階序列における漢制の復古的粉飾が完成した。それとともに、赤綬によって親親主義の表示がはかられ、綬は公印の下げひもという器物であることを越えて、儒家的な理想を具体的に表現する手段へと変質したのであった。

二　晋・劉宋の綬制と漢制との相違

綬制を含めた晋の輿服制度全般については、小林聡による詳細な分析がある。[26]そこで小林は、晋令との関係の深さに鑑みて『宋書』の記載を多く援用しているので、本節においても晋と劉宋の制度をともに参照しつつ、検討を進めていきたい。

さて、小林は、晋・宋の印制・綬制の傾向を、つぎのように総括している。

将軍号や爵位については印綬と官品に連関性が存在するようである。…これは規定中にみられる将軍号や爵位が漢末から西晋にかけて順次設けられていき、西晋の泰始律令において整備され、ランキングされたものであり、当時の趨勢に従って官品による印綬序列が行われたためであろう。しかしその他の官については…完全な一致はみられないものの、官品よりはかなり明確な対応関係が印綬と秩石との間に存在することがわかる。[27]

つまり、官品制度の登場と同時期における将軍号・爵位の多様化とによって、将軍号・爵位と官品の対応関係が生ずるかたわら、百官の印・綬は官秩序列に則して規定されていた、というのである。のちに小林は、この所説をも援用するかたちで、官秩序列を漢六朝を通じた礼制秩序の基幹として位置づけるにいたっている。[28]

その当否はひとまず措くとして、ここで小林がいう「連関性」「対応関係」を、『晋書』『宋書』などの記述を総合して小林がまとめた膨大な一覧表[29]にもとづいて簡潔に整理すると、つぎのようになる。

a. 将軍号・爵位

	将軍号	爵位
（一品の上）		纁朱綬（諸王）
一品		玄朱綬（郡公・県公）・青朱綬（郡侯）
二品	紫綬	青朱綬（開国県侯伯）・素朱綬（開国県子男）
三品	紫綬	紫綬（県侯）
四品	青綬	紫綬（郷侯）
五品	青綬	紫綬（亭侯）

六品　　　　　　　　紫綬（関内侯・関中侯・名号侯）
七品　　　　　　　　青綬（関外侯）
八品（青綬）
　※八品将軍の青綬は刺史・郡太守・万人司馬虎賁督以上・司馬史を兼ねる場合

b．官位
二千石…青綬　千石～六百石…墨綬　四百石…黄綬

問題は、とくにbについて、小林自身「かなり明確な対応関係」ではあるが「完全な一致はみられない」というとおり、例外がいくらかみられる点である。具体的には、

（1）晋、羽林中郎将（墨綬、漢では比二千石）
（2）宋、虎賁中郎将（墨綬、比二千石）
（3）晋、九卿丞・司農丞・光禄丞（黄綬、漢では比千石）
（4）宋、黄門諸署長・僕（墨綬、漢では四百石）

が該当する。(30)うち（1）（3）（4）は晋・宋の官秩が不明で、漢の官秩から類推したものであるが、（2）のように同時代の官秩が判明していても例外になっているものもあるから、「完全な一致」はやはり認めることができない。

このことについて考えるにあたっては、小林のとった分析手法の特徴を踏まえておく必要がある。小林は、史

料中にみえる冠服規定をすべていったん個別の官職ごとに分けて表にしたうえで、官品ごとに集めたり官秩ごとに並べかえたりして議論を進めているのであるが、実のところ、原史料の記載はそのようなかたちになっていない。『宋書』巻一八礼志五から二つの例を挙げれば、

公府長史・諸卿尹丞・諸縣署令秩千石者、銅印・墨綬、朝服、進賢兩梁冠。

諸軍長史・諸卿卿尹丞・獄丞・太子保傅詹事丞・郡國太守相內史丞・長史・諸縣署令長相・關谷長・王公侯諸署令・長・司理・治書・公主家僕、銅印・墨綬、朝服、進賢一梁冠。江左太子保傅卿尹詹事丞、皁朝服。郡丞・縣令長、止單衣幘。

といった具合であり、官制上の位置づけの近い官職をグループ化したうえで、一括して冠服規定を説明する体裁こそが、晋令の本来の姿である。現に（3）（4）はグループ単位で官秩と齟齬しているし、（1）（2）にしても、

晉光祿勳屬官有羽林（中）郎將・羽林左右監、品第五、銅印・墨綬、武冠、絳朝服。其侍陛殿、著鶡尾冠、紗縠單衣。哀帝時、桓温執政、省羽林中郎將、唯置一監。（『唐六典』巻二五諸衛府、左右羽林軍衛条）

虎賁中郎將・羽林監、銅印・墨綬、給四時朝服、武冠。其在陛列及備鹵簿、鶡尾、絳紗縠單衣。（『宋書』巻一八礼志五）

と、あくまでも羽林監とのセットでのべられているのである。こうした叙述が晋令に特徴的なものである——

個々の官職の説明のなかで印・綬のことをのべる『漢書』百官公卿表や、官秩序列を基準に説明する『続漢書』輿服志とは、根本的に異なる——こと、ならびに、小林の手法ではそれが捨象されていることは、十分に認識しておかねばなるまい。

では、こうしたグループ単位での規定の存在は、いったい何を意味するのであろうか。晋令の原形が失われ、諸典籍から断片を集めてくるしかない状況にあっては、一見しただけで当時の綬制の全貌をつかむことは容易でなく、記載がもっともまとまっている『宋書』礼志にしても、ただ規定を羅列するだけにとどまるから、わずかな手がかりから全体を再構成するしかないのであるが、ともかく試みてみよう。なお、以下で掲げる史料は、とくに断りのない限り、『宋書』巻一八礼志五による。

まず参考になるのは、先にみた例外の（4）、すなわち黄門諸署長・僕の墨綬である。これは原文には、

黄門諸署令・僕・長、銅印・墨綬、四時朝服、進賢一梁冠。

とみえており、黄門諸署令もまた墨綬であったことがわかる。ここでいう「僕」は、『通典』巻三七職官典一九に、

第七品、…小黄門諸署令・僕射・謁者。

とある僕射のことではないかと思われるが、すると、黄門諸署の「令・僕射・長」は、綬を同じくする一つのグループを構成していたことになる。黄門諸署令は、『晋書』巻二四職官志に、

光祿勳、統武賁中郎將・羽林郎將・冗從僕射・羽林左監・五官左右中郎將・東園匠・太官・御府・守宮・黃門・掖庭・清商・華林園・暴室等令。哀帝興寧二［三六四］年、省光祿勳、并司徒。孝武寧康元［三七三］年復置。

とあるように、晋では光禄勲に属していたが、同じく光禄勲に属している虎賁中郎将・羽林中郎将・羽林監が官秩の差異にかかわらずすべて墨綬であったことは、すでに確認したとおりである。ここから、光禄勲に属す諸署の長官やそれに準ずる身分のものは、官秩のうえでこそ比二千石（虎賁中郎将など）から四百石（黄門諸署令など）までの幅があったが、そのこととは無関係に、一律に墨綬とされていた可能性を見いだしうる。

光禄勲はいうまでもなく九卿の一であり、その綬が青綬であったことは『通典』巻二五職官典七に、

宋卿・尹皆銀章・青綬、進賢兩梁冠、佩水蒼玉、衛尉則武冠。晉服制以九卿皆文冠、乃進賢兩梁冠、非舊也。

とみえるとおりであるし、他方、

黃門諸署丞、銅印・黃綬、給四時朝服、進賢一梁冠。

という規定もあって、諸署令に属する丞は、令より一等落ちる黄綬とされていた。つまり、光禄勲―諸署令―諸署丞という統属関係に対応して、それぞれが青綬・墨綬・黄綬をもつように措置されていたのである。以上よ

り、晋・宋における綬は、官府・官署内での階層的秩序を表現する手段として機能していた、と考えられる。しかも、諸署令の冠服と丞のそれとの間には綬以外の差異がないから、こうした階層的秩序の表示機能は、綬に固有のものであった公算がきわめて大きい。

そのことを確認したうえで、前掲の公府長史以下・諸軍長史以下の規定――中央官の綬に限って単純化すれば、それは、「公府」の長史・「諸卿・尹」の丞・「諸署」の令が一律に墨綬であったことをのべたものである――をみると、諸署の令が墨綬だというのは、光禄勲に限定されない、いわば「基本原則」であったらしいことがわかる。さらに、

諸縣署丞・太子諸署丞・王公侯諸署及公主家丞、銅印・黄綬、朝服、進賢一梁冠。

ともあり、諸署の丞を黄綬とすることも基本原則の一部を構成していたらしい。しかるに、

尚書令・僕射、銅印・墨綬、給五時朝服、納言幘、進賢兩梁冠、佩水蒼玉。
御史中丞・都水使者、銅印・墨綬。給五時朝服、進賢兩梁冠。佩水蒼玉。

とあるとおり、尚書省・御史台・都水台といった九卿を構成しない官署の長官も、基本的にはみな墨綬であった。とくに尚書令・僕射ならびに御史中丞についていえば、前節でみたように漢では青綬が与えられており、晋・宋においても官品は三品と高かったが、にもかかわらずその綬は上記の基本原則に従い、墨綬にとどめられていたのである。また、

尚書左右丞・祕書丞、銅印・黄綬、朝服、進賢一梁冠。

とみえるように、その丞もやはり黄綬であった。

こうした基本原則から外れた例は、いまのところ、

中書監・令・祕書監、銅印・墨綟綬、給五時朝服、進賢兩梁冠、佩水蒼玉。(『宋書』巻一八礼志五)

晉令有崇徳殿大監、尚衣・尚食大監、並銀印・艾綬、二千石。(『唐六典』巻一二内官宮官内侍省、宮官条)

の二例のみを認めうるが、前者は実権の高さを反映して墨綬に変化をつけただけのものとみられ、実際に秘書丞はいましがたみたとおり黄綬であるから、これを例外とはみなしがたい。また、後者は宮中の女官であるから、そもそも一般の官僚機構と同列には論じられない。ということは、上述の基本原則は破られることがなかったと断定してよかろう。そして、

郡國太守・相・內史、銀章・青綬、朝服、進賢兩梁冠。江左止單衣幘。其加中二千石者、依卿・尹。

とあるとおり、郡国においても「太守・相・内史」という長官層が青綬を佩びており、前掲のごとくその「丞・長史」が墨綬であったこと、また「諸縣令・長・相」が墨綬で「諸縣丞」が黄綬であったことは、地方においても中央と同様の階層的秩序が綬によって表現されていたことを想定させるのである。

ここでいったん、上で確認した傾向を整理すると、およそ以下のようになる。

	紫綬	青綬	墨綬	黄綬
公府	公		長史	
卿寺		卿	丞（宋）	丞（晋）
諸署			令	丞
郡国		太守・相	丞	
県国			令・長・相	丞

卿丞がはじめ晋で黄綬であったのは、公府の長史と差をつけたものであろうか[31]。逆に、宋でそれが墨綬になったのは、諸署の丞との違いを明示したものであったのかもしれない。ただ、いずれも想像の域を出ないし、何にせよこれは「官府・官署内での階層的秩序」を損なうものではないから、問題とするにはあたるまい。ともあれ、晋・劉宋の綬制は、かくもシンプルなかたちで、官府・官署の内部あるいは相互の階層的秩序の標識として機能していたのであって、それを官品や官秩といった外在的な位階序列に則して説明することはできそうもないのである。むしろ、官品・官秩は個々の官爵に即した位階序列として個別の地位の高下を反映しやすい反面、官府の集合体たる官僚機構がもつ整然とした階層的秩序と齟齬することがままあったため、綬によってその矛盾を解決することがはかられていたとみるべきであろう。そして、そうした「官府の集合体たる官僚機構がもつ整然とした階層的秩序」が当時かなりの程度まで重視されていたことが、グループ単位での冠服規定を生んだのではあるまいか。

他方、官僚機構に属さない爵位の序列は、晋・宋の綬制のもう一つの特徴、すなわち爵位に対する綬の著しい多様化によって、それ自体がなかば完結した体系を構築するようになっていたが、これもまた、爵制独自の秩序を重視するという意味で、官僚の綬制と同じ傾向をもつものといえる。将軍の綬制が一般の官僚の綬制から独立せしめられていたことについても同様である。しかも、『晋書』巻二五輿服志に、

皇太子、金璽・龜鈕、朱黄綬、四采、赤・黄・縹・紺。…

とあるように、皇太子の綬が王の綬から切り離されて独自の位置を占めるようになったばかりか、使用する糸の色のみならず呼称のうえでも皇帝の黄赤綬に接近せしめられていたことは、綬が示す「爵制独自の秩序」においては官品がその本質的な規範でなかったことを意味しているし、また『晋書』巻二四職官志に、

三品將軍秩中二千石者、著武冠、平上黑幘、五時朝服、佩水蒼玉、食奉・春秋賜綿絹・菜田・田騶如光祿大夫諸卿制。

とみえることは、将軍号の秩序にあっても官品や官秩には単にグループ分けの指標としての役割しかなかった可能性を示している。だからこそ、将軍の冠服規定は、

驃騎・車騎將軍・凡諸將軍加大者、征・鎭・安・平・中軍・鎭軍・撫軍・前・左・右・後將軍、征虜・冠軍・輔國・龍驤將軍、金章・紫綬、給五時朝服、武冠。佩水蒼玉。

といったように、官品に即さないかたちで書かれていたのであろう。そして、これらの爵位・将軍号をもつ個々

人のもとには、それぞれ前述の基本原則に貫かれた整然とした「官府・官署内部の秩序」が接続せしめられ[33]、究極的にはあらゆる秩序が「官府内・官府間の階層的秩序」に収斂していたのであった。

晋・宋の綬制が、あくまでも基本原則に忠実に官府内・官府間の階層的秩序を示すものであり、そこにはいかなる特権者の存在も許されなかったことは、当時の朝位のありかたともかかわっていた。『晋書』巻四七傅玄伝に、

獻皇后崩於弘訓宮、設喪位。舊制、司隷於端門外坐、在諸卿上、絶席。其入殿、按本品秩在諸卿下、以次坐、不絶席。而謁者以弘訓宮爲殿内、制玄位在卿下。玄恚怒、厲聲色而責謁者。謁者妄稱尚書所處、玄對百僚而罵尚書以下。御史中丞庾純奏玄不敬、玄又自表不以實、坐免官。

とあり、遅くとも咸寧四［二七八］[34]年までには殿中において司隷校尉の絶席が許されなくなっていたことが知られるが、これは同じ卿でも九卿とそれ以外の卿との席次を逆転させない（＝「次を以て坐す」）ための措置であった。『宋書』巻一四礼志一には、

凡遣大使拜皇后・三公、及冠皇太子、及拜蕃王、帝皆臨軒。其儀、太樂令宿設金石四廂之樂於殿前。漏上二刻、侍中・侍臣・冗從僕射・中謁者・節騎郎・虎賁、旄頭遮列、五牛旗皆入。虎賁中郎將・羽林監分陛端門内。侍御史・謁者各一人監端門。廷尉監・平分陛東・西中華門。漏上三刻、殿中侍御史奏開殿之殿門・南止車門・宣陽城門。軍校・侍中・散騎常侍・給事黄門侍郎・散騎侍郎升殿夾御座。尚書令以下應階者以次入。治禮引大鴻臚入、陳九賓。漏上四刻、侍中奏、「外辦」。皇帝服袞冕之服、升太極殿、臨軒南面。謁者前北面

一拝、跪奏、「大鴻臚臣某稽首言、群臣就位。謹具」。侍中稱制曰、「可」。謁者贊拜、在位皆再拜。大鴻臚稱臣一拜、仰奏、「請行事」。侍中稱制曰、「可」。鴻臚擧手曰、「可行事」。謁者引護當使者當拜者入就拜位。四廂樂作。將拜、樂止。禮畢出。官有其注。

とあって、百官の入殿の際には尚書令が他に先んじていたが、この場合も傅玄伝の場合と同じく、殿中では絶席を許されなかったとみるのが妥当であり、恐らく墨綬官として他の諸署令と並んでいたのであろう。実のところ、晋・宋における朝位・周制と綬制との関係はいまのところ明らかにしえないのではあるが、それがどうであれ、漢代においては帝国全体を貫く唯一絶対の秩序として——表現を変えれば、階層的秩序を形づくっている官府内の統属関係を、いったん個のレベルにまで解体したうえで、新たに構築しなおしたものとして——朝位が定められていたのに対し、晋・宋では官府内・官府間の階層的秩序が朝位を介してそのまま朝廷に持ちこまれ、それ自体がとりもなおさず「帝国全体を貫く唯一絶対の秩序」を形づくっていたことは、上からすでに明白である。無論当時にあっても、端門の外においては現実の力関係に応じた「絶席」もありえたのではあるが、いったん入殿してしまえばそれは効力を失い、すべての存在が官府の階層的な集合の一部へと埋没せしめられたのであって、そうまでして朝廷の秩序を官府内・官府間の階層的秩序によって規定しようとしたところに、晋・宋の制度の特徴がある。そして、これまでの議論から、綬制がこうした朝廷の秩序のありかたと同一の構造を有していたことも、すでに疑う余地はない。であるからこそ、どんなに権限が高かろうとも、中書監・令・秘書監は墨綟綬によって他と多少の変化をつけられるにとどまり、青綬を与えられることはついになかったのである。

ただ、誤解すべきでないのは、漢の綬制が周制重視であり、晋・宋の綬制が官府内・官府間秩序重視であるかといって、前者が復古主義的であるとか、後者が現実重視であるとかいったことはいえない、ということである。漢は、戦国以来の伝統のもとみずからが築きあげた諸制度――官僚機構しかり、二十等爵・官秩序列しかり――をできるだけそのままに維持し、制度に手をつけずともすむ部分、つまり「公―卿―大夫―士」という整然とした身分秩序を強調することで、もともと一致するはずもない周制と漢制を調停しようと試みていた。それは、儒家の経典のうちでも階層的身分秩序について説明する『礼記』を重んずる姿勢である。一方、晋・宋では、古制のうちにみえる「整然とした官僚機構」の方を志向し、そのためには漢制の一部を破壊しさえした。漢代には大夫の範疇と官秩序列との矛盾点としてあらわれていた県令・長・相の官秩を、斉しく千石・六百石に揃えたのはその一例であるし、官僚機構が整然たりえない現実――一部の官職に権限が集中するという事態――に直面すると、官品・官秩といった当代の制度を操作することによって事態に対応しようとした。こうした「整然とした官僚機構」への固執は、その理想的な状態を語った『周礼』を重んずる姿勢に通じていよう。要するに、『礼記』（＝今文）から『周礼』（＝古文）へという漢晋間の変化は、綬制にも朝位にも着実に反映されていて、その結果として古制の扱われかたが異なっていたために、視点のおきどころによって、古制の影響に濃淡があるようにみえるだけなのである。漢も晋・宋も、いずれも復古主義的であり、かつ現実重視であった。

しかしながら、こうした経学上のことから漢晋間の差異を説明するのは、説明としてすっきりしてはいるけれども、十分ではない。むしろ、そのような経学上の変化が招来された理由を、時代状況に照らしてみていくことこそ、いっそう重要であると思われる。そこで、節を改めて、漢の「帝国全体を貫く唯一絶対の秩序」が解体された歴史的背景を探ってみることにしたい。

三　漢制から晋制へ

官制上の位置づけの近い官職をグループ化し、佩用する印・綬をまとめて記載するという晋令の体裁は、実際のところ、晋に入って初めて出現したものではない。現在判明する範囲では、『続漢書』志三〇輿服志下注所引『東観漢記』に、

建武元［二五］年、復設諸侯王金璽・綟綬、公侯金印・紫綬。九卿・執金吾・河南尹秩皆中二千石、大長秋・將作大匠・度遼諸將軍・郡太守・國傅相皆秩二千石、校尉・中郎將・諸郡都尉・諸國行相・中尉・內史・中護軍・司直秩皆二千石、以上皆銀印・青綬。中外官尚書令・御史中丞・治書侍御史・公將軍長史・中二千石丞・正・平・諸司馬・中宮王家僕・雒陽令秩皆千石、尚書・中謁者・謁者・黃門冗從・四僕射・諸都監・中外諸都官令・都候・司農部丞・郡國長史・丞・候・司馬・千人秩皆六百石、家令・侍・僕秩皆六百石、雒陽市長秩四百石、主家長秩皆四百石、以上皆銅印・黑綬。諸署長楫櫂丞秩三百石、諸秩千石者、其丞・尉皆秩四百石、秩六百石者、丞・尉秩三百石、四百石者、其丞・尉秩二百石、縣國丞・尉亦如之、縣國三百石長相丞・尉亦二百石、明堂・靈臺丞・諸陵校長秩二百石、丞・尉・校長以上皆銅印・黃綬。縣國守宮令・相或千石或六百石、長・相或四百石或三百石、長・相皆以銅印・黃綬。而有秩者侍中・中常侍・光祿大夫秩皆二千石、太中大夫秩皆比二千石、尚書・諫議大夫・侍御史・博士皆六百石、議郎・中謁者秩皆比六百石、小黃門・黃門侍郎・中黃門秩皆比四百石、郎中秩皆比三百石、太子舍人秩二百石。

とあるのがもっとも古い事例である。官僚の綬制については晋・宋とほとんど同様の基本原則をもつものになっているが、この佚文には著しい節略・改変のあとがみられ、ある時期に施行された一つの制度をのべているとは考えられない（もちろん建武元年の制度でもありえない）[35]ので、ここから制度の体系を議論することは差し控えるべきである。ゆえに『東観漢記』の原記載を推しはかるのにも適当ではないかもしれないが、あくまでも可能性として、こうしたグループ単位での叙述は、蔡邕が『東観漢記』十意を編んだ霊帝期ごろまで遡ることができそうである。[36]

ここで官秩が記される一方、印・綬以外の冠服の制度がみえないのは、漢代における印制・綬制が礼制の一部ではなく官制に属するものと考えられていた名残で、[37]『宋書』礼志とは様相を異にしている。とはいえ、個々の官職の説明のなかに印・綬の格式を含める『漢書』百官公卿表との相違の方が、いっそう際立っているといえるだろう。漢代には綬の格式が当該官職のおかれた状況によって（官秩の変動や官僚機構上の位置とは関係なく）動かされえたのであり、そのことは非常置の職であった将軍の印・綬の格式が一定していなかったこと、[38]「三独坐」のような官府内秩序に反する特例が発生しえたことなどからわかるが、そうした制度のありようは上述の『漢書』の叙述形式とも密接に関係していたとみるべきで、裏を返せば、『東観漢記』のこうした記載からは、晋令に連なる新たな動きを看取できるのである。

この『東観漢記』の一節が著された前後には、

（尚書令、）故公爲之者、朝會下陛奏事、増秩二千石、故自佩銅印・墨綬。（『續漢書』志二六百官志三、尚書令条注所引蔡質『漢儀』）

として、「故公爲之者」に限ってではあるが尚書令の綬を黒綬とする記載[39]や、

皇后、赤綬・玉璽。（蔡邕『独断』）

臣昭曰、「漢立皇后、國禮之大、而志無其儀、良未可了。案蔡質所記立宋皇后儀、今取以備闕。云、『…皇后秩比國王、即位威儀、赤紱・玉璽』」。（『続漢書』志五礼儀志中、拝諸侯王公之儀条注）

と、皇后の綬を皇帝と同格の黄赤綬から一等引き下げる記述もあらわれており、綬制の捉えかたのみならず制度そのものにも何らかの変化が生じていた可能性があるが、『続漢書』には該当する改制の記事はみえず、ほかに傍証もないから、はっきりしたことはわからない[40]。ただ、後漢末にそれまでと異なった制度が志向されはじめていたことだけはほぼ疑いなく、そうした趨勢のなか、朝位・周制のありかたに変更が加えられた明らかな例が、『続漢書』志五礼儀志中、大朝受賀条注にみえる、

『獻帝起居注』曰、「舊典、市長執鴈、建安八［二〇三］年始令執雉」。

である。雒陽市長はこれまで鴈を執る大夫[41]であったが、その官秩は前掲『東観漢記』佚文にみえるように四百石であり、『続漢書』志五礼儀志中、大朝受賀条に、

毎歳首正月、爲大朝受賀。其儀、夜漏未盡七刻、鍾鳴、受賀。及贄、公・侯璧、中二千石・二千石羔、千石・六百石鴈、四百石以下雉。…

とある「千石・六百石鴈」の原則から外れていた。それを解消していたのは、やはり『東観漢記』佚文がいう雒陽市長の黒綬であったと思われるが、建安八年にいたってこうした特例措置は取り消され、雒陽市長も官秩に見合った雉を執るように改められたのである。四百石・三百石の県長・侯国相――雒陽市長と同様に、官秩序列から外れて黒綬を佩びていた――にもこれに準ずる変化が及んでいたかどうかは不明であり、雒陽市長の綬の変更の有無も確認する手だてはないものの、いずれにしろ、官秩序列と周制が齟齬する状態を改める動きが出てきたことは確かである。

この建安八年という年には、『後漢書』紀九献帝紀に、

（建安）八年冬十月己巳、公卿初迎冬於北郊、總章始復備八佾舞。

という北郊迎気の復活があり、儀礼制度の改変がはかられていた形跡があるが、位階秩序や地方制度に即していうならば、同紀に、

（建安）十三［二〇八］年…夏六月、罷三公官、置丞相・御史大夫。癸巳、曹操自爲丞相。

（建安）十八［二一三］年春正月庚寅、復『禹貢』九州。

とみえる三公制の廃止・九州制の制定や、『魏志』巻一武帝紀、献帝建安二十［二一五］年条に、

冬十月、始置名號侯至五大夫、與舊列侯・關內侯凡六等、以賞軍功。［注］魏書曰、「置名號侯爵十八級、關

中侯爵十七級、皆金印・紫綬、又置關内外侯十六級、銅印・龜紐・墨綬、五大夫十五級、銅印・環紐、亦墨綬、皆不食租、與舊列侯・關内侯凡六等」。臣松之以爲今之虚封蓋自此始。

とある軍功爵の設置の方が、当時の制度改革の方向性をつかむ際の参考になるだろう。三公制の廃止は本来の漢制への復帰を意味し、九州制は逆に漢の一三（一四）州制を廃止して古制に戻ることを示すものであるが、それは一貫性の欠如を意味しているわけではない。官僚機構と周制の関係がそうであったように、漢制を根本的に改めないまま中途半端に古制に擬したため、両者のからみあいが煩雑になっていた状況を、いずれかに割り切ることによって単純化したものとして、これら二つの改革の性格は一致しているのである(42)。雒陽市長のことをも視野に入れれば、祭祀や天下観にかかわることは周制に、朝廷や官制にかかわることは漢制にと、けじめをつけたということであろうか。また軍功爵の設置は、二十等爵の一部に武功を賞するという本来の役割を改めて付与するもの、つまり受爵者の貢献度に応じて公権力との距離を相対化しつつ紐帯を強めるものであるから、突きつめていえば、曹操と幕下の諸軍団の将帥たちとの人的結合が重視された結果である(43)。要するに、建安年間の一連の改制には、漢制と周制の相対化・人的結合の重視という二つの傾向があるとみられるのである。

これらの改革はいずれも、官渡で袁紹を破って（建安五［二〇〇］年）のち曹操が魏王となる（建安二一［二一六］年）までの間になされたものである。曹操軍団の発展過程について検討を加えた森本淳は、曹操軍団の特徴として漢制の尊重・内部諸集団の独立性の維持という二点を挙げつつ、官渡の戦いを境にして、漢制に依拠しながら諸集団の指揮系統の一元化がはかられるようになったと指摘している(44)。こうした状況のもとで改制がはかられれば、おのずと、漢制——みずからの正統性を強調するためにまずは前面に出さねばならないもの——と周制との区別が試みられ、かつ、祭祀や天下観に直接かかわらない官制・軍制については漢制が前面に押しだされて、そのなかで諸集団や諸官府の自立性を積極的に認めていく方向性が生じたはずである。ために、綬制は周制から引き剥がされ、個々の成員を帝国全体の統一的秩序に還元するような機能を喪失して、官府内・官府間の階層的秩序を表示する標識へと変化させられたのではなかろうか。

もちろん、こののち三公九卿制が改めて導入され、「整然とした官僚機構」についても古制が意識されていくことになるのではあるが、漢の綬制にみられたような漢制と周制のからみあいが失われた背景には、このような漢魏交替期の時代性の影響があったとみて差しつかえないものと思う。漢晋間の綬制の変化とは、決して経学上の要請のみから発生したものではないのである。しかも、そのなかで「祭祀や天下観にかかわること」と「朝廷や官制にかかわること」が分離せしめられたことが、祭祀の際の位階秩序と朝廷におけるそれとを乖離させていったのだとすれば、前者を重視して議論を進めた小林の見いだしたもの――三公九卿を中心とし、官秩序列を基軸にすえた秩序――と、後者を分析したわたしの捉えたもの――外在的位階序列に規定されない、官府内・官府間の階層的秩序――とが一致しないことの理由も、容易に理解しうる(45)。祭祀にあたっては皇帝が「天子」を称して天下を代表したこと、朝廷においては「皇帝」を称して中国を束ねたことをもふまえれば(46)、小林は晋南朝における「天子」下の秩序を、わたしは「皇帝」下の秩序を議論したのだといえるのであり(47)、建安年間における綬制の変化は、それまで一体であるべく努められていた両者(48)が、ついに訣別して別の道を歩みはじめるにいたった、その最初の一歩を示しているのである(49)。

おわりに

本稿で確認したことを、最後に簡単にまとめておこう。

①漢代の綬制の特徴は、公印によって「擬制的封建」の単位とされた各官府の内部秩序を分解し、支配機構の各成員を「帝国全体を貫く唯一絶対の秩序」すなわち周制によって再序列化するところにあった。

②晋・劉宋の綬制の特徴は、官府内・官府間の階層的秩序をそのまま反映していることにある。こうした秩序は、周制のような別個の秩序に還元されることなく朝廷に持ちこまれ、結果的に晋・宋の朝廷は、官府の重層的構造をそのまま全体の秩序として内包することとなった。

③①から②への移行の契機は、漢制と周制のからみあいを整理しつつ、漢制のもとで諸集団・諸官府の統合をはかろうとした、曹操執政期の時代状況にある。結果、魏晋以降においては、祭祀の場における「天子」下の秩序と朝廷における「皇帝」下の秩序とが峻別され、かつ、後者には②のような特色が生ずるにいたった。

これはあくまでも雑駁な見取図にすぎないが、おおまかな傾向としては、あながち当を失してもいないであろう。

ここまでのべきたったとき、われわれは、より大きな問題に直面していることに気づかされる。――祭祀が、ばかりが礼ではない。郊祀と委贄のどちらが帝国の構造をよりよく示すかは、時代状況によって違いがある。[50]と同時に、経学あるいは現実が制度に与える影響も、局面に応じて異なる。これらは、いってしまえばごく当たり前のことであるが、にもかかわらず、ともすれば軽んじられてきたことではなかったか。そのことを踏まえたうえで、あらためて、漢唐間の諸制度を見なおす必要はないのだろうか。しかしいまのところ、わたしには、その準備はまだない。目下最大の課題を指摘しつつ、ひとまず擱筆する。

（1）関連する拙稿は以下のとおり。
①「漢代の印制・綬制に関する基礎的考察」（『史料批判研究』三、一九九九年）
②「綬制よりみた前漢末の中央・地方官制―成帝綏和元年における長相への黒綬賜与を中心に―」（『集刊東洋学』八四、二〇〇〇年）
③「漢代における朝位と綬制について」（『東洋学報』八二－三、二〇〇〇年）
④「漢代における印綬の追贈」（『東方学』一〇一、二〇〇一年）
⑤「前漢末〜後漢における地方官制と『周礼』」（『東洋文化』八一、二〇〇一年）
⑥「漢代における綬制と正統観―綬の規格の理念的背景を中心に―」（『福岡教育大学紀要』五二［第二分冊社会科編］、二〇〇三年）
⑦「漢代官僚機構の構造―中国古代帝国の政治的上部構造に関する試論―」（『九州大学東洋史論集』三一、二〇〇三年）
⑧「後漢時代の赤綬について」（『福岡教育大学紀要』五三［第二分冊社会科編］、二〇〇四年）
⑨「皇帝六璽の成立」（『中国出土資料研究』八、二〇〇四年）
⑩「武帝期・前漢末における国家秩序の再編と対匈奴関係」（『早期中国史研究』創刊号、二〇〇九年）
⑪「論漢朝的『統治階級』―以西漢時期的変遷為中心」（『台大東亜文化研究』一、二〇一三年）
（2）そのようなことがおこなわれた理由も含め、前漢時代の歴史展開のなかでこの「擬制的封建」（後述）が占めた意義については、下記の諸論考において詳述した。
（3）宮崎市定『九品官人法の研究　科挙前史』（東洋史研究会、一九五六年。中公文庫、一九九七年）第二編第一章「漢代制度一斑」、板野長八「戦国秦漢における孝の二重性」（『史学研究』一〇〇、一九六七年。『中国古代社会思想史の研究』研文出版、二〇〇〇年、所収）。
（4）周制が漢代の官僚機構に与えていた影響については、平中苓次「漢代の官吏の家族の復除と「軍賦」の負担」（『立命館文学』一二七、一九五五年。『中国古代の田制と税法―秦漢経済史研究―』東洋史研究会、一九六七年、所収）や福井重雅『漢代官吏登用制度の研究』（創文社、一九八八年）第四章「漢代の察挙制度と政治体制」による指摘があり、両者は『漢書補注』巻八宣帝紀黄龍元［前四九］年条にみえる王啓原の説に従って、綬に周制の可視的標識としての機能があったことをも予想しているが、綬制そのものの検討はおこなっておらず、綬制のありかたやその変遷をもとに漢代における周制の諸相を説明することもしていない。

（5）「封建擬制」（「郡県制度の封建制度への擬制」）は前掲註（3）板野論文にあらわれる造語である。従来はこれをおもに用いてきたが、「擬制的封建」と呼ぶ方が理解しやすいと思われるので、表現を改める。

（6）「擬制的封建」の構造そのもの――官僚制を封建制に擬する観方のことではなく、公印による分節化と綬による再統合によってシステム化されたものを指す――が隋まで残存したことについては、前掲註（1）拙稿⑦、六「「封建擬制」の歴史性」においてのべた。

（7）大庭脩「漢代官吏の辞令について」（『関西大学文学論集』一〇‐一、一九六〇年）・「魏晋南北朝告身雑考―木から紙へ―」（『史林』四七‐一、一九六四年）。

（8）ただし、この点については、前掲註（7）で挙げた諸論考が重視している書写材料の簡牘から紙への変化が、近年相次ぐ呉簡・晋簡の出土からわかるとおり、かつて考えられていたよりも時期的に下ることに鑑みれば、本稿の内容には影響しないものとわたしは考える。その場合においても、車駕・衣服の制度全体から綬制のみを抽出することへの批判は想定しうるが、漢代の制度においてこの手法に問題がないことは拙稿a「後漢車制考―読『続漢書』輿服志箚記・その一―」（『史艸』四七、二〇〇六年）・b「後漢服制考―読『続漢書』輿服志箚記・その二―」（『日本女子大学文学部紀要』五六、二〇〇七年）において確認ずみなので、ここではくり返さない。

（9）綬の序列を構成する要素には、ほかに長さや糸の密度があるが、それらが最終的に綬色（＝織りあわされた色糸を全体でみたときの色調）の序列に収斂することは、前掲註（1）拙稿⑥で論じた。なお、織物としての綬の構造については、原田淑人『漢六朝の服飾』（東洋文庫、一九三七年初版、一九六七年増補版）、林巳奈夫［編］『漢代の文物』（京都大学人文科学研究所、一九七六年）、横野秀昭「中国古代の色による身分表示―特に漢代の綬について―」（『史学』五五‐四、一九八六年）に詳しい。

（10）漢初の皇帝・諸侯王の綬色は不明だが、両者が同格であった可能性が高いことは、漢初の諸侯王璽が玉璽であったことからもわかる。この点については「漢帝国の内臣外臣構造形成過程に関する一試論―主に印綬制度よりみたる―」（『歴史学研究』七八四、二〇〇四年）を参照。

(11)『太平御覧』巻六八二儀式部三、綬条所引劉向『新序』には、

昌邑王取侯・王・二千石・黒綬・黄綬與左右佩之、龔遂諫曰、「高皇帝造花綬五等、陛下取之而與賤人、臣以爲不可。願陛下收之」。

とあり、劉向のころには高祖が五等の綬制を設けたという説話が流布していたようであるが、その内容を事実とみることは困難である。なお、盭綬が史乗にあらわれるのは、『漢書』巻九四下匈奴伝下において、宣帝甘露三［前五一］年の呼韓邪単于服属時に下賜された例を嚆矢とする。

(12)『漢紀』巻五恵帝紀の巻末にも、

荀悦曰、「…凡長吏秩二千石上皆銀印・青綬、比六百石已上皆銅印・墨綬、比二百石已上皆銅印・黄綬。其後雖不及六百石、其長・相皆墨綬。除八百石・五百石秩。

とある。

(13)『漢書』巻一一哀帝紀元寿二年条・巻一九上百官公卿表上。

(14)原作「長二丈九尺九寸」。「九寸」は衍字であろう。前掲註（1）拙稿⑥を参照。

(15)前掲註（1）拙稿⑧。

(16)東晋次『後漢時代の政治と社会』（名古屋大学出版会、一九九五年）第一章第二節「章帝の政治と儒家理念」。

(17)盭綬と緑綬の関係については、前掲注（1）拙稿⑥で考察した。

(18)「墨綬」は黒綬の雅称である。本稿では区別せず用いる。詳しくは前掲註（1）拙稿⑥を参照。

(19)『漢書』巻一九上百官公卿表上に、

御史大夫、秦官、位上卿、銀印・青綬、掌副丞相。有兩丞、秩千石。一曰中丞、在殿中蘭臺、掌圖籍祕書、外督部刺史、內領侍御史員十五人、受公卿奏事、舉劾按章。成帝綏和元年更名大司空、金印・紫綬、祿比丞相、置長史如中丞、官職如故。哀帝建平二年復爲御史大夫、元壽二年復爲大司空、御史中丞更名御史長史。

司隷校尉、周官、武帝征和四［前八九］年初置。…成帝元延四［前九］年省。綏和二年、哀帝復置、但爲司隷、冠進賢冠、屬大司空、比司直。

とあり、司隷校尉・御史中丞という名の官職は、綏和元年以降の前漢末には存在していなかった。ゆえに、『漢旧儀』にみえるかたちの「三独坐」が成立したのは、後漢に入ってからのことであろう。

(20) 李賢も、『後漢書』伝五王常列伝注において、

絶席謂尊顯之也。漢官儀曰、「御史大夫（中丞）・尚書令・司隷校尉、皆專席、號『三獨坐』」。

として、「絶席」と「専席」「独坐」を関連づけて考えている。この想定が当を失していないことは、後掲する『晋書』傅玄伝の記載からもわかる。

(21) 時代の隔絶した『通典』が出典であるので、誤伝を疑う向きもあろうが、『続漢書』志三〇輿服志下注所引『漢官(儀)』には、

尚書僕射、銅印・青綬。

とあり、尚書令の副官の尚書僕射（六百石）も青綬であったというから、少なくとも尚書令が青綬であったことは確からしい。

(22) なおこのとき、印は千石に対応する銅印のままに据えおかれていることからみて、公印の印材によって示される序列（以下「印制」）と官秩序列との相関関係（秩万石…金印、秩二千石…銀印、秩千石~二百石…銅印）は、依然として不変であったものらしい。

(23) 前掲註（1）拙稿③。

(24) 公印を所持しない官は少なからず存在するので、印制にこうした機能は認められない。

(25) 位上公の成立、ならびに緑綬との関係については、前掲註（1）拙稿③⑥を参照。

(26) 小林聡「六朝時代の印綬冠服規定に関する基礎的考察――『宋書』礼志にみえる規定を中心にして――」（『史淵』一三〇、一九九三年）。

(27) 前掲註（26）小林論文、一〇四~一〇五頁。

(28) 小林聡「漢六朝時代における礼制と官制の関係に関する一考察―礼制秩序の中における三公の位置づけを中心に―」(『東洋史研究』六〇―四、二〇〇二年)。

(29) 前掲註(26)小林論文、九二〜一〇一頁。

(30) 参考までに、印が官秩序列と一致しない例は、(1)(2)が銅印であるほか、
(5)宋、護匈奴中郎将(銅印・青綬、漢では比二千石)
(6)宋、四夷校尉(銅印・青綬、漢では比二千石)
の二例を見いだせる。うち(5)(6)は将軍号の印・綬の最低ランクに合致しており、その影響が考えられるが、そもそもなぜ将軍号では官秩と印が齟齬するのか、その理由はわからない。同様に、(1)(2)の根拠も不明であり、この点は今後考究を要する。ただ、官秩と印の齟齬が武官に限定される現象であることは示唆的である。

(31) このこととの関係の有無は不明であるが、『晋書』巻三武帝紀、太康四[二八三]年条に、
六月、増九卿禮秩。

とある。泰始令で黄綬であった卿丞が、このとき早々に墨綬に改められたのだとすると、晋の卿丞を墨綬と伝える史料が散見されることとも整合するが、本稿の議論には影響しないので、これ以上立ち入らないこととする。

(32) この現象は、漢唐間における「父と子による皇帝家支配」を説く岡部毅史「梁簡文帝立太子前夜―南朝皇太子の歴史的位置に関する一考察―」(『史学雑誌』一一八―一、二〇〇九年)の論旨を補強しうる。

(33) 爵位・将軍の綬と属吏のそれとの関係については検討を省いたが、爵位についていえば開国県子男が素朱綬、諸国相・内史が青綬なので、階層的位階秩序に抵触することはない。同様に、将軍に青綬を下るものはなく、かつ諸軍長史は墨綬である。

(34) これが咸寧四年に起きた事件であることは、『晋書』巻三武帝紀、咸寧四年条に、
六月…弘訓皇后羊氏崩。秋七月己丑、祔葬景獻皇后羊氏于峻平陵。
とあることからわかる。

(35) この問題についてはすでに聚珍本『東観漢記』百官表注において指摘され、呉樹平『東観漢記校注』(中州古籍出版

社、一九八七年）百官表も具体例を挙げて矛盾を指摘している。綬制に関しては、前掲註（1）拙稿⑧においていくつかの点に疑義を呈した。

(36) 蔡邕と『東観漢記』十意の関係については、劉知幾『史通』外篇古今正史に、

(靈帝）熹（原作「嘉」。浦起龍『史通通釈』に従い改む）平中［一七二〜一七七年］、光祿大夫馬日磾・議郎蔡邕・楊彪・盧植著作東觀、接續紀・傳之可成、而邕別作朝會・車服二志。後坐事、徙朔方、上書求還、續成十志（『後漢書』伝五〇下蔡邕列伝によれば「十意」）。

とある。

(37) 前掲註（8）拙稿a。

(38) 前掲註（1）拙稿③を参照。なお、綬のみならず印の格式までも変動しえたのは、将軍の官秩が一定でなかったためであろう。

(39) 前掲『東観漢記』佚文においても尚書令は黒綬といわれているが、ここには諸侯王の綟綬など前漢の制度が竄入しており、尚書令についても「三独坐」形成以前の制度をのべている可能性があるので、蔡質の言とは分けて考えねばならない。なお、後述する雒陽市長の贄の問題とも関連して、『通典』巻二二職官典四尚書上には、

魏・晉、印・綬與漢同、冠進賢兩梁、納言幘、五時朝服、佩水蒼玉。（尚書令条）

自漢以下、章・服並與令同。（尚書僕射条）

とあり、魏晋の尚書令・尚書僕射は漢代と同じ綬を佩びていたとされるが、もし後漢末のある時期に尚書令・僕射の綬が墨綬に改められていたのだとすれば、この記載は漢の尚書令・僕射を青綬とする他の史料と整合的に理解できる。

(40) これらは単に、胡広『漢制度』にまとめられた理想的な制度を転写しただけではないかとも思われる。前掲註（1）拙稿⑧参照。

(41) 『周礼』春官大宗伯に、

以玉作六瑞、以等邦國。王執鎭圭、公執桓圭、侯執信圭、伯執躬圭、子執穀璧、男執蒲璧。以禽作六摯、以等諸臣。孤執皮帛、卿執羔、大夫執鴈、士執雉、庶人執鶩、工商執雞。

とある。

(42)　よくわからないが、北郊迎気のことも、こうした方向性と重なるのではないかと思われる。後考を俟ちたい。

(43)　曹操軍団にみられた任俠的な人的結合形式、ならびにそれがはたした役割については、川勝義雄「曹操軍団の構成について」(『京都大学人文科学研究所創立廿五周年記念論文集』京都大学人文科学研究所、一九五四年、所収。『六朝貴族制社会の研究』岩波書店、一九八二年、再録)を参照。また羅新「試論曹操的爵制改革」(『文史』二〇〇七－一)は、晋の五等爵導入をも視野に入れつつ、なかば一般論として、新しい爵制の背景に政治的立場・人的関係・利益集団間の勢力消長などの要素をみる。曹操の軍功爵設置時の具体的な受益者については、陳明光「曹魏的封爵制度与食封支出」(『西北師範大学学報』二〇〇五－二)に詳らかである。

(44)　森本淳「曹魏軍制前史─曹操軍団拡大過程からみた一考察─」(『中央大学アジア史研究』二二、一九九八年。『三国軍制と長沙呉簡』汲古書院、二〇一三年、所収)。

(45)　前掲註(43)羅論文は、曹操の軍功爵設置にあたり褒賞として爵が利用されたことの背景として、官位が一時的なものであるのに対して爵位が永続的・世襲可能であることをあげる。漢代においても、世襲が認められている諸侯王・列侯の印・綬は、その他の官爵の場合とは異なり、無条件に追贈を認められ、そのことによってそれらの身分の永続性が表現されていたが、魏晋期以降、この区別は官職に対する印・綬の賜与を「仮(授)」と表現することによって制度の上に明確に反映されるようになっていたことが知られている(前掲註(1)拙稿④)。これは爵位の永続性を強調する観念が漢魏交替期において顕在化したことを意味しており、ここから、羅の指摘が肯綮に中っていることもわかる。ただ、注意しなくてはならないのは、これが官僚機構の構造と周制との相関関係の変化や祭祀の世界と委贄の世界の分離といった現象を随伴するものであったことである。このようにいうとき、閻歩克の「爵本位」「官本位」という概念(『従爵本位到官本位　秦漢官僚品位結構研究』三聯書店、二〇〇九年)や渡辺信一郎の「天下型国家」論(『中国古代の王権と天下秩序─日中比較史の視点から』校倉書房、二〇〇三年)を本稿の内容とどう結びつけるかが問題となってくるが、いま整理してのべる余力がない。今後の課題としたい。

(46)　天子号と皇帝号の相違については、西嶋定生「皇帝支配の成立」(『岩波講座世界歴史』[旧]四、一九七〇年、所収。

『西嶋定生東アジア史論集』一「中国古代帝国の秩序構造と農業」岩波書店、二〇〇二年、再録）ならびに前掲註（1）拙稿⑨を参照。

(47) このようにいうとき、前掲『晋書』傅玄伝が端門の外における別の位階序列の存在を示唆していることにも、注意が必要であろう。それは、祭祀でも朝廷でもない場において、天子・皇帝の力の及ばない官僚間の現実の力関係があることを容認したものなのかもしれない。

(48) 厳密には、目黒杏子「後漢郊祀制と「元始故事」」（『九州大学東洋史論集』三六、二〇〇八年）の指摘するとおり、漢代においても郊祀の際の位次と朝位には異なる点があったが、両者が明確な分化を遂げていくのは魏晋以降のことであろう。この点については機会を改めて考えたい。

(49) なお、当時みられた人的結合の重視傾向が、皇帝をとりまく人的関係を強化し秩序化する動きを生んだことについても、ひとこと触れておきたい。晋・宋の制度においては、爵位の綬が多様化するのみならず、后妃や女官の印・綬・佩玉の規定が史上初めてまとまったかたちであらわれてくるのであるが、とくに綬については、紫綬・青綬・墨綬といった一般的なものにくわえ、前節でみた崇徳殿大監らの艾綬や女史・賢人・蔡人・中使・大使の碧綸綬（『唐六典』巻一二内官宮官内侍省、宮官条）といった独特の格式のものが設定されて、官僚機構以上に複雑な、独自の秩序を構成していた。その構造や歴史的意義について、本稿では分析することができないけれども、皇太子の綬が王綬から分化したこととも併せ、宗室・宮中の世界における秩序化の進展と綬制との関係は、今後さらに検討されるべき課題であると思われる。

(50) ただ、少なくとも『宋書』巻一八礼志五の記載形式だけからいえば、当時の官僚機構を律するものが「皇帝」下の秩序であったことは確かであろう。

付記　本稿は、余欣〔編〕『中古時期的礼儀・宗教与制度』（上海古籍出版社、二〇一二年）に収められた「漢晋間綬制的変遷」の日本語版である。誤記を訂正し、書誌情報を追加したほかは、二〇一〇年に脱稿した時点の内容のままである。

北魏洛陽仏寺著増考

角山典幸

はじめに

北魏王朝が太和一七年（四九三）から永熙三年（五三四）までの約四十年間にわたって都を置いた洛陽城は、東魏・楊衒之撰『洛陽伽藍記』序（二三―四頁）[1]に、

是に於いて招提櫛比し、寶塔駢羅し、爭ふて天上の姿を寫し、競ふて山中の影を粧し、金刹は靈臺と與に高きを比し、講殿は阿房と共に壯を等しうす。

と記されるように、豪壮な仏寺が甍を連ね、仏塔が林立し、造仏が盛行する一大仏教都市であった。

このように殷盛を極めた北魏洛陽の仏教については、関連する論考が数多く発表されている[3]。官立の大寺である永寧寺に対しては発掘調査がおこなわれ[2]、洛陽の象徴的存在であった九層の仏塔の復原がなされている[4]。ま

た、北魏洛陽を舞台として活動した僧侶の行状も明らかにされている[5]。さらに、仏寺の造営年代も王恵君・滋野井恬氏によって検討され、その多くが宣武帝（在位 四九九〜五一五）から孝明帝（在位 五一五〜二八）にかけての時期に建立されたことが明らかにされている[6]。

当該期に仏寺造営が集中した要因については、これまでにいくつかの点が指摘されている。服部克彦氏は、宣武帝および孝明帝期に朝に臨んだ霊太后による仏教への帰依を挙げている[7]。王恵君氏は、内城に永寧寺のみ、外郭に一尼寺のみとする仏寺造営規制が有名無実化したことを挙げている[8]。これに対して曹頌今氏は、仏寺増加の背景を次の三点にまとめている。すなわち、（一）河陰の変等の政変によって居住者不在となった多数の邸宅が喜捨されたこと、（二）漢族と鮮卑族との間で仏教が共通の文化となっていたため、両民族が共に仏教を中心とする社会・文化を創造したこと、（三）賦税・徭役の免除特権を持つ僧侶となって仏寺を建立し、これらの負担から免れる行為が続出したこと、である[9]。

右に掲げた諸研究は、仏寺増加の要因を宗教・社会・文化の側面から分析するものである。しかし、この問題を政治的側面から考えたとき、仏寺増加の要因はこれまでと違ったものが見えてくるのではなかろうか。つまり、北魏洛陽城の都城としての政治的立場のうちにも、仏寺増加の要因を見出せると思われるのである。

そこで小論では、初めに北魏洛陽における仏寺増加の状況を確認する。その上で、北魏洛陽の政治的立場を検討することで仏寺増加の要因を明らかにし、この問題に係る新たな視角を提示したい。

一　北魏洛陽における仏寺増加の状況

先にのべたように、北魏洛陽における仏寺造営は、宣武帝・孝明帝期に盛んにおこなわれた。そこで本章では、孝文帝による洛陽遷都直後から宣武帝・孝明帝期に至る仏寺造営の次第を確認することで、仏寺増加の要因を探る材料としたい。

まず、孝文帝（在位 四七一～九九）期の仏寺造営状況を確認する。当該期の仏寺造営に関しては、『魏書』巻一一四・釈老志（三〇四四頁）[10]に引く神亀元年（五一八）の任城王元澄の上奏に、

故に都城の制に云へらく、城内に唯だ一の永寧寺の地を擬し、郭内に唯だ尼寺一所を擬し、餘は悉く城郭の外にすと。永く此の制に遵はしめ、敢へて矩を踰ゆること無からしめんと欲す。

とあり、内城に永寧寺のみ、外郭に一尼寺のみとする仏寺造営規制が存在した。このような規制を導入した目的は、元澄の上奏の後文（三〇四五頁）に、

太和の制は、法秀に因りて遠きを杜し、景明の禁は、大乗の將に亂さんとするを慮る。

とあるように、太和五年（四八一）に旧都平城で発生した沙門法秀の謀反に類似する叛乱を防ぐことにあった。[11]

それでは、造営規制が存在した孝文帝期の仏寺は、どのようなものだったのだろうか。

孝文帝期を代表する仏寺は報徳寺である。本寺はもともと、太和四年（四八〇）に孝文帝が太皇太后馮氏のために平城に建立したものである。[12]新都洛陽における報徳寺については、『洛陽伽藍記』巻三・城南・報徳寺条（一〇六頁）に、

報徳寺、高祖孝文皇帝の立つる所なり。馮太后の追福の爲なり。開陽門外三里に在り。

とある。孝文帝が馮氏の追福のために内城南牆の開陽門外に建立している。

景寧寺は、『洛陽伽藍記』巻二・城東・景寧寺条（八八頁）に、

景寧寺、太保司徒公の楊椿の立つる所なり。青陽門外三里御道の南に在り、所謂景寧里なり。高祖 都を洛邑に遷すや、椿 創め此の里に居る、遂に宅を分けて寺と爲し、因りて以て之に名づく。制飾は甚だ美にして、綺柱珠簾あり。……普泰（五三二）中尒朱世隆の誅する所と爲り、後に宅を捨てて建中寺と爲す。

とある。本寺は、太保の楊椿が外郭東部の景寧里内の自邸を分割して建立した捨宅寺院である。邸宅が位置した里名にちなんで寺号を景寧寺としている。なお、分割された邸宅の残りの部分は、北魏末の普泰元年（五三一）に尒朱世隆が起こした疑獄事件で楊椿が誅殺されたため、建中寺に改められている。

王南寺は、『洛陽伽藍記』序（三〇―一頁）に、

遷京の始め、宮闕未だ就らず、高祖 住まりて金墉城に在り、城の西に王南寺有り、高祖 數《しばしば》 寺に詣りて沙門と義を論じ、故に此の門（承明門）を通ず、而れども未だ名有らず、世人之を「新門」と謂ふ。

とある。洛陽遷都以前に王南寺があり、孝文帝はこの寺の僧侶と談論するために内城西牆に承明門を開いている。

白馬寺は、『洛陽伽藍記』巻四・城西・白馬寺条（一三四頁）に、

白馬寺、漢の明帝の立つる所なり。佛教の中國に入るの始めなり。寺は西陽門外三里御道の南に在り。

とあり、後漢明帝（在位 五七〜七五）が内城西牆の西陽門外に建立した。したがって、北魏の洛陽遷都時にはすでに存在していた。

宝光寺は、『洛陽伽藍記』巻四・城西・宝光寺条（一三六―七頁）に、

寶光寺、西陽門外御道の北に在り。三層の浮圖一所有り、石を以て基と爲し、形製は甚だ古く、畫の工みなる雕刻あり。隱士の趙逸 見て嘆じて曰はく、「晉朝の石塔寺、今 寶光寺と爲れるや」と。

とあり、前身となる石塔寺が西晋時代（二六五〜三一六）に建立されている。

崇虚寺は、『洛陽伽藍記』巻三・城南・崇虚寺条（一二六頁）に、

崇虚寺、城西に在り、即ち漢の濯龍園なり。……高祖 遷京の始め、地を以て民に給ひしも、憩ふ者妖怪を見ること多し、是れ人の皆之を去るを以て、遂に寺を立つ。

とある。孝文帝の洛陽遷都当時、この地に住民を住まわせたが、妖怪がたびたび出現したため、皆ここを出て行ったという。かくしてここに仏寺を建立したのである。

　このように、孝文帝期に存在が確認される仏寺は六寺で、このうち三寺は北魏の洛陽遷都以前から存在していた。孝文帝期造営の報徳寺・景寧寺は外郭に位置しており、外郭に一尼寺のみとする造営規制から外れている。この状況は、後代における造営規制の有名無実化につながるものとみられるが、全体としては、当該期の仏寺造営は少なかったようである（附図及び附表参照）。

　次に、宣武帝期の仏寺造営状況を確認する。先に掲げた任城王元澄の上奏では、孝文帝期における仏寺造営規制の存在が指摘されている。元澄はこれに続けて次のようにのべる（『魏書』巻一一四・釈老志〈三〇四四頁〉）。

　景明の初めに逮び、微かに犯禁有り。故に世宗（宣武帝）仰ぎて先志を修め、爰に明旨を發し、城内に浮圖・僧尼の寺舎を造立せしめず、亦た其の希覬を絶たんと欲す。

宣武帝の景明年間（五〇〇～三）の初め、造営規制に反して仏寺を建てる者が出たため、洛陽城内における仏寺建造を再度禁止している。このような禁令が存在したにもかかわらず、次にみるように宣武帝は城内に仏寺を造営している。

　その代表格が、宣武帝最初の元号を寺名とした景明寺である。『洛陽伽藍記』巻一・城内・景明寺条（九七頁）に、

　景明寺、宣武皇帝の立つる所なり。景明年中立つ、因りて以て名と爲す。宣陽門外一里御道の東に在り。其の寺は東西南北方五百歩、……

とあり、宣武帝が景明年間に内城南牆の宣陽門外に建立している。この位置は外郭に当たり、五百歩四方の広大な空間を占めていた。

瑤光寺は、『洛陽伽藍記』巻一・城内・瑤光寺条（三七—九頁）に、

瑤光寺、世宗宣武皇帝の立つる所なり。閶闔城門御道の北に在り、東のかた千秋門を去ること二里。……五層の浮圖一所有り、地を去ること五十丈。……椒房の嬪御、道を學ぶの所、掖庭の美人、並びに其の中に在り。亦た名族の處女、性 道場を愛し、落髪して親を辭し、此寺に來儀する有り、珍麗の飾を屛《しりぞ》け、修道の衣を服し、心を八正に投じ、誠を一乘に歸す。

とある。本寺も宣武帝の建立で、内城西牆の閶闔門外、すなわち外郭西部に位置した。五層の仏塔を有し、後宮の妃嬪や名族の娘たちの仏道講学の場であった。

永明寺は、『洛陽伽藍記』巻四・城西・永明寺条（一五七—八頁）に、

永明寺、宣武皇帝の立つる所なり、大覺寺の東に在り。時に佛法經像 洛陽に盛んにして、異國の沙門、咸來りて輻輳す、錫を負ひて經を持し、玆の樂土に適く。世宗故に此の寺を立てて以て之を憩はしむ。房廡の連亘すること、一千餘間。庭は修竹を列ね、簷は高松を拂ふ、奇花異草、堦砌に駢闐す。百國の沙門、三千餘人あり。

とある。本寺は仏教の栄える洛陽に蝟集してきた外国僧を滞在させるため、宣武帝が外郭西部の大覚寺の東に建

立したものである。

宣武帝期には、宣武帝の叔父に当たる彭城王元勰・北海王元詳や弟に当たる広平王元懐による造寺もおこなわれている。彭城王元勰は明懸尼寺を建立し[13]、北海王元詳は追聖寺を建て[14]、広平王元懐は、外郭東部に位置する自邸を喜捨して平等寺とし、後に外郭西部の邸宅をも大覚寺とした[15]。これら四寺のうち、北魏滅亡後も崇敬を受け続けたのが平等寺である。『洛陽伽藍記』巻二・城東・平等寺条（七九―八七頁）には、次のように記される。

> 平等寺、廣平武穆王懷 宅を捨てて立つる所なり。青陽門外二里御道の北に在り、所謂孝敬里なり。堂宇は宏美にして、林木は蕭森、平臺複道、獨り當世に顯らかなり。寺門の外に金像一軀有り、高さ二丈八尺、相好は端嚴にして、常に神驗有り、國の吉凶は、先づ祥異を炳らかにす。……永熙元年（五三二）平陽王入りて大業を纂し、始めて五層の塔一所を造る。平陽王は、武穆王の少子なり。中書侍郎魏收等に詔して寺の碑文を爲らしむ。二年（五三三）二月五日に至りて土木 功を畢はる、帝 百僚を率ゐて萬僧會を作す。

本寺は、内城東牆の青陽門外の孝敬里に位置した。元懐の第三子の平陽王元脩（孝武帝）[16]は、太昌元年／永熙元年（五三二）に帝位に即くと五層の仏塔を建立している。その後、天平元年（五三四）の東魏成立に伴って都城は洛陽から鄴に遷ったが、本寺には北斉末の天統三年（五六七）から武平三年（五七二）にかけて四通の造像碑が立てられている。このことから、本寺は東魏・北斉時代を通じて尊崇を受けたことがわかる[17]。

官人も仏寺を建立している。当該期には尚書令の王粛が正覚寺を建立している[18]。また、幾人かの官人が共同で正始寺を建立している。すなわち、『洛陽伽藍記』巻二・城東・正始寺条（七三頁）に、正始寺、百官等の立つる所なり。正始中に立つ、因りて以て名と爲す。東陽門外御道の南に在り、所謂敬義里なり。……石碑一枚有り、背上に侍中の崔光 錢四十萬を施す、陳留侯の李崇 錢二十萬を施す、自餘の百官 各《おのおの》 差有り、少なき者も五千已下に減ぜずと有り。後人之を刋す。

とある。内城東牆の東陽門外に位置する敬義里に侍中の崔光、陳留侯の李崇ら「百官」が建立し、当時の元号の正始（五〇四～八）にちなんで正始寺と命名している。

このように、宣武帝期の仏寺造営状況は、帝自らが仏寺造営規制に反して建造し、諸王・官人がこれに続くものであった。附表によれば、宣武帝期に建設された仏寺として確認できるのは、右に掲げた景明寺・瑤光寺・永明寺・明懸尼寺・追聖寺・平等寺・大覚寺・正覚寺・正始寺等一一寺である。孝文帝期に建設されたのが三寺であったことと比較すると、造寺が盛んになったことが理解できるであろう。

孝明帝期の仏寺造営状況を確認する。当該期は幼少の孝明帝に代わり、母親の霊太后が政治を取り仕切っていた。当時の洛陽における仏寺の数について、先に掲げた神亀元年（五一八）の元澄による上奏（『魏書』巻一一四・釈老志〈三〇四四―五頁〉）は、次のようにのべている。

然して比日の私造、動もすれば百數に盈つ。……輒ち〔司空〕府の司馬陸昶・屬の崔孝芬を遣はし、都城の中及び郭邑の内に寺舍を檢括せしむるに、數は五百に乘じ、空地に刹を表し、未だ塔宇を立てざるは、其の數に在らず。民の法を畏れざること、乃ち斯に至る。

これによれば、孝明帝期の洛陽には個人的に建てられた仏寺が一〇〇以上あり、仏寺の合計数は五〇〇を超えていたという[19]。孝明帝が即位したのは延昌四年（五一五）であるから、元澄の上奏は即位から約三年後におこなわれたことになる。三年間でこれほど多数の仏寺が造営されたとは考え難い。また、先に見たように、元澄は宣武帝の景明年間（五〇〇〜三）の初めに造営規制を破って仏寺を造営する者があったことをのべている。したがって、これら多数の仏寺は宣武帝期から孝明帝期にかけて建立されたと考えられる。

これらの仏寺のなかで、北魏洛陽を代表する地位にあったのが、九層の仏塔で知られる永寧寺であった。『洛陽伽藍記』巻一・城内・永寧寺条（一—三頁）に、

永寧寺、熙平元年（五一六）靈太后胡氏の立つる所なり、宮前の閶闔門の南一里御道の西に在り。……中に九層の浮圖一所有り、木を架けて之を爲り、擧高九十丈。上に金刹有り、復た高さ十丈、合はせて地を去ること一千尺。京師を去ること百里、已に遙かに之を見る。

とあり、熙平元年（五一六）、霊太后によって宮城南牆の閶闔門外[20]、すなわち内城に造営された[21]。本寺の荘厳の華麗なさまは、すでに服部克彦氏の研究でのべられているので、ここでは再説しない[22]。

霊太后は永寧寺の外にも多くの仏寺を建立している。秦太上公西寺は、『洛陽伽藍記』巻三・城南・秦太上公二寺条（一〇三頁）に、

東に秦太上公二寺有り、景明寺の南一里に在り。西寺、太后の立つる所、東寺、皇姨の建つる所。並びに父の追福の爲なり、因りて以て之に名づく、時人號して雙女寺と爲す。並びに門は洛水に鄰し、林木は扶疎とし、布葉は垂陰す。各五層の浮圖一所有り、高さ五十丈、素綵畫工、景明〔寺〕に比す。

とある。本寺は、神亀元年（五一八）に死亡した霊太后の父、胡国珍[23]の追福のために外郭南部の景明寺の南に建てられた。寺内には、景明寺七層塔[24]に匹敵する装飾が施された五層の仏塔が建てられた。なお、本寺は皇姨（孝明帝の叔母、霊太后の妹[25]）が建立した秦太上公東寺と対をなしていた。

霊太后は、その母に対しても追福のための仏寺を建立している。秦太上君寺がそれである。『洛陽伽藍記』巻二・城東・秦太上君寺条（六八—九頁）に、

秦太上君寺、胡太后の立つる所なり。……母の追福の爲、因りて以て名づく。東陽門外二里御道の北に在り、所謂暉文里なり。……中に五層の浮圖一所有り、修刹 雲に入り、高門 街に向かひ、佛事の莊飾、永寧〔寺〕に等し。

とある。内城東牆の東陽門外に位置する暉文里内に造営され、永寧寺の九層塔と同様の装飾が施された五層の仏塔があった。

諸王による仏寺建設も宣武帝期と同様に盛んであった。孝明帝の叔父に当たる清河王元懌は、尼寺の景楽寺を建て[26]、僧寺の融覚寺を建立している[27]。また、自邸を喜捨して沖覚寺としている。本寺については、『洛陽伽藍記』巻四・城西・沖覚寺条（一二七—九頁）に次のように記される。

沖覺寺、太傅清河王懌の宅を捨てて立つる所なり。西明門外一里御道の北に在り。……正光（五二〇～五二五）の初め元乂權を秉り、太后を後宮に閉ぢ、懌をして下省に薨ぜしむ。孝昌元年（五二五）、太后還た萬機を總べ、懌に太子太師・大將軍・都督中外諸軍事・假黃鉞を追贈す。……諡して文獻と曰ふ。懌の像を建始殿に

圖く。……文獻の追福の爲に、五層の浮圖一所を建つ、工作は瑤光寺と相ひ似る。

元懌は霊太后の第一次臨朝期（延昌四年〈五一五〉から神亀三年／正光元年〈五二〇〉まで）に太尉として朝政に参与したが、政治権力の奪取を謀る領軍将軍元叉によって正光元年（五二〇）に殺害された[29]。沖覚寺は、生前の元懌が自邸を喜捨したもので、孝昌元年（五二五）に元叉が政権から排除された後、元懌の追福のために瑤光寺五層塔に似た仏塔が建立されている。

元懌以外の諸王では、広陵王元恭（前廃帝。在位五三一）が龍華寺を建立し[30]、陳留王元景皓が自邸の半ばを喜捨して仏寺に改めている（寺名不明）[31]。このように、孝明帝期は宣武帝期に引き続いて諸王による造寺が盛んであった。

官人による造寺としては、長秋寺が挙げられる。『洛陽伽藍記』巻一・城内・長秋寺条（三五―六頁）に、

長秋寺、劉騰の立つる所なり。騰は初め長秋令卿と爲る、因りて以て名と爲す。西陽門内御道の北一里に在り。亦た延年里に在り、即ち是れ晉の中朝の時の金市の處なり。……中に三層の浮圖一所有り、金盤靈刹、諸城内に曜く。

とある。内城西牆の西陽門内、延年里に位置する本寺は、大長秋卿の劉騰が建立した。劉騰は大長秋卿として皇后の宮に仕え、霊太后の第一次臨朝期には政治にも関与した宦官であった[32]。なお、本寺には、三層の仏塔が建てられていた。

昭儀尼寺も宦官によって建立された。『洛陽伽藍記』巻一・城内・昭儀尼寺条（四三―四頁）に、

昭儀尼寺、閹官等の立つる所なり。東陽門内一里御道の南に在り。……太后の朝に臨むや、閹寺 寵を専らにし、宦者の家、金を積みて堂に滿つ。……寺に一佛二菩薩有り、塑工の精絶なること、京師に無き所なり。

とあり、複数の宦官が共同で内城東牆の東陽門内に建てたものである。また、同書巻四・城西・王典御寺条(一三四頁)に、

門に三層の浮圖一所有り、工は昭儀〔尼寺〕を踰え、宦官の招提、最も入室を爲す。

とあり、三層の仏塔が建てられていた。

長秋寺・昭儀尼寺の外、凝玄寺も宦官による造営であった[33]。宦官の造寺が増加することがこの時期の特徴であろう。

右に見たように、孝明帝期には、皇太后・諸王・官人によって仏寺が盛んに造営された(附表参照)。しかし、武泰元年(五二八)の霊太后による孝明帝殺害と、それに続く河陰の変による宗室の壊滅的打撃により、北魏王朝は崩壊への道筋を辿っていく。河陰の変以後の仏寺増加は、『洛陽伽藍記』巻四・城西・開善寺条(一五二頁)に、

河陰の役を經て、諸元殲盡し、王侯の第宅は、多く題して寺と爲る。

と記されるように、殺害されて当主が不在となった宗室の邸宅を仏寺に転用したことによる。その結果、『洛陽伽藍記』巻五・城北の後記（二一二頁）に、

京師東西二十里、南北十五里、……寺は一千三百六十七所有り。

と記されるように、一三六七もの仏寺が乱立する状況となったのである。したがって、河陰の変以後、新たな仏寺の建造は少なかったとみられる。

以上、本章では北魏洛陽における仏寺増加の状況を確認した。孝文帝期にわずかであった仏寺が、宣武帝から孝明帝の時期にかけて五百余寺にまで増加し、北魏末の河陰の変を契機として捨宅寺院が急増して一三六七寺に達した状況が見て取れる。そこで、次章では宣武帝・孝明帝期における仏寺増加の要因を分析したい。

二　宣武帝・孝明帝期における仏寺増加の要因

本章では、宣武帝・孝明帝期における仏寺増加の要因を分析する。ただし、武泰元年（五二八）に発生した河陰の変以後の捨宅寺院急増は、孝明帝崩御後のことに属し、朝臣の大量殺害という特殊な状況に起因するため、検討対象に含めない。

そこでまず、孝文帝期に仏寺造営がわずかであった要因を、北魏洛陽城の政治的立場をとおして検討する。このような方法を取ることにより、おのずと宣武帝・孝明帝期の仏寺増加の要因が明らかになると考える。

太和一七年（四九三）の洛陽遷都に際し、孝文帝は朝臣の反対を押し切ってこれを断行した(34)。そのため、洛陽

を嫌い、北方の故地を懐かしむ者、さらには遷都そのものに反対する勢力が存在し、これらがいくつかの事件を惹き起こした。『魏書』巻二二・孝文五王伝・廃太子恂伝（五八八頁）には、

恂は書學を好まず、體貌肥大、深く河洛の暑熱を忌み、意は毎に北方を追樂す。中庶子の高道悅數《しばしば》苦言して諫を致し、恂甚だ之を銜む。高祖の崧岳に幸するや、恂は金墉に留守し、西掖門内に於いて左右と謀り、牧馬を召して輕騎もて代に奔らんと欲し、道悅を禁中に手刃す。

とある。太和二〇年（四九六）八月、[35]かねてから洛陽の夏の暑さを嫌っていた皇太子恂が、孝文帝の行幸時に太子中庶子の高道悦を内城西北部に位置する金墉城で殺害し、平城に逃れようとしている。

また、皇太子恂の逃亡事件と同年の一二月[36]には、平城を舞台とした謀反が発生している。『魏書』巻二七・穆崇伝附泰伝（六六三頁）は、穆泰が恒州刺史に就任し、それまでの恒州刺史陸叡が定州刺史に転じることをのべた後、次のように記す。

泰遷都を願はず、〔陸〕叡の未だ發するに及ばずして泰已に至り、遂に潛かに相ひ扇誘し、圖りて叛を爲す。

洛陽遷都に反対していた恒州刺史穆泰が前恒州刺史陸叡とともに謀反している。この記事の後文には、穆泰・陸叡らが陽平王元頤を皇帝に擁立しようとしたものの、元頤が謀反を孝文帝に通報したため、挙兵前に押さえ込まれたことが記される。

さらに、『魏書』巻一五・昭成子孫伝・元暉伝（三七八―九頁）には、

初め、高祖 洛に遷る、而れども在位の舊貴 皆移徙を難ず、時に衆情に和合せむと欲し、遂に冬は則ち南に居り、夏は便ち北に居ることを許す。世宗頗る左右の言に惑ひ、外人遂に還北の問有り、至れるに乃ち田宅を牓賣し、其の居を安んぜず。暉乃ち間言せむ事を請ふ。世宗曰はく、「先皇遷都の日、本《もと》冬南夏北を期す、朕 成詔に聿遵せむと欲し、故に外人の論有り」と。暉曰はく、「先皇の都を移すは、百姓の土を戀ふが爲なり、故に冬夏二居の詔を發し、權に物意を寧んぜしのみ。乃ち是れ當時の言、實は先皇の深意に非ず。且つ北來の遷人、居を安んずること歳久、公私に計立し、復還の情無し。陛下 高祖の定鼎の業を終へ、邪臣の然らざるの説を信ずる勿かれ」と。世宗之に従ふ。

とある。孝文帝による遷都当時、洛陽に移り住むことに難色を示す老臣たちに配慮し、冬のみ洛陽に滞在し、夏には北に帰ることを許したという。さらに宣武帝のときには、帝の側近が孝文帝の措置をあたかも夏の都を平城とし、冬の都を洛陽とすることであったかのように強弁し、帝もこれを信じたため、洛陽では邸宅を売りに出す者が現れたという。この記事により、孝文帝期はおろか、宣武帝期にも北方の故地に恋着する者が存在し、さらに、宣武帝期には平城を夏の都とし、洛陽を冬の都にしようとする企てさえなされたことがわかる。

このように、孝文帝から次の宣武帝にかけては、謀反を起こして都を平城に戻そうとする企てがなされるほど、洛陽の地位は政治的に不安定であったのである。

洛陽の地位の不安定さは、孝文帝期における洛陽城の整備状況からもうかがい知ることができる。

太和一七年（四九三）九月、南斉征討の途次にあった孝文帝は洛陽遷都を決定した(37)。しかし、洛陽は西晋末の

動乱と五胡十六国・南北朝時代の戦乱によって荒廃しており、すぐに利用できる状況ではなかった。(38)ただ、曹魏の時に内城西北角に建造され、五胡十六国・南北朝時代に軍事拠点として使われた金墉城(39)は堅固な作りであった。そこで、同年一〇月、孝文帝は金墉城に行幸して「洛京」の建設工事開始を命じ、(40)金墉城を当面の居所とした。(41)

孝文帝は金墉城を居所としただけではなく、政治拠点としても利用した。『洛陽伽藍記』巻一・城内・瑤光寺条（四〇―一頁）に、

高祖〔金墉〕城内に在りて光極殿を作り、因りて金墉城の門に名づけて光極門と爲す。又重樓飛閣を作り、城の上下に遍くし、地より之を望めば、雲のごとく有るなり。

とある。孝文帝が金墉城内に光極殿を建設し、殿名にちなんで城門を光極門と命名している。朱海仁氏は、この記事によって光極殿を金墉城の正殿としている。(42)従うべきであろう。

光極殿は、『魏書』巻二二・孝文五王伝・廃太子恂伝（五八七頁）に、

恂を廟に冠するに及び、高祖光極東堂に臨み、恂を引きて入見せしめ、誡むるに冠義を以て曰はく、……。

とある。太廟において元服の儀式を終えた皇太子恂を、孝文帝が光極殿の東堂に引見の上、教誡している。孝文帝による皇太子恂の引見・教誡は、『魏書』巻一〇八之四・礼志四（二八一〇頁）にも記されている。そこには、

高祖の太和十九年（四九五）五月甲午、皇太子恂を廟に冠す。丙申、高祖、光極堂に臨む、太子入見し、帝親ら之に詔す。事は恂の傳に在り。

とある。ここでは、『魏書』廃太子恂伝の「光極東堂」が「光極堂」と言い換えられており、「光極東堂」は「光極堂」とも呼ばれていたことがわかる。『魏書』における「光極堂」の用例は皇太子恂の引見の外に四例存在するが、そのすべてが孝文帝による引見の場所として記されている。(43) このように、「光極堂」すなわち「光極東堂」では、孝文帝によって皇太子・朝臣の引見がおこなわれたのである。

右に掲げた事例が、光極殿に東堂が附属したことを示すことから、光極殿に西堂も存在したことが想起される。正殿の左右に東堂・西堂が附属する形式は、すでに平城の太極殿に見られ、(44) 宣武帝期に建設された洛陽の太極殿にも見られる。洛陽における太極殿東堂の主な用途は引見・挙哀であり、(45) 光極殿東堂で引見がおこなわれたことと共通する。これは、遷都直後の洛陽において、光極殿が太極殿と同様に政治の中心であったことを示すものであろう。このことは、孝文帝期に光極殿以外の殿舎を使用したとする記録が見えないことからも類推できる。

政治拠点として整備された金墉城に対し、内城中央部に位置する魏晋時代の宮城址は、孝文帝期には修築の手が十分に及んでいなかったようである。『魏書』巻六〇・韓麒麟伝附顕宗伝（一三三八—九頁）に次のように記される。

既に遷都を定め、顯宗上書し、「……古自り聖帝は必ず儉約を以て美と爲し、亂主は必ず奢侈を以て患ひを貽《のこ》す。仰ぎ惟んみるに先朝は、皆宮室を卑くして力を經略に致す、故に能く基宇開廣し、業祚隆泰す。今の洛陽の基址は、魏の明帝の營みし所、譏りを前代に取る。伏して願はくは陛下之を損し又損せんことを。……」。高祖頗る之を納る。

韓顕宗は、君主が倹約に努めるべきことを言い、「今の洛陽の基址」が曹魏明帝によって建設され、これまでその贅沢ぶりが批判されていることを指摘し、現在おこなわれている洛陽城の修築工事を減らすことを提案している。これに対して孝文帝は、韓顕宗の意見を取り入れている。したがって、孝文帝期には魏晋時代の宮城址の修築が、あまり進んでいなかったとみられる。

孝文帝期における洛陽城の整備状況がこのようなありさまであったことは、居住者をして洛陽を行宮と捉え、何らかの状況の変化があれば平城に帰還できるという期待を抱かせた可能性がある。金墉城を拠点としたことは、洛陽の政治的立場を高める結果にはならなかったのである。

孝文帝期に建造された仏寺が少ないことは、右にのべた点に原因があると思われる。すなわち、宗室や朝臣の一部に洛陽を都として認めない考えがあり、洛陽をめぐる政治情勢は流動的であった。このため、居住者の宗教活動が活発にならず、仏寺を建造する気運も高まらなかったと思われるのである。

それでは、宣武帝・孝明帝期に至って仏寺が増加した要因は何であろうか。この問題についても、洛陽城が都城として整備されていく経過を手掛かりにして解き明かしていきたい。

洛陽城の整備事業のなかで最も重要な工事は、宮城の正殿である太極殿の建造であった。太極殿の完成時期については、『魏書』巻八・世宗紀（一九五頁）に次のように記される。

〔景明三年（五〇二）〕十有一月己卯、詔、「京洛の兵蕪、歳は十紀を踰ゆ。先皇 舊都に定鼎し、惟れ魏曆を新たにし、翦りて榛荒を掃ひ、茲の雲構を創む、鴻功茂績、規模長遠なり。今廟社乃ち建ち、宮極斯く崇まる、便ち當に來月中旬を以て、蠲吉して徙御すべし。……」。十有二月戊子、詔して曰はく、「民は農桑を本とし、國は蠶籍を重んず、粢盛の憑る所、冕織の寄す攸《ところ》なり。比《このごろ》京邑初めて基し、耕桑暫く缺くに、遺規往旨、宜しく必ず祗修すべし。今寝殿顯成し、移御維に始む、春郊遠無く、拂羽辰有り。便ち千畝を營むことを表すべし、宮壇を開設し、秉耒援筐し、躬ずから億兆に勸む」と。〔十二月〕壬寅、羣臣を太極前殿に饗し、布帛を賜ふに差有り、初めて成るを以てなり。

これによると、宣武帝は景明三年（五〇二）一一月二五日の太極前殿[46]竣工を受け、一二月一八日に金墉城から宮城に移り、太極前殿で朝臣を饗宴している。『元河南志』後魏城闕古蹟（高敏点校『河南志』北京・中華書局、一九九四年、八二頁）にも、

東掖門。西掖門。太極殿。宣武景明三年（五〇二）成る。

とある。このことから、宣武帝は景明三年（五〇二）に太極殿を完成させ、宮城に徙御したことがわかる[47]。
時期が前後するが、宣武帝は太極殿完成以前にも重要施設を建設している。『魏書』巻八・世宗紀（一九四頁）に、

〔景明二年（五〇一）〕九月丁酉、畿内の夫五萬人を發して京師の三百二十三坊を築く、四旬にして罷む。

とあり、景明二年（五〇一）九月に里（囲壁居住区画）を設置している。また、同書同巻（一九四頁）には、

〔景明二年一一月〕壬寅、圓丘を伊水の陽に改築す。乙卯、仍りて事有り。

とあり、里の建設と同年の一一月に、孝文帝設置の委粟山上[48]の円丘を廃し、洛陽城に近い伊水北岸に移設している。[49]

このように、宣武帝は内城西北角に偏在する金墉城を拠点とする措置を改め、太極殿を建設して内城中央部の宮城に拠点を移している。円丘は昊天上帝を祀るための施設であるが、佐川英治氏によれば、太極殿と円丘を結ぶラインが北魏洛陽城の中軸線として機能したという。[50]また、里は都城内の住民配置・治安維持のための施設で、内城を取り囲む形で外郭全域に配置されている。[51]これらのことから、宣武帝期には、金墉城という洛陽城の一部分のみを使用する段階から、太極殿と円丘を結ぶラインを中心として洛陽城全体を使用する段階へと進んだことが理解できる。また、先にのべたように、太極殿は平城においても建設されている。このことから、洛陽における太極殿建設は、平城を継承する都城として洛陽を位置づける宣武帝の意思の表れと考えられる。したがって、太極殿・円丘・里の建設により、宣武帝は洛陽城全体を都城とする意思を表明したと言えよう。

先に、孝文帝期における仏寺の建造が少なかったことの背景として、宗室や朝臣の一部に洛陽を都城として認めない考えがあったことを指摘した。しかし、宣武帝期に太極殿・円丘・里が建設されて洛陽を都城とする意思が示されたことで、洛陽はその居住者たちから都城として認知されていったと考えられる。

ここで再び仏教の状況に目を転じれば、北魏洛陽で仏教が繁栄し、多数の仏寺が建立されたのは、宣武帝・孝明帝期であった。この時期は、洛陽が居住者たちから都城として認知され、安定した地位を確立していたとみら

れる。したがって、宣武帝・孝明帝期に五〇〇を超える仏寺が建立された要因は、洛陽の都城としての地位安定に求められるのである。

以上、本章では宣武帝・孝明帝期に多数の仏寺が造営された要因を、北魏洛陽城が都城として整備されていく過程をとおして考察した。孝文帝期の洛陽は、流動的な政治情勢に置かれ、居住者の間で仏寺を建造する気運が高まらなかったとみられる。しかし、宣武帝は太極殿を建設することで、洛陽が平城を継承する都城であることを明示した。合わせて円丘・里を設置して洛陽城全体を都城とする意思を明確に示したことで、洛陽はその居住者たちから都城として認知されたと考えられる。洛陽の地位が安定したことで仏教が繁栄し、それにつれて仏寺が盛んに建立され、ついには五百超に達したと考えられるのである。

おわりに

小論は、北魏洛陽における仏寺が宣武帝から孝明帝にかけての時期に著しく増加した要因を、政治的な観点から探る試みであった。その結果をまとめると次のようになる。

まず、洛陽遷都直後に当たる孝文帝期には、宗室や官人の一部に洛陽を都城として認めない考えがあって彼らが様々な問題を惹き起こし、政局を流動化させた。そのため、仏寺があまり建造されなかったとみられる。しかし、宣武帝期には、宮城の正殿として太極殿が建設され、洛陽が平城を継承する都城であることが明示された。また、円丘・里の設置によって洛陽城全体を都城として整備していく意思が示された。これにより、洛陽はその居住者たちから都城として認知され、地位が安定した。したがって、宣武帝・孝明帝期における仏寺急増の要因は、北魏洛陽が当該期に都城としての地位を確立したことに求められるのである。

ただし、小論では十分に検討できなかった点があり、課題として残されている。それは、第一に宣武帝・孝明帝期の政治情勢に対する分析である。第二に宣武帝・孝明帝期の居住者による北魏洛陽に対する認識である。これらの点を具体例に即して検討することで、仏寺増加の要因をより深く探ることができると思われる。しかし、小論は全体的な枠組みの提示に止まり、試論の域を出ていない。将来のより詳細な検討を期したい。

（1）以下、『洛陽伽藍記』の頁数は、周祖謨校釈『洛陽伽藍記校釈』〈北京・中華書局、二〇一〇年第二版〈初版は北京・科学出版社、一九五八年〉〉による。

（2）永寧寺址の発掘成果は、中国社会科学院考古研究所編著『北魏洛陽永寧寺一九七九～一九九四年考古発掘報告』〈北京・中国大百科全書出版社、一九九六年〉にまとめられている。なお、本書の邦訳として奈良国立文化財研究所『北魏洛陽永寧寺 中国社会科学院考古研究所発掘報告』〈奈良・奈良国立文化財研究所、一九九八年〉がある。

（3）永寧寺の九層塔をはじめとする五層以上の仏塔が主要街路沿いに建てられ、北魏洛陽の象徴となったことは、王恵君「北魏洛陽と隋唐長安の都城仏寺」〈関口欣也監修『アジア古建築の諸相―その過去と現状』東京・相模書房、二〇〇五年〉、同「北魏洛陽における仏寺規制の推移と仏塔建立に関する考察」〈『日本建築学会計画系論文集』第四五七号、一九九四年〉を参照。

（4）楊鴻勲「関於北魏洛陽永寧寺塔復原草図的説明」〈杜金鵬・銭国祥主編『漢魏洛陽城遺址研究』北京・科学出版社、二〇〇七年。以下、本書は『遺址研究』と略記する〈初出一九九二年〉〉、浜島正士「永寧寺九重塔と日本の仏塔」〈注（2）前掲『北魏洛陽永寧寺 中国社会科学院考古研究所発掘報告』所収〉、鍾暁青「北魏洛陽永寧寺塔復原探討」〈『遺址研究』〈初出一九九八年〉〉、張馭寰「対北魏洛陽永寧寺塔的復原研究」〈清華大学建築系編『建築史論文集』第一三輯、北京・清華大学出版社、二〇〇〇年〉。

（5）野上俊静「北魏の菩提流支について」〈『大谷史学』第三号、一九五四年〉、徐慶東「《魏書・釈老志》所記僧人略考」〈『中原文物』一九八五年特刊〉。

（6）滋野井恬「北魏時代の洛陽寺院に関する若干の考察」（横超慧日編『北魏仏教の研究』京都・平楽寺書店、一九七〇年）、注（3）前掲、王恵君「北魏洛陽と隋唐長安の都城仏寺」、同「北魏洛陽における仏寺規制の推移と仏塔建立に関する考察」。

（7）服部克彦『北魏洛陽の社会と文化』（京都・ミネルヴァ書房、一九六五年）一七六―九頁。

（8）注（3）前掲、王恵君「北魏洛陽における仏寺規制の推移と仏塔建立に関する考察」。

（9）曹頌今「北魏都洛四十年洛陽仏寺的変遷」（『洛陽工業高等専科学校学報』第一〇巻第四期、二〇〇〇年）。

（10）以下、『魏書』の頁数は中華書局標点本による。

（11）沙門法秀の謀反については、塚本善隆「北魏の仏教匪」（同著『北朝仏教史研究（塚本善隆著作集 第二巻）』東京・大東出版社、一九七四年〈初出一九三九年〉）を参照。

（12）『魏書』巻七上・高祖紀上（一四八頁）に「〔太和四年（四八〇）正月〕丁巳、鷹鷂を畜するの所を罷め、其の地を以て報徳佛寺と爲す」とあり、同書巻一一四・釈老志（三〇三九頁）に「〔太和〕四年春、詔して鷹師を以て報徳寺と爲す」とある。また、同書巻一三・皇后伝・文成文明皇后馮氏（三二八頁）には、「高祖詔して曰はく、『……諸の鷙鳥傷生の類は、宜しく之を山林に放つべし。其れ此の地を以て太皇太后の爲に靈塔を經始せよ』と。是に於いて鷹師曹を罷め、其の地を以て報德佛寺と爲す」とある。

（13）『洛陽伽藍記』巻二・城東・明懸尼寺条（五五―六頁）に、「明懸尼寺、彭城武宣王勰の立つる所なり。建春門外石橋の南に在り。……三層の塔一所有り、未だ莊嚴を加へず」とある。

（14）『洛陽伽藍記』巻三・城南・龍華寺条（一一二頁）に、「龍華寺、廣陵王（元恭）の立つる所なり。追聖寺、北海王（元詳）の立つる所なり。並びに報徳寺の東に在り。法事僧房、秦太上公〔寺〕に比す」とある。

（15）『洛陽伽藍記』巻四・城西・大覚寺条（一五七頁）に、「大覺寺、廣平王懷 宅を捨て〔立〕つるなり、融覺寺の西一里許りに在り。……懷の居る所の堂、上に七佛を置く、林池飛閣、之を景明〔寺〕に比す。……永熙年中（五三二～四）、平陽王（孝武帝）の位に即くや、磚浮圖一所を造る。是れ土石の工にして、精を窮め麗を極む、中書舎人温子昇に詔して以て文を爲らしむ」とある。

(16)『魏書』巻一一・廃出三帝紀・出帝平陽王（二八一頁）に、「出帝、諱は脩、字は孝則、廣平武穆王懐の第三子なり、母は李氏」とある。

(17) 平等寺造像碑については、次の論考を参照。李献奇「北斉洛陽平等寺造像碑」（『遺址研究』〈初出一九八五年〉）、段鵬琦「洛陽平等寺碑与平等寺」（『遺址研究』〈初出一九九〇年〉）。

(18)『洛陽伽藍記』巻三・城南・正覚寺条（一〇八—九頁）に、「勸學里の東に延賢里有り、里内に正覺寺有り、尚書令王肅の立つる所なり。……肅の江南に在りしの日、謝氏の女を聘して妻と爲し、京師（洛陽）に至るに及び、復た〔陳留長〕公主を尚す。……肅甚だ謝に愧づるの色有り、遂に正覺寺を造りて以て之を憩はしむ」とある。なお、王肅が陳留長公主を尚したことは、『魏書』巻六三・王肅伝（一四一〇頁）に「肅に詔して陳留長公主を尚せしむ、本劉昶の子婦の彭城公主なり、錢二十萬・帛三千匹を賜ふ」とある。

(19)「數は五百に乘じ」の「乘」字について中華書局標点本『魏書』の校勘記（三〇六〇頁校勘三三）は、『冊府元亀』巻五一・帝王部・崇釈氏が「剩」に作り、五〇〇を超える意味に取れることから、「剩」の誤りとしている。小論ではこれに従う。

(20) 閶闔門は、宮城南牆と内城西牆の両方に設置されていた。

(21) 阮忠仁氏は永寧寺の落成年代を検討し、孝明帝の孝昌元年（五二五）四月から同二年（五二六）七月までであったことを明らかにしている。阮忠仁「北魏洛陽永寧寺始建及竣工年代之考証」（『国立嘉義大学人文芸術学報』創刊号、二〇〇二年）。

(22) 服部克彦『続 北魏洛陽の社会と文化』（京都・ミネルヴァ書房、一九六八年）二一五—二二二頁。

(23)『魏書』巻九・粛宗紀（二二七頁）に「〔神龜元年（五一八）〕夏四月丁酉、司徒胡國珍薨ず」とあり、同書巻八三下・外戚伝下・胡国珍伝（一八三四頁）に「神龜元年四月七日、歩みて建つる所の佛像に從ひ、第を發ちて閶闔門より四五里に至る。八日、又立ちて像を觀、晩に乃ち坐するを肯んず。勞熱の增すこと甚だしく、因りて遂に疾に寢ぬ。靈太后親ら藥膳に侍す。十二日薨ず、年八十」とある。

(24) 景明寺の仏塔は、『洛陽伽藍記』巻三・城南・景明寺条（九八頁）に「正光年中（五二〇～五）に至り、太后始めて七層の浮圖一所を造る、地を去ること百仞」とあるように霊太后が増築したもので、七層であった。

(25)「皇姨」を孝明帝の叔母、霊太后の妹とすることは、范祥雍校注『洛陽伽藍記校注』(上海・上海古籍出版社、一九七八年〈初刊一九五八年〉)一四二頁注六、入矢義高訳注『洛陽伽藍記』(東京・平凡社、一九九〇年〈初刊一九七四年〉)一五五頁注一六に従った。

(26)『洛陽伽藍記』巻一・城内・景楽寺条(四一―二頁)に、「景樂寺、太傅清河文獻王懌の立つる所なり。懌は是れ孝文皇帝の子にして、宣武皇帝の弟なり。閶闔の南、御道の東に在り。……佛殿一所有り、像輦在り。雕刻の巧妙なること、一時に冠絶す。……是れ尼寺なるを以て、丈夫は入るを得ず」とある。

(27)『洛陽伽藍記』巻四・城西・融覚寺条(一五五―六頁)に、「融覺寺、清河文獻王懌の立つる所なり、閶闔門外御道の南に在り。五層の浮圖一所有り、沖覺寺と齊等なり。佛殿僧房、一里に充溢す。比丘の曇謨最 禪學に善し、涅槃華嚴を講じ、僧徒千人あり。天竺國の胡沙門の菩提流支 見て之を禮し、號して菩薩と爲す」とある。なお、「充溢一里」の「一」字について注(1)周祖謨前掲書一五五頁は、明・嘉靖年間刊如隠堂本が「一」とすることを指摘しつつ、『続高僧伝』巻二三・護法上・魏洛都融覚寺釈曇無最伝に拠って「三」に作っている。これに対して楊勇校箋『洛陽伽藍記校箋』(北京・中華書局、二〇〇六年〈初刊一九八二年〉)一九七頁注一は、『洛陽伽藍記』融覚寺条の後文に、融覚寺の西一里に大覚寺が位置し、大覚寺の東に永明寺が位置するとあることから、融覚寺が三里の規模にならないと指摘し、如隠堂本に従って「一」に作っている。氏の指摘は、融覚寺と大覚寺・永明寺との位置関係を整合させるものである。そこで、楊氏に従って「一」に改める。

(28)元叉の諱を『洛陽伽藍記』および墓誌(趙万里著、中国科学院考古研究所編輯『漢魏南北朝墓誌集釈』北京・科学出版社、一九五六年、ナンバー七八)は「乂」に作るが、本文の表記は『魏書』巻一六・道武七王伝・京兆王継伝附叉伝(四〇三―八頁)に従い、「叉」とする。

(29)清河王元懌の行跡は、『魏書』巻二二・孝文五王伝・清河王懌伝(五九一―二頁)による。

(30)注(14)前掲『洛陽伽藍記』巻三・城南・龍華寺条(一一二頁)参照。

(31)『洛陽伽藍記』巻四・城西・永明寺条(一六〇―一頁)に、「〔永明〕寺の西に宜年里有り、里内に陳留王景皓・侍中安定公胡元吉等の二宅有り。景皓は、河州刺史陳留莊王祚の子。立性虚豁にして、少くして大度有り、人を愛して士を好み、待物遺すこと無し。夙に玄言道家の業を善しとし、遂に半宅を捨てて佛徒を安置し、大乗數部を演唱す」とある。

(32) 劉騰の行跡は、『魏書』巻九四・閹官伝・劉騰伝（二〇二七—八頁）による。

(33) 『洛陽伽藍記』巻五・城北・凝玄寺条（一六六—七頁）に、「凝玄寺、閹官の濟州刺史賈粲の立つる所なり。廣莫門外一里御道の東に在り、所謂永平里なり。注、即ち漢の太上王廣の處。遷京の初め、創め此の里に居り、母の亡に直ひ、捨てて以て寺と爲す」とある。

(34) 逯耀東「北魏孝文帝遷都与其家庭悲劇」（同著『従平城到洛陽 拓跋魏文化転変的歴程』（北京・中華書局、二〇〇六年〈初刊一九七九年〉）。

(35) 皇太子恂が殺害した高道悦の墓誌に「魏の太和廿年秋八月十二日春秋卅五を以て、暴かに金墉宮に喪す」とある。趙超編『漢魏南北朝墓誌彙編』（天津・天津古籍出版社、二〇〇八年再版本〈初版一九九二年〉）一〇四頁。

(36) 『魏書』巻七下・高祖紀下（一八〇頁）に「（太和二十年（四九六）十二月）恒州刺史穆泰等州に在りて謀反す、行吏部尚書任城王澄を遣はして之を案治せしむ。樂陵王思譽 泰の陰謀を知りて告げざるに坐し、爵を削りて庶人と爲す」とある。

(37) 『魏書』巻七下・高祖紀下（一七三頁）に「（太和十七年（四九三）九月）丁丑、戎服して鞭を執り、御馬して出づるや、羣臣 馬前に稽顙し、南伐を停めんことを請ひ、帝乃ち止む。仍りて遷都の計を定む」とある。

(38) 『魏書』巻七下・高祖紀下（一七三頁）に「（太和十七年九月）庚午、洛陽に幸し、故宮の基趾を周巡す。帝顧みて侍臣に謂ひて曰はく、『晉の德は修まらず、早に宗祀を傾け、荒毀此に至る、用て朕の懷ひを傷つく』と。遂に黍離の詩を詠じ、之が爲に流涕す」とある。

(39) 金墉城が五胡十六国・南北朝時代に軍事拠点とされたことについては、塩沢裕仁「建康石頭城と洛陽金墉城—都市空間と防衛構想に触れて—」（『法政史学』第五一号、一九九九年）を参照。なお、現在確認される金墉城の遺構は、甲城・乙城・丙城と呼ばれる小城が北から南にかけて三つ連なる形を呈する。三城の建設時期は、城牆の発掘によって甲城・乙城が北魏時代以降、丙城が後漢末から魏晋時代とされている（中国科学院考古研究所洛陽漢魏故城隊「漢魏洛陽故城金墉城址発掘簡報」（『遺址研究』〈初出一九九九年〉）。このような調査結果にもとづき、従来、北魏時代の金墉城は甲・乙・丙三城すべてとされてきた。しかし近年、発掘調査結果の再検討が進められ、朱岩石・銭国祥氏は、甲城・乙城の建設年代が北朝末から隋、あるいは唐初に下ることを根拠として曹魏から北魏まで使用されたのは丙城のみとしている（朱岩石「東魏北斉鄴城の内城の成立について」（『史観』第一四五冊、二〇〇一年）、銭国祥「漢魏洛陽城金墉城形制布局研究」（『遺址研究』〈初出二〇〇五年〉）、同「前言」（『遺址研究』収載）。これに加え、中国社会科学院考古研究所が二〇〇三年に発表した北魏洛陽城の平面図（附図）も、甲城・乙城・丙城の三連構造とする従来の平面図を訂正して丙城のみとしている（中国社会科学院考古研究所洛陽漢魏故城隊「河南洛陽漢魏故城北魏宮城閶闔門遺址」（『遺址研究』〈初出二〇〇三年〉）。このように、北魏時代の金墉城を丙城のみとする考え方は、定説になりつつあると言えよう。そこで小論では、北魏時代までの金墉城を丙城として検討を進める。

(40)　『魏書』巻七下・高祖紀下（一七三頁）に「〔太和十七年〕冬十月戊寅朔、金墉城に幸す。詔して司空穆亮を徴して尚書李沖・將作大匠董爵と與に洛京を經始せしむ」とある。

(41)　『水経注』巻一六・穀水（一三八六頁）に「皇居の創めて徙るに、宮極未だ就らず、此（金墉城）に止蹕す」とあり、『洛陽伽藍記』序（三〇頁）に「遷京の始め、宮闕未だ就らず、高祖住《とど》まりて金墉城に在り、……」とある。なお、『水経注』の頁数は、楊守敬・熊会貞疏、段熙仲点校、陳橋駅復校『水経注疏』（南京・江蘇古籍出版社、一九八九年〈稿本影印は北京・科学出版社、一九五七年〉）による。

(42)　朱海仁「略論曹魏鄴城・北魏洛陽城・東魏北斉鄴南城平面布局的幾個特点」（『遺址研究』〈初出一九九八年〉）。また、朱氏はこの記事によって光極門を金墉城南面の正門としている。しかし、『水経注』巻一六・穀水（一三八六―七頁）には「南を乾光門と曰ふ、夾みて兩觀を建て、觀下に朱桁を塹に列ね、以て御路と爲す」とあり、南門を乾光門としている。門名が光極門・乾光門のいずれであったのかについてはにわかに判断できないが、『洛陽伽藍記』城内に記されるように、光極殿の殿名によって門に命名していることから、同殿を金墉城の正殿とする朱氏の主張は妥当と考えられる。

(43) 『魏書』巻七下・高祖紀下(一七八頁)、同書同巻(一七九頁)、同書巻一九下・景穆十二王伝下・楽陵王胡児伝附思誉伝(五一六頁)、同書巻一〇八之四・礼志四(二八一〇頁)。

(44) 平城に太極殿が建設されたことは、『魏書』巻七下・高祖紀下(一六九頁)に「〔太和十六年(四九二)二月〕庚寅、太華殿を壊し、太極を經始す」とあり、同書同巻(一七一頁)に「〔太和十六年十月〕庚戌、太極殿成る、大いに羣臣を饗す」とあることで判明する。また、平城の太極殿に東堂・西堂が附属したことは、『水経注』巻一三・㶟水(一一四二一―三頁)に「太和十六年、太華・安昌諸殿を破り、太極殿、東西堂及び朝堂を造り、……」とあることで判明する。

(45) 吉田歓「魏晋南北朝時代の宮城中枢部」(同著『日中宮城の比較研究』東京・吉川弘文館、二〇〇二年〈初出一九九八年〉)、村元健一「中国都城の変遷と難波宮への影響」(積山洋研究代表『東アジアにおける難波宮と古代難波の国際的性格に関する総合研究』〈平成一八～二一年度科学研究費補助金基盤研究(B)研究成果報告書〉大阪・大阪市文化財協会、二〇一〇年)。

(46) 史料に見える「太極前殿」が「太極殿」を指すことについては、村田治郎「前殿の意味」(『日本建築学会研究報告』一六号、一九五一年)を参照。

(47) 太極殿の完成年は、本文に掲げた『魏書』世宗紀は景明三年(五〇二)一一月としている。しかし、同書同巻(一九三頁)には「〔景明二年(五〇一)正月〕丁巳、羣臣を太極前殿に引見し、告ぐるに覽政の意を以てす」とあり、景明二年(五〇一)正月一二日に宣武帝が朝臣を太極前殿に引見し、親政をおこなう意思を告げている。これによれば、太極殿は景明二年正月当時、すでに存在していたことになる。しかし、『魏書』巻九一・術芸伝・蔣少游伝(一九七一頁)には「景明二年卒す、龍驤將軍・青州刺史を贈り、謚して質と曰ふ。文集十巻餘有り。少游又太極の爲に模範を立て、董尒・王遇等と與に之に參建し、皆未だ成らずして卒す」とあり、蔣少游が太極殿の完成をみることなく景明二年に死亡している。このことから、景明二年正月当時、太極殿は建設中だったことになる。また、『魏書』巻二一上・献文六王伝上・咸陽王禧伝(五三八頁)に、「禧遂に其の妃の兄の兼給事黄門侍郎李伯尚と與に謀反す。時に世宗小平津に幸し、禧は城西の小宅に在り。初め兵を勒して直に金墉に入らんと欲するも、衆沮異を懷き、禧の心因りて緩む。旦自り晡に達するも、計りて決する能はず、遂に洩らさざるを約して散る」とある。景明二年五月二九日（『魏書』巻八・世宗紀〈一九三頁〉）、宣武帝が行幸したところを狙って咸陽王元禧が謀反し、兵を金墉城に入れようとしている。元禧が金墉城を占拠しようとした理由は、当時ここが政治拠点だったためと考えられる。したがって太極殿は、景明二年（五〇一）正月の時点では中心部分のみ使用可能で、翌景明三年（五〇二）になって全体が完成したと考えられる。

(48) 塩沢裕仁氏によると、委粟山は北魏洛陽城南の万安山北麓に広がる丘陵。丘陵上では北魏時代の石窟寺院の存在が確認されている。塩沢裕仁「洛陽地区における魏晋南北朝隋唐期の遺跡と文物をめぐる状況」（『唐代史研究』第九号、二〇〇六年）、同著『千年帝都 洛陽 その遺跡と人文・自然環境』（東京・雄山閣、二〇一〇年）九六頁。

(49) なお、北魏時代における郊祀全般にかかわる問題は、金子修一「魏晋南北朝における郊祀・宗廟の制度」および「北朝における郊祀・宗廟の運用」（共に同著『中国古代皇帝祭祀の研究』東京・岩波書店、二〇〇六年〈初出は前者が一九七九年、後者が一九九七・一九九八年〉）にまとめられている。

(50) 佐川英治「北魏洛陽城の形成と空間配置―外郭と中軸線を中心に―」（『大阪市立大学東洋史論叢』別冊特集号、二〇〇五年）、同「漢魏洛陽城の城郭構造―フィールドワークと最近の研究成果を参考に―」（同編『洛陽の歴史と文学』岡山・岡山大学文学部、二〇〇八年）、同「北魏洛陽城的中軸線及其空間設計試論」（中国魏晋南北朝史学会・武漢大学中国三至九世紀研究所編『魏晋南北朝史研究：回顧与探索―中国魏晋南北朝史学会第九届年会論文集』武漢・湖北教育出版社、二〇〇九年）。

(51) 北魏洛陽城の境域に対する里の配置方法については多くの説があるが、外郭のほぼ全域に配置することでは共通している。なお、この問題に関する筆者の見解は、拙稿「北魏洛陽城の平面プランと住民の居住状況について」（『人文研紀要』〈中央大学人文科学研究所〉第七二号、二〇一一年）を参照されたい。

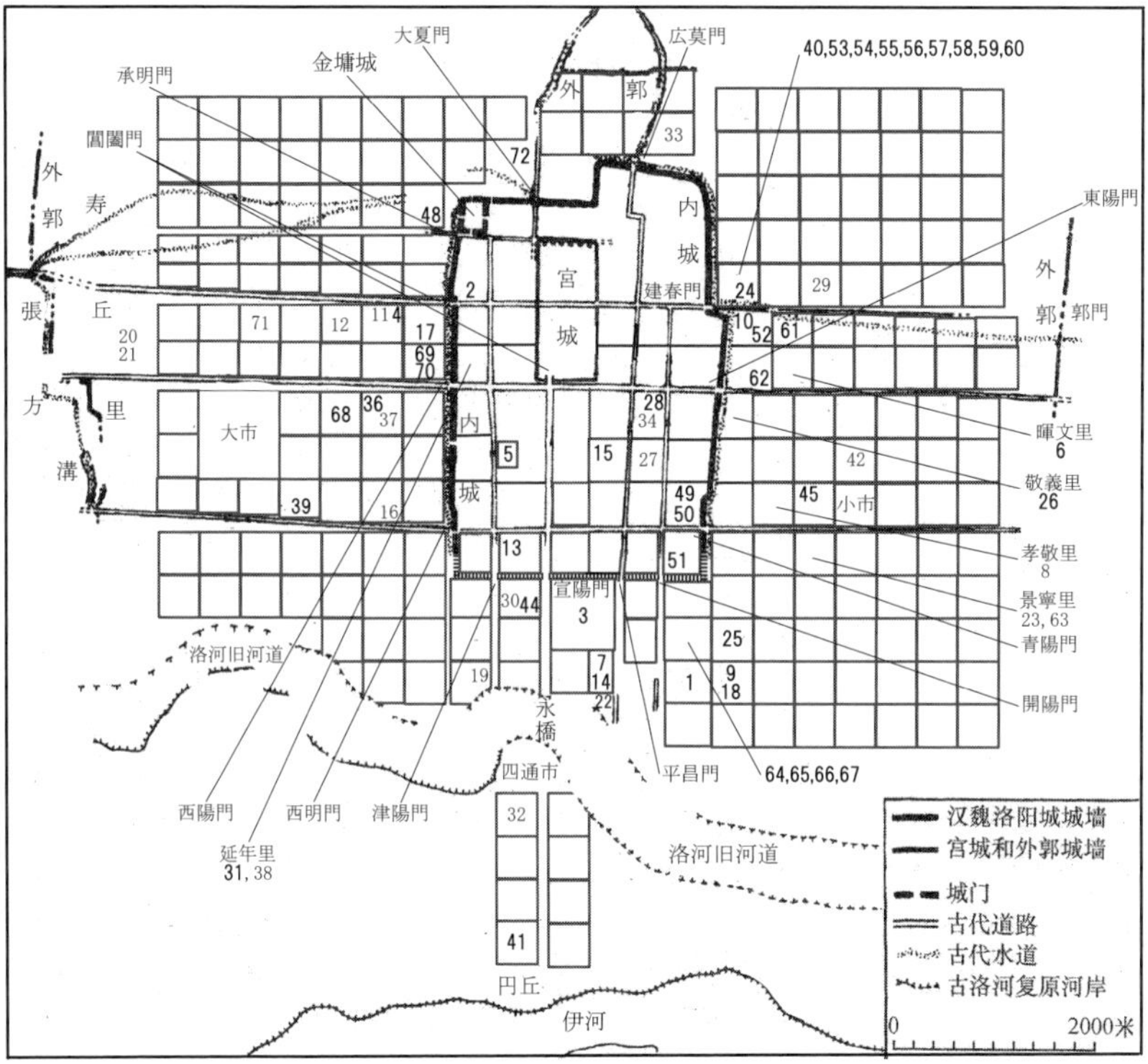

附図　北魏洛陽城仏寺分布図

・本図は、中国社会科学院考古研究所洛陽漢魏故城隊「河南洛陽漢魏故城北魏宮城閶闔門遺址」(『遺址研究』〈初出2003年〉）所掲の「北魏洛陽城遺址平面実測図」をもとに筆者が施設名を加え、里を配置したものである。
・内城南牆は洛水の北への遷移によって消失しているため、南牆のラインを推測して破線で補った。
・図中のナンバーは附表所掲の仏寺ナンバーに対応し、明朝体のものは捨宅寺院を表す。
・洛陽城内における位置が不明の仏寺は図示していない。

附表　仏寺建立年代と造営者の属性

本表は、王恵君「北魏洛陽における仏寺規制の推移と仏塔建立に関する考察」(『日本建築学会計画系論文集』第457号、1994年）を参考にして作成した。

ただし、王氏と見解を異にする点については注記した。

年代	皇帝	造営者						
		皇帝・皇太后	皇戚	官人	僧侶	士庶	庶民	不明
493	孝文帝	1.報徳寺（497）		23.景寧寺（493宅）				43.崇虚寺（493-９）
499	宣武帝	2.瑶光寺（499-515） 3.景明寺（500-３） 4.永明寺（509）	8.平等寺（500-７宅)注２ 9.追聖寺（504↑） 10.明懸尼寺（508↑） 11.大覚寺（514↑宅）	*24.魏昌尼寺*（499-508)注７ 25.正覚寺（500-１） 26.正始寺（504-８）	39.霊僊寺（500-３）			
515	孝明帝	5.永寧寺（516-26)注1 6.秦太上君寺（517-23） 7.秦太上公西寺（518-23）	12.寺名不明（515↑宅)注3 13.胡統寺（515-28） 14.秦太上公東寺（518-23） 15.景楽寺（520↑）注4 16.沖覚寺（520↑宅） 17.融覚寺（520↑）注5 18.龍華寺（521↑）	27.光明寺（515宅） *28.昭儀尼寺*（520↑） 29.霊応寺（520-4宅)注8 30.招福寺（520-5宅） *31.長秋寺*（523↑） 32.帰正寺（523-6宅） *33.凝玄寺*（525↑宅）			41.菩提寺（525-8）	44.大統寺（522↑）
528	孝荘帝		19.高陽王寺（528宅） 20.河間寺（528宅） 21.追先寺（528宅）	34.願会寺（528↑宅)注9 35.霊覚寺（528↑） *36.王典御寺*（528↑)注10 37.宣忠寺（529-30宅）		40.崇真寺（528↑）	42.帰覚寺（528-30宅）	45.宝明寺（528↑） 46.般若寺（528↑） 47.禅林寺（528↑）
531	前廃帝			38.建中寺（531宅）				
532	孝武帝		22.磚浮図（532↑)注6					

・仏寺名の前に付すナンバーは、附図中のナンバーに対応する。
・建立年に続けて「↑」を付すものは、その年より前に建立されたことを示す。
・建立年に続けて「宅」を付すものは、捨宅寺院を示す。
・イタリック体で表示する仏寺は、宦官の造営であることを示す。
・注の略号『遺址研究』は、杜金鵬・銭国祥主編『漢魏洛陽城遺址研究』(北京・科学出版社、2007年）を表す。
・王氏は、景興尼寺が孝明帝期に建立された昭儀尼寺と同様に複数の宦官によって建立されたことから、孝明帝期の建立とする。しかし、景興尼寺を建立した宦官と昭儀尼寺を建立した宦官が同時代の人物であったと断定できない。そこで、ここでは年代不明として表に掲載しなかった。

・表に掲げた仏寺の外にも北魏以前建立、あるいは建立年不明の仏寺がある。そのナンバーと仏寺名は次の通り（附図にはこれらの仏寺も掲載）。

48.王南寺、49.修梵寺、50.嵩明寺、51.景林寺、52.龍華寺、53.瓔珞寺、54.慈善寺、55.暉和寺、56.通覚寺、57.暉玄寺、58.宗聖寺、59.熙平寺、60.因果寺、*61.景興尼*寺、62.荘厳寺、63.建中寺（宅）、64.大覚寺、65.三宝寺、66.寧遠寺、67.承光寺、68.白馬寺、69.宝光寺、70.法雲寺、71.開善寺（宅）、72.禅虚寺

注1：阮忠仁氏は、本寺の落成年代を孝昌２年（526）としており、これに従った。阮忠仁「北魏洛陽永寧寺始建及竣工年代之考証」（『国立嘉義大学人文芸術学報』創刊号、2002年）。

注2：建立年代は、段鵬琦「洛陽平等寺碑与平等寺」（『遺址研究』〈初出1990年〉）による。

注3：王恵君「北魏洛陽を中心とした捨宅為寺に関する考察」（『日本建築学会計画系論文集』第479号、1996年）によって補った。

注4：建立年代は、滋野井恬「北魏時代の洛陽寺院に関する若干の考察」（横超慧日編『北魏仏教の研究』京都・平楽寺書店、1970年）による。

注5：建立年代は、注４滋野井恬前掲論文による。

注6：建立者の汝南王元悦の没年により（『魏書』巻11・廃出三帝紀・出帝平陽王・286頁）、太昌元年（532）以前の建立とした。

注7：建立者の李堅が瀛州刺史の任にあったのは、宣武帝の初めから京兆王元愉の謀反（永平元年〈508〉謀反、同年鎮圧）鎮圧に失敗して洛陽に帰還後、光禄大夫を拝するまで（『魏書』巻94・閹官伝・李堅伝・2026頁）である。そこで、499年から508年までの建立とした。

注8：王氏は民衆の建立とするが、『洛陽伽藍記』巻２・城東・景興尼寺条（64-５頁）の記述によって官人の建立とした。

注9：本寺を建立した王翊が永安元年（528）に死亡している（『魏書』巻63・王粛伝附翊伝・1413頁）ことから、同年以前の建立とした。

注10：建立年代は、注４滋野井恬前掲論文による。

東アジア都城時代の形成と都市網の変遷——四〜十世紀——

妹尾達彦

はじめに——都城比較の進展のために

本稿のねらい

東アジア（ユーラシア大陸東部）の都城を比較する試みは、ここ数年間、飛躍的な進展をむかえている[1]。とくに、東アジアの各地域では、七〜八世紀の約二世紀間に、国家と都城が次々とつくられる同時代現象が生じている。筆者は、この現象を、「都城時代」ということばを用いて、「東アジア都城時代の誕生」、ないし、単に「都城時代の誕生」と呼んでいる[2]。都城の建造は、都城を核とする行政都市網の拡大と整備を必要とし、各国の都城を核に都市網の構築が進んだ結果、八世紀には東アジアをつつみこむ従来に無い広大で緻密な都市網が誕生する。東アジア比較都城史の研究は、東アジアに都城が次々と誕生する七〜八世紀の時期を主な対象として始まり、近年は、九世紀以後の比較研究も進展している。その結果、前近代の都城の全体を対象とする比較が可能な研究環境が、次第に整ってきているといえよう[3]。

日本における東アジア比較都城史研究は、当然ながら、日本の都城を東アジアの歴史の中にどのように位置づけるのかという観点に重きをおいて進められてきた(4)。今後は、さらに歩を進めて、世界各地の都城研究の成果を総合し、人類の歴史の中で前近代国家の都城の特色を明らかにすることを視野に入れる必要があるだろう。人類史の中に日本の都城史を位置づけることで、日本の都城の特色もより明らかになると思われる。

ただ、東アジア都城史の比較や人類史における都城の比較分析は、個人の能力ではとうてい不可能である。その意味で、異なる専門家が共通の課題を設定して論じあうことの意義は大きく、本研究チーム「ユーラシア・アフリカ大陸における都市と宗教の比較史的研究」の活動は、本稿の執筆に大きな示唆を与えてくれた。本稿は、隋唐の長安や洛陽を主な研究対象とする文献史学の立場から、四～十世紀の東アジア都城と都城を核とする都市網の変遷の特色を明らかにしようとするものである。本稿は、従来の拙稿での比較都城史をめぐる論点をできるだけ簡潔にまとめ直し、大きな見通しと詳細な都城構造の分析を新たに結び合わせることで、現時点における筆者の東アジア比較都城史の展望を試みるものである。既掲の図もすべて新たに描き直すことで、最新の情報を提示できるように努めた。

本稿の二つの論点

本稿は、七～八世紀に誕生する東アジア都城時代の各都城を、以下の二つの項目の関連を軸に比較することで、各都城の特色を探る試みである。

（1）都城内外の建築構造の図化。特に都城を構成する最重要の要素となる宮城・官庁街・羅城・禁苑・壇廟・葬地の図化。

（2）都城を核とする交通網の図化。特に長安を一つの核とするユーラシア大陸東部の都市網の図化。

一般に、前近代における都城の構造をなりたたせる建築物として、宮城や官庁、羅城（城壁）、城門、禁苑、市場、家屋、宗教施設、道路、水路、橋、葬地等がある。本稿では、これらの中でも、都城の骨格をつくる宮城や官庁街、羅城（城壁、とくに外城〈外郭城〉と内城）、壇廟（天と地の神々や祖先の霊をまつる各種の儀礼施設）、禁苑（皇室庭園）、葬地（君主・為政者から庶民におよぶ墓地）に焦点をしぼって論じたい。都城の宮城・官庁街・羅城・禁苑・壇廟・葬地は、たがいに関連しあいながら東アジアの都城の建築景観の主要部分を構成しており、東アジア比較都城史研究の主要テーマである。そのために、都城を比較する際の規準となるものである。

また、本稿では、都城の城内の構造を論じるのみでなく、城外の空間、すなわち、郊外や後背地にも論及する。本稿でいう「郊外」とは、隋唐長安の城内住民の城外における日帰りの交通圏をさしている。八～九世紀の長安における郊外の社会の誕生は、上記の羅城や禁苑、壇廟、葬地による城内外の土地利用の変遷と密接に関連している。長安城内や城外の建築構造と土地利用は、都城を貫く交通路と交通機能によってつくられる。そのために、都城の考察に交通（人・物・情報の移動）の分析は不可欠となるのである。交通路の機能は、歩行者への輸送機能（安全な交通・時間距離の短縮・輸送費の低減など）と、沿道の建築物への接続機能《アクセス》（土地利用の促進など）に分類できる。前近代においても、交通路は、国家の体制を支えるとともに、人々の日常生活や社会経済の活動を支える最も基礎的な社会資本だった。

隋唐長安城の事例でいえば、都城の内外を結ぶ交通幹線は東西三つの門を貫く東西の街道である。とくに、東壁の通化門と春明門、西壁の開遠門と金光門が長安城の内外を貫く東西の幹線の走る城門だった。城内と城外の土地利用は、この東西の幹線陸路の沿線の諸坊において進展した。八～九世紀には、この東西の幹線に沿って、城内東部に高級邸宅街と盛り場が形成され、城内西部には庶民街と国際色豊かな市場が生まれ、城内の土地利用が機能分化していく。同様に、城外も、城内外を結ぶ幹線に沿って、長安住民を消費者とする農地や果樹園、荘園、別荘地、墓葬地、宗教施設、狩猟場等が分布していた。

宮城の北方に広大な禁苑があるために、長安には南北を貫く幹線は存在しない。長安の宮城から南に延びる承天門街と朱雀門街は、都市プランの中軸線であり主に王権儀礼の軸線として使用されたもので、交通幹線として機能したのではない。なお、隋唐洛陽城の場合、交通幹線は、宮城と定鼎門を結ぶ南北の陸路と城内を流れる漕渠・水渠であり、城内の土地利用は、この水陸の幹線にそって展開するのである。

本稿でいう「都城の時代」とは、七〜八世紀の約二世紀間に、東アジアの各地域に国家と都城が次々とつくられる同時代現象をさしている。都城の建造は、都城を核とする行政都市網の拡大と整備を必要とし、各国の都城を核に都市網の構築が進んだ結果、八世紀には東アジアをつつみこむ従来に無い広大で緻密な都市網が誕生した。本稿は、この時期に造営された各都城と交通網をできるかぎり正確に復原し図化することによって、東アジアにおける都城時代と交通網の形成の歴史的意義を探る試みの一環をなしている。

本稿の構成

本稿では、まず、「一　七〜八世紀のアフロ=ユーラシア大陸——分裂から統一へ」において、七〜八世紀のアフロ=ユーラシア大陸の歴史状況を整理し、「二　東アジア都城時代の誕生と交通網の形成」において、東アジアに誕生する都城と交通網を広く世界史の中に位置づけたい。続けて、「三　隋唐長安の郊外と羅城・禁苑・壇廟・葬地」において、東アジア各国の都城を比較する際の共通項目をなす羅城・禁苑・壇廟・葬地について、とくに、隋唐代の長安を事例に問題点を整理してみたい。

なお、七〜八世紀の東アジア各国の歴史を系統的に把握する見方として、冊封体制論や東アジア世界論、朝貢体制論などが提起されてきた。本稿では、これらの論をふまえながらも、都城の建築構造と交通網という具体的な比較項目をたてることで、東アジアのみならずアフロ＝ユーラシア大陸全域に比較の対象範囲を広げ、より系統的で実証的な分析の道を探ってみたいと思う。

一　七～八世紀のアフロ＝ユーラシア大陸――分裂から統一へ

七～八世紀の時期の重要性は、この時期に生まれた国家や宗教圏が、近現代の世界の源流をなすことから明らかである。遊牧民の農業地域への移住を契機に四世紀前後に始まった政治的混乱は、アフロ＝ユーラシア大陸をつつみこみ、前一〇〇〇年紀以来の歴史をもつユーラシア大陸各地域の古典国家の大半を解体させた。しかし、七世紀になり、北緯三〇度～四〇度にかけての半農半牧地域を基盤に、農牧複合国家である唐王朝（六一八～九〇七）やイスラームのウマイア王朝（六六一～七五〇）を始めとする諸国家が誕生して、長期の分裂状況は終わりをつげた。ここに、現代まで継承されるアフロ＝ユーラシア大陸の国家の原型が生まれるのである。(5)

唐やウマイア王朝の形成は、隣接する地域に強い軍事的圧力をあたえ、隣接する各地域の政治的な統一をうながした。同時に、新たに生まれたアフロ＝ユーラシア大陸各地域の国家同士が、国家の存続をかけて、たがいに競合しながら外交関係を結び合う新たな時代が始まったのである。四世紀から七世紀にかけてのユーラシア大陸の歴史は、分裂から統一へという流れの中にある。ここでは、このようなユーラシア大陸の歴史の構造を、七～八世紀に焦点をあわせて整理してみよう。

（1）ユーラシア大陸の横（東西）と縦（南北）の歴史構造

ユーラシア大陸の歴史を理解する前提として、ユーラシア大陸の生態環境とそれにもとづく横（東西）と縦

（南北）の歴史の構造を知る必要がある。

まず、横（東西）の構造である。ユーラシア大陸の大半は、東西方向の同緯度地帯は類似した気候をもつために類似した文化をもつ。すなわち、北緯四〇度〜五〇度前後に横たわる遊牧文化、北緯三〇度〜四〇度前後の半農半牧文化（農業と遊牧の混交した文化）、北緯二〇度〜三〇度前後の農業文化である。ただし、ユーラシア大陸西部の西欧は、冬の偏西風と暖流のおかげで農業地域が北緯四〇度〜五〇度にまで広がっている。

同じ文化帯の中では、同種の家畜を交通手段として使用できるので交流・物流は比較的容易である（図1のアレクサンドロス遠征やバトゥの率いるモンゴル軍の西欧遠征の経路と移動時間の短さを参照）。大規模な軍隊の移動や新しい技術の伝播、疫病の流行などが、東西に短期間に広がった要因は、この東西交通の容易さによる。ただ、同じ生業の内部での東西の交流と物流は、異なる生業をもつ南北の交流とは異なり、特別な役割をもつ人物（外交使節・軍人・遠隔地商人・宗教者など）による特別な物産（奢侈品・貴重品）の交換、領土の拡大をめざす戦争等が主体となる（図1と図1を概念化した図2を参照）。

次に縦（南北）の構造である。このような東西に横に延びる同緯度文化帯を縦（南北）にながめてみると、北から南にかけて遊牧地域・農業＝遊牧境界地帯（半農半牧地域）・農業地域という異なる生業が南北に積み重なるサンドウィッチ状の構造が浮き上がる（図3・図4）。前近代の交易の多くは、このような環境の差異にもとづく異なる産物の交換から生まれる（ユーラシア大陸東部の絹馬貿易や茶馬貿易、西アフリカの塩金貿易など）。異なる環境にまたがって同種の家畜が移動するのは難しく（たとえば駱駝やモンゴル馬は湿潤地に弱く、牛は乾燥地では生きることができない）、南船北馬とあるとおり船の交通は乾燥地にはおよばない。従って、環境の異なる境域で交通手段である家畜や船・車馬は荷を降ろし、そこに必然的に交易と交流の場（集落・都市）がつくられるのである。

前近代のユーラシア大陸の人の交流と物産の物流の主体は、この南北構造（遊牧地域―半農半牧地帯―農業地域）

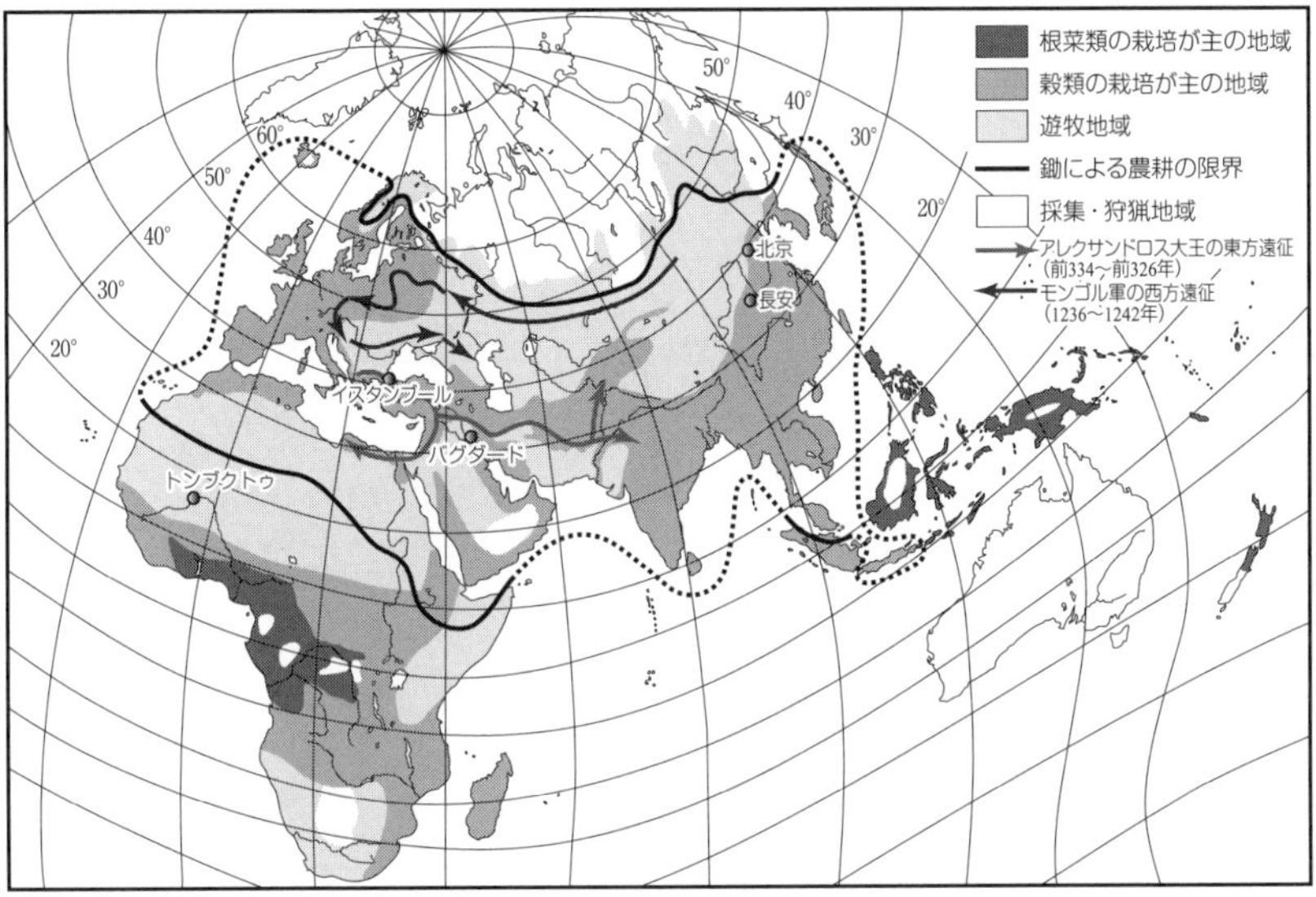

図1　アフロ・ユーラシア大陸の環境と人間の移動

(Richard Overyed ed., *The Times History of the World, New Edition*, London, Times Books, 1999. p. 37 を改図)

※アフロ・ユーラシア大陸の環境は、1500年前後の状況を示している。

出典：妹尾達彦『長安の都市計画』（東京・講談社、2001年）図2を改図。

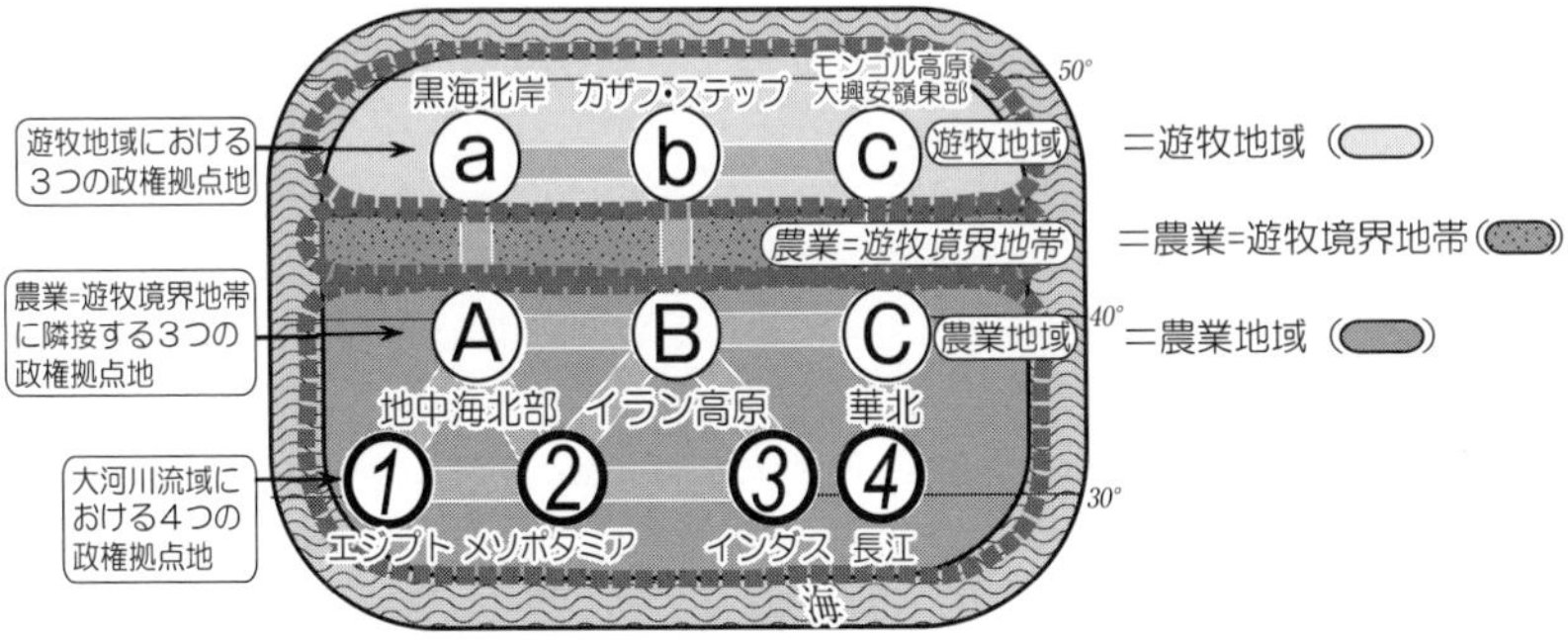

図2　ユーラシア大陸の横の構造

出典：妹尾達彦「中国の都城とアジア世界」（鈴木博之他編『記念的建造物の成立』（東京・東京大学出版会、2006年）154頁「図3-1アフロ・ユーラシア大陸の環境と歴史」を改図。

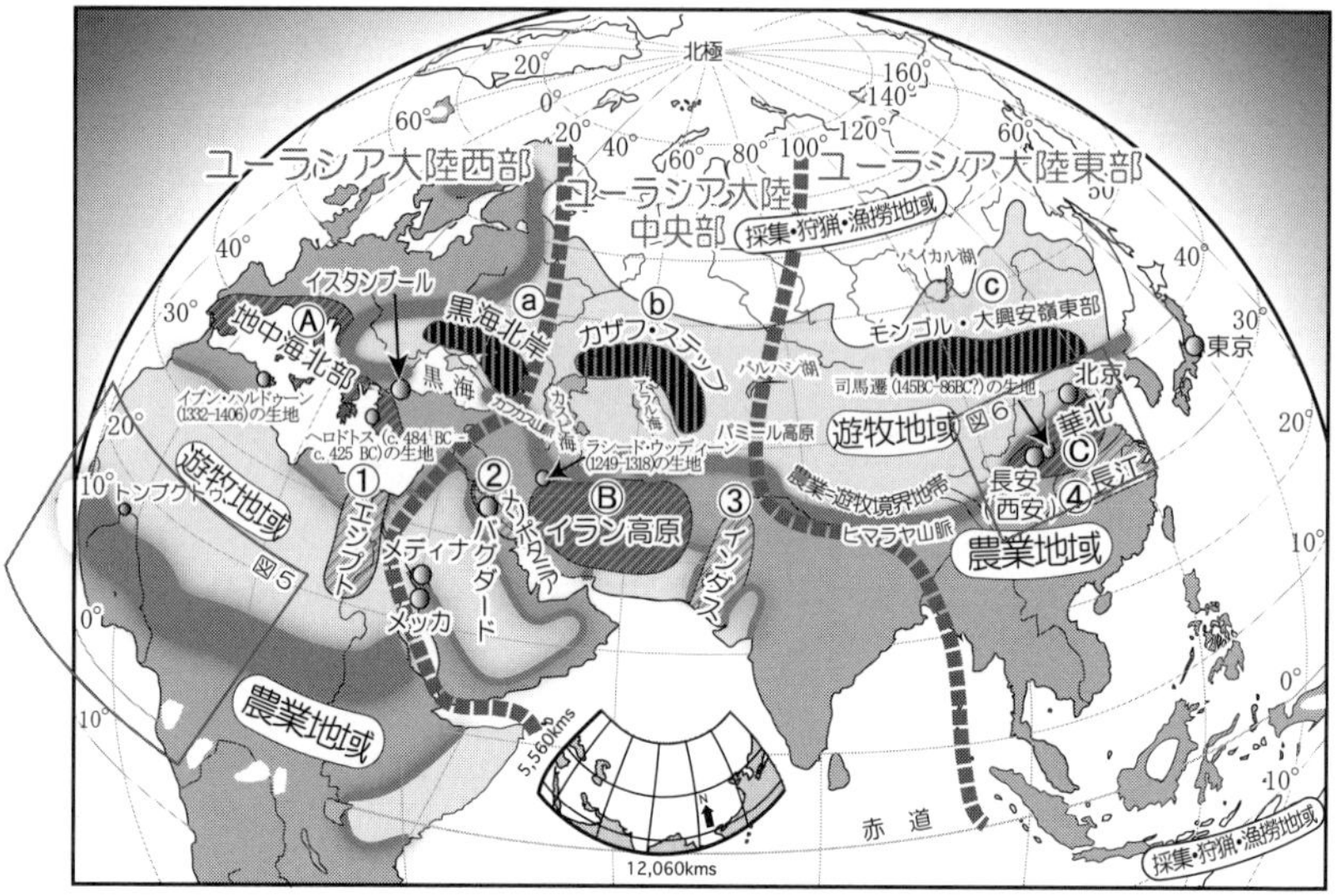

アフロ・ユーラシア大陸の主な政権拠点地

- 遊牧地域における３つの政権拠点地（ⓐⓑⓒ）
  ⓐ 黒海北岸　ⓑ カザフ・ステップ　ⓒ モンゴル・大興安嶺東部
- 農業=遊牧境界地帯に南隣する３つの政権拠点地（ⒶⒷⒸ）
  Ⓐ 地中海北部　Ⓑ イラン高原　Ⓒ 華北
- 大河川流域における４つの政権拠点地（①②③④）
  ① エジプト　② メソポタミア　③ インダス　④ 長江
- 遊牧地域(ステップ・サバンナ)
- 農業地域
- 主な農業=遊牧境界地帯
- 現在の都市

図３　ユーラシア大陸の３つの地域

出典：妹尾達彦『都市と環境の歴史学第２集〔増補版〕』（東京・中央大学文学部東洋史学研究室、2009年）304頁図2「アフロ・ユーラシア大陸のおもな政権拠点地」を改図。農業地域と遊牧地域は、西暦1500年頃（ヨーロッパの海外進出以前）の状況を示している。農業地域と遊牧地域の分布は、Richard Overy (ed.), *The Times Complete History of the World*, Times Books, 7th revised edition 2007, p. 37 “The economies of the world, c. AD1500” による。

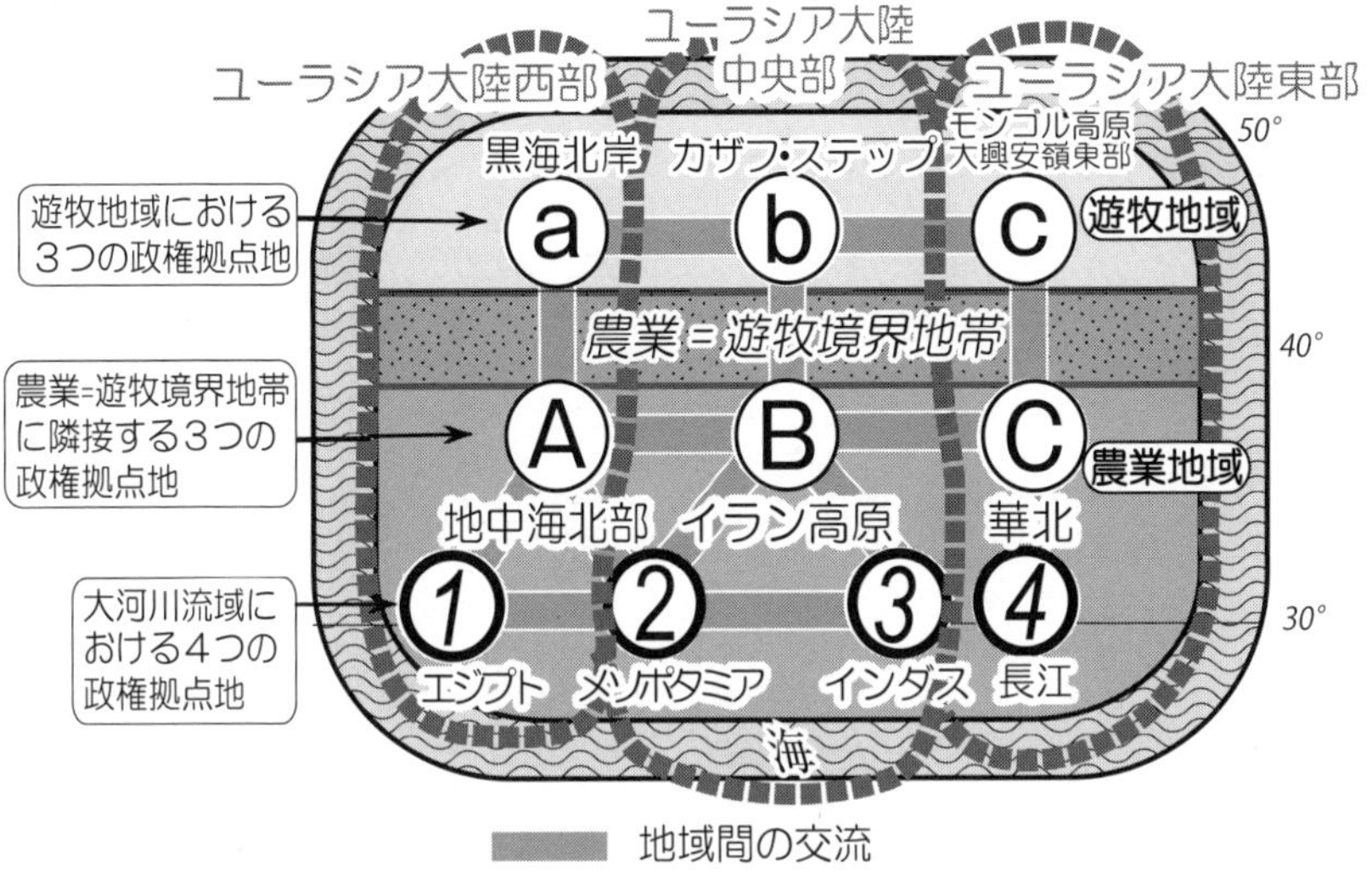

図4　ユーラシア大陸の縦の構造

出典：妹尾達彦「中国の都城とアジア世界」(鈴木博之他編『記念的建造物の成立』東京・東京大学出版会、2006年)154頁「図3-1アフロ・ユーラシア大陸の環境と歴史」を改図。

にもとづいて行われた。ユーラシア大陸の歴史は、このような同じ生業が横に連なる構造と異なる生業が南北につながる構造の絡み合いの中でつくられた。この構造を、最もわかりやすく提示している地域が、西アフリカのニジェール川流域である(図5)[6]。西アフリカに類似した生態環境をもつ地域が、ユーラシア大陸東部の華北の黄河流域である(図6)。両地域の都市の歴史が、農業=遊牧境界地帯(半農半牧地帯)から沿海地帯への都市網の転換を共有していることは、偶然ではないだろう[7]。

この南北間の人間活動を重視してユーラシア大陸を分類すると、ユーラシア大陸は東部・中央部・西部にわけることができる(図3と図3を概念化した図4を参照)。それぞれの地域における歴史は、それぞれが一つの「世界システム」を構成すると同時に、生業の南北構造(遊牧地域—半農半牧地帯—農業地域)にもとづいて発達した内陸都市網を舞台に展開するために、類似の展開をたどっていると思われる[8]。

この構造は、遊牧地域と農業地域にそれぞれ古典

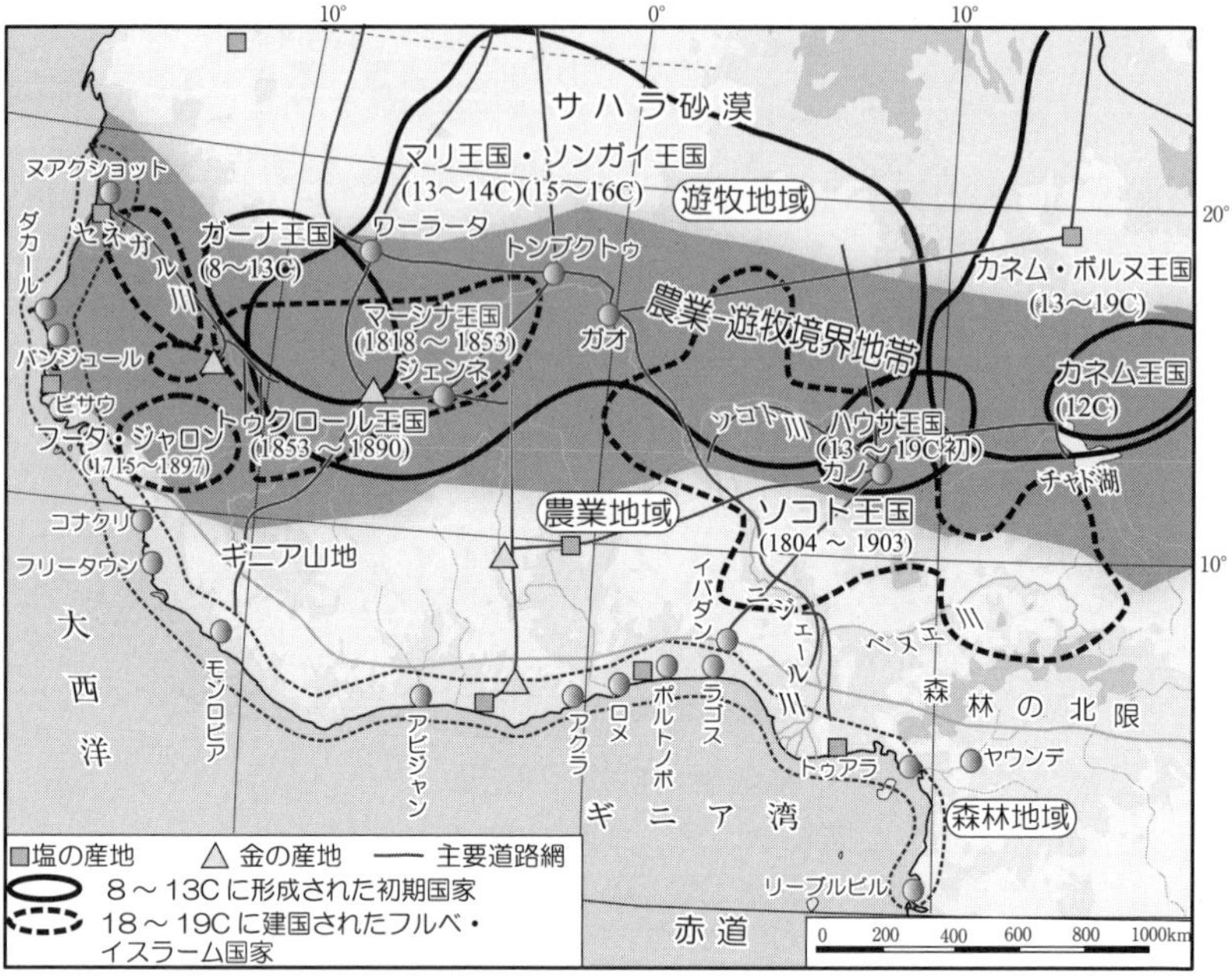

農業-遊牧境界地帯（サヘル Sahel）

沿海港湾都市網（16世紀～）

歴代主要都市（農業＝遊牧境界地帯から沿海地帯へ移行する都市網に注意）

図5　西アフリカの都市と国家の歴史
（嶋田義仁1995、宮本正興・松田素二1997にもとづく）

出典：妹尾達彦「中国の都城とアジア世界」（鈴木博之他編『記念的建造物の成立』東京大学出版会、2006年）158・159頁図3-2「農業—遊牧境界地帯における2つの国家形成」を改図。

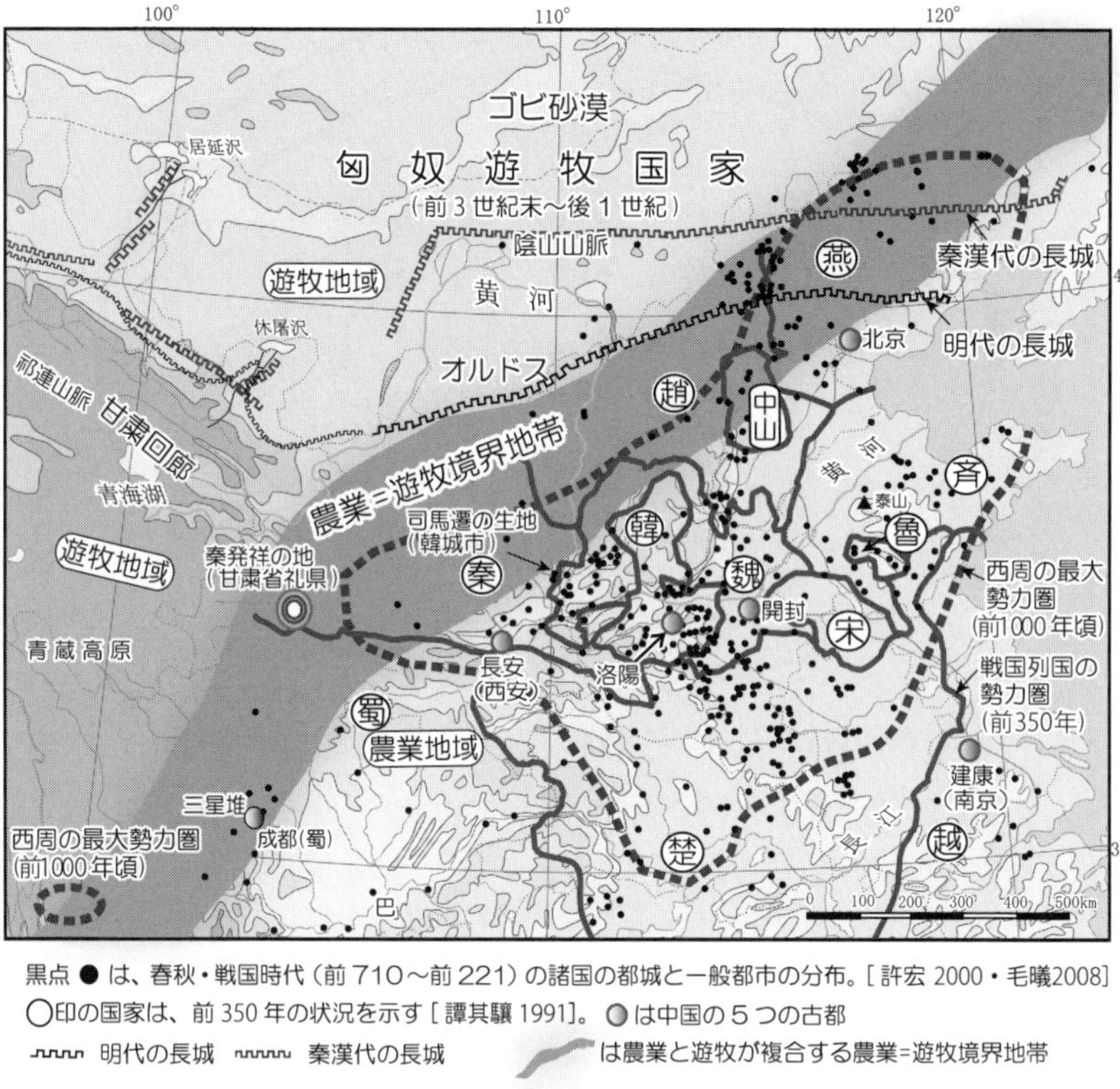

図６　ユーラシア大陸東部における都市と古典国家の形成

出典：妹尾達彦「中国の都城とアジア世界」（鈴木博之他編『記念的建造物の成立』東京大学出版会、2006年）158・159頁図３－２「農業—遊牧境界地帯における２つの国家形成」を改図。

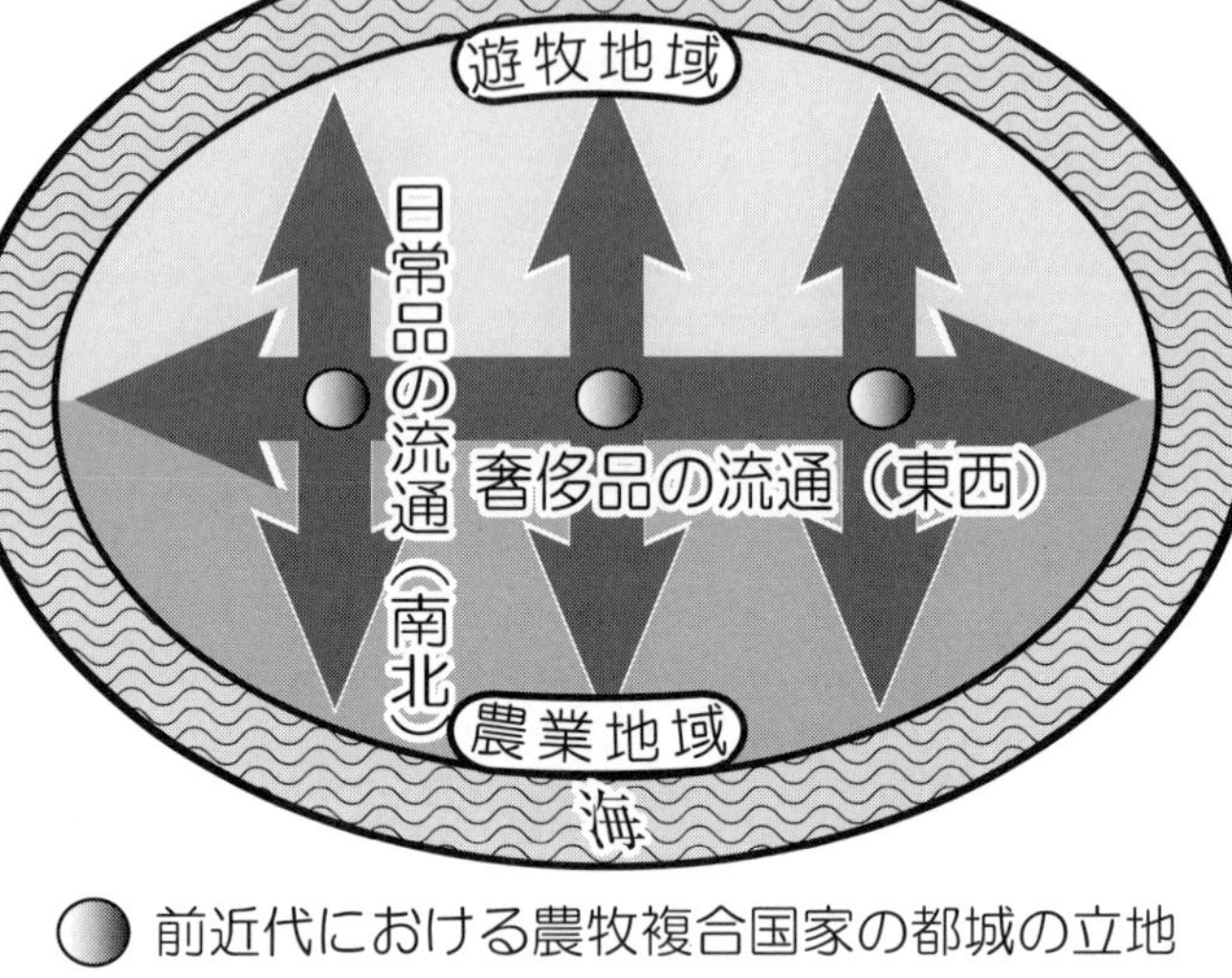

図７　前近代ユーラシア大陸の交通体系と都市（妹尾2013年）

国家が形成される前一〇〇〇年紀から始まり、沿海都市網にアフロ＝ユーラシア大陸の歴史の主舞台が転換する一六〜一八世紀頃まで続く。そして、一六〜一八世紀に決定的となった内陸都市網から沿海都市網への交通幹線の転換も、アフロ＝ユーラシア大陸に共通する歴史の構造である。前近代のユーラシア大陸の人と物産、情報の移動は、環境を同じくする横（東西）と環境の異なる縦（南北）の構造の上で行われたのである（図７）。

アフロ＝ユーラシア大陸の古典国家は、このような環境と歴史の構造を背景にして誕生した。しかし、このような歴史の構造が動揺する事態が四〜七世紀になると生じた。四〜七世紀に、アフロ＝ユーラシア大陸では、ほぼ全域において、遊牧民の農業地域への侵入とそれにともなう大規模な人間移動と政治的混乱が勃発したのである。この移住と混乱の要因は、既存の古典王朝の政治的分裂に起因する点が大きいが、より根本的には、四〜六世紀における気候の寒冷化と乾燥化、それにともなう人間移動と戦乱が考えられよう(9)

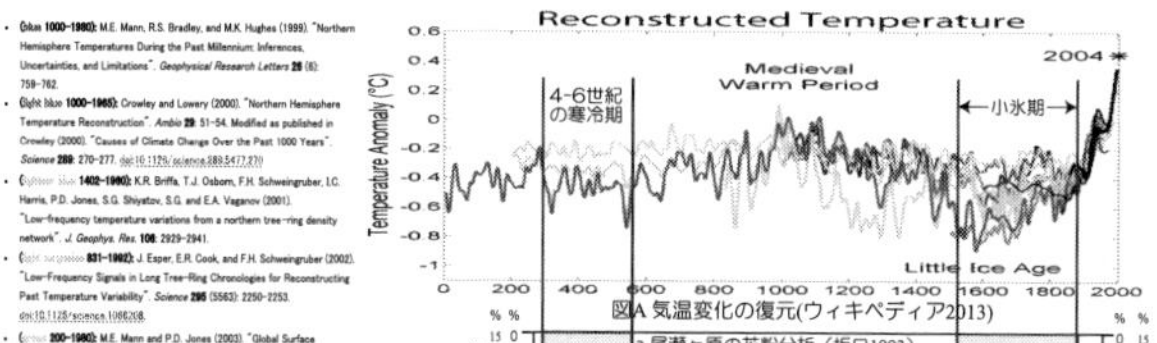

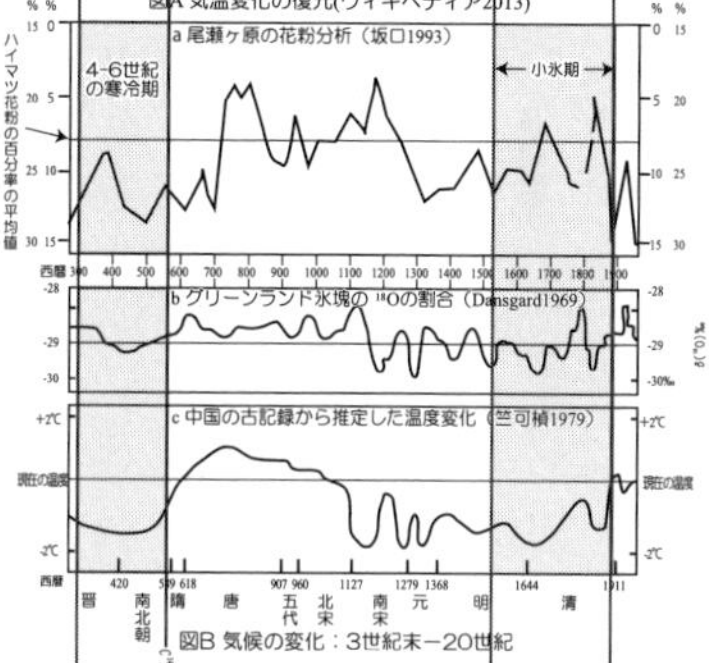

出典：

A：坂口豊「過去8000年間の気候変化と人間の歴史」『専修人文論集』51、1993年

B：Dansgard, W. /S. I. Johnsen/J. Møller. “One thousand centuries of climate record from Camp Century on the Greenland ice sheets”, *Science*, vol. 166, 1969.

C：竺可楨「中国近五千年来気候変遷的初歩研究」『竺可楨全集』（北京・科学出版社、1979年）496頁図３一千七百年来世界温度波動趨勢図。

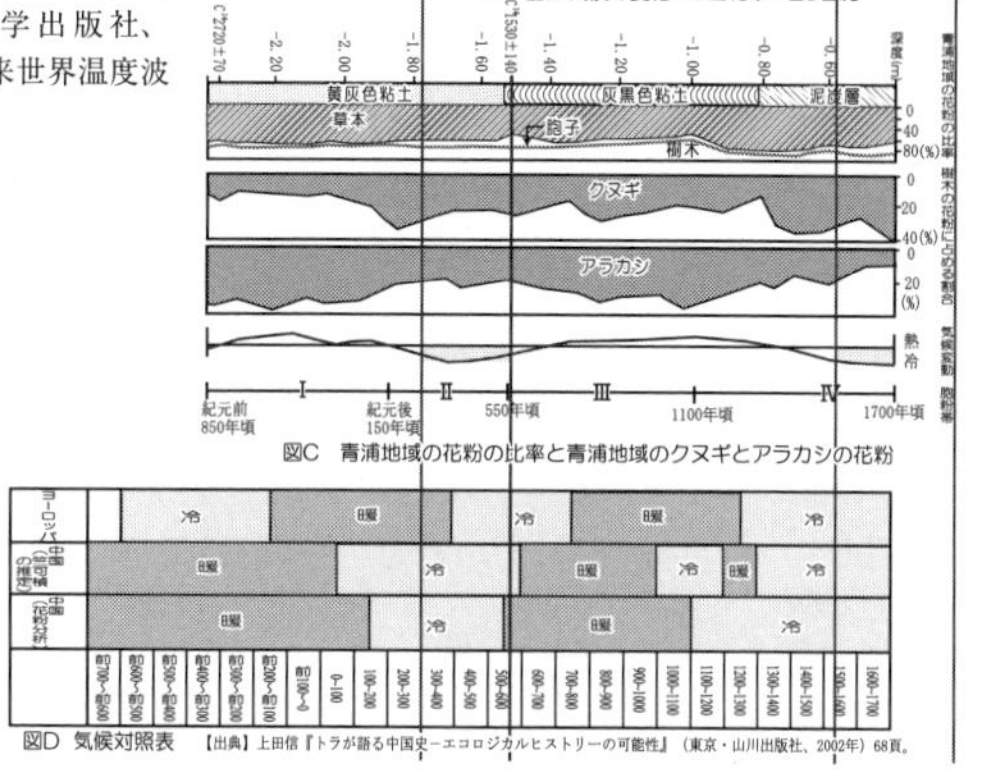

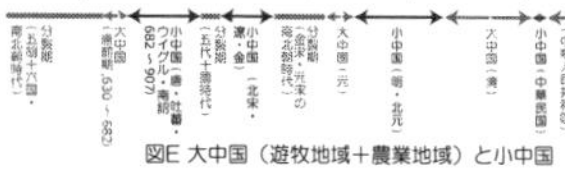

出典：妹尾達彦「中華の分裂と再生」『岩波講座世界歴史９中華の分裂と再生』（東京・岩波書店、1999年）20頁図４を増補。

図８　気候の変化

（図8）。

近年の気候史の研究によれば、三世紀から六世紀にかけての中国大陸の気候は、寒暖が短期間で繰り返されているものの、年平均気温が現在よりも〇・五度から一・二度ほど低い寒冷期にあたるとされており、この時期の寒冷化は、大局的に見れば、中国大陸北部における乾燥化と南部における湿潤化をともなっていたと考えられている。[10]図8にも整理したように、三～六世紀の寒冷期は、一六～一九世紀の小氷期 little ice age と呼ばれる北半球の寒冷期に匹敵し、中国大陸にも大きな影響を与えた。

三～六世紀（曹魏・西晋・五胡十六国・北朝・東晋南朝）の中国正史には、寒冷と旱害に関する記事が繰り返し記されており、とくに五～六世紀には、江南でも大雪や雹災、霜害、黄砂の襲来がしばしば見られた。[11]しかし、七世紀～八世紀になると一転して冷害や旱害の記述が少なくなり、唐代における温暖化の進行を裏づけるとされている。[12]三世紀以後の中国の政治的混乱の一つの要因に気候の寒冷化をあげることは、今日ではほぼ通説になっているといってよい。[13]

寒冷化と乾燥化が契機となり、遊牧地域や半農半牧地域に居住していた遊牧・牧畜民や半農半牧の人々は、多数の家畜とともに農業=遊牧境界地帯や農業地域に大挙して移住した。この結果、遊牧・牧畜民出身の為政者が、農業地域に住んでいた住民を支配する農牧複合の国家が建設された。唐やウマイア朝は、このようにして形成された農牧複合国家の例といえよう。

この混乱の中によって、農業地域に侵入した遊牧系の農牧複合国家が次々と建国されることで、従来の南北構造（遊牧地域―半農半牧地帯―農業地域）が揺らぎ始め、東西間の衝突と交流が進み、ユーラシア大陸の西部・中央部・東部の世界が横につながることになった。世界宗教圏の形成は、その端的な現れである。遊牧民が農業地域に進出したために、北緯三〇度～四〇度前後の半農半牧地域（農牧複合地帯・農業=遊牧境界地帯）の軍事・財政的

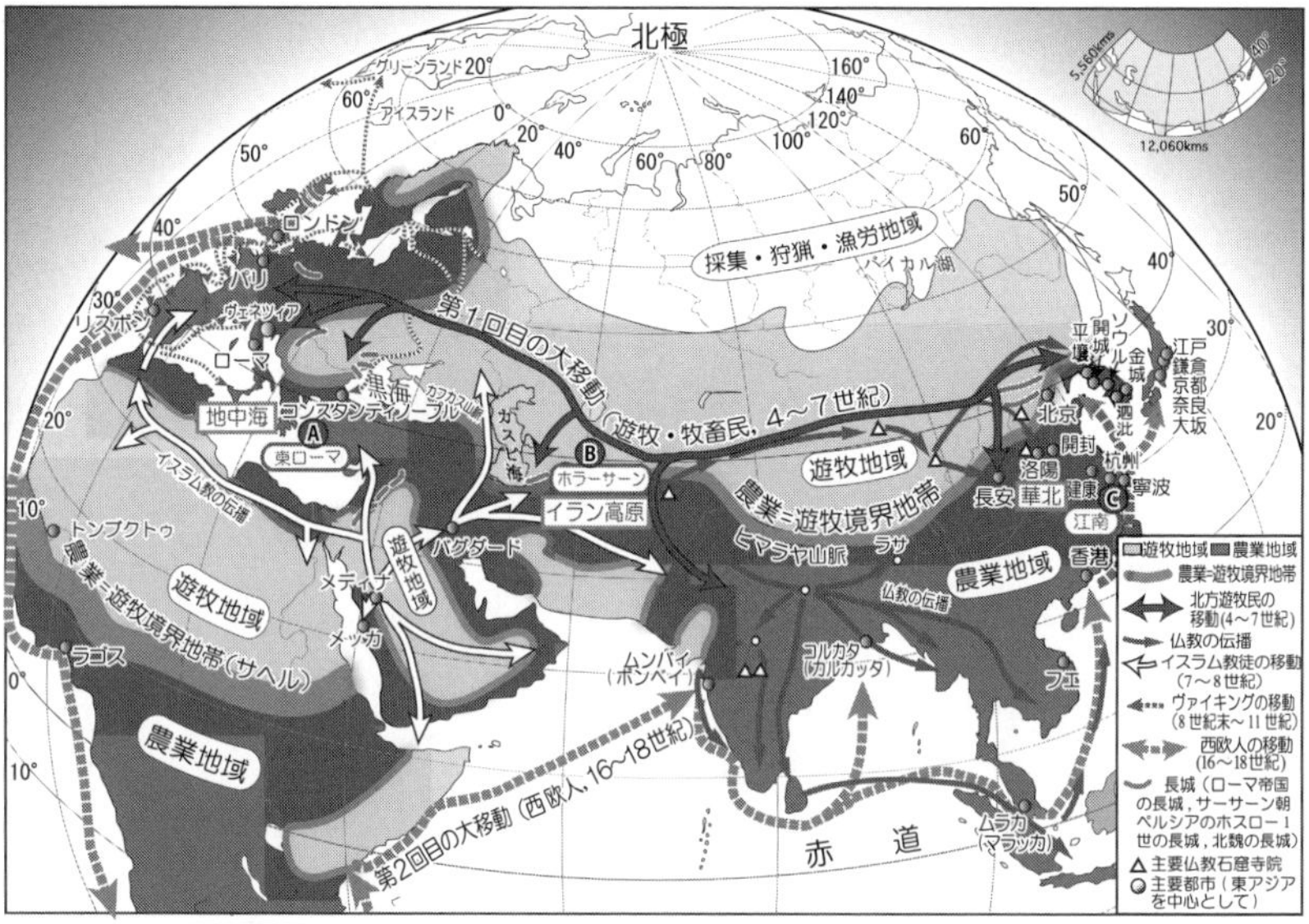

地中海　イラン高原　華北……農業=遊牧境界地帯に隣接する3つの古典文化圏の政権拠点地

Ⓐ東ローマ　Ⓑホラーサーン　Ⓒ江南……上記の3つの政権拠点地の古典文化を直接継承する地域（図1 第2期(1)のⒶ Ⓑ Ⓒに対応している）。これらの3地域は，9世紀以降、上記の3つの古典文化圏の文化を復興するルネサンス運動の原動地となる。

図9　世界史の第二期―4～10世紀

出典：妹尾達彦「北京の小さな橋―街角のグローバルヒストリー」（関根康正編『ストリートの人類学』下巻、国立民族学博物館調査報告 No.81、2009年）133頁図12を改図。

重要性が高まり、半農半牧地帯を媒介に、従来に無い大きな農牧複合の帝国が形成されていくのである（図9）。以上の歴史構造を念頭に、以下、七～八世紀のユーラシア大陸の歴史を、ユーラシア大陸東部・中央部・西部の順に整理してみよう。

（2）ユーラシア大陸東部

五～六世紀になると、ユーラシア大陸東部（東アジア）の中で、モンゴル高原から中央アジアにかけての地域では、匈奴に次ぐ広域の遊牧国家となった突厥が、分裂期の中国大陸の諸国家に軍事的・政治的影響力を強めていた。突厥の強勢化と東西への分裂（五八二年）は、中国大陸の農業地域における政治的再統一の動きを加速させ、隋（五八一～六一八）によって約三世紀ぶりに中国大陸は再統一された（五八九年）。そして、隋を継ぐ唐（六一八～九〇七）が、農業地域とモンゴル高原の遊牧地域をともに支配する中国大陸初の大きな帝国となる。このような軍事力と財力を兼ねそなえた大きな帝国の出現に対抗するために、唐を囲む地域は、部族連合を進めて唐に対抗できる統一国家をつくらざるをえなくなった。

モンゴル高原は、東突厥第一可汗国（五八二～六三〇）の支配の後、半世紀ほど唐王朝の統治下にくみこまれた。突厥は東突厥第二可汗国（六八二～七四五）として復興し、続いてウイグル（回紇〈回鶻〉可汗国七四四～八四〇）が誕生した。チベット高原から青海地域にかけては、吐蕃（六三三～八七七）が初めて統一国家を建国した。モンゴル高原の突厥・ウイグルとチベット高原の吐蕃、中原の唐は、七、八世紀のユーラシア大陸東部（東アジア）の覇権をめぐって争う三国関係を展開した。(14)

一方、長期におよぶ朝鮮半島の分裂は、新羅（三五六～九三五、統一新羅六七六～九三五）によって統一された。東北アジアは、高句麗を継承する渤海（六九八～九二六）によって統合され、日本列島の大半を日本（七世紀～）

が統合した。雲貴高原から東南アジアにかけての地域は、南詔（七三八〜九〇二）が統合する。このような状況をうけ、ユーラシア大陸東部の国々の間で新たな外交交渉と外交政策の模索が始まり、八世紀には現在の東アジア各国の国際関係の原型がつくられるのである。

四世紀以来の遊牧民の農業地域への侵入は、騎馬軍団の攻撃を避ける農耕民に山間地帯や沿海地帯への移住と開拓をうながした。中国大陸とインド亜大陸の住民の南方への移住と沿海地帯の定住化は、中国南部とインド南部の地域統合をうながし、港湾都市と沿海都市網の発達を進展させた。その結果、両大陸の港湾都市をつなぐ沿海交通網が形成され、この交易網を基盤にして七、八世紀には東南アジアの諸国家が台頭し、現在の東南アジアの基層文化をつくりあげていく。

東南アジア大陸部では、扶南（一〜七世紀）から真臘《チャンラ》（六一〇〜八〇二）が独立した後にクメール王朝（八〇二〜一四三二）となり近現代のカンボジアの源流が生まれ、ミャンマー（ビルマ）の地には驃国（七世紀〜八三二）が生まれている。ベトナム中南部では、扶南からの真臘の独立に呼応して林邑（二〜八世紀）に政変が生じ、環王（七五七〜八五九）を号する王国が生まれ九世紀以後はチャンパ（占城）王国（〜一八三二）に継承された。

島嶼部では、シュリーヴィジャヤ王国（七〜一四世紀）や、ボロブドゥール仏教寺院の造成で知られるシャイレーンドラ朝（八〜九世紀半ば）、ヒンズー教を教義とする古マタラム王国（七五二〜一〇四五）等が形成され、現在のインドネシアの文化の古層が形成された。以上の諸国は、中国大陸と南インドを連結する沿海交易網に基盤をおいて繁栄した(15)。

(3) ユーラシア大陸中央部

ユーラシア大陸中央部では、七世紀に、インド亜大陸西北部から地中海北部にかけて広がるイスラーム王朝

（ウマイア朝六六一～七五〇　アッバース朝七五〇～一二五八）が登場し、現在のイスラーム宗教圏と国家の原型が誕生した。ウマイア朝の統治空間の地中海地域への拡大はサハラ砂漠南方の西アフリカにも政治的緊張をもたらし、西アフリカ初の統一国家・ガーナ王国（八～一一世紀）を生みだす。[16] ガーナ王国の誕生は、唐朝の中国大陸統一の政治的緊張をうけて日本が誕生することと同時代現象である。

インド北部では、エフタルの侵入をうけて衰退したグプタ朝（三二〇～五五〇頃）にかわり、ヴァルダナ朝（プシュヤブーティ朝　七世紀前半）が生まれ、唐朝とも外交使節を交換している。四世紀以来のユーラシア大陸中央部から北インドにかけての政治的混乱を受け、インド南部への定住化と開拓も進み、七、八世紀にはヒンドゥー系国家が複数建国された。遊牧地域からの遊牧騎馬民の侵入がくりかえされるインド亜大陸の歴史構造は、中国大陸の歴史構造と類似した点が多い。

(4)　ユーラシア大陸西部・アフリカ大陸

ユーラシア大陸西部では、四～七世紀の「民族移動」にともない半農半牧のゲルマン系やスラブ系諸国家が多く建設され、四世紀末に生まれたフランク王国が西欧を統合して八世紀末にはカロリング朝（七五一～九八七）の盛期をむかえ、キリスト教を教義とする西欧の国家と文化の原型がつくられた。

なお、東西に分裂したローマ帝国の西側はゲルマン人の侵入を契機に五世紀末に滅亡したが、東側は民族移動期の混乱の中を生きぬき、一五世紀半ばまでギリシャ・ローマ文化を継承し西欧ルネサンスの母胎となった。このような東ローマ帝国の歴史的位置づけは、イランの古典文化を継承したユーラシア大陸中央部におけるホラーサーン地域の諸国家や、漢王朝の古典文化を継承したユーラシア大陸東部の江南における南朝の諸国家の役割と類似していると思われる（図6）。[17]

(5) 世界宗教圏の形成

四～七世紀における遊牧民の移動は、アフロ・ユーラシア大陸の各地域の人間移動を誘発して社会全体に未曾有の混乱をもたらした。人口は激減し、既存の血縁や地縁などによる人々の結びつきは断ち切られ、人々はばらばらに孤立していった。その結果、従前の家族や地縁、職業団体などの集団の救済を目的とする伝統宗教ではなく、出身や性に関わらない孤立した個人を個別に救済する世界宗教が人々に必要とされ、アフロ=ユーラシア大陸の各地域に伝播していったのである。ここで重要な点は、仏教圏やイスラーム教圏、キリスト教圏などの世界宗教圏が、人類が初めて経験する広域の商業圏をつくり、アフロ・ユーラシア大陸を東西につなぐ交通・情報網を創造したことである。(18)

個別の出身や職業に依拠せず普遍を指向する世界宗教は、遊牧地域と農業地域にまたがる農牧複合国家の王権思想を生みだし、広域で複雑な統治空間と種族構成をもつ政権をささえた。仏教に依拠した隋唐・吐蕃や、イスラーム教のアッバース朝・ウマイア朝、キリスト教の東ローマ帝国(ビザンツ帝国)・フランク王国などの国家は、世界宗教に依拠して政治権力を浸透させる点において共通している。この時期のアフロ=ユーラシア大陸に誕生した世界宗教圏は、宗教分布に多少の変化を生じさせながらも基本的に現在も継承されている(図10)。

七～八世紀のアフロ=ユーラシア大陸にほぼ同時に誕生した以上の諸国家が、多様な国家形態をもつことはいうまでもない。異なる国家の内部組織の違いを無視して、同時代に存在することのみによって類似性を指摘しても意味はない。しかし、これらの国家の形成が人間の移動と文化の伝播をともなっており、ほぼ同時に進行したことは確かであり、日本の建国も、この時期の東アジアのみならず、アフロ=ユーラシア大陸における国家形成の同時代現象の一つと考えられるのである。

すなわち、唐や新羅の台頭に対抗する七世紀後半の日本の建国は、上述のように、はるか離れてはいるもの

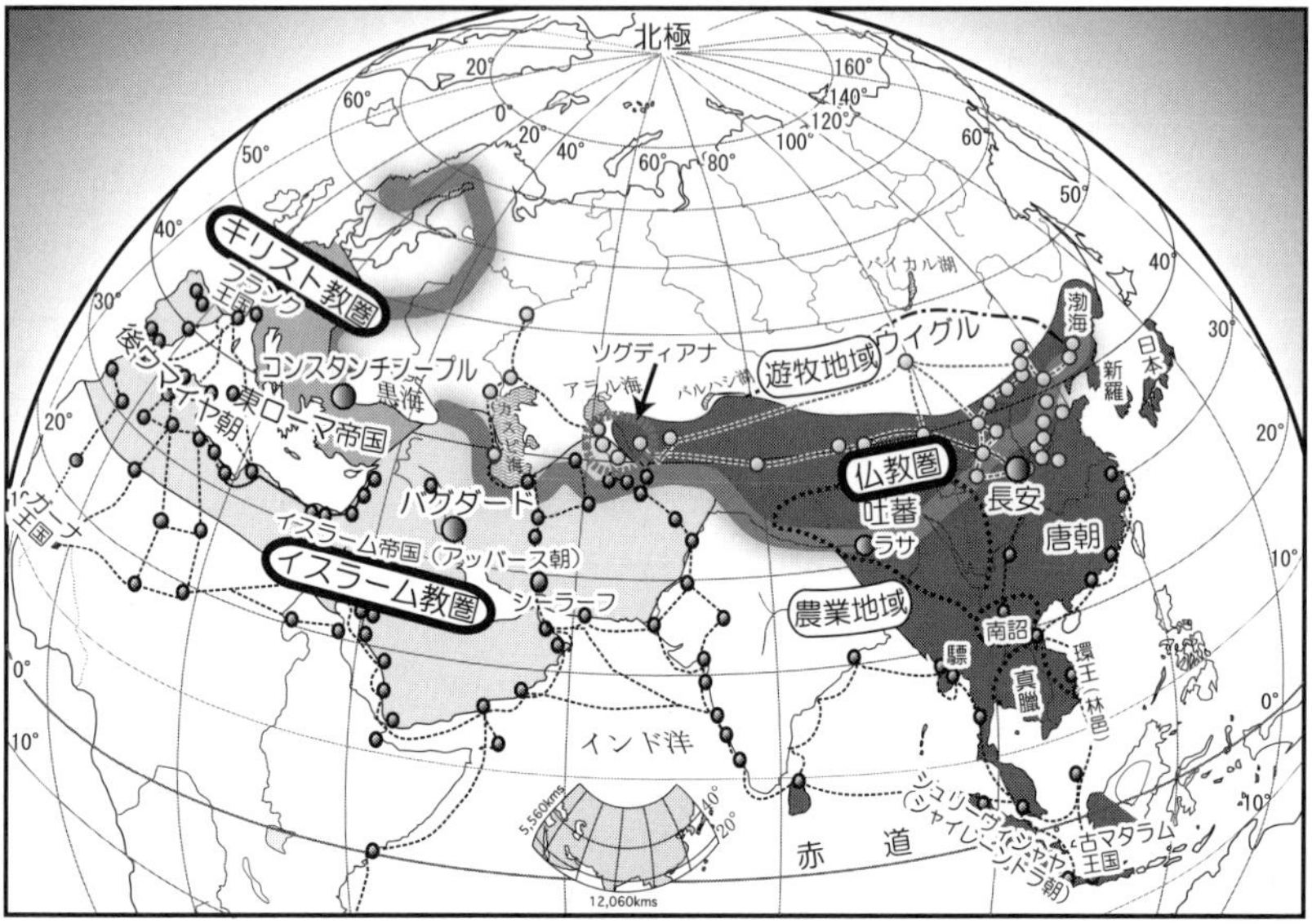

○—○ ソグド商人の商業網（4 世紀～ 8 世紀）　●----● イスラーム商人の商業網（7 世紀～ 10 世紀）

● 3 つの世界宗教圏の 3 つの中核都市（コンスタンチノープル・バグダード・長安）

ユーラシア大陸を貫く農業=遊牧境界地帯

3つの世界宗教圏	同一世界宗教圏内の政権
キリスト教圏	フランク王国　(Regnum Francorum, 486 ～ 987) 東ローマ帝国　（ビザンツ帝国 ,Imperium Romanum,330 ～ 1453)
イスラーム教圏	ウマイヤ朝　(Umayyads, 661 ～ 750) 後ウマイヤ朝　(Umayyads〈Caliphate of Córdoba〉, 756 ～ 1031) アッバース朝　(Abbasids, 750 ～ 1258)
仏教圏	唐王朝　(618 ～ 907) 吐蕃　(633 ～ 877) 渤海　(698 ～ 926) 新羅　(356 ～ 935) 日本　(7 世紀～） 南詔　(738 ～ 902) 真臘　(6 世紀中葉～ 15 世紀中葉） 環王　(757 ～ 859) シュリーヴィジャヤ　（室利仏逝 ,Srivijaya,　7 世紀～ 14 世紀頃） シャイレーンドラ朝　(8 ～ 9 世紀半ば）

図10　世界宗教圏の形成―８世紀のアフロ・ユーラシア大陸―

出典：妹尾達彦「世界史の時期区分と唐宋変革」（『中央大学文学部紀要』史学第52号通巻第216号、2007年）46頁図５を改図。ソグド商人の商業網（４世紀～８世紀）は、栄新江『中古中国与外来文明』（北京・生活・読書・新知三聯書店、2001年）39頁図３粟特移民遷徙路線図と、荒川正晴『ユーラシアの交通・交易と唐帝国』（名古屋大学出版会、2010年）596頁付図４唐代ソグド人コロニーと駅道図を参照し作図。イスラーム商人の商業網（７世紀～10世紀）は、家島彦一「国際商業ルートの支配と推移」『シンポジウム 東西交渉史におけるムスリム商業』中近東文化センター、1982年、226-227頁の図をもとに作図した。

の、ウマイア朝の形成に対応する八世紀のガーナ王国（Wagadou Empire）の国家統合と同じ世界史の動きの中での同時代現象である。同じく、日本の建国は、半農半牧のゲルマン諸族の移住によって建国したフランク王国や、イスラーム教を信じる遊牧民の建国したウマイア朝、チベット高原を初めて統一した吐蕃、中国大陸の長期にわたる分裂時代を終息させた唐の建国とともに、たがいに関連しあう同時期の歴史現象だった。

（5）東アジアの国際関係をユーラシア大陸の歴史の中で考え直す

「はじめに」の箇所で述べたように、七〜八世紀の東アジアをめぐる研究は、高句麗・百済・新羅や渤海と唐との冊封関係を主軸に東アジアの国際関係や文化交流の構造的連環を論じる西嶋定生の冊封体制論が、批判を受けながらも、現在にいたるまで最も体系的な論として影響をもちつづけている。[19] 冊封体制論から除外された遊牧地域と中原王朝との関係については、羈縻府州（現地の首長に統治の権限を委ねる間接統治のための行政単位）の設置や羈縻政策をもとに羈縻体制論が生みだされた。[20]

ただ、冊封体制論や羈縻体制論が、中国の中心性を必然的につくりだす漢字文献にもとづいて立論しており、中国の文化的中心性と優位性を自明の前提としていることは否めない。そのために、これらの仮説が、各国家独自の多元的かつ双方向的な外交政策のあり方に注目する中央アジア史、チベット史、ベトナム史、朝鮮史、日本史等の中原王朝をかこむ東アジア各地域の歴史研究者から、例外なく批判を受けるにいたったことも周知のごとくである。[21]

七〜八世紀の日本は冊封を受けていないので、厳密にいえば冊封体制論の対象にはならない。そこで、西嶋定生は、冊封体制論とあわせて、漢字・儒教・律令・仏教という共通要素をもとに日本をふくむことのできる「東アジア世界論」を提唱せざるをえなかった（この点は、西嶋定生の立論の要点が網羅された論文「東アジア世界と冊封体制」〈同『西嶋定生 東アジア史論集第三巻』〉の論題によく現れている）。しかし、繰り返し指摘されているように、東アジア世界論が日本史を東アジア史の中にくみいれるために提案された仮説であったために、この時期の東アジアの国際関係史の中では主役ではなかった日本の外交的位置を、歴史的事実以上に重要視する傾向に陥ったことも確かであろう。[23]

近年は、前近代の東アジア国際関係を、中国への貢納品の進奉と回賜をおこなった国々を広く包含する貢納体制が力を得てきている。貢納制度（貢献制度）は、唐の政治的影響力のおよぶ内地の州府―羈縻府・州―蕃国（蕃域）のすべてに適用された。そのために、地域的に限定される冊封関係や羈縻関係ではなく、貢納・貢献こそが唐王朝と隣接諸国との関係をつくりあげる制度であり、唐の支配原理を解く鍵であると指摘されている。[24] 貢納制度論では、入貢路の究明が重要な課題となり交通路への注目が高まることになり、また、貢納授受の儀礼舞台として設計された都城空間の役割が問題となる。[25]

一般に、国際関係をなりたたせる要素には、外交や軍事、貿易、婚姻関係（和蕃公主が一例）、宗教・文化交流、文書による情報伝達、技術の伝播、さまざまな職業・出身・階層・身分をもつ人間の往来や移住などがある。前近代の国家においても、これらの要素を政治的にからみあわせることで、最終的な紛争解決手段としての戦争の行使を事前に避ける国際システムの構築が継続的に試みられていたことを忘れてはならない。冊封体制や羈縻体制、朝貢体制も、このような国際関係を構築し維持するための前近代の国際秩序の一つであったことは疑いない。

封爵や貢納を与え受け取る行為が、この制度にかかわった双方の政治権力による支配の浸透の手段であったことは確かであろう。その一方で、これらの制度が、歴代の中国国家と中国に隣接する国家が紛争を最小化して国際関係をつくりあげるための多様な外交政策の一つであり、中国を囲む諸国家にとって、中国の政権の面子《めんつ》をたてながら国際秩序の安定化をはかる、当時の「国際法」を構築する試みの一環でもあったと思われる。

現実には多様な要素からなる東アジアの国際関係を考える際に、筆者は、中国の正史に典型的に見られるような単一の中心的権威（正統性）の所在を前提とするのではなく、国家や地域による権力の流動と分散に注目し、政治や軍事、経済の中核地の移動と交通幹線の変化にともない東アジアの国際関係の網の目が絶えず変動していくと考えた方が、複雑な歴史現象を把握しやすくなると考えている[26]。その際に、各国の都城を核とする都市網の変遷は、東アジアの歴史を考える鍵を提供してくれるのではないだろうか。都城の立地の交替による都市網の変遷は、東アジアの国際関係の変化に対応していると思われる。本稿では、この試みを具体化するために、七～八世紀の東アジア各地域の国家形成に即してあいついで建造された都城と、都城を核とする交通網の形成とその変貌に注目してみたい。

七～八世紀に現在のユーラシア大陸の諸国家の源流が生まれた理由には、軍事・政治・経済・宗教・社会等の多様な要因が絡み合った結果と考えられ、もとより単純な分析はむずかしい。ここでは、東アジアの都城と都市網の形成を図化し、当時の世界情勢を視覚的に復原することで、この時期の東アジアのもつ時代的特色の一端を具体的に論じてみたい。

二　東アジア都城時代の誕生と交通網の形成

（1）交通史における七～八世紀

交通とは何か[27]

本稿でいう交通とは、狭義の意味では、人と財貨の空間移動（transportation）のことをさしており、広義の意味では、人と財貨の空間移動に加えて情報・文化の伝達（communication）をふくむ。交通は、通常時の交易や交換、交流の他に、非常時の戦争までをもふくむ大きな概念である。

狭義の交通には、移動の主体にもとづき旅客交通と貨物交通があり、移動の場所にもとづく陸上交通・水上交通・航空交通がある。交通機関には、通路・運搬具・動力の三要素がある。このうち通路は、道路・航路・鉄道路・航空路などをさし、運搬具には、道路は人・家畜（馬・牛・駱駝・驢馬等）・車両（馬車・牛車・荷車等）・自動車等、航路は筏や舟・船舶等、鉄道路は汽車・電車等、航空路は航空機等がある。動力は、人力・畜力・風力・水力等の非人工的（自然的）なものと、蒸気力・石油燃焼爆発力・電力・原子力など人工的なものとがある。交通手段は、前近代では、人足や馬・牛・ラクダ等の家畜であり運搬具と動力が未分化だったが、近代になると、運搬具と動力源が分離して自然的制約から脱出することで、交通は飛躍的に発達した。

一般に、交通の機能は、人と人の間の空間的・時間的距離を少なくすることにある。交通の発達がもたらすものを整理すると、以下のようになる。

（1）土地利用の機能分化と分業を進展させ、市場の拡大と産業の生産力を促進する（経済的機能）。
（2）軍事力を強化してより大きく複雑な政治組織を可能とする（軍事的機能）。
（3）異なる国家間の外交関係の樹立を可能にする（政治・外交的機能）。
（4）人間社会を同質化する（社会的機能）。
（5）人間と自然の関係を変容させる（思想・文化的機能[28]）。

このように、人間の生活をなりたたせる経済・軍事・政治・文化は、すべて交通によって規定されるのであり、交通の歴史こそが人類史を読み解く鍵の一つとなる。交通の有無や進展の程度が、個人や人間・地域・階層・身分・機能集団のあり方を決定づける重要な要素となるのである。

交通の始まり

人類は、前一万年から前五〇〇〇年頃にかけて狩猟採集生活から農業・牧畜生活に移行する。その結果、産物の交換が必要となり交通が生まれた。前三〇〇〇年紀の大河川文明時代に都市国家が生まれると、王宮を中核とする人工の道路網と河川流域交通網がつくられるようになる。ただ、道路交通は徒歩と家畜や人間を動力とする貨客運搬を主とし、河川流域交通は筏・丸木舟・箱船・小帆船を主とし、交通の速力は家畜の能力と風力に規定され、交通効率は低く費用も割高だった。

遊牧地域と農業地域を貫通する内陸幹線の形成

前一〇〇〇年紀になると、遊牧地域と農業地域にそれぞれ古典国家（スキタイ・サカ・匈奴とローマ・ペルシア・秦漢）が生まれ、農業=遊牧境界地帯（農牧複合地帯）を媒介に、遊牧地域と農業地域を連結する道路網が形成された。一般に、自給自足できる共同体の内部の交通は小規模であり、異なる人物や物産・情報をもつ共同体と共同体が対峙することでより大きな規模の交通が必要となる。(29) 二つの異なる生業の地域を連結するこの道路網が、アフロ=ユーラシア大陸の交通の幹線をなす時代が誕生したのである。

前一〇〇〇年紀から一六世紀頃までは、遊牧地域が農業地域に対して軍事的に常に優位にたつ時代である。一六世紀前後に船舶と沿海交通路にとって替わられるまで、世界で最も速く強力な動力は馬であり、アフロ=ユーラシア大陸の交通幹線は、農業=遊牧境界地帯（農牧複合地帯）を貫通する道路交通網だった。

ユーラシア大陸の農業地域を代表する古典国家であるペルシア・ローマ・秦漢は、効率的な軍事防衛・徴税・情報伝達のために、統治空間内の広域交通網を構築する必要があった。草原地帯の遊牧地域が、馬に乗ればどこでも基本的に移動可能であるのに対して、農業地域では、地形（山や谷や河川の存在）と空間（農地・居住地）の制限によって馬や車両の交通のための専用道路が必要となるのである。そこで、ペルシア帝国は史上初の駅伝制度をもつ交通網をつくり、ローマ帝国は「すべての道がローマに通じる」体系的な街道をつくった。秦漢帝国は都城の咸陽や長安を中核とする幅一〇〇mをこす道路網を造成し、車軌（車輪と車輪の間の長さ）を統一し、駅をもつ幹線陸路網（駅道）を都城を核に拡大して交通の便をはかったのである。これら古典国家の交通体系が、その後のアフロ・ユーラシア大陸の都市網の土台となる。

四〜七世紀のアフロ＝ユーラシア大陸をおおう動乱と人間移動は、古典国家を解体させ世界は大きな混乱期をむかえる。しかし、この混乱の中から世界宗教圏が生まれ、上記のように現在の宗教地図が誕生した。七〜八世紀になると、農業地域に侵入した遊牧・牧畜系の軍事支配者によって、農業地域と遊牧地域を包含する農牧複合の統一王朝が各地域に形成される。これにともない、四〜七世紀の混乱によって分裂した古典国家時期の都市網は、より広域で密度の高い都市網に再編された。

農業地域と遊牧地域をつつみこむ大きな帝国の誕生

隋は、四世紀以来の変動期に遊牧地域から農業地域に南下してきた、鮮卑拓跋部を始めとする遊牧騎馬軍団を中核に建国された王朝である。この出自からわかるように、隋は、もともと、遊牧地域の南端と農業＝遊牧境界地帯と農業地域とを内包する農牧複合型の国家であり、その都が長安だった。唐は、このような隋の農牧複合型国家の性格をそのまま継承した。

特筆すべき点は、第二代皇帝の太宗と第三代高宗の時代に、唐は、六世紀後半から七世紀初にかけてユーラシア大陸東部最強の軍事国家であった突厥の分裂と弱化を利用して、統治空間を一挙に遊牧地域のオアシス都市網にまで拡大し、七世紀末には、遊牧地域と農業地域の両地域を等しく包含する大きな統治空間をもつ帝国となったことである。太宗昭陵北司馬門の一四国蕃君長像と高宗乾陵南門の六四番酋像の存在は、遊牧地域と農業地域を包含する大帝国となった唐王朝の国際関係の一端をよく示している。

確かに、唐の支配した遊牧地域の大半は地元の部族の首領に統治をゆだねる間接統治であり、遊牧地域のオアシス都市に拠点をおく唐の統治期間も数十年にすぎなかった。しかし、中国史上初めて、唐が、モンゴル高原からゴビ砂漠、タクラマカン砂漠におよぶ広範囲の遊牧地域と、江南から嶺南にいたる農業地域の両地域を統合したことの意味は大きい。

七世紀に農業地域と遊牧地域の異なる生業の地を統合する国家となった唐は、隋の統治方法にもとづきながらも、従来にない独自の統治方法を模索せざるを得なかった。その一つが、（a）遊牧地域や、（b）農業=遊牧境界地帯、（c）中国大陸南部には羈縻州や羈縻州を統轄する都督府・都護府を広く設置して間接統治を試み、（d）中国大陸中央部の農業地域には主に伝統的な州県制度をもちいる複合的な統治制度の創造である。

唐朝の創造した農業地域と遊牧地域の複合統治の政策は、農牧複合国家となった後代の遼・金・元・清にも基本的に継承された。注意すべきは、唐朝が、軍事・経済的に長安と密接に連結する河西回廊のオアシス都市には、間接統治ではなくあくまで州県制度を適用して直接統治をはかった点である。これは、長安が河西回廊の諸都市と不可分の関係をもっていたことを示している。

七世紀に設置された羈縻州や都督府、さらに、都督府や都護府に替わって八世紀初頭に設置された十節度使の治府の多くは、農業=遊牧境界地帯かそれに隣接する地域におかれていた。このことは、農業=遊牧境界地帯の掌握の成否が、唐の存続にとって死活問題であったことをうかがわせる。長安は、この農業=遊牧境界地帯の南に隣接する農業地域に立地しており、長安の平安は農業=遊牧境界地帯の掌握に依存していた。

農業＝遊牧境界地帯の重要性[30]

農業地域と遊牧地域の交錯する農業＝遊牧境界地帯は、現在の中国政権がこの地に拠点をおいて誕生したように、紀元前から二〇世紀にいたるまで数千年間にわたり中国史において常に軍事・財政上の要地でありつづけた。一八世紀以後に沿海地帯の軍事・財政上の重要性が農業＝遊牧境界地帯を凌駕するまでは、外中国の遊牧地域と内中国の農業地域を媒介する農業＝遊牧境界地帯の戦略・財政上の重要性はきわだっていたのである。前近代のアフロ・ユーラシア大陸においては、農業地域と遊牧地域を複合する国家こそが、軍事的・経済的に最も安定した強力な国家だったのである[31]。

生態環境の点でいえば、農業＝遊牧境界地帯は遊牧民が多数の家畜とともに移住できる場所であると同時に、農耕民が移住できる場所でもあり、遊牧民にとっても農耕民にとっても比較的安定的な半農半牧の生活が可能となる地であった。中原の農業地域に拠点をおく政権にとっては、中原防衛のために農業＝遊牧境界地帯の掌握は不可欠であり、管轄する牧畜民は、平時には銀や羊の納税者となり臨戦時には強力な騎兵となる存在だった。遊牧民にとっても、遊牧の生業の限界に位置する農業＝遊牧境界地帯は、自分たちの生活慣習を大きく変えることなく進出できるとともに、農耕民を配下におくことで穀物を確保できる場所だった。また、遊牧にとって農業＝遊牧境界地帯は、中原政権との外交交渉や商業網の掌握を有利に展開するための戦略上の要地でもあった。

前近代において、農業＝遊牧境界地帯の軍事的・政治的重要性を示す事例には事欠かない。すなわち、漢と対峙した匈奴が後一世紀末に分裂し、その一部の勢力が漢王朝の方針のもとでオルドスから黄土高原地帯にかけての地域に南下して南匈奴となって定着後、四世紀に反乱をおこして独立し三世紀間におよぶ中国華北の大分裂を導いたことや、唐と対峙した突厥が六世紀末に東西に分裂し、その一部の勢力が唐王朝の方針のもとで匈奴と同じく陰山・オルドスから黄土高原地帯にかけての地域に南下して南突厥となって定着後、七世紀末に反乱をおこして突厥を再興したことなどは、農耕地域と遊牧地域の両者にまたがる半農半牧地帯の戦略的重要性をよく物語っている。

また、九世紀に唐と対峙したウイグルが分裂した際に、その一部の勢力は匈奴や突厥の先例にもとづいて唐朝に帰順してオルドスから黄土高原地帯にかけての地域への南下を望んだ。しかし、南匈奴や南突厥の事例を鑑みた唐朝はウイグルの南下と定着を認めず、南下を望むウイグル勢力はモンゴル高原にとどまることになり、その結果、次第に他部族に統合されていったのである。このことは、九世紀の唐朝が、長安防衛のために農業=遊牧境界地帯の把握に細心の注意を払っていたことをうかがう事例である。

本書の西村陽子論文は、九世紀から十世紀にかけてのトルコ系沙陀族の国家が、この農業=遊牧境界地帯を主要舞台としていることを論じている。二〇世紀半ばになり、共産党が、北方のソ連と南方の国民党支配地域の両者の中間地帯であるこの農業=遊牧境界地帯に拠点をおき、中国大陸を統一する政権に成長したことは、この農業=遊牧境界地帯のもつ軍事・経済機能の潜在力が二〇世紀半ばまで持続していたことを示している。

農業=遊牧境界地帯は、農業と遊牧という異なる生業がまじわり融合する生態環境の遷移帯《エコトーン》であり、地球環境の変化に最も敏感に反応する地帯の一つである。年平均気温の高低等の気候変化や、遊牧民による牧地化、農耕民による可耕化等によって、生態系が容易に変化する敏感な地帯であり、現在の中国の環境問題を凝縮する地域の一つでもある。この点においても、環境悪化の激しい西アフリカのサヘルと状況はよく似ている。しかしながら、もともと、この農業=遊牧境界地帯は、生態環境の遷移帯であることによって、農業=遊牧境界地帯は、異なる人びとや物産、文化が交流し融合する歴史の表舞台となったのである。

唐にとっても、農業=遊牧境界地帯は、黄河中下流域の農業地域とともに政権をささえる両腕と見なされた。農業地域の安定した税収入と、農業=遊牧境界地帯の牧場において養育された駿馬と強悍な騎兵とは、ともに政権の維持と安定に不可欠であり、中原の政権は農業＝遊牧境界地帯を掌握することで初めて遊牧地域へ兵を進めることができた。八世紀において、唐最強の辺境防衛軍と称された西方二師（隴右・河西節度使）と東北三師（范陽・平盧・河東節度使）は、ともに農業＝遊牧境界地帯にまたがる地域に拠点をおく軍隊だった。[32] 安史の乱により、農業＝遊牧境界地帯と、この地帯に駐屯する最強の軍隊を失ったことが、唐朝の軍制を根本的に転換させる契機となったのである。

農業＝遊牧境界地帯を鍵に、中国史の統治空間の変遷を概念図した図が、図11である。図11のように、唐が、農業＝遊牧境界地帯を媒介に農業地域と遊牧地域を包含する大きな複合国家（本稿では大中国と称す）から、農業地域に主拠する小さな国家（小中国と称す）へと転換したことは、その後の歴代政権で繰り返される統治空間変遷の範型となった。

唐は、六三〇年に東突厥（突厥第一可汗国）を滅ぼし、遊牧地域と農業地域をともに統治する初めての中国大陸の国家となった。これによって、中国大陸の歴代政権の統治空間の規模は、大中国（大統一期）と小中国（分裂期）を交互に繰り返す循環が始まることになった。すなわち、農業地域と遊牧地域を包含する国家（大中国＝大統一期）とは、図11の①唐―七世紀中葉―、④元、⑥清、⑧中華人民共和国であり、農業地域を核とする国家と遊牧地域の国家（小中国＝分裂期）とは、同図の②九世紀唐後期の渤海・ウイグル・吐蕃・唐、③宋と遼・西夏・金、⑤明と北元等国家、⑦中華民国とモンゴル人民共和国等国家とに実質的に分裂する時期のことである。

このように、七世紀の唐王朝は、中国大陸の統治空間が大小に規則的に転換を繰り返す端緒となった。このような規則的な転換が生じた理由の一つは、外中国や農業＝遊牧境界地帯に拠点をおく政権の軍隊が内中国の農業地域へ繰り返し侵入したからである。この反復性の理由については、今後、自然環境の変化や人文・社会環境の変化との関連を総合的かつ多面的に分析する必要があるだろう。

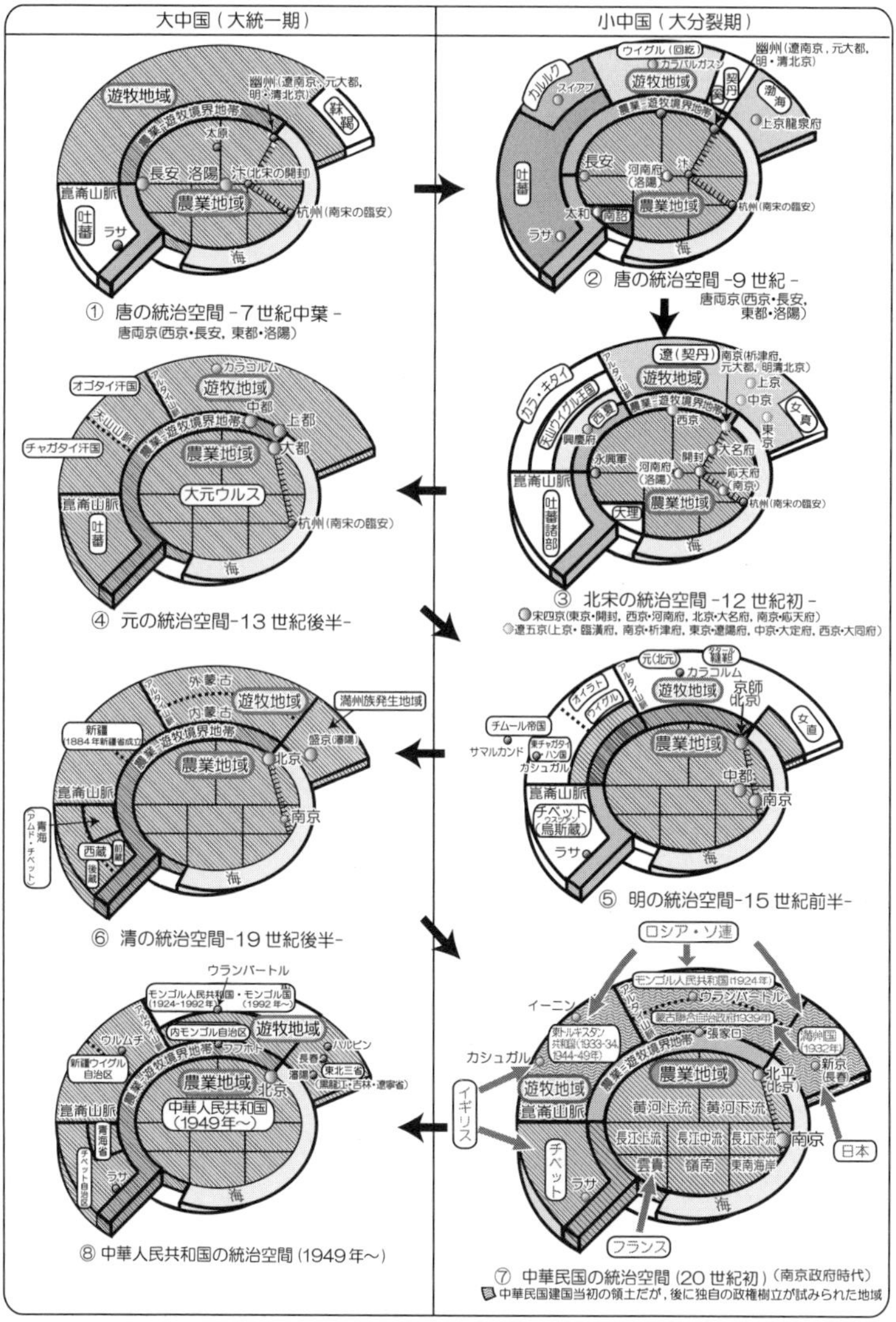

※図①〜⑧の斜線の部分が華北と華南を統一した歴代中国政権（唐·北宋·元·明·清·中華民国·中華人民共和国）の統治空間

図11　中国大陸における統治空間の変遷— 7 世紀〜現在—（妹尾2010）

図 3 出典：妹尾達彦「長安の変貌—大中国の都から小中国の都へ」（『歴史評論』2010年 4 月号、東京・校倉書房）56頁図 3 を改図。

図11のように、小中国=分裂期の時期には、遊牧地域の政権と農業地域の政権の中間に位置する農業=遊牧境界地帯が境域になるために、農業地域の政権と遊牧地域の政権が互いに農業=遊牧境界地帯の掌握をめぐって激しい戦いを繰り広げた。この点に関しては、本書の川越泰博論文が、明代における農業=遊牧境界地帯の軍事上の重要性を、山西省の宣府開平衛の徹底的な文献調査を事例に明らかにしている。唐代においては、都城の長安が関中平野におかれていたために、現在の陝西省の黄土高原地区北部の農業=遊牧境界地帯が、遊牧勢力との交流と衝突の最前線だったが、都城が北京に移った後は、山西省北部の農業=遊牧境界地帯に交流と衝突の重心も移動したのである。

大中国=大統一期には、農業地域と遊牧地域の両地域を統治する必要から、統治の拠点は農業=遊牧境界地帯かそれに隣接する地におかれた。もともと、長安や北京は、農牧複合にもとづく大きな中国の統治拠点だった。また、唐前期の大きな中国の都としての長安と、唐後期の小さな中国の都としての長安が、同じ長安であっても、都城の機能や都市社会のありかたに大きな違いがあるのも当然といえよう。唐前期から後期への統治空間の転換と東アジアをかこむ軍事・外交・政治・経済・交通の変貌は、後の王朝に再現される転換や変貌の雛形となるのである。

大運河が江南の都市化を促す

中国交通史の上で、七世紀における大運河の開削・整備は、ユーラシア大陸東部の内陸陸路と内陸水運、沿海路を連結する画期的な交通改革であり、中国大陸の南北を連結するとともに、大運河周辺地域の定住化と都市化を一挙におしすすめた(33)。八、九世紀に入ると、イスラーム商人がアフロ=ユーラシア大陸の沿海部の港町と内陸都市を連結する交通網を構築すると、道路網と河川交通・沿海交通が連結する新しい時代が訪れた(34)。

六世紀末に三世紀近い長期の分裂時代を統一した隋は、南朝で整備された江南の行政都市網をそのまま配下に組みこみ、軍事的・経済的・政治的・文化的な要請にもとづき、都城を中核とする交通網をつくり行政都市網を全国にわたって拡大させた。中でも、大運河の開鑿は後代に大きな影響をあたえた。隋を継いだ唐の都城を核とする行政都市網は、征服を繰り返すことで都市網を周辺国家にまで広げていき、周辺地域の強い緊張を生み出した。資本主義が生まれる以前においては、貢納によって国家に蓄積される財の比重は大きい。貢納の促進や税の督促・徴集、軍事の施行のために、隋唐の行政都市網は不可欠だった。

都城は都市網を必要とする

都城の建造・整備は、貢納と外交のための行政都市網の構築と整備を必然とするために、都城への貢納のシステムが整備され、都城を主要舞台とする各国間の外交関係が始まった(35)。隋唐に軍事的・政治的・経済的・文化的に対抗するために、周辺国家は、独自の都城と行政都市網を築き、軍事を組織化し政治組織を整え、独自の貨幣を発行し、独自の文化的正統性を主張して、国家統合をはからざるを得ない情勢に追い込まれていくのである。日本や吐蕃、渤海、南詔、ウイグル・沙陀・契丹等の国家は、このようにして誕生した。東アジア都城時代の誕生である。

東アジアにおける都城の時代は、東アジアの行政都市網が誕生する時代でもある。各都城の行政都市網同士が接する地には、交易港（前近代における交易・外交の拠点をさし内陸にも存在する）がつくられ、都城と都城を結ぶ貿易と外交の前線基地となった(36)。交易港は、互市や市舶司のおかれる場所であった。例として、唐の明州、広州、日本の太宰府等があげられよう。

このように、七～八世紀のユーラシア大陸では、四～七世紀の政治的混乱が収束する中で、各地域に次々と新たな国家が形成され、都城を核とする交通網の整備が進んだ。東アジアでも、隋の中国再統一と唐の遊牧地域と農業地域を包含する大きな統治空間の形成を契機に、唐に対抗するために周辺地域が政治的統合を加速し、新たな国家や既存の国家の再編が進むことになった。

七〜八世紀に誕生した各国家は、それぞれ都城を建造して都城を核とする交通網を整備し、唐の都城や各国の都城を結ぶ外交使節の公路を建設した。その結果、八世紀には、東アジアをつつみこむ系統的な交通網が初めて成立する。もちろん、八世紀に誕生した交通網は、それぞれの地域の古くからの幹線交通路を整備したものではあるが、日本列島やモンゴル高原、チベット高原、雲貴高原にそれぞれ都城と都城を核とする地域交通網が建造された結果、従来に無い空間的広がりと機能性、整備された交通の制度をもつ交通網が誕生するのである。八世紀に誕生した交通網が、現在の東アジア各国の交通網の幹線として継承されている点からも、この時期の交通網形成の重要性を知ることができよう。

(2)　東アジア都城時代の誕生と行政都市網の構築

都城時代の誕生

上述のように、六世紀末から七世紀初における中国大陸の政治的再統一、すなわち隋と唐の成立が、統治の存続のために都城を核にする行政都市網を構築したことが契機となり、東アジア都城時代が誕生した。都城の時代の各都城は、それぞれ特色をもち、この時に生まれた都城と行政都市網が、後代の諸国家の統治空間の基型をつくったのである。いうまでもなく、国家の形成と都城の建造は同時に進行する。

五八三年に、隋が今まで使用してきた漢長安城の東南部に新たに大興城を建造したことが起点となり、六〇五年には洛陽城を建造し、吐蕃は七世紀前半にラサ（lha sa・ラッサ・羅些・拉薩）、日本は六六七年に近江京、六九四年に藤原（新益）京、七一〇年に平城京、七四〇年に恭仁京、七四四年に修建された難波京（いわゆる「後期難波京」）、七八四年に長岡京、七九四年に平安京、南詔は七三八年に太和、七七九年に陽苴咩《ようしょび》（大理）、ウイグルは七四四年にオルド・バリク（Ordu-Baliq・カラバルガスン・回鶻牙帳・回鶻単于城）、渤海は七世紀末に旧国、八世紀に上京・中京・東京・南京・西京の五京を次々と建造・整備した。朝鮮半島では、六七六年に半島を統一した新羅が、唐長安を意識して金城（王京）の整備にとりかかった。ここに、東アジアにおける都城の時代が誕生したのである。

都城時代が誕生した理由

このように、七～八世紀に都城の時代が生じた理由は、第一に、唐による中国大陸の再統一と長安を中核とする行政都市網の拡大が隣接する地域に強い緊張をあたえ、各地域の政治勢力に、唐に対抗する国家の拠点としての都城と行政都市網の建設を促すことになったからだろう。たとえば、唐が六四〇年に高昌国を滅ぼしてその王都・高昌を西州とし長安に直属する州県制を設置したことは、遊牧地域の勢力バランスを崩して吐谷渾を弱体化させ、吐蕃のチベット統一をうながしてラサを中核とする都市網を形成させる一因となった。

都城時代が生じた理由の第二は、唐をふくむ新たに誕生した東アジアの国家同士が、独立した国家であることを国内外で公認してもらうために、外交と貢納の舞台となる都城と行政都市網を建造・整備する必要が生じたからと思われる。

唐の統治空間の拡大に対して、隣接する地域に一斉に統一政権が誕生する。チベット高原を初めて統一した吐蕃、突厥にかわってモンゴル高原を統一したウイグル、中国大陸西南部を初めて統一した南詔、中国東北部を初めて統一した渤海、日本列島を初めて統一した日本が相次いで生まれ、朝鮮半島は新羅によって初めて統一された。それぞれの国家は、長安に対抗する都城を建造して唐と外交関係を築き、国家の安定と維持をはかった。同時に、東アジアにおける諸国家の形成は各国同士の軍事的対立と外交、貿易関係を生み出し、ここに、東アジアの国際関係が成立するのである。

次に、都城時代の各国家の都城と都城を核とする行政都市網の建造について、都城の建造と整備の年代の順に、（1）隋唐の長安・洛陽、（2）吐蕃のラサ、（3）日本の藤原・平城・近江・恭仁・長岡・平安京、（4）南詔の太和・陽苴咩、（5）ウイグルのオルド・バリク、（6）渤海の上京・中京・東京・南京・西京、（7）新羅の王京の事例を順に整理してみたい。

①隋大興城（唐長安）の建造

大興城と行政都市網の建造

七〜八世紀の都城時代は、中国大陸における隋の大興（長安）と洛陽の建造から始まった。隋文帝は、開皇二年（五八二）、今まで使用してきた漢長安城の東南部に新たな都城を建造し始め、翌年の開皇三年（五八三）に大興城を完成させた。(37)

隋は、分裂期の東魏・北斉の鄴や南朝の建康などの都城を廃して地方都市とし、新たに、大興城を頂点とする行政都市網を構築し集権的な国家づくりをめざした。(38)隋大業五年（六〇九）の県の数は一二五五、郡（州）は一九〇であり（『隋書』巻二九、志、地理上）、唐の八世紀半ばの開元・天宝末の県数は一五七三、郡府数は三二八に達する（『旧唐書』巻三八、志、地理）。これらの都市を結ぶ道路には駅や馬坊、郵、逓などが設置され、中国大陸の幹線となった。幹線の管理についての整備された法律もつくられた（衛禁律の「私度及越度関」等条・職制律の「駅使稽程」等条・厩庫律の「乗官畜車私駄載」等条・雑律の「乗官船違限私載」等条、公式令・厩牧令・関市令・営繕令など)。七~八世紀の交通制度については、交通施設[39]や交通法規[40]、通行許可証[41]についての研究が進展している。

唐代の駅制に関しては、陳沅遠[42]、姚家積[43]、白寿彝[44]、陶希聖[45]、青山定雄[46]、厳耕望[47]等の古典的な研究がある。特に、厳耕望による駅道にもとづく幹線交通網の復原は、画期的な成果である。厳耕望は、長安を中核とする都市網の全貌を初めて明らかにし、今後の研究の基礎も提供した。残念ながら、厳耕望の逝去によって中国南部や西北部の詳細な交通復原は未完に終わったが、厳耕望の研究の訂補は、史念海[48]、王文楚[49]、幸徳勇[50]、呉宏岐[51]、藍勇[52]、魯西奇[53]、郭声波[54]、荒川正晴[55]、安田順恵[56]等の研究によって進められている。[57]近年は、日本の古代交通研究会による共同研究の成果も刊行され、研究が本格化しつつある。[58]中国政府交通部による大部の中国交通史も刊行されている。[59]

隋唐の長安を中核とする幹線都市網については、上述の青山定雄、厳耕望、史念海、李之勤、李健超、馬正林、辛徳勇、王文楚、荒川正晴、呂卓民等、李令福等の研究が基礎を提供する。[60]これら先学の研究にもとづいて、長安からの交通幹線を整理すると、都城の長安の都亭駅から七つの幹線が四方に延び、各国の都城に連結していることがわかる。長安城の通化坊(E6)に設置された都亭駅は、全国の駅路交通網の中核をなす施設であり、長安に出入する官人が必ず停留する場所であった。この都亭駅を起点・終点として、東は通化門と春明門、西は開遠門と金光門を経て城内外の幹線道路が広がっていたのである。[61]

唐は、隋大興城をそのまま継承して都城とし、名称を長安にもどして、隋がつくりあげようとした行政都市網を一層整備し拡大していった。中国交通史の上で隋唐の交通網は、その広がりと整備の度合いにおいて画期をなしている。

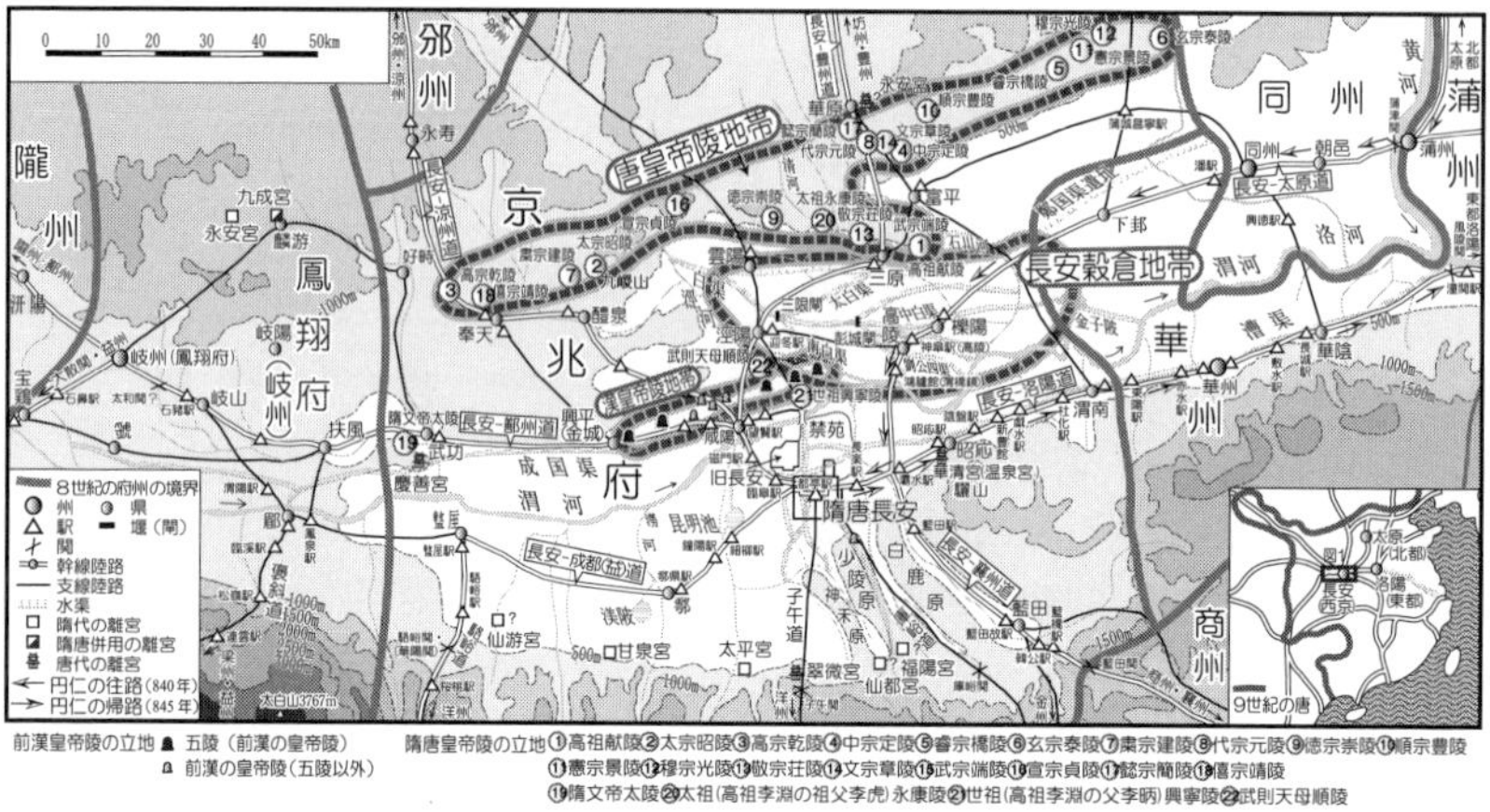

図12　唐代関中平野の幹線交通網―８世紀の行政区画にもとづく―

出典：妹尾達彦「隋唐長安城と郊外の誕生」（橋本義則編『東アジア都城の比較研究』京都・京都大学学術出版会、2011年）122頁図８を訂補。本図は、黄盛璋「関中農田水利的歴史発展及其成就」（同『歴史地理論叢』北京・人民出版社、1982年、初出1958年）に所収の「関中漢唐故渠示意図」を底図に、厳耕望『唐代交通図考―（１）～（６）』（台湾・中央研究院歴史語言研究所専刊之83、1985年）、史念海「開皇天宝之間黄河流域及其附近地区農業発展」（同著『河山集１集』1963年に所収の「隋唐時期黄河流域地区分布図」及び譚其驤編『中国歴史地図集　隋唐五代十国時期』地図出版社、1982年）を参照して作図。隋唐の離宮の位置は、呉宏岐『西安歴史地理研究』（西安・地図出版社、2006年）283頁「図８－１関中地区隋唐帝王避暑行宮分布示意図」に基づき、長安穀倉地帯の灌漑網は、妹尾達彦「関中平原灌漑設施的変遷与唐代長安面食」（史念海主編『漢唐長安与関中平原：中日歴史地理合作研究論文集第二輯』西安・陝西師範大学出版社、1999年）46頁所載付図「三原口・彭城堰及劉公四渠（９世紀）」に基づき作図。幹線陸路と駅は、上掲の厳耕望『唐代交通図考（１）～（６）』及び、辛徳勇『古代交通與地理文献研究』（北京・中華書局、1996年）143頁図「隋唐時期長安付近陸路交通示意図」を参照した。

柳宗元「館駅使壁記」の描く長安の都市網

唐代の著名な文学者の柳宗元（七七三～八一九）は、貞元二〇年（八〇四）に記された「館駅使壁記」（『柳宗元集』巻二六、中華書局、一九七九年、七〇三―七〇六頁）において、長安を中核とする館駅網について、次のように記す。この文章から、九世紀初の長安から四方に延びる当時の幹線を復原することができる（図12）[62]。

凡萬國之會、四夷之來、天下之道途畢出於邦畿之內。奉貢輸賦、修職於王都者、入於近關、則皆重足錯轂、以聽有司之命。徵令賜予、布政於下國者、出於甸服、而後按行成列、以就諸侯之館。故館驛之制、於千里之內尤重。

自萬年至於渭南、其驛六、其蔽曰華州、其關曰潼關。自華而北界於櫟陽、其驛六、其蔽曰同州、其關曰蒲津。自灞而南至於藍田、其驛六、其蔽曰商州、其關曰武關。自長安至於盩厔、其驛十有一、其蔽曰洋州、其關曰華陽。自武功而西至於好畤、其驛三、其蔽曰鳳翔府、其關曰隴關。自渭而北至於華原、其驛九、其蔽曰坊州。自咸陽而西至於奉天、其驛六、其蔽曰邠州。由四海之內、總而合之、以至於關。由關之內、束而會之、以至於王都。華人夷人往復而授館者、旁午而至、傳吏奉符而閱其數、縣吏執牘而書其物。告至告去之役、不絕於道。寓望迎勞之禮、無曠於日。而春秋朝陵之邑、皆有傳館。其飲飫餼饋、咸出於豐給。繕完築復、必歸於整頓。列其田租、布其貨利、權其入而用其積、於是有出納奇贏之數、勾會考校之政。大曆十四年、始命御史為之使、俾考其成、以質於尚書。季月之晦、必合其簿書、以視其等列、而校其信宿、必稱其制。有不當者、反之於官。尸其事者有勞焉、則復於天子而優升之。勞大者增其官、其次者降其調之數、又其次猶異其考績。官有不職、則以告而罪之、故月受俸二萬於太府。史五人、承符者二人、皆有食焉。

先是假廢官之印而用之、貞元十九年、南陽韓泰告於上、始鑄使印而正其名。然其嗣當斯職、未嘗有記之者。追而求之、蓋數歲而往則失之矣。今余為之記、遂以韓氏為首。且曰修其職、故首之也。

長安を核とする九つの幹線路

以上の柳宗元の「館駅使壁記」や、青山定雄、厳耕望、李之勤、辛徳勇を始めとする諸研究にもとづいて長安を核とする交通幹線を整理すると、以下のようになる。

（a）長安―潼関―洛陽―大運河―杭州

長安―洛陽間の駅道は大路駅（大駅路）とよばれ（『唐会要』巻六一、館駅）、唐朝で最重要の幹線路だった。沿道には槐樹が植えられた。唐前半期には、皇帝が日常的にこの幹線を往来している[63]。杭州は、寧紹平野を横切る運河によって明州（寧波）に連結し、海路によって中国東南海岸部や朝鮮半島・日本列島と結ばれた。日本列島からの遣唐使がしばしば使用した道である。

（b）長安―藍田関・武関―襄州（襄陽）―荊州（江陵）―潭州―広州

長安―襄陽間の駅道は小路駅（小駅路）とよばれ（『唐会要』巻六一、館駅）、長安―洛陽間の駅道に次ぐ幹線路だった。長安から灞水を渡り秦嶺の藍田関と武関をへて広州に至る。中国大陸を南北に貫く最も歴史をもつ幹線の一つだった[64]。唐代では、南方への赴任ないし左遷の官人の多くが、この道を使用した。大運河が不通の場合にも、本道を通って江南にいたった（白居易の杭州刺史赴任時など）。広州からは東南アジアと陸路・海路でつながり、安南都護府に接続する。

（c）長安―盩厔―駱谷関―梁（漢中）―益（成都）―南詔・太和

長安から渭河南岸を西走して秦嶺を越えて益州にいたり、さらに南詔の都城にまで延びる主要な道路は五本ある（庫谷道・子午道・駱谷道・斜谷道・大散関経由の道）。ただ、頻繁に利用される幹線は三道だった（駱谷道・斜谷道……大散関経由の道）。駱谷道（駱峪道・儻駱道）は幹線三道の一つであり、長安西南の盩厔《ちゅうしつ》県（現在の周至）から南走し、駱谷関を通り梁州（漢中）をへて益（成都）に至る[65]。益州からは、南詔の太和に連結する。

（d）長安―斜峪道（褒斜道）―梁（漢中）―益（成都）―南詔・太和

斜谷道（斜峪道・褒斜道・石牛道）は、駱峪道の西方にある道であり、郿県から南走して斜峪道を通り梁州（漢中）をへて益（成都）に至る。(66)

（e）長安―大散関―梁（漢中）―益（成都）―南詔・太和

大散関をぬける道は、斜谷道の西方にある。関中平野の西端の岐州（鳳翔）南方にある散関（大散関）をぬけて、鳳州、益州にいたる。散関は、駅道をもつ上関とされ、中関の子午関・庫谷関・駱谷関よりも重要度は上とされた（『六典』巻五、刑部司門郎中条）。安史の乱に際して玄宗が蜀に逃げた道は、この道である。(67)

（f）長安―隴関―秦州―渭州―吐蕃・ラサ

上記の（c）（d）（e）と同じく関中平野の渭河南岸を走る道路であり、関中平野西端の岐州（鳳翔）からは更に西走して六盤山の隴関をこえて隴州、秦州、渭州にいたる。ここから蘭州へ向かわずに風林関（炳霊寺石窟の場所）で黄河を渡り、青蔵高原をこえて吐蕃の都城・ラサにいたる幹線陸路が、長安とチベットのラサを連結した幹線である。(68)本道は、吐蕃と唐の使者が往来した道であり、六四〇年代に、皇女とされる文成公主がソンツェン・ガムポ（五八一頃〜六四九）に嫁ぐために通った道である。唐と吐蕃を結ぶ完成であるために、チベット高原を走る箇所は唐蕃古道と俗称される。

（g）長安―六盤山―河西回廊―西州―疏勒都督府・砕葉

長安城西壁の開遠門や金光門から出発し、咸陽で渭河を渡って奉天、邠州、原州をへて河西回廊・西域・ペルシア諸国の諸都市にいたる幹線陸路である。河西回廊と長安を結ぶ最短の道であり、いわゆるシルクロードの本道にあたる(69)。安西都護府や北庭都護府は、この道の上に置かれた。上記の（f）とともに、長安と西方を結ぶ二本の幹線をなした。

（h）長安—延州—合嶺関・蘆子関—西受降城（安北都護府）—オルド・バリク

長安から北走し、延州から黄土高原をぬけてオルドスに入り、ウイグルの都城・オルド・バリクを結ぶ幹線陸路である。安北都護府（西受降城）をへてオルド・バリクに達し、草原の道をへて黒海沿岸にまでつながる。太宗時の参天可汗道、ウイグル時期の回紇路である。本道は、とくに唐末になって長安防衛のために重視された軍事防衛路でもある(70)。

（i）長安—蒲津関—太原—幽州—営州—渤海五京

長安から河北に行くには、長安—洛陽間の幹線を東走し洛陽から黄河の孟津を経て北上する道が幹線だった。これに加え、長安と北都・太原を直接に結ぶ幹線路も存在した。長安から渭河北岸の道を通って蒲津で黄河を渡り、太原から幽州をぬけ、営州、安東都護府をへて渤海の都城にいたる道である。本道は、唐朝勃興の道であり、軍事・防衛上、唐代を通して重要な役割をはたした。一時期、ウイグルのオルド・バリクと長安を結ぶ入貢路も兼ねた（円仁『入唐求法巡礼行記』参照）。

②洛　陽

文帝を継いで隋の第二代の皇帝となった煬帝は、図13のように、大業元年（六〇五）に、漢魏洛陽城の西方約一〇㎞の場所に新たな洛陽城を建造した[71]。大興城と洛陽城の建造を起点にして、その後、七〜八世紀の東アジア各国において都城が新たに建造される時代が生まれたのである。

漢魏洛陽城と隋唐洛陽城が、東西に別々に立地したことの背景と意味については、さまざまな要因が考えられる。そもそも、隋唐王朝は、なぜ、漢魏洛陽城の故地を都城として再整備して活用しなかったのであろうか。隋唐洛陽は、漢代以来の長安城を禁苑に内包して再活用した隋唐長安とは異なるのである。

この理由に関しては、漢魏洛陽城の破壊の激しさや宮城の防御上の問題、ヒマラヤ山脈の造山運動の影響を受けた洛河の北走による洛陽城南端の浸食の進展、上下水道を始めとする社会資本の欠如の問題などがあったと思われる。これらの要因とともに、隋煬帝が漢魏洛陽城の西方数キロの高台に新たな隋洛陽城を造営した契機の一つが、邙山方面から南流する瀍水を利用して大運河と直結する漕渠をつくるためであったことも確かであろう。新洛陽城の立地は、邙山からの河水を漕渠に活用することに適していた。もちろん、宮城の立地した高台を要におくことで、初めて、外郭城と広大な皇室庭園（隋会通苑・唐西苑）の両者をもつ都城の建造が可能となった点も考慮すべきである。

隋唐洛陽城の宮城・皇城・外郭城地区の都市プランは、図14の通りである。このように、都城の中に河を貫通させた斬新な新洛陽の設計は、隋煬帝が、新たな洛陽を大運河に直接連結させて水運の要としようとしたことを示している。図15は、傅熹年氏作図の原図をもとに、宮城・皇城部分を拡大して描いている。洛陽の宮城・皇城の構造は、大興城と基本的に同じであるが、宮城を囲む牆壁を何重にも築き、防御機能をより高めていること、宮城の規模や構造、官庁街の配置に建康の影響の見られる点が、大興城と異なっている[72]。

隋煬帝の奠都の詔は、以下の通りである（『隋書』巻三、煬帝本紀上、北京・中華書局、六〇—六一頁）。すでに大興城が建造されているのに、なぜ洛陽城を新造する必要があるのか、という疑問に対して、煬帝は、伝統をもつ中

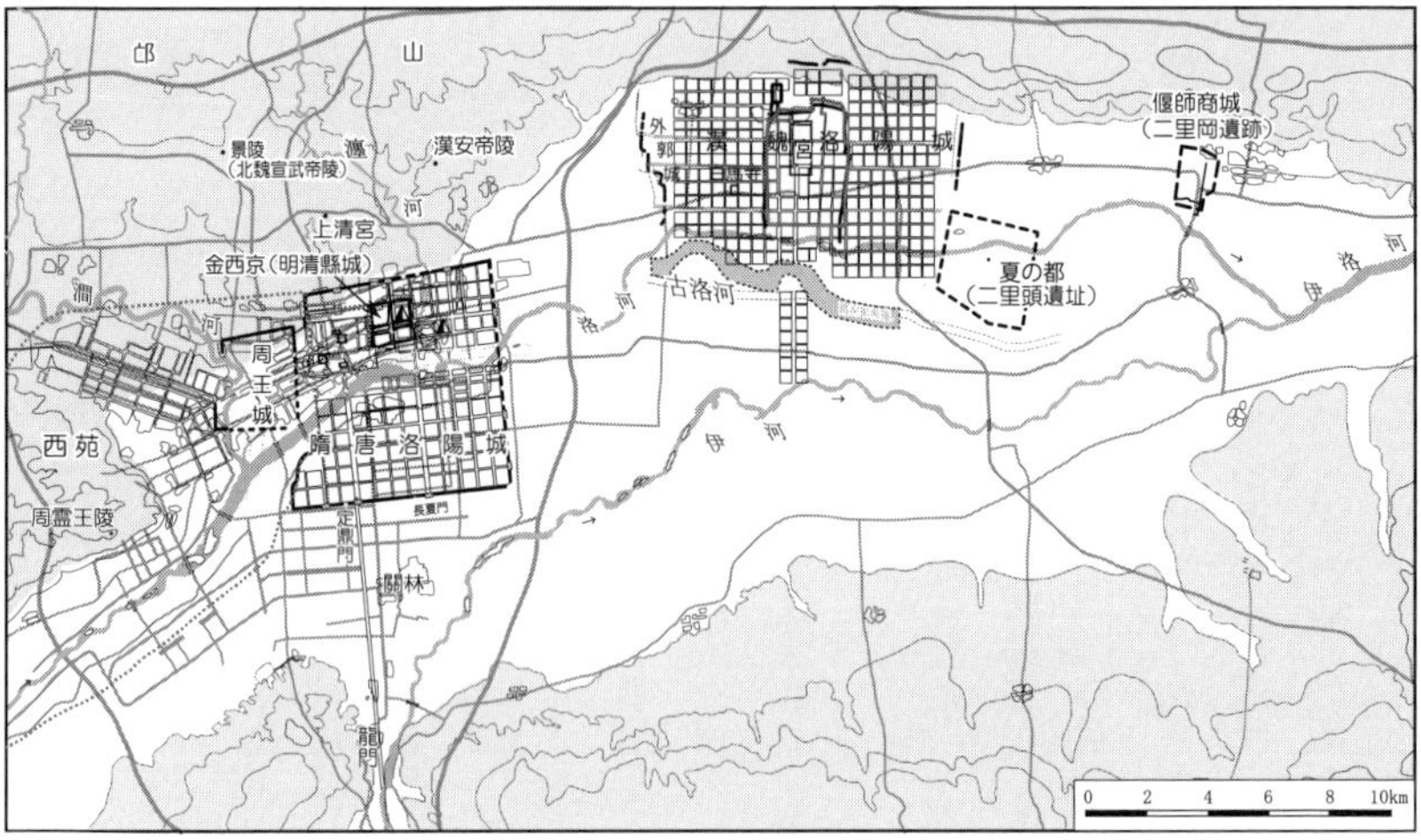

現在の道路（google2013 の地図に拠る）

図13　漢魏洛陽城と隋唐洛陽城の立地

出典：底圖は、段鵬琦「洛陽古代都城城址遷移現象試析」（『考古與文物』1999年第４期）42頁圖１「洛陽古代都城形勢圖」。ただし洛河及び伊河、澗河、瀍河等の現在の河道と道路はgoogle2013年の地圖に據る。漢魏洛陽城の都市プランは、佐川英治「北魏洛陽の形成と空間配置―外郭と中軸線を中心に―」（『大阪市立大學東洋史論叢特集号―21世紀COEプログラム　都市創造のための人文科學研究　國際シンポジウム　中國都市の時空世界―』2005年３月）42頁圖Ｄ「皇城の東西を五里として中軸線に対する左右対称のグリッド」、角山典幸『北魏洛陽の基礎的研究』（中央大學2012年度博士學位（甲）請求論文、2012年）附圖10「北魏洛陽城平面圖」にもとづき、妹尾達彦「唐代洛陽―新しい研究動向―」（ソウル大學校東亜文化研究所編『中國歴代都市構造と社會変化―東アジア學術研究叢書２』ソウル・ソウル大學校出版部、2003年）圖１を改圖。

原に奠都することの必要性や軍事上の要請によることを述べている。

　乾道變化、陰陽所以消息、沿創不同、生靈所以順叙。若使天意不變、施化何以成四時、人事不易、為政何以釐萬姓。易不云乎「通其變、使民不倦」「變則通、通則久。」「有德則可久、有功則可大。」朕又聞之、安安而能遷、民用丕變。是故姫邑兩周、如武王之意、殷人五徙、成湯后之業。若不因人順天、功業見乎變、愛人治國者可不謂歟。

　然洛邑自古之都、王畿之内、天地之所合、陰陽之所和。控以三河、固以四塞、水陸通、貢賦等。故漢祖曰「吾行天下多矣、唯見洛陽。」自古皇王、何嘗不留意、所不都者蓋有由焉。或以九州未一、或以困其府庫、

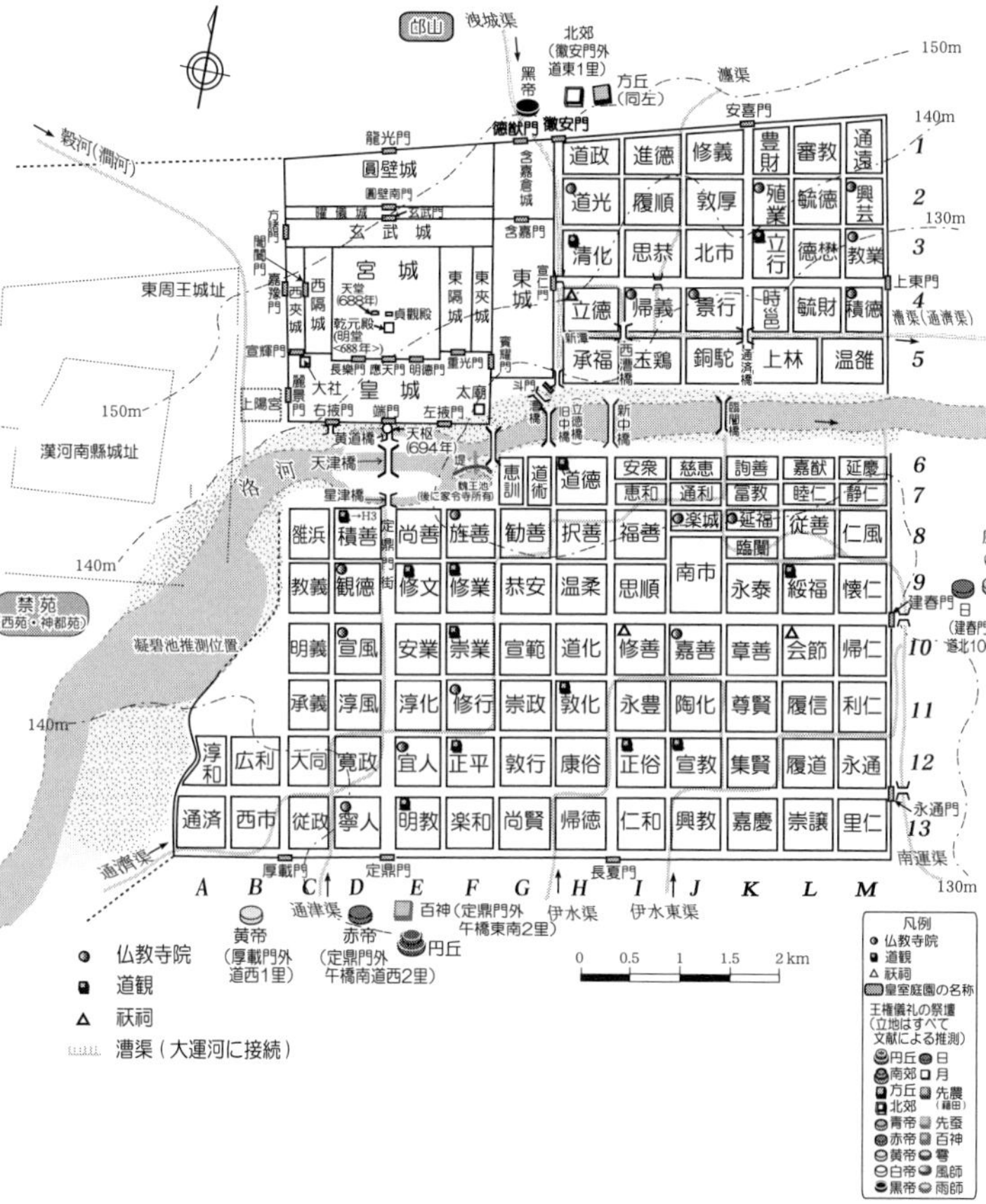

図14　唐洛陽城の都市プラン

出典：妹尾達彦「隋唐洛陽城の官人居住地」(『東洋文化研究所紀要』東京大学東洋文化研究所、1997年) 76頁図 3 を下記の文献を参照して改図。

(1) 中国社会科学院考古研究所洛陽工作隊「"隋唐東都城址的勘査和発掘" 続記」(『考古』1978-6) 373頁、図10「唐洛陽東都坊里復原示意図」

(2) 王岩「隋唐洛陽城近年考古新収穫」(中国社会科学院考古研究所主編『中国考古学論叢』北京・科学出版社、1995年) 439頁、図1「隋唐洛陽皇城宮城平面布局示意図」

(3) 傅熹年主編『中国古代建築史第2巻三国、両晋、南北朝、隋唐、五代建築』(北京・新華書店、2001年) 373頁、図10「河南洛陽隋唐東都平面復原図」

(4) (清) 徐松撰『唐両京城坊考』(北京・中華書局、1985年) 147-178頁。

※唐代における各河川の正確な流路は不明。図の流路は主に文献による推測。城外の祭祀施設の立地や西苑内の宮殿の立地も文献による推測。凝碧池の位置は宇都宮美生「隋唐洛陽城西苑の四至と水系」(『中国文史論叢』2010年) 図三の推測にもとづく。

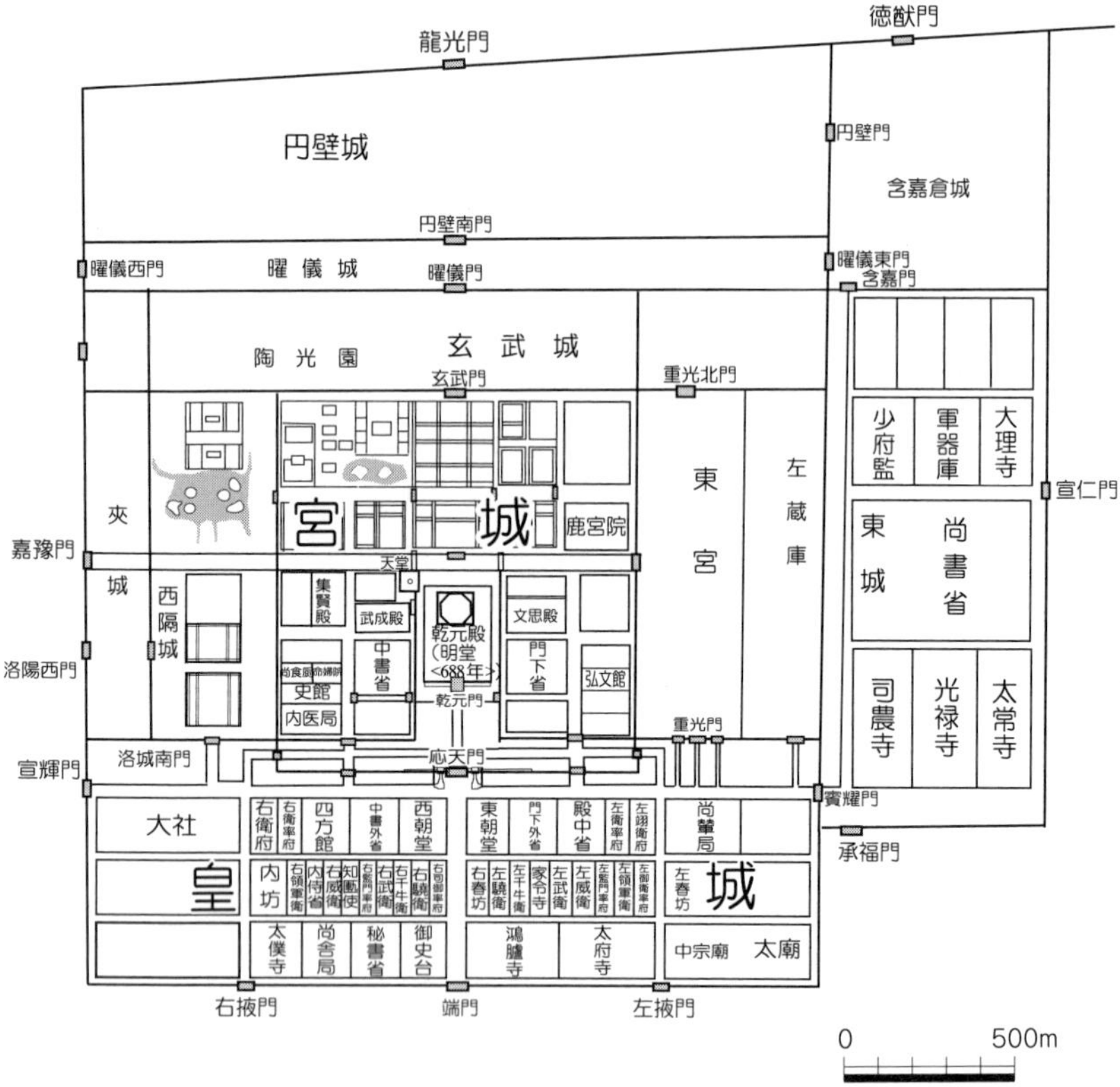

図15　唐洛陽城の宮城・皇城

出典：底図は、傅熹年主編『中国古代建築史第２巻 三国、両晋、南北朝、隋唐、五代建築』（北京・新華書店、2001年）373頁、図10「河南洛陽隋唐東都平面復原図」による。宮城・皇城の復原に際しては、石自社「隋唐東都城明堂和天堂遺址的考古新収穫」（橋本義則編『国際公開研究会「東アジア都城比較の試み」発表論文報告集』東アジア比較都城史研究会、（科学研究費補助金・基盤研究Ａ「比較史的観点からみた日本と東アジア諸国における都城制と都城に関する総括的研究」研究課題番号：22242019、2013年）所掲図を参照。

作洛之制所以未暇也。我有隋之始、便欲創茲懐・洛、日復一日、越暨于今。念茲在茲、興言感哽。朕肅膺寶曆、纂臨萬邦、遵而不失、心奉先志。今者漢王諒悖逆、毒被山東、遂使州縣或淪非所。此由關河懸遠、兵不赴急、加以并州移戸復在河南。周遷殷人、意在於此。況復南服遐遠、東夏殷大、因機順動、今也其時。羣司百辟、僉諧厥議。但成周墟埆、弗堪葺宇。今可於伊・洛營建東京、便即設官分職、以為民極也。夫宮室之制本以便生、上棟下宇、足避風露、高臺廣厦、豈曰適形。故傳云「儉、德之共、侈、惡之大。」宣尼有云「與其不遜也、寧儉。」豈謂瑤臺瓊室方為宮殿者乎、土堦采椽而非帝王者乎。是知非天下以奉一人、乃一人以主天下也。民惟國本、本固邦寧、百姓足、孰與不足。今所營構、務從節儉、無令雕牆峻宇復起於當今、欲使卑宮菲食將貽於後世。有司明為條格、稱朕意焉。

塩沢裕仁や宇都宮美生は、近刊の論著の中で隋唐洛陽城の水運の問題を多角的に分析している(73)。このような水の都である隋唐洛陽の設計には、南朝の都城・建康の都市プランが随所に適用されていると考えられる。唐初の杜宝『大業雑記』は、隋煬帝の江南都市への限りない憧憬を伝えている。煬帝は、江南の都城を華北に移植しようとして洛陽を建造した、とさえいえるかもしれない(74)。

とくに、図16の①隋・洛陽（六〇五～六一八）のように、洛陽に造営された当時最大の皇室庭園・会通苑（唐西苑）は、大興城の大興苑や北斉の鄴城の皇室庭園の影響も受けてはいるが、なによりも南朝建康の江南庭園の様式が全面的に採用された華北最初の皇室庭園であり、中国皇室庭園の造園史の上での画期をなしている。隋洛陽以後の歴代都城の皇室庭園は、すべて江南庭園の強い影響を受けており、隋洛陽こそが華北の南朝化（庭園文化をはじめとする南朝の文化が浸透すること）の先駆けだったのである(75)。洛陽における南朝建康の都市文化の影響は、洛陽が江南と密接につながる文化圏に位置していたことをよく示している。図16の②唐・洛陽（六一九～九〇

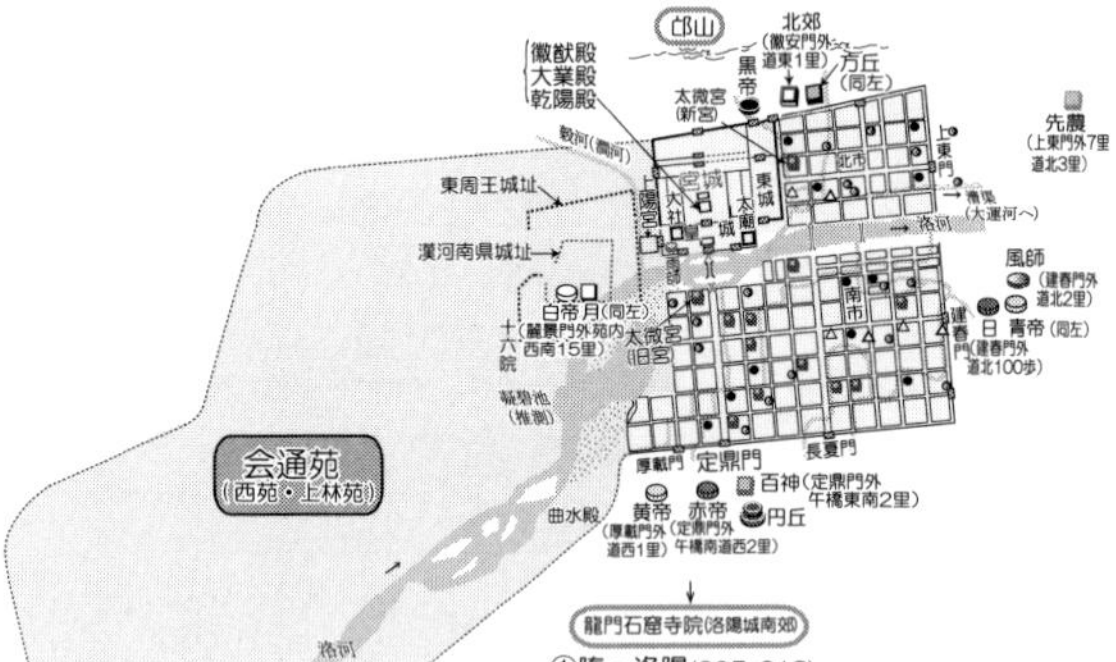

①隋・洛陽(605-618)

出典：妹尾達彦「隋唐長安城皇室庭園」（橋本義則編『東アジア都城の比較研究』京都・京都大学学術出版会、2011年）278頁図3「中国都城の皇室庭園の変遷その1」を改図。現時点で西苑の範囲は不明であり、かりに厳輝「隋唐唐都西苑遺址的初歩探索」（『四川文物』2004-6、p.42「西苑遺址位置図」）にもとづく。城外の祭祀施設の立地や西苑内の宮殿の立地も文献による推測。凝碧池の位置は宇都宮美生「隋唐洛陽城西苑の四至と水系」（『中国文史論叢』2010年）図三にもとづく。

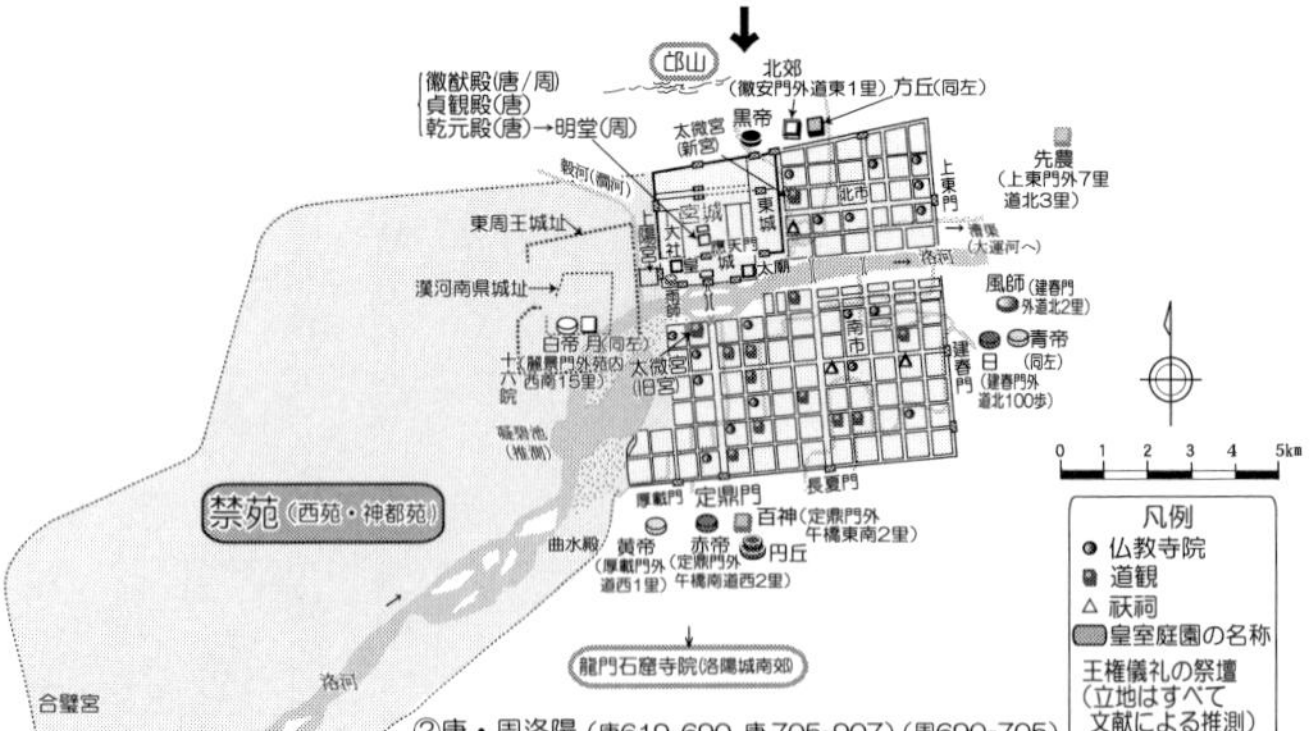

②唐・周洛陽（唐619-690, 唐705-907）(周690-705)

出典：同上。

③北宋・洛陽（960-1127）・金西京（1217-1234）

図16　隋唐洛陽城の変遷—①隋②唐③北宋・金—

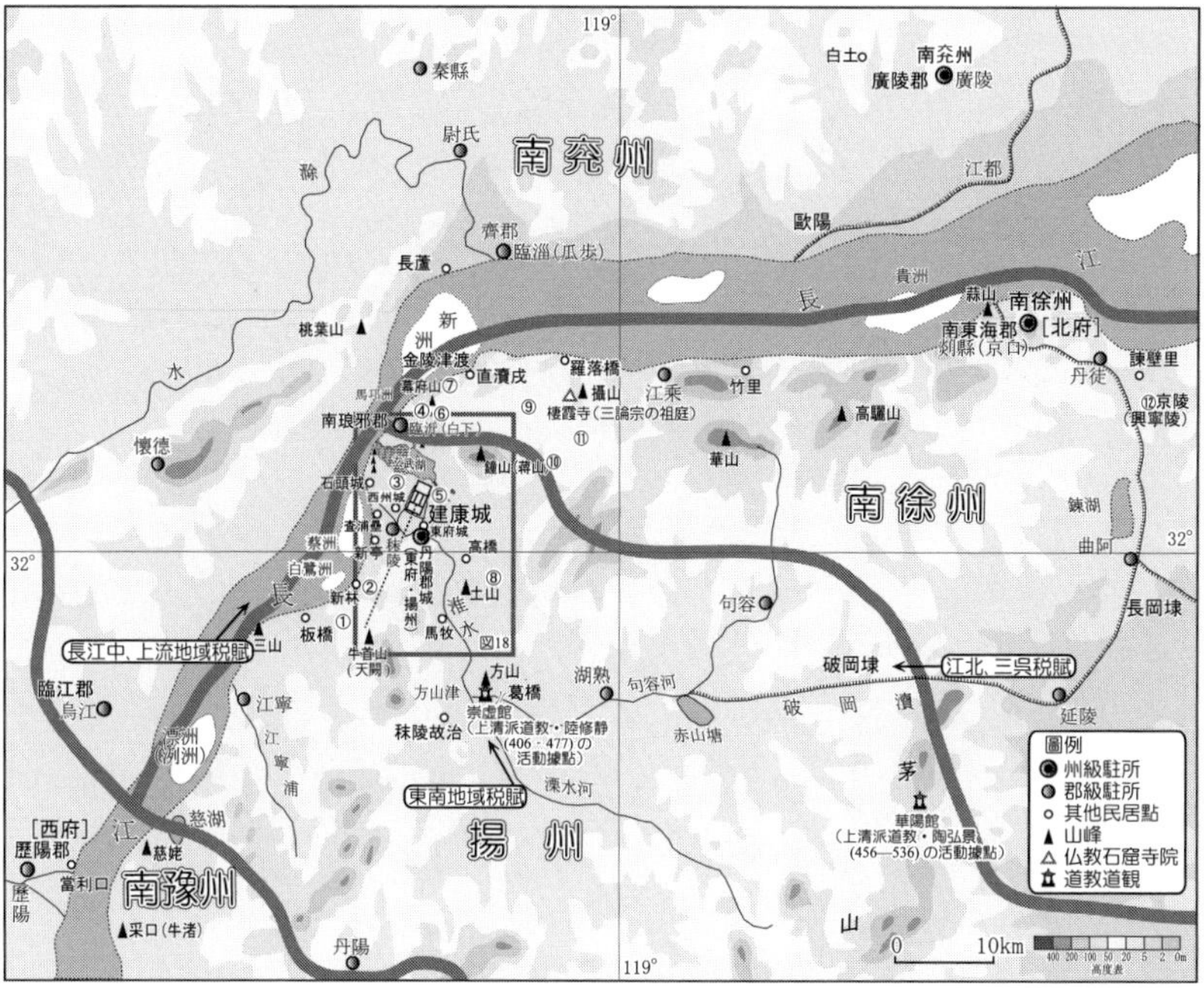

図17　建康周辺図

出典：本図は下記の論著及び資料にもとづき作図した。

（1）譚其驤主編『中国歴史地図集第４冊（東晋十六国・南北朝時期)』(香港・三聯書店、1991年）28頁図「建康附近」。

（2）国家文物局主編『中国文物地図集　江蘇分册』(北京・中国地図出版社、2008年）36、37頁「江蘇省地勢図」。

（3）行政区画は『南齊書』巻14、地理志245頁に拠る。

（4）羅宗真主編『魏晋南北朝文化』(上海・学林出版社、2000年）44頁「図21　六朝陵墓位置図」。

東晋南朝皇室陵墓

①顕寧陵（陳・宣帝、在位562-582）②景寧陵（宋・孝武帝、在位453-464）③東晋陵（建平陵〈元帝、在位318-322〉)・(武平陵〈明帝、在位322-325〉)（興平陵〈成帝、在位325-342〉)（安平陵〈哀帝、在位361-365〉) ④永平陵（東晋・穆帝、在位344-361）⑤沖平陵（東晋・恭帝、在位418-420）⑥高寧陵（宋・明帝、在位465-472）⑦蕭順之陵（梁・武帝〈在位464-549〉父、生卒年不詳）⑧万安陵（陳・武帝、在位557-559）⑨長寧陵（宋・文帝、在位424-453）⑩初寧陵（宋・武帝、在位420-422）⑪陳旧陵　⑫興寧陵（宋武帝劉裕母）

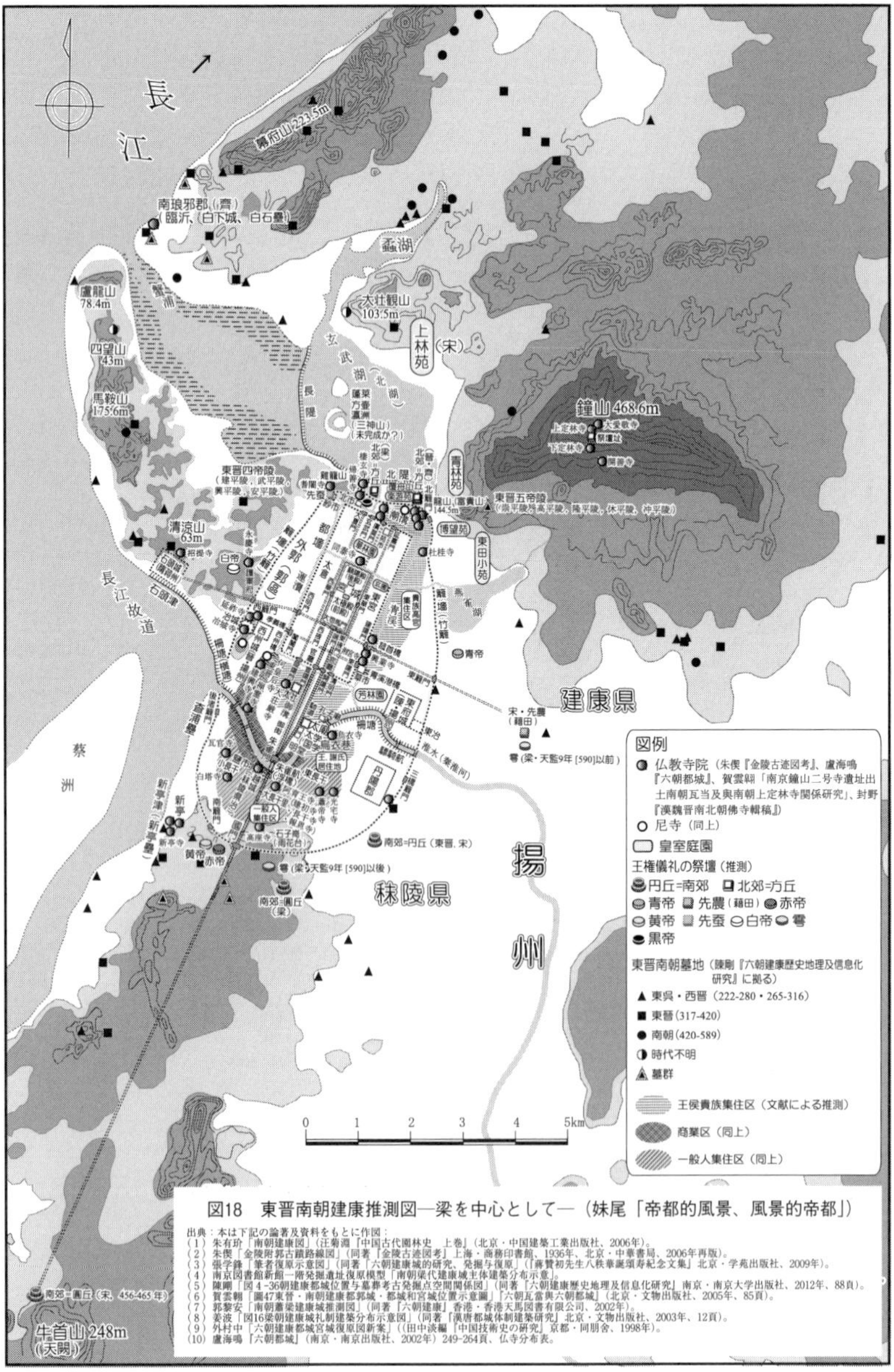

図18　東晋南朝建康推測図—梁を中心として—（妹尾「帝都的風景、風景的帝都」）

出典：本は下記の論著及資料をもとに作図：
（1）朱有玠「南朝建康図」（汪菊淵『中国古代園林史　上巻』（北京・中国建築工業出版社、2006年）。
（2）朱偰「金陵附郭古蹟路線図」（同著『金陵古迹図考』上海・商務印書館、1936年、北京・中華書局、2006年再版）。
（3）張学鋒「筆者復原示意図」（同著「六朝建康城的研究、発掘与復原」（『蔣贊初先生八秩華誕頌寿紀念文集』北京・学苑出版社、2009年）。
（4）南京図書館新館一階発掘遺址復原模型「南朝梁代建康城主体建築分布示意」。
（5）陳剛「図4-36朝建康都城位置与墓葬考古発掘点空間関係図」（同著『六朝建康歴史地理及信息化研究』南京・南京大学出版社、2012年、88頁）。
（6）賀雲翱「圖47東晉・南朝建康都郭城・都城和宮城位置示意圖」『六朝瓦當與六朝都城』（北京・文物出版社、2005年、85頁）。
（7）郭黎安「南朝蕭梁建康城推測図」（同著『六朝建康』香港・香港天馬図書有限公司、2002年）。
（8）姜波「図16梁朝建康城礼制建築分布示意図」（同著『漢唐都城体制建築研究』北京・文物出版社、2003年、12頁）。
（9）外村中「六朝建康都城宮城復原図新案」（（田中淡編『中国技術史の研究』京都・同朋舎、1998年）。
（10）盧海鳴「六朝都城」（南京・南京出版社、2002年）249-264頁、仏寺分布表。

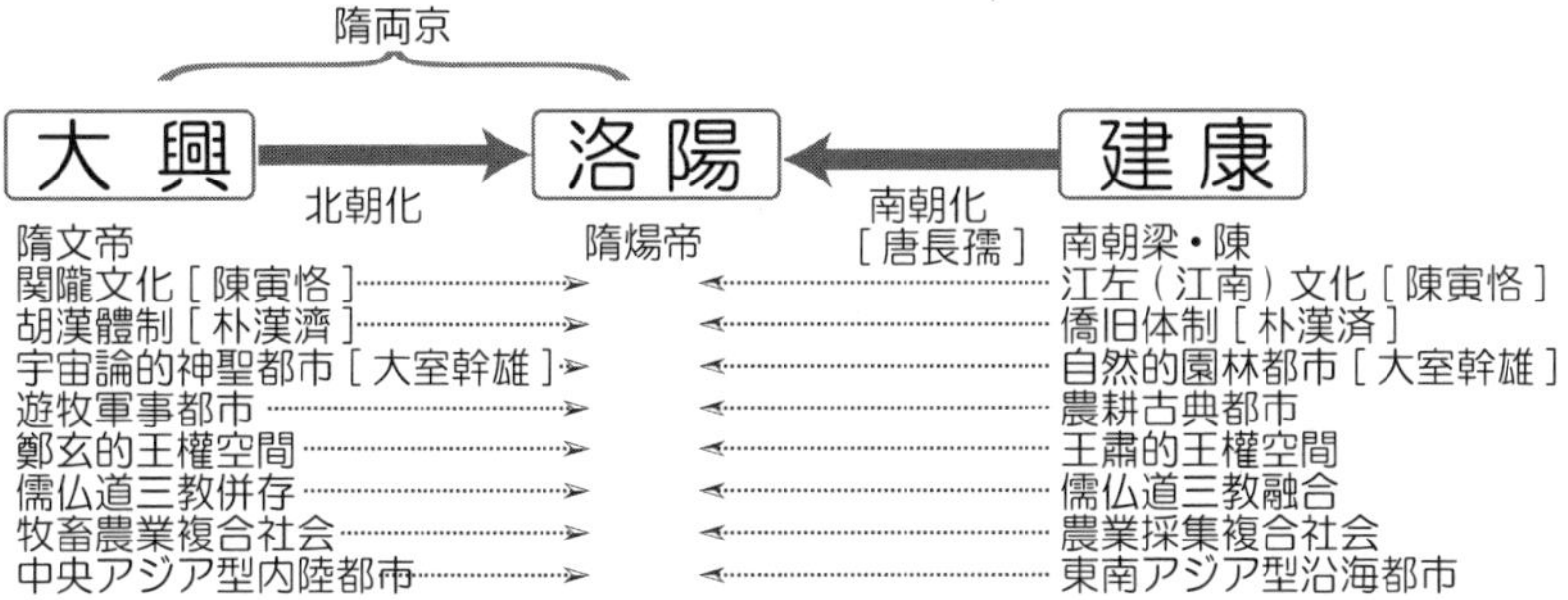

図19　中国都城史上の三都―大興・洛陽・建康―

七）、③北宋・洛陽と金・西京のように、洛陽は、唐滅亡後も継続して都城の一つとなっている。

隋唐洛陽城の都市プランを考える際に、とくに注意すべきは、上述のように、南朝建康の影響である。図17は、建康をかこむ地域、図18は、南朝建康の復原推測図である。このように、南朝建康は、陸路では無く水運の上に立地した中国史上初めての都城だった。隋洛陽は、この水の都・建康の都市構造をモデルに建造されたと思われる。なお、建康の正確な平面図は、現時点ではまだ存在せず、本図も先学の研究成果にもとづく推測図に過ぎない。

大興城と洛陽城、建康城の関係を、陳寅恪や唐長孺、朴漢済、大室幹雄等の研究をふまえて図示した図が、図19となる。この図のように、大興（長安）と洛陽、建康は、六、七世紀の中国西北部、中国中央部（中原）、中国南部の地域文化を代表する都城だった。隋洛陽城の建造は、西北の關隴文化と南部の江南文化を融合し、中国再統一にふさわしい文化融合的な場を構築されるためになされたのである。

③吐蕃のラサ（邏些）

チベット高原を統合したソンツェン・ガムポ（五八一頃～六四九）は、七世紀初に吐蕃を建国し、新たな都城として、ヤルツァンポ川に注ぐラサ川北岸にラサ（「ラという氏族の街（山口瑞鳳）」あるいは「山羊の地」「仏の地」という意）を建造した(76)。

『旧唐書』巻一九六上、吐蕃上（中華書局、五二二〇頁）に、ラサの城郭に関する記事が以下のようにある。

其地氣候大寒、不生秔稻、有青麥・豆・小麥・喬麥。畜多犛牛猪犬羊馬。又有天鼠、狀如雀鼠、其大如貓、皮可為裘。又多金銀銅錫。其人或隨畜牧而不常厥居、然頗有城郭。其國都城號為邏些城。屋皆平頭、高者至數十尺。貴人處於大氈帳、名為拂廬。寢處汙穢、絕不櫛沐。接手飲酒、以氈為盤、捻麨為椀、實以羹酪、并而食之。多事羱羝之神、人信巫覡。不知節候、麥熟為歲首。圍棋陸博、吹蠡鳴鼓為戲、弓劍不離身。重壯賤老、母拜於子、子倨於父、出入皆少者在前、老者居其後。軍令嚴肅、每戰、前隊皆死、後隊方進。重兵死、惡病終。累代戰沒、以為甲門。臨陣敗北者、懸狐尾於其首、表其似狐之怯、稠人廣眾、必以徇焉、其俗恥之、以為次死。拜必兩手據地、作狗吠之聲、以身再揖而止。居父母喪、截髮、青黛塗面、衣服皆黑、既葬即吉。其贊普死、以人殉葬、衣服珍玩及嘗所乘馬弓劍之類、皆悉埋之。仍於墓上起大室、立土堆、插雜木為祠祭之所。

また、『旧五代史』巻一三八、外国列伝第二、吐蕃（一八三九頁）にも以下のようにある。

吐蕃、本漢西羌之地、或云南涼禿髮利鹿孤之後、其子孫以禿髮為國號、語訛為吐蕃。國人號其主為贊普、置大論・小論以理國事。其俗隨畜牧無常居、然亦有城郭、都城號邏些城。不知節候、以麥熟為歲首。

ソンツェン・ガムポは、ラサ建造に際し唐とネパールからそれぞれ釈迦牟尼像をとりよせたという。唐から文成公主によって将来されたという釈迦牟尼像は、ラサ城内に建造されたラモチェ寺〈小昭寺〈小招寺〉、「ラサ第一の大きい建物」の意〉にまつられ、ネパールのティツゥン王女から招来されたという釈迦牟尼像は、トゥルナン寺〈ジョカン寺・大昭寺〈大招寺〉〉にまつられたとされている。[77]

ラサの都市構造は、この二つの仏教寺院を核に形成された。ラサではそれぞれの仏教寺院が南北に対峙しており、インド亜大陸と中国大陸の間に立地する吐蕃の外交関係をよくものがたる。九世紀以後に仏教に対抗してチベットの民俗宗教・ポン教が復興した後、中国仏教が衰退し次第にインド・ネパールから将来された仏教がチベットで独自に発展していくことは周知の通りである。[78] ちなみに、ポタラ宮の建造は一七世紀である（一六六〇年完成）。

ラサの建造にあわせ、ラサと長安を結ぶいわゆる「唐蕃古道」が整備され、唐との間で使者の往来が頻繁になされた。また、ラサからヒマラヤを越えてインド平原とつながる幹線も整備された。[79] 八世紀末には、この幹線を用いてインドから仏教僧一二名がラサに招聘されてインド仏教を布教し、唐からは良琇、文素という僧が招聘された。インド・中国両仏教の主導権争いの結果、インド仏教が勝利をおさめた。[80] ラサを考える際には、インドとの関係を重視しなくてはならない。

④日本の藤原・平城・近江・恭仁・長岡・平安京

日本列島の場合、藤原京・平城京・近江京・恭仁京・長岡京・平安京があいついで建造された。すなわち、六六七年に近江京、[81] 六九四年に藤原（新益）京、[82] 七一〇年に平城京、[83] 七四〇年に恭仁京、[84] 七四四年に修建された難波京（いわゆる「後期難波京」[85]）、七八四年に長岡京、[86] 七九四年に平安京[87]を建造した。

七～八世紀における日本列島の律令国家の形成とともに、都城を核とする道路交通網が建設され整備されたことについては、坂本太郎、森田悌、中村太一、永田英明、近藤俊秀、山中章、馬場基、市大樹等の多くの研究がある。特に、市大樹『すべての道は平城京《みやこ》へ―古代国家の〈支配の道〉』（東京・吉川弘文館、二〇一一年）が、近年の研究を集成している。後掲の図21の日本列島の交通図は、延喜式に記された官道であり、同上書二一―三頁図1「『延書式』段階の七道」にもとづいている。橋本義則氏は、平城京になって初めて、一挙に唐文化の時代が訪れると論じている。

⑤南詔の太和・陽苴咩《ようしょび》

雲貴高原では、南詔は七三八年に洱海の西岸に太和を築き、七七九年には太和の北方に陽苴咩《ようしょび》（大理）(88)を建造した。南詔の都城の建造は、洱海西岸の南詔の都城と吐蕃のラサをむすぶ内陸路と、長安を結ぶ内陸路の整備を促進させた(89)。

太和城と陽苴咩については、唐末に安南経略使に就いた樊綽の『雲南志』巻五（向達校・木芹補注『雲南志補注』昆明・雲南人民出版社、一九九五年、七〇―七一頁）に次のようにある。

大和城・大釐城・陽苴咩城、本皆河蠻所居之地也。開元二十五年蒙歸義逐河蠻、奪據大和城。後數月、又襲破咩羅皮、取大釐城、仍築龍口城爲保障。閣羅鳳多由大和・大釐・邆川來往。蒙歸義男等初立大和城以爲不安、遂改創陽苴咩城。大和城北去陽苴咩城一十五里、巷陌皆壘石爲之、高丈餘、連延數里不斷。城中有大碑、閣羅鳳清平宮鄭蠻利之文、論阻絶皇化之由、受制西戎之意。

陽苴咩については、同じく、樊綽『雲南志』巻五（同上書七二―七三頁）に次のようにある。

陽苴咩城、南詔大衙門、上重樓、左右又有階道、高二丈餘、甃以青石爲磴。樓前方二三里、南北城門相對、太和往来通衢也。從樓下門行三百歩、至第二重門、門旁屋五間（旁字今補）、两行門樓相對、各有牓、並清平官・大將軍・六曹長宅也。入第二重門、行二百餘歩、至第三重門。門列戟、上有重樓。入門是屏牆。又行一百餘歩。至大廳、階高丈餘。重屋製如蛛網、架空無柱、两邊皆有門樓、下臨清池。大廳後小廳、小廳後即南詔宅也。客館在門樓外東南二里、館前有亭、亭臨方池、周廻七里、水源數丈、魚鱉悉有。

『新唐書』巻二二二上、南蛮上、南詔上（六二七二頁）には、以下のように記す。

（大暦十四年）德宗發禁衞及幽州軍以援東川、與山南兵合、大敗異牟尋衆、斬首六千級、禽生捕傷甚衆、顛踣厓峭且十萬。異牟尋懼、更徙苴咩城、築袤十五里、吐蕃封為日東王。

『新唐書』巻四三下、志三三下、地理七下、羈縻州条（一一五二頁）には、以下のように記す。

安南經交趾太平、百餘里至峯州。〔中略〕又八十里至晉寧驛、戎州地也。又八十里至柘東城、又八十里至安寧故城、又四百八十里至雲南城、又八十里至白崖城、又七十里至蒙舍城、又八十里至龍尾城、又十里至大和城、又二十五里至羊苴咩城。自羊苴咩城西至永昌故郡三百里。又西渡怒江、至諸葛亮城二百里。又南至樂城二百里。

なお、ベトナムでは、一〇一〇年に李朝の都となったタンロン（現ハノイ）の発掘が契機となり、歴代王朝の都城となったタンロンの都市構造の復原と東アジア都城史におけるベトナム都城の位置づけが一挙に研究の焦点となってきている(90)。タンロンは、安南都護府の敷地と重なっているとされ、唐代以来の政治の中枢をなす場所であった。

⑥ウイグルのオルド・バリクとバイ・バリク

モンゴル高原では、ウイグル可汗国が、七四四年に都城のオルド・バリク（Ordu-Baliq・カラバルガスン・回鶻牙帳・回鶻単于城(91)）、七五七年にバイ・バリク（Bay-Baliq・富貴城・白八里）を建造した(92)。現存するオルド・バリク遺跡内には、宮城遺址と思われる城壁をもつ建築遺構が残っている。森安孝夫を研究代表者とする調査隊による二度の測量によれば、北壁の長さ四二四m（四二三m）、西壁三三五m、南壁四一三m（四一八m）、東壁三三七m（三四二m）である(93)。城壁の高さはオルド・バリクは、遊牧国家で初めての都城建築とされている。

近年は、遊牧国家における都市建設が紀元前から始まっていることが指摘されており、遊牧国家にとっても、貿易把握の拠点として住民をおき商業に従事させる都市の重要性に注目があつまってきた(94)。ただ、匈奴や突厥の政治的拠点は牙帳であって定住の都城は造営されていない。突厥は、オルホン河東岸の肥沃な牧草地に牙帳をおき遊牧国家の拠点としたが、商人や手工業労働者、非生産者が多数住み、統治の要となる都城は存在しなかった。オルド・バリクが、遊牧地域における初めての本格的な都城である点は疑いない。

モンゴルでは、二〇〇八年からモンゴル科学アカデミーとドイツ考古学研究所の合同発掘隊によるウイグルの都城遺趾（オルド・バリク）の発掘が始まっており、七世紀前半に遊牧地域に初めて登場した大規模な「遊牧都城」の実態が明らかにされつつある(95)。

突厥の唐朝―の服属期には、長安とオルホン河の牙帳を連結する「参天可汗道（参天子尊道）」が整備され、唐朝が駅六六箇所を設置した（『旧唐書』巻二、本紀、太宗上）。ウイグルのオルド・バリクの建造にともない、オルド・バリクと唐の長安を連結する道路網（いわゆる回紇〈回鶻〉路）が整備された[96]。唐は、この道を用いる絹馬貿易によってウイグル馬を購入した。

⑦渤海の五京（上京・中京・東京・南京・西京）

東北アジアでは、渤海が五京を建造した。渤海は七世紀末に旧国、八世紀に上京・中京・東京・南京・西京の五京を次々と建造・整備した[97]。上京以外の都城は、建築構造の詳細に不明の点が多く、今後の研究の進展がまたれるが、近年の研究によって、渤海の交通路の実態が次第に明らかになってきている[98]。渤海都城の復原については、田村晃一[99]、井上和人[100]、小嶋芳孝[101]、清水信行[102]氏の研究が、現在の日本における研究の基礎となっている。

図20は、近年における渤海上京の発掘成果にもとづいて描いた復原図である。上京全体のプランは、隋唐長安城の宮城・皇城・外郭城の都市プランにもとづいてる。しかし、図20と図33「八～九世紀の大明宮」図を比べれば判明するように、宮城の宮殿の建築構造や配置は、明らかに太極宮に替わって唐の主要宮殿区となった大明宮の影響が見える。渤海上京が建造された時期は八世紀半ば（唐天宝末）であり、大明宮が主宮殿となっていた時期である。大明宮の影響は当然ともいえよう。

二〇一三年九月四日に、筆者は、田中俊明氏を研究代表者とする科研調査に加わり、初めて上京を訪問する機会を得た。当日、黒竜江考古研究所の趙哲夫氏から、同氏の共著『渤海上京城　上冊・下冊・附図』（二〇〇九年）に所載の発掘図と発掘現場を照合しながら、上京復原研究の現状うかがうことができた。趙哲夫氏は、まず、『渤海上京城』でも叙述されているように、通説の通り、渤海上京の計画全体は唐長安に則り外郭城・皇城・宮殿区の三構造をとることを指摘した。次に、発掘された空間構造をもとに、宮城区が、①中軸線上に位置

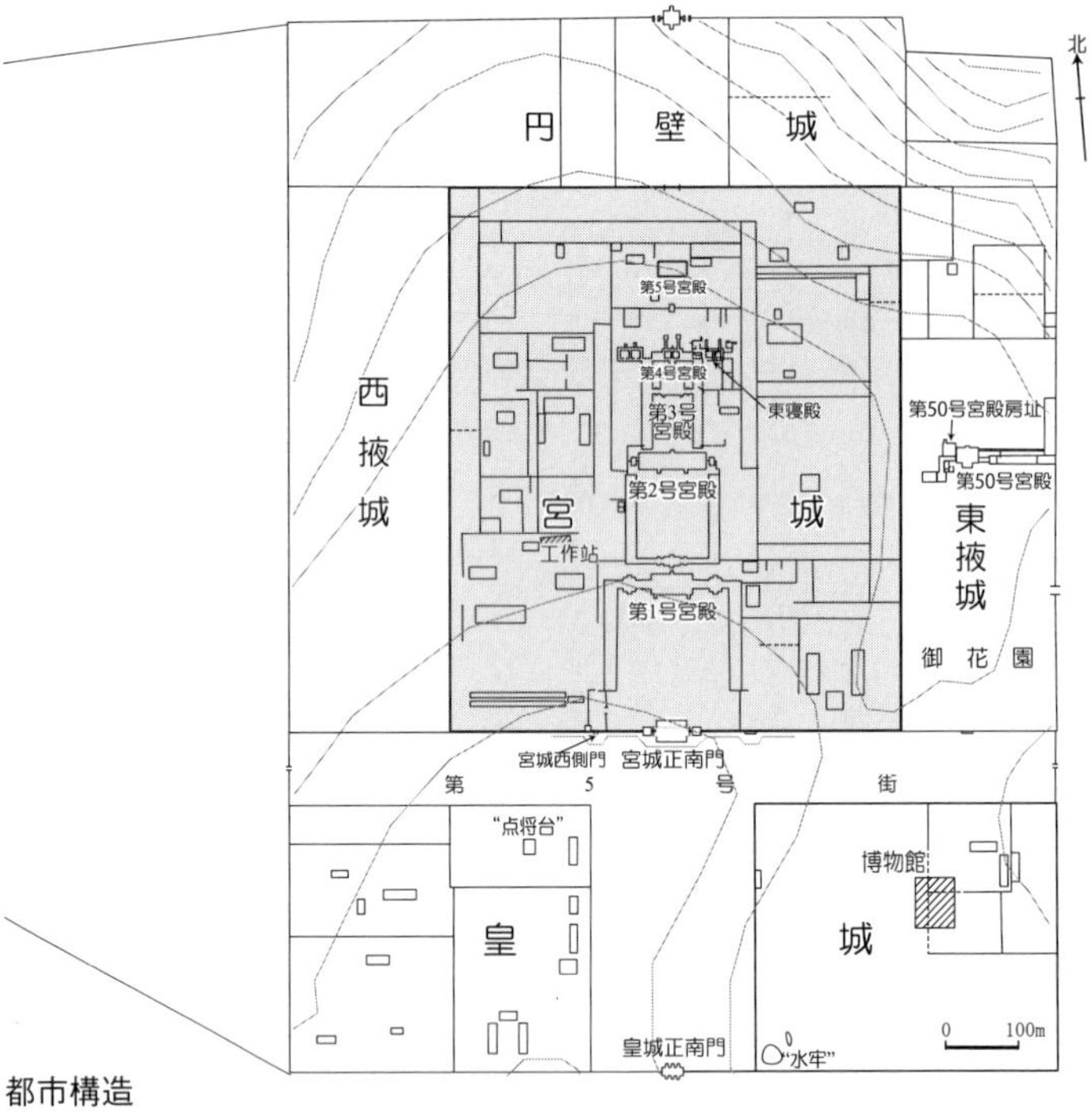

都市構造

頁図9「渤海上京城遺址、上京城遺址宮城与皇城平面図（黒竜江省文物考古研究所2008年絵制）」及び改図。等高線は同上『渤海上京城―1998～2007年度考古発掘調査報告』19・20頁図「渤海上京城遺址

する宮殿区、②宮殿区西方の掖庭宮、③東方の東宮、④東宮東方の御花園、⑤北方の禁軍区に分けられていたとする。文献資料による裏付けは得られてはいないが、発掘により明らかになった区画を見ると、確かに明確な機能分化が存在したことを推測させる。

　また、宮殿区は、全体の構造は太極宮を模してはいるが、中軸の宮殿群の建築構造と配置自体は、唐代ですでに主要宮殿になっていた大明宮の宮殿構造の影響を受けていることを指摘する。つまり、渤海上京の一号宮殿は唐大明宮の含元殿（前朝）に対応し、二号宮殿は宣政殿（中朝）、三号宮殿は紫宸殿（内朝）に対応しており、『周礼』『礼記』の記載からうかがえる三朝制度にもとづく

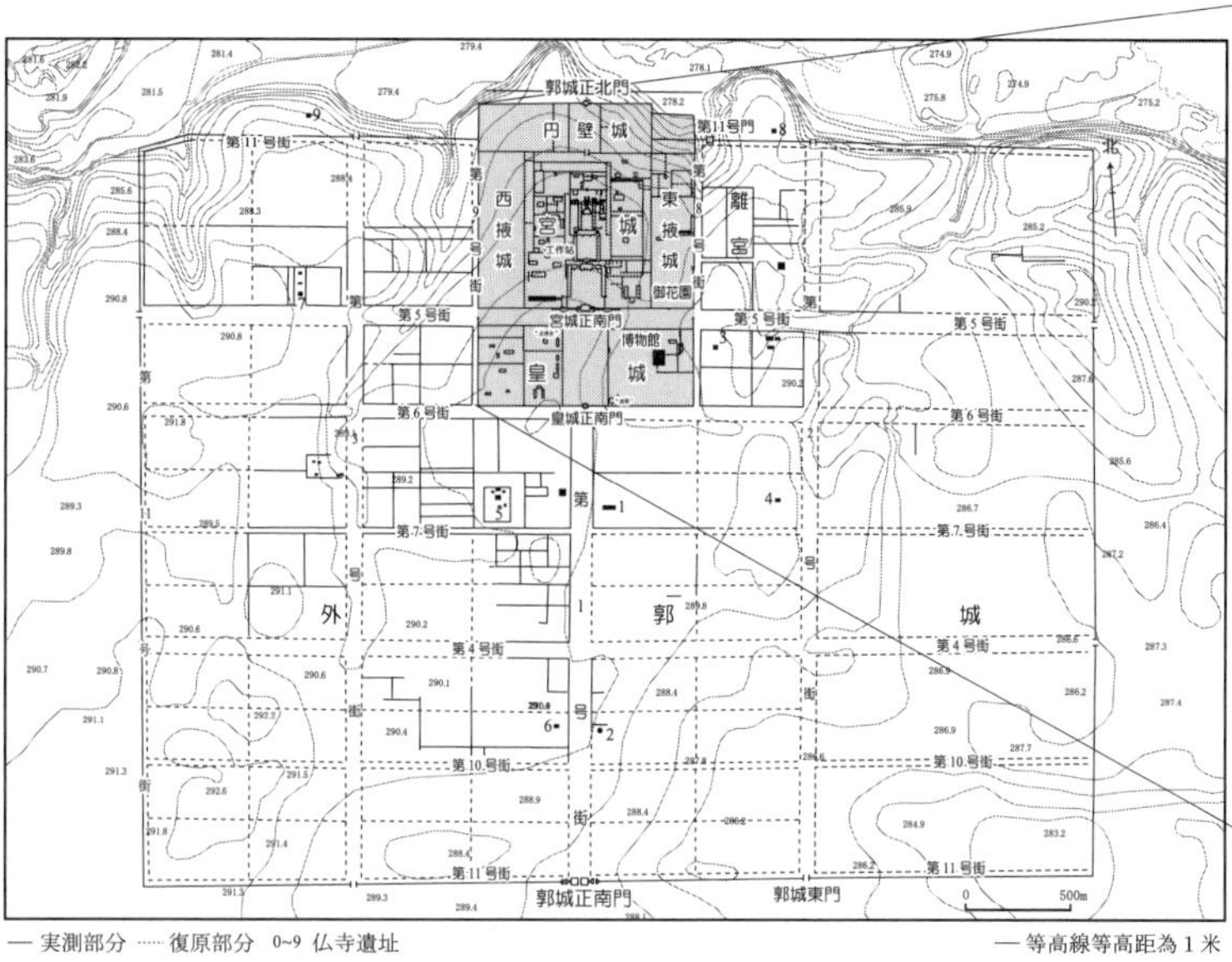

図20　上京竜泉府の

出典：黒竜江省考古文物研究所編『渤海上京城—1998～2007年度考古発掘調査報告』（北京・文物出版社、2009年）15
黒竜江省考古文物研究所編『渤海—上京城考古』（北京・科学出版社、2012年）15頁図1「渤海上京城平面図」を
地形図」による。

建築制度を上京も採用したと論じる。このうち、一号宮殿と二号宮殿は宮殿の東西に小楼閣が延びる建築構造をもっており、これは、大明宮含元殿の建築構造、すなわち、翔鸞閣（東方の楼閣）—含元殿（主宮殿）—棲鳳閣（西の楼閣）という、主宮殿と両脇の楼閣が独立し東西の回廊で一体化する構造と類似している。なお、上京の外郭城南門や皇城南門、北門等の門楼には、門楼の東西に楼閣があり、この点で一号宮殿と二号宮殿の構造と同じである。これは、門楼が一つの建築構造となっている、唐長安の明徳門や丹鳳門、洛陽の定鼎門、金上京の南門等とは異なっている。

　上記のように、大明宮含元殿の影響を受けていると思われる一号宮殿には、宮殿の中間には通路が設けられていない。これは、一号宮殿が後期の含元殿の構造を模していることをうかがわせる。含元殿は、当初は南北道が二本存在したとされているが、後に、両脇の翔鸞閣と棲鳳閣の前に含元殿に登る階段を移して真ん中の階段道を廃した。一号宮殿の構造は、この変化後の含元殿の構造の影響を受けたと思われる。なお、宮殿地区の北方の北門は、大明宮の玄武門に匹敵し、その北方にもう一つの北門があり大明宮の重玄門に匹敵すると推測している。大明宮と同じく、宮城北方のこの区画には禁軍が駐屯したものと考えられる。

興味深い点は、四号宮殿が、炊をもつ（室内におかれた暖房の火を煙を外に出す煙突をもつ形式だが、オンドルのように床下に煙を通す構造ではない）冬期の私的な宮殿と思われることである。中京（西古城）と東京（八連城）にも炊をもつ宮殿遺跡が発掘されているので、おそらく、炊をもつ宮殿構造は渤海五京に共通するのではないかという。なお、金魚をいれたと推測される石製の金魚鉢が四号宮殿西にあるのも面白い。なお、四号宮殿の北の建築遺跡は、禁軍の詰め所の可能性もあるという。宮殿北方の禁軍区とともに宮城防衛の拠点と考えられる。禁軍区の東西には高楼をもつ建築物遺址があり、この二つの高楼建築と五号宮殿とが、宮城北部の三つの防衛拠点を構築すると考えられるとする。上京宮城北方には、大明宮の太液池に類した池（玄武湖と通称されている）も存在している。

上記の趙哲夫氏の現地での説明は、基本的に『渤海上京城』の見解と同じであるが、渤海上京の建築遺跡から上京全体の建築特徴を把握して各建築空間の機能の差違を論じる点において、『渤海上京城』の記述よりも、より系統的かつ詳細であるように感じる。このように、近年の発掘により、渤海上京の城内構造は相当程度明らかになってきており、大明宮の宮殿構造の影響の大きさが判明してきている。八〜九世紀の東アジア各国の使節は、太極宮ではなく大明宮で皇帝に謁見し、朝貢品を献上して宴会に参加しているのであり、当該時期の東アジア各国における大明宮の建築構造の影響は、今まで考えられていた以上に大きい可能性がでてきた[103]。東アジアの都城の比較をする際に、このことのもつ意味は大きいと思われる。

⑦新羅の王京（金城）

六七六年に半島を統一した新羅は、唐長安を意識して金城（王京）の整備にとりかかった[104]。金城の復原に関しては、藤島亥二郎[105]の研究から始まり、尹武炳[106]、東潮[107]、田中俊明[108]、鬼頭清明[109]、亀田博[110]、李起鳳[111]、佐藤興治[112]、李恩碩[113]、黄仁鎬[114]、鄭泰垠[115]、李會俊[116]、方学鳳[117]、山田隆文[118]によって研究が進展している。また、韓国では、近年、都城史研究や考古学に関わる国公立の研究機関と各種の研究組織が先導して、三国時代から統一新羅にかけての都城を東アジア全体の中に位置づける研究を推進しており、都城史研究が一段と進展している[119]。この結果、王京が段階的に整備されてきた過程が明らかになってきている。

新羅の半島統一を契機に、都城を中核とする交通網の系統的整備にのりだしたことは、田中俊明[120]、黄仁鎬[121]、鄭枖根[122]、徐榮一[123]の研究で指摘されている。現時点では、まだ正確な都市網の復原図を描くことは不可能であるが、高麗時代の交通路との比較や考古発掘の進展によって、今後次第に明らかになると思われる。図21の八世紀のユーラシア大陸東部の交通網の中の新羅の部分は、上記の研究を参照して推測を交えて描いたものであり、今後の研究の進展による改訂が望まれる。

（3）　八世紀のユーラシア大陸東部の国家と交通網の作成

上記の各国家・各都城の個別研究を総合し、八世紀のユーラシア大陸東部の国家と交通網を図化したものが、図21である。図21の特色は、唐の州をすべて図の上に示して駅道を明示したことに加え、唐に隣接する国家の幹

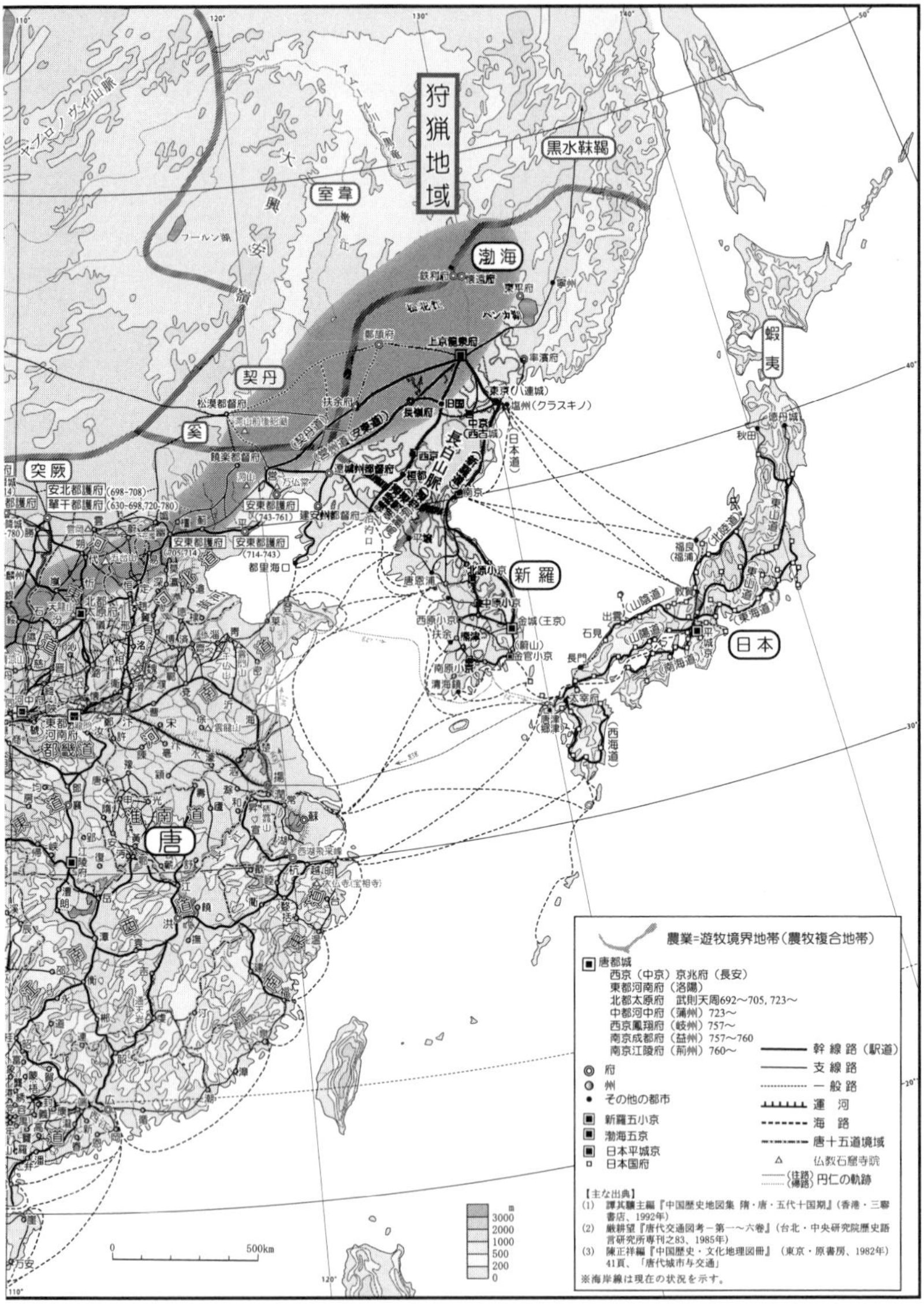

の国家と交通網網（妹尾2013）

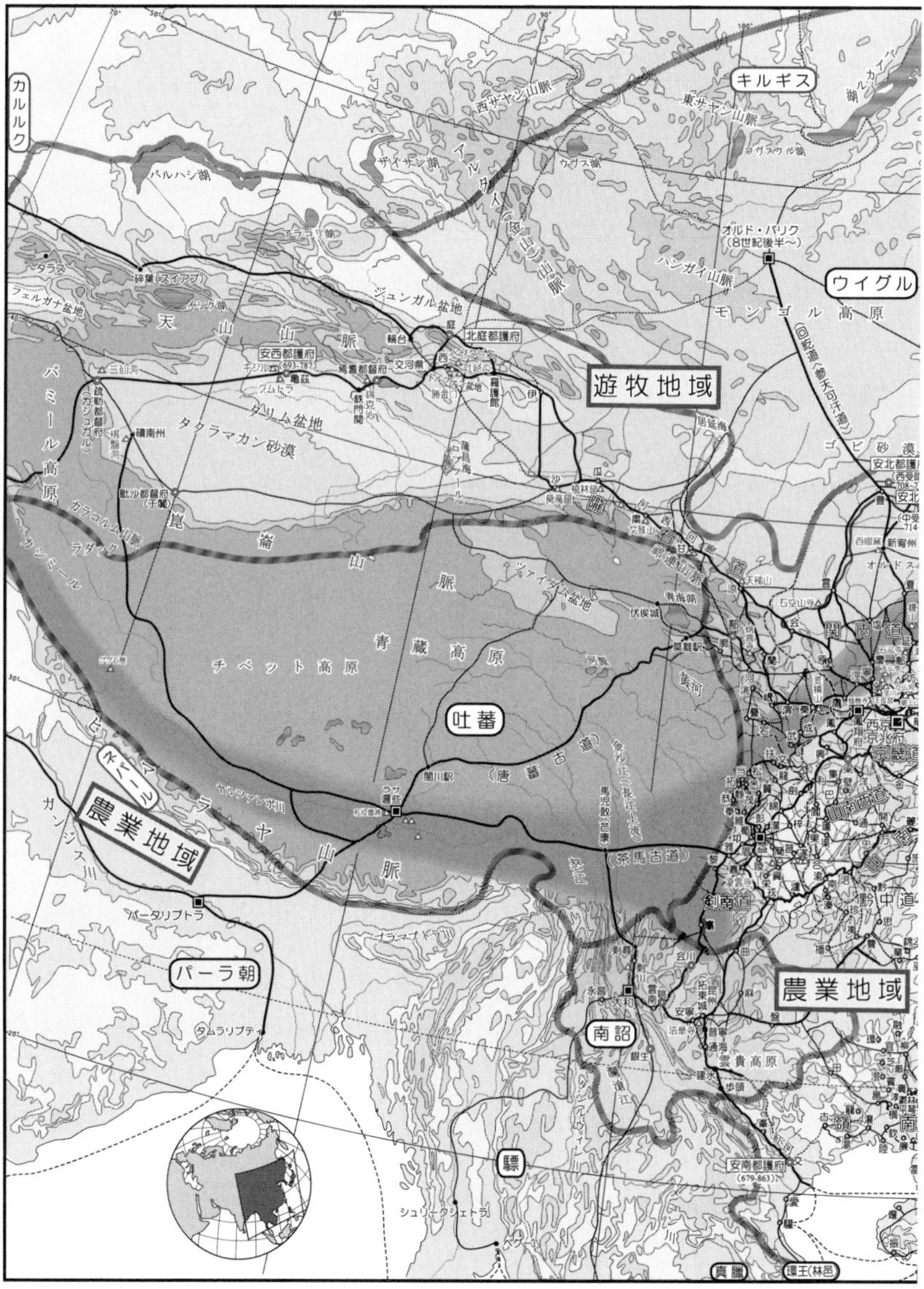

図21　8世紀のユーラシア大陸東部

線も、現時点での研究成果にもとづき、できうるかぎり描いたことである。図21を描くに際し、上述の文献をふくめ、特に参照した文献を改めてここに整理してみたい。ただ、幹線と支線の区別、道路・海路・水路の復原の妥当性など、また検討すべき課題が多く残されている。図21は、あくまで作業途上の図と考えいただきたい。

まず、作図の基礎となる行政都市の立地は、譚其驤主編『中国歴史地図集第五冊（隋・唐・五代十国時期）』（香港・三聯書店、一九九二年）三四―三五頁図「唐時期全図（2）」（開元二九年）にもとづいている。貞観元年（六二七）に、唐は全国の行政区画を一〇道にわけ、開元二一年（七三三）には一五道を設置した。本図は、一五道時代の交通図となる。また、大野仁「唐（開元末）府州県図」（布目潮渢編『唐、宋時代行政、経済地図の作製　研究成果報告書』（文部省科学研究費一般研究（A）研究成果報告書、大阪、一九八一年三月）も参照した。

既存の八世紀の交通網の復原に関しては、亀井高孝・三上次男・林健太郎・堀米庸三編『世界史年表・地図』（東京・吉川弘文館、一九九五年）二〇頁図「八世紀後半の世界」、および、同著二一頁図「八・九世紀の東アジア」に簡単な図があるが、専門の交通図ではなく幹線しか描かれていない。陳正祥『中国地理図冊』（香港・天地図書有限公司、一九八〇年）所載の図98「唐代的城市和交通」は、独自に唐代の交通網を復原しており参考になる。駅が設置された交通幹線については、青山定雄『唐宋時代の交通地誌地図の研究』（東京・吉川弘文館、一九六三年）第一篇唐宋時代の交通、図版一「唐代主要交通図」に大筋が描かれている。荒川正晴『ユーラシアの交通・交易と唐帝国』（名古屋・名古屋大学出版会、二〇一〇年）五九三頁付図2「唐代駅道図」、劉希爲『隋唐交通』（台北・新文豊出版公司、一九九二年）第二章唐代的交通幹線、五四頁所載「唐代陸路交通幹線」は、唐王朝の幹線路を図示する。

ただ、唐代交通幹線の復原の研究の現状は、研究者が関心を持つ地域ごとに個別に研究が進む段階にとどまっており、総合的な考察はこれからといえる。厳耕望の研究が基礎となるが、補充すべき箇所はまだ多い。さらに、唐王朝だけではなく東アジア全体の交通図となると、管見のかぎり、まだ作成されていないと思われる。延喜式から駅路の判明する日本は例外であり、渤海や新羅、吐蕃、南詔などの交通路には不明な点が多い。要するに、現時点での研究成果にもとづき、仮に描いた八世紀のユーラシア大陸東部の交通図が図21である。御指正を仰ぎ訂補をくりかえしていきたい。

図21に明かなように、隋唐における都城を核とする広大な交通網・行政都市網の整備と並行して、唐をかこむ周辺国家の都城建造と交通網建設が進展した。七世紀に始まる日本の計画的交通網、新羅・渤海・吐蕃・ウイグルの交通網の形成も、隋唐の交通網の拡大に連結し対抗するかたちで進められたのである。このようにして、図21のように、八世紀には、現在の東アジア交通網の基礎が形成された。

(4) 都城の形態の変貌

従来の研究をふまえて、七~八世紀の東アジアの各都城の形態を図化したものが、図22都城時代の誕生である。このように、七~八世紀の東アジアに、都城が次々と造営される都城の時代が誕生したのである。各都城は異なる規模と形態をもつが、ほぼ同時期に誕生した点で共通する。この理由は、中国大陸の政治的再統一の外交圧力に原因があると思われ、より根本的には、世界宗教圏の形成に象徴されるユーラシア大陸の交通と交易の拡大が背景にあるからだろう。この時期に、図21のように東アジアの交通網が誕生したのは、都城をもつ国家の形成が相継ぎ、都城を核とする都市網の建設が不可欠となり、東アジアの大きな都市網が形成されたからである。

これに対して、図23都城時代以後は、都城時代の後の一三世紀から一八世紀における東アジア都城の変貌を図示している。図22・図23の都城図は、各都城の規模と構造を比較することができるように、同一縮尺で描いている。

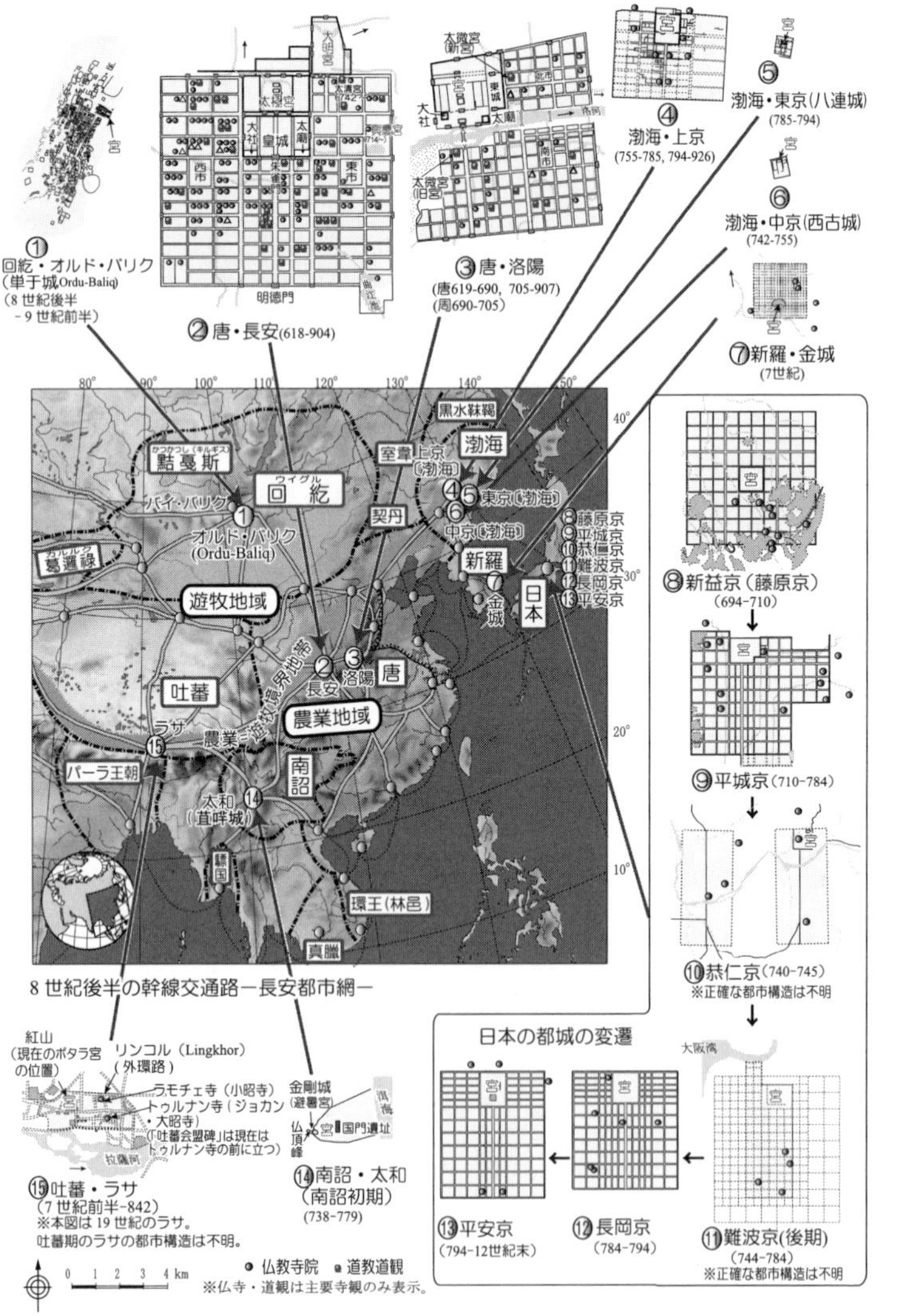

図22　都城時代の誕生―7～8世紀の東アジアの都城と交通網

出典：本図は妹尾達彦「中国の都城とアジア世界」（鈴木博之・石山修司・伊藤毅・山岸常人編『都市・建築・歴史1記念的建造物の成立』東京・東京大学出版会、2006年）212頁、図3-22の増訂版。

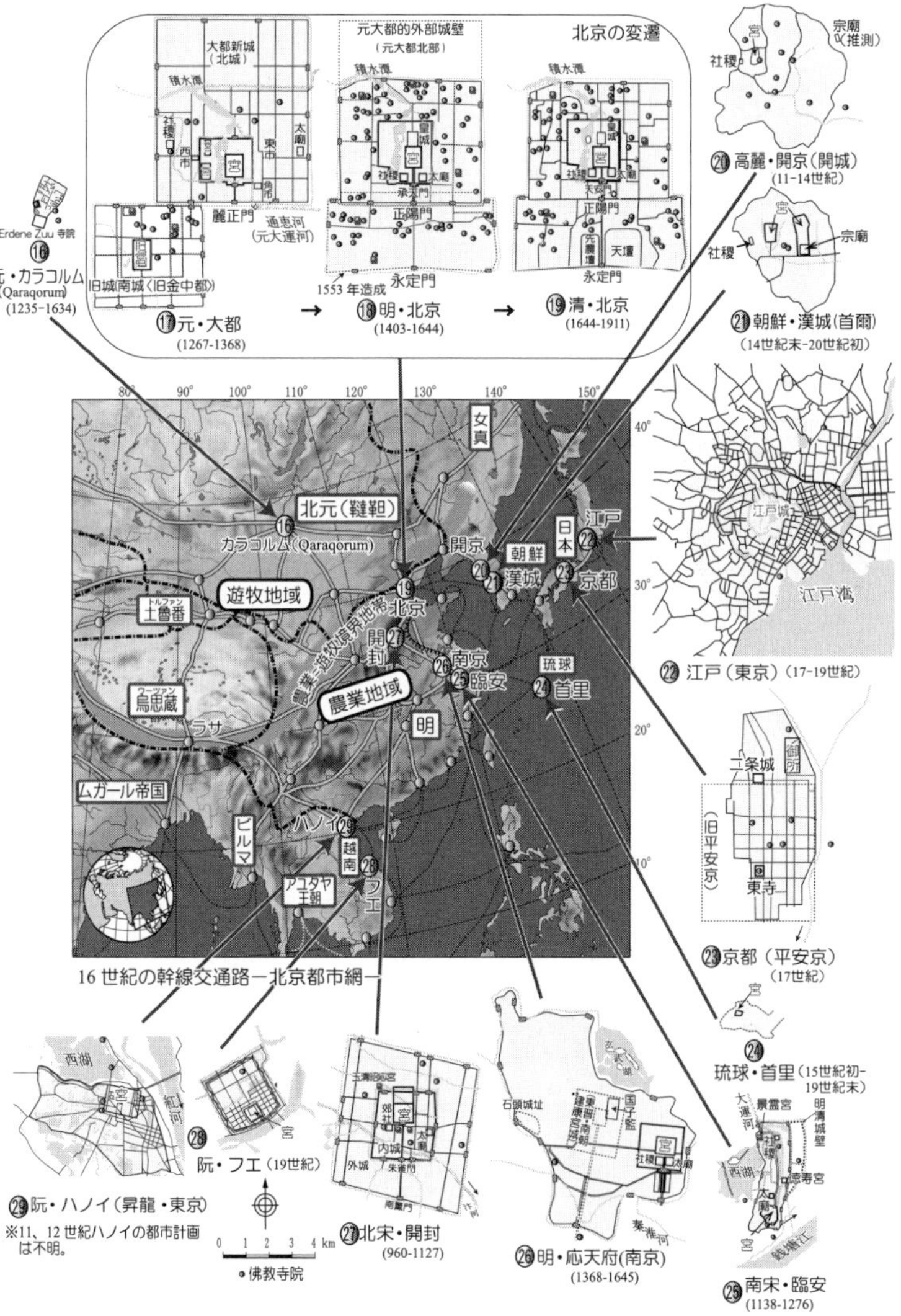

図23　都城時代以後―13～18世紀の東アジアの都城と交通網

出典：本図は妹尾達彦「中国の都城とアジア世界」（鈴木博之・石山修司・伊藤毅・山岸常人編『都市・建築・歴史１記念的建造物の成立』東京・東京大学出版会、2006年）214頁、図３-23の増訂版。図８と縮尺は同じ。

図22は、七～八世紀における東アジア各国の都城の建築構造を、同一縮尺で比較したものである。本図の幹線交通網は八世紀後半の状況を示しており、長安を中核とする中国大陸の都市網と東アジア各国の都城を核とする都市網との連結状況を示している。図23は、一三～一八世紀における東アジア各国の都城の建築構造を、図22と同一縮尺で比較したものである。本図の幹線交通網は一六世紀の状況を示しており、この時期の中国大陸の政権の都城となった北京を中核とする都市網が、東アジア各国の都城を核とする都市網と連結する状況を示している。図22から図23への東アジアの都城と交通網の変化は、要するに、東アジアの交通幹線網が長安都市網から北京都市網への転換を示すものであり、この間の東アジアの外交・国際関係の変貌を象徴していると思われる。それぞれの時期の特色を比較することで、八世紀から一八世紀にかけての東アジアの大きな変貌をうかがうことができるだろう。

図22から判明する七～八世紀の東アジア都城の特徴を列挙すれば、以下のようになる。

（1）大半の都城は内陸に立地し、内陸交通網の要として都城がつくられた。

（2）農業地域の都城の多くが方格状都市である一方で、吐蕃や南詔の都城は自然地形にもとづいて造営されており方格状都市ではない。

（3）城壁のある外城を持つ都城（唐の長安・洛陽、吐蕃のラサ、渤海の上京・中京・東京、南詔の太和・陽苴咩《ようしょび》）と、持たない都城（オルド・バリク〈内城は城壁をもつ〉、新羅金城、日本都城〈平城京には南壁と羅城門あり〉）に分類できる。

（4）大半の都城が、多種族の集う国際性に富む多様な文化をもつ。

（5）すべての都城に世界宗教である仏教寺院が複数立地し、社会生活上で重要な働きをしている。

これに対し、図23から判明する一三～一八世紀の都城の特色を列挙すれば、以下のようになる。

（1）大半の都城が沿海部に立地し、沿海都市網と内陸の水運・陸運とを連結する要として都城がつくられた。

（2）自然地形を活用した機能的な構造をもつ（北京は長安のように方形状都市であるが、都城の中央に河跡湖と沿海部につながる運河を配す点において自然地形を活用している）。

（3）商業の発展を背景に市民層が台頭し、地域独特の世俗文化を担う場であった。

（4）世界宗教の仏教が土着化ないし力を失い、民俗宗教の施設が城内に多く分布している。

このような特色は、図22の都城の時代が、遊牧地域と農業地域を包含するアフロ・ユーラシア大陸全域に及ぶ人間移動の混乱期を経て初めて誕生した「内陸都城」の時代であったことを示している、と思われる。七～八世紀における東アジアでは、農業地域や遊牧地域にそれぞれ都城をもつ国家が生まれ、各国家の衝突を緩和するための世界宗教（仏教）が普及し、東アジアに共通する外交儀礼や建築物の基準寸法が整えられたのである。

これに対して、図23の描く一三世紀から一八世紀にかけての東アジアは、内陸水運と沿海航路の要衝に都城が立地し、沿海都市網と内陸の河川交通が沿海部都城を核に連結する「沿海都城」の時代が訪れたことを示しているといえよう。この時期の東アジアの都城は、内陸から沿海への交通幹線の転換に即して、都城の立地と形態を変貌させた。政権の相対的な安定と経済の進展にともない、各国が独自の伝統にねざす国家をつくりだすとともに、この時期の一六世紀以後になると、沿海交通網を利用して進出する西欧諸国家と東アジアの伝統国家とが衝突するのもこの時期のことである。

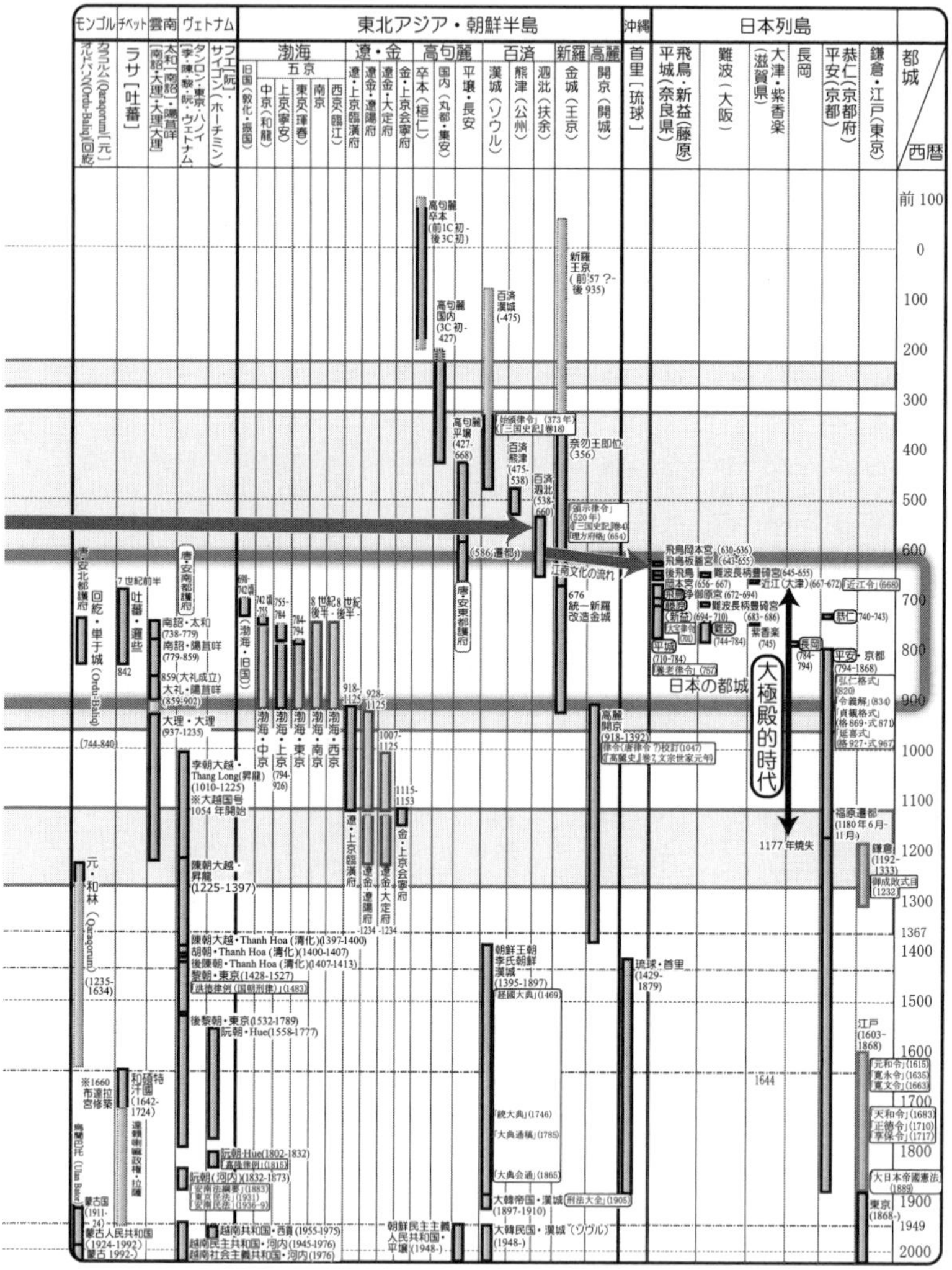

モンゴル
チベット
雲南
ヴェトナム
東北アジア・朝鮮半島
沖縄
日本列島
都城
西暦
渤海
五京
遼・金
高句麗
百済
新羅
高麗
首里［琉球］
飛鳥・新益（藤原）
平城（奈良県）
難波（大阪）
大津・紫香楽（滋賀県）
長岡
恭仁（京都府）
平安（京都）
鎌倉・江戸（東京）
ラサ［吐蕃］
南詔・大理
上京（寧安）
東京（琿春）
南京
西京（臨江）
中京（和龍）
遼・上京臨潢府
卒本（桓仁）
国内（丸都・集安）
平壌・長安
漢城（ソウル）
熊津（公州）
泗沘（扶余）
金城（王京）
開京（開城）
江南文化の流れ
日本の都城
大極殿的時代
1177 年焼失
前 100
0
100
200
300
400
500
600
700
800
900
1000
1100
1200
1300
1367
1400
1500
1600
1700
1800
1900
1949
2000

の変遷

年）付図１を改図。

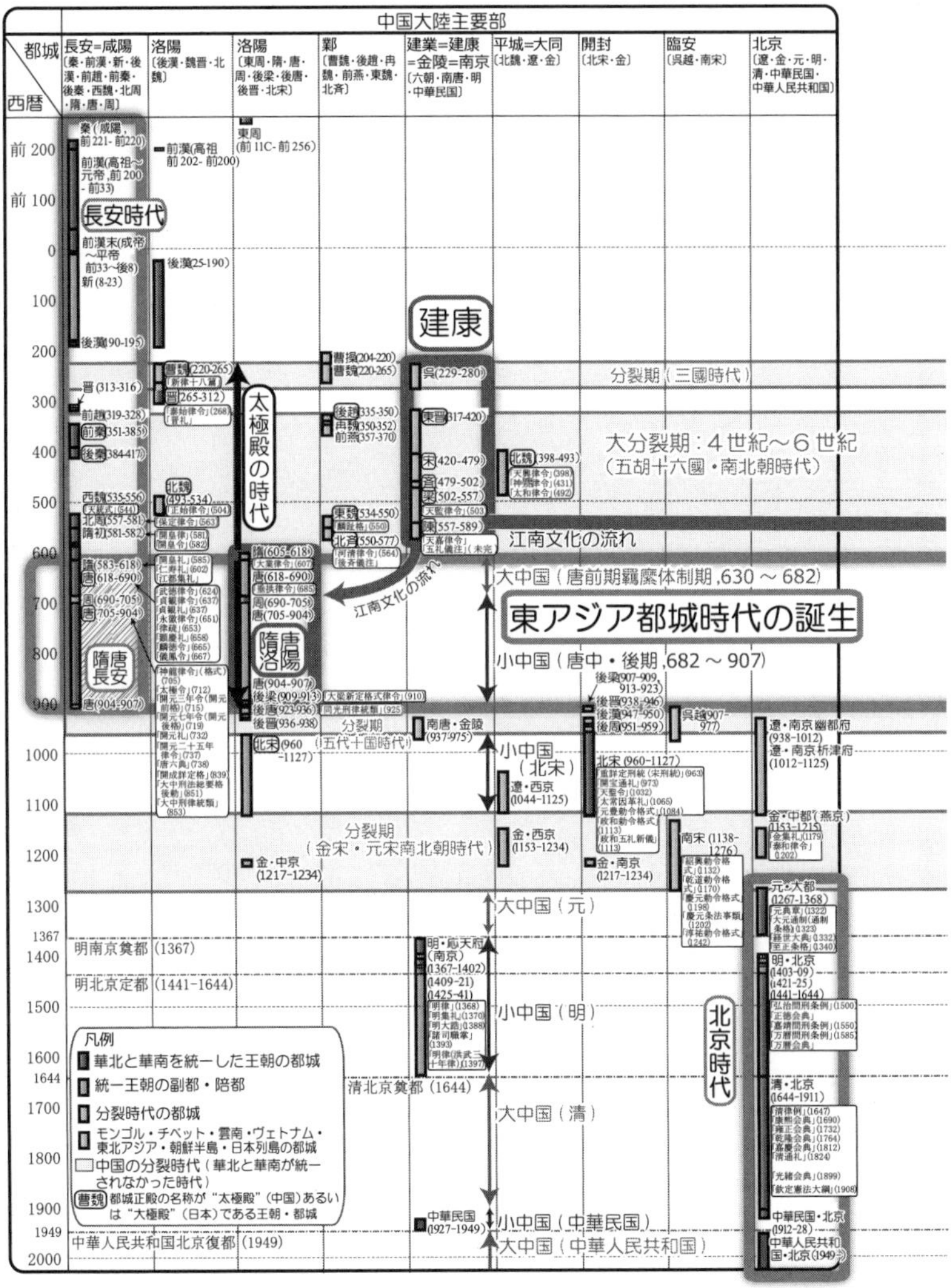

図24　東アジアの都城

注：横軸は空間（東アジア各国の都城）を表し、縦軸は時間（西暦）を表す。
出典：妹尾達彦「東亜都城時代的誕生」（杜文玉主編『唐史論叢』第14輯、西安・陝西師範大学出版社、2012

　このような都城の立地と建築構造の変化は、東アジア社会の世俗化と近代化の進展を象徴していると思われる。七世紀から八世紀の東アジアの都城時代は、内陸の変動をうけて中国大陸が再統一されたことを契機に誕生した。そして、九世紀以後におけるユーラシア大陸の交通幹線の転換とともに、都城の立地は内陸から沿海部へと移動し、一三世紀から一八世紀にかけて、前近代国家の都城は近代国家の首都へと徐々に変貌していくのである。

　図24は、東アジアの都城の変遷と都城で編纂された法典（律・令・礼）の関係を整理したものである。図24は、横軸が空間（中國大陸主要部、モンゴル・チベット・雲南・ベトナム、東北アジア・朝鮮半島、沖縄、日本列島の歴代都城）、縦軸が西暦（中國大陸に統一王朝の誕生した前二二一年から現在まで）を描き、空間軸と時間軸によって東アジア各都城の關連性をしめしている。この表に描かれた情報を整理すると以下のようになる。

（1）中国大陸における統一と分裂は、東アジア全体の変動と相関する

　横軸は、中国大陸の華北と華南が統一された時期と分裂した時期とを分けて描いており、統一と分裂が交互に訪れる中国大陸の政治情勢を示している。中国大陸における華北と華南の統一と分裂は、東アジアの他の地域に直接の影響を与え続けている。三国時代から五胡十六国・南北朝時代にかけての三世紀間におよぶ長期の分裂の時期には、中国大陸以外の地域には朝鮮半島を除き都城自体が存在していない。しかし、上述のように、隋唐による統一がなされると、東アジア各国に一挙に国家と都城の建造される「都城の時代」が誕生するのである。都城の建造は都城を核とする都市網の建造をもたらし、この時期に初めて、東アジアは、共通の規準をもつ交通網によって統一される。

　唐の滅亡と五代十国は中国大陸に再び分裂時代を生じさせ、中国大陸をかこむ各地域の国家と都城の消滅と新

生国家の形成を将来した。すなわち、雲南では南詔から大理へと王朝が転換し、ベトナムでは李朝が建国する。東北では渤海が消滅し遼と金が相継いで建国する。朝鮮半島では、新羅から高麗へと王朝が転換するのである。続けて、北宋の滅亡にともない、金と南宋の対峙、元と南宋の対峙という南北朝時代の再来も、同様の動揺を東アジア各国に与えた。すなわち、雲南での大理の消滅、ベトナムの李朝から陳朝への王朝の転換、東北での遼から金への国家と都城の転換、日本列島における平安朝の京都から鎌倉政権への政治の中心の移動である。モンゴル族の元によるユーラシア大陸東部の統一は、ベトナムと日本を除く地域を、すべて、大都に奠都する元の支配化においた。

(2) 大中国と小中国の転換

唐王朝は、上述の図11のように、七世紀の大きな中国（大中国・大統一期）から、八～九世紀の小さな中国（小中国・大分裂期）へと転換し、後代の大中国と小中国の転換の最初の範型となった。大きな中国と小さな中国は、文化の全体的特質（普遍的・形式的・象徴的文化↔個別的・内面的・機能的文化）、民族構成（多民族社会↔漢族社会）、統治思想（普遍思想としての仏教・マルクス主義↔漢族伝統思想としての儒教・道教）、対外認識（徳治の普遍性にもとづく中華思想↔中華と夷狄の差違を強調する華夷思想）、儒教の傾向（漢唐訓詁学・清代考証学↔宋明理学）というふうに、対照的な性格をそなえており、大小中国の転換は、このような思想構造の転換をともなった。唐前期から唐後期にかけての転換が、この転換の雛形となるのである。[124]

(3) 法典の編纂と都城の関連

縦軸には、各都城の奠都年と各都城で編纂された主要な法典を示し、各都城における法典の変遷も描いている。中国大陸の各王朝の政権の正統性を主張する方法として、律・令・礼の編纂は重要な働きをした。後漢に確立し魏晉の都城制度に影響を与えた儒教の王権論は、時間的な面では王朝交替を認めているが（易姓革命論）、空間的には、天子=皇帝制度にもとづき「天に二日無く、土に二王無し」の常套句のように、對等の國家の存在を認めなかった。そのために、一つしか存在しない政権の正統性の獲得競争が、必然的に生じることになり、政権の正統性を証明する律・令・礼の制度が政権にとって必要となったのである。

都城における律令礼の編纂と施行の変遷を見ると、律令礼の編纂は、正史の編纂とともに、王朝の正統性を主張する制度だったことが窺える。図24のように、律令礼編纂は、都城の造営と時期的に対応している。王朝の成立と存続にとって、正史の編纂や律令礼の制定と発布、宮殿建造、度量衡の統一、暦の発布、銭貨の鋳造等は相互に関連する不可欠の政治的行爲だった。新たな王朝は、正統性の確立のために新たな法典を必要としたのである。

前近代の東アジア農業地域においては、儒教の王権論に匹敵する政治理論は存在しなかったので、東アジア農業地域の各国は、中国の政権と同様に法典の編纂を正統性の論拠とした。遊牧国家の場合は、シャーマニズムにもとづく独自の王権論をもち中国の政権とは対抗していたために儒教の王権論にもとづく必要はなかった。しかし、農業地域を支配する時には、自らの王権論の他に儒教の王権論も採用するのが通例だった。

この点においても、日本が律令を制定し正史『日本書紀』を編纂した事実は興味深い。ただし、中国の律令や正史の編纂が、王朝交替を前提とする天子=皇帝制度を前提とするのに対し、日本の場合は、為政者を天皇=神とすることで王朝交替を認めなかった。そのために、儒教知識人にとって、日本の律令や正史、都城は、一見類似してはいても儒教の王権論にもとづく律令や正史、都城とは認識されず、中国の制度を模倣した日本独自のものに見えたのではないだろうか。當時の日本の知識人は、中国の王権理論と抵触しないように、天皇=神の概念の導入を意図したと思われる。日本の天皇=神の概念は、儒教の天子=皇帝制度ではなく、東北アジアの遊牧・狩猟地域いおけるシャーマニズムの系譜をひく王権論と考えるべきと思う。

（4）太極《たいきょく》殿・大極《だいごく》殿の時代の意味

図24の縦軸に描いた「太極《たいきょく》殿の時代」（中国大陸）、「大極《だいごく》殿の時代」（日本列島）とは、都城の宮殿区の主宮殿の名称が太極殿であった時代のことである。中国大陸では曹魏洛陽城から隋唐長安城まで、日本列島では、飛鳥宮から平安宮（一一七七年に太極殿は焼失）までの時期である。

もともと、太極殿は、太極思想にもとづき宇宙の唯一の中心の所在を示す建築物である。太極思想は三世紀から十世紀にかけて流行し、太極殿は王権の正統性の象徴として機能した。三〜十世紀の政権にとって、魏晋洛陽宮と同じ太極の名称を冠した宮殿を建造することが、王権の正統性を主張する論拠の一つとなったのである。中国以外の地で太極殿の名称を用いたのは、宮城正殿を大極《だいごく》殿と称した日本のみである（ただし、日本は、太極殿ではなく大極殿の字を用いることで、正統性をめぐる唐との衝突を避けたように思われる）。

（5）建康を主要舞台とする江南文化の系譜

図24の建康から発する矢印の示すように、建康で誕生した江南文化は、隋唐の洛陽に直接の影響をおよぼすとともに、南朝と密接な外交関係を築いていた百済の都城・泗沘（五三八年建造。扶余）に影響を与えた。江南文化は、泗沘を経由して日本列島の宮城や都城にも大きな影響を与えたともいえる。近年の研究で益々明らかになってきているように、日本列島は、隋唐の都城の文化が輸入される以前は、百済と百済を媒介とする南朝の都市文化の影響を強く受けていたのである。

建康で江南文化が華開いた理由は、都城としての建康の継続性にある。図24の建康（建業・金陵・南京）の縦列のように、三国時代の呉の都城（建業）から東晋南朝にいたるまで、六朝の都城として合計三二四年間の長きにわたって都城となってきた。同じ時期の華北の都城には、長安、洛陽、鄴、平城（大同）の四都があるが、建康のような長期におよぶ継続的な都城は存在しない。華北は政治的混乱の中で多くの都城が併存し、政権の交替によって短期間で都城が興廃を繰り返している。東晉の建国（三一七年）から数えると、建康は、王朝が変わっても東晋・宋・斉・梁・陳の五朝の都城であり続け、二七二年間の長きにわたって中国南部の政治・経済・文化の中心地だった。この期間に、華北の文化と長江下流域の既存の文化を融合した江南文化がつくりだされ、その後の東アジア各国に影響を与えていくのである。当時の中国大陸では、建康に敵う都城は存在しなかった。

（6）　都城の変遷パターン

図24所載の中国大陸主要部の都城のうち、華北と華南をともに統一した政権の都城は、長安・洛陽・開封・南京・北京の五つである。図24のように、中国大陸の都城の立地は、ユーラシア大陸の歴史と密接に関連しながら、長安と洛陽の東西両京から、北京と南京の南北両京へと転換する。図24に描いたように、この転換は、「長安時代」から「北京時代」への転換である。中国の長い歴史の中で、長安と北京が、それぞれ中国史前期と後期を代表する都城となった最大の理由は、上述のように、ユーラシア大陸を貫く生態環境の境界地帯に立地したからである。この立地によって、長安と北京は、異なる生態の産物や情報が交換される場所となり、農業地域と遊牧地域を結ぶ政治機能をもつことができた。そして、長安時代から北京時代への転換は、歴史の主要舞台となる生態環境の境域が、農業＝遊牧境界地帯から沿海地帯へと転換することを意味しているのである。

図24にもとづいて描いた中国大陸における都城の変遷パターンが、図25である。図25は、長安＝洛陽両京時代

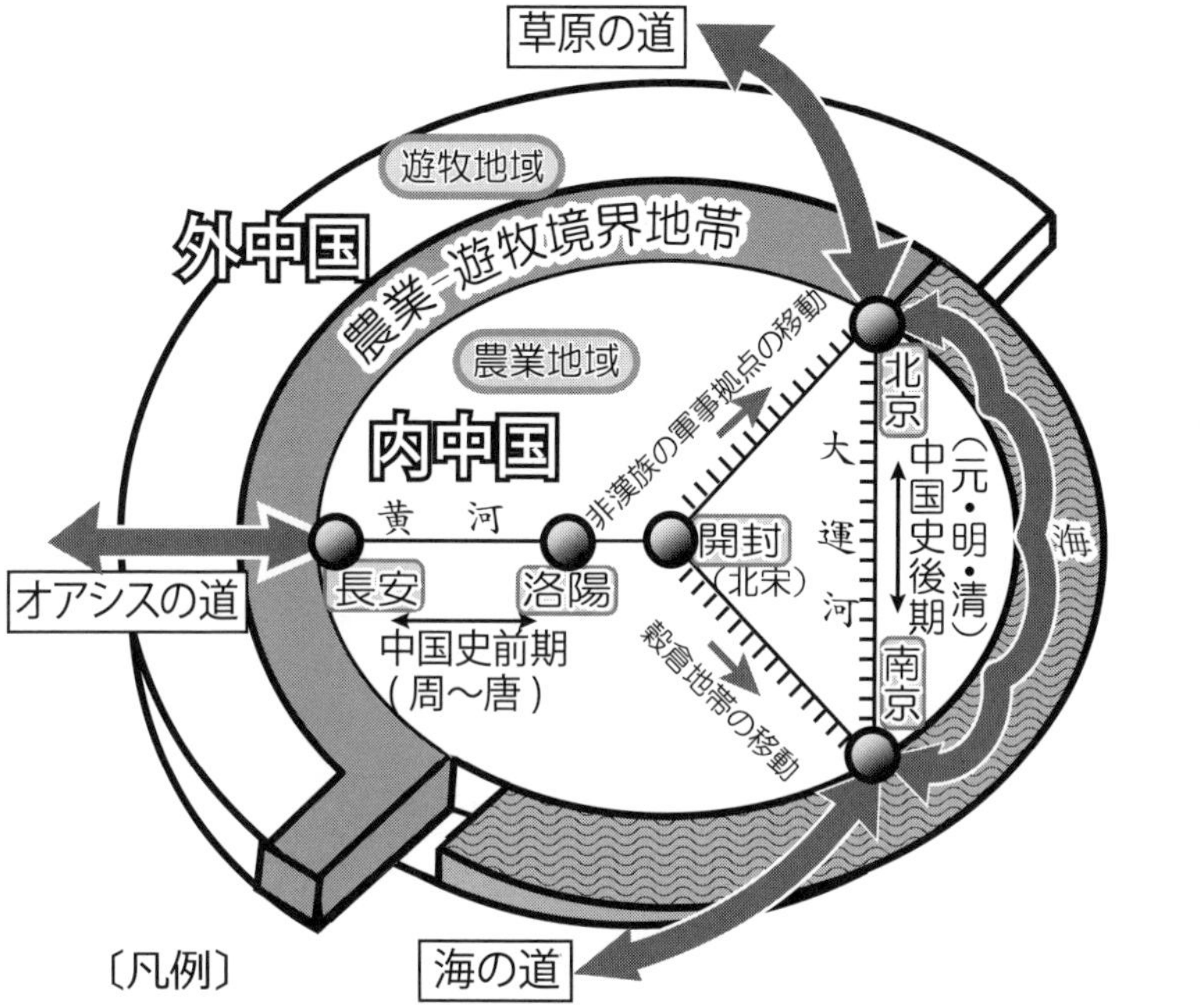

図25　中国大陸における主要都城の変遷パターン
—農業＝遊牧境界地帯から沿海地帯へ—

出典：妹尾達彦「都の立地—中国大陸の事例—」（『人文研紀要』58、中央大学人文科学研究所、2006年）153頁、図4を改図。

から、開封を経て、北京=南京両京時代に転換することを概念化している。中国史の後期に、長安に替わって北京が中国を代表する都城になった理由は、以下の三つの要因が重なったためである。すなわち、（1）遊牧地域に新たな強力な遊牧・狩猟民が出現して、これらの勢力地と北京とが隣接していたこと（軍事要因）、（2）長江下流域が中国の主要穀倉地帯となり、長江下流域の穀倉地帯と水運で直接に連結できる場所に北京が位置していたこと（経済要因)、(3)ユーラシア大陸の交通幹線が、内陸の陸路から沿海の海路に転換したために、海路を利用できない長安に対して、沿海部に面する北京が優位に立ったこと(交通要因)である。

以上のような都城の変遷は、(1)中国の統治空間が、東西方向から南北方向に拡大されてゆく過程を示しているとともに、(2)都城と穀倉地帯を結ぶ食糧補給路や、都城と軍事最前線の辺境とを結ぶ兵站線が、黄河から人工の大運河に移行してゆくこと、そして、(3)前近代の中国大陸の歴史が、ユーラシア大陸の生態環境の制約を強く受けた陸路の時代(長安時代)から、大運河の要衝である開封を媒介にして、水運や海運の利用によって、人間活動が生態環境の制約を超えて拡大してゆく時代(北京時代)に転換してゆくことを示している。

三　隋唐長安の交通と土地利用

本節では、四世紀から十世紀における東アジアの都城と交通網の歴史に関する上記の総合な考察をふまえ、一つの都城を事例にとりあげて、より具体的に都市と国家の問題を論じてみよう。事例にとりあげる都城は、隋唐長安城である。その理由は、長安の資料が群を抜いて豊富に残されているからであるが、隋唐長安城の都市構造と長安を核とする都市網の建造が、東アジア各国の都城と交通網の形成に大きな影響をあえていたからでもある。

本稿でいう土地利用とは、人間が、土地を宅地や農地、牧地、林地、道路、水路、行楽地、宗教施設、墓葬地、公園等に利用することである。土地利用を決定づける要因は、自然条件として気候(気温・降水量等)や地形・土壌があり、社会・経済条件として技術(作物品種や土壌の改良・灌漑や排水等)や文化、経済(人口や市場の規模・交通機構・市場への近接性等)、政治(政策)等があげられる。近代国家の場合、これらの諸要因の中でも、とりわけ市場への交通利便性や輸送費用の多寡が土地利用の種目を決める重要因子とされている[125]。

前近代の隋唐長安を核とする関中平野の土地利用を復原する際にも、上記の諸要因の絡み合い方を考えなくてはならない。現時点での見通しをのべれば、隋唐長安とその近郊地域の場合、建造当初は、為政者の都市計画にもとづき土地利用が進められたために軍事・政治的要因が強い。しかし、住民の人口増加と生活機能の充実とともに、土地利用は、次第に経済的要因、とくに城内外を結ぶ幹線交通路への近接性が重視されるようになる。九世紀になると、都城の内外を貫く交通幹線に沿って土地利用の機能分化が進展するのである[126]。

（1） 幹線陸路がつくりだす隋唐長安城内の土地利用[127]

長安城内や城外の建築構造と土地利用は、上述のように、都城を貫く交通路と交通機能によってつくられる。そのために、都城の考察に交通（人・物・情報の移動）の分析は不可欠となるのである。交通路の機能は、歩行者への輸送機能（安全な交通・時間距離の短縮・輸送費の低減など）と、沿道の建築物への接続《アクセス》機能（土地利用の促進など）に分類できる。幹線交通路の利用に便があるか否かによって、城内の土地利用に差が生じるのである。前近代においても、交通路は、国家の諸機能を可能にするものであったとともに、人々の日常生活や社会経済の活動を支える基礎的な社会資本だった。この点は、長安内外の土地利用でも同様であった（図26）。

長安城は、南北軸が政治・権力を象徴するのに対し、東西軸が経済・社会の動脈をなしていた。したがって、城内外の土地利用は、東西軸にもとづいて進展した。東西軸に対して南北軸を見ると、そもそも北に禁苑があるために、南北の交通は制限されていた。また、南壁の三つの門のうち真ん中の明徳門は普段は使用されず、明徳門の外に建造された圜丘や南郊壇で祀天が挙行される際にのみ使用されたと考えられる[128]。南壁の啓夏門や安化門から南方に延びる道路は、秦嶺南の地域との往来に利用されたが、交通幹線ではなくあくまで支線であった。

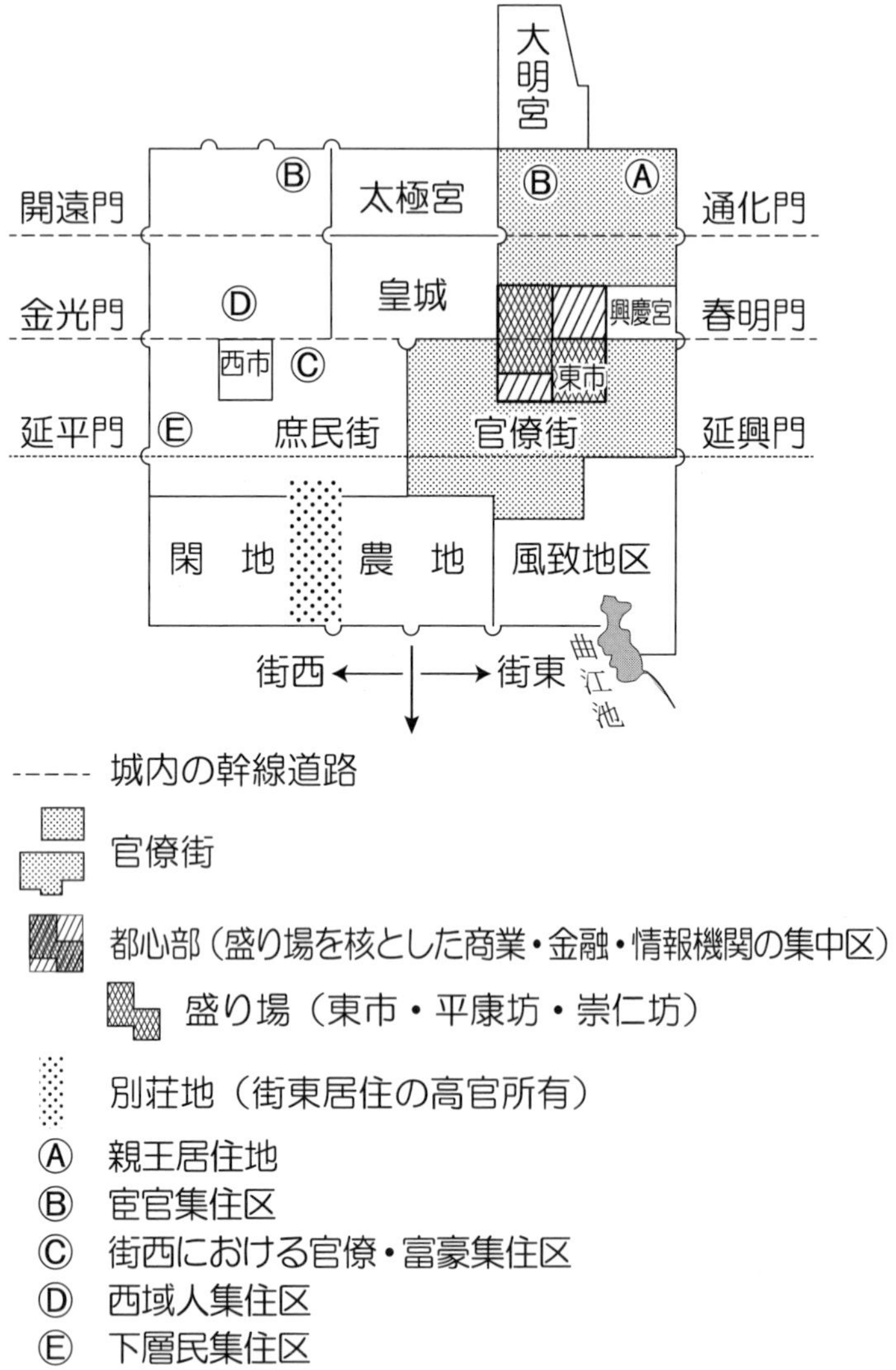

図26　唐代長安城内の土地利用の機能分化

出典：妹尾達彦『長安の都市計画』（東京・講談社、2001年）197頁図54を改図。

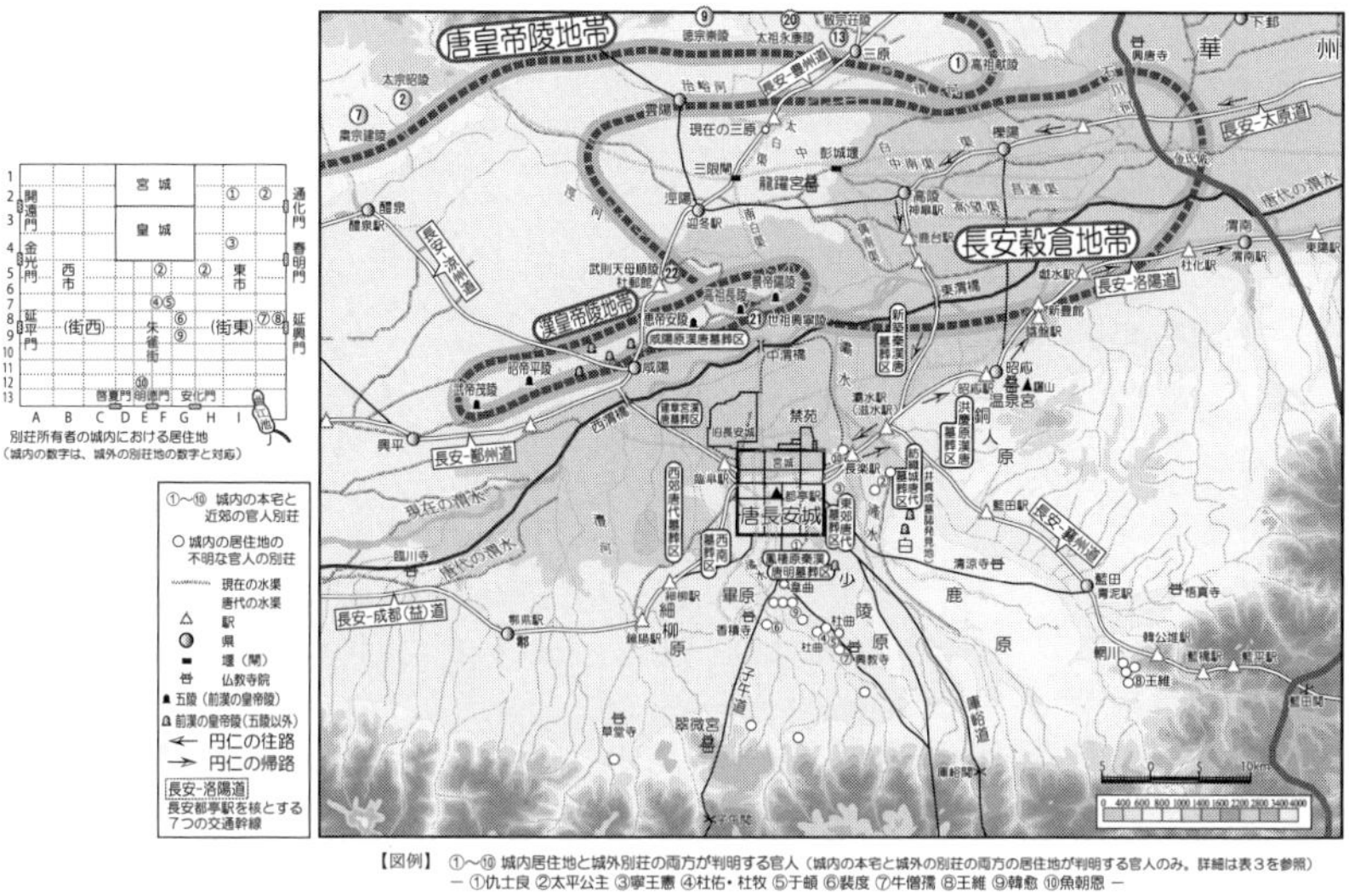

図27　長安都市圏―8～9世紀の交通・水利・別荘・寺観・墓域・行楽地―

出典：妹尾達彦「唐代長安近郊の官人別荘」（唐代史研究会編『中国都市の歴史的研究』東京・刀水書房、1988年）132-133頁所載図「唐長安城近郊の官人別荘の分布」、及び同「唐長安の都市生活と墓域」（『東アジアの古代文化』123号、2005年）53頁所載図1「長安の郊外―八、九世紀の交通・水利・別荘・墓域―」を訂補。墓葬区の名称と位置は、もと西市文物保護考古研究所の発掘地域図にもとづく。

駅をもつ幹線の駅道は、東西の城門から東西に延びていた。とくに、開遠門・金光門と通化門・春明門をつなぐ城内外を貫く東西幹線の沿線にそって、宮城と官庁街（皇城）、離宮（興慶宮）、市場（西市と東市）、都亭駅、宗教施設（仏教寺院・道観）、国立学校（国子監）、藩鎮の中央出先機関（進奏院）、官人邸宅、商店、旅館等が機能的に分布していた。この幹線から離れた城内南部は、住民の活動が限られた空間であり、別荘地や家廟の場所、行楽地、あるいは農地として利用されていた。九世紀には、この東西の幹線に沿って、城内東部に高級邸宅街と盛り場が形成され、城内西部には庶民街と国際色豊かな市場が生まれ、城内の土地利用が機能分化していくのである。なお、隋唐洛陽城の場合も、宮城の応天門から皇城の端門、外郭城の定鼎門をへて龍門にいたる南北の軸線が、王権儀礼の軸線であった。ただ、洛陽の場合は西方に広大な西苑が存在したために、この南北の軸線が交

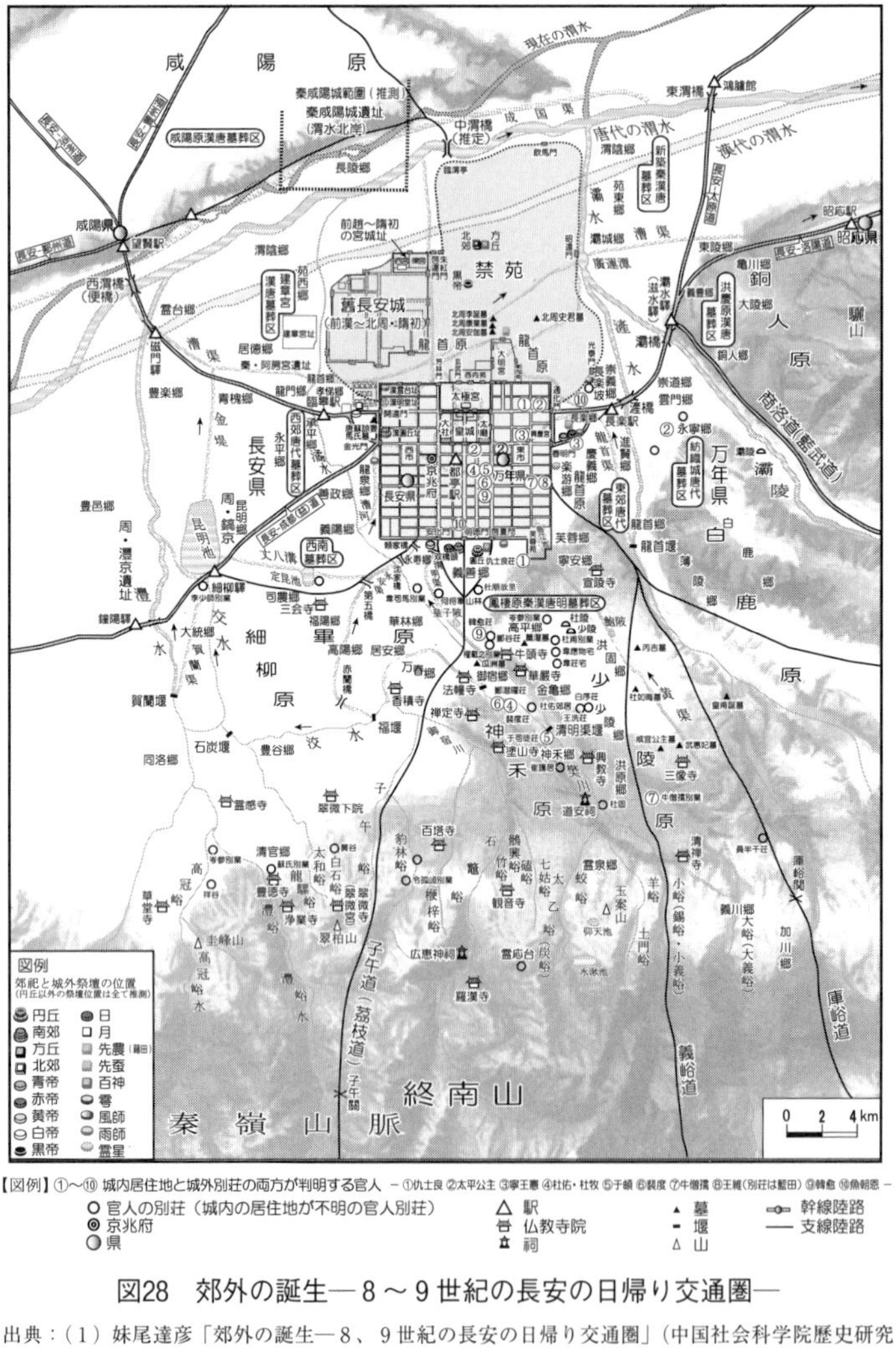

図28　郊外の誕生―8～9世紀の長安の日帰り交通圏―

出典：（1）妹尾達彦「郊外の誕生―8、9世紀の長安の日帰り交通圏」（中国社会科学院歴史研究所他編『第三届中日学者中国古代史論壇文集』（北京・中国社会科学出版社、2012年）261頁図3改図。

（2）史念海編『西安歴史地図集』（西安・西安地図出版社、1996年）所載「唐長安県・万年県郷里分布図」と「唐長安城南図」。

（3）辛德勇『古代交通与地理文献研究』（北京・中華書局、1996年）143頁所載図「隋唐時期長安附近陸路交通示意図」。

通の幹線もかねていた点が、長安とは異なる点である。さらに、長安と異なる点をあげれば、城内を東西に流れる洛河から引水した漕渠が東西交通の幹線となる点である。洛陽は、大運河に連接する水の都として建造され、漕運と商業に優れた都城であった。長安が陸の都であるのと対照的な都城である。

(2) 郊外の誕生(129)

本稿でいう「郊外」とは、冒頭でのべたように、隋唐長安の城内住民の城外における日帰り交通圏をさしている。八～九世紀の長安における郊外の社会の誕生は、上記の羅城や禁苑、壇廟、葬地による城内外の土地利用の変遷と密接に関連している。城内と城外の土地利用は、この東西の幹線陸路の沿線において進展した。城外も城内外を結ぶ幹線に沿って、長安住民を消費者とする農地や果樹園、荘園、別荘地、墓葬地、宗教施設、狩猟場等が分布していた（図28）。

(3) 羅城・禁苑・壇廟・葬地という課題

本節では、上記の都城時代の誕生と都城を核とする交通網の形成での議論をふまえて、隋唐長安城を事例に、羅城・禁苑・壇廟・葬地の特徴を探りたい。上述のように、一般に、前近代における都城の構造をなりたたせる建築物として、宮城や官庁、羅城（城壁）、城門、禁苑、市場、家屋、宗教施設、道路、水路、橋、葬地等がある。本稿では、これらの中でも、都城の骨格をつくる羅城（城壁、とくに外城〈外郭城〉と内城）と、壇廟（天と地の神々や祖先の霊をまつる各種の儀礼施設）、禁苑、葬地に焦点をしぼって論じることにする。その理由は、羅城・禁苑・壇廟・葬地が、たがいに関連しあいながら東アジアの都城の建築景観の主要部分を構成しているからである。

（4）羅　城

①羅城の建造(130)

隋大興城の羅城（外郭城・城壁）の建造は、「（大業九年三月丁丑）發丁男十萬城大興」（『隋書』巻四、煬帝本紀、中華書局標点本八四頁）とあり、以後、繰り返し重修された。隋大興を継承した唐長安では、「（永徽五年（六五四）三月）以工部尚書閻立徳、領丁夫四万、築長安羅郭」（『旧唐書』巻四、高宗本紀、七二頁）、「（同一〇月）雇雍州四万一千人、築長安外郭、三旬自畢。癸丑、雍州参軍薛景宣上　封事言、漢恵帝城長安、尋晏駕、今復城之、必有大咎」（『資治通鑑』巻一九九、永徽五年冬一〇月、中華書局標点本六二八六頁）、「（同一一月）築京師羅郭、和雇京兆百姓四万一千、板築三十日而罷、九門各施観」（『旧唐書』巻四、高宗本紀、七二頁）、「（開元一八年（七三〇）四月）築京城外郭城、凡十月而功畢」（『旧唐書』巻八、玄宗本紀、一九四頁。なお『資治通鑑』巻二一二、六七八八頁には「九旬而畢」）とある。

城壁としての外郭城の材質・形状は、土・磚であり、規模は、発掘結果によれば、東西九、七二一メートル、南北八、六五一・七メートルとなる。基部は九～一二m、高さは不明ながら、文献によると五・三mになる（『唐六典』巻七工部尚書郎中、員外郎条の記載から計算）。ただし、外郭城の城壁実測では、最も幅の狭い部分では、三mしかない個所もある。皇城・宮城部分の城壁の幅は、一〇mを越していることと比べると、外郭城の貧弱さが印象づけられる。すなわち、外郭城の城壁の大きさは、私たちが想定しがちの堂々たる姿とは異なり、城内と城外を分かつ儀礼的なものであり、軍事防衛上は、ほとんど何の役にも立たなかったと考えた方がよい。隋末に李淵が大興城を攻撃した際に、唐軍は漢代長安城をまずおさえて軍隊を駐屯させ、次に開遠門と金光門附近で隋軍と戦って宮城・皇城を攻撃したことからもわかる(131)。

②礼制・律令制と羅城の儀礼的機能

このような羅城の構造は、礼制・律令制にもとづく都城制にもとづくものであった。都城は、法律と儀礼の施行によってつくられ、羅城は目に見える法律であり儀礼だった。前近代中国における法律が皇帝制度の理念を体現していることは、改めてのべるまでもない。皇帝制度が成立して以後の前近代中国（秦漢～清）の法律は、儒教を始めとする中国古来の世界観にもとづき、天子=皇帝の統治の手段をさだめたものであった。この点において、前近代の中国法は、国民主権にもとづく近代国家の法律とは根本的に異なっている[132]。

儒教の礼の思想にもとづいて律・令を解釈する契機となったのが、晋王朝（二六五～四二〇）における泰始律令（律二〇篇・令四〇篇・故事三〇巻）と晋礼（五礼儀注）一六五篇の制定である。晋王朝になって、初めて、律・令・礼が互いに関連しあいながら編纂される時代が到来した。晋朝は、古くから刑法として機能していた律や行政法規としての令、王権儀礼の細目を定めた礼などの国家規範を、新たに儒教思想にもとづいて系統的に解釈し、互いに関連する国家規範として編纂しようとしたのである[133]。

律・令・礼の編纂は、晋朝以後、唐開元年間にいたるまでの約五〇〇年間継承され、玄宗期における『大唐開元礼』（開元二〇年（七三二））と開元律令の制定（開元三年令（七一五）・七年令（七一九）・二五律令年（七三七））、『唐六典』の完成（開元二七年（七三九）完成）に結晶する。

唐代の法律を考える際にも、当時の法律が理想的な統治のあり方についての儒教を始めとする中国伝統思想にもとづいており、国民の権利を保証する近代国家の法律とは根本的に異なっている点に注意しなくてはいけない[134]。律・令・礼は、天と地を媒介する天子=皇帝の身体に価値の規準をおく規範の体系だった。

たとえば、唐律では、天子=皇帝の御す空間を「御在所」とよび、通常は、宮殿の中に存在するが（唐長安城の場合は両儀殿等の内朝の宮殿をさす）、天子=皇帝の御す場所であれば、どこであれ、そこが「御在所」であり秩序の中核となった[135]。都城とは、御在所の場所であり、天子=皇帝の身体（御在所）の至高性を、国家規範をなす律・令・礼を動員して、誰もが目に見えるかたちで表現するための建築空間だった。羅城は、律・令・礼によってつくられた舞台装置だったのである。

そのために、御在所に集約される都城は、天子=皇帝の身体の隠喩としてつくられた。天帝の子である天子=皇帝の身体（=御在所）は、天帝の御す宇宙の鏡であり小宇宙《ミクロコスモス》である。玉座の天子=皇帝の身体からの距離によって「内」と「外」の空間が階層化され、宮殿に距離的に近い空間ほど社会秩序の上位に位置づけられた（唐律では、太極殿以南の空間が外と認識されるのに対して、太極殿より北の空間は「内」と規定され聖別化される）。

また、地上の宮殿に御す皇帝が南面して左手の方角は左街（東街）、右手の方角は右街（西街）と分割され、陰陽思想にもとづき左（陽）が右（陰）に優越した[136]。都城の宮殿は、唐長安城の場合、「両儀」[137]、「甘露」[138]、「太極」[139]の名称のごとく、天界の天帝の宮殿に直結する聖なる空間として聖化されたのである（図32）[140]。

このように、都城は、そこに居住する為政者を天子=皇帝に転換するための文化装置であった。律や令、礼などの国家規範は、為政者の身体を天子=皇帝に転換して秩序の根源とするための文化装置の一つであり、律や令、礼は、なによりも、天子=皇帝の御す宮殿を聖なる中心として聖別化するために、視覚的・空間的に構成されていたのである[141]。

このように、羅城は、防衛上の機能をもつのではなく、王権儀礼上、重要な役割をはたした。城門と城壁は、王権儀礼の舞台の位置を定める規準となった。天と地の祭祀以外に、天界の五帝（黄帝・青帝・赤帝・白帝・黒帝）や日・月をまつる儀礼を始めとする王権儀礼も、羅城の城門からの距離によって祭祀場所が設定された（『隋書』巻六、巻七、礼儀志、『大唐開元礼』巻一二～巻二一、吉礼等）。

また、隋唐代の墓葬地は、「都の住民の埋葬は、都城から七里以上（約三・八五キロ）離れた場所で行う〔在京師葬者、去城七里外」」（『隋書』巻八、礼儀志）とある。また、高官の埋葬に際しては、外郭城の城門まで使者を派遣して、一品には馬と束帛、三品以上は束帛を贈る儀礼を行うことが、高官を埋葬する際の規定にあげられている（『六典』巻一八、司儀令条、同書巻四、礼部員外郎条、『通典』巻八六、礼四六、喪制之四、器行序など）。さらに、都城の城門は、さまざまな葬喪儀礼（凶礼）が行われる場所であった（『大唐開元礼』巻一三一～一五〇、凶礼）。城門と城壁なくして王朝の王権儀礼は存在できない(142)。

③律の空間構造

宮城は、強固な城壁や軍隊によってだけではなく、法律（律）によっても防護されていた。唐律の筆頭にあげられた衛禁律は、都城における宮城のもつ象徴的中心性をよくものがたっている。衛禁律に関しては、すでに、戴炎輝(143)、滝川政次郎(144)、嵐義人(145)、岡野誠(146)、井上和人(147)、桂齊遜(148)、張春蘭(149)、郭紹林(150)、万晋(151)、頼亮郡(152)等多くの先学の研究があり、その全体像が明らかになりつつある。衛禁律は、天子＝皇帝の至高性と中心性を視覚化する律の特色を集約しているので、衛禁律の律条文と疏を通して律が構造化する都城の空間構造の階層性を復原してみたい（図29）。

『唐律疏議』巻七、衛禁律の筆頭にあげられた「衛禁闌入宮門条（第五八条）」と疏は、以下のようである。都城の空間構造に関する単語は太字とし、固有名詞には下線を付した。

諸闌入**太廟門**及**山陵兆域門**者、徒二年。闌、謂不應入而入者。

【疏】議曰。太者、大也。廟者、貌也。言皇祖神主在於中、故名「**太廟**」。山陵者、三秦記云。「秦謂天子墳云山、漢云陵、亦通言山陵。」言高大如山如陵。兆域門者、孝經云。「卜其宅兆。」既得吉兆、周兆以為塋域。皆置宿衛防守、應入出者悉有名籍。不應入而入、為「闌入」、各得二年徒坐。其入太廟室、即條無罪名、依下文「廟減宮一等」之例、減御在所一等、流三千里。若無故登山陵、亦同太廟室之坐。

越垣者、徒三年。太社、各減一等。守衛不覺、減二等。守衛、謂持時專當者。

【疏】議曰。不從門為「越」。垣者、牆也。越太廟、山陵垣者、各徒三年。越太社垣及闌入門、皆減太廟一等。「守衛」、謂軍人於太廟、山陵、太社防守宿衛者、若不覺越垣及闌入、各減罪人罪二等。守衛、謂防守衛士晝夜分時專當者、非持時者不坐。

主帥又減一等。主帥、謂親監當者。

【疏】議曰。「主帥」、謂領兵宿衛太廟、山陵、太社三所者。但當檢校即坐、不限官之高下。又減守衛人罪一等、唯坐親監當者。

故縱者、各與同罪。餘條守衛及監門各準此。

【疏】議曰。「故縱者」、謂知其不合入而聽入、或知越垣而不禁、並與犯法者同罪。餘條守衛宮殿及諸防禁之處、皆有監門及守衛、故縱不覺、得罪各準此。

同上書五九条には、衛禁律全体を貫く空間秩序が記されている。

諸闌入宮門、徒二年。闌入宮城門、亦同。餘條應坐者、亦準此。

【疏】議曰。宮門皆有籍禁、不應入而入者、得徒二年。嘉德等門為宮門、順天等門為宮城門、闌入得罪並同。餘條應坐者、亦準此宮門得罪、謂「越垣」及「防禁違式」、「冒代」之類。

殿門、徒二年半。持仗者、各加二等。仗、謂兵器杵棒之屬。餘條稱仗準此。

【疏】議曰。太極等門為殿門、闌入者、徒二年半。持仗各加二等、謂將兵器、杵棒等闌入宮門、得徒三年。闌入殿門、得流二千里。兵器、謂弓箭、刀柏之類。杵棒、或鐵或木為之皆是、故云「之屬」。餘條、謂下文「持仗及至御在所者」、并「持仗強盜者」、並準此。

入上閤内者、絞。若有仗衛、同闌入殿門法。其宮内諸門、不立籍禁而得通内者、亦準此。

【疏】議曰。上閤之内、謂太極殿東為左上閤、殿西為右上閤、其門無籍、應入者準敕引入、闌入者絞。若有仗衛者、上閤之中、不立仗衛、内坐喚仗、始有仗入。其有不應入而入者、同闌入殿門、徒二年半、持仗者流二千里。「其宮内諸門、不立籍禁」、謂肅章、虔化等門、而得通内、而輒闌入者、並得絞罪。若有仗衛、亦同殿門法。

若持仗及至御在所者、斬。迷誤者、上請。

【疏】議曰。謂持仗入上閤及通内諸門、并不持仗而至御在所者、各斬。迷誤、謂非故闌入者、上請聽敕。即應入上閤内、但仗不入而持寸刃入者、亦以闌入論。

【疏】議曰。應入上閤内者、謂奉敕喚仗、隨仗引入者、得帶刀子之屬。若仗不在内而持寸刃入者、即以闌入論。若非兵器、杵棒之屬、止得絞刑。持仗者、斬。

仗雖入、不應帶横刀而帶入者、減二等。

【疏】議曰。仗雖入上閤内、不應帶横刀而輒帶入者、減罪二等、合徒三年。

即闌入御膳所者、流三千里。入禁苑者、徒一年。

【疏】議曰。御膳所、謂供御造食之處、其門亦禁。不應入而入者、流三千里。闌入禁苑者、徒一年。禁苑、謂御苑、其門有籍禁。御膳以下闌入、雖即持杖及越垣、罪亦不加。

このように、衛禁律では城門を以下の様に分類し、刑罰の軽重を決めている。すなわち、御在所への闌入を死罪とし、御在所からの門の距離に応じて罰を決めている。

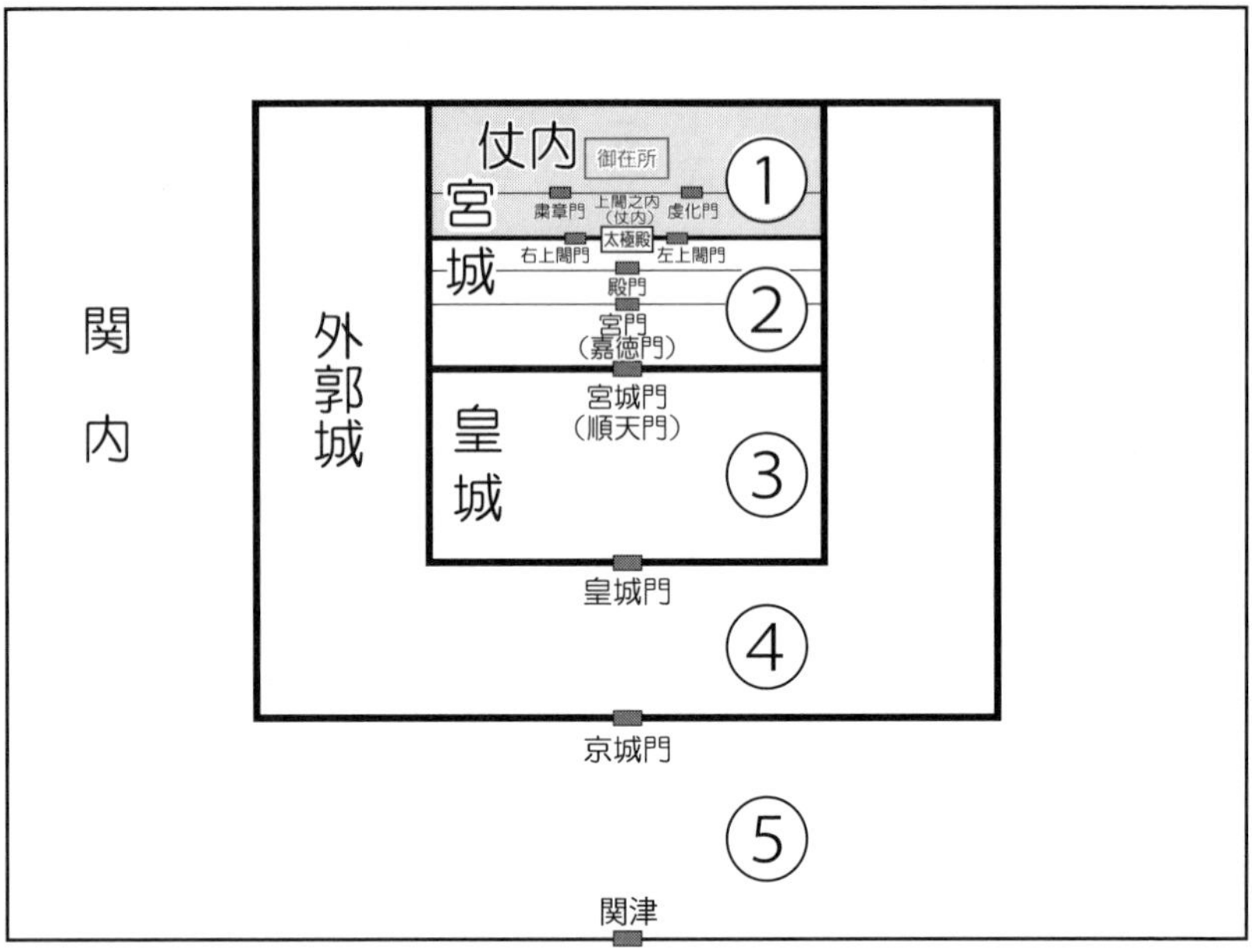

図29　衛禁律の空間構造

出典：『唐律疏議』巻7～8、衛禁律にもとづき図化。妹尾達彦「東アジアの都城時代と交通網の形成」国立歴史民俗博物館・玉井哲雄編『アジアからみる日本都市史』東京・山川出版社、2013年、54頁図3「衛禁律の空間構造」を改図。
※律の上で都城の空間は上図のように分節化され、⑤から①の順に罪が重くなる。

京城門―皇城門―宮城門―宮門―
殿門―上閤門―宮内諸門

この分類は、天子=皇帝の御す御在所を世界の中心に位置づけるためのものである。図29衛禁律の空間構造のように、唐朝の笞杖徒流死の五刑の軽重は、上記の城門の分類に思想的に対応しており、天子=皇帝の御す御在所を至高の存在とするために機能した。

宮城・皇城・外郭城の城門や各官庁の城門には門藉があり厳重に管理されており、門藉は、宮城諸門→皇城諸門→京城諸門という上から下への序列が明確化されていた。門藉について『唐六典』巻八、門下省には、以下のようにある。

城門郎掌京城、皇城、宮殿諸門開

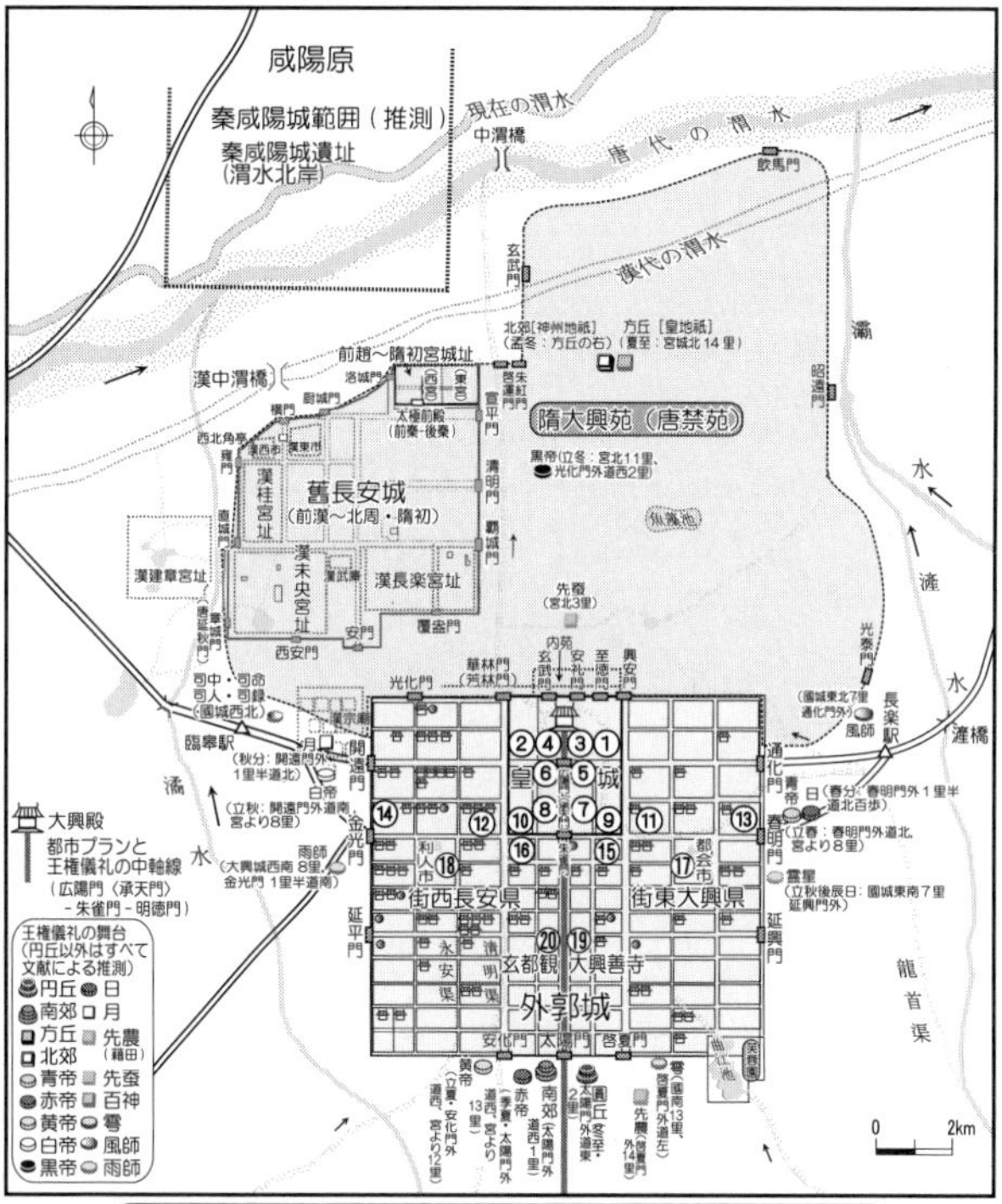

諸建築＼陰陽	西（右・陰・女）	東（左・陽・男）
皇太子・皇后	② 掖庭宮（後宮・妃嬪）	① 東宮（皇太子）
中央官庁	④ 中書省（右省）	③ 門下省（左省）
朝堂	⑥ 右朝堂	⑤ 左朝堂
府兵	⑧ 右衛六衛	⑦ 左衛六衛
廟社	⑩ 大社（右社）	⑨ 太廟（左祖）
警察	⑫ 右武候府［唐・右金吾衛］	⑪ 左武候府［唐・左金吾衛］
仏寺	⑭ 宝昌寺（街西・長安県の県寺）	⑬ 禅林寺（街東・大興県の県寺）
儒教	⑯ 武廟（武成王廟＜太公望廟＞）	⑮ 文廟（文宣王廟＜孔子廟＞）
専用市場	⑱ 利人市［唐・西市］	⑰ 都会市［唐・東市］
仏寺・道観	⑳ 玄都観（代表的道観）	⑲ 大興善寺（代表的寺院・国寺）

図30　隋大興城の都市計画

出典：本図は、妹尾達彦「隋唐長安城の皇室庭園」（橋本義則編『東アジア都城の比較研究』京都・京都大学術出版会、2011年）289頁の図4を改図。（史念海主編『西安歴史地図集』（西安：西安地図出版社、1996年）54頁「西漢長安城図（考古）」、同55頁「西漢長安城図（文献）」、同書80・81頁「唐長安城図」を底図として作図した。禁苑の範囲及び、円丘以外の国家儀礼の祭地場所は文献の記載による推測。漢唐代の渭水の流路は、史念海編『西安歴史地図集』（西安地図出版社、1996年）に基づき、現在の渭水の流路はGoogle2008年の航空写真により描画。秦咸陽城範囲は、陝西省考古研究所編『秦都咸陽考古報告』（北京：科学出版社、2004年）2頁図1「秦都咸陽遺址位置図」、及び中国社会科学院考古研究所漢長安城工作隊・西安市漢長安城遺址保管所編『漢長安城遺址研究』（北京：科学出版社、2006年）622頁図1「秦、西漢都城位置関係図」による。）

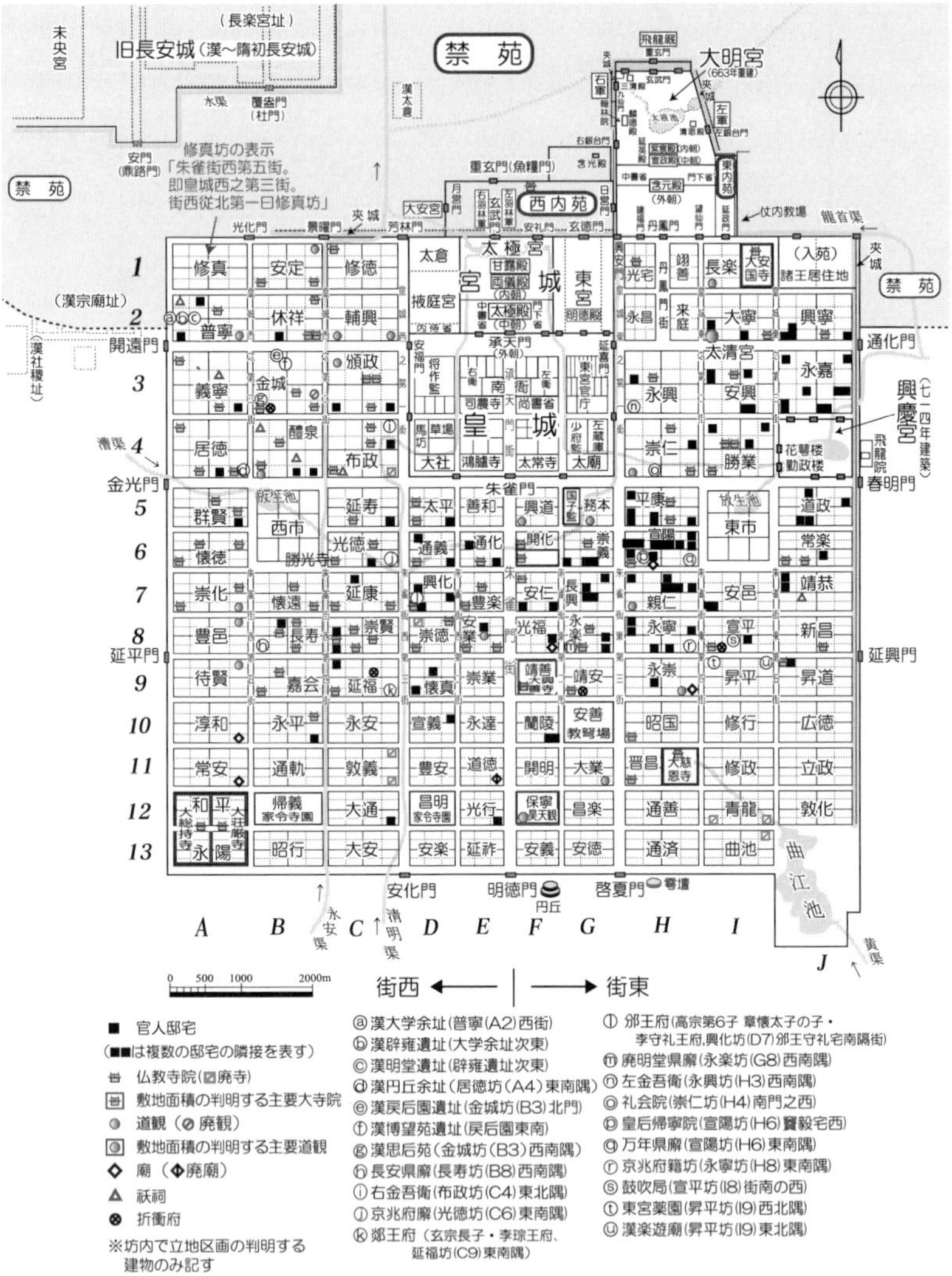

図31　唐長安城平面図（8世紀前半）

出典：妹尾達彦「隋唐長安城の皇室庭園」（橋本義則編『東アジア都城の比較研究』京都大学学術出版会、2011年）309頁所載図13を訂補。作図に際しては、主に、妹尾達彦「韋述的『両京新記』与八世紀前葉的長安」（栄新江主編『唐研究』9、北京大学出版社,2003年）30頁所載図2「八世紀前葉的長安城」にもとづく。

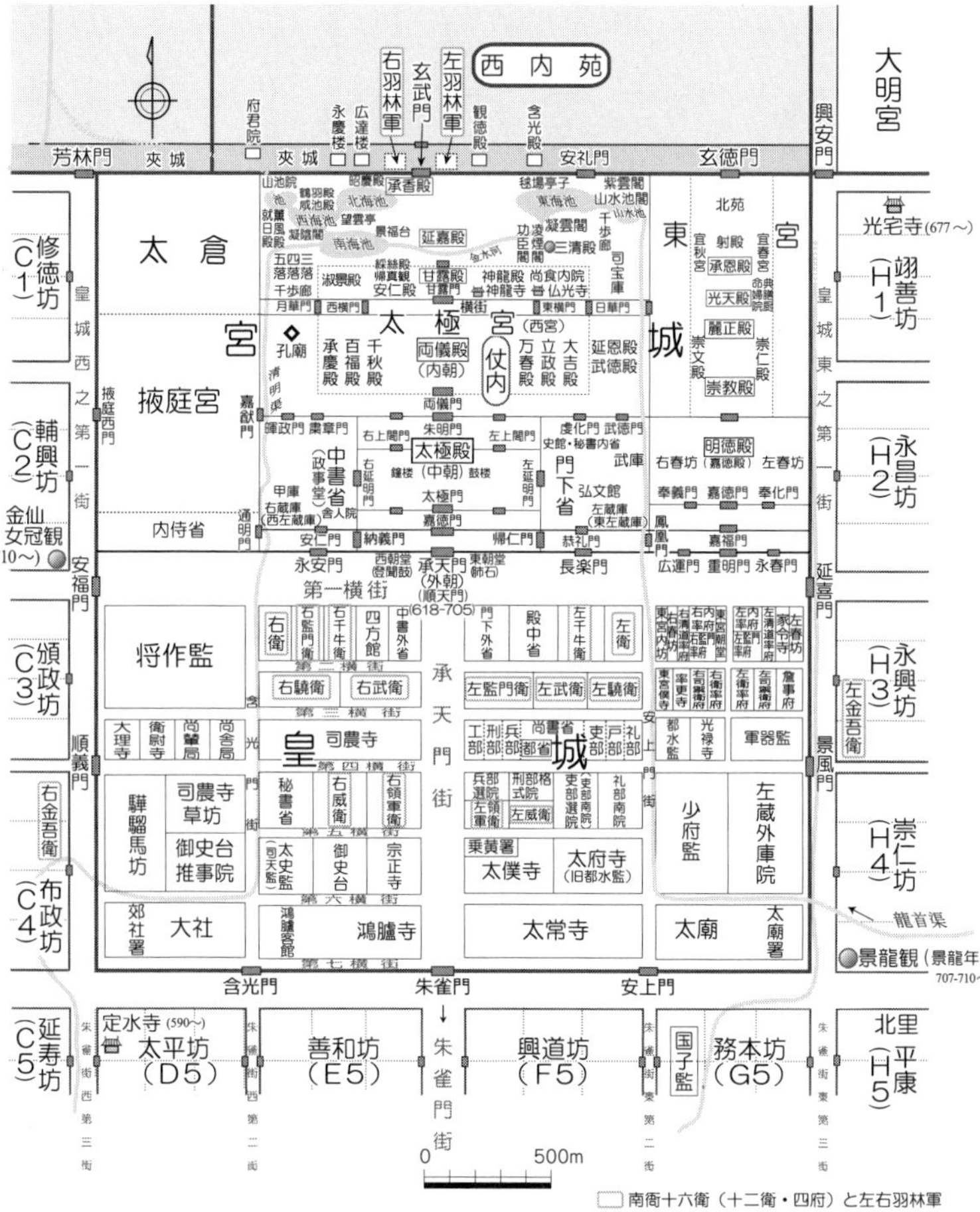

図32　唐長安城の宮城と皇城：８世紀前半

出典：妹尾達彦「隋唐長安城の皇室庭園」（橋本義則編『東アジア都城の比較研究』京都大学学術出版会、2011年）308頁所載図14を訂補。作図に際しては、妹尾達彦「中国の都城と東アジア世界」（鈴木博之他編『シリーズ都市・建築・歴史Ｉ記念的建造物の成立』東京大学出版社、2006年）185頁所載図３-11（a）「唐長安城の宮城と皇城」を、傅熹年主編『中国古代建築史　第２巻』（北京・中国建築工業出版社、2001年）363頁の図３-２-２「唐長安太極宮平面復元示意図」、馮暁多「唐長安城北部主要池陂及其作用」（『西安文理学院学報（社会科学版）』９-５、2006年）44頁所載「図中所標西内苑部分建築」、北田裕行「隋唐長安城太極宮後園とその系譜―北斉と隋の四海―」（『古代学』１、奈良女子大学古代学学術センター、2009年）30頁所載図３「太極宮復元図」に基づく。太極宮北部の復原に際しては、とくに北田裕行氏の復元図を参照した。なお、外村中「唐の長安の西内と東内および日本の平城宮について」（『仏教芸術』317号、毎日新聞社、2011年）38頁図14「唐長安西内東内付近概念図」も参照。

闔之節、奉其管鑰而出納之。開先外而後內、闔則先內而後外、所以重中禁尊皇居也。候其晨昏擊鼓之節、而啟閉之。凡皇城、宮在闔門之鑰、先酉而出、後戌而入。開門之鑰、後醜而出、夜盡而入。京城闔門之鑰、後申而出、先子而入。開門之鑰、後子而出、先卯而入。若非其時而命啟閉、則詣合復奏、奉旨、合符而開闔之。

このように、羅城（城壁）は、幾重にも皇帝の御座（御在所）を取り囲んでいた。上記のように、唐律の衛禁律では、関→京城（都城羅城）の門→皇城の門→宮城の門（順天門）→宮門（嘉徳門）→殿門→左右上閤門→宮内諸門（粛章門・虔化門）→御在所という罪を犯した空間の重要度（天子=皇帝との距離の遠近）の順に刑罰の度合いが重くなる。これも、天子=皇帝の中心性を構築する羅城のもつ儀礼的・象徴的機能といえよう。同様に、羅城は、都市プランの形態と象徴性をつりくあげるための舞台だった。大興城の儀礼空間の構造は、都城が王権儀礼によって創造されることを、明確に示している。このような儀礼空間の思想の枠組については、後掲の図35・図36で描いている。この思想が実際の都市プランにどのように反映されているのかを調べると、図30、図31の様になる。このように、都城は、礼制（王権儀礼）と律令制の規定によって、初めて創造されるのである。

（5）皇室庭園（禁苑）[153]

唐長安は、上掲の図31のように、宮城区画と壁をはさんで連結する三つの大きな皇室庭園があり、皇室庭園は三苑と称された。三苑とは、（1）禁苑（隋の会通苑であり、旧長安城をつつみこむ新長安城の北半分を占める長安城最大の苑）と、（2）西内苑（宮城に北隣して禁軍が駐屯し宮城の防御を主目的とする苑）、（3）東内苑（太極宮から大明宮に皇帝常居の宮殿が移るにともない大明宮東隣に建造された大明宮防衛を主目的とする苑）の三つである。三苑は、宮城と連結する立地から中央政治の主要舞台の一つとなった。

皇室庭園は、軍事・政治・財政・文化・思想の上で重要な役割をはたした。隋唐の皇室庭園は、漢長安城をもつことで逃城として機能するとともに、軍馬の調教・飼育と軍事訓練をかねた狩猟の場であり、種々の王権儀礼と中央政治の舞台であり、皇帝と支配層が数多くの宮殿と風光明媚な亭子の中をめぐり、世界各地から貢納された動植物を観賞し、騎馬・馬毬・競艇・船遊・相撲などの各種のスポーツを楽しむ場所だった。皇室庭園では、文学や音楽の活動も行われた。このような皇室庭園の多彩な機能は、ユーラシア大陸の各地域の都城に広く見られるものであり、都城と皇室庭園の密接不可分の関係をうかがうことができる。

(6) 天子=皇帝制度と天皇制度

本節では、壇（天と地の神々をまつる祭壇）と廟（祖先の霊をまつる祭壇）を事例に、一見すると形状が似ている隋唐の都城と日本の都城が、都城建造の思想をかえりみるとき、皇帝の都と天皇の都という点において都市計画の理念が根本的に異なっていることを指摘したい。

上述のように、西嶋定生の冊封体制論の弱点は中国中心主義に陥っているという点にあり、同じく東アジア世界論の弱点は日本中心主義に陥っているという点にあった。ただ、中国の歴代政権が主張しようとした国際秩序の思想を考える時、西嶋定生の立論は今でも最も系統的であり参照になると思われる。また、東アジアの中で中国大陸の政権と日本列島の政権を比較する視角は、今も価値があり継承すべきと考える。とくに、隋唐と日本の二つの国家に関する文献史料が他の諸国家の残存状況に比べると格段に豊富であり、豊かな文献にもとづきこの二つの国家を比較することで、隋唐と隋唐をかこむ諸国家との関係を再考する手がかりが得られると思う。

東アジア各国の都城は、隋唐の都城をふくめ、それぞれ地域につくられた国家の要として建造されたものであ

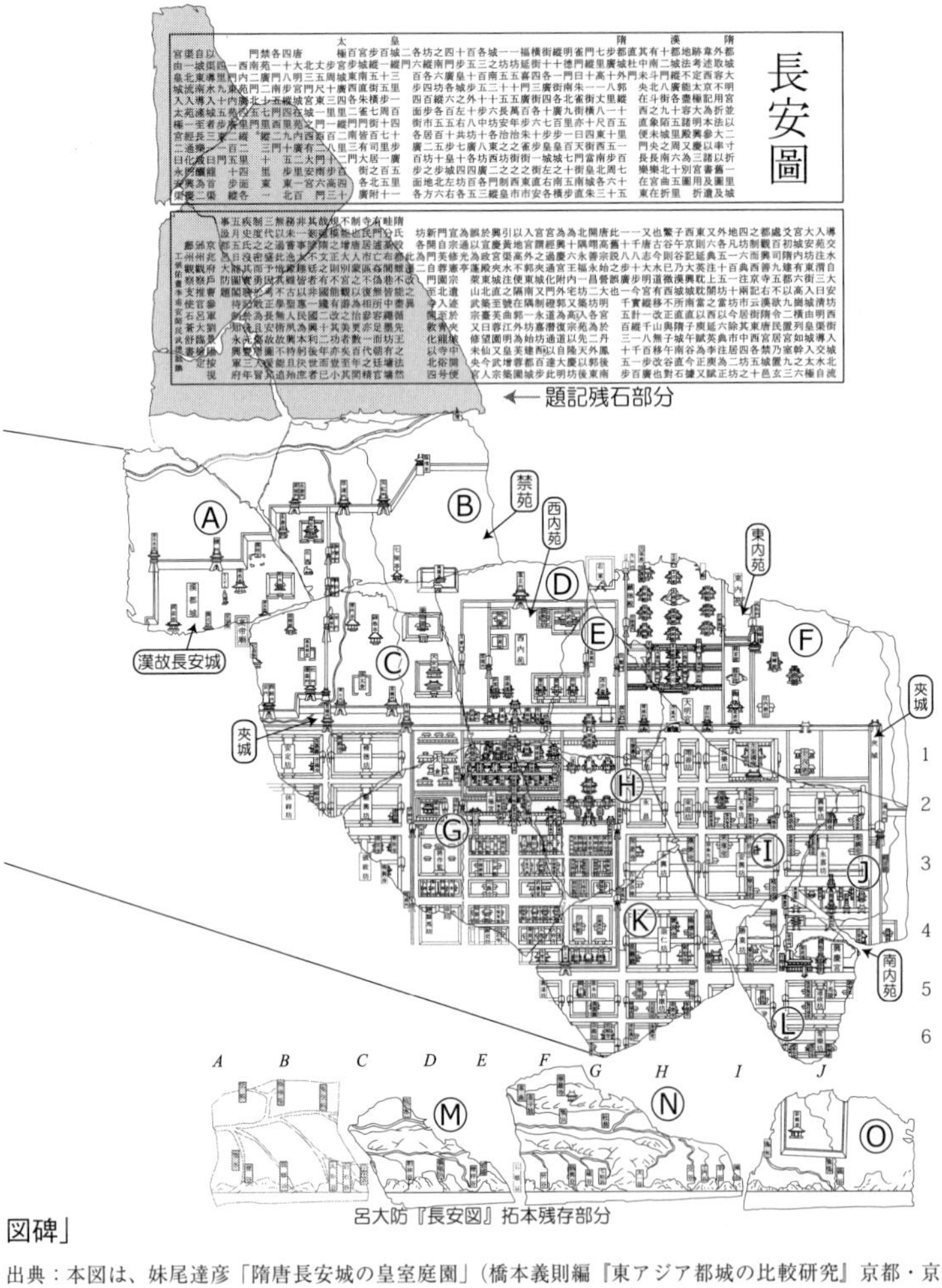

呂大防『長安図』拓本残存部分

図碑」

出典：本図は、妹尾達彦「隋唐長安城の皇室庭園」（橋本義則編『東アジア都城の比較研究』京都・京都大学術出版会、2011年）295～96頁の図6・7を改図。平岡武夫『唐代研究のしおり第七　唐代の長安と洛陽　地図篇』（京都・京都大学人文科学研究所、1956年）所掲図版二・第二図「長安城図」（呂大防）と曹婉如等編『中国古代地図集（戦国―元）』（北京・文物出版社、1990年）所載図48「長安城図残片墨線図」を底図に、妹尾達彦「都城圖中描繪的唐代長安的城市空間―以呂大防「長安図」残石拓片圖的分析爲中心―」（『張廣達先生八十華誕祝壽論文集　上冊』台北・新文豊出版公司、2010年）243頁圖5「呂大防「長安図」拓本残存部分」を訂補したものである。点線部分は、北京大学図書館蔵拓本等によって補ったが、点線内の文字には一部推定箇所も存在する。　は官人・親王・公主宅、　は仏寺、　は道観と太清宮（大寧坊）、　は川・水渠・池・陂を示す。

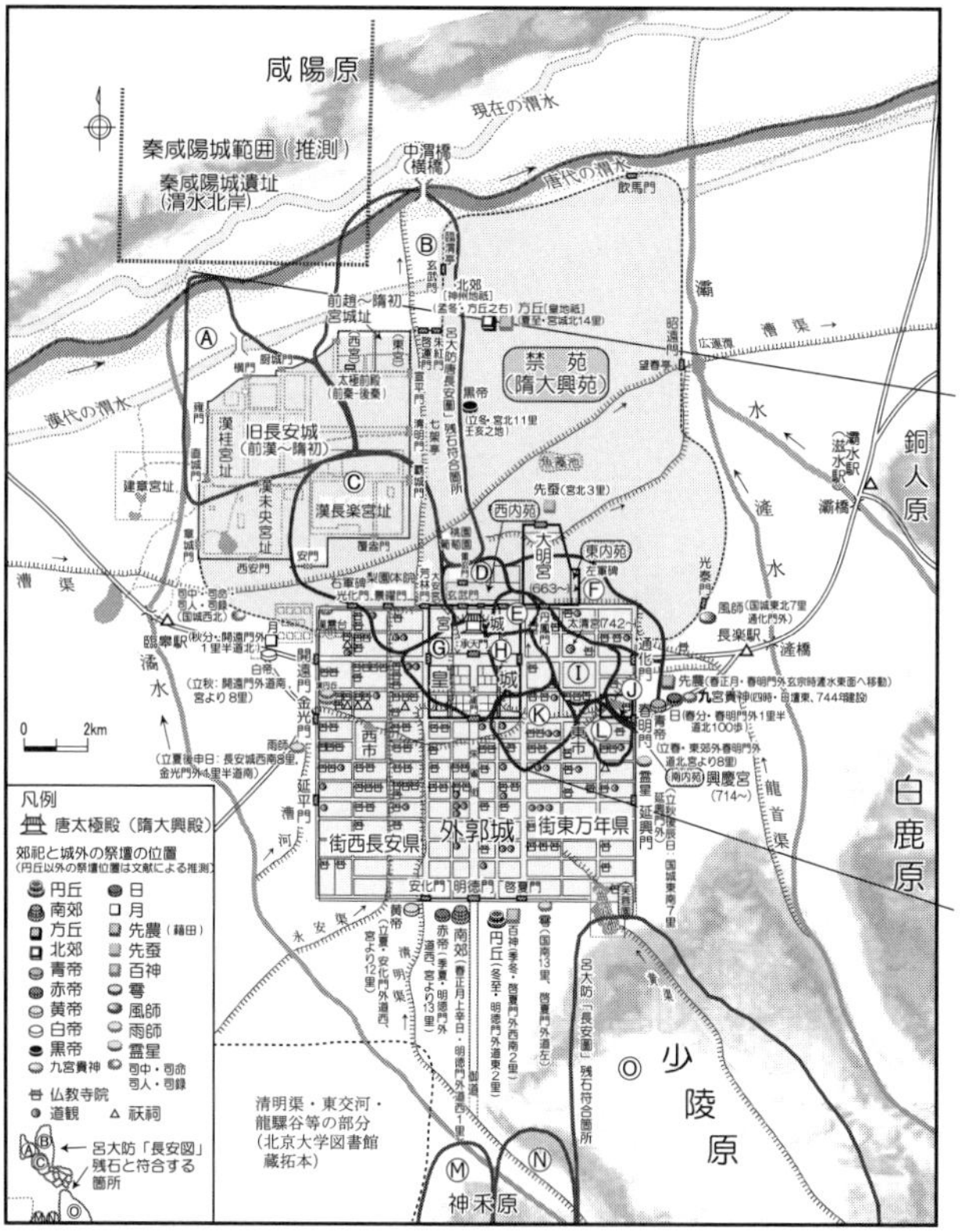

図33　呂大防「長安城

出典：本図は妹尾達彦「中国の都城と東アジア世界」（鈴木博之他編『記念的建造物の成立』（東京・東京大学出版会、2006年）180頁所載図3－9「唐代長安城の近郊—交通路・灌漑施設・別荘・行楽地・墓域」を底図に、近年の研究にもとづき補訂したものである。禁苑の範囲及び、円丘以外の王権儀礼の祭壇位置は文献の記載による推測。漢代と唐代の渭水の流路は、史念海編『西安歴史地図集』西安地図出版社、1996年に基づき、現在の渭水の流路はGoogle2008年の航空写真により作図した。

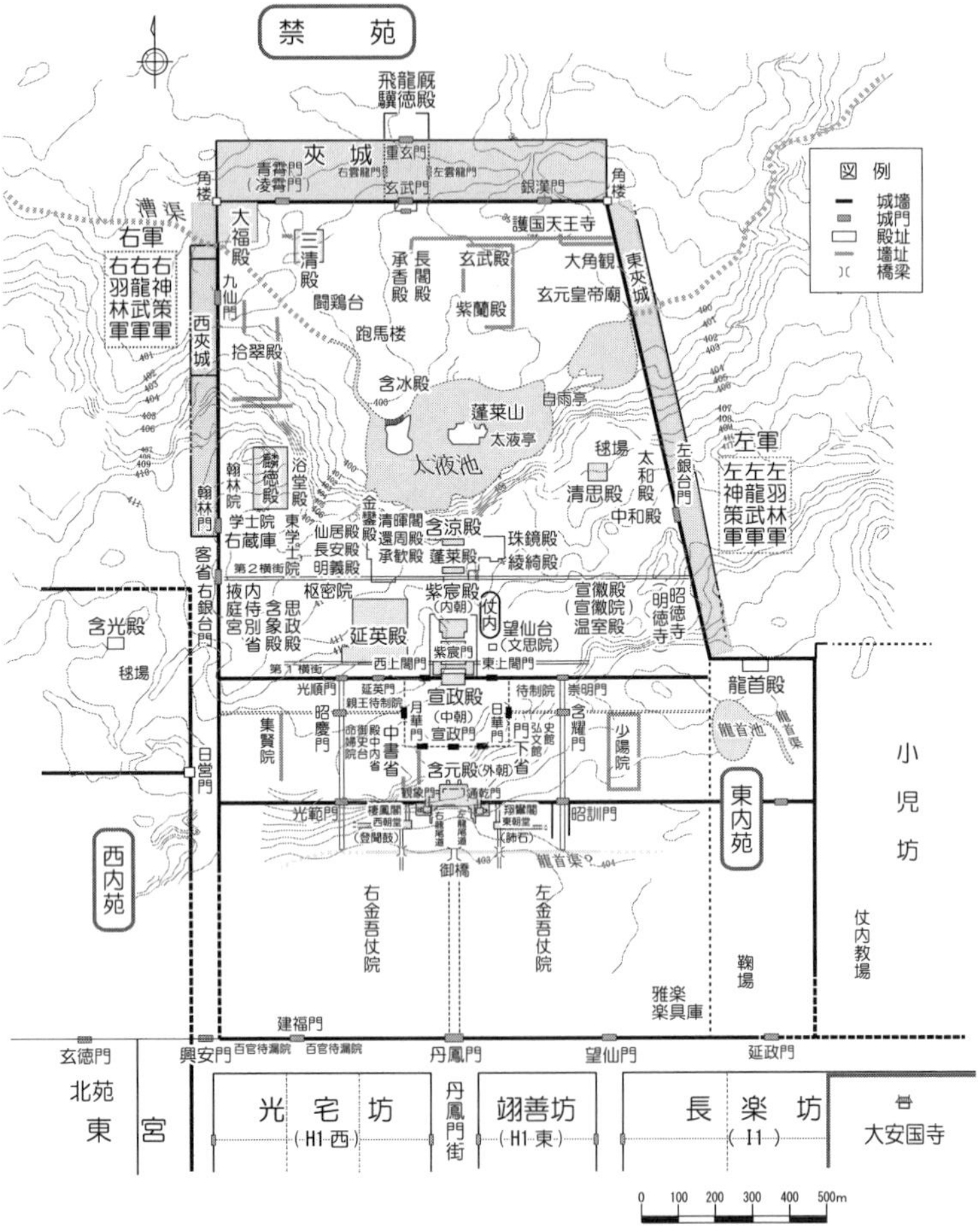

図34　8～9世紀の大明宮

出典：本図は、何歳利著、馬彪訳「唐長安大明宮発掘の成果と課題」『アジアの歴史と文化』15巻、2011年）35頁図２「唐大明宮遺址考古平面図」を底図に、史念海主編『西安歴史地図集』（西安歴史出版社1996年）89頁所載「唐大明宮図」、中国社会科学院考古研究所西安唐城工作隊「唐大明宮含元殿遺址1995～1996年発掘報告」（『考古学報』1997年第３期）所載図１「含元殿遺址位置図」、傅熹年主編『中国古代建築史　第２巻』（北京・中国建築工業出版社、2001年）403頁所載図３－２－８「陝西西安唐長安大明宮平面復原図」、中国社会科学院考古研究所・日本独立行政法人文化財研究所奈良文化財研究所連合考古隊「唐長安城大明宮太液池遺址発掘簡報」（『考古』2003年第11期）10頁図３「太液池遺址2001-2002年発掘区位置図」、王静「唐大明宮的構造形式与中央決策部門職能的変遷」（『文史』2002年第４輯）、同「唐大明宮内侍省及内使諸司的位置与宦官専権」『燕京学報』2004年新16期）等の考証を参照して、妹尾達彦『長安の都市計画』（東京・講談社、2001年）179頁所載図51「長安の大明宮」を補訂したものである。

る。国家間の外交の主要舞台となる都城をもたなければ、独立した国家として見なされなかった。そのために、各国の都城は、他の国家との外交儀礼の舞台として設計され、各国の都城間の交流を制度化するために、東アジアの国家間で外交の共通の原則が都城を舞台に定められたと思われる(154)。

当時の東アジアでは唐王朝の度量衡が広く採用されており、宮殿や仏教寺院の建造は唐王朝の規準寸法を共有していた(155)。当時の東アジア各国の都城の建築物は、基本的に同じ寸法とよく似た形態で建築されたために、宮殿や城門をはじめとする各都城の建築物の景観には類似点を多くみることができる。

しかし、各都城を支える王権思想には地域的な相違が見られる。ここでは、七〜八世紀の東アジア各国の都城建造のもつ普遍性と固有性の関係を知るために、当時の為政者の都城建造の意図が文献に残されている二つの都城、すなわち、隋大興城と日本平城京の二つを事例に、都城の王権思想の特色を論じてみたい。奠都の詔は、中国大陸以外では日本にしか残されておらず、この二つの都城の奠都の詔を比較することで、東アジア各国の都城の思想の違いの一例を知ることができるのである。

天子=皇帝の都と天皇の都の違い

この点で、皇帝の都に対して天皇の都を構築しようとした七〜八世紀の日本列島の為政者たちの意向が面白い。最後に、この問題を集約する隋大興城の奠都の詔と日本平城京の奠都の詔を比較することで、日本の都城の特色の一端について具体的に論じてみたい。

藤原京から平城京、長岡京、平安京とつづく日本の都城が、漢代以来の儒教の王権思想を参照に建造されたことは確かである。宮殿を核とする都城の形態をはじめ、律令制、国号、元号、暦、正史、貨幣などの施行は、儒教の王権思想にもとづいており、独立した正統王朝をつくるための要素だった。これらの要素を備えれば、国家の正統性を主張することができた。北魏以来の遊牧政権の末裔をなす隋唐王朝自体が、この儒教思想を採用して中国の円滑な統治をめざした国家の一つだったのである。日本が、このような中国の皇帝制に対抗する天皇制という君主制度をつくりえたのは、高句麗や百済、新羅、渤海と異なり唐朝の冊封をうけていないことが大きい(156)。ただし、日本を中華とする主張は、朝鮮半島や東北アジアに対してのものであり、唐朝に対してはあくまで朝貢国としての分を守る二重規範をとり、柔軟で現実的な国際交流をめざした(157)。

隋唐と日本の都城の思想の違いは、以下のように、遷都の詔を比較することで具体的に明らかになる。すなわち、隋の文帝は、開皇二年（五八二）六月丙申に、次のような詔を発布して漢代以来の長安故城から大興城への遷都を決定した(158)。

（開皇二年（五八二）六月）丙申、詔曰。

「朕祇奉上玄、君臨万国、属生人之敝、処前代之宮。常以爲『作之者勞、居之者逸』、改創之事、心未遑也。而王公大臣、陳謀献策、咸云『羲・農以降、至於姫・劉、有当代而屢遷、無革命而不徙。曹・馬之後、時見因循、乃末代之宴安、非往聖之宏義。此城従漢代以來、彫残日久、屢爲戦場、旧経喪乱。今之宮室、事近権宜、又非謀筮従龜、瞻星揆日、不足建皇王之邑、合大衆所聚。』

論変通之數、具幽顕之情、同心固請、詞情深切。然則京師百官之府、四海帰向、非朕一人之所独有、苟利於物、其可違乎。且殷之五遷、恐民尽死、是則以吉凶之土、制長短之命。謀新去故、如農望秋。雖暫劬勞、其究安宅。今区宇寧一、陰陽順序、安安以遷、勿懐胥怨。龍首之山、川原秀麗、卉物滋阜、卜食相土、宜建都邑。定鼎之基永固、無窮之業在斯。公私府宅、規模遠近、随来条奏。

これに対し、日本の元明天皇は、隋文帝の遷都の詔によりながらも、和銅元年(七〇八)二月戊寅に、次のような詔を発布して、藤原京から平城京への遷都を決定している。(159)

(和銅元年(七〇八)二月)戊寅、詔曰。

「朕祗奉上玄、君臨宇内。以菲薄之徳、処紫宮之尊。常以為『作之者労、居之者逸。』遷都之事、必未遑也。而王公大臣咸言、『往古已降、至於近代、揆日瞻星、起宮室之基、卜世相土、建帝皇之邑。定鼎之基永固、無窮之業斯在。』衆議難忍、詞情深切。然則京師者、百官之府、四海所帰。唯朕一人、独逸予、苟利於物、其可遠乎。昔殷王五遷、受中興之号。周后三定、致太平之称。安以遷其久安宅。方今、平城之地、四禽叶圖、三山作鎮、亀筮並従。宜建都邑。其営構資、須随事条奏。亦待秋収後、令造路橋。子来之義、勿致労擾。制度之宜、合後不加。

この二つの詔を比べれば字句の多くが一致していることから、日本の詔が隋文帝の詔の文章をふまえて書かれたことは疑いない。(160)もちろん、上述の煬帝の洛陽奠都の詔の文章も参考にしているが、元明天皇の詔が文帝の詔に直接依拠して書かれたことは間違いない。しかし、内容の違いは大きい。一番大きな違いは、大興城の奠都の理由の筆頭にあげられている王朝交替を前提とする易姓革命の文章が、日本の元明天皇の詔では除かれていることである(ゴチックの部分を参照)。後漢洛陽の建造に際し、儒教の易姓革命論にもとづく都城が初めて中国に誕生した。後漢洛陽以後、明清北京にいたるまで儒教の王権論の変化にともなう変更が生じながらも、易姓革命論にもとづいて都城建造が継続した。(161)しかし、日本の都城は、この易姓革命論を意図的に回避している。

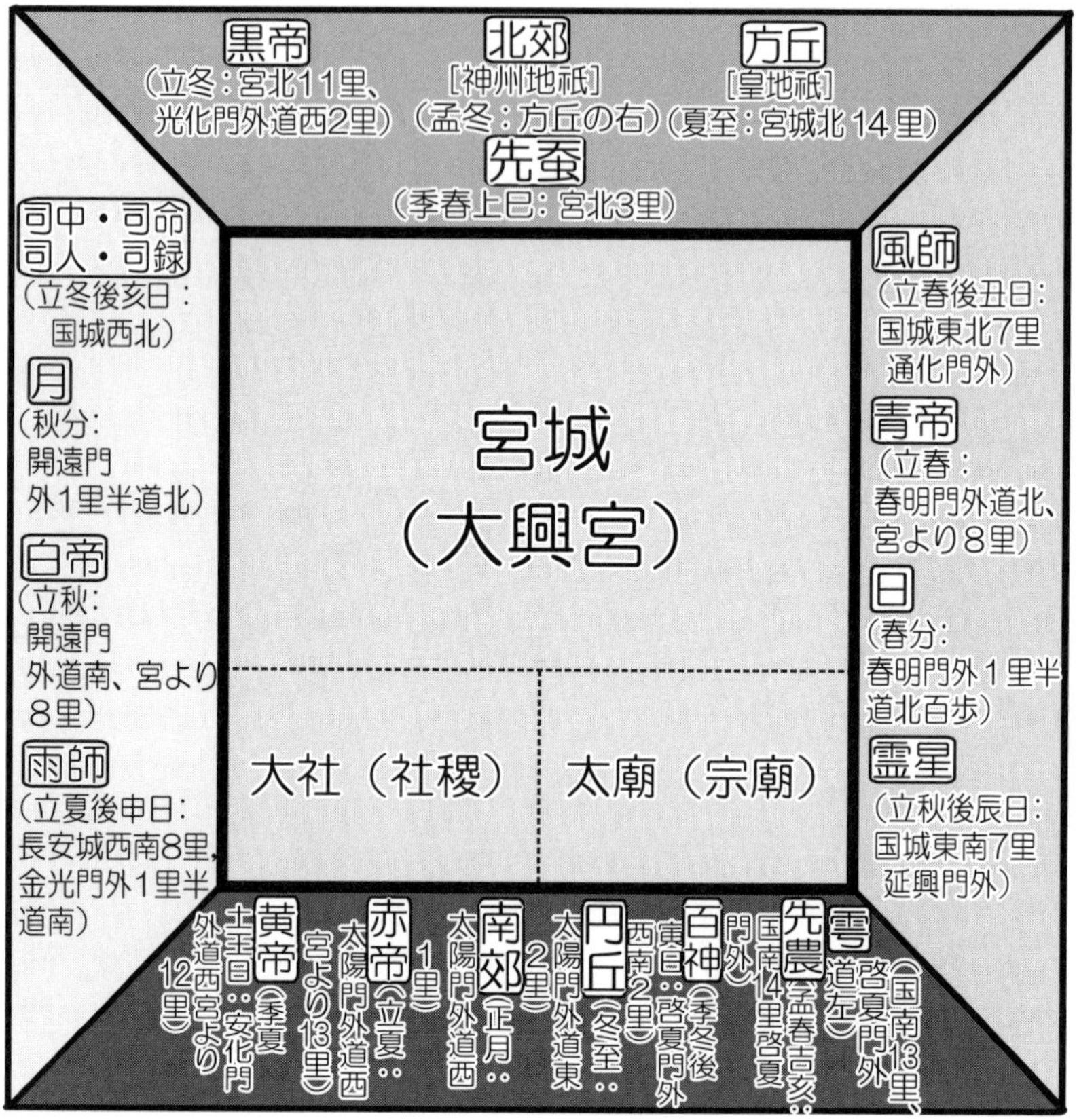

図35　国家儀礼の空間と時間―隋大興城をモデルに―

出典：妹尾達彦「隋唐長安城と郊外の誕生」（橋本義則編『東アジア比較都城研究』京都・京都大学出版会、2011年）116頁図5を改図。『隋書』巻6・巻7、礼儀志の記述にもとづく。

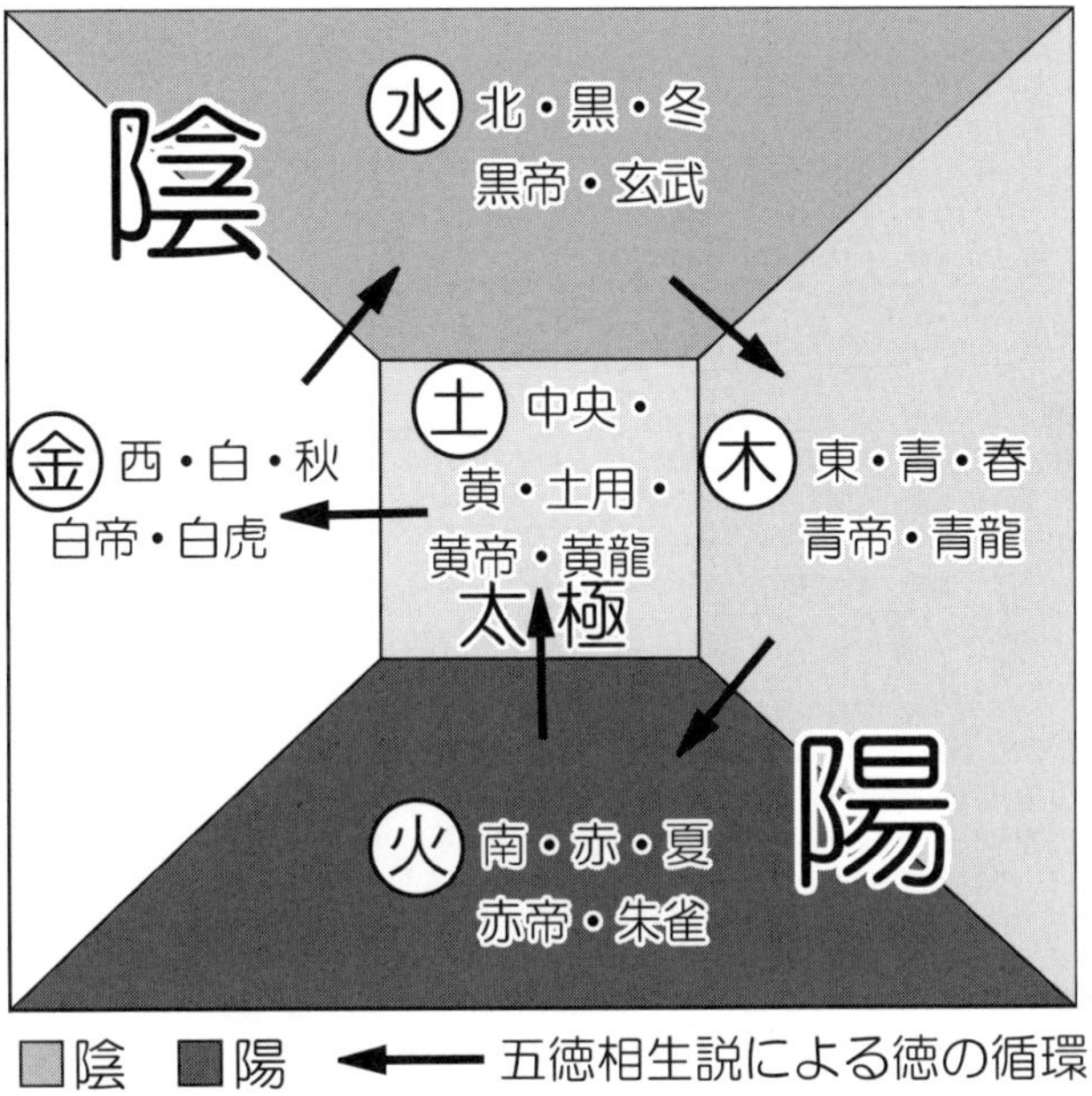

図36　陰陽五行思想の空間と五徳の循環

出典：妹尾達彦『長安の都市計画』（東京・講談社、2001年）148頁所載図43「陰陽五行の空間」を改図。

中国の歴代都城は、図35国家儀礼の空間と時間―隋大興城をモデルに―に描いた隋大興城のように、天や地の神をまつる祭壇をはじめとする儀礼施設にかこまれる。これらの都儀礼舞台は、都城の内城の宮殿や外郭城の城門からの距離によって位置が定められる。儀礼施設は、儒教の王権思想（五徳終始説）にもとづいており、都城を天命の循環（五徳の循環）による政権交替の主要舞台として位置づける文化装置である（図36・図37・図38）。このような天命思想＝易姓革命論は、実際に征服王朝がくりかえされる中国大陸の歴史の現実にねざす思想だった[162]。

七世紀に初めて日本列島に統一政権「日本」をつくる際に、為政者は、当時の王権論として最も整備された儒教の王権論を参照せざるを得なかった。後漢以後の儒教の王権論は、皇帝制度（天子＝皇帝制度）に集

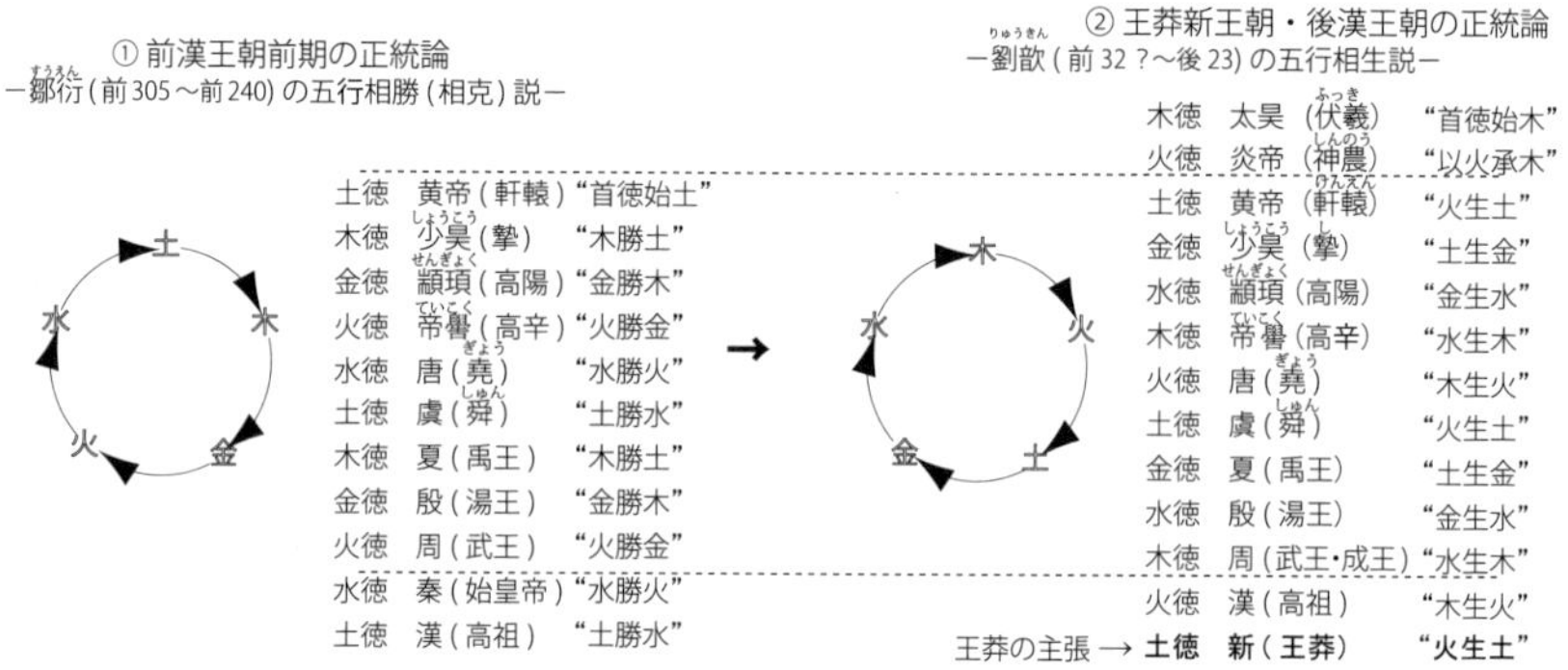

① 前漢王朝前期の正統論
－鄒衍《すうえん》(前305～前240) の五行相勝 (相克) 説－
土
木
金
火
水
土徳　黄帝 (軒轅) "首徳始土"
木徳　少昊《しょうこう》(摯)　"木勝土"
金徳　顓頊《せんぎょく》(高陽) "金勝木"
火徳　帝嚳《ていこく》(高辛) "火勝金"
水徳　唐 (堯《ぎょう》)　"水勝火"
土徳　虞 (舜《しゅん》)　"土勝水"
木徳　夏 (禹王)　"木勝土"
金徳　殷 (湯王)　"金勝木"
火徳　周 (武王)　"火勝金"
水徳　秦 (始皇帝) "水勝火"
土徳　漢 (高祖)　"土勝水"
→
② 王莽新王朝・後漢王朝の正統論
－劉歆《りゅうきん》(前32？～後23) の五行相生説－
木
火
土
金
水
木徳　太昊 (伏羲《ふっき》)　"首徳始木"
火徳　炎帝 (神農《しんのう》)　"以火承木"
土徳　黄帝 (軒轅《けんえん》)　"火生土"
金徳　少昊《しょうこう》(摯《し》)　"土生金"
水徳　顓頊《せんぎょく》(高陽)　"金生水"
木徳　帝嚳《ていこく》(高辛)　"水生木"
火徳　唐 (堯《ぎょう》)　"木生火"
土徳　虞 (舜《しゅん》)　"火生土"
金徳　夏 (禹王)　"土生金"
水徳　殷 (湯王)　"金生水"
木徳　周 (武王・成王) "水生木"
火徳　漢 (高祖)　"木生火"
王莽の主張 → 土徳　新 (王莽)　"火生土"

図37　儒教の王権理論―五行相勝説から五行相生説への転換

出典：妹尾達彦「隋唐長安城と郊外の誕生」（橋本義則編『東アジア比較都城研究』京都・京都大学出版会、2011年）112頁図２を増補。饒宗頤『中国史学上之正統論』（上海・上海遠東出版社、1996年〈初出1977年〉）19～20頁を参考に作図。王莽（前45～後23）は、自らの王朝を土徳にすることのできる劉歆の説を採用して、王権の正統化を試みた。劉歆の五行相生説によれば、木徳の太昊から五徳の循環が始まり、漢王朝は火徳の王朝となる。これに対して、鄒衍の五行相勝説は、土徳の黄帝から五徳の循環が始まり漢王朝は土徳となる。なお、五徳相生説では、秦始皇帝の正統性を認めない。王莽の依拠した五行相生説は、王権と都城の正統性を論拠づける思想となり、後漢以後の都城の王権理論として継承された。

約される。しかし、日本が皇帝を自称することは、唐と世界の統治の正統性を争うことを意味するので避けなければならない。たとえば、唐から王の爵位を受けていた南詔の第一一代国王・世隆は、八五九年に自ら皇帝をなのり国号を大礼と称し年号を定めて建隆としたことが、唐との本格的な軍事衝突を将来した。唐に匹敵する軍事力をもつモンゴル高原やチベット高原の遊牧民の為政者が、中国の皇帝の君主号と平等のカガン（qayan 可汗）やツェンポ〈ツァンポ〉（bTsan-po 賛普）を用いたことは当然である。しかし、日本の為政者が、皇帝に対峙して天皇の語を用いたのは、当時の日本の国際的地位の中ではぎりぎりの選択であったと考えられる。

易姓革命を前提とする皇帝制度に「万世一系」の天皇制度を対峙させたことが、日本の制度を規定することになり都城の性格も決定づけることになった。政権交代を前提とする天命思想（易姓革命論）にもとづく施設（壇廟）は排除され、中国都城の根幹をなす儒教の王権儀礼は行われなかった。(163) 天皇制にもとづく日本

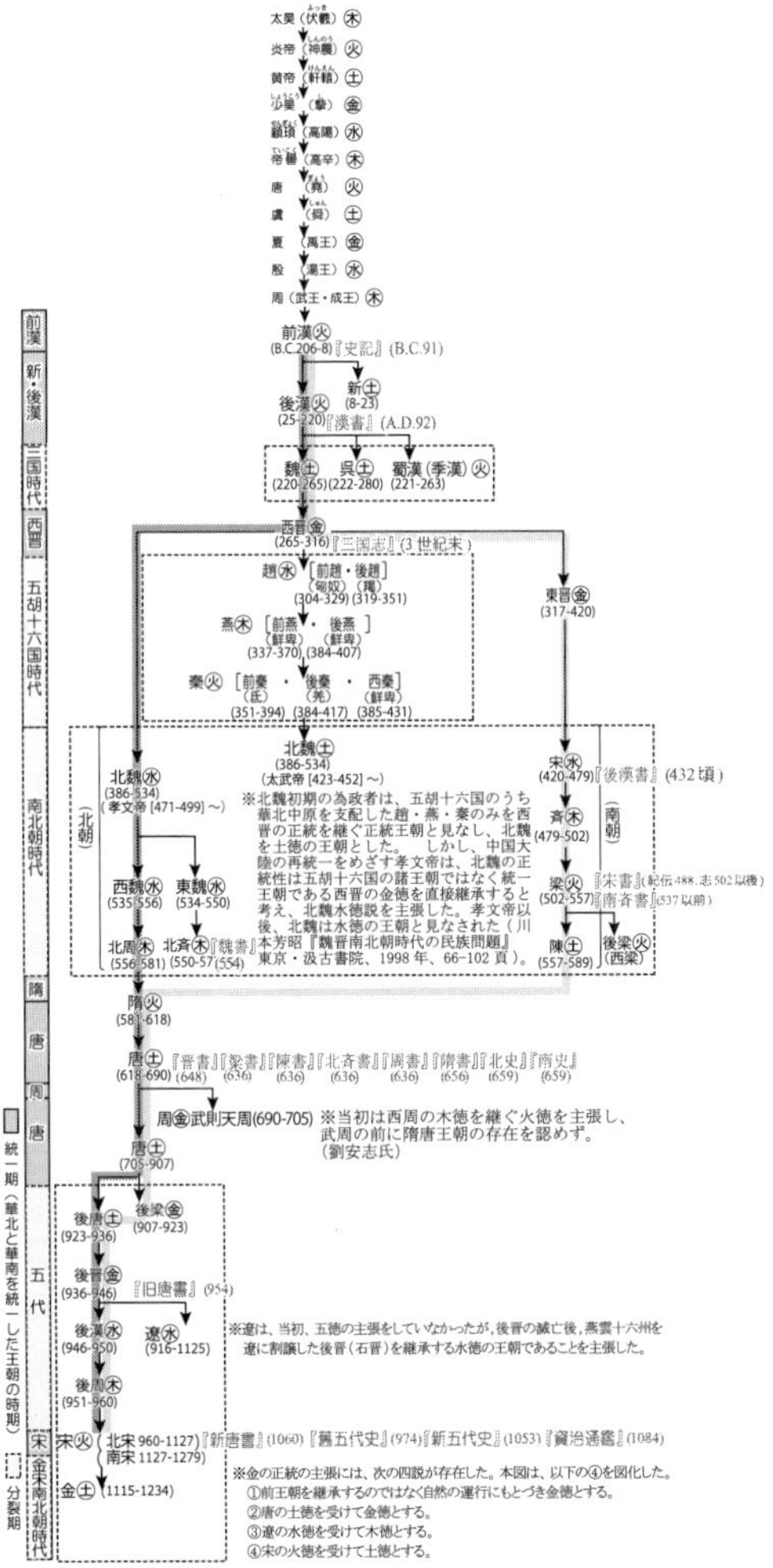

図38　儒教の王権理論にもとづく正統王朝の変遷と歴史書の編纂
—宋王朝までは五徳の循環が王朝の交替を正統化する—

出典：妹尾達彦「隋唐長安城と郊外の誕生」（橋本義則編『東アジア比較都城研究』京都・京都大学出版会、2011年）113頁図3を改図。作図に際しては、小島毅『東アジア　の儒教と礼』（東京・山川出版社、2004年）32頁図「漢から宋にいたる五徳終始」、川本芳昭『魏晋南北朝時代の民族問題』（東京・汲古書院、1998年）66-102頁、同「遼金における正統観をめぐって—北魏の場合との比較—」（『史淵』147、2010年3月）を参照した。

の王権の場合は、儒教のような抽象的な王権論はつくる必要が無く、中国の太廟にあたる存在は、伊勢神宮という固有の地名をもつ特定の土地が聖性をもつ場所でありつづけることができた[164]。日本の都城で四神（四禽）が重視されているのは、四神が日本の王権思想と衝突しなかったからだろう。日本の都城は、なによりも「天皇の都」であり、中国の都城が「天子=皇帝の都」であるのと根本的に異なるのである[165]。

官僚制度の比較でいえば、日本の場合は、天皇=神と規定することによって、天皇を批判することは不可能となり諫言によってなりたつ中国的官僚制度の形成が阻害されることになった。中国の場合は、天子=皇帝は神では無く、あくまで超越神の命令によって王朝の創業者として認知される存在であり、易姓革命論によって政治は絶えず批判と諫言の対象とならざるを得ない。悪政は易姓革命によって王朝交替をもたらすのである。この点を考えると、中国の天子=皇帝を単純に専制君主とよぶことはできない。

超越者（神）である日本の天皇は、政治動向によって実際の権力の強弱が揺れ動いたが、あくまで制度上は、「万世一系」を前提とする日本の天皇制の方が中国の天子=皇帝制度よりも、「専制君主」だった。この点でいえば、王朝交替の思想を排除した日本の律令は、晋以後の儒教思想にもとづく中国的な意味での律令とは異なっており、中国の基準に照らせば律令とはいえないことになるだろう。この点は、日本の正史『日本書紀』も同様であり、王朝交替を認めず天皇制の永遠性を説く点において、中国の規準に照らせば正史の範疇には入らないことになる。

このように、一見すると、日本の都城の形状は確かに長安に似てはいるが、都市を成り立たせる論理は全く異なっていた。日本の都城は、儒教よりも、東北アジアや朝鮮半島のシャーマニズムや天の思想と、日本列島の古来からの習俗が融合した君主思想にもとづいており、その上に、中国以外の地から将来された世界思想の仏教思想等が結合してつくられたと思われる（神祇令や僧尼令の存在は、そのことを物語っている）。とくに仏教は、外部からきた世界宗教である点で中立性を備えていたので、隋唐の王権を相対化したい日本を含む東アジア各国で重んじられた[166]。日本の都城における外郭城の有無の問題も、儒教の天命思想にもとづく王権論をあえて避けた日本の思想と関連していると思われる[167]。

（5）葬　地[168]

唐代の墓葬をめぐる研究の現状[169]

墓の制度を研究する際には、墓主の階層や職業（皇帝・皇后・皇帝親族・文武官・庶民・賎民などの別）や、墓の立地・建築構造・埋葬品（墓誌・墓蓋・壁画・明器など）、墓をめぐる法制・礼制（葬喪令・葬礼）とその実効力の程度、墓の思想（地域ごとの伝統・慣習、儒教と仏教の影響、埋葬と火葬の別）などを、順次、情報を整理しながら分析し、総合していかなくてはならない。

また、葬儀制度や墓の制度の時期・地域的違いや、同時代の中国・朝鮮・日本の墓葬との比較を総合的に考えなければ、ばらばらな個別の事例の集積に終わってしまう。研究の現段階では、墓葬制度の時間的・地域的・階層的相違の総合的な分析は、まだ先のことといえる。

唐代の墓葬をめぐる半世紀に及ぶ発掘の成果の一端は既にさまざまな形で公表されてる。特に、文化大革命をはさんで出版された、中国社会科学院考古研究所編『西安郊区隋唐墓』（北京・科学出版社、一九六六年、一四二頁＋図版四八頁）と、同編『唐長安城郊隋唐墓』（同上、一九八〇年、九二頁＋一〇四頁）は、隋唐長安城近郊の墓葬の報告として最もまとまっており、現在でも、長安郊外の唐墓研究の基本書となっている。上の『西安郊区隋唐墓』は、隋唐墓一七五座（墓誌存在は一六座）を整理・分析し、『唐長安城郊隋唐墓』は、隋唐六座（すべて墓誌存在）を詳しく紹介している。

以上の両書の出版を契機に、包括的な論文の刊行も始まった。すなわち、墓誌の出土した一一〇の隋唐墓の建築構造の変遷を論じた、孫秉根「西安隋唐墓葬的形制」（徐元邦編『中国考古学研究—夏鼐先生考古五十年紀念論文集（二集）』北京・科学出版社、一九八六年、一五一—一九〇頁）や、二〇〇余の唐代墓の墓葬の等級を整理した、斉東方「試論西安地区唐代墓葬的等級制度」（北京大学考古系編『紀念北京大学考古専業三十周年論文集　一九五二—一九八二』北京・文物出版社、一九九〇年、二八六—三一〇頁）、唐墓の建築構造を四つの等級に分類して変遷を俯瞰した、宿白「西安地区的唐墓形制」（『文物』一九九五年第一二期、四一—四九頁）の刊行である。その他、個別の唐墓の発掘報告は、既に一〇〇点を越えており、今も増え続けおり枚挙にいとまが無い。

とくに注目すべきは、唐墓壁画の総合的研究である李星明『唐代墓室壁画研究』（西安・陝西人民美術、二〇〇五年）が刊行され、関中唐墓の墓葬をめぐる諸問題を系統的に論じた程義『関中唐代墓葬初歩研究』（北京・文物出版社、二〇一二年）も出版された。両書によって、今後の唐墓研究の基礎が確立したといってても過言ではないだろう。

また、北宋天聖令の発見は、唐喪葬令の研究を一段と加速させている。池田温「唐・日葬喪令の一考察—条文排列の相違を中心として—」（『法制史研究』四五、一九九五年）や、稲田奈津子「日本古代葬喪礼の特質—葬喪令からみた天皇と氏—」（『史学雑誌』一〇九—九、二〇〇〇年）、池田温編『唐令拾遺補』（東京・東京大学出版会、一九九七年）を始めとする葬喪令の復原に関する研究は、長安近郊の墓葬の変遷を考える際にも大きな示唆を与えてくれる。石見清裕「唐代凶礼の構造—『大唐開元礼』官僚葬喪儀礼を中心に—」（『福井文雅博士古稀記念論集　アジア文化の思想と儀礼』東京・春秋社、二〇〇五年）によって、『大唐開元礼』所載の凶礼の構造が、初めて本格的に論じられることになった。また、『通典』の中に残された代宗の元陵の儀注の訳注が、金子修一や呉麗娯を中心とする研究者によって進められ、皇帝陵の儀礼の具体像が判明してきている。

また、外郭城内の官人居住地と城外の墓葬地の立地との密接な関係も明らかになってきている。すなわち、P. B. Ebely[170]、愛宕元[171]、長部悦弘[172]、羅新[173]、室山留美子[174]、江川式部[175]等の研究によって、隋唐長安城・洛陽城の建築後に、地方に居住していた多数の貴族が中央官庁との接触を求めて、あるいは強制的に族をあげて両都ないしその近郊に移住し始め、彼ら一族の共同墓地が長安城や洛陽城の郊外に造営されていくことが、近年明らかになってきている。長安に移住してきた一族は、城内の居住地と比較的近い場所に一族の共同墓地を造成しており、都城における官人の居住地と城外の墓葬地は、官人たちの生活の上で密接に関連していた。この点は、近年の数千点の新出墓誌の系統的の進展によって、ますます具体的に明らかになってきている。

尚民傑は、唐皇室の墓は長安城の東郊（万年県と照応県）に最も多く、南郊に少なく、西郊には見られないことを論じている[176]。亀井明徳は、長安城の東側の万年県から出土した墓誌約四六〇方を系統的に整理して、井真成の墓誌を万年県出土の墓誌全体の中に位置づけた[177]。

墓誌から判明する長安の葬地の傾向

周紹良主編・趙超副主編『唐代墓誌彙編上・下』（上海古籍出版社、一九九二年）と、周紹良・趙超主編『唐代墓誌彙編続集』（上海古籍出版社、二〇〇一年）は、長安近郊で出土した唐墓の新出墓誌約六〇〇〇点を集大成する。両書で長安城内の居住地と墓葬地の両方がわかる墓誌を整理すると、城内の官人居住地と城外の墓地を両方とも記す墓誌は四〇〇弱に上り、これらの墓誌の検討により、隋唐長安城の城内外の関係の変遷を、ある程度具体的に判明させることができる。近年の発掘によって、長安郊外の唐墓の建築構造・随葬品・壁画・埋葬習俗等と、墓主の等級との対応関係、その時期的・地域的変遷についても、ある程度の見通しをたてられるようになってい る。

これらの情報を整理すると、長安近郊の唐墓は、時期的には、高祖・太宗期（六一八～六四九年）、高宗～玄宗期（六五〇～七五六年）、安史の乱後～唐末期（七五六～九〇七年）の段階をおって、その建築構造や随葬品、壁画の種類を変化させていくことがわかる。建築構造は、建材によって土洞墓と磚室墓、構造によって単室と双室に分かれ、安史の乱の前後で建築構造が大きく変化し、あわせて、墓主の出身・身分、随葬品・壁画の規模や内容も変遷する。

地域的な特徴を見れば、長安城の東郊の墓葬区では、墓主が皇室・高官・富商で墓誌をもつ大型墓が比較的多く、また、城内の朱雀街の街東に住む人々が多い。西郊では、大半が庶民（平民）の墓であり、墓主が官人の場合でも中下級の官人が多く、西域からきた非漢人の墓が目立つ傾向がみとめられる。また、葬地は、城内外を結ぶ交通路の付近に集中している。この傾向は、別荘や荘園、宗教寺院、行楽地等の立地と同じ傾向を示している。

唐皇帝陵の変遷—中国古典様式と遊牧系墓葬様式の融合—

官人の墓葬とともに、問題にすべきは、唐皇帝陵の立地とその形態の変遷である。皇帝陵（帝陵・陵）は、山陵ともいい皇帝の墓の尊称である。山陵の語は、君主の存在を高大な山陵（山岳）になぞらえ、一般人の墓と区別してよんだことにちなむ。中国の伝統的な死生観によれば、人は死ぬと天に帰る魂《こん》（陽の気でつくられた精神のこと）と地に帰る魄《はく》（陰の気でつくられた肉体のこと）に分離する。魄は、生前と同様の生活を続けながら地下の墓中に宿り、子孫が魂をまつることで分離した魂と魄は再び合体することができると考えられた。魄は城外の墓でまつり、魂は自宅近くの廟でまつる。たとえば、図39のように、城内には本宅から比較的近く閑散な場所に多くの家廟が建造された。

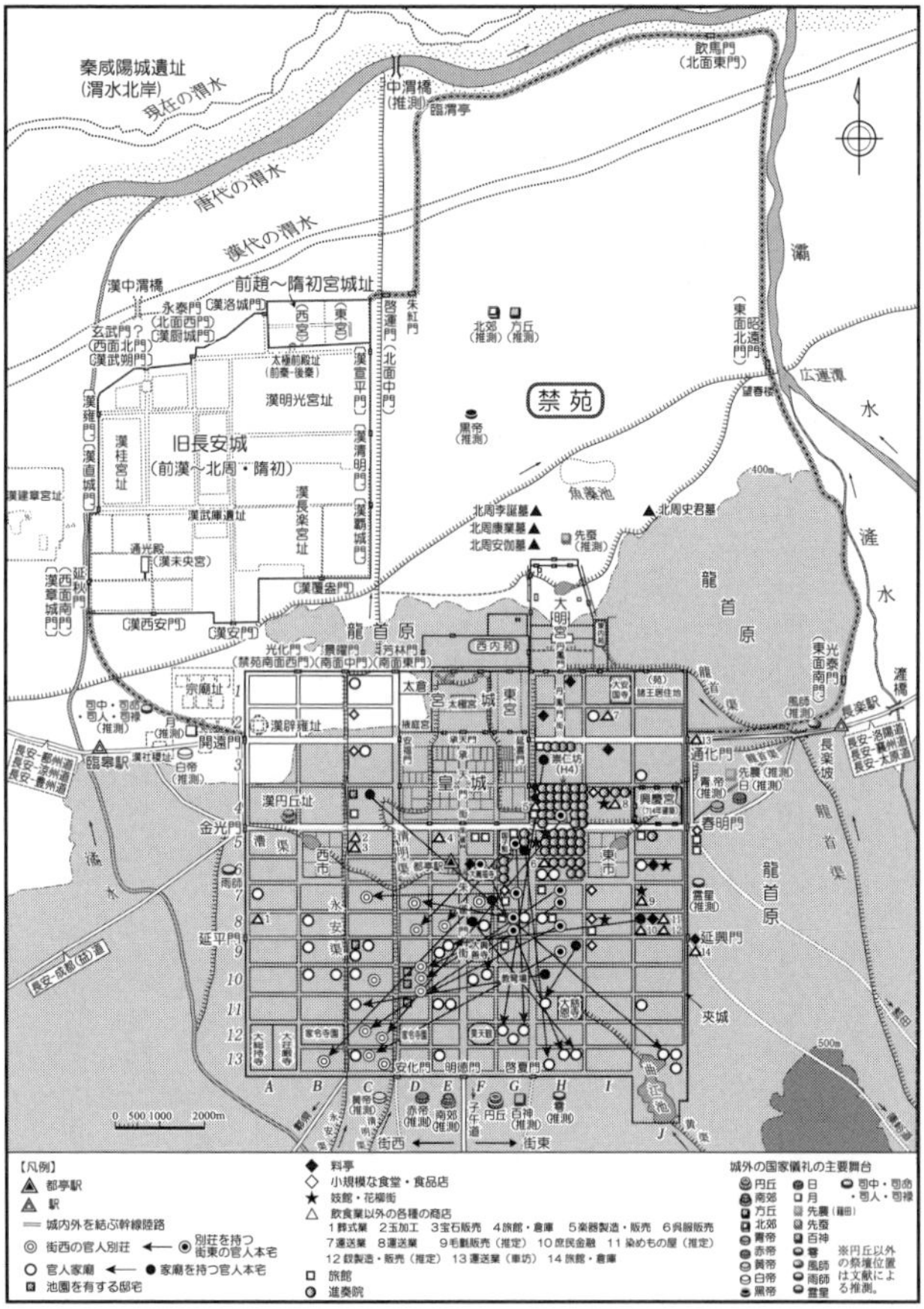

図39　唐代長安城内の別荘・家廟・豪邸・商業施設の分布

出典：底図は、史念海主編『西安歴史地図集』（西安・西安地図出版社、1996年）78頁図「唐長安県、万年県郷里分布図」を用い、等高線は、陝西省地質鉱産庁・陝西省計画委員会編制『西安地区環境地質図集』（西安・西安地図出版社、1999年）２頁図「西安地区政区図」にもとづいて作図した。別宅と本宅の関係と商業施設は、妹尾達彦「長安の街西」（『史流』25号、札幌・北海道教育大学史学会、1984年）６頁の図１「街西の別宅と街東の本宅」、同「唐代長安の印刷文化」（土肥義和編『敦煌・吐魯番出土漢文文書の新研究〔修訂版〕』東京・東洋文庫、2013年）443頁図７にもとづき、皇族・官人の家廟と本宅との関係については、甘懐真『唐代家廟礼制研究』（台北・台湾商務印書館、1991年）、張萍「唐長安官・私廟制及廟堂的地理分布」（『中国歴史地理論叢』第16巻第４輯、2001年）28-37頁にもとづいた。円丘以外の城外の国家儀礼の舞台の位置は文献による推測である。禁苑の苑墻の殆どの部分は推測である。

亡くなった皇帝は、生前と同じ政務を行い飲食して生活すると考えられており、宮殿に匹敵する皇帝陵がつくられた。このような漢族伝統の考えと鮮卑《センピ》系の唐朝の支配層の出身である遊牧・狩猟民の他界観とはどう関連しており、皇帝陵の設営にどのように反映しているのだろうか。

皇帝陵の歴史は、いうまでもなく秦の始皇帝陵（当時の呼称は麗山《りざん》）から始まる。漢王朝になって、平地に土を盛った四角錐の台形をなす覆斗式の陵墓（皇帝の遺体の埋葬地）と陵寝（皇帝の霊が降り立つ場）をそなえ、陵園の構造をもつ皇帝陵の古典様式が定まった(178)。しかし、漢代につくられた儒教にもとづく皇帝陵の古典様式は、多数の遊牧民が農業地域に進入する四世紀から五世紀の混乱期（五胡十六国時代）に変容を余儀なくされる。すなわち、中国華北に進出した遊牧系の諸政権により、山谷に隠れて君主を埋葬して同じ部族の墓を一つの場所に集中的に埋葬する、遊牧民独特の陵墓形式と霊魂の祭祀法が中国華北に持ち込まれた。五世紀末から七世紀始めの北魏隋唐政権は、このような山谷の聖なる地に君主を埋葬する五胡十六国以来の遊牧系の墓葬形式と、漢代以来の古典様式とを合体させた皇帝陵を建造した(179)。ただし、隋文帝・煬帝・唐高祖の陵墓は古典様式であり、太宗から山陵形式が始まる。

唐朝の山陵形式の陵墓の始まりとなった唐第二代皇帝・太宗（在位六二六〜四九）の昭陵（六三六年造営開始）は、七世紀半ばの唐朝文化の融合的な性格をよくあらわしている。昭陵の陵園構造が漢代以来の形式を継承していることは確かである。その一方で、関中平野の聖なる山である九嵕山《きゅうそうさん》の主峰の南面の突起した奇岩の断崖に、洞窟を穿つように墓室を造営している形式は、古来、広くユーラシア大陸において信仰された死と再生をもたらす山谷の洞窟を模してると指摘されている(180)。また、昭陵の北面には、有名な太宗の六匹の愛馬の石刻とともに、「蕃酋君長立像」とよばれる非漢族の諸王国の君主・首長一四人の石像がたてられており（現在は台座の一部のみ残存）、遊牧民独特の石刻芸術との関連が指摘されている(181)。

漢代以来の古典様式と新たな征服者である遊牧民の文化との対立と融合は、唐代文化の特色の一つである。昭陵は、七世紀の半ば、唐朝が農業地域と遊牧地域をともに包含する大きな中国を樹立する時期に建造され、唐朝の対外的威力をしめす記念碑だった。太宗は、遊牧地域の諸王国の君主・首長たちから天可汗《テングリカガン》とよばれた。ただ、唐代皇帝陵は、時代が下るにつれ徐々に古典様式に回帰し、宋代皇帝陵は、唐代の山陵形式から漢代の覆斗型の陵墓にもどる。[182]一方、遊牧系の遼・金王朝では、唐の山陵形式が継承された。こうして、十世紀以後になると唐皇帝陵のもつ漢代以来の古典様式と五世紀以来の遊牧様式の融合性は解体していく。

なお、唐律によれば、皇帝陵の破壊は、破壊を謀議しただけで「謀大逆」の罪に相当する。「謀大逆」とは、王朝の五種類の刑（五刑）で最も重い十の罪（十悪）のうち、「謀反」（国家転覆謀議の罪）に次ぐ重い罪名である（『唐律疏議』巻一、名例）。唐代において、皇帝陵は、国家そのものに匹敵すると考えられていた。

皇帝陵とその親族や臣下の埋葬された陪葬墓は、墓主の生前の生活空間を凝縮している。死後も生前の生活が続くという中国伝統思想にもとづき、墓室には墓主の生前の生活を再現する物品がおかれ、墓道の壁画には生前の生活の一端が描写される。生前の身分秩序にしたがって死後も人は黄泉で生前と同じ生活をおくるので、都城近郊の皇帝陵と陪葬墓は、墓主の生きた時代の都城の生活を映し出すタイムカプセルとなる。たとえば、昭陵は、唐長安城の宮殿構造を模しているとされ、[183]唐第三代皇帝・高宗と武則天の間の第二子である皇太子・李賢（章懐太子六五四〜六八四）の墓の壁画が、七世紀後半の長安城内の東宮での皇太子の生活の一端を示していることもよく知られている。

皇帝陵の変遷と唐朝の変貌の関連

統治空間の観点から唐王朝の主な特色を二つあげれば、上述のように、一つは、七世紀半ばに中国史上初めて、農業地域と遊牧地域を包む大きな中国を創造したことと、もう一つは、八世紀半ば以後に、唐前期の〝大きな中国（農業地域と遊牧地域を包含する国家）〟から、唐後期の〝小さな中国（農業地域を主とする国家と遊牧地域を主とする国家の分裂）〟への転換を経験したことである。唐王朝の大きな中国（大中国・大統一期）から小さな中国（小中国・大分裂期）への統治空間の変遷は、現在の中華人民共和国にまで続く中国統治空間の大小の転換の嚆矢となった。概論すれば、大きな中国の時代は、普遍主義と国際主義の時代となるのに対し、小さな中国の時代は、個別主義と伝統主義の時代となる(184)。

唐王朝の前期から後期にかけての政治・経済・社会・文化の変化は、この大きな中国から小さな中国への転換と深くかかわっている。東アジアの外交関係も、唐王朝のこの転換と密接に関連し、吐蕃や新羅、日本等の国家は、唐朝が最大統治空間をむかえる七世紀に統一国家としての形成をとげ、唐朝が小さな中国に転換する九世紀になると、ともに各国独自の伝統文化の創造にむかう。唐の皇帝陵も、太宗の昭陵や高宗・武則天の乾陵のように大きな中国の時の皇帝陵と、玄宗の泰陵以後に顕著となる小さな中国の時期の皇帝陵とは根本的に異なっており、このような皇帝陵の変遷の中に、唐朝の変貌が集約されていると思われる。

おわりに――世界史の転換

本稿は、四～十世紀のユーラシア大陸東部の都城と交通網の変遷をテーマに選び、とくに隋唐長安城の都市構造と都市網を論じることで、アフロ・ユーラシア大陸における都市と国家の問題考えてみた。冒頭で、この課題を研究する場合に、比較分析の視角が不可欠であることにふれ、第一節において、七～八世紀のアフロ＝ユーラシア大陸の歴史を分裂から統一へという流れから概観した。第二節において、東アジア都城時代の誕生と交通網の形成をまとめ、第三節において、隋唐長安の交通と土地利用を、長安における郊外社会の形成を述べた後に、羅城・禁苑・壇廟・葬地の項目ごとに検討した。

このような検討によって、都城が、異なる地域が共有する歴史の同時代性を最も敏感に体現する空間と場所であり、当該時期のかかえる諸問題が、国家組織の中核をなす都城の構造や文化に集約的に現れることを確認することができたと思われる。都城を比較することは、都城を成り立たせている軍事・経済・政治・文化に注目することであり、結局は国家を比較することである。私たちは、都城を比較分析する視角を共有することによって、共通の議論の場にたつことができるのである。実際に、近年における各国の都城研究の進展と比較研究の進展は、都城という課題が東アジア各国の歴史学や伝統の違いを超えて人々を結びつける課題であり、国家の枠組みを超えて共同研究が可能となる課題の一つであることを示している。

遊牧地域と農業地域の政権の交流と対立によってユーラシア大陸の歴史が構成される、という考え方は古くから存在し、日本では、白鳥庫吉（一八六五～一九四二）以来の東洋史学の伝統的な考え方であったことは周知の通りである。本稿も、もちろん、このような日本東洋史学の伝統にもとづいて立論しているが、アフロ・ユーラシア大陸の歴史を生態環境にもとづいて鳥瞰した場合、より総合的で系統的な分析が可能ではないかと考えている。

すなわち、前近代の歴史は、遊牧地域と農業地域が、農業=遊牧境界地帯（農牧複合地帯）を媒介に南北にサンドウィッチ状に重なる構造のもとで展開した。二つの地域を包含する大きな国家の都城は、長安と北京に代表されるように、両地域の境域である農業=遊牧境界地帯に接する地点におかれ、都城を核とする交通網は、農業地域と遊牧地域を連結する陸路を軸に建造され維持された。それに対して、近代以後は、農業=遊牧境界地帯に替わって、沿海地帯の港湾都市群が陸域と海域の境域地帯として交易と軍事衝突の最前線となり、歴史の主要舞台に躍り出た。近代国家の首都は、海運と水運を活用する必要性のために多くが沿海部に立地し、首都を核とする交通網は沿海航路と内陸河川によって形成された。要するに、歴史の主要舞台となる生態環境の境域が、農業＝遊牧境界地帯から沿海地帯に転換するのが、生態環境から見たアフロ・ユーラシア大陸の歴史の構造となるだろう。

このように考えると、白鳥庫吉以来の遊牧対農耕という見方ではなく、また西欧の歴史学でしばしば提唱される陸域対海域という見方でもなく、両地域の文化の混交する境域に軸線をおいて歴史を見直すことで、より整合的な歴史の把握が可能になるのではないだろうか。このような考え方にもとづき、本稿では、四～十世紀における東アジアの変動が都城の中に凝縮されていることを指摘し、また、「東アジア都城時代の誕生」という考えを提唱した。この「都城時代の誕生」は、七～八世紀の東アジアに共通する都城の時代の誕生という現象に注目して、この時期の東アジア全域の特質を探るための作業仮説である。都城時代の誕生と都城を核とする都市網の形成は、七～八世紀の遊牧地域と農業地域に共通する歴史現象であり、生態環境の違いを超えて人類の居住する世界を共有する歴史を描き出すことが可能となる。

従来の東アジア世界論が批判される理由の一つは、東アジアの農業地域に限定された枠組みをもつからである。この点において、都城の比較と交通網の復原という具体的なモノにもとづく研究視角は、中国王朝の儒教的な天下観や中華思想を、現実の国際関係であると錯覚しがちな従来の東アジア世界論の欠を補うことにもなると思う。幸いに、都城時代の東アジアの都城の大半は、今も遺跡が残存しており、われわれの調査と詳細な分析を待ってくれている。また、都城時代に構築された交通網は、東アジアの各地域において今も使用され続けている例が多く見られ、多くの場合、交通路の変遷を具体的に復原することが可能である。都城と交通網に注目することで、従来の枠組みを超えた広域的かつ微細な歴史学の叙述が可能である、と考えるゆえんである。

（1）本稿でいう「都城」の語は、前近代国家の王権の所在地をさしており、近代国家の政権の所在地である「首都」の語と区別してもちいている。また、両者を包含する語としては「都」の語をもちいることとする。筆者は、他の論考で「王都」「帝都」と「都城」を同義に使用しているが、本稿では、前近代の都の呼称を「都城」の語に統一することにする。また、現在、首都は国都と称されることも多いが、本稿では、首都の語に統一する。

本稿で、前近代と近代の都の呼称を区別する理由は、前近代の都城と近代の首都では、政権の所在地という点では同じながらも、都をなりたたせる象徴性と機能が異なることを明示するためである。すなわち、前近代国家は、神や天などの超自然界の承認を得たり超自然界と関係をもつことで統治が正統化される。そのために、前近代国家の都城は、超自然界と人間界を媒介する力をもつ為政者の都として造営された（すなわち、超自然界の概念が生まれないと都城も誕生しない）。これに対し、近代国家は、国民の支持をうけいることによってのみ統治が正当化される。そのために、近代国家の首都は、為政者の都では無く、なによりも国民の都として機能する。前近代国家の都城を代表する建築物が宮殿や宗教施設であり、近代国家の首都を代表する建築物が国民広場（人民広場）となるのは、そのためである。

このような前近代国家の都城（=王都・帝都）と近代国家の首都（=国都）の違いについての筆者の考えについては、妹尾達彦「前近代中国王都論」（中央大学人文科学研究所編『アジア史における社会と国家』東京・中央大学人文科学研究所、二〇〇五年）一八三―二二九頁、同「中国の都城とアジア世界」（鈴木博之・石山修司・伊藤毅・山岸常人編『都市・建築・歴史一　記念的建造物の成立』東京・東京大学出版会、二〇〇六年）一五一―二二二頁、同「首都と国民広場―天安門広場の誕生―」（関根康正編『〈都市的〉なるものの現在―文化人類学的考察―』東京・東京大学出版会、二〇〇三年）二七一―三一七頁での叙述を参照。また、前近代国家から近代国家への移行にともなう都の機能と象徴性の変遷についての筆者の考えは、妹尾達彦「都市の千年紀をむかえて―中国近代都市史研究の現在―」（『アフロ・ユーラシア大陸の都市と宗教　中央大学人文科学研究所研究叢書五〇』東京・中央大学人文科学研究所、二〇一〇年）六三―一四〇頁を参照。

（2）東アジア都城時代の誕生という分析視角については、（1）妹尾達彦「都城の時代の誕生」（『歴博　特集東アジアの都城』一六七、佐倉・国立歴史民俗博物館、二〇一一年）二―七頁において初めて提唱し、続けて、（2）同「東亜都城時代的誕生」（杜文玉主編『唐史論叢』第一四輯、西安・三秦出版社、二〇一二年）二九六―三一一頁、（3）同「東アジア都城時代の誕生」（玉井哲雄編『国立歴史民俗博物館 国際シンポジウム アジアの都市―インド・中国・日本―』（佐倉・国立歴史民俗博物館、二〇一一年）二五―六二頁、（4）同「東アジアの都城時代と交通網の形成」（国立歴史民俗博物館博物館・玉井哲雄編『アジアからみる日本都市』東京・山川出版社、二〇一三年）四五―七八頁、（5）同「東アジアの都城時代と郊外の誕生―羅城・禁苑・壇廟・葬地―」（橋本義則編『東アジア比較都城史の試み』京都・東亜比較都城史研究会、二〇一三年）一七一―二三〇頁等において論じてきた。本稿は、二〇一三年一月五日・六日に開催された科学研究費補助金・基盤研究A「比較史的観点からみた日本と東アジア諸国における都城制と都城に関する総括的研究」（研究代表者・橋本義則）の報告原稿である上記（5）拙稿「東アジアの都城時代と郊外の誕生―羅城・禁苑・壇廟・葬地―」を基礎に、従来拙稿で論じてきた都城と交通網の歴史の視角から、新たに本書の論題である都市と国家の問題に取り組むものである。その際に、上記の拙稿での論述をふまえ、より大きな視角から全体的に問題を把握できるように努め、東アジア都城時代の形成過程と都城時代の形成にともなう都市網の変遷と国家形態の変貌をめぐる諸問題を、主に四世紀から十世紀にかけての時期を中心に論じてみたい。行論の都合上、部分的に上記拙稿と重複する箇所の生じることをおゆるしいただきたい。

（3）　七～八世紀を中心とする東アジア比較都城史研究の現状については、妹尾達彦「東アジア比較都城史研究の現在―都城の時代の誕生―」（『中国―社会と文化―』二六、東京・中国社会文化学会、二〇一一年）一七七―一九二頁での整理を参照。九世紀～一五世紀の東アジアの都城を比較する試みとしては、『中国―社会と文化―』二七（二〇一二年）、三―一〇七頁所載の「二〇一一年度大会シンポジウム『都城の変貌―東アジアの九世紀～一五世紀―』」の諸論考がある。また、十世紀から一八世紀にかけての東アジアの近世の都城の比較については、新宮学氏が研究代表者となって進められた科研基盤研究（B）「近世東アジアの都城および都城制についての比較史的総合研究」の成果等を参照。

（4）　東アジアの比較都城史に関しては、橋本義則編『東アジア都城の比較研究』（京都・京都大学学術出版会、二〇一一年）の刊行が一つの画期をなしている。同書は、東アジアの歴史を各都城を軸に比較分析することで、東アジア研究に新たな視角を提供する試みだった。今後の東アジア比較都城史研究は、同書を基礎に展開していくことになると思われる。本論文も、同上書での成果をふまえて論じている。

(5) ここでいう「農牧複合国家」は、農業地域と遊牧・牧畜地域を包含する前近代国家のことをさす筆者の造語である。農牧複合国家は、遊牧地域をもたない農業国家の日本には無い国家形態であるが、アフロ=ユーラシア大陸では通常の国家形態だった。また、農業地域と遊牧地域の境界領域を走る半農半牧の回廊地帯を、筆者は「農業=遊牧境界地帯」ないし「農牧複合地帯」とよんでいる。アフロ=ユーラシア大陸の歴史において、農業=遊牧境界地帯の掌握は、軍事と財政の両面から決定的な重要事だった。この点に関しては、妹尾達彦「農業=遊牧境界地帯と隋唐長安城」(同編『都市と環境の歴史学〔増補版〕』第二集、東京・中央大学文学部東洋史学研究室、二〇〇九年)二三九―三一九頁、同「長安の変貌」(『歴史評論』二〇一〇年四月号〈総七二〇〉、東京・校倉書房)四七―六〇頁等を参照。

(6) 西アフリカの歴史は、世界史の構造自体を凝縮している。西アフリカの環境は、北の遊牧・砂漠と中間の農牧複合サヘル(Sahel)と南の農耕・森林の三地域に分けられ、ユーラシア大陸の構造と類似する。サハラ砂漠からの物産と農業・森林・沿海の物産が、このサヘルで交換されることによって、この地帯に、アフリカにおける代表的な古典王朝が誕生し、一九世紀にいたるまでアフリカの歴史を左右する重要事件が繰り返し生じた。サハラ砂漠南縁の農牧複合地帯・サヘルにおける国家形成については、グレアム・コナー(Connah, Graham)著、近藤義郎・河合信和訳『熱帯アフリカの都市化と国家形成』(東京・河出書房新社、一九九三年、原書一九八七年)、嶋田義仁『サハラのほとり―サヘルの自然と人びと―』(東京・TOTO出版、一九九二年)九三―一〇九頁二〇七―二三六頁、同『牧畜イスラーム国家の人類学―サヴァンナの富と権力と救済―』(京都・世界思想社、一九九五年)、同編『アフリカの都市的世界』(京都・世界思想社、二〇〇一年)五六―八五頁、同「多様な王国の歴史と動態」(池谷和信・佐藤廉也・武内進一編『朝倉世界地理講座―大地と人間の物語―一一 アフリカI』東京・朝倉書店、二〇〇七年)八八―一〇五頁、川田順造編『ニジェール川大湾曲部の自然と文化』(東京・東京大学出版会、一九七七年)、岩田慶治「TIMBUKTU―沙漠と草原との結び目」(関根康正編『〈都市的なるもの〉の現在―文化人類学的考察』東京・東京大学出版会、二〇〇四年)八一―九二頁、赤阪賢「原初の都市トンブクトゥ」(関根康正編、同上書)四三―八〇頁、フィリップ・カーテン(Curtin, Philip, D. 著、田村愛理他訳『異文化間交易の世界史』(東京・NTT出版、二〇〇二年、原書一九八四年)

四八―四九頁等を参照。上記のカーテンの分析の特色は、アフリカ史研究者の目から世界の交易の変遷を比較史的に論じている点にあり、西アフリカの歴史的経験が、世界史の分析に活用されていることである。この点で、西アフリカ研究から出発し、世界システム論の構築にむかったイマニュエル・ウォーラーステイン（Wallerstein, Immanuel）と類似した学問的経歴があり、今日の学問世界における西アフリカのもつ重要性をよく物語る。サヘルが、サハラ砂漠の交易を媒介として、地中海の政治・経済動向と密接につながっていたことについては、私市正年『サハラが結ぶ南北交流（世界史リブレット六〇）』（東京・山川出版社、二〇〇四年）参照。

（7）　より詳しくは、妹尾達彦「中国の都城と東アジア世界」（鈴木博之他編『都市・建築・歴史』東京・東京大学出版会、二〇〇六年）一五七―一六二頁の叙述を参照。

（8）　一六世紀に成立する近代世界システム以前に、前近代国家間を分業体制にもとづく「世界システム」が存在したことについては、多くの先学の研究がある。ユーラシア大陸の歴史の相互関連性を広い視野で論じる研究として、田村実造、江上波夫、宮崎市定、岡田英弘、杉山正明、濱下武志、G・フランク（Andre Gunder Frank）、J・アブ＝ルゴド（Janet L. Abu-Lughod）、P・カーティン（Philip De Armind Curtin）、C・チェイス＝ダン（Christopher Chase-Dunn）、トーマス・D・ホール（Thomas D. Hall）等が存在し、それぞれ異なる角度から「世界システム」の形成を論じている。本稿は、上掲の先学の考えとは異なり、ユーラシア大陸の環境と生業の違いにもとづきユーラシア大陸を東部・中央部・西部の三つに分ける新たな区分を提唱している。この点については、妹尾達彦、前注7「中国の都城と東アジア世界」一五三―一五七頁、同「イギリスから眺めたアジアの都市」（静永健編『講座　東アジア海域に漕ぎ出す　第六巻』東京・東京大学出版会、二〇一三年）七三―九二頁、同「都市と環境の歴史学」（同編『都市と環境の歴史学〔増補版〕』第一集、東京・中央大学文学部東洋史学研究室、二〇一三年）等を参照。

（9）　たとえば、中国科学院生物局の張知彬を始めとする研究者たちは、過去一九〇〇年間の紛争、コメ価格の高騰、イナゴの異常発生、干ばつや洪水の頻度を調査し、農業を基盤とする後漢（二五～二二〇）・唐（六一八～九〇七）・北宋（九六〇～一一二七）・南宋（一一二七～一二七九）・明（一三六八～一六四四）の崩壊は、すべて低気温もしくは急激な気温低下による農業生産の減少と遊牧民の南下と密接に関連すると論じる。年間平均気温が二度下がると遊牧地域の牧草の成長期間が最大で四〇日短くなり遊牧民の家畜の飼育に打撃を与え、遊牧民が南下して農業地域に侵入する契機をつくったとする。このような気候変化の原因は太陽活動の強弱にあり、およそ太陽活動が一六〇年から三二〇年の周期で強弱を繰り返すのに合わせて、中国王朝の交替がうながされたのではないかと推測する（Zhibin Zhang, Bernard Cazelles, Huidong Tian, Leif Christian Stige, Achim Brauning and Nils Chr. Stenseth, "Periodic temperature-associated drought/flood drives locust plagues in China," *Proceedings of Royal Society B: Biological Sciences* 276, pp. 823-831, 2008）。

(10) 鄭景雲・満志敏・方修琦・葛全勝「魏晋南北朝時期的中国東部温度変化」（『第四紀研究』二五―二、二〇〇五年）一二九―一四〇頁、鄭景雲・葛全勝・張丕遠・満志敏「過去二〇〇〇ａ東部乾湿分異的百年際変化」（『自然科学進展』一一―一、二〇〇一年、六五―七〇頁）。古典的な研究として、竺可禎「中国近五千年来気候変遷的初歩研究」（同『竺可禎全集　四』上海・上海科技教育出版社、二〇〇四年、初出一九七三年）四四四―四七三頁も参照。寒冷期と乾燥期が重なる時期に、黄砂（沙塵・土霧・黄塵・黄霧・黒霧・赤風・黒風などとよばれる）が発生しやすくなることについては、馮慶芳「沙塵暴發生的歴史規律及其防治」（『内蒙古大学学報（自然科學）』二〇〇三年第一八巻増刊、二〇〇三年）二四五―二四七頁参照。

(11) 劉継憲『南北朝自然災害統計与初歩研究』（鄭州大学中国古代史専業、二〇〇六年修士論文）、張美莉・劉継憲、焦培民『中国災害通史　魏晋南北朝巻』（蘭州・蘭州大学出版社、二〇〇九年）、陳剛、前注9『六朝建康歴史地理及信息化研究』第二章歳歳曽冰合―六朝建康的気候与自然災害、三二―四六頁等を参照。

(12) 朱士光・王元林・呼林貴「歴史時期關中地區気候変化的初歩研究」（『第四紀研究』第一期、一九九八年）、佐藤武敏編『中国災害史年表』（東京・国書刊行会、一九九三年）等を参照。

(13) 妹尾達彦「中華の分裂と再生」（樺山紘一他編『岩波講座世界歴史九　中華の分裂と再生』東京・岩波書店、一九九九年）一九―二一頁、佐々木明「サブアトランティック期末葉（西暦〇・三～〇・六千年）の気温変動と世界史―完新世の人類学―」（『人文科学論集　人間情報学科編』四四、長野・信州大学、二〇一〇年）八五―一〇七頁等を参照。

(14) この間の政治状況は、森安孝夫『シルクロードと唐帝国』（東京・講談社、興亡の世界史〇五、二〇〇七年）に明快に論述されている。また、突厥、回紇、高句麗、吐蕃、南詔を主な対外勢力とした隋唐の国際環境が、国内の政治動向に強い影響をあたえ続けた点については、陳寅恪『唐代政治史述論稿』下編「外族盛衰之連環性及外患与内政之関係」（重慶・商務印書館、一九四四年、後に同著『陳寅恪集　隋唐制度淵源略論稿・唐代政治史述論稿』北京・生活・読書・新知三聯書店、二〇〇一年、三二一—三五五頁に収録）に詳しい。

(15)　東南アジアにおける国家形成に関しては、山本達郎編『岩波講座　東南アジア史　原史東南アジア世界（十世紀まで）』（東京・岩波書店、二〇〇一年）所載の諸論考を参照。

(16)　西アフリカにおける国家の形成については多くの論考があるが、ここでは、I. Hrbek ed., *General History of Africa III, Africa from the Seventh to the Eleventh Century*, Pars: Unesco, 1992、竹沢尚一郎「『中世』西アフリカにおける国家の機嫌—生産資源、交易、考古学—」（印東道子編『資源人類学〇七　生態資源と象徴化』東京・弘文堂、二〇〇七年）一三一—一五九頁を参照。ガーナ王国の場合、ウマイア朝の形成にともなうサハラ砂漠を縦断する交易の進展が、西アフリカ地域の部族国家の国家統合を促進した要因となったことが指摘されている。

(17)　この点に関しては、妹尾達彦「江南文化の系譜—建康と洛陽—」（『六朝学術研究』一四、二〇一四年）、同「都市と環境の歴史学」（同編『都市と環境の歴史学〔増補版〕第一集』東京・中央大学文学部東洋史学研究室、二〇一四年）を参照。

(18)　世界宗教圏の形成が世界史にあたえた影響についての研究は膨大な質量にのぼる。ここでは、Mircea Eliade, *A History of Religious Ideas, Vol. 1-Vol. 3*, University of Chicago Press, Chicago, 1978-1985（ミルチャ・エリアーデ著・荒木美智雄他訳『世界宗教史一—四』東京・筑摩書房、一九九一～九八年）をあげておく。エリアーデは、世界の宗教現象をできるだけ広く比較分析することで、世界宗教のもつ特徴を明らかにしようとしている。

(19)　西嶋定生『西嶋定生東アジア史論集第三巻　東アジア世界と冊封体制』（東京・岩波書店、二〇〇二年）に関連論文が収録されている。

(20)　東アジアの農業地域にほぼ限定される冊封体制論よりも、遊牧地域をふくむ羈縻体制の汎用性を重視する堀敏一は、同『中国と古代アジア世界—中華的世界と諸民族』（東京・岩波書店、一九九三年）、同『東アジア世界の歴史』（東京・講談社、二〇〇八年）等で、東アジアの国際関係を冊封体制ではなく羈縻体制として把握すべきと論じた。また、布目潮渢「隋唐世界帝国の成立」（『岩波講座 世界歴史五 古代五 東アジア世界の形成Ⅱ』（東京・岩波書店、一九七〇年）二四五―二七六頁、John K. Fairbank, ed. *The Chinese World Order, Traditional China's Foreign Relation,* Cambridge: Harvard University press, 1968, pp. 1-19 も参照。また、近年の古畑徹「唐王朝は渤海をどのように位置づけていたのか―中国「東北工程」における「冊封」の理解をめぐって―」（『唐代史研究』一六、唐代史研究会、二〇一三年）三八―六七頁は、渤海を事例に冊封をめぐる問題を再検討し、羈縻州の位置づけをめぐる問題も新たに論じており示唆深い。

(21) 西嶋定生の冊封体制論とそれにもとづく東アジア世界論への批判として代表的な論考をあげれば、中国史の立場から菊池英夫「総説―研究史的回顧と展望―」（唐代史研究会編『隋唐帝国と東アジア世界』東京・汲古書院、一九七九年）一―八四頁や、辻正博「麴氏高昌国と中国王朝」（夫馬進『中国東アジア外国交流史の研究』京都・京都大学術出版会、二〇〇七年）五二―八三頁がある。朝鮮史研究からは、李成市「古代東アジア世界論再考―地域文化圏の形成を中心に―」（『歴史評論』二〇〇八年五月号、総六九七）三八―五二頁、日本史研究からは、山内晋次「日本古代史研究からみた東アジア世界論―西嶋定生氏の東アジア世界論を中心に―」（『新しい歴史学のために』二三〇・二三一、一九九八年）、広瀬憲雄『東アジアの国際秩序と古代日本』（東京・吉川弘文館、二〇一一年）一―二二頁があり、今日にいたるも批判があいついでいる。

冊封体制論の考察の対象外におかれた遊牧地域の研究者も、冊封体制論を等しく批判する。モンゴル高原の遊牧国家の歴史の研究からは、杉山正明『逆説のユーラシア史』（東京・日本経済新聞社、二〇〇二年）、森安孝夫『興亡の世界史〇五 シルクロードと唐帝国』（東京・講談社、二〇〇七年）、石見清裕『唐代の国際関係』（東京・山川出版社、世界史リブレット九七、二〇〇九年）等が代表的である。チベット史からは、山口瑞鳳『吐蕃王国成立史研究』（東京・岩波書店、一九八三年）第三章吐蕃王国の外交と国家体制、五〇五―九一〇頁等がある。また、ベトナム史からは、桃木至朗『中世大越国家の成立と変容』（大阪・大阪大学出版会、二〇一一年）等があげられる。

冊封体制論を批判して提出された堀敏一の羈縻体制論への疑問については、金子修一「東アジア世界論」（『日本の対

外関係一　東アジア世界の成立』東京・吉川弘文館、二〇一〇年）一九二―二一六頁、朝貢システム論への批判については、Morris Rossabi, ed., *China among Equals, The Middle Kingdom and Its Neighbors, 10th–14th Centuries*, Berkeley: University of California Press, 1983, pp. 1–13を参照。このように、西嶋定生の提唱した冊封体制論は、すでに満身創痍ともいえる状況であるが、その一方で、現在にいたるまで、冊封体制論に匹敵する前近代の東アジア国際関係を説明する包括的な仮説が提起されていないことも事実である。

(22)　西嶋定生は、冊封体制に入らない日本を東アジア史の比較の対象に組み込む必要のために、漢字・儒教・律令・仏教という共通要素をとりあげざるを得なかった。しかし、そのために、西嶋定生のいう「東アジア世界」とは、中国大陸の農業地域と東北アジアの南部・朝鮮半島・日本列島・ベトナム北部・河西回廊に限定されることになってしまった。この結果、西嶋定生のいう東アジア世界と、通常使用される地理学概念の「東アジア」とが異なる、という面倒なことになってしまった（もちろん、西嶋定生は、このことを念頭において「東アジア」ではなく「東アジア世界」ということばをもちいてはいるが）。地理学概念の「東アジア」は、パミール高原以東のモンゴル高原から中国南部におよぶ広大な地域をさし、農業地域と遊牧地域をともに包含する地域概念である（たとえば、木内信蔵編『世界地理二　東アジア』東京・朝倉書店、一九八四年）。本稿でいう「東アジア」も、この地理学概念の東アジアのことである。

すでに多くの批判のあるように、西嶋定生の東アジア世界論は、当時のユーラシア大陸の歴史を左右する軍事・政治力をもった遊牧地域が除外されるという致命的ともいうべき欠陥をもっている。このような、西嶋定生の使用する「東アジア世界」の地域設定の偏りを問題視し、近年は、「東アジア」という用語を用いず、「東アジア」に替わる用語として「東方ユーラシア」ないし「ユーラシア東方」を用いる考えが多くの研究者から出されている。本稿でいう「ユーラシア大陸東部」も「東方ユーラシア」や「ユーラシア東方」と同様の意味で用いている。すなわち、地理学概念の「東アジア」より広く、モンゴル高原から中国南部におよぶ地域に加えて、東南アジアや現ロシアのシベリアも含む、おおよそ東経七〇度～一八〇度の範囲である。本稿では、遊牧国家の誕生する前一〇〇〇年紀から地球一体化の進展する一六世紀前後にいたるまで、「ユーラシア大陸東部」は一つの世界システムを構成しており、この点で、「ユーラシア大陸中央部（中央ユーラシア・ユーラシア中央）」も、「ユーラシア大陸西部（西方ユーラシア・ユーラシア西方）」がそれぞれの世界システムを構成するのと同様と考えている。この意味において、ユーラシア大陸東部の歴史の解明は、ユーラシア大陸中央部と西部の歴史の解明に有効な比較の事例を提供し、逆もまたなりたつと思うのである。

(23) この点に関しては、李成市『東アジア文化圏の形成』(東京・山川出版社、世界史リブレット七、二〇〇〇年)が論点をまとめているのを参照。

(24) 貢納制度の意味については、渡辺信一郎『天空の玉座─中国古代帝国の朝政と儀礼─』(東京・柏書房、一九九六年)、石見清裕『唐代の国際関係』(東京・山川出版社、二〇〇九年)、同「唐の絹貿易と貢献制」(『九州大学東洋史論集』三三、二〇〇五年)、同「唐の国際交易と渤海─朝貢・互市と貢献制」(鈴木靖民編『古代日本の異文化交流』東京・勉誠社、二〇〇八年)六三七─六六〇頁、荒川正晴『ユーラシアの交通・交易と唐帝国』(名古屋・名古屋大学出版社、二〇一〇年)を参照、李雲泉『朝貢制度史論─中国古代対外関係体制研究─』(北京・新華出版社、二〇〇四年)等を参照。

(25) この観点からの研究として、石見清裕(同『唐の北方問題と国際秩序』(東京・汲古書院、一九九八年)、古瀬奈津子『遣唐使の見た中国』(歴史文化ライブラリー一五四、東京・吉川弘文館、二〇〇三年)を参照。

(26) このような見方については、前注2、妹尾達彦「東アジア比較都城史研究の現在─都城の時代の誕生─」一八六─一八七頁でも簡単に述べている。

(27) 本項については、妹尾達彦、前注2の(4)「東アジアの都城時代と交通網の形成」での叙述をもとにしている。

(28) 交通の経済的機能については、今野源八郎『交通経済学』(東京・青林書院新社、一九五七年)一─一四頁、増井健一『交通経済学』(東京・東洋経済新報社、一九六八年)三─三一頁等を参照。一四～一五世紀を中心とする西欧の道路の機能について詳細に論じる、ジャン・ピエール・ルゲ著、井上泰男訳『中世の道』(東京・白水社、一九九一年、原書 Jean Pierre Leguay, *La rue au moyen age*, Rennes: Ouest-France, 1984)も参照。

(29) この考えについては、K・ポランニー著、栗本慎一郎・端信行訳『経済と文明─ダホメの経済人類学的分析─』(東京・筑摩書房、ちくま学芸文庫、二〇〇四年、原書 Karl Polanyi, *Dahomey and the Slave Trade: An Analysis of an Archaic Economy* (American Ethnological Society Monographs, 42), Washington: University of Washington Press,

1966）を参照。

(30) 本項は、妹尾達彦、前注5「長安の変貌」五三―五四頁の叙述を増補したものである。

(31) 農牧複合国家の繁栄は、とくに四世紀から七世紀にかけての遊牧民の大規模な移動を契機にアフロ・ユーラシア大陸の各地域に誕生した時から、沿海都市網に拠点をおく西欧諸国の海洋国家が世界各地に植民地を拡大していく一八世紀にいたるまでの約十世紀の期間において顕著であった。

(32) 『通典』巻一四八、兵一。

(33) 大運河の経済機能については、斯波義信『宋代江南経済史研究』（東京・汲古書院、東京大学東洋文化研究所報告、二〇〇一年）、全漢昇「唐宋帝国与運河」（同著『中国経済史研究一』北京・中華書局、二〇一一年、初出一九四四年）を参照。大運河の開通が大運河沿線の都市化と定住化を促進させたことは、史念海『中国的運河』（西安・陝西師範大学出版社、一九八八年）第五章「隋代運河的開鑿及其影響」一四八―二一三頁、同「隋唐時期運河和水上交通及其沿岸的都会」（同『河山集』七、西安・陝西師範大学出版社、一九九九年）一七四―二一一頁を参照。

(34) 家島彦一『イスラム世界の成立と国際商業―国際商業ネットワークの変動を中心に』（東京・岩波書店、一九九一年）、同『海が創る文明―インド洋海域世界の歴史』（東京・朝日新聞社、一九九三年）、同『海域から見た歴史―インド洋と地中海を結ぶ交流史―』（名古屋・名古屋大学出版会、二〇〇六年）。

(35) 七～八世紀に始まる東アジア国際関係の中で日本を位置づける研究は、現在、新たな段階を迎えている。ここでは、最新の研究成果として、鈴木靖民『日本の古代国家形成と東アジア』（東京・吉川弘文館、二〇一一年）、吉川真司「日本の律令体制とユーラシア」（『〝日本古代史研究的現在与未来〟国際学術研討会論文集』北京大学・清華大学、二〇一二年一〇月）一二二―一二九頁をあげる。

(36) 本稿でいう交易港（貿易港）の概念は、K・ポランニー著、栗本慎一郎・端信行訳、前注『経済と文明―ダホメの経済人類学的分析―』を参照。もちろん、東アジアの交易都市と西アフリカの交易都市を単純に比較することはできないが、両者の共通項をさぐることで、西アフリカと東アジアの歴史構造の比較を行うことは可能と思われる。この点に関しては、妹尾達彦「中国の都城と東アジア世界」（鈴木博之・石山修司・伊藤毅・山岸常人（共編）『都市・建築・歴史

一　記念的建造物の成立』東京・東京大学出版会、二〇〇六年）一五七—一六二頁の叙述を参照。また、太宰府のもつ境界性については、ブルース・バートン『日本の「境界」—前近代の国家・民族・文化—』（東京・青木書店、二〇〇〇年）が比較史的な分析をしているのを参照。

(37) 隋大興城の都市構造については、陝西省文物管理委員会編「唐長安城地基初歩探測」（『考古学報』一九五八年三期）七九—九一頁と、中国科学院考古研究所西安唐城発掘隊編「唐代長安城考古紀略」（『考古』一九六三年第一一期）五九五—六一一頁が、現在でも基本文献となる。これ以後、数多くの発掘報告が公刊されているが、現時点でも上記二論文に匹敵する包括的な発掘報告は存在しない。隋大興城に関する最新の研究として、辛徳勇「『冥報記』報応故事中的隋唐西京影像」（『清華大学学報（哲学社会科学版）』二〇〇七年第三期）二九—四一頁、後に同著『縱心所欲．徜徉於稀見与常見書之間』北京・北京大学出版社、二〇一一年、二五六—二八〇頁に収録）と、同「隋大興城坊考稿」（『燕京学報』二〇〇九年一二月。後に同著『縱心所欲．徜徉於稀見与常見書之間』二〇〇—二五五頁に収録）がある。隋大興城の都市構造に関する筆者の近年の考えについては、妹尾達彦「漢長安故城与隋唐長安城」（北京大学中国古代史研究中心編『輿地、考古与史学新説—李孝聡教授栄休紀念論文集』北京・中華書局、二〇一二年）二七二—二八六頁を参照。

(38) 隋大興城の特色に関しては、妹尾達彦「漢長安故城與隋唐長安城」（北京大学中国古代史研究中心編『輿地、考古與史學新説—李孝聰教授榮休紀念論文集—』北京・北京大学出版社、二〇一二年）二七二—二八六頁を参照。

(39) 黄正建『唐代衣食行研究』（北京・首都師範大学出版社、一九九八年）、李錦綉『唐代制度史略論稿』（北京・中国政法大学出版社、一九九八年）第四部交通・社会制度、三三九—三五六頁。

(40) 唐代の渡津と橋梁に関する法律に関しては、愛宕元「唐代の橋梁と渡津の管理法規について—敦煌発見「唐水部式」残巻を手掛りとして—」（梅原郁編『中国近世の法制と社会』京都・京都大学人文科学研究所、一九九三年）三九—七二頁を参照。天聖令の駅の条文に関する研究も進んでいる。

(41) 礪波護「唐代の過所と公験」（同編『中国中世の文物』京都・京都大学人文科学研究所、一九九三年）をはじめとする論著を参照。天聖令の過所に関する研究も進んでいる。

(42) 陳沅遠「唐代駅制考」（『史学年報』一—五、一九三三年）六一—九二頁。

(43) 姚家積「唐代駅名拾遺」(『禹貢』半月刊五―二、一九三六)二三―三一頁。
(44) 白寿彝『中国交通史』(上海・商務印書館、一九三六年、同『白寿彝文集』七、開封・河南大学出版社、二〇〇八年に収録)、同『中国通史綱要』上下冊(北京・中国友誼出版公司、二〇一二年)。
(45) 陶希聖主編『唐代之交通』(食貨史学叢書、中国経済史料叢編、台北・食貨出版社、一九七四年、初版一九三七年)。
(46) 青山定雄『唐宋時代の交通と地誌地図の研究』(東京・吉川弘文館、一九六三年)。
(47) 厳耕望『中央研究院歴史語言研究所専刊之八三唐代交通図考序言総目　第一巻京都関内区』(台北・一九八五年)、同『第二巻河隴磧西区』(同年)、同『第三巻秦嶺仇池区』(同年)、同『第四巻山剣滇幹区』(同年)、同『第五巻河東河北区』(同年)、同『第六巻河南海南区』(同年)。
(48) 史念海『唐代歴史地理研究』(北京・中国社会科学出版社、一九九八年)。
(49) 王文楚『古代交通地理叢考』(北京・中華書局、一九九六年)。
(50) 幸徳勇『古代交通与地理文献研究』(北京・中華書局、一九九六年)。
(51) 呉宏岐『西安歴史地理研究』(西安・西安地図出版社、二〇〇六年)。
(52) 藍勇『西南歴史文化地理』(重慶・西南師範大学出版社、一九九七年)。
(53) 魯西奇『城墻内外：古代漢水流域城市的形態与空間結構』(北京・中華書局、二〇一一年)。
(54) 郭声波『彝族地区歴史地理研究』(成都・四川大学出版社、二〇〇九年)。
(55) 荒川正晴、前注24『ユーラシアの交通・交易と唐帝国』。
(56) 安田順恵「唐代蕭関新城の位置と長安西北部の唐代交通路に関する一試論―Corona 衛星写真の判読と現地調査による検討―」(『人文地理』五七―一、二〇〇五年)六八―八二頁。
(57) 隋唐交通の概観は、席龍飛・楊焙・唐錫仁主編『中国科学技術史交通巻』(北京・科学出版社、二〇〇四年)、劉希為『隋唐交通』(台北・新文豊出版公司、一九九二年)によって知ることができる。
(58) 鈴木靖民・荒井秀規編『古代東アジアの道路と交通』(東京・勉誠社、二〇一一年)。
(59) 中国公路交通史編審委員会編『中国公路史』(北京・人民交通出版社、一九九〇年)。同書の一部は日本語に翻訳されている。

(60) 長安を核とする交通幹線を復原する従来の研究に関しては、妹尾達彦編「隋唐長安城関係論著目録」同編『都市と環境の歴史学〔増補版〕』第三集（東京・中央大学文学部東洋史学研究室、二〇一二年）を参照。

(61) 辛徳勇『隋唐両京叢考』（西安・三秦出版社、二〇〇六年、初版一九九三年）所載「都亭駅考辨」（同書八七—九三頁）。

(62) 柳宗元「館駅使壁記」の分析については、李之勤「柳宗元的『館駅使壁記』与唐代長安城附近的駅道和駅館」（同『西北史地研究』鄭州・中州古籍出版社、一九九四年、七三—八一頁）、辛徳勇「隋唐時期長安附近的陸路交通—漢唐長安交通地理研究之二—」（同『古代交通与地理文献研究』北京・中華書局、一九九六年、一四二—一六五頁、初出一九八八年）の分析を参照。

(63) 唐代の両京間の交通については、厳耕望や史念海、辛徳勇を始め多くの研究がある。厳耕望の復原を補う研究として、『中国歴史地図集 第五冊 隋・唐・五代十国期』の作図に参加した王文楚による同『古代交通地理叢考』（北京・中華書局、一九九六年）所載「唐代両京駅路考」（四六—八一頁）が詳細である。

(64) 長安—広州間のこの幹線の歴史については、中山久四郎「広東の商胡及び広東長安を連結する水路舟運の交通」（『東洋学報』一〇—二、一九四〇年）九二—一一四頁に詳しい。

(65) 唐代の駱峪道（儻駱道）については、李之勤「唐代儻駱道上的幾箇駅館」（同『西北史地研究』）八二—八九頁。同「儻駱古道的発展特点具体走向和沿途要地」（同書）九〇—一〇三頁。

(66) 唐代の斜谷道（褒斜道）については、李之勤「唐敬宗宝暦年間裴度重修的斜谷路及其所置駅館」（同書）一〇三—一〇八頁。

(67) 岡野誠「論唐玄宗奔蜀之途径」（中国唐代学会編集委員会編『第二届 国際唐代学術会議論文集 下冊』台北・文津出版社、一九九三年）一〇九九—一一二二頁を参照。

(68) 長安—ラサ間を結ぶ本道に関しては、佐藤長『チベット歴史地理研究』第二章「唐代における青海・ラサ間の道程」八九—一九三頁を参照。

(69) 本道については、荒川正晴、前注24『ユーラシアの交通・交易と唐帝国』に詳しい。
(70) 青山定雄『唐宋時代の交通と地誌地図の研究』一八頁。
(71) 隋洛陽城の都市構造については、中国科学院考古研究所洛陽発掘隊編「隋唐東都城址的勘査和発掘」(『考古』一九六一年第三期)一二七―一三五頁と、中国社会科学院考古研究所洛陽工作隊編「〝洛陽東都城址的勘査和発掘〟続記」(『考古』一九七八年第六期)三六一―三七九頁が現在も基本文献であるが、同上論文で描かれた隋唐洛陽城の復元図は、近年の発掘で修正された箇所も多い。隋唐洛陽城の都市構造に関する考古発掘の報告論文は、楊作竜・韓石萍主編『洛陽考古集成　隋唐五代宋巻』(北京・北京図書館出版社、二〇〇五年)に収録されている。ここ数年間の最新の発掘成果は、洛陽市文物鈷探管理辦公室編『洛陽文物鈷探報告　第一輯』(北京・文物出版社、二〇〇八年)、同『同　第二輯』(同上、二〇〇八年、洛陽市文物管理局編『洛陽大遺址　研究与保護』(北京・文物出版社、二〇〇九年)一五六―二〇七頁)等を参照。隋洛陽城の都市構造に関する筆者の観点は、やや古い論文ではあるが妹尾達彦「隋唐洛陽城の官人居住地」(『東洋文化研究所紀要』東京・東京大学東洋文化研究所、一三三冊、一九九七年)六七―一一一頁を参照。なお、上記拙稿は、http://repository.dl.itc.u-tokyo.ac.jp/dspace/handle/2261/2064 で閲覧可能。
(72) 妹尾達彦、前注17「江南文化の系譜―建康と洛陽―」を参照。
(73) 塩沢裕仁『千年古都洛陽―その遺跡と人文・自然環境―』(東京・雄山閣、二〇一〇年)、宇都宮美生「唐代洛陽における禁苑(西苑)に関する一考察と課題」(東アジア比較都城史研究会報告原稿、二〇〇六年八月一七日、山口大学)、同「隋唐洛陽城西苑の四至と水系」(『中国文史論叢』六号、中国文史研究会、二〇一〇年)三五―七一頁。
(74) 妹尾達彦、前注17「江南文化の系譜―建康と洛陽―」を参照。
(75) 隋唐の都城における南朝都市の江南庭園様式の影響については、大室幹雄『園林都市―中国中世の世界像―』(三省堂、一九八五年)、村上嘉実「中国の庭園―中国庭園史・宋代以前―」(『禅文化』三六、一九六五年)を参照。南朝化の概念については、唐長孺『魏晋南北朝隋唐史三論』(武漢大学出版社、一九九三年)、牟発松「略论唐代的南朝化傾向」(『中国史研究』一九九六年第二期、同「従南北朝到隋唐―唐代南朝化傾向再論」(『南京暁庄学院学報』二〇〇七年)等を参照。南朝の文化圏と大運河を通して直結した洛陽は、隋唐時代における南朝化の中心地の一つだった。また、妹尾達彦、前注7「隋唐長安城の皇室庭園」も参照。

(76) 吐蕃の都城・ラサ（羅些・拉薩）の都市構造については、断片的な文献史料は残されているものの、現時点では系統的な研究が無く、考古発掘も行われていないためによくわからない。一七世紀以後のラサの都市空間の特徴は、Knud Larsen and Amund Sinding-Larsen, *The Lhasa Atlas: Traditional Tibetan Architecture and Townscape*, Boston: Shambhala Publications, 2001（李鴿訳『拉薩暦史城市地図集—伝統西蔵建築与城市景観—』北京・中国建築工業出版社、二〇〇五年）を参照。また、高田将志「東部ヒマラヤとその周辺地域にみられる囲郭・城塞的建築物と都市・集落」（戸祭由美夫編『ユーラシアにおける都市囲郭の成立と系譜に関する比較地誌学的研究』平成六年度〜平成九年度科学研究費補助金基盤研究（A）（2）研究成果報告書、一九九八年）二五頁、一一五—一三〇頁、石濱裕美子「千年の都ラサ」（『旅行人』二〇〇六年夏号、東京：旅行人）五四—六一頁も参照。

(77) 山口瑞鳳『チベット 下巻』（東京・東京大学出版社、一九八八年）一七—五〇頁、三二八—三四八頁。山口瑞鳳は、六四六年前後にラモチェ寺が建造された後、六五一年にトゥルナン寺が建造されたとする（同書三二九頁）。また、山口瑞鳳は、文成公主がソンツェン・ガムポと結婚して唐から釈迦牟尼像をラサにもたらしたとする伝承は、後の金城公主（約六九八〜七四〇、李守礼の娘）のチベット王との婚姻の伝承と混同して伝えられたとし、文成公主の初婚の夫がグンソン・グンツェン王であり、ソンツェン・ガムポとは再婚したとする（同書一七—五〇頁）。また、石濱裕美子『図説 チベット歴史紀行』（東京・河出書房新社、一九九九年）二六—四七頁も参照。

(78) 山口瑞鳳『吐蕃王国史研究』（東京・岩波書店、一九八三年）七四〇—七八二頁。

(79) 吐蕃の交通網に関しては、佐藤長『チベット歴史地理研究』（東京・岩波書店、一九七八年）第二章唐代における青海・ラサ間の道程が、長安—ラサ間の陸路（いわゆる唐蕃古道）を復原する基礎的研究である。同『古代チベット史研究 上巻・下巻』（京都・同朋舎、一九五九年）、同『中世チベット史研究』（京都・同朋舎、一九八六年）にも、吐蕃以来のチベット高原の交通路に関する叙述がある。山口瑞鳳『吐蕃王国成立史研究』（東京・岩波書店、一九八三年）は、吐蕃王国史研究の古典であり、吐蕃の駅伝制度や長安—ラサ間の交通路に関する分析もある。

(80) 山口瑞鳳『チベット 下巻』三三二—三三三頁。

(81)　近江京（大津京）については、林博通『大津京跡の研究』（京都・思文閣出版、二〇〇一年）、同『幻の都大津京を掘る』（東京・学生社、二〇〇五年）等を参照。
(82)　藤原京（正確には新益京）については、八木充『研究史　飛鳥・藤原京』（東京・吉川弘文館、一九九六年）、林部均『古代宮都形成過程の研究』（東京・青木書店、二〇〇一年）、小澤毅『日本古代宮都構造の研究』（東京・青木書店、二〇〇三年）、寺崎保広『藤原京の形成』（東京・山川出版社、二〇〇二年）、木下正史『藤原京：よみがえる日本最初の都城』（東京・中央公論新社、二〇〇三年）等を参照。
(83)　平城京に関しては、大井重二郎『平城京と条坊制度の研究』（京都・初音書房、一九六六年）、井上和人『古代都城制条里制の実証的研究』（東京・学生社、二〇〇四年）、同『日本古代都城制の研究』（東京・吉川弘文館、二〇〇八年）、奈良県平城遷都一三〇〇年記念二〇一〇年委員会編・樋口隆康等監修『平城京　その歴史と文化』（東京・小学馆、二〇〇一年）、渡辺晃宏『平城京と木簡の世紀』（東京・講談社、二〇〇一年）、舘野和己『古代都市平城京の世界』（東京・山川出版社、二〇〇一年）、吉村武彦・舘野和己・林部均著『平城京誕生』（東京・吉川弘文館、二〇一〇年）等を参照。
(84)　恭仁京に関しては、滝川政次郎『京制並に都城制の研究』（東京・角川書店、一九六七年）、小笠原好彦「日本の古代都城と隋唐洛陽城」（前注氣賀澤保規編〈洛陽学国際シンポジウム報告論文集〉）一五六―一六八頁等を参照。
(85)　難波京については、難波宮址を守る会編『難波宮と日本古代国家』（東京・塙書房、一九七七年）、前注の積山洋編『東アジアにおける難波宮と古代難波の国際的性格に関する総合研究』らを参照。
(86)　長岡京については、山中章『日本古代都城の研究』（東京・柏書房、一九九七年）、同『長岡京研究序説』（東京・塙書房、二〇〇一年）、国立歴史民俗博物館編『長岡京遷都―桓武と激動の時代―』（佐倉・国立歴史民俗博物館、二〇〇七年）等を参照。
(87)　平安京については、井上満郎『研究史　平安京』（東京・吉川弘文館、一九七八年）、北村優季『平安京―その歴史と構造―』（東京・吉川弘文館、一九九五年）、橋本義則『平安京成立史の研究』（東京・塙書房、一九九五年）、吉川真司編『日本の時代史五　平安京』（東京・吉川弘文館、二〇〇二年）、西山良平『都市平安京』（京都・京都大学学術出版会、二〇〇四年）、西山良平・藤田勝也編『平安京の住まい』（京都・京都大学学術出版会、二〇〇七年）、金田章裕編『平安京—京都 都市図と都市構造—』（京都・京都大学学術出版会、二〇〇七年）、京楽真帆子『平安京都市社会史の研究』（東京・塙書房、二〇〇八年）等を参照。

(88) 南詔の太和および陽苴咩（大理）については、藤澤義美『西南中国民族史の研究』（東京・大安、一九六九年）、方国瑜『中国西南歴史地理考釈』（北京・中華書局、一九八七年）、林荃「南詔城址概説」（楊仲録他編『南詔文化論』昆明・雲南人民出版社、一九九一年）二二九—二四七頁、李昆声「南詔大理城址考」（雲南省文物管理委員会編『南詔大理文物』北京・文物出版社、一九九二年）一一四—一二七頁、何金龍「南詔都城防衛体系〝九重城〟的研究」（林超民・楊政業・趙寅松主編『南詔大理歴史文化国際学術討論会論文集』北京・民族出版社、二〇〇六年）一四〇—一五一頁、同「洱海区域南詔諸城址功能性質的分類」（同上書）一五二—一五九頁、張増祺『洱海区域的古代文明—南詔大理国時期（上巻）—』（昆明・雲南教育出版社、二〇一〇年）一二〇—一五一頁等を参照。太和の復元図は、同上書、一二三頁所掲の「大理太和城遺址実測平面図」にもとづく。二〇一〇年八月に実見したところ、太和城の西部の金剛城には遺構が残存し、陽苴咩は一部の城壁が残存している。

(89) 南詔の交通に関しては、方国喩『中国西南歴史地理考釈（上）（下）』（北京・中華書局、一九八七年）、藤澤義美『西南中国民族史の研究』（東京・大安、一九六九年）、林謙一郎「「中国」と「東南アジア」のはざまで—雲南における初期国家形成」（池端雪浦他編『岩波講座　東南アジア史　第一巻』東京・岩波書店、二〇〇一年）一四七—一七一頁が、基礎的な考察をしてる。張増祺『洱海区域的古代文明（下巻）』（昆明・雲南教育出版社、二〇一〇年）第四章第六節交通貿易、三二四—三三四頁も、交通路が概観されている。

(90) タンロンに関しては、桃木至朗「大越（ベトナム）李朝の昇竜都城に関する文献史料の見直し」（『待兼山論叢』四四、二〇〇一年、一—二九頁）、桜井由躬雄「ハノイ・ホアンキム地区の道路網」（『中国—社会と文化—』二七、二〇一二年、四六—六九頁）、桃木至朗編『中・近世ベトナムにおける権力拠点の空間的構成』（二〇〇八年度—二〇一〇年度科学研究費補助金基盤研究（B）研究成果報告書、二〇一一年）、西村昌也『ベトナムの考古・古代学』（東京・同成社、二〇一一年）、柴山守編『国際公開シンポジウム論文集 ハノイ一〇〇〇年王城—地域情報学と探る—』（京都・京都大学東南アジア研究所、二〇〇六年）、『ユネスコ日本信託基金 タンロン・ハノイ文化遺産群の保存事業 日越タンロン城関連研究論集』（東京・東京文化財研究所、二〇一二年）を参照。

(91) ウイグルの都城については、田坂興道「漠北時代に於ける回紇の諸城郭について」（善隣協会内蒙古研究所『蒙古学報第二号』一九四一年）一九二―二四三頁、森安孝夫・オチル編『モンゴル国現存遺蹟・碑文調査研究報告』（大坂・中央ユーラシア学研究会、一九九九年）所載「カラ=バルガスン宮城と都市遺跡」一九九―二〇八頁等を参照。

(92) 森安孝夫・オチル編、前注『モンゴル国現存遺蹟・碑文調査研究報告』所載「バイバリク遺跡」一九六―一九八頁。

(93) 同上書、一九九頁。

(94) 羅新「漢唐時期漠北諸游牧政権中心地域之選択」（前注『輿地、考古与史学新説—李孝聡教授栄休紀念論文集—』）六四一―六四九頁。

(95) Hans-Georg Huettel and Ulambayar Erdenebat, *Karabalgasun und Karakorum-zwei spätnomadische Stadtsiedlungen im Orchon-Tal*, Ulaanbaatar, 2009. Arden-Wong, Lyndon A., "The Architectural Relationship between Tang and Eastern Uighur Imperial Cities," in Zs. Rajkai / I. Bellér-Hann (eds.), *Frontiers and Boundaries: Encounters on China's Margins*, (Asiatische Forschungen, 156), Wiesbaden: Harrassowitz Verlag, 2012, pp. 11-47. また、オルド・バリクの発掘を担当しているドイツ考古学研究所の HP http://www.dainst.org/sites/default/files/imagecache/keyvisual/media/crop_daikv_10.jpg も参照。

(96) オルド・バリクを核とする交通網に関しては、田坂興道「漠北時代に於ける回紇の諸城郭について」（善隣協会内蒙古研究所『蒙古学報第二号』一九四一年、一九二―二四三頁）、斎藤勝「唐・回鶻絹馬交易再考」（『史学雑誌』一〇八―一〇、一九九九年）三三―五八頁、一七四―一七三頁を参照。

(97) 渤海旧国及び上京等の五京の都城については、中国社会科学院考古研究所編『六頂山与渤海鎮 唐代渤海国的貴族墓地与都城遺址』（北京・中国大百科全書出版社、一九九七年）、田村晃一編『東アジアの都城と渤海』（東京・東洋文庫、二〇〇五年）、楊雨舒・蒋戎『唐代渤海国五京研究』（香港・香港亜洲出版社）、二〇〇八年、酒寄雅志「渤海の都城」（妹尾達彦編『都市と環境の歴史学 増補版 第二集』東京・中央大学文学部東洋史学研究室、二〇〇九年）四六五―四八三頁、黒竜江省文物考古研究所編『渤海上京城　上冊、下冊、附図』（北京・文物出版社、二〇〇九年）、黒竜江省文物考古研究所・趙虹光編『渤海上京城考古』（北京・科学出版、二〇一二年）等を参照。

(98) 渤海の五京と交通路に関しては、河上洋「渤海の交通路と五京」（『史林』第七二巻第六号、一九八九年）七六―一〇一頁と小嶋芳孝「渤海の交通路」（鈴木靖民・荒井秀規編『古代東アジアの道路と交通』東京・勉誠社、二〇一一年）二一一―二三二頁、同「渤海の産業と物流」（『アジア遊学』六、東京・勉誠社、一九九九年）六五―八一頁が基礎となる。河上論文一〇一頁に掲載の交通路の復元図は、文献にもとづき五京を核とする交通路を復原したものである。また、韓国教員大学歴史教育科著・吉田光男監訳『韓国歴史地図』（東京・平凡社、二〇〇四年）五八―五九頁所載「渤海の対外交易」図は、河上の復原案とは少し異なる図をあげる。楊雨舒・蔣戎『唐代渤海国五京研究』（香港・香港亜洲出版社、二〇〇八年）、赤羽目匡由『渤海王国の政治と社会』（東京・吉川弘文館、二〇一一年）、鄭永振・李東輝・尹鉉哲『渤海史論』（長春・吉林文史出版社、二〇一一年）第一〇章渤海国的水陸交通与対外交流、二四八―三二二頁の考察も参照。現時点では、渤海五京の立地と幹線路については、まだ不明な点が多く残されているが、近年の研究成果は、着実に研究の空白を埋めつつある。

(99) 田村晃一「渤海上京龍泉府址の考古学的検討」（同編『東アジアの都城と渤海』東京・財団法人東洋文庫、二〇〇五年）一一一―一五四頁。

(100) 井上和人「渤海上京龍泉府形制新考」（同上書）七一―一一〇頁、同「渤海上京龍泉府形制の再検討」（『東アジアの古代文化』一二五号、二〇〇五年）三七―五七頁。

(101) 小嶋芳孝「図們江流域の渤海都城と瓦当―斎藤優氏の調査資料による―」（同上書）一五五―一八六頁。

(102) 清水信行「渤海上京龍泉府出土の平瓦・丸瓦」（同上書）一九一―二四〇頁。

(103) 黒竜江省文物考古研究所編、前注97『渤海上京城』。日本の都城の宮殿皇城に大明宮の宮殿構造影響が見られることは、早く指摘されている。

(104) 三国統一後の新羅が、唐長安を参照に大規模な都城・金城の改造を行ったことは、田中俊明「新羅における王京の成立」（『朝鮮史研究会論文集』三〇、一九九二年）、黄仁鎬「新羅王京の変遷―道路を通じてみる都市計画―」（『東アジアの古代文化』一二六、二〇〇六年）を参照。橿原考古学研究所の山田隆文氏の五京に関する論考も参照。

(105) 藤島亥二郎「朝鮮建築史論（一・二）」（『建築雑誌』五三〇、五三一、一九三〇年）。

(106) 尹武炳炳「新羅王京の坊制」（斗渓李丙燾博士九旬紀年韓国史学論叢刊行委員会編『斗渓李丙燾博士九旬紀年韓国史学論叢』圳州・知識産業社、一九八七年）。

(107) 東潮「新羅金京の坊里制」（『条里制・古代都市研究』一五、一九九九年）。

(108) 森浩一監修、東潮・田中俊明編『韓国の古代遺跡―Ⅰ新羅篇（慶州）―』（東京・中央公論社、一九八八年）二六三頁所載「七世紀の坊里（復原案）」。

(109) 鬼頭清明「新羅における都城制の発達」（旗田巍先生古稀記念会編『朝鮮歴史論集（上）』東京・龍渓書舎、一九七九年）。

(110) 亀田博『日韓古代宮都の研究』（東京・学生社、二〇〇〇年）。

(111) 이기봉（李起鳳）『新羅 王京의 範囲와 区域에 대한 地理的 研究』（ソウル大学校大学院博士論文、二〇〇二年）。

(112) 佐藤興治「新羅の都城」（中尾芳治・佐藤興治・小笠原好彦編『古代日本と朝鮮の都城』京都・ミネルヴァ書房、二〇〇七年）。

(113) 李恩碩「新羅王京の都市計画」（奈良文化財研究所『東アジアの古代都城　創立五〇周年記念　奈良文化財研究所学報第六六冊　研究論集ⅩⅣ』二〇〇三年）七六―九三頁。

(114) 黄仁鎬「新羅王京の造営計画についての一考察」（『日韓文化財論集Ⅰ　奈良文化財研究所学報第七七冊』奈良・奈良文化財研究所、大田・大韓民国国立文化財研究所、二〇〇八年）五三―七四頁。

(115) 정태은（鄭泰垠）「新羅王城　調査研究의現況과成果―発掘調査　成果를中心으로―」（国立慶州文化財研究所・国立扶余文化財研究所・国立伽耶文化財研究所編『韓国의都城　三国～朝鮮、発掘調査の成果――国立慶州・扶余・伽耶文化財研究所開所二〇周年記念国際学術シンポジウム』二〇一〇年）三五―六一頁。

(116) 이회준「신라왕경유적 발굴 조사 성과（新羅王京遺跡発掘調査成果）」（同上『韓国의都城　三国～朝鮮、発掘調査の成果』二〇一〇年）六三―八九頁。

(117) 方学鳳『渤海城郭』(延吉・延辺人民出版社、二〇〇一年)。

(118) 山田隆文「新羅金京復元試論」(『古代学研究』一五九、二〇〇二年)、同「日本の都城制と新羅金京研究」(国立慶州文化財研究所・国立扶余文化財研究所・国立伽耶文化財研究所編『韓国의都城　三国~朝鮮、発掘調査の成果――国立慶州・扶余・伽耶文化財研究所開所二〇周年記念国際学術シンポジウム』二〇一〇年)一六九―一八九頁。

(119) 新羅王京に関する近年の研究は、国立慶州文化財研究所編『新羅王京 本文篇、遺物図版』(慶州・国立慶州文化財研究所、二〇〇二年)、韓国国立文化財研究所・国立慶州文化財研究所編『신라왕경조사의 성과와 의의(新羅王京調査の成果と意義)文化財研究国際学術大会発表論文第一二輯)』(慶州・国立文化財研究所、国立慶州文化財研究所、二〇〇三年)、서울대학교박물관 편저(ソウル大学校博物館編)『해동성국:발해(海東盛国:渤海)』(서울・서울대학교박물관:통천문화사(ソウル大学博物館)、二〇〇三年)、忠南大学校百済研究所編『古代都市と王権』(大田・忠南大学校百済研究所、二〇〇四年)、圓光大学校・馬韓 百済文化研究所編『古代都城と益山王宮城』(益山・圓光大学校、二〇〇五年)、同編『古代東アジア宮城の後苑』(同上、二〇一〇年)、国立慶州文化財研究所・国立扶余文化財研究所・国立加耶文化財研究所編『国立慶州・扶余・加耶文化財研究所開所二〇周年記念国際学術研討会 三国~朝鮮 発掘調査と成果:韓国の都城』(慶州・国立慶州文化財研究所、二〇一〇年)等を参照。また、中尾芳治・佐藤興治・小笠原好彦編『日本古代と朝鮮の都城』(京都・ミネルヴァ書房、二〇〇七年)所載の各論文も参照。

(120) 田中俊明「新羅における王京の成立」(『朝鮮史研究会論文集』三〇、一九九二年)、同「新羅の交通体系に対する予備的考察」(『朝鮮古代研究』四、二〇〇三年)四三―六〇頁。

(121) 黄仁鎬「新羅王京の変遷―道路を通じてみる都市計画―」(『東アジアの古代文化』一二六、二〇〇六年)。

(122) 정요근(鄭枖根)「통일 신라 시기의 간선 교통로(統一新羅時期の幹線交通路)」(『韓国古代史研究』六三)一四七―一九〇頁。

(123) 서영일(徐榮一)『신라육상교통로연구(新羅陸上交通路研究)』(학연문화사、一九九九年)。

(124) 妹尾達彦『長安の都市計画』(東京・講談社、二〇〇一年)六六頁所載図18「大中国と小中国の思想構造」を参照。

(125) 生産費用と消費地への輸送費用との兼ね合いが農業種目の配置を決めると論じるJ・H・チューネン(J. H.

Thünen）の農業立地論や、工業の最適立地を論じるアルフレート・ヴェーバー（Alfred Weber）の工業立地論、財の流通にもとづき都市間の階層構造を論じるヴァルター・クリスタラー（Walter Christaller）の中心地理論等の経済地理学の主な仮説は、すべて、消費地への交通条件と輸送費を土地利用の決定要因としている。ただ、前近代社会の場合、経済以外の要因を総合的に検討しなくてはならないことはいうまでもない。

(126) 建造当初の隋唐長安城内外の計画的な土地利用が、主に軍事防衛と政治的象徴性にもとづいていた点については、妹尾達彦『長安の都市計画』（東京・講談社、二〇〇一年）と同「漢長安故城與隋唐長安城」（北京大学中国古代史研究中心編『輿地、考古与史学新説―李孝聡教授栄休紀念論文集―』北京・中華書局、二〇一二年）二七二―二八六頁を参照。長安を核とする全国的な商業圏が形成される八～九世紀になって、城内外の土地利用の機能分化が進んだことは、同「唐長安城の官人居住地」（『東洋史研究』五五―二、一九九六年）三五―七四頁や、同「隋唐長安城と郊外の誕生」（橋本義則編『東アジア都城の比較研究』京都・京都大学学術出版社、二〇一一年）一〇六―一四〇頁においてふれている。

(127) より詳しくは、妹尾達彦「隋唐長安の交通と城内外の土地利用」（『橿原考古学研究所記念論文集』奈良・橿原考古学研究所、二〇一三年）を参照。

(128) 中国科学院考古研究所西安工作隊「唐長安城明徳門遺址発掘簡報」（『考古』一九七四年第一期）、辛徳勇『隋唐両京叢考』（西安・三秦出版社、二〇〇六年、初版一九九三年）所載「長安城門交通制度」（同書）一三―一四頁を参照。

(129) より詳しくは、妹尾達彦、前注126「隋唐長安城と郊外の誕生」一〇六―一四〇頁を参照。

(130) 本項は、妹尾達彦、前注126「隋唐長安城と郊外の誕生」一〇六―一四〇頁の叙述にもとづく。

(131) 妹尾達彦「漢長安故城與隋唐長安城」（北京大学中国古代史研究中心編『輿地、考古與史學新説―李孝聰教授榮休紀念論文集―』北京・北京大学出版社、二〇一二年）二五五―二六九頁。

(132) 中国法制史家の滋賀秀三は、西欧の法律が権利を主張することに対し中国法のもつ特徴として、「法とは、王者の手に握られる統治の道具の一つであり、王者がこれを定めて公布し、刑罰を制裁手段としてその強行性を貫くもの、という構造を基本にもっていた。」（滋賀秀三『中国法制史論集　法典と刑罰』東京・創文社、二〇〇三年、五頁）と述べ、中国でいう法が、究極において専制君主の命令にほかならないことを指摘している。また、仁井田陞も、「中国刑法典成立の古さと一種の罪刑法定主義的制度の由来を述べてきたが、しかし中国の民衆は古来、君主や裁判官の擅断放恣から免れていたかというとそうではない。（中略）唐代法でも一方には法定主義的原則をかかげながら、しかも他方では天子だけは断罪について、法があってもそれを超えて「臨時の処分」ができると規定している」と指摘する（仁井田陞『増訂中国法制史研究 刑法』東京・東京大学出版会、一九八〇年、初版一九五九年、一七四―一七五頁）。

(133) 晋礼と晋泰始律令の制定の画期性については、小林聡「泰始礼制から天監礼制へ」（『唐代史研究』八、唐代史研究会、二〇〇五年、二六―三八頁）、同「西晋における礼制秩序の構築とその変質」（『九州大学 東洋史論集』三〇、二〇〇二年、二七―六〇頁）、同「漢唐間の礼制と公的服飾制度に関する研究序説」（『埼玉大学紀要 教育学部』五八―二、二〇〇九年、二三三―二四八頁）を参照。

(134) 西欧近代法は、政治権力から国民の権利を守るための罪刑法定主義にもとづき民法を中核として発達したのに対し、中国においては、法定主義自体は古くから発達していたものの、法定主義の目的はあくまで官僚権力が法を恣意的に運用して皇帝統治の本来のあり方を妨害することを防ぐためであり、また中国法では民法ではなく刑法を中心として発達しており、個人の権利を守るための西欧近代法の法定主義とは異なる。なによりも、天子=皇帝は、法を超えて人々を断罪する権限をもっていたので西欧近代法とは根本的に異なっている。この点に関しては、仁井田陞『補訂中国法制史研究 刑法』（東京・東京大学出版会、一九八〇年）第二部中国古刑法の基本原則の展開、四七―二九七頁、上掲の滋賀秀三『中国法制史論集 法典と刑罰』序章中国法の基本的性格、五―一四頁を参照。

(135) 戴炎輝『唐律各論（上）』（台北・成文出版社有限公司、一九八八年）二五―二六頁は、御在所を宮殿と宮殿以外の皇帝の居室の二種類の義があるとする。ただ、御在所は、宮殿であるかどうかには関係なく天子=皇帝が所在する場所のことをさすと考えた方がより正確だろう。御在所の語は、『唐律疏議』に頻出する。たとえば、同書巻六、名例律五一条「諸稱「乘輿」、「車駕」及「御」者、太皇太后、皇太后、皇后並同。」の疏に、「【疏】議曰。乘輿者、案賊盜律、「盜乘輿服御物者、流二千五百里。」若盜太皇太后、皇太后、皇后服御物者、得罪並同。車駕者、依衞禁律、「車駕行、衝隊者徒一年。」若衝三后隊、亦徒一年。又條、「闌入至御在所、斬。」至三后所、亦斬。是名「並同」。」とあり、同書巻七、

衛禁律五九条「殿門、徒二年半。持仗者、各加二等。仗、謂兵器杵棒之屬。餘條稱仗準此。」の疏に、「【疏】議曰。太極等門為殿門、闌入者、徒二年半。持仗各加二等、謂將兵器、杵棒等闌入宮門、得徒三年。闌入殿門、得流二千里。兵器、謂弓箭、刀柏之類。杵棒、或鐵或木為之皆是、故云「之屬」。餘條、謂下文「持仗及至御在所者」、并「持仗強盜者」、並準此。」とあり、同上書巻七、衛禁律六九条「諸犯闌入宮殿、非御在所者、各減一等。無宮人處、又減一等。入上閤內、有宮人者、不減。」の疏に、「【疏】議曰。諸條稱闌入宮殿得罪者、〔七〕其宮殿之所、御若不在、各得減闌入罪一等。雖是宮殿、見無宮人、又得減罪一等。假若在外諸宮、有宿衛人防守而闌入、合徒一年之類。若入上閤內、有宮人、雖非御在所、亦合絞：無宮人處、亦減二等。」とあり、同書巻七、衛禁律七三条「諸向宮殿內射、謂箭力所及者。宮垣、徒二年。殿垣、加一等。箭入者、各加一等。即箭入上閤內者、絞。御在所者、斬。」の疏に、「【疏】議曰。射向宮垣、得徒二年。殿垣、徒二年半。箭入者、宮內、徒二年半。殿內、徒三年。即箭入上閤內者、絞。「御在所者斬」、謂御在所宮殿。若非御在所、各減一等。無宮人處、又減一等。皆謂箭及宮、殿垣者。若箭力應及宮、殿而射不到者、從「不應為重」。不應及者、不坐。問曰。何以知是御在所宮殿？　答曰。向宮垣射得徒二年、殿垣徒二年半、準其得罪、與「闌入」正同。上條、「闌入宮、殿、非御在所、各減一等。無宮人、又減一等。」即驗車駕不在、又無宮人、闌入上閤者合徒三年。此條箭入上閤絞、御在所斬、得罪既同「闌入」、明為御在宮中。御若不在、皆同上條減法。箭入宮中、徒一年半。殿中、徒二年。入上閤內、徒三年。」などである。御在所の御には、太皇太后、皇太后、皇后も含まれる。

(136) ただし、あくまでも空間ではなく皇帝の身体自体が社会序列の規準であることに気をつけなくてはならない。たとえば、皇帝が北面する形となった南宋臨安の場合、皇帝の左手の方角が西となり右手の方角が東となり、南面する場合と逆になるが、臨安では北面する皇帝の身体にのっとり、宮殿から外郭城に延びる御街が南から北に走り、御街を軸に太廟が左手（西）、社稷が右手（東）に置かれた。

(137) 両儀の語は、『周易』繫辞上伝の「易有太極、是生兩儀。兩儀生四象、四象生八卦、八卦定吉凶、吉凶生大業。」（易に太極あり、これ両儀を生じ、両儀は四象を生じ、四象は八卦を生ず。八卦は吉凶を定め、吉凶は大業を生ず）にもとづく。

(138) 甘露の語は、『老子』三二章に「天地相合、以降甘露。」とあり、天地陰陽の気が調和すると天から降る甘い霊液をさす。徳治を行う王の時代にのみ天から降る瑞兆とされた。

(139) 太極の語は、上掲の『易経』繫辞上伝の「易有太極、是生兩儀。」にもとづく。

(140) 中国の都城が世界各地に存在した聖なる都の範型の一つであることは、M・エリアーデ(M. Eliade)著・久米博訳『エリアーデ著作集第三巻 聖なる空間と時間 宗教学概論三』(東京・せりか書房、一九六三年)、Paul Wheatley, Paul Wheatley, *The Pivot of the Four Quarters: A Preliminary Enquiry into the Origins and Character of the Ancient Chinese City*, Edinburgh: Edinburgh University Press, 1971、大室幹雄『劇場都市―古代中国の世界像―』(東京・三省堂、一九八一年)を参照。

(141) このような考えについては、妹尾達彦「都城と律令制」(大津透編『史学会シンポジウム叢書 日唐律令比較研究の新段階』東京・山川出版社、二〇〇八年)九七―一一八頁で初歩的に論じている。本稿の目的の一つは、上記での未熟な見通しを全面的に増補することである。

(142) 唐長安城近郊の王権儀礼の舞台とその機能については、妹尾達彦「唐長安城の儀礼空間―皇帝儀礼の舞台を中心に―」(『東洋文化』七二、東京大学東洋文化研究所、一九九二年)一―三五頁、同「天と地―前近代の中国における都市と王権―」(大阪市立大学大学院文学研究科COE・大阪市立大学重点研究共催シンポジウム報告書『中国の王権と都市―比較史の観点から―』大阪・大阪市立大学大学院文学研究科 都市文化研究センター二〇〇七年)五―四三頁を参照。

(143) 戴炎輝『唐律各論(上)』(台北・成文出版社有限公司、一九八八年)。

(144) 滝川政次郎「衛禁律後半の脱落条文」(同上書)一四一―一五九頁。

(145) 小林宏「律条拾羨(付、律条拾肋)」(『國學院大學日本文化研究所紀要』三八、一九七六年)所載の嵐義人「衛禁律・闌入非御在所條」。

(146) 岡野誠「唐代における「守法」の一事例―衛禁律蘭入非御在所条に関連して―」(『東洋文化』六〇、一九八〇年)。

(147) 井上和人、前注「唐代長安の諸門について―『唐律疏議』における「門」字の分析」。

(148) 桂齐逊「唐代宮禁制度在政治与法律上的意義与作用」(高明士編『東亜伝統教育与法制研究(2)唐律諸問題』台

北・台大出版中心、二〇〇五年、一〇九―一八三頁）

(149) 張春蘭「唐代都城治安管理制度」（『南都学壇（人文社会科学学報）』三〇―三、二〇一〇年、三九―四三頁）。

(150) 郭紹林「唐代京師長安的治安問題」（『人文雑誌』一九九四年第三期、九二―九六頁）。

(151) 万晋「唐代長安城門郎官考析」（『綿陽師範学院学報』二九―一〇、二〇一〇年、八四―八八頁）。

(152) 頼亮郡『唐宋律令法制考釈―法令実施与制度変遷―』（台北・元照出版有限公司、二〇一〇年）第一章罪与刑：「唐律」的加刑探討、七―四〇頁。

(153) 詳しくは、妹尾達彦「隋唐長安城の皇室庭園」（橋本義則編『東アジア都城の比較研究』京都・京都大学学術出版社、二〇一一年）二六九―三二九頁を参照。

(154) 唐代の長安における外交儀礼については、石見清裕『唐の北方問題と国際秩序』（東京・汲古書院、一九九八年）を参照。

(155) 東アジアの度量衡については、日本の江戸時代の狩谷棭斎『本朝度量衡考』（冨谷至校注『本朝度量衡考』東京・平凡社東洋文庫、一九九一年）を始め、呉承洛著・程理濬修訂『中国度量衡史』（上海・商務印書館、一九五七年）、藪田嘉一郎編訳注『中国古尺集説』（京都・綜芸舎、一九六九年）、国家計量総局・中国暦史博物館・故宮博物院主編『中国古代度量衡図集』（北京・文物出版社、一九八四年）、丘光明編著『中国歴代度量衡考』（北京・科学出版社、一九九二年）、藤本康雄・田端修・樋口文彦「中近東・アジアの古都市・建築平面構成と尺度」（『芸術』二二号、大坂・大坂芸術大学、一九九九年）一三六―一五三頁、張十慶『中日古代建築大木技術的源流与変遷』（天津・天津大学出版社、二〇〇四年）等を参照。井上和人、前注『日本古代都城制の研究』は、平城京が長安の中にすっぽり入ることを指摘している。これも、当時の基準寸法が共有されていたからであろう。

(156) この点に関しては、吉田孝『歴史の中の天皇』（東京・岩波書店、岩波新書九八七、二〇〇六年）、同『日本の誕生』（東京・岩波書店、岩波新書五一〇、一九九七年）の叙述が明快である。

(157) 妹尾達彦「都城と律令制」（大津透編『史学会シンポジウム叢書　日唐律令比較研究の新段階』東京・山川出版社、二〇〇八年）九七―一一八頁。

(158) 『隋書・高祖紀』帝紀第一、高祖上(北京・中華書局)一七―一八頁。辛徳勇「隋大興城坊考稿」にもとづいて改字。
(159) 『続日本後紀』巻四、二月戊寅条、新日本古典文学大系本一三〇頁。
(160) 隋と日本の奠都の詔の比較については、すでに多くの論著があるが、ここでは、鍋田一「隋大興城造営の詔と平城遷都の詔」(『法律論叢(明治大学)』六〇―四・五合併号、一九八二年)七五九―七七四頁をあげるにとどめる。
(161) 妹尾達彦「隋唐長安城と郊外の誕生」(橋本義則編『東アジア都城の比較研究』京都・京都大学学術出版会、二〇一一年)一一一―一一九頁、同「隋唐長安城の皇室庭園」(同上編『東アジア都城の比較研究』同上)二八三―二八六頁。
(162) 妹尾達彦、前注161「隋唐長安城と郊外の誕生」一一一―一一九頁、同、前注161「隋唐長安城の皇室庭園」二八三―二八六頁。
(163) 当然ながら中国の革命思想は日本でも古くから知られており、実際の政治にも影響をあたえていた。著名な例として、天武系から天智系への血統の転換を正統化するために、天智系の桓武天皇が昊天上帝をまつる郊祀を実行したことがあげられる。しかし、桓武天皇の場合も同じ皇統の中での王位の転換であり、中国でいう易姓革命とはいえないことはいうまでもない。
(164) 中国でも、漢代中期の儒教の台頭による国家祭祀の改革以前は、都城の周辺の聖なる場所が王権儀礼の主要舞台だった。儒教は、極めて抽象的な王権論を構築することで土地の聖性をはぎとり、王権理論にもとづくことでどこでも都城にすることのできる易姓革命と王朝交替に備えた思想をあみだし、後世に決定的な影響を与えるのである。
(165) 日本古代天皇制度の特徴に関しては、大津透『古代の天皇制』(東京・岩波書店、一九九九年)、水林彪『天皇制史論本質・起源・展開』(東京・岩波書店、二〇〇六年)等を参照。なお、日本列島の特色は、やはり、アフロ=ユーラシア大陸で通常の「征服王朝」を経験しておらず、王朝の交替の無い点にあるだろう。王朝交替にもとづかない日本史独特の時代区分(奈良時代・平安時代・江戸時代・明治時代等)は、日本史の特殊性をよく物語っているように思われる。
(166) 吉川真司『天皇の歴史〇二 聖武天皇と仏都平城京』(東京・講談社、二〇一一年)、河上麻由子『古代アジア世界の対外交渉と仏教』(東京・山川出版社、二〇一一年)。
(167) 妹尾達彦、前注161「隋唐長安城と郊外の誕生」一〇六―一四〇頁を参照。

(168)　本項目は、妹尾達彦、前注161「隋唐長安城と郊外の誕生」と、同「隋唐長安城の官人居住地と墓葬地」（妹尾達彦編『都市と環境の歴史学〔増補版〕』第三集、東京・中央大学文学部東洋史学研究室、二〇一四年）を、簡潔に整理し直したものである。

(169)　唐代墓葬の研究論著に関しては、妹尾達彦編『隋唐長安城関係論著目録稿　一九一一年～二〇〇九年』（同編『都市と環境の歴史学』第三集、二〇一一年刊行予定）の「皇帝陵」「墓の発掘」の項目を参照していただきたい。

(170)　Ebery, Patricia Buckley, *The Aristocratic Families of Early Imperial China, A Case Study of the Po-ling Ts'ui Family*, Cambridge: Cambridge University Press, 1978.

(171)　愛宕元「唐代滎陽鄭氏研究―本貫地帰葬を中心に―」（『人文』三五、一九八八年）一―四〇頁。

(172)　長部悦弘「隋の辟召制廃止と都市」（『東洋史研究』四四―三、一九八五年）四五九―四八八頁。

(173)　羅新・葉煒『新出魏晋南北朝墓志疏证』（北京・中華書局、二〇〇五年）。

(174)　室山留美子「隋开皇年間における官僚の長安・洛陽居住―北人・南人墓誌記載の埋葬地分析から―」（『都市文化研究』一二、大阪市立大学大学院文学研究科都市文化研究センター、二〇一〇年）一二―二三頁。

(175)　江川式部「唐代の上墓儀礼―墓祭習俗の礼典編入とその意義について―」（『東方学』一二〇、二〇一〇年）三四―五〇頁。

(176)　尚民傑「長安城郊唐皇室墓及相関問題」（栄新江主編『唐研究』九、北京大学出版会、二〇〇三年）四〇三―四二六頁。

(177)　亀井明徳「井真成墓の位置と構造」（『専修大学・西北大学共同研究プロジェクト　井真成墓誌研討会資料』専修大学・朝日新聞社、二〇〇五年）一六―二一頁。

(178)　劉慶柱・李毓芳「陝西唐陵調査報告」（『考古学集刊』五、北京・中国社会科学出版社、一九八七年）二一六―二六三頁、橿原考古学研究所編『大唐皇帝陵―奈良県立橿原考古学研究所附属博物館特別展示図録　第七三冊』二〇一〇年。

(179)　楊寛著、西嶋定生監訳、尾形勇・太田有子共訳『中国皇帝陵の起源と変遷』（東京・学生社、一九八一年）、宿白「北魏洛陽城和北邙陵墓―鮮卑遺跡輯録之三―」（『文物』一九七八年第七期）。

(180) 杉山正明『中国の歴史〇八　疾駆する草原の征服者—遼 西夏 金 元 中国の歴史—』(東京・講談社、二〇〇五年)。

(181) 林俊雄『ユーラシアの石人』(東京・雄山閣、二〇〇五年)、葛承雍『唐韵胡音与外来文明』(北京・中華書局、二〇〇六年)、石見清裕「突厥執失氏墓誌と太宗昭陵」(『福井重雅先生古稀・退職記念論集 古代東アジアの社会と文化』東京・汲古書院、二〇〇七年)三六三—三七九頁。

(182) 来村多加史『唐代皇帝陵の研究』(東京・学生社、二〇〇一年)、卜部行弘「山に因りて陵と為す—唐皇帝陵の実態—」(橿原考古学研究所編『大唐皇帝陵』二〇一〇年)一四八—一六四頁。

(183) 張建林著・山崎益裕訳「唐代皇帝陵の陵園と唐長安城—昭陵の陵園建築の考古新発見を中心として—」(妹尾達彦編『都市と環境の歴史学〔増補版〕』第二集』東京・中央大学文学部東洋史学研究室、二〇〇九年)四四七—四五九頁。

(184) 妹尾達彦、前注5「長安の変貌」四七—六〇頁。

山西省代県所在の晋王墓群

西村陽子

はじめに

本論文は、唐末五代の沙陀突厥に関する史料収集の一環として、文献史料および著者らの現地調査に基づき、特に山西省代県を対象として現代まで残る沙陀突厥の遺跡・遺物について、文献史料、考古資料、及び衛星写真を用いいつつ総括する。

沙陀突厥は、もとは現在の新疆ウイグル自治区に当たる地域に居住していた種族で、西突厥の別部の処月種であるといわれる。この種族は、のちに中国に移住し、九世紀のはじめには現在の山西省北部の大同盆地一帯へと移住し、その地で唐王朝の北辺防衛を担うようになる。そして、唐末の混乱期に王朝の実力が衰退して各地で反乱が起こるようになると、彼らはその軍事力を基づいて反乱鎮圧の珠功をあげ、ついには唐末の政治を左右する大勢力となっていく。そして九〇七年に唐王朝が滅亡すると、唐王朝の属籍に附されて宗室の一員となっていた沙陀突厥の首領・李克用とその息子の李存勗は、唐王朝の衣鉢を受け継ぐ形式を整備し、ついには五代の沙陀系諸王朝（後唐（九二三～九六〇）・後晋（九三六～九四六）・後漢（九四七～九五〇）・後周（九五一～九六〇））の嚆矢となる後唐王朝を築くに至る。

このように、九世紀から十世紀のユーラシア東部世界の政治世界に多大な影響を与えた沙陀突厥であるが、その実態は後唐時期に行われた史料の改竄のため(1)、墓葬などから出土する直接史料を除いて実態を窺うのは極めて困難である。その沙陀突厥のリーダーであった李克用らの一族は、唐末から大同盆地から山を隔てて南側にある水草豊かな小型盆地である代州鴈門県（現在の山西省代県）一帯を故郷とするようになり、この地に一族の墓葬地を営んでいた。そのため、この地に残された遺物は今後の唐末五代史の研究に極めて大きな意義を持つ可能性がある。

二〇〇六年九月から十月にかけて、著者は当時北京滞在中であった村井恭子氏と共に山西省の調査に出かけた。その折に訪れた山西省代県において、沙陀突厥に関係する遺跡が今なお散在しているのを実見する機会を得た。これを現在では「晋王墓群」という。代県に現在も残っている沙陀突厥の遺物としては、後唐の実質的な建国者である李克用の墓から出土した墓誌が最も著名である。本墓誌については、森部豊・石見清裕両氏が詳細な研究をなされている(2)。一方で、墓誌の出土状況や、付近に散在する沙陀突厥にまつわる遺跡などについては、これまであまり明らかにされていない。しかし、こうした遺跡の情報は、地理的情報と文献史料を合わせ読むことによって次の情報を引き出すことも可能になるため、極めて重要な意義を有している。

そこで本稿では、現地調査で得られた成果とともに、帰国後に筆者が行った地理的解析なども含めて、現在知り得る情報を集めておきたいと思う。本稿で扱われる情報を契機に、今後代県で調査すべきことや、今後得られる情報を随時付け加えていく基礎を作成することができれば、本稿の目的は果たされたことになる。

本論の構成を以下にまとめる。まず第二章では李克用とその一族の墓葬地の形成と、李氏の墓葬地が後唐期において皇帝陵として扱われていった経緯を述べる。次いで第三章では、先に後唐滅亡後の李克用墓に関する文献史料を概観し、ついで李克用墓と代県所在の墓葬群に関する現代の報告類を収集し、それらが相互に異なりつつも信憑性の高い情報を提供していることを指摘し、現地調査の成果と合わせて提示する。第四章では、第三章の成果を受けて、代県の墓葬群や寺院遺址について現在判明する地理的情報をまとめ、最後に第五章で今後の展望を述べる。

一　李克用および沙陀李氏墓葬地

1　李克用の薨去と埋葬

晋王李克用は、『旧五代史』武皇紀によると、天祐四年（九〇七）十月に病に倒れ、翌天祐五年（九〇八）正月に世を去ったという(3)。天祐四年四月には唐王朝が滅亡して後梁が成立しており、李克用もまた河北をめぐる朱全忠との戦闘の最中に晋陽で病に倒れたのであった。薄葬を遺令し、喪を発してから二七日で除服させたといい、『旧五代史』武皇紀には、「陵は鴈門に在り」と記録される(4)。

この李克用の墓誌は、一九八九年に山西省代県から発見され、『隋唐五代墓誌彙編山西巻』（一九九一年、天津古籍出版社）や、『全唐文補遺』第七輯（三秦出版社、二〇〇一年）に収録され、二〇〇三年には森部豊・石見清裕両氏によって現地調査に基づいた録文が新たに作成されて公表された。墓誌によると、李克用は天祐五年正月戊申二十日に亡くなり、翌年にあたる己巳年（九〇九）に「代州鴈門縣里仁郷常山里の先塋」に祔されたという(5)。これが、現在発見されている李克用の墓の埋葬当時の地名である。

後唐建国前の李克用の墓については、その後それほど記載があるわけではない。ごく僅かに、『旧五代史』、唐

書四、荘宗紀二、天祐十一年（九一四）の条に〔三八三―三八四頁〕、天祐十年に幽州の劉仁恭を破った記事に続いて、【史料一】

（天祐十一年春正月）壬子、至晉陽、以組繫（劉）仁恭、（劉）守光、號令而入。**是日、誅守光。遣大將李存霸拘送仁恭于代州、刺其心血奠告于武皇陵、然後斬之。**

とみえ、また『旧五代史』劉守光伝にも〔一七九九頁〕【史料二】

（天祐）十一年正月、至晉陽。（中略）**令副使盧汝弼、李存霸拘送仁恭至代州、於武皇陵前刺心血以祭、誅於鴈門山下。**（永樂大典卷九千九百九）。

とみえ、実質的な建国の祖として、武皇陵（当時は追尊されていないので晋王李克用墓）が献俘の対象とされており、その位置付けが判る。

2　後唐建国後の皇帝陵

李克用の長子李存勗によって後唐（九二三〜九三六）が建国されると、実質的な建国者である李克用らは直ちに皇帝位を追尊される。ただし、こうした追尊は王朝の必要性によって二回に分けて行われており、『五代会要』巻一、追謚皇帝〔一〇―一一頁〕に次のように見える。【史料三】

a. **後唐懿祖昭烈皇帝諱執宜、**沙陀府都督抜野之六代孫。同光元年閏四月追尊昭烈皇帝、廟號懿祖、**葬永興陵。在代州鴈門縣。獻祖文景皇帝諱國昌、**昭烈皇帝長子、母曰昭烈皇后崔氏。同光元年閏四月追尊文景皇帝、廟號獻祖、**葬長寧陵。在代州鴈門縣。太祖武皇帝諱克用、**文皇帝第一子、母曰文景皇后秦氏。同光元年閏四月追尊武皇帝、廟號太祖、**葬建極陵。**

右已上後唐莊宗朝追尊三廟。幷唐高祖・太宗・懿宗・昭宗共立七廟。

b. **惠祖孝恭皇帝諱聿、**天成二年十二月追尊孝恭皇帝、廟號惠祖、**葬遂陵。在應州金城縣。毅祖孝質皇帝諱敎、**孝恭皇帝長子、母曰昭皇后崔氏。天成二年十二月追尊孝質皇帝、廟號毅祖、**葬衍陵。在應州金城縣。烈祖孝靖皇帝諱琰、**孝質皇帝長子、母曰順皇后張氏。天成二年十二月追尊孝靖皇帝、廟號烈祖、**葬奕陵。在應州金城縣。德祖孝成皇帝諱霓、**孝靖皇帝長子、母曰穆皇后何氏。天成二年十二月追尊孝成皇帝、廟號德祖、**葬慶陵。在應州金城縣。**

右已上後唐明宗朝追尊四廟。

ここで注意すべきなのは、【史料三】a. である。九二三年四月、李存勗が即位して後唐が成立すると、翌閏四月には、実質的な建国者であり後唐建国の基礎を作った李克用、及びその父である沙陀首領の朱邪執宜、祖父の李国昌の計三代がそれぞれ太祖武皇帝、献祖文景皇帝、懿祖昭烈皇帝に追尊され、唐王朝の高祖・太宗・懿宗・昭宗と共に七廟とされ、後唐は唐王朝の後継者としての形式を整えていく（【系図一】）。

【史料三】a. からは、朱邪執宜・李国昌・李克用が葬られた墓がいずれも代州雁門県にあり、それぞれ永興陵・長寧陵・建極陵と改称されたことがわかる。立地と時期からして既存の墳墓を改称したと思われる(6)。また『舊五代史』巻二九、荘宗紀三、同光元年閏四月条には〔四〇四頁〕、懿祖・献祖・太祖を追謚した記事と共に、

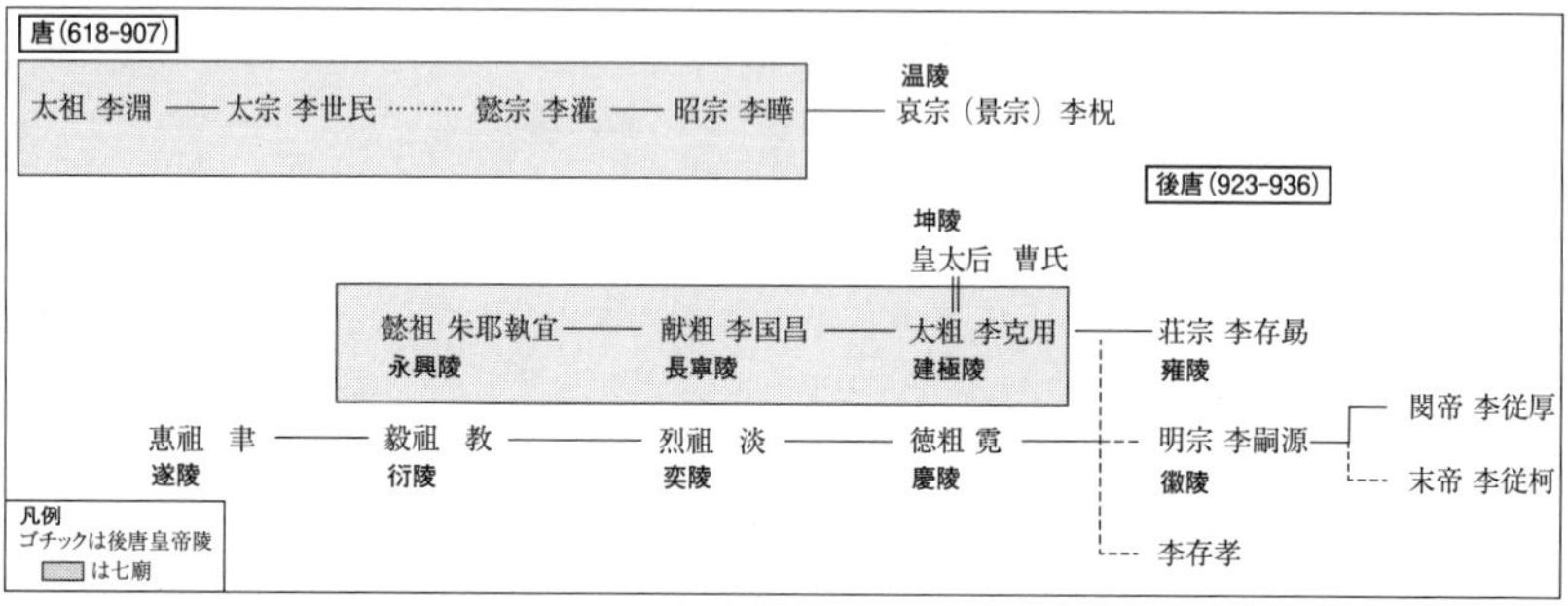

【系図一】唐・後唐系図

「**詔於晋陽立宗廟**」と見え、代州にあった沙陀李氏の墓が皇帝陵に改められると同時に、晋陽（太原）に宗廟が建立され、七廟の神位が安置された。b．の明宗朝における追諡は李克用の仮子であった明宗李嗣源の即位後に李嗣源の祖先を追諡したものである。ここでは後唐の皇帝陵が応州にも存在したことを確認しておきたい（【地図1】）[7]。

では、これらの追尊された皇帝たちは、後唐時期にはどのように扱われたのであろうか。まず、李存勗が洛陽に入り、後唐政権の都が洛陽に移された時の事として、次のような記事が見える。『旧五代史』巻三二、荘宗紀六、同光二年六月丁丑条には、〔四三七頁〕【史料四】

有司上言、「洛陽已建宗廟、其北京太廟請停。」従之。

と見え、晋陽に建立された太廟は一年あまりで停止されたことが見て取れる。これより半年先んじて、『旧五代史』巻三一、荘宗紀五〔四二七頁〕には、【史料五】

〔同光二年春正月〕癸丑、有司奏。「〔前略〕郊祀前二日、迎祔高祖・太宗・懿祖・献祖・太祖神主於太廟。議者以中興唐祚、不宜以追封之祖雑有國之君以為昭穆、自懿祖已下、**宜別立廟於代州**、如後漢南陽故事可也。」

と見え、建国前の祖先と建国後に実際に即位した人物とを峻別し、代州には別廟を立てるべきという意見があったことが書かれている。この条にはこれに従ったことを示す記述はなく、懿祖（朱邪執宜）、獻祖（李国昌）、太祖（李克用）は後唐の太廟から外されていない。但し、陵墓の扱いは建国前後で異なる。『旧五代史』巻三三、荘宗紀七には、李克用の三人目の夫人であり、李存勗の母である皇太后曹氏の崩御と皇太后の陵墓について、次のように記している〔四五三―四五八頁〕。【史料六】

（**同光三年秋七月**）**壬寅、皇太后崩於長壽宮**、帝執喪於內、出遺令以示於外。（中略）冬十月庚申朔、宰臣及文武三品以上官赴長壽宮、上大行皇太后謚曰貞簡皇太后。（中略）辛酉、幸甘泉、遂幸壽安陵。丁卯、奉皇太后尊謚寶冊赴西宮靈座、宰臣豆盧革攝太尉讀冊文、吏部尚書李琪讀寶文、百官素服班於長壽宮門外奉慰。淮南楊溥遣使進慰禮。己巳、中書上言、「**貞簡太后陵請以坤陵為名。**」**従之。初卜山陵、帝欲祔於代州武皇陵、奏議、**「**天子以四海為家、不當分其南北。**」**乃於壽安縣界別卜是陵。**

この史料では、後唐建国後の同光三年に李克用の夫人曹氏が亡くなった後、実子である後唐の荘宗李存勗は母を父の陵墓である武皇陵（建極陵）に合葬することを望んだが、「帝王の陵墓を南北に分かつべきではない」ことと、四時朝拝を行うためには陵墓は近くにあるべきで、遠く代州まで行幸することはできない、という理由から、曹皇太后の陵墓は寿安県（現在の河南省洛陽市近郊の宜陽県）の県界に坤陵を営むことになったという。この条は、同内容の史料が『五代会要』巻四、皇后陵〔六〇頁〕にも収録されている。【史料七】

後唐同光三年十月、貞簡皇太后葬于坤陵。始、上欲祔代州太宗園陵、**中書門下奏議曰**「**伏以天子以四海為**

家、不當分其南北。洛陽是帝王之宅、四時朝拜、禮須便近、不能遠幸代州。且漢朝諸陵、皆近秦雍、國朝陵寢、布列京畿。後魏文帝自代遷洛之後、園陵皆在河南、兼勅功臣之家、不許北葬、今魏氏諸陵尚在京畿、祔葬代州、理未為允。」従之。

李克用の夫人であり李存勗の母である皇太后曹氏は李克用と別に葬られており、李克用の墓は代州から動かされることはなかった。では、実質的な建国者である李克用の陵墓に対しては誰がどの官衙が主体となって儀礼を行っていたのであろうか。『五代会要』巻四、公卿巡陵〔五九頁〕に、後唐末の清泰元年（九三四）こととして次のように見える。【史料八】

後唐清泰二年正月、宗正寺奏「**北京永康・長寧・建極三陵、応州遂・衍・奕三陵、準曹州温陵例、下本州府官朝拜。雍・坤・和・徽四陵、太常・宗正卿朝拜。**」従之。(8)

永康・長寧・建極の各陵と応州の各陵は、曹州の温陵の例に倣って本州の府官が朝拝し、洛陽近郊にある四陵は太常卿・宗正卿が朝拝を行ったという。なお、ここでいう永康陵は、音通であることから、【史料三】a．に見える朱邪執宜を埋葬した永興陵であろう。

ところで、ここにみえる李克用らの埋葬地は「北京」となっている。北京といえば、唐代から五代にかけては一般的には晋陽のことだが、「**北京永康**（**興**）**・長寧・建極三陵**」という書き方から、三陵は動きようがないので、この北京は代州を指していると思われる。譚其驤氏の『中国歴史地図集』第五冊、八五「五代十国　唐」では変わらず太原府に北都（北京）が置かれ、代州の扱いに変化はない。保留としておきたい。

【表一】後唐陵墓所在地一覧（年代順に排列）

No.	陵名	被葬者（廟号）	所在地	追尊／没年	出　典
1	温陵	李柷（景宗、唐哀宗）	曹州	天成三年（928）追諡	旧143、礼志、追尊定諡〔pp.1916-1918〕
2	永興陵	朱耶執宜（後唐懿祖）	代州	同光元年（923）追諡	五代会要1、追諡皇帝〔pp.10-11〕
3	長寧陵	李国昌（後唐獻祖）	代州	同光元年（923）追諡	五代会要1、追諡皇帝〔pp.10-11〕
4	建極陵	李克用（後唐太祖）	代州	同光元年（923）追諡	五代会要1、追諡皇帝〔pp.10-11〕
5	坤陵	皇太后曹氏（李克用妃）	洛京寿安県	同光三年（925）崩	旧33、莊宗紀7〔p.458〕
6	雍陵	李存勗（莊宗）	洛京新安県	同光四年（926）崩	五代会要1、帝号〔p.3〕
7	遂陵	孝恭皇帝聿（後唐惠祖）	応州金城県	天成二年（927）追諡	五代会要1、追諡皇帝〔pp.10-11〕
8	衍陵	孝質皇帝教（後唐毅祖）	応州金城県	天成二年（927）追諡	五代会要1、追諡皇帝〔pp.10-11〕
9	奕陵	孝靖皇帝琰（後唐烈祖）	応州金城県	天成二年（927）追諡	五代会要1、追諡皇帝〔pp.10-11〕
10	慶陵	孝成皇帝霓（後唐德祖）	応州金城県	天成二年（927）追諡	五代会要1、追諡皇帝〔pp.10-11〕
11	和陵	不明	不明	不明	五代会要4、公卿巡陵〔p.59〕
12	徽陵	李嗣源（明宗）	洛京洛陽県	長興四年（933）崩	五代会要1、帝号〔p.4〕

【略称】旧：『旧五代史』

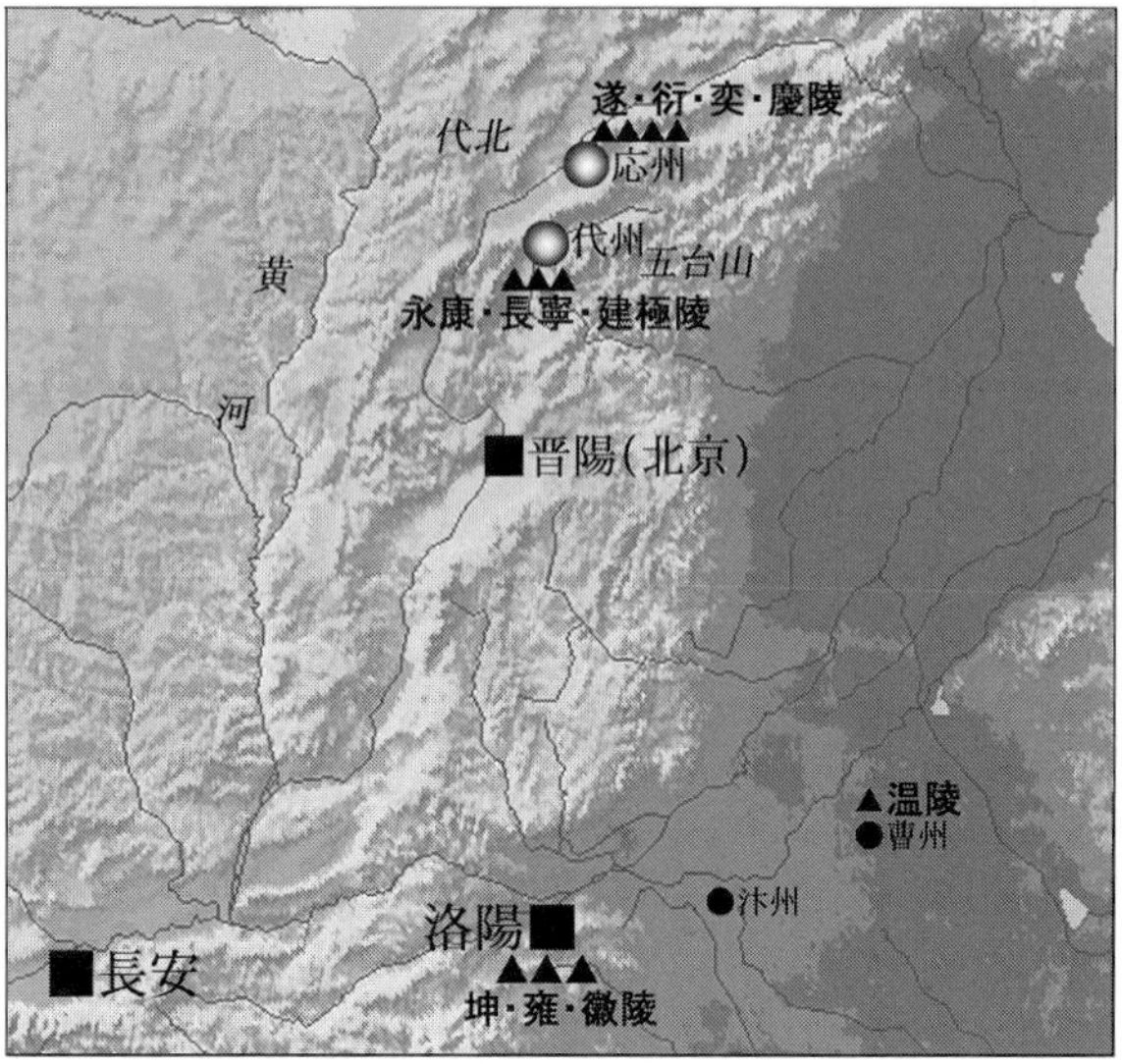

【地図１】後唐皇帝陵の分布

出典：Microsoft Encarta World Atlas を下図に『中国歴史地図集』第５冊によって作成

『旧五代史』巻一五〇、郡県志には、『開元十道図』を手本に五代の改制を収録した[9]という「郡県志」が復原されているが、原文に省略があるようで、残念なことに代州や応州の部分は欠落して現存せず、近年改めて輯纂された陳尚君氏の『旧五代史新輯会証』巻一五〇にも復原されていない。

一方、『五代会要』巻二〇、「州郡望」（三二五—三二六頁）には、【史料九】

> 應州金城縣、鴈門縣、混源縣、寰清縣。後唐天成四年九月敕。「升應州爲望州、金城・鴈門爲望縣、混源爲上縣、寰清爲次縣。」以明宗潛龍鄉里故也。
>
> 曹州濟陰縣。後唐天成四年十一月、升爲次赤、以奉景宗陵。

とみえ、曹州は唐の哀宗李柷（当時の廟号は景宗）の陵墓である景宗陵があることによって次赤として格上に扱われる。応州が上位に来るのは、荘宗が逐われ明宗が即位した直後であったためであるが、沙陀の故地は特殊な扱いを受けていたことが見て取れる。応州・代州鴈門県は明宗の潜龍郷里とのみ書かれるが、補足する史料として『旧五代史』巻四〇、明宗紀六〔五五四頁〕に、【史料一〇】

〔天成四年（九二九）〕九月丁卯、中書奏、「據宗正寺申、懿祖永興陵・獻祖長寧陵・太祖建極陵並在代州鴈門縣、皇帝追尊四廟在應州金城縣。」詔。「應州升為望州、金城・鴈門並升為望縣。」

とみえ、これから諸陵が代州雁門県にあることが明示され、明宗期の追尊に伴って昇格されたことが判る。ここでは、史料に錯綜があるもののこの地が沙陀の故郷であり追尊皇帝たちの陵墓所在地であったことを確認しておきたい。

二　山西省忻州市代県の晋王墓群

後唐（九二三〜九三六）は足かけ一三年という極端に短い王朝であったため、建国後に陵墓にどれほど手を入れられたかは定かではない。これらの陵墓は、【史料三】で示した『五代会要』巻一、追謚皇帝条に示すように代州に存在しており、改葬などで移動することはなかった。代州は現在の山西省忻州市代県に当たり、この地には現在でも当時の沙陀突厥関係の墓葬が少数ながら残っているだけでなく、明清時代に作成された金石碑文の記録などからもその痕跡を伺うことができる。

特に李克用墓（建極陵）は現在でもよく残っており、一九八九年に発掘されているが、その成果を知るのは困難である。しかし今後これらの墓葬の発掘成果が報告されるか、適切な保存が行われてアクセス可能になった場合、唐末・五代の沙陀突厥の遺跡や遺物は唐末の政治情勢や沙陀政権について考察する上で極めて重要な価値を持つことが予想される。

現在までに、沙陀関係の墓葬について報告したものとしては、主に明末～清代に書かれた李国昌らの神道碑に関する記録が存在する。この他に現代では、二〇〇〇年に「李克用墓誌銘」が『全唐文補遺』第七輯（三秦出版社、一六四―一六六頁）および『全唐文新編』巻八一九（吉林文史出版社、一〇一七八―一〇一七九頁）に収録されて正式に公開され、これを受けて森部・石見両氏によって李克用墓誌の実見調査を行った上で、墓誌銘の解読が行われており[10]、その冒頭部分に墓は「代県七里鋪村」に存在することが報告されている。また、二〇〇六年に刊行された『中国文物地図冊　山西分冊（上）』所収の「代県文物図（中部）」（二五二―二五三頁）と同『山西分冊（中）』（六〇一頁）にも晋王李克用墓の存在が報告されている。より詳細な情報としては、山西省代県政協文史資料研究委員会の編纂にかかる『代県名勝古跡』[11]があり、さらに代県博物館（代県文廟）に李克用墓の発掘に関する展示が存在するが、『中国文物地図冊』を除いて外部からのアクセスが困難である。また、発掘後の状況についてはさらに情報が少ない。

そこで本章では、筆者がアクセスできた代県における情報と、李克用墓の実地調査結果、さらに明清までに記録された文献史料なども合わせながら、現時点で判明する代県の沙陀関係墓葬について総括し、今後の調査の進展に備えることとする。

1　文献史料

(1)　石　刻

李克用墓の存在は現地ではよく知られており、特に清代始めに顧炎武[12]『金石文字記』や朱彝尊[13]『金石文字跋尾』などに代州の「晋王墓二残碑」あるいは「晋王墓二碑跋」として記録されている。[14]『金石文字記』の「晋王墓二残碑」に附された朱彝尊の跋には次のように書かれている。【史料一一】

朱彝尊跋曰、代州柏林寺東、晉王李克用墓斷碑二。其一曰、「唐故左龍武軍統軍檢校司徒贈太保隴西李公神道之碑」。文曰、「公諱國昌、字徳興、今爲隴西沙陀人。偉姿容善騎射」。蓋克用之父、朱耶赤心也。其一曰、「唐故使持節代州諸軍事代州刺史李公神道之碑」。文曰、「公卽太保太保之次子也」。其名克字僅存餘可識者有「公前躍馬彎及除方」等數字。（後略）

といい、李克用の父の李国昌の神道碑と、李克用の兄弟のうちの一人の神道碑である。[15]また、『金石録補』巻二三所収の「唐代州刺史李公碑」では、朱彝尊の跋の後に「土人相傳、舊有碑十三、今十一已亡。其二存者、又散埋土中。」といい、本来は十三通の碑があったものの既に失伝したという。残った二碑も土中に埋まっており、この記述に続いて好学の士が土中から掘り出して柏林寺に置いたと記録されている。

(2)　編纂史料

晋王墓については、石刻碑文の他に盗掘に関する伝承が残されている。清初に編纂された『山西通志』（雍正十二年序）には、明代以来の史料も援用しつつ、現代には伝わらない様々な史跡を記録しており、唐末・五代の沙陀に関する史跡や伝承も収録する。主なものとしては、①柏林寺の僧侶がみた李克用の夢、②柏林寺に残された李克用の肖像についてである。

『山西通志』巻一七四、陵墓三、代州条には、李克用が亡くなってから一五〇年近く経過した金の天眷初（一一三八年）のこととして、盗掘の記録を伝える。【史料一二】

五代唐晉王李克用墓在州西八里柏林寺側。（中略）金天眷初、盗發王墓。守墳僧言於郡守、守夢王曰、「吾墓中有酒盜、飲吾酒者、脣齒盡黑、可驗此捕之」。明日獲盗如王夢中言。

これは、金の天眷初に李克用の墓が盗掘されたことを伝えるもので、柏林寺の僧侶の夢に李克用が出てきて、「自分の墓の中に酒泥棒がいる」といい、その酒を飲んでいる者の特徴を伝えた。そこで翌日盗賊を捕まえたところ、李克用が言ったとおりの姿をしていたのだという。

また、同書巻六〇、古蹟四には、柏林寺に李克用らの肖像の模本が残されていたことを伝える。【史料一三】

李晉王像在柏林寺中。唐同光三年、莊宗建。寺院内遺像一軸、共七人。王衣緋袍踞胡牀、其右冠王冠而衣黄者亞子也。其左冠虎冠而衣青者存孝也。其二東向侍其二西向侍莫知為誰。王挟矢睨視之。蓋王眇一目號獨眼龍畫筆為王諱之。明武宗過代持像去、今摹像留寺中。

こちらは柏林寺に李克用とその子たちの肖像が残されていることを伝えている。緋袍を着た李克用が胡床に座り手にした矢を見つめており、その右に「亜子」即ち李存勗が、左には李存孝がおり、その他はわからないという。本物は明の武宗正徳帝（在位一五〇五～一五二一）の頃に持ち去られ、当時寺に残っていたのは模本だったという。

2　晋王墓群（李克用墓・李存孝墓・柏林寺）の現代報告

現在、代県に現存する沙陀関係の墓葬はごく僅かで、李克用墓とその義子である李存孝の墓のみである。本節ではまず二基の墓葬について各資料の記述を紹介する。次いで資料が纏められた後二〇年を経過した現在の状況を簡単に報告し、最後に（6）において、この二基の墓葬以外にも近親者および代北集団の墓葬が存在することを述べる。これらの資料を統合した墓葬の状況については、第四章で議論する。

李克用墓については、現在も非常によく残っているだけあって、相対的に資料が多い。李存孝墓は出土品などの報告はなく、「李存孝墓」と伝承されている、というのが実態である。以下、二基の墓葬について現存の資料を纏める。

（1）『中国文物地図冊　山西分冊』（中）〔六〇一頁〕

［解説］中国地図出版社が出版する各省の『文物地図冊』は、中国各地の遺跡・遺構を知るための最も基本的な書籍であるが、多数の文物を収録するために、その記述は簡略である。本書の「忻州市・代県」には次のように記されている。

69-B_6　李克用墓〔陽明堡鎮七里鋪村・五代後唐・県文物保護単位〕李克用（八五六～九〇八）、隴西成紀（今甘粛省秦安県西北）人、唐乾寧二年（八九五）封爵晋王、天祐五年（九〇八）卒後葬鴈門。新旧『五代史』均有伝。一九七五年封土夷平、墓室呈円角方形、石券穹隆頂。墓壁有彩絵石雕門窗、墓内砌須弥座棺床。出土有石雕十二生肖像・怪獣・開元通宝銭及墓誌一方。誌文記述墓誌平生。清光緒『山西通史』載、「後唐太祖晋王陵、在代州西柏林寺。」当指此。

77-B_{14}　**七里鋪墓葬**〔陽明堡鎮七里鋪村・時代不詳・県文物保護単位〕伝為五代後唐李存孝墓。李存孝、本名安敬思、唐末飛狐（今山西省霊丘県）人、李克用収為養子並賜姓李。以驍勇善射而名、官至邢州留後。面積不詳。地表現存方錐形封土一座、残高一米。**明萬暦十四年（一五八六）重修並立碑、二〇世紀六〇年代毀**。

〔地図〕これに対応する地図は同じく『中国文物地図冊　山西分冊』（上）に記載されており、代県・滹沱河・中解河の位置関係から見る限り、ほぼ正しい位置に表示されているように見える。ただし、中国文物地図冊は正確な情報と不正確な情報が入り交じっており、判断が困難であるため、自ら判断可能な場所をチェックしてその正確性を判断する必要がある。上記二件の項目については、李克用墓はほぼ正確な位置に示されているが、代県県城の南側を東西に走る国道一〇八号線（京原公路）の南方、一〇八号線と平行して走る鉄道線路（京原鉄路）の南側に表示されている。しかし、後に述べるように衛星写真から判断する限り、李克用墓の墓道はこの鉄道の線路によって破壊されていることから、墓の位置は線路直近の北側が正しい。地図には李存孝墓は李克用墓の北約五〇〇メートルの位置に表示されているが、この位置はちょうど李克用墓の位置に該当する。李存孝墓は五里村村の西南にあり、地図で示された位置には存在しない。〔解説〕の七里鋪墓葬部分のうち、**横線**で示した部分は次で紹介する『代県名勝古跡』と『代県―中国歴史文化名城』所収の二種類の資料と異なるが、後者の方が信頼性が高いようである。

（２）『代県名勝古跡』（一九九三年序）

本書は上述のように山西省代県政協文史資料研究員会編と記されているが、出版年次等は未詳で、一九九三年という序文の日付からおおよその年次が推測できる。現地で配布するために出版されたものであったのか、流通ルートにのった形跡はなく、現時点では日本国内の大学には配架されていないため[16]、目にしたことがあるのは個人的に代県を訪れたことのある研究者だけであろう。本書の前言によると「代県文史資料」の第三輯として出版されたもので、収録原稿は現地の愛好者が各自調査して持ち寄ったものという。一九八九年以来の四次にわたる普査（ジェネラルサーヴェイ）を経て内容は格段に充実したといい、他の書籍よりも情報量が多いが、本書の前に少なくとも二冊刊行されたはずの「代県文史資料」シリーズは入手できなかった。

本書では以下のような分類で文物を紹介しており（番号及び「：」以降の解説は筆者による）、このうち（２）と（４）に唐末・五代の沙陀集団に関連する遺構・墓葬が収録され、（７）の２．及び３．に発掘記録が収録されている。

（１）現存古建築：現存する歴史的建築。衙門・寺廟等。
（２）古建築遺址：１．部分的に現存する遺跡、２．名前しか伝わっていないが価値ある遺跡。
（３）古文化遺址：１．石器時代の遺跡、２．前漢～北魏孝明帝時期の広武故城。
（４）古墓葬：秦～清代までの歴代著名人の墓葬
（５）摩崖石刻石雕：摩崖石刻・碑文
（６）革命記念地
（７）文物・名勝・史料集萃：１．名勝概貌、２．文物史話、３．文物拾遺、４．文史研究、文史考証、５．

民間伝説、6．名勝紀游、7．詠代詩抄

本書で報告される代県の遺跡は、図版と合わせて読むことで大きな情報を得ることができる。本項では適宜記録を引用し、次節の図版と合わせて読み解きたい。

［古建築遺址］（2）

柏林寺〔五三―五四頁〕

柏林寺、位于代県城西七里的七里鋪村西。山門南向、寺院座北向南。院内有前殿、大殿蔵経閣及西院僧宿八間。蔵経閣二層単檐懸山頂、面寛五間、閣下西北画有達磨巨像、屋頂青灰筒板瓦覆蓋。大殿単檐歇山頂・面寛三間・進深三間・平面近正方形、施四鋪作単昂斗拱。前殿鋪間施斜拱、昂形斜下、似真昂但無後尾、具有金・元建築手法。只有大梁以上的構造全部易新。

拠「**晋王碑**」載：寺創建于後唐同光三年（九二五年）。元至正十三年（一三五三年）重修。**寺東有李克用墓**。寺傍還有東西花園。**晋王墓碑**記亦称：寺于後唐同光三年、李存勗于墓側建柏林寺。

「柏林寺」の項目は［古建築遺址］の項目に入っているから、遺跡となっているか現存しないかのどちらかである。李克用墓には二碑が残っていた記録があるが、**横線**で示した「晋王碑」の内容は、『金石文字記』などの記録に残る碑の記載内容と一致しない。後世の重修についての記録も含まれているため、柏林寺にあった別の「晋王碑」であろう。次項で述べるが、現在も柏林寺所蔵品が部分的に残っている可能性も存在する。

〔古墓葬〕（4）

李存孝墓〔六二一—六二三頁〕

李存孝墓、位于代県城西七里〔筆者注：約三・五km〕**京原公路北側。**

李存孝、唐末飛狐人。本姓安、名敬思、驍勇善戦、被李克用収為義子、改名李存孝。後因李存信進讒言、被李克用車裂、死後葬于五里村西南、七里鋪北辺。現墓已毀、只残丘。

墓于明代萬暦十四年（一五八〇年）〔ママ。一五八六年〕**重整立碑。原墓堆高十米、周長四十五米。墓室為石砌、四周為石雕倣木結構。現為県級重点文物保護単位。**

晋王李克用墓〔六二三頁〕

晋王墓位于城西南七里鋪柏林寺東側。晋王李克用、沙佗〔ママ。沙陀〕列部人。唐末天祐五年卒、葬于此地。後唐同光三年、李存勗于墓側建柏林寺。金天眷年間（一一三八～一一四〇）、墓被盗発。元至元十三年（一二七六）重修。民国十七年、修築墳垣南北二百米、東西一百米。墓全部以石条砌成。墓室底円径十米深九米。腰部周圍均為倣木結構石雕斗拱門窗、檐上立有獣面人身石雕。**晋王墓原有石碑十三通、其中両碑能看清文字**[17]。一**碑是：「唐故左龍虎軍檢校司徒贈太保隴西李公神道之碑」**。碑文説：「公諱国昌、字徳興、世為隴西沙陀人、偉姿容、善騎射、蓋克用之父朱耶赤心、所謂赤馬將軍生頭上者也」。二**碑説：「唐故使持節代州諸軍事代州剌史李公神道碑」**。碑文説：「公即太保之次子也、其名克讓、公前躍飛彎弓及除方…」史実記載：「自克用称兵雲中……克讓与僕従十数騎彎弧躍馬、突出帰鴈門……」[18]。

一九五八年農田建設在墓南挖開墓道、発現人骨数具。一九七五年拆毀墓頂、挖出馬骨一具、墓室四周均露石雕。一九八九年発掘整理、対此墓認可。

[文物・名勝・史料集萃]（7）

崔有良「晋王墳清理始末」〔一二〇―一二四頁〕[19]

※崔有良氏〔現・代県文管所所長〕[20]の執筆になる「晋王墳清理始末」は、発掘報告書が未だ出版されていない中で、最も詳細かつ信頼性の高い情報を提供するもので、他のデータより重要性が格段に高い。長文のため全文の引用はできないが、以下に李克用墓の状況や発掘品等について概括する。概括に当たっては、最終的には考古学調査の記録の国際標準であるCore Data Standard for Archaeological Sites and Monuments[21]等に準拠したデータを作成したいが、極めて困難なため、崔氏の記録に基づいて可能な限り近い形で書き出し、第四章で他のデータも統合した地図を試作して、現在の到達状況を確認する。

崔有良報告による李克用墓のデータ

- 名称：晋王李克用墓
- 位置（住所）：代県七里鋪村北〜
- 位置（緯度経度）：―
- 変更事由：平田整地挖掘露天
- 開始時期：一九七五年
- 終了時期：一九八九年九月二八日（満一四年）
- 発生後状況：風雨の浸食に任せる
- 遺構内状況：草木叢生、家畜死骸・廃棄物の投棄、土石浸入

- 堆積物状況：高さ二m、泥土
- 変更事由：発掘
- 開始時期：一九八九年九月二八日
- 終了時期：一〇月三〇日（約一ヶ月）
- 発掘者：忻州地区文物管理所、代県博物館
- 発掘従事者：

［技術指導］文管所技術人員

［作業従事者］古城村にて農民工を雇用

［備考］迷信があり、七里鋪村の住民は発掘に参加したがらない[22]

- 記録者：崔有良（［一九八九年］代県博物館館長）
- 記録作成時期：一九九三？
- 墓葬基礎データ：

［墳丘］元々は高さ一〇m、周囲六〇mの墳丘

［墓室］直径：九・七m、深さ五・五六m、円角方形石券穹隆頂結構

- 発掘経過（1）：

［墓道］

1．墓道から発掘開始。

2．二尺（約六六cm）ほどの軟らかい土の下に磚石・瓦礫が混在。

3．一mほど下で墓道両側の磚雕房屋建築が次第に露出。封門も同時に出現。現地の人[23]の証言によると、

封門石は七五年当時に已に掘り出されていたが、その後土が崩れて埋もれてしまい、再度深く掘ることはなかった。墓道両側の磚雕房屋・門窓は始めて出現した。当時は目標もなく掘ったため、（磚雕房屋の）屋脊・排山瓦などが損壊した。山花以下は完全に残っている。

4．一週間ほどで墓門から南に約三・八m延びる墓道の清理が完了。

5．墓門は三枚の巨大な石板が両側の枠にはめ込まれている。

－出土品（1）：

［墓道］

1．―

2．猫頭・縄文方磚・長形条磚・脊獣

3．墓道両側に磚雕房屋建築、封門の巨石（一トンほど）

4．上から下にかけて、磚雕の排山勾滴・斗拱構件、梁架及び下部の窗などの倣木結構建築。失伝した翼形拱、方格窗および拱眼壁間の彩絵花卉図案には紅・黒・黄・白などで彩られ、唐末五代の芸術の様子を伝える。一〇〇〇年以上埋められていたため、出土時は色彩も鮮やかであった。収集した房屋構件を分析したところ、墓道の上方にも他の建築（磚雕）があったと思われるが、破壊されていて復原は不可能である。

5．墓門の石板一枚及び墓門をはめ込む両脇の石槽。一枚一トン程度。

－発掘経過（2）：

［墓室］

1．室内の泥土除去（二回に分けて搬出）

2. 一〇月一一日、棺床のおおよその位置を確定
3. 一〇月一六日、墓室東南方から墓誌銘一合出土
4. これらの発掘中に人骨・馬骨・牛骨・鶏骨等の動物の死骸が出土。随葬物も出土。
5. 最下層には棺床下に朽ちた棺材の痕跡が残る。紫褐色の漆皮の残片が残る。棺板の棺釘は長期間水に浸かっていたため傷んでいる。
6. 一〇月二五日、墓室の清理完了。
7. 一〇月二九日、墓室図面の作成完了
8. 一〇月三〇日、墓誌銘を墓室から吊り上げ、石像・磚・雑物など、移動可能な文物は全て博物館に搬入。同日、清理作業完了。

－出土品：

1. ―
2. ―
3. 墓誌銘：誌蓋には篆書で「晋王墓誌」と記される。誌蓋は盗掘時に開かれたらしく、斜めに立て掛けてあった。墓誌銘は正方形で、一辺〇・九三m、厚さ〇・二一m。
4. 人骨・馬骨・牛骨・鶏骨等。方向・位置は不揃い。
骨簪・骨飾件・衣飾件・器物飾件・箭簇・銅銭、甕罐の欠片。
大豆・西瓜の種など。
金属飾件[24]。
5. 棺材に塗られた紫褐色の漆の残片。棺釘残片。

6.　―

7.　―

―その他の出土品：［甬道］洞壁東西に「出行図」及び「儀仗図」あり。

―墓葬の構造：

［全体構造］墓道から入り、墓門を通って甬道を抜け、墓室に入る。

［墓道］始めに清理した墓道は四m弱だったものの、全長は約三〇mあり、現在では墓道の上に民家が建っている。

［甬道］石券洞式で墓室と連続しており、長さ六・七m、幅二・六m、高さ三・六一m、洞壁の東西に「出行図」と「儀仗図」がある。

［墓室］甬道を通過すると墓室に入る。中央に棺を安置する棺床があり、棺床は東腰須弥座式、東西六・七m、南北三・三七m、高さ〇・五六m。墓室内の四周には十二生肖の石雕官服人像十一尊が立ち(25)、それぞれ表情が異なる。墓室の北・東・西の三面には浮き彫りの直欞窗・方格窗・門戸が彫られ、守門の男女侍従像が立っている。十本の方椿（四角い柱）の上には忍冬花花紋の浮き彫りがあり、その上は斗拱（枅形。柱の上に設けられた棟木を受けるための方形または矩形の木）があり、斗拱の上にはそれぞれ獰猛な面持ちの石雕の怪獣が彫られている。

［盗掘］作業期間中、墓葬の破壊の状況や随葬物および遺骸の分析からこの墓葬は墓主の死後ほどなく盗掘されたばかりでなく、時間の経過と共に再三の盗掘被害を被っていることが判明した。盗掘者は異なる角度から墓室内に入っている。明らかな盗掘坑が墓室の東西に各一箇所あり、墓の前にも以下諸ある。棺を安置する棺床も三尺（約一m）ほど彫られており、墓室の鋪底石（敷石）も数カ所の掘り起こした痕跡が

ある。内部の随葬物は略奪され、遺体は散乱し、価値のある器物は持ち去られ、持ち運べない大きな磁器などは粉砕されている。小さな象嵌細工や器物の飾件（装飾）などはうち捨てられたままになっており、今回の発掘の大きな収穫となった。

-出土品所蔵機関：代県博物館
-発掘後状況：—
-附属施設：後唐同光三年（九二五）創建の**柏林寺**
-遺構との関係：**李克用墓の西一〇〇m地点**
-建築時期：後唐同光三年（九二五）創建
-現況：現存せず

本報告は、現在のところ李克用墓の発掘状況を知ることができる唯一の記録であり、また本報告の記録に「運搬できる遺物は運搬した」とあることから、運搬できないものは現場に遺されていることが窺え、発掘において収集した遺物も多いことが判明する。また、後唐期に建立された柏林寺と李克用墓の関係も明らかにしているため、重要性が高い。本報告が掲載された『代県名勝古跡』はほとんど入手不可能な本であるが、李克用墓の重要性に鑑みて広く紹介されるべき成果である。

（3）「代県晋王墓」『代県―中国歴史文化名城―』山西画報社、一二―一三頁、年次不詳

上述の崔有良氏による李克用墓発掘報告である「晋王墳清理始末」には、写真等は附されていない。ここで紹介する『代県―中国歴史文化名城―』所収の「代県晋王墓」は見開き一ページのカラー写真で、写真からは李克

用墓および付属施設の柏林寺、さらに李存孝墓に関する情報が多数読み取れ、上述の『中国文物地図冊―山西省分冊』や『代県名勝古跡』にある情報を補うところが大きい。

このページには合計7枚の写真が掲載されている。上段左から1~3、下段左から4~7の順で掲載されている（番号および〔　〕、太字は筆者による）。※図版はいずれも「代県晋王墓」による。

1. 晋王李克用墓
2. 晋王墓誌誌蓋
3. **李存孝墓遺址〔西南から撮影した模様。正面に碑文が立つ〕**
4. **柏林寺蔵晋王画像〔乾隆二十八年の年次記載あり〕**
5. 〔李克用〕墓内雕像
6. 〔李克用墓〕甬道磚雕門窗〔模写〕
7. 〔李克用墓〕考古発掘現場〔邢生明撮〕

図1は墳丘を削られる前の李克用墓の外観、図2は李克用墓誌の誌蓋である。「代県晋王墓」に掲載された写真のうち、最も価値が高いのは図3「李存孝墓遺址」と図4乾隆二一八年の紀年を持つ「柏林寺蔵晋王画像」であろう。

李存孝墓は（1）の『中国文物地図冊』に「七里鋪墓葬」の名で収録され、「萬暦十四年に重修して碑を建てたが、一九六〇年代に壊した」（**横線部**）とあり、（2）『代県名勝古跡』「古墓葬」の李存孝墓の項では、萬暦十四年に重修して碑を建てたという記述に続き、墳丘の高さや周囲の長さ、墓室の構造を記録する。「石雕仿木結

図1　晋王李克用墓

図2　晋王墓誌誌蓋拓本

構」は李克用墓にも使用されている形式である。さらに「現在は県級重点文物保護単位」であるといい、双方の記録は異なる（『中国文物地図冊』及び『代県名勝古跡』の該当箇所は太字で表示）。そこに、図3を合わせて見ると、確かに墳丘は削られているが、正面には現代のものではない碑が立ち、現在もよく保存されている様子が見て取れる。『代県名勝古跡』の記録は信憑性が高いようである。李存孝は元の名を安敬思という。沙陀政権中枢に存在したソグド人の墓葬が現代まで残った事例であり、貴重である。

次の「柏林寺蔵晋王画像」は、【史料一三】に出てきた李克用らの肖像の描写に似ている。【史料一三】は明代の模本であったが、図7は乾隆二十八年の紀年があり、胡床に座った李克用が矢を見つめている所は変わらないが、左右の李存孝と李存勗は細部が異なる。画像上部にある跋文が見えないため詳細は不明だが、明代の模本の

図３　李存孝墓遺址

図４　柏林寺蔵晋王画像
（乾隆二八年）

図５　李克用墓内石雕像

図6　〔李克用墓〕考古発掘現場（邢生明撮）

模本だろうか。図4は柏林寺所蔵の沙陀関係の遺物がなお現存することを示している。

（4）　代県博物館―代県文廟―

筆者らは二〇〇六年九月に代県博物館を訪れ、ここで李克用墓の発掘状況を示す展示を参観した。

展示には、二つの大きなパネルがあり、一つ目のパネルでは「在代州建鴈門軍」として李克用の事跡をまとめるほか、一九七五年以前の李克用墓の外観（図1と同一写真）、往時の柏林寺の写真、さらには晋王墓群分布の分布を概括してある。これには李克用墓および李存孝墓や付近に点在する墓葬も描かれている。

第二のパネルには「墓葬の考古発掘」、「各級領導による発掘地視察」、「出土遺物」と題して発掘の記録写真が多数展示される。第一と第二のパネルの間には李克用墓誌の拓本が置かれ、室内には「晋王墓誌」と「陳再興墓誌」も展示されている。また、李克用墓の墓室内を再現した模型も展示されており、墓室から出土した遺物の一部として十二生肖のうち十一尊も展示されている。展示された多数の写真からは、発掘が豊富な成果を上げたことが見て取れ、（2）（3）ですでに代県文管所および代県博物館によって纏められている成果と合わせて、この重要な報告がいつの日か出版されることを望んでやまない。

博物館に展示された発掘時の記録写真と写真に附された解説から、発掘において測量等を実施したのが代県文管処処長の李有成氏と代県博物館館長の崔有良氏であったことが判る。

（5）現地調査―二〇〇六年一〇月―

（2）（3）（4）で閲覧し得た発掘の状況を見た後、代県県城内のタクシーをチャーターし、七里鋪村に李克用墓および柏林寺を参観するために訪れることができた。七里鋪村の住民に聞いたところ、柏林寺は既に存在しないとのことであったが、李克用墓は壁で囲って保護しているといい、そこに案内してもらうことができた。

二〇〇六年当時の李克用墓は、崔氏の報告にある通り博物館に展示されていた写真に見える墳丘は削られ、墓室の穹隆部分に穴が開いており、雨が降れば浸水する状態であった。保護のために穴の上部にコンクリート板を被せて雨水の浸入を防いでいたが、墓室の直径に足りない板であったため、墓室の天井が板の重さに耐えられず、墓室内に落ちている。七里鋪村の住民によると、墓室は危険だが墓道には入れるとことで、墓門に降りる道に案内された。

墓道に立つと、まずそこに今なお彩色のレリーフや壁画が残っており、彩色もよく保存されていた（図9、図10）。これは、崔氏の報告にある「墓道内磚雕房屋建築」または「磚雕門窗」と呼ばれているもので、博物館に展示してある写真と比較すると退色が進んでいるが、細部まで色彩が残る。墓門の封石は横組みで三枚あり、現状では最下層の一枚は土に埋もれて見えない。封石の隙間から墓室内を見ることができる。墓室内は樹木が生い茂っているが、棺床の浮き彫り、墓室内の石柱と石柱に施された浮き彫り、斗拱の浮き彫りなどがよく残っていることが見て取れた。侍従像などの浮き彫りもなお保存されている。墓室入り口部分の甬道にある「出行図」と

図7　李克用墓の現状　東北から撮影

図8　李克用墓の穹隆頂

図９　墓道の磚雕房屋

図10　墓道の磚雕門窓

「儀仗図」の浮き彫りも保存されているはずだが、角度の関係で見られない。墓室内にあった十二生肖は博物館に展示されており、墓室の穹隆頂は李克用墓北側の地上に残されている（図７～９は村井氏の撮影）。

（６）陳再興墓誌銘―代北集団の墓葬地

代県博物館に展示されている「晋王（李克用）墓誌」の傍らに、ひっそりと小さな墓誌が置かれている。この墓誌銘には展示用の解説は施されておらず、出土地なども不明であるが、博物館内での展示位置や誌文から李克用墓のごく近くから出土したと推測される。本墓誌は大型の墓誌集類に収録されていないため、日本では知られていないが、現地の雑誌には李克用墓誌と共に発表されたことがあり、[26] 李克用の側近くに仕えた人物である。既に紙幅も尽きているため、墓主の来歴と本稿で扱う墓葬地に関する部分の引用に留める。誌蓋には「陳府君辞」と書かれ、墓主は陳再興という人物で、経歴からして李克用の親信である。【史料一四】

…公諱再興、字知遠、彭城人也。…従軍歳久、武略生知、立奇功於細柳營中、継善射拎穿楊葉後、白玉無玷、青松自寒、起火鑽煙、眠砂臥磧、以忠貞奉主、潔自成家、直比觸槐、義兼呑炭。元戎奨念、同列咸賓、職拝班員、憲遷品秩。

中和三年、上台太師隴西王、翦黄巣、盪清寰宇、其秋換鉞、移鎮太原。公早榮極、綿歴歳寒、以公為知宅都雑作軍使。…**台楷承奉、三十餘年、使宅重難、十有七載、**…去天復元年閏六月十二日、薨於乾陽門新宅、年卌五。

…**其年閏六月廿九日、扶護於代州西南鴈門県界、地接大塋。即以七月六日安厝創塋、礼也。**

墓主は彭城の人、陳再興というが、この名前は文献史料には見えない。しかし、幼少期から長きにわたって李克用に従い、武略を以て功績を上げ、忠貞を以て主に仕え、「元戎」と述べられる。中和三年、李克用が河東節度使となるに従って大原に移り、天復一年(九〇一)、李克用に先立つこと数年で世を去り、横線部に示すように、その年の六月に「代州西南鴈門県境」に葬られた。「地は大塋に接し」ており、七月六日に創塋に安厝(大塋の近くの別の塋に埋葬)されたという。

代北李氏の墓葬で現存するものとしては李克用と李存孝の墓しか知られていないが、この墓誌はひとつ別の重要な情報を提供している。それはつまり、代北李氏の墓の周辺には、その身辺に仕えた人々の墓葬も存在するということである。

三　晋王墓群

ここでは、これまでの成果を受けて、現在まで残る李克用墓を含む晋王墓群の所在地について考察する。

代県博物館において、筆者等は李克用墓を含む晋王墓群分布図（以下、分布図）を実見する機会を得た。また、李克用墓にも自ら赴くことができた。ただし、分布図はごく李克用墓周辺に限られ、当時は手元に十分な地図が存在しなかったため七里鋪村がどこにあるのかもなかなか把握できず、代県県城とどのような関係にあるのかも不明であった。今回、晋王墓群に関する資料を整理する上でGoogle Earthの衛星写真と当時の記録を付き合わせた結果、李克用墓と李存孝墓、さらに柏林寺を含む晋王墓群のおおよその位置を知ることができた。そこで現段階で到達できる墓葬の分布状況を以下に示す。

後唐時代に建極陵と呼ばれた李克用墓は、国道一〇八号線の南側、滹沱河のすぐ北、東北の七里河と西南の古城河に挟まれた一角に存在する（地図上では▲で示す）。柏林寺は、崔有良氏の報告によれば李克用墓の西一〇〇メートルに位置する。ところが李克用墓の西一〇〇メートルの地点は現在では七里鋪村の一部であるが、分布図は李克用墓から一キロメートルほど離れた古城河よりの場所に置かれており、これだけでは所在が確定できない。古城河に近い位置であれば、衛星写真を見る限りは畑になっているようである。

李存孝墓は主に分布図が示す位置から推定した。衛星写真上でも五里村の西南にそれらしき場所が確認できるが、確定は困難である。また、この他にも特に李克用墓の周辺には複数の墓葬が散在しており、いずれも七里河

【地図２】：晋王墓群現況図（Google Earth の衛星画像を底図に作成）

と古城河の間にある。この中のひとつに陳再興墓があるのかもしれない。これらの墓域は破線の丸で示した。

現在の代県県城は、北魏の孝明帝の時期から代州（雁門郡）の治所として用いられてきたため、現在の代県県城と晋王墓群の位置関係は、唐末五代から変化はない。これを見ると、代県所在の晋王墓群は当時の墓葬群としてそれほど特別な位置を占めているわけではなく、代州の州治西南に営まれた李氏一族の塋域として造られ、後唐建国後もその形を留めたまま皇帝陵として扱われたように見え、李克用墓誌に見える「代州鴈門縣里仁郷常山里の先塋」の様子を留めている。

柏林寺の建立時期は同光三年といい、【史料四】でみた「北京太廟」が停止され、【史料五】のように「代州別廟」の建立が建議された翌年に当たり、時期的には符合するが、柏林寺の建立時期を示す直接の史料は存在しない。柏林寺にあったという「晋王碑」があればこれに関する情報を提供してくれるだろうが、現段階では代県では同光三年に建立されたと伝わっていたことしか判明しない。柏林寺に残されていた晋王李克用に関する遺物は現存する可能性もあるため、今後何らかの史料が出てくることもあり得る。なお、代県博物館では、柏林寺について「同光三年に建てられた宗廟で、後に柏林寺と称した」とされている。今後の調査の進展を待ちたい。【地図2】は現段階で到達し得る晋王墓群の位置と代県（代州）との関係を示したものである。この図を手がかりに、今後何らかの新たな情報が追加できることを期待したい。

おわりに

本論文では、山西省代県に残る晋王墓群、特に李克用墓・李存孝墓・柏林寺の来歴と保存状況という問題に対して、編纂史料に見られる記述をまとめ、後唐における李克用墓の位置付け、後唐期における他の陵墓との関係を示した。

次いで後唐後の李克用墓にまつわる状況について、墓葬に残された石刻史料や伝承、絵画史料などの存在を総括した上で、李克用が葬られた晋王墓群に関する現代の各種報告をまとめ、最後に現代の報告から知られる晋王墓群の現況について、今後の調査の可能性も含めて図示した。

本論三章以降では、現代資料群を併用することで、李克用墓を含む晋王墓群の現況、そして柏林寺伝来遺物について考察し、（1）李克用墓が現在もよく保存されていること、（2）李存孝墓は現存すること、（3）柏林寺には石刻史料に残されている以外の「晋王碑」が存在し、柏林寺の来歴や歴代重修について記録されていること、（4）柏林寺伝来の李克用肖像が現存すること、（5）晋王墓群の近傍には李克用の親信も葬られており、代北集団を構成した人々が他にも埋葬されている可能性があること、などを指摘した。

通常、文献史料を用いて研究する場合は、文字記録に集中し、考察する手がかりが僅少なことも手伝って、文献史料が出土した環境まで考察することは難しい。しかし、遺物は本来の環境の中に置かれてこそその意味が理解しやすいため、本来の環境の下で読むことで別の発見がもたらされることも期待できる。

本稿では、代県に残される晋王墓群の位置付けを明らかにした上で、その現況を明らかにした。今後は、本稿で明らかになった現況を踏まえつつ、唐末・五代について考察するための典拠となる史料・資料を徐々に増やしていくことを課題としたい。また、本稿では触れられなかった応州や洛陽にある後唐の墓葬、それに本稿ではその意義について詳細に論じることができなかった陳再興墓誌銘については、稿を改めて論じることとする。

（1）拙稿「唐末「支謨墓誌銘」と沙陀の動向―九世紀の代北地域―」『史学雑誌』一一八―四、一―三八頁、二〇〇九年。同「九―一〇世紀の沙陀突厥の活動と唐王朝」『歴史評論』七二〇号、六一―七五頁を参照。

（2）森部豊・石見清裕「唐末沙陀「李克用墓誌」訳注・考察」『内陸アジア言語の研究』十八号、一七―五二頁

（3）墓誌によると二十日。

（4）『旧五代史』のこの条文は、『永樂大典』巻七一五四から復原されたものである。

（5）「王以己巳歳二月十八日、歸窆于代州鴈門縣里仁郷常山里、祔于先塋、禮也。」『全唐文補遺』巻七、三秦出版社、二〇〇一年、一六四―一六六頁。

（6）『旧五代史』巻三二、同光二年（九二四）三月丁巳条に「中書門下奏、「懿祖陵請以永興爲名、獻祖陵請以長寧爲名、太祖陵請以建極爲名。」従之。」とあることからも確認できる。

（7）b. に見られる明宗朝における追尊は、唐の後継者としての形式をさらに追求していく過程の措置の一環であろう。明宗朝において唐王朝と沙陀の祖先の関係ついて集中的な史料記述の改竄を加えたことは以前に指摘したが、本条b. の史料もまたその文脈の中で解釈されるべきものである。

（8）『旧五代史』巻四七、末帝紀中〔六四四頁〕にも簡略ながらほぼ同文の記録が見える。

（清泰二年春正月）戊申、宗正寺奏、「北京・應州・曹州諸陵、望差本州府長官朝拜。雍、坤、和、徽四陵、差太常宗正卿朝拜。」従之。

（9）『旧五代史』巻一五〇、郡県志の冒頭に附された案語による。『旧五代史』復原の際に参考とされた『永楽大典』には薛居正の記した原文が載っていたというが、省略が疑われる箇所があるという。旧を留めるために『永樂大典』から収録された目録部分には応州の記載が見える。〔二〇一一—二〇一二頁〕

（10）前掲注（2）論文。

（11）中表紙の題名は『代県名勝古跡専輯』となっている。この本には奥付がないため出版年は不明だが、序文は一九九三年四月二十日の日付が書かれている。

（12）中国清初の儒学者。生没年は万暦四一年（一六一三）—康熙二一年（一六八二）。

（13）清代中国の文人。生没年は崇禎二年（一六二九）—康熙四八年（一七〇九）。

（14）他に武億『金石三跋（一）』や葉奕苞『金石録補（二三）』などにも同一の碑が収録されている。

（15）二番目の神道碑について、朱彝尊は李克譲としており、葉奕苞『金石録補』巻二三に収められた「唐代州刺史李公碑」はこれに従っているが、武億『金石三跋』巻一所収の跋文では李克用の兄弟について各史料で食い違っていることが指摘されている。

（16）CiNiiBooks, http://ci.nii.ac.jp/books/, 二〇一三年八月九日の検索結果による。

（17）『金石文字録』等に収録されているものである。3-1（1）参照。

（18）このままの文章は存在しない。おそらく、『旧五代史』巻五十、李克譲伝に、李克用が雲中で挙兵した時の事として、「天子詔巡使王處存夜圍親仁坊捕克譲。詰旦兵合、克譲與紀綱何相溫・安文寛・石的歴十餘騎彎弧躍馬、突圍而出、官軍數千人追之、比至渭橋、死者數百。克譲自夏陽掠船而濟、歸於鴈門。」と見える記事のことであろう。しかしその場合碑文にある「及除方…」との関係が説明できない。

（19）この他に劉茂本「晋王及其家族護唐復唐史略」〔二〇六—二一一頁〕がある。

（20）崔有良氏の身分については二〇〇六年当時の代県博物館の展示解説による。

(21) Core Data Standard for Archaeological Sites and Monuments は、以下のページで概要を閲覧できる。http://archives.icom.museum/objectid/heritage/standards.html

(22) 筆者注：具体的な内容は記載無し。

(23) 筆者注：七里鋪村の村人か。

(24) これらの出土品の内、何が随葬物で何が後から紛れ込んだ物かについては記載なし。

(25) 本来十二尊のはずだが、現在博物館に展示されている十二生肖像も十一尊である。

(26) 崔有良「晋王李克用及陳再興墓誌銘考介」、『雁門関』掲載頁・年次未詳。本論文の存在は明治大学の氣賀澤保規教授にご教示いただいた。

明代辺城の軍站とその軍事活動

——開平衛の諸軍站を中心に——

川越泰博

——崑崙山南　月斜めならんと欲す
胡人　月に向かって胡笳を吹く
胡笳の怨み　将に君を送らんとす
秦山　遥かに望む隴山の雲
辺城　夜夜　愁夢多からん
月に向かって胡笳　誰か聞くを喜ばん
岑参「胡笳の歌　顔真卿が使いして河隴に赴くを送る」

はじめに

中国において、公文書の通信と官物の運送、それにくわえて公務を帯びた官吏達を逓送するために設備運用された交通システム、ならびに情報伝達を円滑におこなうための社会システムでもあった駅伝・駅站制度は、早くも春秋・戦国時代から発達してきた。駅の本字である「驛」という文字は馬と音符睪（エキ。つなぐ意）から成り、馬継ぎの意を表している。それが転じて、馬をかかえる宿場の意を表すようになった。一方、伝の本字である「傳」は、車の字を含んでおり、旅行者に車を提供する施設のことであった。元来、駅と伝とは、このように異なった用途に供せられる施設であったが、しかしともに文書や人物を早く確実に届けようとする施設であったから、後世には「駅」と「伝」とが連結して熟語として用いられるようになった。これらの駅・伝に対して、站は「立つ」「止まる」が原義であるが、駅の意を有するようになったのは、元代になってからのことで、中国の駅を意味するモンゴル語 **Jam** を漢訳したものである。現在、中国の鉄道では駅名を北京站、杭州站等のように「○○站」と称するに対して、日本では東京駅、上野駅等のように「△△駅」と称するのは、中国の「駅站」という用語が分離して日中両国においてその片方をそれぞれ使用した結果である。

それはともかくも、広大な版図を支配する必要から、駅伝（駅站）制度が未だかつてないほど設備を整えた元朝に代わって中国を統一した明朝においても、その支配地域の拡大にしたがって、次第に広く整備されていった。最初は首都南京を中心に駅路が設けられたが、のちに靖難の役という明代中国の南北戦争を経て都が北京に移ると、北京を中心として、水・陸の便を利用して、天下の七方面に、主要駅路が展開された(1)。この主要幹線に地方的要地をつなぐ支線がからみ、各地の地勢と社会経済的事情によって、馬駅・水駅・水馬駅および水・陸逓運所が配置され、さらにその間にきめこまかに急逓舗がはりめぐらされ、それぞれ固有の組織と機能を有した。駅は内地におけるものと、辺地におけるものとに大別され、前者は府州県に所属し、後者は衛所に所属した。[2]

従来、明代駅伝・駅站制研究において、駅伝の置廃・整理統合の状況については、楊正泰氏がその著『明代駅站考』（上海古籍出版社、一九九四年）において、万暦『大明会典』巻一四五、兵部二八、駅伝一～巻一四七、兵部三〇、駅伝三にみえる天下の駅伝を中心に、くわえて多くの地志史料を博捜して、《明会典》所載駅考、《明会典》已革駅考、《明会典》未載駅考にわけて整理されている。[3] これによって、明代に設置された駅站のあらかたの名称が探り出された。一方、当該問題の制度史研究については、すでにはやく蘇同炳氏の『明代駅逓制度』（中華叢書編審委員会、一九六九年）があり、この、明代駅伝制に関する最初の専著というべき論著では、駅伝制の制度的側面や運営方法等に多方面にわたって言及されている。わが邦では、明代史研究の開拓者であった清水泰次氏が駅伝制についても数編の論攷を発表され、[4] また明代漕運研究において重厚な仕事を残された星斌夫氏が、明清時代の交通制度にも手を染められ、『明清時代交通史の研究』（山川出版社、一九七一年）として纏められた。

以上のように、明代中国の駅伝・駅站制度に関しては、従来、豊富な研究の蓄積があるが、軍站の存在については、殆ど等閑視されている。それは、軍站が内地の駅伝を民站というのに対する称呼で、辺地に設置されたものであり、具体的には遼東鎮・宣府鎮の全域、寧夏・四川の一部地域のみに配置された（蘇同炳、前掲書第二篇第三章）とみなされていたからである。しかしながら、軍站は站軍を有して、軍情の飛報、軍需品輸送という、民站とは別個の郵伝機能をはたすべく、広範に民站と同一の場所に併存して設置されていた事例も少なくなかった。たとえば、貴州駅（貴州貴陽市北）―貴州站（貴州貴陽市東南）、清平駅（貴州凱里県西北清平南）―清平站（貴州凱里県西北清平南）等のごとくである。[5]

さて、軍站に配置された駅站衛所官と站軍（駅軍）の多くは、罪を犯して謫発されたものたちであった。けれども、軍功を挙げれば陞進に際しては、かつて犯罪者であったことは何の隘路となることもなかった。しかも、いったん、駅站衛所官に陞進すると、その後裔が衛所官職を世々襲替することができた。さらに軍功を立てれば、一段の陞進もありえたし、さしたる軍功がなくても、再度罪を犯さない限り、現有の衛所官職を失うことはなかった。衛所から派遣された駅站衛所官と站軍とによって構成された軍站は、軍情・軍需品逓送等の駅站本来の業務と軍事機関としての任務とが表裏一体の関係をもって、軍事防衛の一翼をになったのである。したがって、かかる軍站の管理者たる衛所官に課された一番の責務は、民站とはまったく異なる性格と機能を有し、①軍站の統轄、②駅站としての郵逓事業、③軍事活動という鼎立的な業務を円滑に講じることであった。站軍にとっては②と③がその職務であり、陞進の機会が発生するのは③の軍事活動においてであった[6]。

とくに朔北の辺境要地に国境を守るとりでとして設置された辺城の軍站の場合、その軍事活動ははなはだ重要性を帯びていた。正統九年（一四四四）における明軍の兀良哈征討、同十四年（一四四九）に起きた土木の変後の京師の防衛戦、およびその周辺辺塞における会戦に、辺城軍站の構成員である衛所官軍が大量に動員・投入されたことは、新出史料から明知されるところである。

そこで、本論においては、辺境要地の辺城に設置された諸軍站の軍事活動の事例研究として、北直隷万全都司所属開平衛隷下の各軍站を分析対象としてとりあげ、開平衛城および諸軍站の存在形態とその軍事活動の実相について検証したいと思う。この作業をおこなうことによって、一つ目の意図としては、従来、未開拓同然であった辺城史研究や軍站研究にいささかの鶴嘴を入れるようすがとすること、二つ目の意図としては、軍站を支えた站軍の戦歴を明らかにすることを通じて軍站がかかわった諸戦役・戦闘を検証し、それらの諸戦役・戦闘が北辺防衛史上にはたした軍事史的意義を探賾することにある。

以下は、その検討作業の結果報告である。

一　開平衛の史料・沿革・城郭

（一）『開平衛選簿』について

軍站ならびに駅站衛所官・站軍が、明代に起きた数多の戦役においてどのようにかかわったか、その軍事活動の実態、とりわけ諸々の戦役にどのように関わり、その結果いかに陸進したかを具体的に記した記述は、既存の編纂史料にはまったくみえない。これまでの民站（民駅）を中心とする明代駅伝制研究において、その中心的史料となったのは『明実録』や地志であるが、これらの諸書を検索しても、軍站・駅站衛所官・站軍の具体的な軍事活動に関する記述はまったく欠如している。むろん、駅站衛所官なる用語は、筆者が呼称しはじめた造語であるので、(7)それが明代や清代に編纂された史籍に史料用語として表出するはずもないが、軍站・站軍に関しては、軍站の設置等に関する零細な記事や站軍の逃亡等にかかわる記事が散見する以外、軍事史的考察に資する記述は皆無である。

ところが、二〇〇一年に全一〇一冊からなる『中国明朝档案総匯』が、中国第一歴史档案館・遼寧省档案館編、広西師範大学出版社出版として印行され、それには当該問題にかかわる好個の史料が収載されている。本史料集は、中国第一档案館に保存されている明朝档案をはじめ、大陸に現存する明朝档案を大量に影印したもので、(8)その大宗をなすのは、故宮の西華門内にある第一歴史档案館に所蔵されている明代档案である。その中で軍站の軍事活動に関する史料がみえるのは、『中国明朝档案総匯』の第四九冊から第七四冊に収録された衛選簿である。衛選簿は、衛所官の本貫・軍に就いた経緯・来衛経路・襲職時期・年齢・続柄・職の昇降等のデータを記載した登記簿であり、その中から関係史料をみいだすことはさほど困難なことではない。ただ、印行された衛選簿は、実物そのものの、つまり実際に世襲交替簿として使用されていたものを複印したものであるため、あちこちに押印のあとや墨字の剥離があり、判読しがたい部分が少なくないが、そのような障碍はあっても、既存の編纂史料にみえない「生の情報」を集積した衛選簿は、明代軍制史・軍事史研究においては第一級の根本史料である。

したがって、軍站の軍事活動を研究対象として俎上にあげることが、この衛選簿の大量複印によって初めて可能になった。筆者は前にそれに着目して、『中国明朝档案総匯』の第七〇冊収録されている『開平衛選簿』から関係史料を拾綴して開平衛軍站について検討した。それは、開平衛隷下の各軍站に配置されたその管理者たる衛所官の存在形態の考察を目的としてもので、「駅站衛所官」と呼称する所以とその定義づけをおこない、かかる駅站衛所官の事例を『開平衛選簿』から一一一件検出し、それらの事例を踏まえて、就軍の事情、衛所官に陞進した理由とその後の処遇、駅站衛所官としての任務等について考察したのである(9)。

さらに、『中国明朝档案総匯』の第四九冊から第七四冊に至る二五冊全冊を渉猟して、軍站の站軍も出軍した〝以克列蘇〟(〝克列蘇〟)の会戦の様相を探って、それが正統九年(一四四四)の兀良哈征討にかかわる会戦であることを論証して、明軍の兀良哈征討の具体像とその軍事史的位置を明らかにした(10)。今回、中央大学人文科学研究所の研究チーム「ユーラシア・アフリカ大陸における都市と宗教の比較史的研究」(責任者　妹尾達彦教授)の成果として研究叢書59『アフロ・ユーラシア大陸の都市と国家』が編纂されるにあたり、辺城に設置された軍站の軍事活動という主題であらたに論攷を組むことにしたが、ここでもまた『開平衛選簿』を基幹史料とした。この『開平衛選簿』が、『中国明朝档案総匯』の第四九冊から第七四冊にいたる二五冊に収録されている衛選簿全冊のなかで最も豊富に軍站史料を収録しているからである。

そこで、以下においては、まず開平衛の歴史を紐解いていくことからはじめよう。

(二)　上都から独石へ

開平衛の沿革については、さきの論攷で少しくふれたが[11]、本節では、辺城としての開平衛築城史の観点から史料を補いつつ概述することにする。

元朝時代、灤河の上流、ドロン・ノールの北西に夏の都上都があった。ここに開平府を設けたのはクビライであり、一二五六年（憲宗六年）に都城を築き、開平府と名づけたのであった。憲宗が没すると、クビライはここで帝位に即いた。上都は灤京とも呼ばれ、上都と呼称されるようになったのは、至元二年（一二六五）、のちの北京に国都として大都が造営されて以来のことである。元朝歴代皇帝の避暑地であったので、各地から使臣が集まった。マルコ・ポーロは Chandu または Xandu と呼んだが、これは Shang-tu の訛音である。元末には争乱の巷と化し、至正十八年（一三五八）、紅巾の賊の一派が乱入して宮殿を焼き、至正二十三年（一三六三）にもその余党が侵略して荒廃を招いた。

洪武元年（一三六八）八月、大将軍徐達率いる明軍は元の国都大都を陥れて、元末帝の順帝を追い出した。徐達はその十二月、太原に克ち、副将軍の常遇春は翌二年（一三六九）正月、大同を取ったけれども、順帝はなお上都にとどまって恢復を図り、その丞相也速は熱河方面に拠って隙をうかがっていた。そのため、明軍は、六月熱河方面を平らげると、軍をさらに進めて上都開平を屠って、ふたたび順帝を北走せしめた。上都を出奔した順帝は、なお中原に未練を残して、遠く外モンゴルの本拠和林の方面に走らず、応昌府（ダル・ノールの西南岸）に駐蹕していたが、翌三年（一三七〇）四月病死した[12]。

さて、明軍が上都開平を攻撃して屠ると、明朝はここに開平衛をおいた。嘉靖『宣府鎮志』巻一、制置考に、

【史料A】

高皇帝は、洪武元年、大将軍徐達に命じて大都を取らしむ。元主、開平に如く。二年、征虜将軍常遇春の兵開平に至り、都督汪興祖の兵興和に至る。元主乃ち応昌に奔り、遂に之を取る。因りて開平衛指揮使司、興和・懐来守禦千戸所を置く。

とあり、洪武二年（一三六九）のことであった。常遇春は上都開平を攻撃して屠ったあと、さらに元朝順帝を追跡して赫奕たる戦果をあげるが、回師途中の同年七月七日、宣府城の北三十里にある柳河川（『大明一統志』巻五）において急死した。行年四〇歳であった。開府儀同三司上柱国太保中書右丞相を贈られ、開平王に追封され、忠武を諡された。王号に「開平」の用語を含むのは、上都開平攻落の功にちなむものであったと思われる(13)。

開平衛指揮使司がおかれたのは、このように明朝創業早々のことであったが、ここに城郭が築かれたのは、それからかなりの日子を経た洪武三十年（一三九七）春正月のことあった。『太祖実録』洪武三十年春正月辛未の条によると、

【史料B】

開平衛を城《きず》く。是より先、上、中軍都督同知盛熙に命じて、山海衛五所の官軍を調して、開平に往き衛を立てしめ、北平都司属衛の軍士を発して之に城かしむ。是に至りて工を訖《おわ》りぬ。復た熙に命じて北平等都司の軍馬を分調して屯守し、農隙において講武し以て不虞に備えしむ。

とあり、開平衛城が竣工したのは洪武三十年（一三九七）春正月であった。洪武帝から開平衛城の築造を命ぜら

れた盛熙は、中軍都督同知に陞任する以前は北平都指揮使であった。その北平都指揮使から中軍都督同知に陞任したのは、『太祖実録』洪武二十八年閏九月庚子の条に、「北平都指揮使盛熙に命じて中軍都督府都督同知と為す」とあるように、洪武二十八年(一三九五)閏九月であったので、開平衛城の築造工事の開始は、早くても洪武二十八年(一三九五)閏九月以後のことであり、およそ二年余の歳月をかけて築造されたことになる。太祖洪武帝が崩御したのは、洪武三十一年(一三九八)閏五月十日のことであるから、完成をみたのはそのわずか一年半前のことであった。洪武二年(一三六九)以来、開平衛指揮使司そのものは設置されていたが、衙門とその関係諸施設を包裹する城壁は長い間築造されなかったことになる。

かかる開平衛は、その設置以後の変遷を概括的に記録した、『明史』巻四〇、地理志一に、

【史料C】

開平衛、元の上都路、中書省に直隷す。洪武二年、府と為り、北平行省に属し、尋いで府を廃して衛を置き、北平都司に属せしむ。永楽元年二月、衛治を京師に徙し、後軍都督府に直隷す。四年二月、旧治に還らしむ。宣徳五年、治を独石堡に遷し、改めて万全都司に属せしむ。而して兵をして分班し此に哨備せしむ。後廃す。

とあるように、靖難の役を経た永楽元年(一四〇三)にいったん内徙されることになつた。ところが、その三年後の同四年(一四〇六)二月には、また旧処に復設されたのであった。

永楽元年(一四〇三)における開平衛の内徙は、同年二月の北京留守行後軍都督府設立に呼応するもので六一衛が編入されたが、開平衛をはじめとする北辺所在の一九衛もそれに含まれていた(14)。これは、永楽政権成立直後

の不安定な情勢に対する緊急処置であり、永楽帝の支持基盤である北京を防衛する兵力増強策であり、あわせて国内における皇帝権力の強化を意図するものであった[15]。しかしながら、永楽元年（一四〇三）における防衛体制の改変は、洪武末年の防衛体制からの地域的後退を意味し、北京が北辺防衛の前面に立つこととなり、国防上重大なる問題を生じさせた。

その三年後の同四年（一四〇六）二月には、開平衛が旧処に復徙されることになるが、それはそのような問題に対処するためであった。永楽帝は、開平と興和とを重視していた[16]。開平と興和を重視したとはいえ、復徙は全面的に実現したわけではなかった。開平に関していえば、永楽元年（一四〇三）における開平衛の内徙の際に廃止された開平五屯衛の再設置はおこなわれなかった。したがって、開平周辺に投入された兵力の規模は、洪武時代に比べて寡弱となり、モンゴルに対する軍事的威圧は薄れた。また、開平衛は独石の「北三百里」に位置しているので、北方に突出した開平衛への軍餉補給を中心とする支援体制にも問題が生じ、その永続性にも不安がつきまとった[17]。永楽帝のあとを嗣いだ仁宗の治世がわずか一年で終わり、宣宗がそのあとを嗣いで即位すると、軍餉補給問題が深刻化した開平衛の維持に腐心せざるをえなかった。

そうしたなか、陽武侯薛祿は独石に城を築いて、そこに開平衛を立てることを提案した。『宣宗実録』宣徳二年六月丁卯の条には上奏文の一部が載せられているが、薛祿上奏文の骨子は、新城を築いた独石に開平衛を移し、旧城の開平へは、一班千人余りをもって二班に編制した軍をもって交互に輪班させるというものであった。そして、旧城の開平に輪班して手薄になった独石新城の開平衛の守禦軍を補強するために、宣府や附近の衛から調撥し、ついで罪囚によって軍に充てられたものたちを活用するというものであった[18]。薛祿の提案は、それから三年後の宣徳五年（一四三〇）六月に実現をみることになるが、薛祿はかねてからしばしば開平への粮餉輸送防護軍の指揮を命ぜられており、それによってえた現地状況に対する認識を踏まえての現実的な提案をおこなったのである。三年の歳月を経て完成をみた独石における新城の形状や規模については、次節で検討するが、城郭の高さは四丈、方は五里九十二歩、城楼は四楼、角楼も四楼、城鋪（急逓鋪）は八カ所、門は東は常勝門、西は常寧門、南は永安門という名称の三門を備えていた。

さて、完成後の新防衛体制については、『宣宗実録』宣徳五年六月癸酉の条に、

【史料D】

初めて独石・雲州・赤城・鵰鶚の城堡を築きて完す。上、兵部尚書張本に命じて独石に往き、陽武侯薛祿と守備の方を議せしむ。祿に勅して曰く、一切の辺事は卿、本と共にこれを熟籌し、必ず国益を計り、人に便有らば、経久なるを以てすべし、と。是に至りて、本、還りて議する所を上して、兵を以て開平衛所の印信及び軍士の家属を護送し、独石等城堡に置き、且つ屯し且つ守し、専ら馬歩の精兵二千を以て分ちて二班と為さんことを請う。都督馮興をして之を総べ、都指揮唐銘・卞福は各々一班を領して、自ら粮料を帯びて、開封（平）故城に更番往来し哨備せしむ。其の各城堡守備軍の数は則ち独石は二千、雲州・赤城は各々五百、鵰鶚は三百、倶に隆慶左右二衛より調発し、如し足らざれば則ち保安衛を以て之を足らし、其の山海・懐来の各衛は留守し、開平の官軍は悉く衛に還らしむ。本、復た奏すらく、罪を犯し軍に充てられし者は悉く遣往し新立の城堡に実たさんことを、と。皆な之に従う。

とあり、開平衛を独石に内徙させたあと、二千の精兵を二班に分けて、更番で開平故城へ往来させ、新立の城堡には罪囚の充軍者を活用するというものであった。あらたに造成された開平衛城の軍士には罪囚者を充てる薛祿の提案が実現をみたことは、兵部尚書張本の上奏が許可されたことで明白である。しかしながら、そのことは別

な問題を惹起し、竣工から半年を経た十二月には、副総兵都督方政に対して、

【史料E】
副総兵都督方政に勅すらく、開平衛にて新軍を撫恤せよ。初め独石に城堡を置き、開平衛を其の中に移す。而して政に命じて兵を領して之を守らしむ。凡そ罪人の応に死すべき者、皆な死を宥して本衛に発して軍に充つ。是に至りて、政等に敕して曰えらく、独石の新軍は初め皆な法を犯して当に死すべし。朕、之を殺すに忍びず、故に軍に充てしむ。近ごろ、軍を管する者、悉く貪暴の武人なりと聞く。其の初め来たるに、必ず重資を挾むや、遂に之を奪わんと欲し、無ければ則ち横に虐害を加え、多くは逃竄・死亡・孤を致すと謂う。朕の寛宥の意をもて、爾等善く撫恤を加え、凡そ官旗の肆に貪虐する者有らば必ず之を罪せよ、と。時に遼東諸衛も亦た死を宥して発して軍に充てられし者有り、総兵官巫凱に勅して亦た之の如くせしむ（『宣宗実録』宣徳五年十二月丁亥の条）。

という、罪囚充軍者に対する撫恤を命じる勅が発出されている。このような問題を惹起した軍士の補充策は、このときが最初であったわけではなく、それ以前から、ここに「為事充軍」者を配置することがおこなわれていた。今のところ、洪武時代の事例について、『太祖実録』から摘索した史料をもちあわせていないけれども、永楽時代に関しては、『太宗実録』永楽四年二月壬申の条に、

【史料F】
開平衛を復設す。兵部に命じて罪有りて当に辺に戍すべき者を以て之に実《み》たしむ。

とある。このような「為事充軍」が、恒常的におこなわれていたと思量されるのは、すでに別な機会においてふれたように、開平衛諸軍站の駅站衛所官に陞進したものたちの「為事充軍」としての就軍時期が一定ではなく、バラツキがあることによって明らかである。[19] 本論の「はじめに」において、開平衛諸軍站の駅站衛所官と站軍には「為事充軍」者がおおいとのべたが、そうした特徴は、開平衛創設以来の軍士補充策に由来するのであった。

ともあれ、開平衛城は、以上のような経過を経て、上都から独石に内徙した。上都の地は、独石の「北三百里」に位置したから、[20] 内徙によって南に「三百里」ほど後退せしめることになった。

宣徳五年（一四三〇）におけるこの内徙は、そのために、単に開平衛のみの問題にとどまらず、北辺防衛体制自体の組織改編を惹起した。開平衛は洪武自体設置以後宣徳内徙まで、『明史』巻九〇、兵志一に、

【史料G】

万全都司　宣徳五年、直隷及び山西等処の衛所を分けて添設す。万全左衛、万全右衛、宣府前衛、宣府左衛宣府右衛、懐安衛、開平衛、延慶左衛、旧と北平行都司に屬す。後改む。

とあるように、北平行都司に所属していたが、[21] 宣徳五年（一四三〇）以後、後軍都督府所属の万全都司の新設置とともにその隷下に組み替えとなった。万全都司設置の事情は、『宣宗実録』宣徳五年六月壬午の条に、

【史料H】

万全都指揮使司を置く。特に関外衛所は皆な後軍都督府に隷す。上、諸軍辺境に散処し、猝に緩急有りて統

一する所無きを以て、乃ち宣府に命じて都司を立て、都指揮使馬昇・同知毛翔武興に命じて、指揮使朱謙を陞して都指揮僉事と為し、往きて司事を治めしむ。宣府等十六衛所皆な焉《これ》に隷せり。

とみえるように、衛所が長城線上に散処した状態ではいったん緩急あった場合、それに対応するべき体制がとれないとして、万全都司を宣府に設置することになったのである。万全都司の新立が開平衛の独石への移設と連動していることは、その年次の一致からみても明白である。このときに万全都司の管轄下に入った衛所については、【史料H】に引く『宣宗実録』宣徳五年六月壬午の条では、「宣府等十六衛所」と記しているが、正徳『大明会典』巻一〇八、兵部三に、

【史料Ⅰ①】
万全都司　宣徳五年、直隷及山西等処の衛所を分けて添設す。

と記し、その後に、

【史料Ⅰ②】
万全左衛　万全右衛　宣府前衛　宣府左衛　宣府右衛　懐安衛　開平衛　延慶左衛
延慶右衛　保安衛　龍門衛　保安右衛　蔚州衛　永寧衛　懐來衛
興和千戸所　美峪千戸所　広昌千戸所　四海治千戸所　長安千戸所　雲川千戸所　龍門千戸所

の一五衛・七守禦千戸所の名をあげている。[22]『宣宗実録』の「宣府等十六衛所」とは数字が合致しないが、この一五衛・七守禦千戸所を隷下に置く万全都司は、宣府地域を核に新しい指揮系統を構築して、山西の大同行都司等と足並みを揃えて、北辺朔方前面に立っての防衛戦をになうことになったのである。

新立の万全都司体制のなかでも開平衛が移設された独石は、甘粛・寧夏・大同・宣府・永平と並んで「辺境の要地」と呼称された。[23]かかる独石に築造された開平衛城は、軍政的な面での指揮系統はその上部機関である万全都司に所属したが、軍令的な面では宣府鎮の防衛体制機構に組み込まれた。宣府鎮は靖難の役が終息した翌年の永楽元年（一四〇三）六月に、武安侯鄭亨が鎮守総兵官に叙任されて以来、辺境重鎮の一つとして北辺防衛の重責をになってきた。宣府鎮は、東路分守・北路分守・中路分守・西路分守・南路分守の五分守体制を基本組織とし、宣府城の「東北三百里」に位置する開平衛城は北路分守に属した。

ちなみに、地志に描かれた北路分守体制の配置図は【図A】「北路分守体制配置図」のごとくである。これは、嘉靖『宣府鎮志』[24]巻一所載の図を転載したもので、開平衛とその周辺の軍事機関の配置を知ることができる。鎮城と他の軍事機関との関係は、【表A】「鎮守軍組織表」のごとくである。[25]

【表A】「鎮守軍組織表」

名称・種類	鎮	分守	守備・把総・提調
支配地域	一地方	一路	城・堡・関・隘
統轄官	総兵官・副総兵	参将・遊撃将軍	遊撃将軍・把総・提調

【図A】の開平衛城図には「北路参将駐守」という文言があり、さらに後述の【表B】開平衛城諸施設の中に

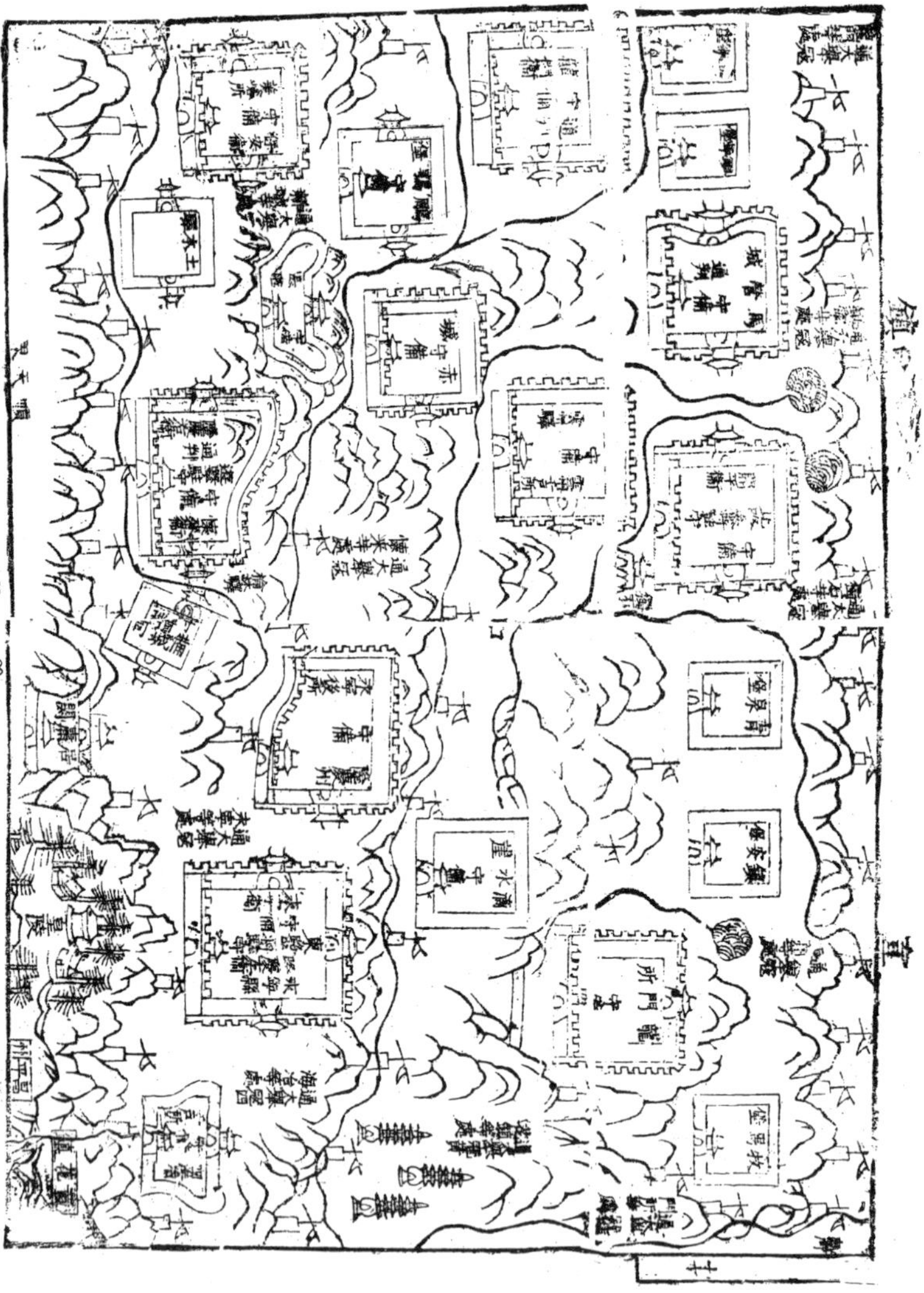

30　29

【図A】「北路守体制配置図」

も「参将府」の設置がみられるから、北路分守体制においては、北路参将府がおかれた開平衛城を中心として、その周辺に龍門衛城・龍門所城・雲州所城・長安所城・赤城堡・馬営堡・鵰鶚堡・滴水崖堡・金家荘堡・青泉堡・牧馬堡・鎮寧堡・鎮安堡が配置され、それらの諸機関によって軍事的フォーメーションを構築していたことになる(26)。清代の儲大文は、開平衛城をさして「雄鎮」と称したが(27)、それはあながち妄誕な誇称ではなかったのである。

(三) 開平衛城の形状と規模

開平衛城は、前節にのべたような過程を経て、その立地が上都から独石に移された。新造なった開平衛城の城郭としての形状と規模について、嘉靖『宣府鎮志』巻一一、城堡考、皇明には、

【史料J】

北路　開平衛城、高さ四丈、方五里九十二歩、城楼四、角楼四、城鋪八、門三、東は常勝と曰い、西は常寧と曰い、南は永安と曰う。宣徳元年、左都督薛禄、奏して上都旧開平を此に移治するを允され、指揮杜衡に委ねて城を築き磚石もて包甃す。

本城の屬堡は観音堂、黄土嶺、半壁店、氈帽山、韭菜衝、東猫峪、西猫峪、三山と曰い、共せて八なり。

とあり、城郭の高さは四丈、方は五里九十二歩、城楼は四楼、角楼も四楼、城鋪(急逓鋪)は八カ所、門は三門で東は常勝門、西は常寧門、南は永安門といい、開平衛城に所属する城堡は八カ所であったという。城郭の高さと四辺の長さをメートル法に換算すると、城壁の高さは一二・四四メートル、四方の長さは二・九四二キロメー

トルであったことになる。

約三キロメートルという開平衛城の四辺の内部には、さまざまな施設が設置されていた。同書巻一二、宮宇考に依拠して、施設ごとに、その名称・位置・築造年・築造者について整理すると、つぎのとおりである。

【表B】「開平衛城諸施設」

名称	位置	築造年	築造者	備考
巡按察院	南門内西街	正統七年（一四四二）	都督楊洪	
分守藩司		正統年	分守太監	
分巡臬司		正統年間		本名分司
参将府	城巽隅	正統九年（一四四四）	楊洪	参将公廨有り
公舘		正統年		
開平衛指揮使司		正統七年（一四四二）		経歴司鎮撫司五千所附
官店	城艮隅	景泰五年（一四五四）		
薬房		景泰五年（一四五四）		
演武庁	城南	正統五年（一四四〇）		
広積倉	城乾隅	宣徳五年（一四三〇）		
備荒倉	衛治内	宣徳五年（一四三〇）		
草場	南門外	宣徳五年（一四三〇）		
開平駅	城坤隅	正統元年（一四三六）		
智字暖舗	城南十里黄土嶺堡内			
仁字暖舗	城南二十里三山保内			

聖字暖舗	城南二十里猫峪堡内		
譙楼	城正中	成化年	
鐘楼		成化年	
大市坊		成化三年（一四六七）	
公署坊		正統二年（一四三七）	
科第坊			監司
貞節坊			
順済橋	城南三里許	正統三年（一四三八）	

以上のように、嘉靖『宣府鎮志』巻一二、宮宇考は、開平衛城の外に設置された施設についてもふれているが(28)、それらも含めて、諸施設は開平衛が上都から独石に移設された宣徳五年（一四三〇）の時点において一挙に設けられたのではなく、徐々に整えられたことが知られる。しかしながら、開平衛指揮使司の築造年を正統七年（一四四二）に作っているのは、どういうわけであろうか。なるほど、この正統七年（一四四二）という年次については、乾隆『赤城県志』巻二、建置志にも、「開平衛指揮使署　正統七年建つ、経歴鎮撫千戸所付す」とあり、嘉靖『宣府鎮志』巻一二、宮宇考の記述と軌を一にしている。ところが、同じく乾隆『赤城県志』巻二、建置志に、「正統六年、開平衛学を置く。総兵楊洪の請建なり」とあることや、【表A】に引いた嘉靖『宣府鎮志』巻一二、宮宇考によると、広積倉・備荒倉・草場の三施設は、宣徳五年（一四三〇）の移徙にともなって設置されたとしていて、しかも備荒倉の設置場所は、衛治内であったということを勘案すると、開平衛指揮使司が、上都から独石への移設と同時に設けられたことは疑問の余地がないのではないかと思われる。備荒倉が置かれた衛治とは、開平衛指揮使司署のことにほかならず、正統七年（一四四二）の衛治設置以前、しかも一二年も

前に備荒倉だけが先行設置されたとは考えがたいからである。それにくわえて、北辺防衛の重責をになう開平衛指揮使司署の築造が移徙から十二年の間も放置されていたとすれば、その間、「雄鎮」と称された開平衛城は全く機能していなかったことになる。とすると、開平衛指揮使司は移徙時は独石の既存の施設を流用して使用したが、正統七年（一四四二）になって、ようやく開平衛指揮使司署の新造をみたということを意味するのではなかろうか。そのような推測を裏付けてくれるのは、正統十年（一四四五）の進士である葉盛撰の『水東日記』巻二、開平王祠の、

【史料K】

独石城堡は今の開平衛治なり。初め，陽武侯薛祿奏して城を築き，衛を此に遷さんとす。僧慶西堂なる者有り，号して地理術に精しとす。実に命を奉じて地を相し、嘗《こころ》みに云う、城中の水泉枯し時、当に変有るべし、と。東南角地を指す。

という記述である。「独石城堡は今の開平衛治なり」という文言を、移徙当初、開平衛指揮使司は独石の既存の施設を流用使用したと解釈できないであろうか。少なくとも、宣徳五年（一四三〇）から開平衛指揮使司署が建設された正統七年（一四四二）までの間、開平衛指揮使司自体がなかったことを意味するわけではない。

さて、さきにふれた清代の人である儲大文は、その撰になる『存研楼文集』巻六、独石長城形制において、開平衛署の位置について、

【史料L】

開平衛・独石城衛は城の北西に建つ。南は宣府鎮を距つこと三百里、城は方五里、高さ四仞、厚さ三仞、関門楼は三、即ち薛祿の城く所なり。

と記しており、城中の北西にあったとしている。また、宣徳五年（一四三〇）に薛祿が築造した開平衛城の規模は方五里、高四仞、厚三仞、関門楼は三と記している。この記事は言及している史料がほとんどない衛署の位置と城郭の厚みにふれている点ではなはだ貴重である。「厚さ三仞」の仞は尋と同じく、周代に用いられた長さの単位で、両手を広げた長さである。周代の尺では八尺あるいは七尺であったと各種の漢和辞典に記載されている。明の一尺は三一・一センチメートルであるから、仞（尋）＝八尺で計算すると、開平衛城の城郭の厚みは七・四六四メートルということになる。開平衛城の城壁の高さは、儲大文の記載に依拠して計算すると九、九五二メートルにしかならないが、さきにふれた嘉靖『宣府鎮志』[29]によれば、一二・四四メートルであったから、それに厚さ七・四六四メートルという数字をくわえると、たいへん堅固な城郭を有した辺城であったことが知られる。開平衛指揮使司署は、かかる開平衛城の北西に位置したのである。

それでは、そのほかの施設は、どのような立地に配置されていたのであろうか。【表B】に整理した右書巻一二、宮宇考の記述にもとづき、諸施設がほぼ出そろったとみなされる成化年間における配置を想定すると、物見のための望楼である譙楼を中心に、南門内の西街に巡按察院が、城の巽（東南）隅に参将府が、城の艮（東北）隅に官店が、城の乾（西北）隅に広積倉が、城の坤（南西）隅に開平駅が置かれていたことになる。

【図B】は、前掲【図A】によって知りうる開平衛城四辺の形状をもとに右記の諸施設の所在を想定して作図したのである。

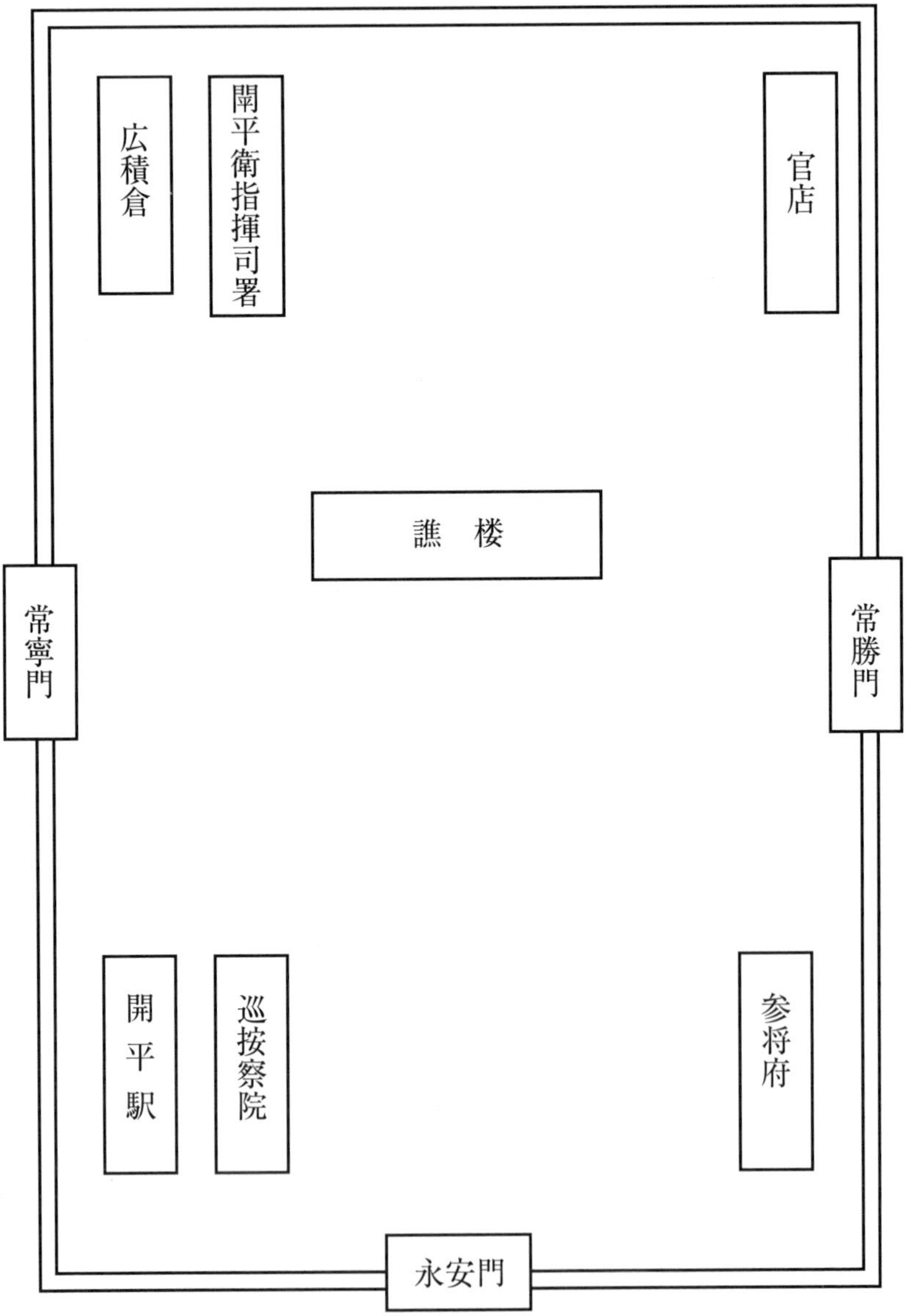

【図Ｂ】「開平衛城施設配置想定図」

さて、【史料J】によると、開平衛城の城郭の高さは四丈、方は五里九十二歩、城楼は四楼、角楼も四楼、城鋪（急逓鋪）は八カ所、門は三門というのが、辺城の規模としてはどの程度のレベルのものなのか、それを知るために、嘉靖『宣府鎮志』巻一一、城堡考、皇明にみえるほかの軍事施設の事例をも列挙して、それらを開平衛城の数字と比較してみよう。まず、宣府鎮下の主要諸城・堡の高さ、辺の長さ、城楼・角楼・門の数を表化する。

【表C】「宣府鎮下主要諸城・堡」

		高さ	辺の長さ	城楼	角楼	門
東路	永寧城	三丈五尺	六里十二歩	四	二	四
	隆慶州城	二丈二尺	四里百三十歩	三	四	三
	懐来衛城	二丈九尺	七里二百二十三歩	三	四	三
	保安州城	三丈	四里	二	四	二
	保安衛城	三丈	七里十二歩	二	二	三
	四海治堡	二丈八尺	一里二百六十四歩			二
北路	開平衛城	四丈	五里九十二歩	四	四	三
	龍門衛城	二丈五尺	四里五十三歩	二	一	二
	龍門所城	二丈六尺	四里九十歩	七	三	二
	雲州所城	二丈八尺	三里一百五十八歩	三	四	二
	長安所城	三丈	五里十三歩	四		二
	馬営城	二丈七尺	六里五十歩	四	四	四
	赤城	二丈九尺	三里一百四十八歩	二	四	二

	滴水崖堡	二丈七尺	三里一百二十歩	二	四	二
	鵰鶚堡	二丈八尺	二里一百二十歩	四	四	二
中路	葛峪堡	二丈六尺	三里三百歩	三		二
	大白陽堡	二丈六尺	三里	一		一
	小白陽堡	二丈六尺	一里一百六十歩	一		一
	常峪堡	二丈三尺	三里四十歩	一		一
	青辺堡	二丈五尺	三里二百歩	二		二
	羊房堡	二丈三尺	二里一百八歩	二		二
	趙川堡	二丈八尺	二里一百八十歩	一		一
	隆門関	二丈三尺	二里百歩	一		一
西路	万全右衛城	三丈五尺	六里三十歩	四	四	二
	万全左衛城	三丈五尺	十里	四	四	二
	懐安城	三丈五尺	九里三十歩	四	四	四
	柴溝堡	二丈八尺	八里			三
	洗馬林堡	二丈六尺	四里五十三歩	二		二
	西陽河堡	二丈六尺	一里八十二歩	二	四	二
	張家口堡	二丈五尺	四里			二
	新開口堡	二丈五尺	一里三百四十歩	二		
	新河口堡	二丈八尺	二里二百二十歩			一
	膳房堡	一丈八尺	一里三十歩			
	李信屯堡	三丈五尺	二里八十歩			一
南路	順聖西城	二丈五尺	四里十三歩	三		三

順聖東城(30)			三		
蔚州衛城	三丈五尺				三
広昌所城	三丈五尺	三里百八十歩	二	四	二
深井堡	三丈五尺	三里六十四歩	三	四	

以上の【表C】作成にあたり典拠とした嘉靖『宣府鎮志』巻一一、城堡考、皇明において、「無」を意味するのか、それとも単なる記述漏れなのか判断しがたいところは、そのまま空欄とした。

このように宣府鎮下の主要な諸城・堡の城郭に関する数字を並べると、開平衛城の城郭としてのレベルが自ずと浮きあがってくる。挙例した施設数は三九であるが、そのなかで開平衛城は城壁の高さでは一番、四方の広さでは九番目であった。城壁の高さが一番低いのは西路の膳房堡で一丈八尺（五・五九八メートル）であるから、開平衛城の四丈（一二・四四メートル）は膳房堡の二・二倍の高さに相当する。宣府鎮下の諸城・堡の城郭の高さは、開平衛城の四丈と膳房堡の一丈八尺以外は、三丈クラスが一一件で二八・九％、二丈クラスが二五件で六五・七％を占め、かつ全体の高さの平均値は二・八四（八・八三メートル）であるから、開平衛城の城壁の高さは平均値の一・四倍である。

挙例した施設の四方の長さをみるとさまざまである。十里クラス（一件）・九里クラス（一件）・八里クラス（一件）・七里クラス（二件）・六里クラス（三件）・五里クラス（二件）・四里クラス（七件）・三里（九件）・二里（六件）・一里（五件）とバラツキがある。五里以上は一〇件、四里以下は二七件、一番多いのは三里の城郭を持つ施設で、全体の二四・三％を占める。こうしたなか、五里九十二歩（二・九四二キロメートル）の長さをもつ開平衛城は、宣府鎮下では九番目の規模であるが、しかしながら、それは、十里の長さをもつ万全左衛城五・五九八キ

【表Ｄ①】「宣府鎮下諸城・堡の軍数（員名）」

機関名	a 存籍官軍	b 実有官軍	c 新増官軍	d 新設官軍	e 小計(b＋c)
東路	16461	9174	4691		13865
永寧城	8880	3322	2068		5390
懐来衛城	1889	1889	477		2366
保安衛城	3005	2448	151		2599
保安州城	367	364	345		709
隆慶州城	1259	269	412		681
四海冶堡	1061	882	910		1792
鶏鳴駅				328	
北路	25508	15011	4957		19968
開平衛城	8830	4303	1259		5562
龍門衛城	3588	1743	851		2594
龍門所城	2333	1629	225		1854
雲州所城	1790	874	176		1050
長安所城	1166	502	30		532
赤城堡	1597	1031	290		1321
馬営堡	3273	2281	578		2859
鵰鶚堡	659	651	267		918
滴水崖堡	513	489	465		954
金家荘堡	412	371	181		552
青泉堡	257	252	174		426
牧馬堡	212	201	114		315
鎮寧堡	429	385	251		636
鎮安堡	212	298	87		385
中路	2698	2673	2047		4720
葛峪堡	816	808	537		1345
大白陽堡	272	270	237		507
小白陽堡	246	246	350		596
青辺口堡	375	371	151		522
羊房堡	341	336	52		388
常峪堡	354	354	173		527
趙川堡	207	201	420		621
隆門関	87	87	122		209

機関名	a 存籍官軍	b 実有官軍	c 新増官軍	d 新設官軍	e 小計(b＋c)
西路	16195	15575	6689		22264
万全左衛	1897	1875	142		2017
万全右衛	3802	3732	444		4176
懐安城	1959	1959	1466		3425
柴溝堡	1904	1805	306		2533
洗馬林堡	1461	1424	651		2075
新開口堡	669	570	218		781
新河口堡	934	822	233		1055
張家口堡	1199	1078	545		1623
渡口堡	680	659	335		994
膳房堡	677	649	101		750
西陽河堡	1904	1002	1047		2049
李信屯堡				743	
寧遠堡				36	
南路	6210	5616	926		6542
順聖西城	1498	1297	347		1644
順聖東城	1119	958	260		1218
蔚州城	2163	2060	241		2310
広昌所城	1040	859			859
深井堡	390	371	582		953
黒石嶺				126	
鴛鴦站				28	

ロメートルに比べると、五二・五パーセントの長さでしかない。逆に城壁の高さでは、万全左衛城の三丈五尺（一〇・八八五メートル）に対して、五尺（一・五五五メートル）ほど高いことになるから、開平衛城は、一二・四四メートルという高さと七・四六四メートルという厚さをもつ城壁を備えていたけれども、城郭の長さ自体は他の施設に比べて格別長大であったわけではない。したがって、開平衛城郭の四辺が包む城内空間も、とりたてて大規模な広さをもったものではなかったことになる。

　それでは、かかる開平衛城の城内空間には、いかほどの官軍が駐在していたのであろうか。その数字を取り上げ、あわせて諸施設との数字的

【表D②】「宣府鎮五路分守軍数比較」

	a 存籍官軍	b 実有官軍	c 新増官軍	小計(b＋c)
東路	2	2	3	3
北路	1	2	2	2
中路	5	5	4	5
西路	3	1	1	1
南路	4	4	5	4

【表D③】「開平衛城軍数比較」

	a 存籍官軍	b 実有官軍	c 新増官軍	小計(b＋c)
開平衛城	2／49	1／49	3／49	1／49

比較をとおして、開平衛城の軍事施設としての規模を計量することにしよう。典拠史料は、嘉靖『宣府鎮志』巻一一、兵籍考、皇明、分戍である。

ここにみえる軍数は、嘉靖『宣府鎮志』が編纂された嘉靖三十年（一五五一）代のデータであるので、開平衛が上都から独石へ移設された宣徳期の状況を直截反映するものではない。しかしながら、嘉靖期にいたる宣府鎮五路分守体制下の諸軍事施設が保有した軍数をとおしてその軍事的力量を一定程度推量することは可能であろう。

まず、五路分守の軍数を比較すると、【表D②】のごとくとなり、参将府を開平衛城におく北路は、五路の中で、存籍官軍数では一位、実有官軍数と新増官軍数では二位、実有官軍数と新増官軍数をあわせた軍数では二位となる。存籍官軍数では三位であった西路が実有官軍数・新増官軍数、ならびにその両方をあわせた軍数のいずれにおいても、一位になっていることが知られるが、これは宣府鎮において万全左衛・万全右衛等を基幹とする西路分守が重要性を増した結果であるとみなされるであろうか。そのような見方が可能であれば、開平衛城等を基幹とする北路分守の重要性や軍事的位置も明確になる。

さて、それでは、【表D①】に掲出した宣府鎮下の諸城・堡は四九に上るが、開平衛城の軍数は、その中でどのような位置を占めているか、それを計量結果を示したものが、前頁の【表D③】である。

開平衛城は、存籍官軍数においては東路の永寧城に、新増官軍数でも東路の永寧城と西路の懐安城につぐが、実有官軍数と新増官軍数を合計した軍数では四九施設のなかでトップに位置する。

以上、宣徳五年（一四三〇）に上都から独石に移設された以後における開平衛城の軍事施設としての規模を、城郭の形状と駐在する官軍数から計量してきた。このような麤笨な考察をもってしても、宣府鎮における開平衛城の軍事的重要性を窺測することができるであろう。

そこで、つぎにはかかる開平衛城が管理統轄した諸軍站に関する考察に歩を進めることにする。

二　開平衛諸軍站の名称・改廃・立地

（一）　諸軍站の名称

先学の研究によると、明代駅伝の総数は、洪武年間を基点にして比べると、弘治年間には約四〇パーセント、万暦年間には約五〇パーセントも減少した。それは、明初、首都南京を中心に編成された駅伝ルートが、永楽帝の北京遷都後、北京を中心とするルートに再編成され、それにくわえて、のちに政治が相対的安定期に入ると、その恒久的方針のもと、置廃や整理統合がおこなわれたからである(31)。

駅伝の置廃・整理統合の状況については、さきにのべたように、前掲楊正泰氏の『明代駅站考』に詳細な記述があり、そこでは万暦『大明会典』巻一四五、兵部二八、駅伝一～巻一四七、兵部三〇、駅伝三にみえる天下の駅伝を中心に、くわえておおくの地志史料を博捜して、《明会典》所載駅考、《明会典》已革駅考、《明会典》未載駅考に分けて整理されている。これによって、明代に設置された駅伝の名称があらかた探り出されたことになる。

そこで、当該『明代駅站考』の再構成記事にもとづき、北直隷に設置された駅伝について《明会典》の所載駅・已革駅・未載駅に分けて整理すると、つぎのようになる（同書九―一三、七〇―七一、八六―八八頁）。

【表E】「開平衛諸軍站名称一覧」

統轄機関	所載駅	已革駅	未載駅
永平府	遷安馬駅		沙河駅
	灤河馬駅		
	蘆峯口駅		
	灤陽馬駅		
	七家嶺駅		
	楡関駅		
保定府	金台馬駅	塔崖馬駅	盤石駅
	陘陽駅	軍城駅	
	白溝駅		
	宣化駅		
	汾水駅		
	翟城駅		
	帰義駅		
	清苑馬駅		
	上陳駅		

河間府

瀛海馬駅
楽城駅
阜城駅
鄚城駅
新橋駅（又名泊頭駅）
富荘駅
流河駅
乾寧駅
奉新駅
楊青駅（隆慶二年本府に改属）
東光駅
連窩駅
磚河駅
新中駅
静海駅
興濟駅
滄州駅
孟村駅

真定府

伏城駅
恒山駅
陘山駅
鎮寧馬駅
関城馬駅
永定駅
西楽駅
鄗城駅
槐水駅

順徳府

広平府

大名府

万全都司

開平衛

龍岡馬駅

中丘馬駅

臨洺馬駅

叢台駅

艾家口水駅

新鎮水駅

平川水駅

黄池水駅

楡林駅

土木駅

鶏鳴山駅

宣府駅

徳勝駅

東関駅

東門駅

豊峪駅

雲門駅

雲州駅

浩嶺駅

隰寧駅

明安駅

威遠駅（又名李陵駅・威虜駅）

	桓州駅
	開平駅
	青松駅
	黄厓駅
	叭八駅
	賽峯駅
	沈河駅
	涼亭駅
興州右屯衛	古城駅
	灰嶺駅
	灤河駅
寛河守禦千戸所	富民駅
	寛河駅
会州衛	柏山駅
	会州駅
	季荘駅
富峪衛	富峪駅
新城衛	新城駅
大寧衛	大寧駅

以上、楊正泰氏の『明代駅站考』によると、開平衛所属の軍站は、隰寧駅・明安駅・威遠駅・桓州駅・開平駅・青松駅・黄厓駅・叭八駅・賽峯駅・沈河駅・涼亭駅の一一駅ということになる。しかしながら、開平衛所属

の軍站に関しての当該書の記述には二つの点で問題がある。一つは開平衛所属の軍站の総数である。つまり、ここにあげられたのは、そのすべてではないということである。なぜならば、万全都司所属とされる楡林駅・土木駅・鶏鳴山駅・宣府駅・徳勝駅・東関駅・東門駅・豊峪駅・雲門駅・雲州駅・浩嶺駅の一一駅もまたいずれかの衛に所属していたはずであるからである。都司は、上は五軍都督府に隷属し、下に衛所を統轄する軍事指揮系統機関であり、都司自体に付せられた固有の軍士を保有しているわけではないのである。したがって、万全都司所属とされる楡林駅以下一一駅は、それぞれいずれかの衛に帰属し、当該衛から站軍が配属されたということになる。

楊正泰氏が万全都司所属とみなされた楡林駅以下一一駅の中で、開平衛所属であることを示す明証が『開平衛選簿』に多数あるのは、豊峪駅・雲門駅・雲州駅・浩嶺駅の四駅である。

まず豊峪駅に関して、その事例を引載すると、たとえば、宋朝臣の条の「外黄査有」の下には宋氏の来歴にふれて、

【史料M①】

宋海、沢州の人。祖の宋衍、洪武二十四年、事を為し開平衛豊峪駅に発し軍に充てらる。故《し》す。叔宋素、役に補せらる。宣徳二年、故す。

とあり、沢州（山西）を郷貫とする宋衍が、洪武二十四年（一三九一）に、罪を犯して軍士に充てられた先は開平衛の豊峪駅であった。また、董鉞の条の「外黄査有」下にも董氏の来歴にふれて、

【史料M②】

董貴の父董彦、洪武貳拾肆年、開平衛豊峪駅軍に充てらる。年老。貴、役を代わり、克列蘇の功もて小旗に陞せられ。灤河にて総旗に陞せられ、居庸関にて試百戸に陞せらる。

とあり、董彦は宋衍と同様に洪武二十四年（一三九一）に開平衛豊峪駅軍に充てられている。その子の董貴が、正統九年（一四四四）における明軍の兀良哈征討における〝以克列蘇〟（〝克列蘇〟）の会戦で功をあげて小旗に陞進して充軍されての最低位置の軍士の身分から小旗の旗身分に転籍し、さらに正統十四年（一四四九）の英宗親征によって惹起された土木の変以後の明の防衛戦の一つである居庸関の会戦においても功をあげ、試百戸という衛所官に陞進したのであった。その間、董貴の所属は開平衛豊峪駅であった。それは、開平衛豊峪駅の站軍であった董貴が軍事活動にもかかわり、その際の武功によって軍士から衛所官にまで陞進したことを示している。豊峪駅が開平衛所属であったことは、右の二例にとどまらず、「開平衛豊峪駅」という表記は枚挙に暇ないから、まったく疑いを挟む余地はない。

つぎは、雲門駅に関しても「開平衛雲門駅」と表記する事例はおおいが、その一・二の事例を示すと、まず賀鎮の条の二輩賀英の「旧選簿査有」下に、

【史料M③】

成化元年二月、賀英、臨潼県の人。開平衛雲門駅百戸賀泰の嫡長男に係り、世襲を欽与せらる。

とあり、臨潼県（陝西）を郷貫とする賀英は、成化元年（一四六五）二月に父賀泰の開平衛雲門駅百戸の職を襲い

だという。また、夏鏜の条の「外黄査有」下には、夏氏の来歴について、

【史料M④】

夏成、江都県の人。父夏留兒、洪武二十四年、開平衛軍に発せられ、雲門駅に併せらる。

とあり、江都県（南直隷）を郷貫とする夏成の父にして、夏鏜からみれば六代前の祖となる夏留兒は、洪武二十四年（一三九一）に開平衛軍に充軍され、そこから雲門駅に配属されたのである。この事例から、軍站への站軍を供給したのは衛所であること、ならびに開平衛と雲門駅との上下関係が知ることができる。

雲州駅・浩嶺駅についても、それぞれ「開平衛雲州駅」・「開平衛浩嶺駅」とし、その所属衛を表示する事例に事欠かない。そこでその双方の事例を一・二それぞれあげることにする。

【史料M⑤】

○開平衛雲州駅

①張還家、恩県の人。兄張増、永楽十八年、事を為し開平衛雲州駅軍に充てらる。宣徳元年、残疾もて、還家、役を代わる（張輔の条、「外黄査有」下）。

②天順六年四月、苗秀、沢州の人。開平衛雲州駐副千戸苗政の嫡長男に係り、世襲を欽与せらる（苗添禄の条、二輩苗秀の項）。

○開平衛浩嶺駅

③景泰四年三月、李全、昆明県の人。開平衛浩嶺駅百戸李原戸名李帖木の嫡長男に係り、世襲を欽与せ

らる（李瑾の条、二輩李全の項）。

④朱興、泰州の人。父朱玄保、永楽八年、事を為し開平衛浩嶺駅軍に充てらる。宣徳七年、故す。興、名を頂き役に補せらる。十年、閔安山瓦房嵯にて達賊を擒獲し小旗に陞せらる（朱欽の条、「内黄査有」下）。

以上の四挙例をみると、①では恩県（山東）を郷貫とする張増が、永楽十八年（一四二〇）に罪を犯し、開平衛雲州駅の軍士に充てられており、②では沢州（山西）を郷貫とする苗秀が天順六年（一四六二）に父苗政の後を承けて開平衛雲州駙副千戸の職を世襲している。この①②の事例によって、雲州駅は開平衛に所属する軍站であることが知られる。また、それと同様に③④によって、浩嶺駅も開平衛所属の軍站であることが諒せられる。右にいささか贅語してきたことにより、開平衛所属の軍站は、楊正泰氏の『明代駅站考』において、開平衛所属とされた隰寧駅・明安駅・威遠駅・桓州駅・開平駅・青松駅・黄厓駅・叺八駅・賽峯駅・沈河駅・涼亭駅の一一駅に、万全都司所属とされた豊峪駅・雲門駅・雲州駅・浩嶺駅の四駅を加えるべきである。

それでは、開平衛所属の軍站は以上の一五駅ですべてであるかというとそうではない。実は『開平衛選簿』には、楊正泰氏の『明代駅站考』にみえない軍站名を一件拾いだすことができる。それと同時に、すでにあげられた駅名でも軍站名の異なるものも複数みいだすことができる。

ここではひとまず、楊正泰氏の『明代駅站考』に漏れている軍站は後回しにして、軍站名の異なるものからみてみよう。『開平衛選簿』には、開平衛所属の軍站として、閔安駅・東涼亭駅（もしくは東涼駅）・泥河駅・環州駅・黄崖駅・黄岩駅の名称をみいだすことができる。これらの駅名を、楊正泰『明代駅站考』と校合すると、音通や字面からみて、

閔安駅―明安駅　　東涼亭駅もしくは東涼駅―涼亭駅　　泥河駅―沈河駅　　環州駅―桓州駅　　黄崖駅・黄岩駅―黄厓駅

のように対応するのではないかと思われる。したがって、閔安駅・東涼亭駅もしくは東涼駅・泥河駅・環州駅・黄崖駅・黄岩駅の諸駅をもって、既出の明安駅・威遠駅・桓州駅・開平駅・青松駅・黄厓駅・叭八駅・賽峯駅・沈河駅・涼亭駅・豊峪駅・雲門駅・雲州駅・浩嶺駅の一五駅以外の漏れとみなすことはできない。

しかしながら、これ以外に、『開平衛選簿』には、楊正泰氏の『明代駅站考』にみえない軍站が一駅ある。それは独石駅という。当該駅について、『開平衛選簿』には四件の事例がある。それを列挙すると、つぎのように記されている。

【史料N】

（い）鍾原、貴池県の人。父鍾添受、洪武貳拾柒年、事を為し発して軍に充て、小甲に選充せらる。老す。原、名を頂き代わる。宣徳十年、瓦房嵯にて達賊を擒獲し、小旗に陞せらる。正統貳年、西涼亭にて賊を殺し、参年、総旗に陞せらる。参年、灤河三岔口にて賊を殺し、拾肆年、開平衛独石駅試百戸に陞せらる。拾月、徳勝門にて賊を殺す。貳拾参日、固安堺州にて賊を殺す。景泰元年、徳勝門の功を以て実授百戸に陞せられ、陸月、固安の功を以て副千戸に陞せらる（鍾季の条、「外黄査有」下）。

（ろ）張信、鄒平県の人。父張虎兒、洪武貳拾肆年、事を為し発して開平衛独石駅軍に充てらる。宣徳陸年、開平駅に併せらる。正統貳年、年老し、信、名を頂き役を代わる。拾貳月、西涼亭にて達賊を擒獲し、正統参年、小旗に陞せらる。正統玖年、以克列蘇にて賊を殺し、総旗に陞せらる。正統拾肆年、居庸関にて達賊を殺敗し、紫荊関五郎河にて賊を殺し、景泰元年、開平駅試百戸に欽陞せられ、捌月、居庸関を以て本駅百戸に欽陞らせらる（張尚文の条、「外黄査有」下）。

（は）井海、宿州の人、祖井改兒、洪武二十四年、開平衛独石駟軍に充てらる。宣徳六年、開平駟に併せらる。老す。父井旺、役に代わる。十年、瓦房嵯等処にて功有り、本駟の小旗に陞せらる。正統三年、伯顔山にて殺賊に功有り、総旗に陞せらる。景泰元年、紫荊関の殺賊の功を以て試百戸に陞せらる。居庸関の殺賊もて実授百戸に陞せらる。故す。海、嫡長男に係る。天順四年正月、開平衛開平駟実授百戸を襲ぐ（井輔国の条、「外黄査有」下）。

（に）樊楫、済陽県の人。父樊希原、洪武二十四年、開平衛独石駟軍もて総甲に充てられ、宣徳六年、故す。楫、名を頂き役を補す。正統十四年十月初十日、居庸関にて達賊を殺敗し、二十七日、紫荊関五郎河。景泰元年、総旗に陞せられ、八月、居庸関の功を以て開平衛独石駅試百戸に陞せらる。樊挙は、開平衛独石駅故試百戸樊雄の嫡長男に係り、嘉靖三年十二月二十一日、襲職を欽准せらる（樊裕の条、「内黄査有」下）。

以上の四例について概観すると、（い）の貴池県（南直隷）を郷貫とする鍾原は、罪を犯して軍に充てられた父鍾添受の年老をうけて役を代わると、宣徳十年（一四三五）、瓦房嵯において達賊を擒獲した功で小旗に陞進した。以後、陞進を重ね、正統十四年（一四四九）には開平衛独石駅試百戸に陞せられている。（ろ）の鄒平県（山東）を郷貫とする張虎兒は、洪武二十四年（一三九一）、罪を犯したことで開平衛独石駅軍に充てられた。そして宣徳六年（一四三一）には独石駅から開平駅に配置換えになっている。（は）の宿州（南直隷）を郷貫とする井改兒もまた（ろ）の張虎兒と同様に、洪武二十四年（一三九一）に、開平衛独石駟軍に充てられ、宣徳六年（一四三一）に開平駐に配置換えになったという。（に）の済陽県（山東）を郷貫とする樊希原は、洪武二十四年（一三九一）に開平衛独石駐軍から総甲に充てられている。ということは、それ以前に独石駅に充てられたことになるが、宣徳六年（一四三一）に死去すると、子の樊榵が役を代わり、正統十四年（一四四九）十月、居庸関において達賊を殺敗し、さらに紫荊関五郎河においても功をあげ、景泰元年（一四五〇）八月、開平衛独石駅試百戸に陞進している。

この四例をみれば、独石駅が開平衛隷下の軍站の一つとして存在したことは明白である。ただ、上記四例を概観して疑問が抱かれるのは、（い）の鍾原が正統十四年（一四四九）に開平衛独石駅試百戸に、（に）の樊希原が景泰元年（一四五〇）に開平衛独石駅試百戸に陞進しているのに対して、（ろ）の張虎兒と（は）の井改兒とはともに宣徳六年（一四三一）に独石駅から開平駅に配置換えになっていることである。この相違を単に、（ろ）張虎兒・（は）井改兒は開平衛へ配置換えされ、（い）鍾原・（に）樊希原は正統年間にあっても、従来とおり、独石駅所所属であったとみなすことができるかどうかという問題にかかわる。この問題を解くのには、開平衛所属の各軍站の改廃状況と密接なかかわり合いがあるように思量される。

そこで、つぎは諸軍站の改廃を検討していくことにしよう。

(二)　諸軍站の改廃

明代中国の駅站について、おおくの史料を渉猟してものされた楊正泰『明代駅站考』には、個々の駅站の設置とその改廃の状況、ならびにその史料的典拠が簡潔に記されている。その成果は、開平衛諸軍站の改廃を検討するうえで好個の材料となる。その当否をさぐるために、開平衛の軍站として本論が認定した一五駅の設置・改廃に関する楊正泰氏『明代駅站考』の記述を、煩を厭わず、訓読して以下に示すことにする（同書八七—八八頁）。

【史料〇①】

〔豊峪駅〕万全都司に属す。明初に置く。永楽九年（一四一一年）長安嶺堡に改む。今の河北懐来県東北長安嶺に在り。（《紀要》巻一八）

〔雲門駅〕万全都司に属す。明初に置く。宣徳五年（一四三〇年）城を築き戍を置く。正統間、陥没し、景泰の初め恢復す。今の河北赤城県内に在り。（《寰宇志》巻七、《紀要》巻一八）

〔雲州駅〕万全都司に属す。今の河北赤城県北雲州に在り。（《寰宇志》巻七）

〔浩嶺駅〕万全都司に属す。明初に置く。永楽中、堡を築く。今の河北赤城県南鵰鶚に在り。（《紀要》巻一八）

〔隰寧駅〕開平衛に属す。洪武二十七年（一三九四年）置く。或いは三十一年（一三九八年）の設と云う。宣徳五年（一四三〇年）開平衛廃するや、駅棄地と為る。今の河北沽源県南小廠に在り。（《紀要》巻一八）

〔明安駅〕開平衛に属す。洪武二十七年（一三九四年）置く。或いは三十一年（一三九八年）の設と云う。宣徳五年（一四三〇年）開平衛廃するや、駅棄地と為る。今の河北沽源県東北閃電河に在り。（《寰宇志》巻七、《紀要》巻一八、《口北三庁志》巻三）

〔威遠駅〕又の名は李陵駅、威虜駅なり。開平衛に属す。洪武二十七年（一三九四年）置く。或いは三十一年（一三九八年）の設と云う。宣徳五年（一四三〇年）開平衛廃するや、駅棄地と為る。今の内蒙古正藍旗南黒城子に在り。（《寰宇志》巻七、《紀要》巻一八、《口北三庁志》巻三）。

〔桓州駅〕開平衛に属す。洪武二十七年（一三九四年）置く。或いは三十一年（一三九八年）の設と云う。宣徳五年（一四三〇年）開平衛廃するや、駅棄地と為る。今の内蒙古正藍旗西北牧草繁殖場附近に

在り。（《紀要》巻一八、《口北三庁志》巻三）。

〔開平駅〕開平衛に属す。洪武二十七年（一三九四年）置く。或いは三十一年（一三九八年）の設と云う。宣徳五年（一四三〇年）開平衛廃するや、駅棄地と為る。今の内蒙古正藍旗東北に在り、地を確するは考を待つ。（《寰宇志》巻七）

〔青松駅〕開平衛に属す。洪武二十七年（一三九四年）置く。或いは三十一年（一三九八年）の設と云う。宣徳五年（一四三〇年）開平衛廃するや、駅棄地と為る。今の河北灤平県西南小白旗に在り（《紀要》巻一八）。

〔黄厓駅〕開平衛に属す。洪武二十七年（一三九四年）置く。或いは三十一年（一三九八年）の設と云う。宣徳五年（一四三〇年）開平衛廃するや、駅棄地と為る。今の河北豊寧県北森吉図附近に在り（《紀要》巻一八）。

〔叭八駅〕開平衛に属す。洪武二十七年（一三九四年）置く。或いは三十一年（一三九八年）の設と云う。宣徳五年（一四三〇年）開平衛廃するや、駅棄地と為る。今の内蒙古多倫県南黒山嘴附近に在り（《紀要》巻一八、《昌平山水記》巻下）。

〔賽峯駅〕開平衛に属す。洪武二十七年（一三九四年）置く。或いは三十一年（一三九八年）の設と云う。宣徳五年（一四三〇年）開平衛廃するや、駅棄地と為る。今の内蒙古多倫県城内に在り（《紀要》巻一八）。

〔沈河駅〕開平衛に属す。洪武二十七年（一三九四年）置く。或いは三十一年（一三九八年）の設と云う。宣徳五年（一四三〇年）開平衛廃するや、駅棄地と為る。今の内蒙古多倫県北上都河附近に在り（《紀要》巻一八、《昌平山水記》巻下）。

〔涼亭駅〕開平衛に属す。洪武二十七年（一三九四年）置く。或いは三十一年（一三九八年）の設と云う。宣徳五年（一四三〇年）開平衛廃するや、駅棄地と為る。今の内蒙古多倫県北白城子に在り（《紀要》巻一八、《昌平山水記》巻下）。

開平衛の諸軍站の設置・改廃にかかわる楊正泰『明代駅站考』の記述は以上のごとくであるが、(32) これらの記述を素直に受け取れば、きわめて奇異な感を抱かざるをえない。というのは、宣徳五年（一四三〇年）における開平衛の移徙以後、棄地となった駅が隰寧駅・明安駅・威遠駅・桓州駅・開平駅・青松駅・黄厓駅・叭八駅・賽峯駅・沈河駅・涼亭駅の一一駅にものぼるからである。これは一五駅中の一一駅であり、七割強というその比率の高さからみて、開平衛の軍站体制はすでに宣徳年間に崩壊しまったく機能しなくなったことになる。宣徳五年（一四三〇年）は、さきにのべたように、独石の「北三百里」に位置する元朝上都の地にあった開平衛が長城線上の独石に移設された年次である。上都の地を棄てて開平衛を独石に移設すれば、当然、開平衛隷下の諸軍站もそのおおくは後退せざるをえず、再編成の必要が生じたことであろう。その再編成の状況は、楊正泰氏の『明代駅站考』の当該記事からはまったく読み取ることができない。

そこで、上記一五駅の宣徳五年（一四三〇年）以後における行方をあらためて検討することが必要となってくるのである。それは、またもやいささか煩冗な作業になるが、『開平衛選簿』から関係する記事を拾い出してそれらを参看しながら検証をすすめることにする。

まずは、宣徳五年（一四三〇年）に棄地とされたとされる隰寧駅・明安駅・威遠駅・桓州駅・開平駅・青松駅・黄厓駅・叭八駅・賽峯駅・沈河駅・涼亭駅の一一駅からみていくが、その際、『開平衛選簿』を摘索して、上記の各軍站に配置された站軍たちの消息をさぐることはその手掛かりとなる。

隰寧駅の站軍について、『開平衛選簿』には、

【史料P①】

（あ）葉成、東莞県の人。祖の葉普添、永楽十二年、事を為し開平衛温（ママ）寧駅に発して軍に充てらる。十三年、故す。父葉貴、役に補せらる。宣徳六年、雲州駅に調せらる。正統九年、以克列蘇にて達賊を擒獲し小旗に陞せらる（葉傑の条、「外黄査有」下）。

（い）劉剛、昌楽県の人。父禿兒、永楽十三年、開平衛湿寧駅に発して軍に充てらる。後、雲門馹に併せらる（劉安の条、「外黄査有」下）。

とあり、葉普と禿兒はともに最初湿寧駅に充軍されたが、禿兒と死去した葉普添に代わって軍に補せられた子の葉貴とは、後に雲門駅に帰併されている。その年次は明確ではないけれども、（あ）葉貴の場合、宣徳六年（一四三一）に、「雲州駅に調せらる」とあるから、「帰併」と「調」とは同一のことを指しているのではないかと思量される。

明安駅の站軍については、

【史料P②】

（う）察聰、陳州の人。祖の察猪狗、永楽十二年、開平衛閔安駅の軍に充てらる。宣徳六年、浩嶺馹に併せらる（察理の条、「外黄査有」下）。

（え）孟成、鄒平県の人。父の孟浩然、洪武二十七年、永楽十二年、事を為し発して開平衛閔安馹の軍に充

てらる。後、浩嶺駅に併せらる（孟辰の条、「外黄査有」下）。

（お）金福、大興県の人。父の金五十六、永楽十三年、開平衛関安駅の軍に充てられ、後、浩嶺駅に併せらる（金磬の条、「外黄査有」下）。

（か）懐皙、江寧県の人。祖の懐三兒、永楽六年、開平衛関安駅の軍に充てられ、小甲に充てられ、浩嶺駅に帰せらる（懐斌の条、「外黄査有」下）。

（き）張山、鄒平県の人。父の張友中、洪武二十四年、事を為し開平衛関安駅に発して軍に充てらる。宣徳六年、浩嶺駅に帰併せらる（張用の条、「外黄査有」下）。


と五例ある。（う）の察猪狗、（え）の孟浩然、（お）金福の金五十六、（か）の懐三兒、（き）の張友中は、いずれも最初開平衛関安駅の軍に充てられたが、のちには浩嶺駅に帰併されている。その紀年が記されているのは、（き）の張友中のケースだけであるが、それは湿寧駅に充軍されたあと雲門駅に帰併された（あ）葉貴に同じく宣徳六年（一四三一）のことであった。

威遠駅は、またの名が李陵駅、威虜駅であることは【史料O①】にみえるが、『開平衛選簿』には威虜駅の名称で、その站軍の事例が一件検出できる。


【史料P③】

（く）閆俊、沢州の人。曾祖の閆旺、洪武二十四年、事を為し発して開平衛威虜駅に問発し軍に充てらる。三十年、故す。祖の閆二十三、役に補せらる。永楽十年、故す。父の閆公秀、役に補せらる。宣徳六年、豊峪駅に併入せらる（閻福の条、「外黄査有」下）。

沢州（山西）を郷貫とする閆俊の家では、曾祖の閆旺が洪武二十四年（一三九一）に罪を犯して開平衛威虜駅の軍に充てられた。閆旺が三十年（一三九七）に死去すると、祖の閆二十三が軍として補充された。閆二十三が永楽十年（一四一二）に死去すると、閆俊の父閆公秀が軍に補充され、宣徳六年（一四三一）になると、その配置先が威虜駅から豊峪駅に併入されたという。「併入」とは【史料P②】（き）張友中の事例にみえる「帰併」と同じ意味であることは贅語の必要もないことである。

つぎに、桓州駅であるが、本駅はさきにふれたように『開平衛選簿』では環州駅と表記されている。環州駅の站軍の事例は、以下のごとくである。

【史料P④】

（け）慈友、塩山県の人。父の慈得辛、洪武三十年、事を為し開平衛環州駅遁運所に問発し軍に充てらる。宣徳六年、雲州駅に帰併せらる（慈鎮の条、「外黄査有」下）。

塩山県（北直隷）を郷貫とする慈友の父慈得辛もまた【史料P③】（く）の事例と同様、罪を犯し、その処分結果として洪武三十年（一三九七）、開平衛環州駅遁運所の軍に充てられた。そしてそれから三十年余り経った宣徳六年（一四三一）に雲州駅に帰併されている。

賽峯駅の站軍については、のちに豊峪駅に配置替えなったことを示す事例が五件ある。そのうち、「後併」・「帰併」の用語をともなうのは、つぎの二例であり、いずれも「後併」・「帰併」の紀年は欠いている。

【史料P⑤】

（こ）徐勝、沢州の人。祖の徐励、洪武二十四年、事を為し開平衛賽峯駅軍に充て、後豊峪駅に併せらる（徐紀の条、「外黄査有」下）。

（さ）張安の祖張太、洪武二十四年、事を為し開平衛に発して賽峯駅に軍し軍に充て、帰附して豊峪駅に併せらる（張添爵の条、「内黄査有」下）。

（こ）の徐励も（さ）の祖張太もいずれも洪武二十四年（一三九一）に犯罪を為して開平衛の賽峯駅軍に充てられたのちに、豊峪駅に配置換えになっている。

沈河駅もまた『開平衛選簿』では泥河駅と表記していることはさきにふれたが、この沈河駅（泥河駅）の站軍の消息を示す事例は六件あり、それらは一様に雲門駅への配置換えを示している。そのなかで「後併」・「帰併」等の用語とその年次をともなって表記されているのは、つぎの一例である。

【史料P⑥】

（し）周通、蔚州の人。父の周欽、洪武二十四年、事を為し発して開平衛泥河駅軍に充てらる。永楽二十四年、病故す。通、名を頂いて役に補せられ、宣徳六年、雲門駅に併せらる（周杰の条、「内黄査有」下）。

涼亭駅は、『開平衛選簿』においては涼亭駅以外にも東涼亭駅や東涼駅という表記でなされ、その站軍の消息を示す記事はあわせて四例ある。この四例はいずれものちに浩嶺駅に配置換えになっているが、その紀年をともなう記事は三件あり、それらはつぎのごとくである。

【史料P⑦】

（す）王典、猗氏県の人。父の王益、洪武二十四年、開平衛東涼亭駟軍に充てらる。宣徳六年、浩嶺駟に併せらる（王勲の条、「外黄査有」下）。

（せ）楊欽、猗氏県の人。祖の楊敬、洪武二十四年、涼亭駅軍に充てらる。宣徳六年、浩嶺駅に調せらる（楊尚武の条、「外黄査有」下）。

（そ）景全、猗氏県の人。父の景淂、洪武二十四年、開平衛東涼駅軍に充てらる。宣徳六年、浩嶺駟に併せらる（景恵の条、「外黄査有」下）。

この三例は（す）の王益、（せ）の楊敬、（そ）の景淂のいずれもが、洪武二十四年（一三九一）に罪を犯した科として開平衛東涼亭駟軍に充てられ、宣徳六年（一四三一）になって浩嶺駟に併入されたというものである。黄厓駅についても、さきにふれたごとく、『開平衛選簿』においては黄崖駅・黄岩駅に作っているが、その站軍の消息にふれる事例は三例あり、いずれも雲州駅への配置換えになったことを示している。ところが、三例とも「後併」・「帰併」の用語とその紀年を欠いている。したがって、三例の家の世襲状況を辿っていった結果、いつの間にかに黄厓駅（黄崖駅・黄岩駅）から雲州駅への配置換えがあったことを知ることができるのみである。青松駅・叺八駅の站軍については、その消息を示す記事は『開平衛選簿』には一例もみいだすことはできない。

以上【史料P】に引載した事例に独石駅の事例をくわえて、紀年の明白な站軍消息記事を整理すると、

【表F】「站軍の消息」

	名前	就軍年	配属先	名前	配転年	配転先
（ろ）	張虎兒	洪武貳拾肆年	独石駅軍	張虎兒	宣徳陸年	開平駅
（は）	井改兒	洪武二十四年	独石馹軍	井改兒	宣徳六年	開平馹
（あ）	葉普添	永楽十二年	湿寧駅軍	葉普添	宣徳六年	雲州駅
（う）	察猪狗	永楽十二年	閔安駅軍	察猪狗	宣徳六年	浩嶺馹
（き）	張友中	洪武二十四年	閔安駅軍	張友中	宣徳六年	浩嶺駅
（く）	閆旺	洪武二十四年	威虜駅軍	閆公秀	宣徳六年	豊峪駅
（け）	慈得辛	洪武三十年	環州駅遞運所軍	慈得辛	宣徳六年	雲州駅
（し）	周欽	洪武二十四年	泥河駅軍	周通	宣徳六年	雲門駅
（す）	王益	洪武二十四年	東涼亭馹軍	王益	宣徳六年	浩嶺馹
（せ）	楊敬	洪武二十四年	涼亭駅軍	楊敬	宣徳六年	浩嶺駅
（そ）	景淂	洪武二十四年	東涼駅軍	景淂	宣徳六年	浩嶺馹

の一一事例に最初の就軍先から配置転換された年次と配転先を知ることができる。配転年次は一件の例外もなく一様に宣徳六年（一四三一）としている。これは開平衛が上都から独石に移設された翌年のことである。これらの配置転換は個々の人事異動ではなく、上都の開平衛の廃止にともなって、【史料O①】にみえるように、おおくの軍站が廃止されたために、それらの軍站に配置されていた站軍の組織的集団的な配置換えが行われたのであった。開平駅・雲州駅・浩嶺馹・豊峪駅・雲州駅の五つの軍站がその受け皿となったのである。その結果、隰寧駅軍・桓州駅軍・黄厓駅軍は雲州駅へ、明安駅軍・涼亭駅軍は浩嶺馹へ、威遠駅軍・賽峯駅軍は豊峪駅へ、沈河駅軍は雲門駅へ、そして独石駅軍は開平駅へ併入されたのである。とすると、配転の年次を欠く記事も、実際

には宣徳六年（一四三一）のことと考えるべきで、前掲【史料N】（い）の鍾原・（に）の樊希原の事例では正統年間にあっても、依然として独石駅所属としているが、それは古き駅名をそのまま記しているだけで、実態は開平駅であったとみなすべきである。なぜならば、開平衛の移徙にともなってあらたに設置された開平駅は、独石駅の流用であったからである。それは、乾隆『口北三庁志』巻六、台站志に、

【史料Q①】

独石駅、漢訳、赤城県の北九十里に在り。明、開平駅を置く。

とあって、独石駅には開平駅がおかれたことによって明らかである。

したがって、【史料O①】にみえる

〔開平駅〕開平衛に属す。洪武二十七年（一三九四年）置く。或いは三十一年（一三九八年）の設と云う。宣徳五年（一四三〇年）開平衛廃するや、駅棄地と為る。今の内蒙古正藍旗東北に在り、地を確するは考を待つ。（《寰宇志》巻七）

という説明は十分に委細を尽くしているとはいえない。宣徳五年（一四三〇年）以後の設にまったくふれていないからである。この説明では、開平駅は宣徳五年（一四三〇年）における防衛線の後退にともない、廃止されたままという無用の誤解を与えてしまうことになる。

独石駅＝開平駅の場合は、同一場所におかれ、独石駅から開平駅への名称の変更がなされただけであるので、

さほどの誤認や混乱は起きないが、しかしながら、【史料O①】にみえるように、すでに宣徳五年（一四三〇年）には廃止され、站軍は別な場所に立地されている軍站に配置換えになったあとも、依然として廃止されたはずの駅名が、『開平衛選簿』自体に存在するのは混乱を来す。たとえば、つぎのようなケースである。

【史料P⑧】

耿福実、霊石県の人。父の耿住住、洪武二十四年、事を為し開平衛泥河駟軍に充てらる。洪熙元年、病故す。福実、戸名を頂き役に補せらる。……景泰元年、総旗に陞せらる。八月初八日、居庸関の功を以て開平衛泥河駟試百戸に陞せらる（耿昇の条、「内黄査有」下）。

開平衛泥河駅＝沈河駅軍であった耿実は、土木の変の翌年にあたる景泰元年（一四五〇）八月八日に居庸関の功によって泥河駅の試百戸に陞進したという。二輩耿達の項の、成化五年（一四六九）以後の記事はすべて雲門駅となっている。このことから、景泰元年（一四五〇）以後成化五年（一四六九）にいたる間に、耿家が所属する軍站が泥河駅から雲門駅に変更になったような印象を与える。しかしながら、泥河駅は宣徳五年（一四三〇年）の時点ですでに廃止され、その站軍は雲門駅に配置換えになった。泥河駅＝沈河駅軍は、景泰元年（一四五〇）には、もはや存在していなかったのである。これも独石駅のケースと同じように古い駅名が、そのまま使われただけにすぎないと考えるべきである。

北辺の防衛線の後退は、開平駅を起点とする駅伝ルートに大幅な改変を生せしめ、それによって多くの軍站が消滅した。上都時代の開平駅は、嘉靖『宣府鎮志』巻一、制置考、皇明に、「開平を棄て其の衛を徙して独石を治とす」という文言に対する双行の説明があり、そこに、

【史料Q②】

国初、開平を取るや既に衛を設く。又、東に涼亭・沉河・賽峰・黄厓の四駅を置き、大寧に接す。西に桓州・威虜・明安・隰寧の四駅を置き、独石に接す。

とあるように、東ラインの上都開平衛―大寧ルートと西ラインの上都開平衛―独石ルートの二つのルートが設定された。前者のルートに設置されたのが、涼亭・沉河・賽峰・黄厓の四駅であり、後者のルートに設置されたのが、桓州・威虜・明安・隰寧の四駅であった。東ラインの上都開平衛―大寧ルートはさらに南下すると古北口にいたり、そして北京にいたる。東ラインの上都から大寧回りに古北口にいたるルートは、上都―北京の間を連結する重要な駅路であった。一方、上都開平衛―独石ルートも、独石からさらに南下すると宣府鎮にいたり、宣府鎮からは北京につながり、軍事的にもこの上都開平衛―宣府鎮ルートは重要な駅路であった。

ところが、この二つの駅路は、開平衛が上都から独石に移り、北辺防衛線が後退すると、上都開平衛―大寧ルートの大寧以北、上都開平衛―独石ルートの独石以北の軍站は、放擲せざるをえなくなった（【図C】「明代北辺概念図」参照）。

それらは、まさしく楊正泰『明代駅站考』のいわゆる棄地となったのである。上都開平衛―大寧ルートでいうと、開平衛の上都から独石への移徙は、単に大寧以北の軍站廃止にとどまらなかったようである。上都開平衛―大寧―古北口を繋ぐルートについて、嘉慶重修『大清一統志』巻五四八には、

【史料Q③a】

涼亭旧駅、開平旧城の南に在り。東西二涼亭有り。元の時、巡幸駐蹕の処と為す。明洪武中、駅を東涼亭に

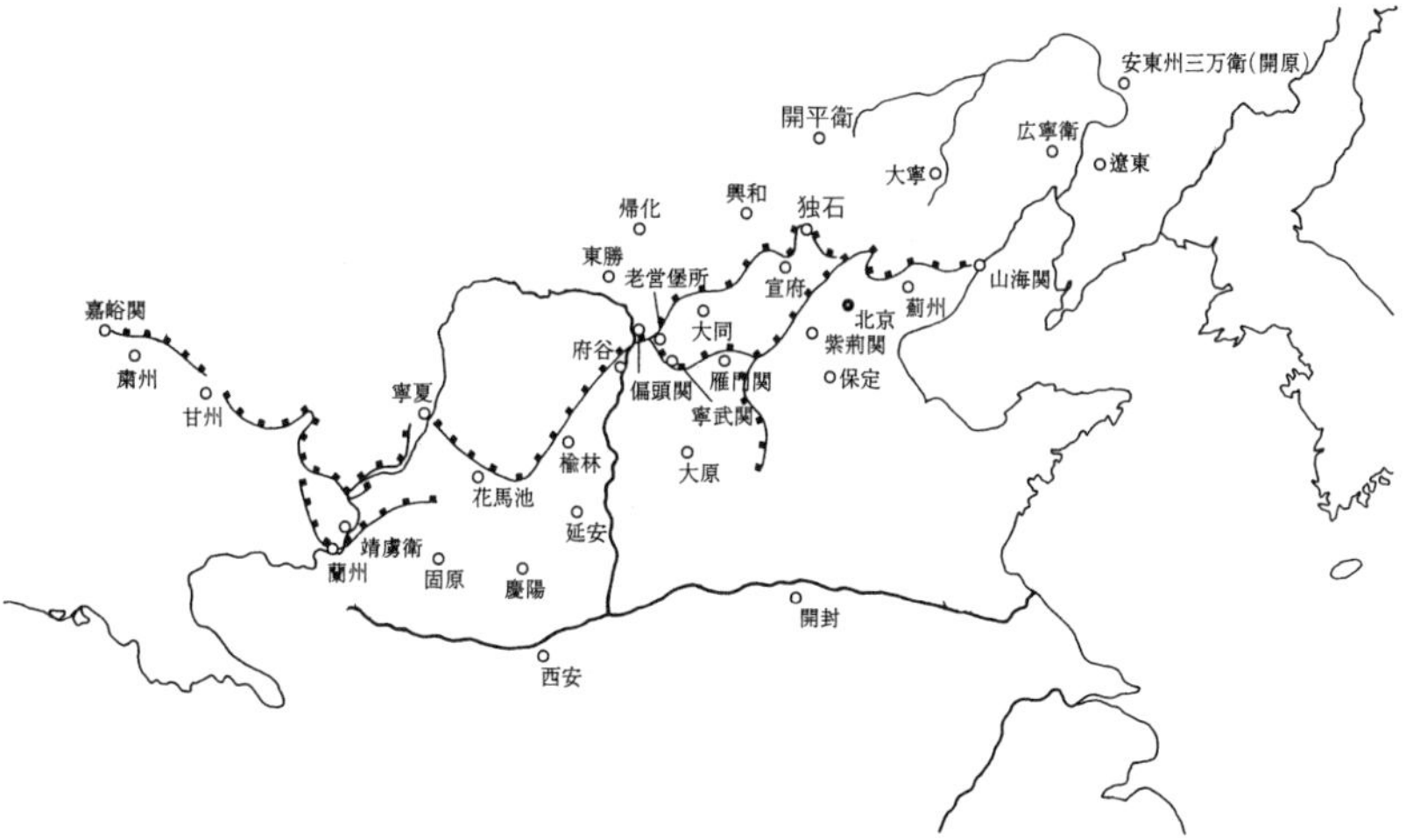

【図C】「明代北辺概念図」

出典：『中国歴史大辞典・明史』（上海辞書出版社・1995年）附録「明時期全図」参照

置く。山水記に、開平の南五十里を東涼亭と曰い、又た四十里を沈河と曰い、五十里を扒八と曰い、六十里を黄崖と曰い、五十里を灤河と曰い、又た五十里を灰嶺と曰い、六十里を古城と曰い、又た五十里を青松と曰い、又た南五十六里は、即ち古北口、と。此れ洪武二十七年に置く所の駅路なり。

とあり、その経路が記されている。それを敷衍すると、

【駅程A】

開平駅—（南五〇里）—東涼亭駅—（四〇里）—沈河駅—（五〇里）—扒八駅—（六〇里）—黄崖駅—（五〇里）—灤河駅—（五〇里）—灰嶺駅—（六〇里）—古城駅—（五〇里）—青松駅—（南五六里）—古北口

となり、トータル四六六里（二六〇・九キロメートル）のルート上に九駅が設置されていたことになる。その経路の史料的典拠とされている山水記とは、清・顧炎武の『昌平山水記』のことであるが、当該書の巻下には、

【史料Q③b】
古北口に駅有り。口北より出ること五十六里を青松と曰い、又た五十里ほ古城と曰い、又た六十里を灰嶺と曰い、又た五十里を灤河と曰い、又た五十里を黄屋と曰い、又た六十里を哈八と曰い、又た五十里を沈河と曰い、又た四十里を東涼亭と曰い、又た五十里を開平と曰う。洪武二十七年六月乙酉、駅を置く。

とあり、古北口から開平への北上するルートを示しているので、嘉慶重修『大清一統志』は『昌平山水記』を引用するにあたり、それを開平から古北口への南下ルートに置き換えただけで、駅の配置順や里数に関する両者の齟齬はまったくない。

さて、開平―古北口間におかれたこれら九駅のうち、開平駅は独石に移徙、東涼亭駅・沈河駅・黄崖駅は廃止されて、その站軍は東涼亭駅軍は浩嶺駅に、沈河駅軍は雲門駅に、黄崖駅軍は雲州駅に配置換えなったことは前にふれた。青松駅・扒八駅については、開平衛諸軍站内における配転状況は明らかではないが、楊正泰『明代駅站考』から引載した【史料O①】に明らかなように、宣徳五年（一四三〇年）に廃止されている。以上の六駅以外の灤河駅・灰嶺駅・古城駅もまた宣徳五年（一四三〇年）における開平駅の移徙によってその存続維持は困難になった。そのことは楊正泰『明代駅站考』にも明記されている。それを【史料O①】と同じように訓読すると、つぎのようになる。

【史料O②】
〔灤河駅〕　興州右屯衛に属す。洪武二十七年（一三九四年）に置く。或いは三十一年（一三九八年）の設と云う。宣徳五年（一四三〇年）開平衛廃するや、駅棄地と為る。今の河北豊寧県東北灤河に在り。

（《紀要》巻一八、《昌平山水記》巻下）。

〔灰嶺駅〕興州右屯衛に属す。洪武二十七年（一三九四年）に置く。或いは三十一年（一三九八年）の設と云う。宣徳五年（一四三〇年）開平衛廃するや、駅棄地と為る。今の河北豊寧県東北選将営に在り。

（《紀要》巻一八、《昌平山水記》巻下）。

〔古城駅〕興州右屯衛に属す。洪武二十七年（一三九四年）に置く。或いは三十一年（一三九八年）の設と云う。宣徳五年（一四三〇年）開平衛廃するや、駅棄地と為る。今の河北豊寧県大閣鎮に在り。永楽中、今の河北遷西県北喜峯口内に移置す（《紀要》巻一八、《昌平山水記》巻下）。

【史料〇②】から、上都―古北口ルートに設けられていた灤河駅・灰嶺駅・古城駅という興州右屯衛の管轄下の三駅もまた、開平駅の移徙にともなう北辺防衛ライン後退の影響をうけて、廃止されたことがうかがわれるのである。上都と古北口を連結する軍事ルートにおかれた軍站は、このように、宣徳五年（一四三〇年）を機にすべて廃止されてしまったのであった。

上都開平衛―独石ルートにおいてもまた、上都開平駅が管轄する独石以北の桓州駅・威虜駅・明安駅・隰寧駅の四駅は姿を消し、宣徳五年（一四三〇年）以後の駅路は、わずかに独石駅を名称替えした開平駅と宣府鎮とを連結する独石以南のルートのみとなった。その独石開平駅と宣府鎮との間に存在したのが豊峪駅・雲門駅・雲州駅・浩嶺駅の四駅であった。つまり、上都開平駅と宣府鎮とは、独石以北の桓州駅・威虜駅・明安駅・隰寧駅の四駅と独石以南の豊峪駅・雲門駅・雲州駅・浩嶺駅の四駅の合計八駅によって連結されていたのであるが、それが独石以北諸軍站の廃止によって、わずか半分になってしまったのである。

（三）　諸軍站の立地

開平駅　宣徳五年（一四三〇年）以後、独石開平駅―宣府鎮ルートの起点となった開平駅が旧来の独石駅を流用し、それの名称を変更したものであることは、【史料Q①】に依拠して前述した。開平衛や開平駅に冠された開平という呼称は、上都にクビライが開平府を設置したことに起源し、上都に付せられた固有の地名であるにもかかわらず、開平衛・開平駅が独石に移徙されたのちも、開平衛・開平駅と呼称して独石衛・独石駅としなかったのは、旧開平衛・旧開平駅の喪失を隠蔽するがごとき詐称であった。明朝が滅亡し清朝が興起すると、独石駅の名称が復活するのは、蓋し当然の成り行きであった(33)。

それはさておき、さきにふれたように、旧開平駅のあった上都は、新開平駅がおかれた独石の「北三百里」にあった。独石と宣府鎮城の間も「三百里」であったから（『大明一統志』巻五、京師、万全都指揮使司）、独石への開平衛・開平駅の移徙は、宣府鎮城と上都との距離の半分の地域が放擲とされたことになる。独石において新開平駅が機能しはじめたのは、宣徳六年（一四三一）のことであった。それは【史料N】の（ろ）「張信、鄒平県の人。父張虎兒、洪武貳拾肆年、事を為し発して開平衛独石駅軍に充てらる。宣徳陸年、開平駅に併せらる。」と（は）「井海は、宿州の人、祖井改兒、洪武二十四年、開平衛独石駒軍に充てらる。宣徳六年、開平駒に併せらる。」という記事から明知されよう。

かかる新開平駅は、嘉靖『宣府鎮志』巻一二、宮宇考の記述にもとづいて作成した【表B】「開平衛城諸施設」によって、独石城堡が改称されて開平衛城となった城内の坤隅、すなわち南西隅に設置されたことが知られる。その建設年次については、正統元年（一四三六）としている。この年次に関して、乾隆『赤城県志』巻四、武備志、駅舗、明にも、「開平駅、正統元年建つ」に作っていて、両者に齟齬はない。この「開平駅、正統元年建つ」はいったいなにを意味するのであろうか。これより以前の宣徳六年（一四三一）には独石に開平駅が存在していたことは、【史料N】(ろ)・(は)によって明確である。その開平駅は上都から独石に移設され、独石駅の站軍の一部は移設された開平駅に併入されたことも明らかであるから、開平駅が正統元年(一四三六)になって初めて設置されたということは意味しない。とすれば、それまで開平駅が流用していた旧独石駅の建築物が老朽化して新しく建造がなされたということではないだろうか。そのように考えると、開平駅の移設時期と「開平駅、正統元年建つ」との間のタイムラグは解消するのではないかと思われる。なお、各軍站には、戦闘用・郵逓用それぞれの馬を訓練する馬場が設置されていた。開平駅の馬場は、頭砲溝と馬営溝の二カ所に設置され、その面積は合計二五頃七〇畝で、(34)日本の尺貫法に換算すれば、四五一九五〇・八五坪であった。(35)

豊峪駅　本駅について、楊正泰氏の『明代駅站考』では、『読史方輿紀要』を典拠にして、「【史料O①】に引載したように、

〈豊峪駅〉万全都司に属す。明初に置く。永楽九年(一四一一年)長安嶺堡に改む。今の河北懐来県東北長安嶺に在り。(《紀要》巻一八)

と述べられている。典拠とされた原文を確認すると、『読史方輿紀要』巻一八、直隷九に、

【史料Q③a】

長安嶺堡　司の東北百四十里、元、懐来・龍門二県の地と為す。明初、豊峪駅を置く。永楽九年、城を築きて堡を置き、今名に改む。周りは五里有奇。

とあり、長安嶺堡は万全都司（在宣府鎮城内）の東北百四十里にあり、明初に豊峪駅が置かれたが、永楽九年（一四一一年）に築城して堡を設置したときに改称されて長安嶺堡になったという。この記事をみると、豊峪駅の名称が永楽九年（一四一一年）に築城によって長安嶺堡に改称されたような感じを与える。実際そのように受け取った史料もある。たとえば、乾隆『宣化府志』巻一七、駅逓軍站志には、

【史料Q③b】

長安駅　県の東南九十里に在り。明洪武の初め豊峪駅を置く。永楽九年、今名に改む。康熙三十二年、駅丞を設けて管理せしむ。

とあり、乾隆『宣化府志』の編者王文寿は今名＝長安駅に対する旧名は豊峪駅とみなしたと考えても大過ないであろう。とすれば、永楽九年（一四一一年）において豊峪駅から長安駅に改称されたことを意味することになるが、そのような事実はない。したがって、その理解は正しくないのである。そのことは、明・李賢等の『大明一統志』巻五、京師、万全都指揮使司に、

【史料Q④】

長安嶺堡　宣府城の東北一百四十里に在り。元、懐來・龍門二県の界と為す。旧名は槍竿嶺。本朝の初めに豊峪県を置く。永楽九年、今名に改め、城堡を築き兵を分けて守備せしむ。(36)

とあることによって明確となる。この記事の主語は長安嶺堡である。旧名＝槍竿嶺に対置すべき今名はその長安

嶺堡そのものにほかならない。とすれば、永楽九年（一四一一年）における城堡が建設されたのを機に改称の対象になったのは槍竿嶺であり、それが新たに長安嶺堡と名づけられたのであった。明初に設置された豊峪駅の場所は長安嶺堡と改称される前の槍竿嶺であった。

ところで、【史料Q④】では、槍竿嶺におかれたのは豊峪駅ではなく豊峪県としている。【史料Q④】に引載した『大明一統志』巻五、万全都指揮使司の記事は、明・王圻撰『続文献通考』巻二二五、北直隷にも襲用されていて、そのまま豊峪県に作っている。しかしながら、同じように【史料Q④】の記事を踏襲した明・呉琉撰『三才広志』巻一一四では豊峪駅に作っている。このように記述がわかれていると、槍竿嶺には、豊峪県と豊峪駅の両方が設置されたのではないかとの思いも抱かれるが、『大明一統志』の不備を補うために作られた『読史方輿紀要』によれば、中国の歴史上、豊峪駅は存在しても豊峪県はなかったようであるから（青山定雄編『読史方輿紀要索引中国歴代地名要覧』省心書房、一九七四年、参照）、槍竿嶺に設置されたのは豊峪県ではなく、豊峪駅であったと断定じても謬誤ではないであろう。

あらたに城堡が築かれて長安嶺堡と名づけられた場所と槍竿嶺の場所は同一ではなかった。なぜならば、嘉靖『宣府鎮志』巻一二、宮宇考、長安所城に、「旧南郭外、景泰二年、郭内に徙す」とあるからである。これによれば、もともと豊峪駅は南郭の外にあったという。とすれば、豊峪駅は景泰二年（一四五一）、すなわち正統十四年（一四四九）に起きた土木の変の二年後に長安所城（長安嶺堡）の郭内に移徙されたことになる。豊峪駅は、開平衛城の城内におかれた開平駅の事例とは異なり、それまでは、長安所城（長安嶺堡）の城外に立地していたのである。清代になると、豊峪駅は龍門県長安駅となる。[37] 明代の豊峪駅の馬場については、嘉靖『宣府鎮志』に、「駅地は駅の東南十里の瓦房溝・廟兒嶺に在り。共せて一十頃三十畝。」[38] とあるように、瓦房溝・廟兒嶺の二カ所に設置され、面積あわせて一〇頃三〇畝、おおよそ一八一一三二坪の規模であった。

雲州駅　本駅の所在地は雲州城内であった。嘉靖『宣府鎮志』の雲州城宮宇の項に、「雲州駅　宣徳五年建つ。嘉靖初め、王麟修む」とある。[39]「宣徳五年（一四三〇年）に建つ」とは、それ以前には存在せず、この年になって初めて雲州駅が設置されたということではない。『大明一統志』巻五、京師、万全都指揮使司には、

【史料Q⑤】

雲州堡　宣府城の東北二百一十里に在り。古の望雲川の地、遼開太中、望雲県を置く。金、奉聖州に属す。元、県に雲州を置き、後に県を廃す。本朝の初め、雲州駅を置き、宣徳五年、河西の大路に城堡を築き、兵を分けて守備せしむ。

とあるように、雲州駅は明初に設置され、嘉靖『宣府鎮志』の雲州城宮宇の項にいう「宣徳五年建つ」とは宣徳五年（一四三〇年）に河西の大路に城堡を築いたときに雲州駅も修築したということをさしている。[40]雲州駅は清代には赤城県に編入されたが、名称の変更はなかった。また明代の雲州駅の馬場についての記述はないので、付設されなかったようである。[41]

雲門駅　本駅も雲州駅と同じく、清代になると赤城県に所属し、駅名も改称されて赤城駅となる。[42]雲門駅は元代には赤城站という名称であったから、清代におけるその改名は本来の駅名に戻ったといえなくもない。嘉靖『宣府鎮志』巻一一、宮宇考の、赤城宮宇の項に、「雲門駅　永楽年、建つ。景泰五年、修む」とあり、雲門駅は、永楽年に赤城に設置された。赤城の来歴については、『大明一統志』巻五、京師、万全都指揮使司に、

【史料Q⑥】

赤城堡　宣府城の東北二百里に在り。本と元の雲州の赤城站。本朝の初め雲門駅を置き、宣徳中、城堡を築き兵を分けて守備せしむ。

とあり、前述したように、元代においては赤城站という名称であったことが知られる。それが明朝になって、あらためて軍站が設置されたときに雲門駅と改称され、宣徳年間には赤城堡に城堡が築造されたのであった。城堡築造の年次は宣徳五年（一四三〇年）であったことは、『読史方輿紀要』巻一八、直隷九、赤城堡の、「明初、雲門駅を置く。宣徳五年、城を築き戍を置く」によって特定される。雲門駅も開平駅や豊峪駅と同じく馬場を具有していた。それは小峪衛の三頃で、[43]おおよそ五二七五六坪の規模である。

浩嶺駅　本駅について、【史料O①】の記述は、「〔浩嶺駅〕万全都司に属す。明初に置く。永楽中、堡を築く。今の河北赤城県南鵰鶚に在り。〈《紀要》巻一八〉」ときわめて淡泊であるが、それでも明初に設置されたこと、永楽中に堡が築造されたこと、その設置場所は清代以後の行政区でいうと赤城県南鵰鶚にあったことが知られる。他例と同じように、『大明一統志』巻五、京師、万全都指揮使司によって、浩嶺駅の来歴をみると、

【史料Q⑦a】

鵰鶚堡　宣府城の東北二百七十里に在り。本と元の雲州の鵰窠。本朝の初め、浩嶺駅を置き、宣徳五年、城堡を築き兵を分けて守備せしむ。

とあり、【史料O①】の記述の補足が若干可能である。鵰鶚堡は宣府城の「東北二百七十里」に在り、元の鵰窠がそれにあたり、明代になると、その鵰窠に浩嶺駅がおかれ、宣徳五年（一四三〇年）、鵰鶚堡に城堡が築造されたという。

ところが、【史料O①】の記述のもととなった『読史方輿紀要』をみると、その巻一八、直隷九、龍門県には、【史料Q⑦a】に対応する記事として、

【史料Q⑦b】

雕鶚堡　司の東百七十里、元の雲州の雕窠站。明初、浩嶺駅を置く。永楽中、雕鶚堡を増置す。二十八年、北征し、還りて楡木川に次るや大漸せり。太孫、雕鶚に奉迎せり。宣徳六年、城を築き戍を置く。

とあり、記述に若干の相異がある。それはまず万全都司のある宣府鎮城からの雕鶚堡の方位と距離である。距離にいたっては一〇〇里ものの差異がある。城堡を築造した年次も、宣徳五年（一四三〇年）と宣徳六年（一四三一）とに一年のズレがある。これは開平衛の上都から独石への移徙にともなう処置と思われるので、それぞれ築城の開始年次と終了年次を示しているとも考えられないこともない。宣府鎮城または万全都司からみた雕鶚堡の方位と距離に関しては、【史料Q⑦a】と【史料Q⑦b】のいずれかが正鵠を射ているかは、宣府鎮から独石開平衛・開平駅までの駅路の方位と距離を計量することで明確になると思われるので、後述することにして、ここで解決しなければならないのは、【史料Q⑦a】にみえない【史料O①】の記述「永楽中、堡を築く」と【史料Q⑦b】の「永楽中、雕鶚堡を増置す」とについてである。【史料Q⑦b】は【史料Q⑦a】にいう「雲州の鵰窠」を「雲州の雕窠站」に作っている。とすれば、明代の浩嶺駅は元代の雕窠站を襲用して設けられ、永楽中に

浩嶺駅を含めた雕鶚堡を置かれたが、宣徳五年（一四三〇年）の開平衛の移徙に際しては、さらに城堡が築かれ、【表C】「宣府鎮下主要諸城・堡」にみえるように、城郭の高さ二丈八尺、方の長さ二里一百二十歩を有する雕鶚堡となったものと思われる。このように理解すると、雕鶚堡ならびに浩嶺駅の来歴に関する【史料O①】・【史料Q⑦a】・【史料Q⑦b】の諸記述が方位と距離を除いて、ほぼ整合できるのではないだろうか。

浩嶺駅は清代になると龍門県雕鶚駅と改称された。(44) 元明清の三代に亘って雕鶚堡におかれた駅は、最初は雕窠站と名づけられ、最初の改称で浩嶺駅となり、そして再び改称されて雕鶚駅となったのであった。浩嶺駅という名の明代に有していた馬場は三カ所に分散していた。嘉靖『宣府鎮志』巻二四、兵騎考、馬場に、「浩嶺駅地三処、一は鹹場に在り、週囲一千三十歩、一は大焼溝に在り、週囲一千九百七十歩、一は大石頭溝に在り、週囲二千七百一十歩」とある。ここにみえる歩が開平駅や豊峪駅等と同様に面積を示す方歩であると理解すると、これらは合せて五七一〇歩、一畝＝二四〇方歩として計算すると、わずか四一八四坪にしかならない。(45) これでは他の駅に比べてあまりに狭小なので、浩嶺駅の馬場は、他の駅が面積を示しているのに対して、「週囲」という文言の通り、四辺の長さで表示しているのであろうか。明代度量衡の基準値では一歩＝一・五五五メートルであるから、鹹場の周囲一千三十歩は一・六〇一キロメートル、大焼溝の周囲一千九百七十歩は三・〇六三キロメートル、大石頭溝の周囲二千七百一十歩は四・二一四キロメートルになる。

以上、本節においては、宣府鎮城と独石の開平衛を繋ぐ線上に存立した開平衛統轄の軍站として開平駅・豊峪駅・雲門駅・雲州駅・浩嶺駅の五駅の設置地域・宣府鎮城からみた方位と距離・来歴・清代になってからの駅名等について述べてきた。それらを簡略に整理すると、つぎのとおりである。

【表G】「開平衛の諸軍站」

名称	所在	方位・距離	来歴	清代の駅名
開平駅	独石城	東北三〇〇里	宣徳五年上都から移徙	独石駅
豊峪駅	長安嶺堡	東北一四〇里	洪武初設置。景泰二年郭内に移設	龍門県長安駅
雲州駅	雲州堡	東北二一〇里	明初設置	赤城県雲州駅
雲門駅	赤城堡	東北二〇〇里	元・赤城站を襲用	赤城県赤城駅
浩嶺駅	雕鶚堡	※	元・雕窠站を襲用	龍門県雕鶚駅

開平駅・豊峪駅・雲門駅・雲州駅・浩嶺駅の五駅は、同じ宣府鎮下にあった鶏鳴駅[46]のごとく駅自体が個体として城堡を有するのとは異なり、多機能的施設を具備する城堡にその一施設として付せられていた。五駅がおかれた独石城（開平衛城）・長安嶺堡・雲州駅・雲州堡・赤城堡・雕鶚堡には、宣府鎮城を扇の要に東路・北路・中路・西路・南路の五路分守体制を支える軍事組織上の北路分守に属し、独石城（開平衛城）には参将府が、他の城堡には守備官庁がおかれたのであった。[47] したがって、独石城（開平衛城）―宣府鎮間に列置された軍站五駅は、複合的軍事施設であるそれぞれの城堡と運命をともにした。たとえば、雲門駅が正統十四年（一四四九）における土木の変を直接的に惹起したオイラトの対明侵攻に際して陥没し、そしてのちにその復設をみたのは赤城堡の陥没・恢復に連動してのことであった（【史料O①】参照）。独石城（開平衛城）―宣府鎮間駅路の存亡は、宣府鎮城から東北に延びて独石城（開平衛城）にいたる地域の存亡と直截にかかわったのである。

それでは、これら五駅は独石城（開平衛城）―宣府鎮間にどのように列置されたのであろうか。距離に関して「東北二百七十里」と「東百七十里」の二説がある浩嶺駅（雕鶚堡＝清・龍門県雕鶚駅）を除く四駅について、宣府鎮城に近い順にあげると、

【駅程B】
宣府鎮城　東北一四〇里　豊峪駅（長安嶺堡＝清・龍門県長安駅）
　　　　東北二〇〇里　雲門駅（赤城堡＝清・赤城県赤城駅）
　　　　東北二一〇里　雲州駅（雲州堡＝清・赤城県雲州駅）
　　　　東北三〇〇里　開平駅（独石城＝清・独石駅）

となる。浩嶺駅を含めた四駅の清代行政区域上の所属関係を勘案すると、浩嶺駅は豊峪駅と同じく龍門県であるので、その豊峪駅の前後に配置されていたと考えられる。とすれば、『読史方輿紀要』巻一八、直隷九、龍門県に依拠した【史料Q⑦b】にみえる「東百七十里」の方をとるべきであり、豊峪駅と雲門駅との間に挟み込むことになる。したがって、宣府鎮城から開平衛城までのルートは、

【駅程C】
宣府鎮城　東北一四〇里　豊峪駅（長安嶺堡＝清・龍門県長安駅）―東三〇里―浩嶺駅（雕鶚堡＝清・龍門県雕鶚駅）―東北三〇里―雲門駅（赤城堡＝清・赤城県赤城駅）―東北一〇里―雲州駅（雲州堡＝清・赤城県雲州駅）―東北九〇里―開平駅（独石城＝清・独石駅）

ということになり、駅間の距離も明瞭となる。このような推算が誤謬ないものであるかどうか、清代の駅伝史料に較合すると、嘉慶朝『大清会典則例』巻五五九、兵部、郵政、駅程に、京師の皇華駅から独石への駅路と距離について、

【史料R①】

皇華駅より独石口に至ること共せて五百二十里。七十里して昌平州楡河駅に至り、六十里して延慶州居庸関駅に至り、六十里して懐来県楡林駅に至り、六十里して土木駅に至り、六十里して龍門県長安駅に至り、六十里して龍門県鵰鶚堡駅に至り、五十里して赤城県赤城駅に至り、四十里して赤城県雲州駅に至り、六十里して独石口に至る。

とみえる。京師皇華駅から独石まで五二〇里、宣府鎮城から開平駅のある独石までは三〇〇里であったから、宣府鎮城はそのほぼ中間に位置したことになる。【史料R①】の記述を開くと、

【駅程D】

京師皇華駅―七〇里―昌平州楡河駅―六〇里―延慶州居庸関駅―六〇里―懐来県楡林駅―六〇里―土木駅―六〇里―龍門県長安駅―六〇里―龍門県鵰鶚堡駅―五〇里―赤城県赤城駅―四〇里―赤城県雲州駅―六〇里―独石口

となり、龍門県長安から独石にいたる駅路を明代の駅名に変換すると、

豊峪駅（龍門県長安駅）―浩嶺駅（龍門県雕鶚駅）―雲門駅（赤城県赤城駅）―雲州駅（赤城県雲州駅）―開平駅（独石駅）

となり、【駅程C】・【駅程D】双方の駅路が一致する。ただ、駅間の距離に関しては、つぎのようにかなりな齟齬がある。

【駅程E①】	明代	豊峪駅	30	浩嶺駅	30	雲門駅	10	雲州駅	90	開平駅
【駅程E②】	清代	長安駅	60	雕鶚駅	50	赤城駅	40	雲州駅	60	独石駅

駅間それぞれの距離を明代史料による数字と清代史料による数字にわけて添えると、このように著明な相異がみうけられる。雲州駅—開平駅（独石駅）間の距離は清代六〇里に対して明代九〇里としていて清代での距離が短いのに対して、他の駅間においてはいずれも明代の数字が小さい。明尺では一里＝五五九・八メートルであるのに対して、清代では五七六メートルであるから、里数に換算すれば、清代の里数の方が小さいはずである。ところが、【駅程E①】・【駅程E②】に示した数字は、里数の方が小さいはずの清代の数字が明代に比べて大きいという矛盾がある。ちなみに、明代・清代共通の駅間である豊峪駅—浩嶺駅と長安駅—雕鶚駅とを比較すると、明代の里数は三〇里、清代の里数は六〇里とあるから、メートルに換算した場合、明代では一六・七九四キロメートル、清代においては三四・五六キロメートルになり、明清双方の距離数に相当な開きがある。このような矛盾をどのように絵解きするか、その手立てを今もちあわせていないので、後考に委ねることにするが、嘉慶朝『大清会典則例』巻五五九、兵部、郵政、駅程に基づく【史料R①】の記述は、北京から独石に至るルートを示していて貴重である。京師皇華駅を出発すると、昌平州楡河駅、延慶州居庸関駅、懐来県楡林駅、土木駅、龍

門県長安駅、龍門県鵰鶚堡駅、赤城県赤城駅、赤城県雲州駅、そして独石口にいたるという。これは京師から独石に到達する最短コースであったと思われるが、このコースには、京師―宣府鎮城間および宣府鎮城―独石開平駅間のルートは含まれていない。北京からにせよ、独石開平駅からにせよ、宣府鎮城と往還するためには、土木駅でコースを変更する必要があったからである。そのことは、明・官撰の『寰宇通衢』の「京城至北京行部並所属各府衛」に、

【史料R②】

北京会同館より宣府に至ること、馬駅六駅、百八十五里。北京会同館より五十里して楡河駅に至り、五十里して居庸関駅に至り、四十五里して楡林駅、四十里して土木駅に至り、五十里して雞鳴山駅に至り、五十里して宣府駅に至る。

とあることによって知ることができる。京師を出発すると、それ以後、昌平州楡河駅、延慶州居庸関駅、懐来県楡林駅、懐来県土木駅にいたり、ここでそのまま豊峪駅（龍門県長安駅）に向かえば、最短で独石にある開平駅に到着する。しかしながら、土木駅でいったん進路を変え、五〇里先の雞鳴山駅（鶏鳴駅）に向かえば、そこから五〇里先の宣府鎮城内の宣府駅に到着することになる。開平衛から宣府鎮城に出向く際も、豊峪駅（龍門県長安駅）から土木駅にいたったのちは楡林駅方面に向かわずに、土木駅で折れて雞鳴山駅（鶏鳴駅）に向かうルートが宣府鎮にいたる道順であった。宣府鎮の北路分守にあった開平衛城と宣府鎮城との公文書の通信や官物の逓送においては、土木駅が京師―宣府鎮城―開平駅連結する交通網のいわばハブ駅としての位置を占めていたのであった(48)。

余談ながら、土木駅について、清・沈濤撰の『瑟榭叢談』巻上に、「懐来県の西の土木駅は、即ち明英宗蒙塵の地なり」と記されている。「蒙塵」とは天子が変事の際に都から逃げ出すことである。たとえば、唐の玄宗が安禄山の乱のときに四川に逃れたことや、義和団事件が起きたときに西太后が光緒帝をつれて西安に逃れたことを「蒙塵」という。したがって、正統十四年（一四四九）八月十五日に、モンゴル軍の手に落ちて捕囚の人となった明英宗の場合は「蒙塵」という表現が妥当かどうか疑問がある。明代の史籍で使用されることがおおいのは「北狩」・「臨戎」という用語である。これらも実態とかけ離れたレトリックな表現であるが、それはともかくとして、英宗とその親征軍の殉難は土木駅付近で発生したので、歴史上、土木の変と称呼されている。大同から反転して京師に向かって東還中の英宗親征軍が土木駅に辿り着いたときに、追尾してきたモンゴル軍に追いつかれた。輜重兵・輜重車を含めた全軍収容が可能な直近の施設といえば宣府鎮城しかみあたらない。そこに逃げ込むことを目論んだとしても、一〇〇里（五五・九八キロメートル）のさらなる行軍を必要とした。一方、乾坤一擲、一路北京への回鑾をめざすとすれば、（『寰宇通衢』に依拠した【史料R②】の里数にもとづいて計算すると）、一八五里（一〇三・五六二キロメール）という長大な距離を踏破せねばならなかった。親征軍のそのとき駐驆していた場所からいずれに向かうとしても、その立ち往生、そして覆滅という深刻な結果を惹起することは避けがたいところであった。今上皇帝が異民族の捕虜となったのは、中国史上、北宋の徽宗・欽宗父子（靖康の変）と土木の変における英宗だけであり、まさに衝撃的な出来事であった(49)。

閑話休題。開平衛城と宣府鎮城を繋ぐ交通ルートのうち、土木駅に接続する豊峪駅から浩嶺駅・雲門駅・雲州駅と開平衛城におかれた開平駅までの五駅が、開平衛の管轄下にあったわけであるが、それではこれら五駅は開平衛城と宣府鎮城を繋ぐ地域上の軍站として、いかなる軍事活動につとめたか、章をあらためて、その様相を具体的に検討していくこととする。

三　開平衛站軍の戦歴と戦役

明の駅伝は、王朝の興起とともに、首都南京を中心として地方との交通網として整備されたが、それが一応の完成をみたのは洪武の中期以後のことであった。しかしながら、駅伝制の大綱は、それより早く、明朝の成立と共に発布された(50)。この大綱では、駅伝として馬駅・水駅・逓運所（水陸二種）・急逓鋪の四種を置くとして、それぞれの運営規定が詳細に書かれている。その概要をごく簡単にのべると、六〇里ないし八〇里ごとに設置される馬駅には、馬・驢・船・車・人夫を配置した。馬・驢の配備数は要衝の度合い応じて八〇疋・六〇疋・三〇疋の三段階があり、それら馬疋の供出は農民（糧戸）に課した。駅には供帳という使客の接待所を設け、宿泊する使客には一日廩米五升が給され、通過する使客には三升が給された。一方、水路交通の要衝に設けられた水駅には、幹線水駅と支線水駅の区別があり、幹線水駅でもその軽重度によって二〇隻・一五隻・一〇隻と配置船数が異なった。この駅船（站船）は絵を画いて装飾され、一隻には一〇人の水夫が乗り込むことになっていた。その水夫は、税糧四石以上一〇石以下の糧戸が一人ずつ供役し、この数に達しない場合は連合して一夫を出す定めとなっていた。同じく水路に設置された逓運所の船隻は、六百料（水夫一三人）・五百料（一二人）・四百料（一一人）・三百料船（一〇人）の四種があり、それらは紅色で塗られた紅船であった。乗組員たる水夫は、税糧五石以下の糧戸から一人ずつ選んで充てられた。これに対して、陸路に積載量一〇石で夫三人・牛三頭・布袋一〇条が附属する大車と積載量三石で夫一人・牛一頭が附属する小車が配置された。夫・牛は一五石の糧戸が供出した。急逓鋪は一〇里ごとに一鋪を設け、鋪司一人、鋪兵若干名を置き、付近の税糧一石五斗以上二石以下の糧戸から壮者を選充した。

以上の馬駅・水駅・逓運所・急逓鋪の駅種からなる駅伝制の運用が、明朝創業早々にして完全におこなわれたかどうかはともかくも、明朝成立年である洪武元年（一三六八）に相当に整備された駅伝の組織として大綱化できたのは、元代の制度を引き継いだからであるが、明朝成立後の社会経済状況は、駅伝運用の変化はもちろんのこと、その置廃・整理統合等にも大きく作用した。(51) 馬駅と水駅を併合した水馬駅が新しい駅種として登場したのもその一端である。

さて、個々の駅の構成であるが、それは地理的条件、要衝の度合い等に左右されて画一的ではなかった。たとえば、遣明使節の一員として北京に行った笑雲瑞訢や策彦周良が、その往還に立ち寄った北直隷順天府通州の和合駅をみてみると、糧僉站船一〇隻・甲夫一百名・鋪陳・什物各一〇副と改撥站船六隻・甲夫五一名・鋪陳・什物各六副、丁僉館夫二名が配備されていた。(52) 和合駅は、通州城の東南一四キロほどのところの、白河・楡河・渾河が合流する地点に設置されたので、(53) 駅種としては水駅であり、船隻と人夫等を主体とする構成となっていたのである。配備された站船の糧僉とは糧戸からその納糧額に応じて僉充せしめたもの、改撥は官司から配備充当したものである。館夫もまた丁僉とあるように糧戸からその丁数に応じて僉充されるものであった。

和合駅のこの事例からもわかるように、「駅」制を運営するための手段や施設は、その大半を徭役に求めていた。駅伝制は、徭役を負担する糧戸の支えなしには存立しえなかったのである。

個々の駅には駅丞が、逓運所には大使がおかれて主宰した。駅丞・大使はともに未入流官（従九品以下）である。各駅・逓は府州県に所属して駅伝同知の管理を受けるが、さらに十三布政使司ごとに設けられている駅伝道がこれを支配し、そのうえに、駅伝道副使とか駅伝道僉事と呼ばれた按察使司副使や僉事が巡視するという三段構えになっていた。(53)

駅の管理体制は、一般的には以上のように理解されている。しかしながら、広大な領土をもつ明代中国には、糧戸を基盤とする民站（民駅）のほかに衛所軍を基盤とする軍站（軍駅）も設置されていた。本論における分析の対象になっている軍站（軍駅）がそれである。軍站を構成する站軍（駅軍）には、最初に「はじめに」においてのべたように、犯罪者が衛所に謫発されて配属された。就軍の事情がどうであれ、軍功をあげれば、かつて犯罪者であったことは陞進に際して何らかの障碍となることもなかった。しかも、いったん、衛所官に陞進すると、その後裔が衛所官職を世々襲替することができた。さらに軍功を立てれば、一段の陞進もありえたし、さしたる軍功がなくても、現有の衛所官職を失うことはなかった。軍站は、衛所に所属し、そこから衛所官と站軍としての衛所軍が派遣され、各軍站は、軍情・軍需品逓送等の駅站本来の業務と軍事機関としての任務とが表裏一体の関係をもって、軍事防衛の一翼をになった。したがって、かかる軍站の管理者たる衛所官に課された一番の責務は、民站とはまったく異なる性格と機能を有する軍站の統轄と駅站としての郵逓事業と軍事行動という鼎立的な業務を円滑に講じることであった。

そのような性格を有する站軍の来源については、「為事充軍」という画一的な表現に終始することがおおく、『開平衛選簿』に限らず、衛選簿全体に共通していえることであるが、「為事」の具体的な内容の記述は欠如している。犯罪者が站軍にあてられることは、たとえば、『開平衛選簿』潘鉞の条、「外黄査有」の下に、「潘福、浮梁県の人。父の潘善信、先に泗州衛軍に充てられる。永楽十二年、事を為し発して開平衛開平駅に充てられ站に擺せらる」とみえるように擺站といい、擺站されたものが擺站軍であった。擺站の擺は普段あまり目にしない字であるが、音は漢音で「ハイ」、訓読みは「ひらく」で、意味は発・配・排と同じである。明代軍站史研究にあっては、衛選簿以外の史籍にみえる擺站軍に関する零細な記述を輯綴して、擺站軍にされた理由、換言すれば、その来源や創出のあり方を探究することも重要課題ではあるけれども、その検討は別稿に譲り(54)、以下においては、開平衛所属の諸軍站の站軍の戦歴を掘り起こすこと、そして、それにもとづいて、站軍がかかわった戦役の形貌について考察・検討することにする。

(一) 站軍それぞれの戦歴

まずはじめに、站軍個々の戦歴を検証する。『開平衛選簿』の中から、軍站にかかわりのある家だけを取りだして、『開平衛選簿』における頭書の人物名、その郷貫(ほんせき)、所属軍站名、戦役の戦跡地の順に摘記する。したがって、頭書の人物がその戦役に直接にかかわったことを意味するわけではなく、その家が世襲されていく間の戦歴の集積記録であることを意味する。

【表H】「開平衛諸軍站と站軍の戦歴」

No.	頭首名	郷貫	軍站名	戦役地(掲載頁)
1	張勛	昌楽県	開平駅	瓦房嵯、伯顔山、以克列蘇、灤河三岔口、居庸関、紫荊関五郎河(八頁)
2	鍾季	貴池県	開平駅	瓦房嵯、西涼亭、灤河三岔口、徳勝門、固安堺州(九頁)
3	張尚文	鄒平県	独石駅→開平衛	西涼亭、以克列蘇、居庸関、紫荊関五郎河、赤城将軍廟三岔口(九頁)
4	馮勲	魏県	開平駟	伯顔山、別児克、居庸関、紫荊関、関子口(一二頁)
5	成鯤	霍州	開平駅	安子山、居庸関、宣府東南二門、威寧海子(一三頁)
6	王尚忠	棲霞県	独石駅→開平衛	閔安山瓦房嵯、鞍手山、紫荊関(一四頁)
7	井輔国	宿州	独石駅→開平衛	瓦房嵯、伯顔山、紫荊関、居庸関(一四頁)
8	孫国忠	沂州	開平駅	瓦房嵯、伯顔山、克列蘇、小石門墩溝、馬家門(一六頁)
9	郭鋭	臨城県	↓開平駅	灤河三岔口、懐安城東、紫荊関(一六頁)

10	崔奉忠	昌楽県	開平駅	伯顔山、以克列蘇、紫荊関（一七頁）
11	樊裕	済陽県	独石駅→開平衛	居庸関、紫荊関五郎河、楡林兒（一八頁）
12	潘鉞	浮梁県	開平駅	伯顔山宝昌州、灤河三岔口、居庸関、楡林兒（一九頁）
13	郭正道	興化県	開平駅	克列蘇、居庸関水澗口、紫荊関（一九頁）
14	于輔	楡次県	開平駅	居庸関、宣府南関東南二小門（二〇頁）
15	馮世勲	珉州	浩嶺駅	威寧海子（二二頁）
16	穆雲漢	固安県	浩嶺駅	伯顔山、以克列蘇、灤河三岔口、居庸関、紫荊関（二三頁）
17	楊尚武	猗氏県	浩嶺駅	回回墓、白塔兒三岔口、灤河三岔口、居庸関、宣府南門二処（二三頁）
18	趙国	忻州	浩嶺駅	閔安山瓦房嵯、伯顔山宝昌州、懐安、紫荊関（二四頁）
19	王添爵	涇陽県	浩嶺駅	克列蘇、三岔口、居庸関、紫荊関、陝西（二五頁）
20	甄廷璧	固安県	→浩嶺駅	応昌迤北、灤河三岔口、紫荊関、居庸関（二八頁）
21	朱欽	泰州	浩嶺駅	閔安山瓦房嵯、西涼亭回回墓、居庸関、紫荊関（二八頁）
22	察理	陳州	閔安駅→浩嶺駅	伯顔山、紫荊関、居庸関、宣府南門外（二九頁）
23	孟辰	鄒平県	浩嶺駅	以克列蘇、灤河三岔口、居庸関（二九頁）
24	王孟卿	固安県	浩嶺駅	克列蘇、居庸関、紫荊関（三〇頁）
25	席文	海州	浩嶺駅	灤河三岔口、居庸関、玉石溝、羊房堡（三一頁）
26	王洪	猗氏県	→浩嶺駅	克列蘇、紫荊関（三一頁）
27	金磬	大興県	閔安馹→浩嶺駅	克列蘇、三岔口、居庸関（三二頁）
28	王勲	猗氏県	東涼亭馹→浩嶺駅	灤河三岔口、居庸関、紫荊関、楡林兒（三二頁）
29	懐斌	江寧県	閔安馹→浩嶺駅	迤西以克列蘇、居庸関、紫荊関（三三頁）
30	楊尚武	猗氏県	東涼亭馹→浩嶺駅	居庸関、水草溝（三四頁）

31	徐堂	鄒平県	浩嶺駅	徳勝門（三四頁）
32	劉鎮	忻州	→浩嶺駅	伯顔山宝昌州、居庸関、紫荊関（三六頁）
33	白沢	忻州	東涼駅→浩嶺駅	克列蘇、紫荊関、威海子（三七頁）
34	景恵	猗氏県	東涼駅→浩嶺駅	以克列蘇、居庸関、紫荊関五郎河（三九頁）
35	張用	鄒平県	閔安駬→浩嶺駅	以克列蘇、三岔口、居庸関（三九頁）
36	王枢	沢州	賽峯駅→豊峪駬	伯顔山、灤河三岔口、居庸関、紫荊関、宣府南門外城東（四〇頁）
37	董鉞	沢州	豊峪駬	克列蘇、居庸関（四一頁）
38	徐紀	沢州	賽峯駅→豊峪駬	伯顔山宝昌州、以克列蘇、居庸関、紫荊関五郎河（四一頁）
39	張添爵	済源県	賽峯駅→豊峪駬	克列蘇、灤河三岔口、居庸関、紫荊関（四二頁）
40	閆福	沢州	威虜駅→豊峪駅	伯顔山宝昌州、北穴嶺赤把禿河、以克列蘇（四四頁）
41	宋朝臣	沢州	豊峪駅	灤河三岔口、居庸関、紫荊関（四五頁）
42	宋国良	沢州	豊峪駅	馬営等堡（四七頁）
43	于賔	莒州	豊峪駬	閔安山瓦房嵯、西涼亭回回墳、居庸関（四八頁）
44	常輔	済源県	賽峯駅→豊峪駅	伯顔山宝昌州、以克列蘇、居庸関（四八頁）
45	程儒	沢州	豊峪駬	閔安山瓦房嵯、伯顔山宝昌州、乾庄兒、紫荊関五郎河（四九頁）
46	郝天爵	高平県	豊峪駬	伯顔山宝昌州、居庸関、野馬澗（四九頁）
47	袁天爵	済源県	賽峯駅→豊峪駅	伯顔山宝昌州、克列蘇、居庸関（五〇頁）
48	賀鎮	臨潼県	雲門駬	瓦房嵯、伯顔山、居庸関、紫荊関（五一頁）
49	夏鎧	江都県	開平駅→雲門駅	西涼亭、克列蘇、居庸関、紫荊関（五三頁）
50	楊尚忠	蔚州	泥河駬→雲門駅	伯顔山宝昌州、応昌克列蘇、居庸関、紫荊関（五三頁）
51	葉傑	東莞県	温寧駅→雲門駅	以克列蘇、灤河三岔口、居庸関、紫荊関（五四頁）
52	韓経	蒲州	泥河駅→雲門駅	克列蘇、徳勝門外、垻州固安楊宣務、徳勝墩（五五頁）

53	陳幹	高郵州	雲門駅	伯顔山、以克列蘇、居庸関、紫荊関（五五頁）
54	劉安	昌楽県	湿寧駅→雲門馹	居庸関、紫荊関、宣府南門外（五九頁）
55	耿昇	霊石県	泥河馹→雲門駅	伯顔山宝昌州、居庸関、紫荊関五郎河、楡林兒（六〇頁）
56	趙傑	泰州	→雲門駅	克列蘇、居庸関、紫荊関（六〇頁）
57	郭斌	鄒平県	湿寧運所→雲門駅	西涼亭、以克列蘇、居庸関（六一頁）
58	栢雄	済源県	泥河馹→雲門馹	瓦房嵯、伯顔山宝昌州、灤河三岔口（六二頁）
59	周杰	蔚州	泥河駅→雲門駅	伯顔山宝昌州、以克列蘇、紫荊関、羊房堡三里庄（六二頁）
60	石錦	鄭州	雲門駅	以克列蘇、三岔口、居庸関（六三頁）
61	屈鋭	霊石県	泥河駅→雲門駅	伯顔山、三岔口、居庸関（六三頁）
62	朱宝	蔚州	雲門馹	克列蘇、紫荊関（六四頁）
63	李景陽	済源県	雲門駅	居庸関、紫荊関、威海子、玉石溝（六五頁）
64	張輔	恩県	雲州駅	瓦房嵯、西涼亭、以克列蘇、居庸関、紫荊関五郎河（六八頁）
65	劉鏜	順義県	雲州駅	居庸関、紫荊関（六八頁）
66	苗添禄	沢州	雲州馹	閔安山瓦房嵯、伯顔山宝昌州、克列蘇、居庸関、紫荊関（六九頁）
67	袁尚宗	固安県	雲州馹	伯顔山、克列蘇、三岔口、居庸関水澗口、紫荊関（六九頁）
68	張継武	恩県	雲州駅	瓦房嵯、西涼亭、灤河三岔口（七〇頁）
69	尚清	固安県	黄岩馹→雲州駅	克列蘇、灤河三岔口、居庸関、紫荊関（七一頁）
70	孫景陽	掖県	雲州駅	瓦房嵯、伯顔山、克列蘇、居庸関、紫荊関（七二頁）
71	馬鎮	盧氏県	雲州駅	伯顔山、克列蘇、居庸関、紫荊関（七二頁）
72	雷沢	朝邑県	黄崖駅→雲州駅	居庸関（七三頁）
73	慈鎮	塩山県	環州駅→雲州駅	以克列蘇、居庸関、紫荊関（七四頁）
74	陳銘	即墨県	雲州駅	克列蘇、灤河三岔口（七四頁）

75　蒋維藩　句容県　雲州駅　北只嶺、紫荊関（七五頁）
76　田広　盧龍県　雲州駅　白塔兒三岔口、居庸関、紫荊関五郎河、（六八頁）、
77　馬承恩　昌楽県　開平駅　大鄭家溝口（八四頁）
78　郭縉　盧龍県　黄崖駅→?→雲州千戸所　伯顔山宝昌州、克列蘇、灤河三岔口、居庸関（八九頁）

以上、『開平衛選簿』のなかから軍站衛所官家それぞれの戦歴に関する記録を採り出し、それらを集積して一覧表とした。ここで確認しておくべき第一点は、集積記録という用語の意味についてである。たとえば、事例1の張勛の場合、「瓦房嵯、伯顔山、以克列蘇、灤河三岔口、居庸関、紫荊関五郎河」の戦歴は、すべて張能一人の戦歴であるが、それに対して事例8の孫国忠の項にみえる「瓦房嵯、伯顔山、克列蘇、小石門墩溝、馬家門」の戦歴のうち、瓦房嵯・伯顔山・克列蘇は一輩孫義の、小石門墩溝・馬家門は四輩孫琦の戦歴である。このように通時的にみると、一人の戦歴と二人以上の複数人の戦歴を記したケースとさまざまであり、また一人でも複数の戦歴があり、集積記録とはその二つの意味を包括している。

つぎに第二点は、ここにあげた七八の軍站衛所官事例であるが、これはすべてを遺漏なく網羅したわけではないことである。罪を犯した結果として站軍に擺站されることにはじまって、やがて軍功をたてて駅站衛所官に陞進したことは自明でありながら、站軍から軍站衛所官への陞進過程においていかなる軍事活動・戦役にかかわって陞進したのかを示す記述がまったくないというケースが少なくないからである。たとえば、陳福家の場合（一〇頁）、まずその家の来歴を記した「外黄査有」あるいは「内黄査有」下の記事を欠いており、最初に記された記述は、二輩陳能に関するもので、そこに以下のようにある。

【史料S①】

天順六年五月、陳能、太和県の人。開平衛帯管開平駟故百戸陳林戸名陳昇の親姪に係る。世襲を欽与せらる。

陳林は開平駅の百戸になっており、その百戸職は親姪の陳能に世襲されている。さらに記録を辿ると嘉靖年間まで開平駅百戸職は保持されているが、一輩の陳林が百戸に陞進した事由、つまり軍事活動とのかかわりあいは、「外黄査有」もしくは「内黄査有」下の記事自体が白紙で何の記述もないために明確ではない。しかしながら、陞進が軍功であったことを仄示しているのは、三輩陳福の項で、そこには、

【史料S②】

嘉靖参年九月、陳福、泰和県の人。開平衛故帯管開平駅副千戸陳能の嫡長男に係る。伊《こ》の伯祖林の功もて試百戸に陞せられる。……父襲ぎ、功を獲て署副千戸に陞せらる。

とある。「伊の伯祖林の功もて試百戸に陞せられる」とは陳福の大伯父にあたる一輩陳林の総旗から副千戸への陞進を、「父襲ぎ、功を獲て署副千戸に陞せらる」は陳福の父陳能の試百戸から署副千戸への陞進を指しており、その事由が「功」であったという。『開平衛選簿』にみられる駅站衛所官への陞格事例に照らし合わせれば、この「功」が軍功を意味することは明白である。また站軍と駅站衛所官とには、軍士と衛所官という身分上の歴然とした差違があるが、擺站された站軍から官品を有する駅站衛所官になることは駅站総旗から駅站試百戸に陞進することがその分岐点であった。(55) それは同時に衛籍の軍籍から官籍への変更という身分上の画期をもたらした。

軍士身分と衛所官身分とを歴然とわかつその分岐点、繰り返していうが、総旗から試百戸への陞格を陳福の大伯父の陳林は軍功をもって乗り越えたのである。

逆にまた、降格においても軍事活動がおおいにかかわった。たとえば、戚玉（二二頁）の場合は、署正千戸事副千戸から終身軍に降格充軍されているが、その事由については、戚玉の条、四輩戚尚文の項に、

【史料S③】
万暦六年十二月、分（ママ）、戚尚文、年四十五歳、兗州府の人。開平衛浩嶺駅故充終身軍署正千戸事副千戸戚玉の嫡長男に係る。伊の父戚玉、原、署正千戸事副千戸を襲ぐ。嘉靖二十五年、該に守備すべきも設けざるを犯し桂林右衛中所の終身軍に充てらる。隆慶三年、故す。本舎、例に照らして祖職の署正千戸事副千戸を襲ぐを准さる。考試三等。

とあり、開平衛浩嶺駅の署正千戸事副千戸職を世襲した戚玉は、嘉靖二十五年（一五四六）に「犯該守備不設」の罪を問われて広西桂林右衛中所の終身軍に充てられたのである。しかしその降格処分が永遠軍でなかったので、隆慶三年（一五六九）に戚玉が死去すると、その嫡長男の戚尚文は比試（能力認定試験）に三等で合格すると、祖職たる署正千戸事副千戸を襲ぎ、開平衛浩嶺駅に復帰したのであった。

終身軍はこのように一代限りであり、その後の世襲者には陞進の可能性もあった。ついでにいえば、終身軍と対極をなす用語である永遠軍は、衛所官が罪を犯して辺境諸衛の軍士に落とされたあと代々軍士から抜け出せないというものであった。衛籍の観点からみれば、終身軍は旗籍や官籍に変更されることもあるが、永遠軍は永久に軍籍であり続けるということを意味する。そのような永遠軍に降格処分されるのは、

【表Ｉ】「駅站衛所官の永遠軍降格事例」

No.	当事者	処分年	軍站官職	配置先	事由	掲載頁
1	葉傑	万暦四年	雲門駅百戸	遼東寧遠衛永遠軍	監銭糧事	五四頁
2	陳幹	隆慶四年	雲門駅百戸	北直隷薊州衛中所永遠軍	盗庫銭	五六頁
3	李鎧	嘉靖三十七年	雲門駅百戸	陝西楡林衛永遠軍	監守自盗	五七頁
4	劉安	嘉靖三十七年	雲門駅試百戸	陝西寧夏衛永遠軍	監守自盗	五九頁
5	朱文昇	嘉靖三十六年	雲門駅試百戸	遼東蓋州衛永遠軍	監守自盗	六六頁
6	張輔	嘉靖三十六年	雲門駅試百戸	陝西靖虜衛永遠軍	監守自盗	六八頁

とあるように、直接軍事活動にかかわる事由ではなく、衛所の銭粮や庫銭等の盗掠することや自分が管理している倉庫の銭糧等を盗む「監守自盗」等の行為に対してであった。これらは斬の対象であり、雑犯死罪と呼ばれるものであった。明代の刑法制度においては、死罪には真犯死罪と雑犯死罪との二種があった。前者は律の正文に載せられた斬罪・絞罪に処せられることが当然の罪をいうのに対して、後者は犯した罪は甚だ重く、斬・絞の死刑に処せられるべきではあるが、もとは過失等にでて、その犯罪に憐れむべきことがある罪をいった。雑犯死罪の斬、もしくは絞に判決されたものは、実際には『御製大誥』の定めによって死一等を減ぜられた。この場合の処罰は、徒刑に准用して五年とした(56)。このように永遠軍に落とされたのは、本来雑犯死罪であるけれども、死一等を減じての徒刑に准用されたものであるが、かれら駅站衛所官の徒刑には五年という制限はなく、文字通り、永遠に軍士という厳しい処置がなされたのである。上記【表Ｉ】の事例のうち、3李鎧・5朱文昇の二例以外の、1葉傑・2陳幹・4劉安・6張輔の先祖たちの戦歴は、いずれも【表Ｈ】の戦歴表にみえる。かれらは軍功の積み重ねで一擺站軍から駅站衛所官に陞進したのであるが、子孫による「監守自盗」等の行為によって永遠軍に落

とされ、再びの陞進は閉ざされたのであった。

話柄がややそれたが、【史料S①】・【史料S②】の事例からも明白なように、「外黄査有」もしくは「内黄査有」下の記事が白紙で軍功による陞進記事を欠いていても、陞進を可能にしたのは軍功によってであった。そのようにみなされる事例を摘記すると、つぎのようになる。

【表J】「開平衛諸站軍とその軍站・官職」

No.	頭首名	郷貫	軍站名・最高官職名（掲載頁）
1	陳鉞	宿州	開平駟百戸（一〇頁）
2	陳福	太和県	開平駅百戸（一〇頁）
3	劉鐙	海州	開平駅百戸（一一頁）
4	王鉞	安仁県	開平駅百戸（一二頁）
5	張玹	常熟県	開平駅百戸（一八頁）
6	張俊	陽曲県	雲州駅百戸（二〇頁）
7	戚玉	沂州	浩嶺駅正千戸（二一頁）
8	周通	宿松県	浩嶺駅百戸（二六頁）
9	劉達	固安県	浩嶺駅百戸（二六頁）
10	李瑾	昆明県	浩嶺駅百戸（二六頁）
11	郭元勲	高陵県	浩嶺駅百戸（二六頁）
12	周鐙	江都県	浩嶺駅百戸（二六頁）
13	栗昇	沂州	浩嶺駅試百戸（三六頁）
14	趙宝	固安県	浩嶺駅百戸（三八頁）

15	董英	猗氏県	浩嶺駅百戸（三八頁）
16	劉俊	沢州	豊峪駅百戸（四三頁）
17	焦鎮	沢州	豊峪駅百戸（四三頁）
18	張欽	楡次県	豊峪駅副千戸（四三頁）
19	王瑀	沢州	豊峪駅百戸（四六頁）
20	武爵	莒州	豊峪駅百戸（四七頁）
21	晁鎮	灤州	雲門駅正千戸（五〇頁）
22	董蘭	高郵州	雲門駅正千戸（五二頁）
23	銭俊	海州	雲門駅百戸（五二頁）
24	田文	蔚州	雲門駅百戸（五六頁）
25	高玘	邢台県	雲門駅百戸（五六頁）
26	李鐙	広平県	雲門駅百戸（五七頁）
27	趙青	玉田県	雲門駅百戸（五八頁）
28	祝実	儀封県	雲門駅百戸（五八頁）
29	孫鐙	霊丘県	雲門駅百戸（六五頁）
30	朱文昇	安東県	雲門駅百戸（六六頁）
31	高英	階州	雲門駅百戸（六六頁）
32	張鎮	沢州	雲門駅百戸（六七頁）
33	辛宝	固安県	雲州駅百戸（七四頁）
34	張瑾	固安県	雲州駅百戸（七六頁）
35	王鎮	沢州	雲州駅百戸（七七頁）

以上に掲出した三五の駅站衛所官家は、開平衛所属の軍站の正千戸・副千戸・百戸・試百戸に陞進しているものの、その陞進事由を欠如している事例である。かかる事例は開平衛が統轄するすべての軍站、すなわち開平駅・浩嶺駅・豊峪駅・雲門駅・雲州駅にみられることであるが、陞進事由の欠如は記録の消失の結果であって、【史料S①】・【史料S②】の事例が仄示しているように、軍事活動とは関係なき事由の陞進であるとは思えない。とすれば、軍站の站軍や駅站衛所官がかかわった戦役、すなわち【表H】に掲出した諸事例は残存記録の一部にすぎないことになる。そのことからも、開平衛の諸軍站と各軍站を構成・運営する駅站衛所官と站軍の軍事活動は、決して比重の軽いものではなく、北辺防衛の一翼をになう役割が課せられていたとみなすことができるであろう。これが運営上徭役制度に依存することが多大な民站（民駅）とは根本的に異なる差違であった。

（二）　戦役の形貌

さて、それでは、開平衛諸軍站の衛所官・站軍の軍事活動の残存記録としての【表H】の諸戦役は、具体的にはいかなる戦いであったのであろうか。また、それらは明代北辺防衛史上においてどのような意味を有していたのであろうか。以下において、煩を厭わず、あたうかぎり戦役の形貌を検討することにする。

まず、最初に【表H】に掲出した諸事例について、類似する地名ごとにグループわけすると、【表K】のようになる。

【表K】「開平衛諸站軍の諸戦役」

（あ）瓦房嵯・関安山瓦房嵯

1、2、6、7、8、18、21、43、45、48、58、64、66、68、70

（な）北只嶺・北穴嶺赤把禿河
　40、75
（に）馬営等堡
　42
（ぬ）乾庄兒
　45
（ね）野馬澗
　46
（の）徳勝墩
　52
（は）大鄭家溝口
　77
（ひ）関子口
　4
（ふ）陝西
　19

以下、五十音順に戦闘・戦役の具体像を探っていきたい。

（あ）瓦房嵯・関安山瓦房嵯

ここに分類したのは一五件、そのなかで関安山瓦房嵯と表記された事例は6、18、21、43、45、66の六件である。瓦房嵯であれ関安山瓦房嵯であれ、これらの戦役地名は文脈上どのような形で表出するのか、参考に供するために瓦房嵯と関安山瓦房嵯とにわけて例示すると、以下のとおりである。

【史料T①】

瓦房嵯

1「宣徳十年、瓦房嵯にて達賊を擒獲し小旗に陞せらる」、2「宣徳拾年、瓦房嵯にて達賊を擒獲し小旗に陞せらる」、7「宣徳十年、瓦房嵯等処にて賊を殺すに功有りて本駐の小旗に陞せらる」、8「宣徳十年、瓦房嵯にて達賊を擒獲し小旗に陞せらる」、48「宣徳十年、瓦房嵯にて達賊を擒獲し小旗に陞せらる」、58「宣徳十年、瓦房嵯にて達賊を擒獲し小旗に陞せらる」、64「十年、瓦房嵯にて達賊を擒獲し小旗に陞せらる」、68「宣徳十年、瓦房嵯に至り賊に遇い対敵斬獲するに功有りて小旗に陞せらる」、70「宣徳十年、瓦房嵯にて賊を殺し小旗に陞せらる」。

関安山瓦房嵯

6「宣徳拾年、関安山瓦房嵯にて達賊を擒獲し小旗に陞せらる」、18「十年、関安山瓦房嵯にて達賊を擒獲し小旗に陞せらる」、21「十年、関安山瓦房嵯にて達賊を擒獲し小旗に陞せらる」、43「宣徳十年、関安山瓦房嵯にて達賊を擒獲し小旗に陞せらる」、45「宣徳十年、関安山瓦房嵯にて達賊を擒獲し、十月小旗に陞せらる」、66「十年、関安山瓦房嵯にて達賊を擒獲し小旗に陞せらる」。

以上に列挙した記事から、本戦役の起きた年次がいずれも宣徳十年（一四三五）であること、交戦相手が達賊であることという共通事項が摘出できる。したがって、瓦房嵯・関安山瓦房嵯の会戦なるものは、宣徳十年（一四三五）に閔安山の瓦房嵯で明軍と達賊との間で発生した戦闘であると認識される。とすれば、閔安山瓦房嵯とはどこか、達賊は具体的には何をさすか、明軍では誰がこの戦闘を指揮したのか等の設問を解くのがつぎの課題になる。

そこで、まず、宣徳十年（一四三五）におけるこの閔安山瓦房嵯の会戦に関する記事が明代史籍にみえるかどうか確認するに、宣徳十年（一四三五）と瓦房嵯もしくは閔安山瓦房嵯と連結してふれた史料は皆無に近く、『明実録』・『国榷』・『明史』等の主要史料をはじめ殆どの史料上にその記録をとどめていない。換言すれば、宣徳十年（一四三五）に明軍が閔安山の瓦房嵯において展開した戦役は、歴史の濬潭に埋れていたのであるが、その埋没から掬い上げるのに効力を発揮するのが、明・陳循の手になる「故奉天翊衛推誠宣力武臣特進榮祿大夫柱国昌平侯追封潁国公謚武襄楊公神道碑銘」である。これは陳循自身の『芳洲文集』巻七に所収され、また『国朝献徴録』巻一〇にも「昌平伯進侯追封潁国公謚武襄楊公洪神道碑銘」の題名で再録されている。英宗の正統年間に、文淵閣大学士にして、戸部尚書兼翰林院学士であった陳循は、その神道碑銘のなかで、

【史料T②】

十年秋、辺計を問うを以て公を駅召して京に至らしめ、指揮使に陞す。特に金織文綺襲衣賓刀盔甲弓矢楮幣を賜いて遣還す。尋いで給事中等官を遣わして璽書符験を齎らして鎮に就けしめ、命じて遊撃将軍に充て、万全の精兵二千・廏馬四千二百を統率して北辺を巡備し、開平籔箕河に至り還るや、虜寇に閔安瓦房嵯に遇う。公其下を揮い分翼して進攻し、大いに賊衆を破り、首級を斬獲すること凡そ十有六、其の器械駝馬牛羊を幷せ、賊首の脱脱白暖台を生擒して還り、都指揮僉事に陞せられる。正統元年八月、召せられて京に至り賞を受く。

とのべている。のちに名将と称せられる楊洪[57]は、宣徳十年（一四三五）、万全都司下の精兵・馬軍を率いて北辺を巡哨したおりに、脱脱白暖台等の達賊と遭遇して、脱脱白暖台の擒獲をはじめ多大な戦果をあげたのである。楊洪率いる北辺巡備軍と脱脱白暖台等の軍が遭遇したのが閔安瓦房嵯であったというから、この戦役が宣徳十年（一四三五）における瓦房嵯あるいは閔安山瓦房嵯の会戦として『開平衛選簿』に頻出する事例と合致することは疑いないところである。開平衛哨備指揮使の楊洪が遊撃将軍に加陞され官軍二千余騎を付せられたのは宣徳十年（一四三五）秋七月二十八日のことであった[58]。そして、『英宗実録』宣徳十年九月乙未の条に、「開平衛指揮使楊洪を陞して都指揮僉事と為し加えて金織衣一襲鈔三千貫を賜う。虜寇を獲するの功を以てなり」とあるように、楊洪が開平衛哨備指揮使から万全都司の都指揮僉事に陞格したのは九月二十一日であった。この陞格人事が「虜寇を獲するの功」にともなうものであり、この虜寇擒獲が閔安山瓦房嵯における達賊の擒獲を意味することも明白である。とすれば、閔安山瓦房嵯の会戦は同年七月二十八日から九月二十一日の間に起きたといえる。

これは楊洪軍が達賊の動静を探知して狙い定めて出軍した結果ではなく、巡哨活動上でたまたま起きた遭遇戦であった。かかる偶発的な戦いにおいて、開平駅・浩嶺駅・豊峪駅・雲門駅・雲州駅の開平衛所属軍站全てにわたって站軍が軍功をあげていることは、楊洪の巡哨軍中に站軍も当初から組み込まれていたことを意味する。

それでは、いったい閔安山瓦房嵯は、いずれの地にあったのであろうか。これについて、『読史方輿紀要』巻一八、直隷九、付見、開平故衛、臥龍山に、

【史料T③】

閔安山は衛の西南に在り。明安駅に近し。明宣徳中、黄直の敵を敗りし処也。又た大伯顔山も亦た衛の西南に在り。其の下は鳴鑾戍と為す。成祖嘗て此に大閲す。

とあり、関安山は独石の開平衛ではなく、内徙以前にあった上都の開平衛の西南に位置し、明安駅の近くであったという。明安駅は関安駅とも表記されるが、本駅はさきにふれたように、開平衛の内徙によって廃止され、站軍は浩嶺駅に併入された。宣徳六年（一四三一）のことである。旧来おかれた場所は、楊正泰『明代駅站考』では、今の河北沽源県東北閃電河に比定している（同書、八七頁）。

ついでながら、【史料T③】は関安山の場所を示すほとんど唯一の記述であり、はなはだ有益であるが、それに関連して「明宣徳中、黄直の敵を敗りし処なり」とある文言は正確ではない。黄直とは黄真のことであるが、この黄真がかかわった戦いについて、『英宗実録』正統六年十一月乙未の条に、

【史料T④】

宣府総兵官左都督譚広等奏すらく、十月二十四日、左参将都督僉事黄真等、兵を率いて巡哨し伯顔山に至るや、虜騎百余に遇い、之を撃走せしめ、其の馬八匹を獲す。明日、関安山に至るや、復た兀良哈三百余騎と遇う。都指揮朱謙・文弘広等衆を率いて又た之を敗る。二人を生擒し、馬四匹を獲す。賊潰え、官軍之に乗じて莽来泉に至る。賊遂に山溝を越えて遁れ去る。上曰く、辺将敵に遇い力を効すこと嘉みすべし、其れ真を陞して都督同知と為し、謙を都指揮使に、弘広を都指揮同知とす、と。

とみえる。巡哨中の左参将都督僉事黄真等が伯顔山において百余りの虜騎に遭遇し、これを撃走させたのは正統六年（一四四一）十月二十四日のことであった。そして、翌日は関安山において兀良哈三百余騎と遭遇し、都指揮朱謙・文弘広等がこれを撃ち、かつ潰走する兀良哈を莽来泉まで追ってきたのである。この記事によると、黄真等が伯顔山における撃退に、朱謙・文弘広等が関安山における撃退追撃にかかわったような印象を抱かせる

が、乾隆『口北三庁志』巻一〇、世紀中、明には、

【史料T⑤】
十月、左参将黄真等、兵を率いて巡哨し伯顔山に至るや、寇騎百余に遇い、之を撃敗す。明日、明安山に至るや復た兀良哈三百余騎と遇い、又た之を敗り、追うて莽来泉に至る。賊遂に山を越えて遁れ去る。

とあり、また『明史』巻一七三、朱謙伝には、

【史料T⑥】
正統六年、参将王《ママ》真と巡哨して伯顔山に至るや、寇に遇い之を撃走せしむ。閔安山に次るや兀良哈三百騎に遇い、又た之を敗り、追うて莽来泉に至る。寇、山澗を越えて遁れ去る。

とあるのを参看すると、朱謙・文弘広も参将黄真の指揮のもとで巡哨活動に従事していたのであり、前掲『読史方輿紀要』の「明宣徳中、黄直の敵を敗りし処なり」にみえる「宣徳中」が「正統中」の謬りであることは明白である。

それはさておき、宣徳十年（一四三五）における瓦房嵯あるいは閔安山瓦房嵯の会戦の対敵し、生擒した脱脱白暖台等の達賊とは具体的には何をさすのであろうか。

衛選簿には、「達賊」に対置される存在として「達官」という用語が散見する。塞外出身でありながら衛所官に叙任され陞進していった人々に用いられた用語で、これが女直人をさしている場合もあるけれども、多くの場

合は山後人、達達人、迤北達子等の表記を随伴しているので、モンゴル人をさしていることがおおいが、そこで、楊洪が生擒した達賊もまたモンゴル人あるいはモンゴル軍を指称しているとまでは踏み込めない。それは、宣徳十年（一四三五）のときと同じく正統六年（一四四一）十月二十五日に関安山において撃退されたのは兀良哈の軍騎であったからである。とすると、必ずしもすべての事例を達賊＝モンゴル人（軍）とみなすことはないであろう。具体的に比定することは、開平衛所属軍站の站軍が参加した他の戦役における対敵者を究明することによって徐々に鮮明になるであろう。

（い）　伯顔山・伯顔山宝昌州

このグループは全部で二九件。事例36に年次が抜けている以外、あとはすべて正統三年（一四三八）に繋年している。開平衛諸軍站の軍事活動に関連して伯顔山・伯顔山宝昌州と表記されている会戦は、この正統三年（一四三八）に起きたのである。この会戦については、『英宗実録』正統三年春正月丙申の条に、

【史料T⑦】

游撃将軍都指揮僉事楊洪奏すらく、比ろ達賊辺を犯すに因り、臣兵を率いて勦捕し伯顔山に至るや賊に遇い奮撃し、賊首指揮也陵台等四人を生擒す。余賊は悉く潰ゆ。既にして追うて宝昌州に至るや、賊復た迎敵す。我軍勇を賈して進み、又た賊首何台荅剌花等五人を擒う。遂に大敗して遁れ去る。首級を斬獲し器械孳畜を并すること千を以て計う、と。師を全して還る。勅諭を遣わして之を労り、仍りて命じて功有る官軍を録し以聞せしむ。

とみえ、会戦の発生は正統三年（一四三八）正月、明軍を指揮したのは（あ）閔安山瓦房嵯の会戦と同じく楊洪であった。（あ）は巡哨途中にたまたま遭遇しての攻撃であったが、（い）は明辺への侵犯に対処しての出軍であり、楊洪軍は伯顔山で賊首の也陵台等四人を生擒し、さらに追撃して宝昌州で賊首何台荅剌花等五人を擒えて賊軍を大敗せしめた。伯顔山は【史料T③】に「又た大伯顔山も亦た衛の西南に在り。其の下は鳴鑾戍と為す。成祖嘗て此に大閲す」と作る大伯顔山をさすのであろう。とすれば、この伯顔山もまた開平故衛の西南に位置し、その山麓の鳴鑾戍はかつて永楽帝が大閲兵した場所であるという。これは永楽八年（一四一〇）三月における第一次モンゴル遠征のときのことで、永楽帝が鳴鑾戍にいたったのは三月八日のことであった[59]。

一方、宝昌州の位置については、『読史方輿紀要』巻一八、直隷九、保安右衛に、「昌州、即ち元の宝昌州、今の開平衛境に在り」とあり、「今」のということは独石に内徙以後の開平衛をさすものと思われるが、とすれば楊洪軍は上都附近から独石附近まで賊軍を追撃したことになる。追撃した相手については、『開平衛選簿』もその他の編纂史料も賊、あるいは達賊と記すのみであるが、ただ唯一具体名を記述しているのは、【史料T②】のもととなった陳循の「故奉天翊衛推誠宣力武臣特進榮祿大夫柱国昌平侯追封潁国公謚武襄楊公神道碑銘」で、

【史料T⑧】

三年春、兀良哈辺を寇す。公ともに伯顔山幷びに宝昌州に戦い、擄する所の人口を奪還し、幷せて賊の首級駝馬牛羊器械を斬獲し、賊首指揮也陵台等四人・阿台荅剌花等五人を生擒す。都指揮同知に遷る。官を遣わして金帛を齎賜す。已にして公に命じて右参将鎮守宣府等処に充て、都指揮使に進む。

とあり、楊洪軍に伯顔山において生擒された也陵台等四人も、宝昌州で擒獲された賊首何（阿）台荅剌花等五人

もいずれも兀良哈であったことが知られる。宣徳十年（一四三五）秋七月に楊洪が達賊を擒獲したのも開平故衛附近の閔安山であった。おそらく、兀良哈は開平故衛周辺を遊弋しつつ侵犯行為を繰り返していたものと思われるので、閔安山で楊洪軍が破った達賊も兀良哈であったみなしても大過ないであろう。その兀良哈（Uriyangkhai）とは、モンゴルの一種族であった。しかしながら、タタールやオイラトのモンゴル族とは系統を異にしており、風俗においては鮮卑・契丹以来、この民族の特色である髠髪禿頭（丸坊主）の遺風を留め、生産形態は農耕であった。明代には、興安嶺東の地を住地としていた。そのため、その地の制馭は、明・蒙両民族競争の目標となったのであった(60)。

（う）　西涼亭・西涼亭回回墓

九件ある事例すべてが正統二年（一四三七）の年次をともなっている。このなかで事例3には、「張信、鄒平県の人。父張虎兒、洪武貳拾肆年、事を為し開平衛独石駅軍に発充せられる。宣徳陸年、開平駅に併せらる。正統貳年、年老たり。信、名を頂いて役に代わり、拾貳月、西涼亭にて達賊を擒獲す」とみえ、西涼亭における戦いは、正統二年（一四三七）十二月のことであったとしている。そこで、このように場所と時期とを限定して、『英宗実録』を検索すると、正統二年十二月辛巳の条に、

【史料T⑨】

遊撃将軍都指揮僉事楊洪、兵を率いて巡辺す。兀良哈の達賊に西涼亭に遇い、之を撃敗し、生擒三人、斬首六級、并せて其の馬騾牛羊器械を得。上、勅奬を洪に賜い、其の益々提督を嚴にして、賊の去るのを以て之を怠忽すること勿からしむ。

とある。とすれば、正統二年（一四三七）十二月の戦いもまた楊洪軍巡哨中の出来事で、西涼亭で兀良哈に遭遇し、これを撃退したのであった。西涼亭は永楽二十年（一四二二）の役と呼ばれる永楽帝のモンゴル親征途中にいたったところである。『太宗実録』永楽二十年五月辛未の条に、「車駕隰寧を発し西涼亭に次る。西涼亭は故元の往來巡遊之所」とあり、また同月癸酉の条には、「車駕西涼亭を発して閔安に次る」と記されている。五月辛未は五月十五日、癸酉は十七日であり、西涼亭から閔安に到着するまで二日間を要しているが、大軍と大量の輜重車輌を随伴する親征軍であるから、そのような時間を費やしたのであって、両者の間はさほどの遠距離ではなかったのではないかと思われる。乾隆『口北三庁志』巻一四、芸文志三に収録された元・周伯琦の「立秋日書事三首」の末尾に付せられた双行注に、「上京の東五十里に東涼亭有り、西百五十里に西涼亭有り」とあり、西涼亭もまた上都すなわち旧開平の地にあったのである。

以上のように、（あ）（い）（う）それぞれの会戦時期・場所・明軍の指揮官等を整理していくと、閔安山・伯顔山・宝昌州・西涼亭の方面は、兀良哈が常日頃、遊弋・侵略するところであり、しばしば巡哨中の明軍と遭遇したことが知られた。そして、楊洪は（あ）（い）（う）のいずれの会戦にもかかわり、開平衛所属軍站の站軍もまたその楊洪軍に組み込まれて巡哨し、兀良哈との遭遇戦で軍功をあげ、軍士身分を脱する契機を得た。

（え）　以克列蘇・克列蘇・応昌克列蘇・応昌迤北

以克列蘇もしくは克列蘇と表記されるこの戦役は、正統九年（一四四四）に起きた。以克列蘇（克列蘇）は、yeke elesü（イヘ・エルソ）と転写することができ、「大砂漠」を意味する。戦場となったのは現在の内モンゴル克什克騰旗附近であった。この戦役にかかわった開平駅の諸軍站とその站軍の事例は数多あり、筆者はさきにこれらの事例を手掛かりに、以克列蘇戦役の諸相、以克列蘇戦役と明軍の兀良哈摧破との関係、富峪等における明軍の兀良哈摧破の実相、正統九年（一四四四）におけるこうした明軍の兀良哈征伐の軍事史的位置について詳細に検討した(61)。

そこで屋上屋を架することはせず、概要のみ簡単にのべることにする。

正統九年（一四四四）春正月二十一日、朱勇等は兀良哈征伐の勅命を拝受した。その三日後の二十四日には、楊洪等に対しても兀良哈征伐の勅命が降った。朱勇等の兀良哈征伐軍は、

【表L】「正統九年（一四四四）兀良哈征討軍の編制」

仮称	将帥	監軍	出発地	会同地
第一軍	成国公朱勇・恭順侯呉克忠	太監僧保	喜峯口	黄河・土河の両叉口
第二軍	興安伯徐亨	太監曹吉祥	界嶺口	同右
第三軍	都督馬亮	太監劉永誠	劉家口	同右
第四軍	都督陳懷	太監但住	古北口	同右
別働隊	遼東総兵官都督僉事曹義			同右

とあるように四軍ならびに別働隊から編制され、第一軍から第四軍（この名辞は筆者の附した仮称）それぞれ指定された出発地から会同地とされた黄河・土河の両叉口に向けて行軍を開始し、遼東総兵官都督僉事曹義等が率いる別働隊は索敵を受け持った。その結果を受けて四軍が兀良哈を殲滅するという策戦であった。

一方、その三日後に勅命を拝受した楊洪等はそれと連動する形で、楊洪は独石から、石亨は大同から、朱謙・宋謙・孫安は万全から出師し、楊洪は開平衛衛所官軍を、朱謙・宋謙・孫安は宣府前衛衛所官軍を、石亨は蔚州衛衛所官軍をその麾下に組み込んだ。以克列蘇（克列蘇）とは、三地点から行軍を開始した楊洪と朱謙・宋謙・

孫安と石亨がそれぞれ率いる明軍が兀良哈を摧破・擺落させた戦場であった。楊洪の克捷報告をしたのは、同年二月戊子（八日）のことであったので、わずか二週間後のことであった。四軍から兀良哈征伐軍も朱勇の第一軍以外は赫奕たる戦果をあげた。主力各軍の計画的配置、会同地の決定、親征軍でないにもかかわらず親軍衛が投入されたこと等、この兀良哈征討は突発的におこなわれたのではなく、きわめて周到な準備の下で大規模に企図されたものであった。正統九年（一四四四）における明軍の兀良哈征討は、軍事史的にみてこのように評価できるが、しかし、かかる兀良哈征討の成功体験が、五年後の正統十四年（一四四九）七月、関係悪化の一途を辿るモンゴルに対しても活かそうと親征したその結果、英宗はモンゴル軍の捕虜、王振は横死というという八月十五日の土木の変を惹起することになった可能性なしとはしない。以克列蘇（克列蘇）の戦役も含めた正統九年（一四四四）の明軍の兀良哈征討から同十四年（一四四九）七月の英宗の親征軍編制、および八月の土木の変への大きな見取り図についてはまだまだ仮説の域をでないが、（え）に組み入れた事例は、そうした明代中期の大激動に開平衛の諸軍站もおおいにかかわったことを示している。そのことは、土木の変にかかわる（か）〜（こ）も同じようにいえることである。それはひとまず置き、さきに（お）について検討することにする。

（お）　三岔口・灤河三岔口・赤城将軍廟三岔口・白塔兒三岔口

ここには三岔口という言葉をともなう事例をまとめた。事例をさらに年次毎に分類すると、つぎのようになる。

【表M】「三岔口で起きた諸戦役」

地名	年次	事例
三岔口	正統十三年	19、27、60、61、67
	無年次	35、39、41、60、74
白塔兒三岔口	正統四年	17、76
灤河三岔口	正統十三年	1、2、9、12、16、17、23、28、36、51、58、61、67、68、69、78
	正統十四年	20、25
赤城将軍廟三岔口	成化十年	3

以上のように諸事例を整理・分類すると、単に三岔口とのみ記された事例で正統十三年（一四四八）に繫年されている五件は同年の灤河三岔口のところによせることができるであろう。その灤河三岔口には正統十四年（一四四九）の事例も二件あるが、たとえば、事例25をみると、「席雄、海州の人。祖の席才興、永楽九年、事を為し開平衛軍に充てらる。宣徳七年、故す。父席通、役に補せらる。正統十四年、出境哨して灤河三岔口に至り、達賊を擒獲するに功有り、小旗に陞せらる。十四年、居庸関に調せられて守備す。達賊、関を攻むるに擒殺に功有り総旗に陞せらる」とあり、正統十四年が二度表記されている。居庸関の守備は正統十四年（一四四九）八月十五日に起きた土木の変以後の京師防衛戦の一環と思量されるので、この年次は動かし難く、とすれば、前者の灤河三岔口に係る年次は書き謬りではないかと疑われる。開平衛諸軍站がかかわった三岔口に関係する戦場は、正統四年（一四三九）の白塔兒三岔口、正統十三年（一四四八）の灤河三岔口、成化十年（一四七四）の赤城将軍廟三岔口の三カ所であったとみなすのが妥当であろう。ちなみに、三岔口の岔は山や道路等の分岐点を指す。三岔口は三叉にわかれた地点のことである。

さて、正統四年（一四三九）における白塔兒三岔口の戦いについて、『英宗実録』正統四年九月丁巳の条に、

【史料T⑩】

右参将都指揮使楊洪、軍を領して叛虜を追捕して、白塔兒三岔口に至るや、兀良哈五百余騎に遇う。之と戦い、十二人を射死せしめ、三人を生擒し、并せて其の馬匹軍器を獲す。

とあり、このときも楊洪軍と兀良哈五百余騎との遭遇戦であった。遭遇場所である白塔兒三岔口については、『読史方輿紀要』巻一八、直隷九、開平衛に、

【史料T⑪】

涼亭駅、衛の東北百里、明初置く所の八駅の一也。太宗北征し、嘗て此に駐蹕す。宣徳中、朶顔入りて独石を犯すや、守将楊洪之を涼亭駅に遮撃す。又た之を白塔兒三岔口に追敗す。其の地、倶に今の辺外に在り。

とあり、上都開平衛時代に設置されていた涼亭駅に関連して白塔兒三岔口にふれている。「其の地、倶に今の辺外に在り」の「倶に」という表現が白塔兒と三岔口とを指称していれば、灤河三岔口、赤城将軍廟三岔口も灤河と三岔口、赤城将軍廟と三岔口にわかつ必要が生まれる。現に【史料T⑪】の引用典拠とした王雲五主編の国学基本叢書本の『読史方輿紀要』は、「又追敗之白塔兒・三岔口」に作り、白塔兒と三岔口の間に点を挟み込んでいる。しかしながら、『国権』は【史料T⑩】に引く『英宗実録』に対応するものとして、「丁巳、右参将楊洪、白塔兒に至るや、兀良哈五百騎に値い、之を撃敗し、都督僉事に進む」に作り、三岔口にはふれていない。三岔

口はまえにのべたように山や道路等の「分れ路」を意味しており、単独の地名とみなすことは問題があろう。問題といえば【史料T⑪】にみえる「宣徳中」も然りである。「正統中」の謬りである。

つぎに、三岔口関係で最多の事例件数にのぼる正統十三年（一四四八）灤河三岔口での戦いにかかわる史料を探すべく、『英宗実録』をはじめ大量の史料にあたったが、不思議なことに一件もみつけだすことができなかった。灤河は、内モンゴルから河北省北東部を流れる河川で、灤河の上流は元の上都の近くを流れているので上都河とも呼ばれていた。逆に上都は河川名から灤京とも呼称された。ここ灤河三岔口における戦いは、土木の変が起きる前年に係るものであったことは自明であるが、明軍の指揮者や対戦相手等の摘索は、今後の課題である。

成化十年（一四七四）の赤城将軍廟三岔口にかかわるのは、事例31件だけであるが、『憲宗実録』成化十年十二月乙巳の条にみえる、

【史料T⑪】

初め虜赤城将軍廟三岔口等処に入る。協同分守独石馬營都指揮僉事孟璽兵を領して之を禦ぎ、三級を斬首す。

という記事に対応したものである。孟璽に撃退された虜が兀良哈をさすのか、それとも景泰五年（一四五四）にエセン（也先）横死後、急速に擡頭したタタール系モンゴルをさすのかは明確ではない。赤城県には開平衛所属の雲門駅がおかれ、清代になると赤城駅に改称されたことは前にふれた。赤城将軍廟三岔口とは、この赤城県にあった将軍廟の三岔口のことであろう。

(か) 居庸関・居庸関水澗口
(き) 紫荊関・紫荊関五郎河
(く) 徳勝門・徳勝門外
(け) 宣府東南二門・宣府南関東南二小門・宣府南門二処・宣府南門外・宣府南門外城東

　以上の(か)(き)(く)(け)における戦いは、上記の(あ)(い)(う)(え)の戦いが兀良哈を対敵したのと異なり、いずれも正統十四年(一四四九)八月十五日に発生した土木の変以後、同年十月から翌景泰元年(一四五〇)にかけて、各地で展開された明軍・モンゴル軍の局地戦を示している。したがって、「達賊」と『開平衛選簿』に表記されていても、その内実はおおいに相違し、モンゴル軍をさしているのである。したがって、たとえば、『開平衛選簿』に、

【史料T⑫】

徐海、泰州の人、曾祖徐虎、甲辰年、軍たり。故す。祖徐肖奇、役に補せらる。洪武二十九年、興和守禦所に調せらる。残疾す。父徐貴、代わりて、正統六年、小旗たり。九年、以克列蘇にて達賊を擒獲し、総旗に陞せらる。十三年、灤河三岔口にて達賊を殺敗す。十四年、興和守禦千戸所試百戸に欽陞せらる。本年、居庸関にて達賊を殺敗し、本年、紫荊関等処にて達賊を截殺す。景太《ママ》元年、紫荊関の功を以て実授百戸に陞せらる。

とあるが、「正統九年、以克列蘇にて達賊を擒獲し、総旗に陞せらる」の記事とそれにつづく「十三年、灤河三岔口にて達賊を殺敗す」の記事、「本年、居庸関にて達賊を殺敗し、本年、紫荊関等処にて達賊を截殺す」とあ

る記事の「達賊」の意味するところはそれぞれ同一ではないのである。

【史料T⑫】の事例に即していえば、正統十四年（一四四九）に、徐貴が居庸関において殺敗し、また紫荊関において截殺した達賊との戦いは、同年の土木の変以後、モンゴル軍を率いるエセン（也先）が捕虜とした英宗の送還をめぐる明・蒙交渉がはかばしく進捗しないために、業を煮やしたエセン（也先）とその麾下の軍勢が京師に侵攻した際に起きたものであった。その間の事情は、すでにはやく前掲拙著『明代中国の軍制と政治』「後篇　政治と軍事─英宗回鑾を中心に─」の中で、とくに「第三章　交渉開始」・「第四章　虜軍発進」・「第五章　議和不調」の各章や『モンゴルに拉致された中国皇帝　明英宗の数奇なる運命』（研文出版、二〇〇三年）のなかで詳しくのべたので贅語を重ねることはしないが、正統十四年（一四四九）十月以後、京師に押しよせてきたモンゴル軍に対する防衛戦に開平衛の軍站とその站軍が大量に参陣したことは、（か）（き）（く）（け）における件数おさをみれば一目瞭然である。このような歴史的事実は、既存の編纂史料からは毫も知りえず、『開平衛選簿』によって初めて発掘することができる。衛選簿は衛所官の世襲記録であり、衛所官の陞進降格の状況や世々の襲替状況を記したものであるので、史料としての幅・奥行きには一定の限界がある。しかしながら、衛選簿には衛選簿が固有に使用する用語もおおく、それらを探究していくと、明代軍事史にかかわる新知見を提供することも少なくないのであり、そこに明代軍事史料としての凄みがある。

（こ）　固安垻州・垻州固安楊宣務

（こ）にかかわるのは二件しかないが、事例2に関して、『開平衛選簿』には、「鍾原、貴池の人。……拾肆年、開平衛独石駅試百戸に陞せらる。拾月、徳勝門にて賊を殺す。拾貳参日、固安垻州にて賊を殺す」とあり、事例52に関しては、「韓貴、蒲州の人。……正統十四年、徳勝門外にて達賊を殺敗す。二十三日、垻州固安楊宣務にて賊を擒う」とあるから、この戦いは正統十四年(一四四九)十月二十三日に起きたことが知られる。これも徳勝門外のあとに起きているので、エセン(也先)率いるモンゴル軍の京師への侵攻に際しての戦いであることが明らかであるが、さらにいえば、明・顧清撰『東江家藏集』巻二八、北游稿行状五首に、「明故奉天翊衛宣力武臣特進榮禄大夫柱国宣城伯衛公行」なる松江華亭出身の衛穎の行状が収録され、その文中に、「十月、也先郊畿を犯すや、公兵を率て黄花鎮に邀撃す。西直門高梁橋琉璃河海店楊宣務呉梁橋に連戦し、殺戮する所多し。又た紫荊関に之を尾撃し、当先の功多きを以て都督同知に陞せらる」とあり明白である。固安は北直隷順天府固安県、垻州は北直隷順天府覇州である。楊宣務については、『英宗実録』景泰元年秋七月庚午の条に、「盧溝橋の宣課司并びに覇州固安良郷順義四州縣の税課局の賊を被り燒搶されし課鈔を免ず」とあるのを参考にすると、覇州固安に置かれた税課局の名称ではないかと推測されるが明確ではない。

(さ) 威寧海子

土木の変で捕囚の人となった英宗は、エセン(也先)のモンゴル軍に擁せられて、正統十四年(一四四九)十月二十三日に、この威寧海子の東岸を通過している。その威寧海子が山西大同猫兒荘の北方に位置し、モンゴル語名では希爾池であることは、すでに前掲拙著『明代中国の軍制と政治』「後篇 政治と軍事—英宗回鑾を中心に—」の「第六章 交渉途絶」のなかでのべた。威寧海子において開平衛所属の軍站がかかわる戦いが起きたのは成化十六年(一四八〇)のことであった。事例5、15、33、63の四件のなかで、33以外にはすべてその紀年を随伴していることからも明らかである。『読史方輿紀要』巻四四、山西六、大同府には、「威寧海子は府の北に在り。塞下屬部は駐牧する処なり。天順中、石彪大同に鎮するや、城を威寧海に置かんことを請うも果さず。成化十六年、王越蒙古を此に襲敗す」とあり、王越がモンゴルを襲敗せしめたところであった。この戦いについて

は、『憲宗実録』成化十六年三月丙戌の条にやや詳しく記述があり、

【史料T⑬】

監督軍務太監汪直・提督軍務太子太保兵部尚書兼都察院左都御史王越、威寧海子之捷を奏して云えらく、二月二十二日より京營・大同宣府官軍二万一千を選調し、孤店關より出て夜は行き昼は伏せ、二十七日、猫兒莊に至るや分けて数道と為す。大風雨雪に値い、天地昏暗す。急趣前進し、黎明に威寧海子を去ること数里ならざるに虜猶お覚らず。因りて兵を縱ち掩殺し、幼男婦女を生擒すること一百七十一、斬級すること四百三十七、旗纛十二・馬一千八十五・駝三十一・牛一百七十六・羊五千一百・盔甲弓箭皮襖之類一万有奇を獲す、と。捷聞す。上直等の能く謀を運らし出境殺賊するを以て即ちに勅を賜い之を奬励す。而して其の捷を報ずる者は人ごとに二級を陞せしむ。錦衣衛副千戸汪鈺は指揮僉事と為し、百戸王時は正千戸と為す。鈺は直の養子、時は越の子也。

と記されている。王越がモンゴルを破った威寧海子の戦いにおいて動員されたのは、京師において京衛と京操軍とで組成された京営と大同・宣府の衛所から抽出された衛所官軍の臨時編制の軍勢であった。この中に事例5開平駅、15浩嶺駅、33浩嶺駅、63雲門駅のように三駅が含まれているのは、遠征軍が宣府の諸衛所からも調撥された際にその調撥対象になったということである。その結果、それぞれ軍功をたて、たとえば事例5においては百戸から副千戸に陞格したようにいずれもが陞格という果実を得ている。王越のこのモンゴル摧破は評判が悪く、【史料T⑬】の記事の続きには、「越既に貴顕なるも封爵を得んと欲す。而れども名なし。会たま辺警有り、遽かに直を嗾して出師せり」とある。提督軍務太子太保兵部尚書兼都察院左都御史となったが、それでもなおそ

の上に爵号が欲しくなった王越が授爵の切っ掛けとなるべき名目を求めたのがモンゴル摧破であった。その目論見通り、王越は戦捷報告をした二日後、威寧伯に封ぜられている。[62] 歳禄千二百石（のち増禄四百石）であった。[63]

（し）別兒克

別兒克が軍站とのかかわりで表れるのは、事例4が唯一であるが、この事例によると、「馮時、魏県の人。始に馮整有り。洪武二十四年、問発充軍せらる。老す。高祖馮鐸、戸名動かさず補せられて役を代わる。正統三年、伯顔山の斬首の功もて小旗に陞せらる。七年、別兒克の斬首もて総旗に陞せらる。十四年、居庸関にて賊を擒えるに功有り」とある。開平駅の馮鐸が別兒克において斬首の功をあげた年次は正統七年（一四四二）であったとしている。ところが、別兒克という地名は、衛選簿にはもう一例あり、別児克という名で表出している。それは、『蔚州衛選簿』の孫禄の条である。孫家の三輩孫剛はこのとき宣府前衛指揮使であったが、「九年、別児克にて賊を殺し賊人少台等を生擒す」（第七〇冊二三五頁）とあるように、正統九年（一四四四）に別児克において賊を殺し少台等を生擒している。このように別児克（別兒克）での出来事について、衛選簿には二種の年次を掲げている。その年次確定に益する記事は『国朝献徴録』巻一一〇に収録する馬中錫撰の「都指揮同知贈後軍都督府都督僉事周公英神道碑」である。この碑文中に、「九年、勅もて陝西を出で応昌別兒克の地に至り、虜と鏖戦し、一昼夜して平章少台を生擒し斬首すること四十余級、其の掠むる所の男女牛羊五千を奪い以て帰る。正千戸に陞せらる」とある。当時まだ副千戸にすぎなかった周英が宣府前衛指揮使の孫剛とともに別兒克において戦い擒獲した少台は兀良哈の平章であった。[64] とすれば、別兒克での出来事は、（え）以克列蘇・克列蘇・応昌克列蘇・応昌迤北において説明した正統九年（一四四四）における楊洪軍の以克列蘇摧破に際してのことで、開平駅小旗馮鐸が総旗に陞進する軍功を挙げた別兒克の戦いは正統九年（一四四四）のことであり、『開平衛選簿』が正統七年

（一四四二）に作るのは書き誤りではないかと思量される。

（す）　安子山・鞍子山

事例5では、開平駅の成士真が「正統二年」に安子山の戦いにおいて軍功をあげて小旗に陞進し、事例6では同じく開平駅の王諒が「正統貳年」の鞍子山の戦いにおいて総旗に陞進している。戦いはともに正統二年（一四三七）のことであり、安子山と鞍子山と表記にわずかな相異があるものの、これらは同一の地名を指称しているとみなしても大過ないであろう。それでは、正統二年（一四三七）の安子山（鞍子山）の戦いとはどのようなものであったであろうか。史籍に表れた限りでは、正統期に関わる戦闘記事は、ただ『英宗実録』正統十一年九月丁卯の条に繫げる「総督守備独石等処左参将都督楊洪奏すらく、閲安迤西鞍子山等処に倶に千余の人馬の蹤踪西行すること有り。此れ必ずや兀良哈達賊往来し、我が辺境を窺わんとせり、と。上、沿辺の諸将に勅して兵を厳しめ之に備えしむ」とあるのみである。楊洪のこの上奏では、鞍子山で明軍と兀良哈軍の戦闘があったかどうかは読み取れないが、同じく正統十四年二月丁卯の条には、「安子山の殺賊に功有る官軍一千八十九人に銀絹綵款表裏を賞すること差有り」と記されているから、正統十一年（一四四六）九月から十四年（一四四九）二月にいたる間に、両者の戦闘が生じたことは明白である。しかしながら、その戦闘が正統十一年（一四四六）九月における兀良哈の動向と直接関連してのことであるかどうかは不明である。

いずれにしても、正統年間の安子山（鞍子山）における戦いは、この一事例のみが摘索可能で、したがって、今のところ正統二年（一四三七）の戦闘を浮き彫りする手立てはない。ただ、安子山（鞍子山）の位置については、クビライに仕え、元初の政治実務に重きをなした王惲の『秋澗先生大全文集』巻第八〇、中堂事紀上の中に、中統二年（一二六一）三月のこととして、「二十三日甲申、鞍子山に次る。南は灤河を距つこと四十里。二十四日乙酉、桓州に次る」とある。「中堂事紀」は中統元年（一二六〇）から二年（一二六一）にかけての日記で、王惲は中統二年（一二六一）三月二十三日に鞍子山に到着している。その鞍子山は灤河の北四〇里（約二〇キロメートル）のところに位置した。移設以前に開平衛や開平駅がおかれた上都からも指呼の間にあった。正統二年（一四三七）に、明軍が敵対した勢力（おそらくは兀良哈）は、開平衛が上都から独石に移徙することで手薄になった上都周辺に姿を現し、開平衛等の明軍との戦闘になったものと思われる。

（せ）懐安・懐安城東

懐安城は、【表C】「宣府鎮下主要諸城・堡」に示したように、宣府鎮の西路分守に属し、高さ三丈五尺、辺九里三十歩の城郭内に城楼四、角楼四、門四を備えていた。ここで戦闘が起きたのは、正統十四年（一四四九）のことであった。事例9はその紀年に関して明瞭な記事を欠くが、事例18には、浩嶺駅総旗趙瑄について「十四年、懐安にて賊を擒う」とある。また、『英宗実録』天順三年春正月甲辰の条には、前年暮れから正月にかけて安辺営・野馬澗等で起きた戦闘についての石彪の戦捷報告が載せられているが（後掲【史料T⑯イ】参照）、これによると、野馬澗の戦闘において賊の放った弓矢に当たって都督僉事周賢が陣亡した。それで、同じ甲辰の条には石彪等とともに出軍し活躍したものの、運悪く戦死した周賢に対する追悼記事が載せられていて、それに、「周賢、直隷滁州の人。正千戸由り指揮僉事に陞る。正統十四年、総兵官に従い懐安城東及び紫荊関を廵哨す。景泰元年、賊を洋河南坡に勦して倶に功有り、都指揮僉事に累陞し、西の貓兒峪馬營に守備す」とみえるから、正統十四年（一四四九）に懐安城東において戦闘が起きたのは廵哨の際のことであったようである。周賢には、正統十年（一四四五）の進士で、正統・景泰・天順・成化の四朝に歴仕した葉盛の手になる「後軍都督府僉事贈光禄大夫都督同知周公神道碑銘」（『菉竹堂稿』巻之六）があり、その文中に、「顥公に従いて白塔を巡り、三岔口に兀良哈の賊衆を撃敗し、本衛指揮僉事に陞る。歳己巳、達賊を懐安城東に追い、猛禿兒・麻帖木兒等を生擒す」とみえ、周賢は、巡哨途中に遭遇した達賊を懐安城東に追撃し、猛禿兒・麻帖木兒等を生擒したことが知られる。歳己巳とは正統十四年（一四四九）の干支であり、『英宗実録』にみえる周賢の追悼記事と葉盛撰の神道碑銘の記述との間に齟齬はない。潁公、すなわち楊洪に従って三岔口において撃破した敵は兀良哈であったが(65)、懐安城東に追撃して擒獲した猛禿兒・麻帖木兒等もまた兀良哈の達賊であったのであろうか。

これを解明する手掛かりとなる史料は、景泰四年（一四五三）春正月八日に死去したとき溧陽伯に追封された句容県出身の紀広の神道碑銘の文中にある(66)。句容県（南直隷江寧府）にかかわる金石を蒐集して編纂された清・楊世沅の『句容金石記』巻七に、許彬撰の「明故鎮守万全総兵官鎮朔将軍特進栄禄大夫後軍都督府右都督贈溧陽伯謚僖順紀公神道碑銘」が収録されている。その文中に、「歳己巳の秋、虜酋也先衆を尽くして辺に寇し、大同に臨む。太上皇帝親ら問罪の師を帥いたり。公蹕に扈し以て行き、大同に抵りて還る。八月十日、沙嶺に駐蹕するや、召対せられて旨に称いて、都督僉事に陞せられ、仍りて万全を守る。越えて八日、虜累りに大いに肆しいままに剽掠せり。公軽騎を率いて出でて城南に戦い、賊将猛禿兒等数輩を擒獲し、其の人畜器械を得たり。其の年冬十一月、今上皇帝位を嗣ぐ」とある。正統十四年（一四四九）七月十一日にオイラト軍を中核とするモンゴル勢が明辺に侵攻してくると、その日のうちに親征の議が起こり、十六日には英宗の親征軍は都を進発した。行糧は一ヶ月分、兵器は八〇万を具備した大軍であった。英宗は当時関係が悪化の一途を辿るモンゴルに対して大軍をもって摧破しようとしたが、逆に八月月十五日に土木堡において撃破され、英宗は捕虜となった。明人を驚愕させた土木の変、あるいは己巳の変と呼ばれるこの事件はこうして起き、扈従した沢山の文官・武官、それに親征軍を組成した厖大な数の衛所官軍が戦没したのであった。しかしながら、土木の変の五日前、都督僉事に陞進し万全方面を守ることになった紀広は、幸運にも親征軍を離れたため土木堡で命を落とすことはなかった(67)。親征軍を離れて八日が経った八月十八日、つまり土木の変で親征軍が覆滅した三日後、紀広は、明軍に勝利した勢いのまま明辺に侵攻して剽掠を繰り返すモンゴル軍と懐安城東で戦い、賊将猛禿兒等数輩を擒獲した上にその人畜器械をえたという。

以上により、浩嶺駅総旗趙瑄等がかかわった懐安城東の戦いは、八月十五日の土木の変直後のことであり、明軍に擒獲された賊将猛禿兒等とはエセン（也先）麾下のモンゴル軍であることは明白である。

（そ）楡林兒

楡林兒における戦闘記事で紀年に不明瞭であるのは事例12のみで、そのほかの事例11・28・55の三件は、いずれも嘉靖十九年（一五四〇）のこととしている。しかも四件全部に共通していることはいずれもこの楡林兒において陣亡していることである。四件摘索できる軍站の衛所官・站軍の事例がいずれも陣亡記事であることは明軍が相当に劣勢にたたされたか、あるいは敗北を喫した戦いであったのではないかとの推測が抱かれる。ただ、楡林兒における戦いについて記した史料は、管見の限りでは今のところみいだせえない。わかるのは、かろうじてその場所だけである。名称からして、陝西におかれた楡林鎮との関係を抱きやすいが、まったく無関係で、康熙『龍門県志』巻二、城堡志によると、宣府の龍門県城の城北にあった地名である。この戦いはもまた宣府のエリア内で起きた戦闘であった。

（た）羊房堡・羊房堡三里庄

『開平衛選簿』において、軍站と戦役とのかかわりを記した記事の中で、羊房の地名を冠した事例は25、59の二件がある。ところが、その戦役年次をみると一致していない。

まず、事例25には、浩嶺駅試百戸席政に関して、「嘉靖十七年二月、席文、海州の人。開平衛浩嶺駅陣亡席政の親弟に係る。伊の兄、原、試百戸に替わり、羊房堡にて殺賊陣亡す。男児無し。本舎、例に照らして試百戸を襲ぐを与《ゆる》さる」とある。羊房堡において殺賊陣亡した浩嶺駅試百戸席政には、あとを襲ぐべき男児がいなかったので、親弟の席文が浩嶺駅試百戸を襲いだが、その世襲は嘉靖十七年（一五三八）二月のことであった。したがって、席政が陣亡した時期はそれ以前のことになる。

事例59には、雲門駅試百戸周勲に関して、「嘉靖四十五年二月、周杰、年三十五歳、蔚州の人。開平衛雲門駅陣亡試百戸周勲の親弟に係る。伊の兄、原、祖職試百戸を襲ぐ。嘉靖四十年、羊房堡三里庄にて陣亡す。嗣を絶ゆ。本舎、例に照らして祖職試百戸を襲ぐを与さる」とある。雲門駅試百戸周勲は、嘉靖四十年（一五六一）に羊房堡三里庄雲門駅試百戸において陣亡したが、事例25と同様、後を嗣ぐべき男児がなく、親弟の周杰が祖職たる雲門駅試百戸を世襲した。

浩嶺駅試百戸席政と雲門駅試百戸周勲とは、このようにともに羊房堡において陣亡しているが、その陣亡年次にはかなりな径庭があり、別個の戦いでの出来事であることは自明である。『世宗実録』等を参看しても、その年次に照応する記述をみいだせないので、その具体相は明らかにできないけれども、【表C】「宣府鎮下主要諸城・堡」をみればわかるように、羊房堡は宣府鎮中路に所属する堡であった。嘉靖『宣府鎮志』巻一一、城堡考、皇明には、「羊房堡　高さ二丈三尺、方二里一百八歩、城楼二、城鋪四、東南二門。成化元年、築く。弘治二年、展げて築く。屬堡は一、何家堰趙と曰う」とあり、その規模と簡単な沿革が知られる。

(ち)　玉　石　溝

玉石溝と軍站とのかかわりを示す事例のうち、事例25は、(た) 羊房堡の項にみえる浩嶺駅試百戸席政の父にかかわるもので、その父席雄は、玉石溝で斬首の功をあげて総旗から試百戸に陞進している。『開平衛選簿』席文の条の「外黄査有」の下に、「席雄、海州の人。……兄席旺、役を代わる。故す。雄、親弟に係り、併もて補せらる。成化二十一年、境を出て哨して玉石溝に至るや、斬首して功有り、開平衛浩嶺駅試百戸に陞せらる」とある。席雄は死去した兄の席旺に代わって総旗の職についた。総旗職の世襲に関して「併補」とあるが、補はむろん補うという意味であるが、これに対して併は併鎗を指す。併鎗とは衛所官職襲替時に課せられる能力検定試験たる「比試」に対置されるもので、総旗・小旗・軍士の補役の際の武芸の優劣格付けのことである。したがって、上記の「併補」は、省かずに表記すれば、「併（鎗）もて（総旗）に補せらる」となるのである。

それはさておき、総旗を襲いだ席雄は、成化二十一年（一四八五）、北辺を巡哨しているときに玉石溝において首尾良く斬首の功を挙げ、総旗から試百戸に陞格し、旗軍身分を脱して衛所官に陞ったのであった。（た）羊房堡の項にみえる席政が世襲した開平衛浩嶺駅試百戸職は、この玉石溝の功に由来するのである。

一方、事例63によると、玉石溝の功は、事例25と異なり、弘治十二年（一四九九）のことであった。それは、雲門駅百戸であった李海のときのことである。『開平衛選簿』李景陽の条、三輩李輔の項に、「祖の海、役に補さる。成化十六年、威寧海子擒賊の功もて試百戸に陞せらる。……弘治十二年、玉石溝等処の功もて副千戸に陞せらる。故す。」とあり、李海は総旗に補せられると、その一代のうちに試百戸→百戸→副千戸と陞進している。副千戸に陞進したのが、弘治十二年（一四九九）における玉石溝の功をもってのことであった。ところが、その嫡長男李輔の代になると、李海には玉石溝においては擒斬の実績がないことがわかり、李輔は試百戸に戻された。

上記の二事例のうち、『憲宗実録』・『孝宗実録』等に照応する記述があるのは、事例25の開平衛浩嶺駅試百戸席雄のケースである。『孝宗実録』弘治元年正月癸卯の条に、「宣府玉石溝の成化二十一年殺賊有功の官軍一百三人を追録し陞賞すること差有り」とあり、この「官軍一百三人」のなかに、このとき総旗から試百戸に陞進した席雄もふくまれていたことになる。

その玉石溝の場所であるが、『孝宗実録』の記述中に「宣府玉石溝」に作るように、玉石溝もまた宣府鎮下の辺墩であった。『天下郡国利病書』巻三に、「赤城堡、北は馬營界より起り、南は龍門衛界に至りて止む。地の遠きは四十里二百三十歩、沿辺の墩一十九座」とあり、その一つとしてあげている玉石溝墩が玉石溝のことと思われる。『明一統志』巻五、万全都指揮使司によれば、「玉石溝山は赤城堡の西七十三里に在り」とあるが、玉石溝墩は赤城堡の西七十三里に嶄然と立つこの山の立地を活かして作られた墩であろう。とすれば、玉石溝は宣府鎮の北路分守下の墩であったことになる。(68)

（つ）　小石門墩溝

（て）　馬　家　門

以上の小石門墩溝・馬家門と軍站とのかかわりを示す事例はいずれも8の一件だけであるので、併せて検討することにする。まず、小石門墩溝に関しては、『開平衛選簿』孫国忠の条、四輩孫琦の項の「堂稿差有」の下に、

【史料T⑬イ】

一件、達賊屡々犯す。官軍奮勇し敵を拒ぎ、首級を斬る等の事を節《あかし》て内開す。嘉靖二十六年十一月等月、宣府北中西路小石門墩溝等処地方にて功を獲たり。陣亡人員の実授一級を陞せらるるもの四十八員、内開平衛後所の百戸孫琦、副千戸に陞せらる。

とあり、嘉靖二十六年（一五四七）十一月等の月に、宣府の北路中路西路にかかる地方、たとえば小石門墩溝等の処で戦闘が生じて明軍は戦果をあげたという。しかしながら、その際に四八人が陣亡し、その一人が開平衛の試百戸孫琦で、陣亡のために孫琦の世襲者は副千戸に陞せられたのである。孫琦のあとを襲いだのは、嫡長男の孫国忠であった。【史料T⑬イ】では、陣亡した孫琦の所属を開平衛後所に作っていて、この記事では軍站との関わりがみえてこないが、嫡長男である五輩孫国忠の項には、

【史料T⑬ロ】

嘉靖四十年四月、孫国忠、年二十歳、沂州の人。開平衛開平駅陣亡試百戸孫琦の嫡長男に係る。伊の父、原、試百戸を襲ぐ。例に遇い実授せらる。馬家門にて陣亡し、題もて副千戸に陞せらる。

とあり、孫琦を開平衛開平駅試百戸としていて、所属先・武官職の表記に齟齬があるが、所属先は代々開平駅であった。それについては祖の孫仏住に関して、「外黄査有」の下に、「孫鑑、沂州の人。祖の孫仏住、永楽五年、開平衛開平駅軍に編発せられる」とあり、最後の七輩孫高常の項に、「開平衛開平駅百戸」とあり、一貫して開平駅に所属していたのであり、陣亡したときも開平駅の駅站衛所官であったことは明白である。

以上によって、開平駅の駅站衛所官孫琦が戦い、そして不運にも陣亡した場所は馬家門で、それは嘉靖二十六年（一五四七）のことであると断ずることができる。【史料T⑬イ】によれば、同年十一月やその外の月に宣府鎮の北路中路西路の各方面への達賊の侵犯があり、それを迎え撃った明軍は小石門墩溝等のところで戦果をあげたという。小石門墩溝は、あちこちで起きた戦闘地名の一つでしかないので、孫琦が戦没したのは、【史料T⑬ロ】にみえるように馬家門であったと思量される。馬家門は、乾隆『宣化府志』巻一四、塞垣志に、「封禁辺汎四

馬家門墩、東は独石口右営に至りて界に接し、墩は九十八歩、西は靜虎墩に至ること九里一百二歩」とあり、独石口の西に位置していたことが知られる。また、『天下郡国利病書』巻三にも、「馬営堡、東は独石界より起ち、西は赤城界に至りて止む。地の遠きは一百二十二里三十歩、沿辺の墩四十六座」に始まる文章の中に列挙された辺墩の一つとして小石門墩溝の名をあげている。清代馬家門墩の東に位置する独石は明代の開平衛城であり、ここに宣府鎮北路分守の参将府がおかれたことはすでにふれた。小石門墩溝が属した馬営堡もまた宣府鎮の北路分守に属した。これらの位置関係を勘案すると、嘉靖二十六年（一五四七）十一月等月における小石門墩溝・馬家門墩等の戦闘は、いずれも開平衛城周辺で起きたものと断定しても大過ないであろう。

それでは、当該年の十一月等月に、宣府鎮北路中路西路の各方面へ侵犯してきた達賊とは何であろうか。当時、明の北辺への侵攻を頻繁に繰り返していたのは、この三年後の嘉靖二十九年（一五五〇）にいわゆる庚戌の変を惹起するアルタン（俺答）とその麾下のモンゴル軍であった。アルタン（俺答）の勢力が隆々と伸張するのは、嘉靖二十一年二十二年（一五四二・四三）頃のことで、以後連年侵寇し、そのために明では辺備を緩める暇もなかった(69)。嘉靖二十六年（一五四七）十一月等月に宣府の北路中路西路等へ侵寇してきたのも、おそらくはアルタン（俺答）麾下のモンゴル軍であったのではないかとみて謬りないであろう。

（と）水　草　溝

水草溝と軍站とのかかわりを示す事例30は、浩嶺駅総旗楊通に係るものである。『開平衛選簿』楊尚武の条「外黄査有」の下に、「楊成、役に補せらる。景泰元年、楊馬兒の居庸関陣亡の功に因り総旗に陞せらる。嗣無し。楊通は親弟に係る。併もて総旗に充てらる。弘治三年、水草溝にて功有り、試百戸に陞せらる」とある。楊通は、継嗣のいない兄楊成の浩嶺駅総旗を襲ぐと、弘治三年（一四九〇）、水草溝で軍功をあげ、試百戸に陞進した。楊通が衛所官の地位を獲得することになった水草溝の戦いにかかわる記述を、『孝宗実録』等の典籍からは摘索できないので、その具体相は不詳とせざるをえない。水草溝の名は、同治『河曲県志』巻三、疆域類、蒙古地界、光緒『苛嵐州志』図説、民国『陝県志』巻四、雑建寨堡、等の地志にみえるが、弘治三年（一四九〇）に関わる水草溝の位置については、それらのいずれに比定すべきか、判断材料が今のところはまったくなく、断定しがたい。

（な）　北只嶺・北穴嶺赤把禿河

北只嶺と北穴嶺赤把禿河の北穴嶺とは、同一の地名とみなした。その根拠はいずれも正統八年（一四四三）に起きた戦いであるからである。事例40では、豊峪駅小旗閆公秀について、「八年、北穴嶺赤把禿河にて賊を殺し総旗に陞せらる」とあり、また事例75には、雲州駅総旗蒋得について、「高祖得、総旗を以て正統八年の北只嶺の功により試百戸に陞せらる」とあり、閆公秀が豊峪駅の小旗から総旗へ、蒋得が雲州駅総旗から試百戸へ陞進したのは、正統八年（一四四三）の北只嶺（北穴嶺）における功であった。この戦いについて、前引【史料T②】の典拠となった明・陳循撰の「故奉天翊衛推誠宣力武臣特進栄禄大夫柱国昌平侯追封潁国公謚武襄楊公神道碑銘」にも、「七年秋、制諭を受け、左参将に充てられ、独石永寧等処を専守す。八年春、苦乞兒河を哨し、虜寇を北只嶺に戦敗し、首級幷びに馬を斬獲、賊首那多を生擒し、都督同知に進む。九年春、兀良哈、遁西に寇す。公、命を受て追襲し応昌之別兒克に敗る。賊、尽く其の掠むる所の人馬器械を棄て遁走す。復た追って朶顔穏都兒以克列蘇に至る」とある。楊洪が生擒した賊首那多については知りえないが、翌年には（え）以克列蘇・克列蘇・応昌克列蘇・応昌遁北においてふれたように、また別稿において専論したように[70]、楊洪は侵寇を繰り返す兀良哈に対する明軍の征伐において赫奕たる活躍をした。その前年の正統八年（一四四三）に擒獲した那多なる賊首も、以前から侵寇を繰り返していた兀良哈の一酋長であった可能性が高い。

さて、北只嶺（北穴嶺）がどこに立地したか、その位置関係を示す材料を今のところ摘索できていない。楊洪が巡哨した苦乞兒河もまた事例40にみえる赤把禿河も同様であり、これらを手掛かりに北只嶺（北穴嶺）の位置を確認することは難しいといわざるをえない。

（に）馬営等堡

事例42によると、馬営等堡での戦闘は、嘉靖二十三年（一五四四）のことであった。馬営堡は、（つ）小石門墩溝（て）馬家門と同じように、宣府鎮北路分守に所属した。また、【表D①】「宣府鎮下諸城・堡の軍数（員名）」において掲出したように、北路分守馬営堡の周辺には、赤城堡・鵰鶚堡・滴水崖堡・金家荘堡等の堡が存置されていた。「馬営等堡」というのは、それらの堡もいくつかをも含めての表記であろう。

さて、事例42にみえる記事を引載すると、『開平衛選簿』宋国良の条、四輩宋国賢の項に、

【史料T⑭】

嘉靖貳拾伍年拾月、件の「賊情を哨探する事の為にす」を査して開擬するに、実授一級を陞し、総旗は試百戸に該てしむ。嘉靖貳拾参年、馬営等堡にて賊に殺死せられしは夜不収宋鐸等壹拾陸名、総旗一名は開平駅豊峪駅宋鐸の男宋小厮なり。

とあり、嘉靖二十三年（一五四四）、馬営等堡において夜不収宋鐸等一六名が賊に殺された。その賊も数年前から強勢になってきたアルタン（俺答）のモンゴル軍ではないとかと推測される。陣亡した一六名に対しては、それ

ぞれ一級陞せらることになった。その結果、宋鐸の子である宋小厮も総旗から試百戸に陞せらることになった。それが四輩宋国賢である。四輩宋国賢のあと、豊峪駅試百戸を世襲したのは親弟の宋国良であることが五輩宋国良の項によって知ることができるので、宋国賢には実の子が生まれなかったようである。宋国賢・宋国良兄弟の父である三輩宋鐸の職官は豊峪駅総旗であるが、その任務は夜不収であった。夜不収とは、衛所官軍ではあるが、その任務は特殊で、①敵陣の夜襲・焼き討ち・破壊等の破壊工作、②味方の救出・奪回等の工作、③情報蒐集等の諜報活動、④情報の報告・命令の伝達・捷報等の情報伝達等の諸活動に従事した(71)。夜不収はこれらの任務遂行のために、日常、辺墩や軍站に派遣されていたのである。嘉靖二十三年(一五四四)に馬営等堡において陣亡した豊峪駅総旗の宋鐸もまた夜不収としての任務を課せられていたのであった。

(ぬ) 乾 庄 児

事例45によると、豊峪駅総旗の程貴は、「正統十四年、乾庄児にて賊を殺」したという。その年次からみて、土木の変とのかかわりが察せられる。乾庄児での戦いについては、当時楊洪に従っていた周英の神道碑の中にふれるところがある。馬中錫の手になる「都指揮同知贈後軍都督府都督僉事周公英神道碑」(『国朝献徴録』巻一一〇)によると、

【史料T⑮】

十四年、虜大いに入寇す。英宗親ら六軍を率い辺に待《そな》えし時、都督洪は爵を昌平伯に進められ、節を授けられて宣府に鎮し、公を以て都督楊能に隷わしむ。蹕を護りて大同に至るや虜と栲栳山に遇い、公、虜の則不丁なる者を擒生し以て献ず。命ぜられて誅し牙を禡《まつ》る。又た右参将江広に従い虜を撃ち、乾庄児堡に至り、

虜の猛禿兒麻等を斬首して還り、行在に捷を奏す。土木にて利を失するや、公、身に重創を被るも力戦して脱するを得たり。英宗北狩せられ、京師戒厳たり。

とあり、乾庄兒での戦いは、英宗がモンゴル軍の捕虜となった正統十四年（一四四九）八月十五日以前のことしている。乾庄兒で軍功をあげたあとに、親征軍が土木堡でモンゴル軍に包囲され覆滅すると、周英は重傷を負うも力戦して死地を脱したのである。したがって、乾庄兒で斬首した猛禿兒麻等とはエセン（也先）麾下のモンゴル将兵であるとみなしても謬りないであろう。事例45の豊峪駅総旗程貴もまたこの乾莊兒でモンゴル軍と戦い、兵を殺すという軍功を立てたのであった。ただ、乾莊兒の位置は明確に比定できない。『世宗実録』嘉靖四十一年四月癸未の条に、「宣大二鎮乾莊兒等処、遼東海盖等処にて獲功陣亡の官軍王京等一百一十八人、陳衛國等一百三十四人を録し陞賞すること差有り」とあるのによれば、宣府鎮・山西鎮のいずれかに属する堡であったようであるが、今のところ、それを断定する材料を有しない。

（ね）野馬澗

野馬澗に関する事例は46のみであるが、『開平衛選簿』郝天爵の条によると、郝能は、豊峪駅総旗として「天順二年、野馬澗にて陣亡」している。また、それに関して、「郝能、原、開平衛豊峪駅総旗に係り、安辺営にて賊を殺し陣亡す」と記されている。この二つの記事から、郝能は天順二年（一四五八）に野馬澗で陣亡（戦死）したことが知られるが、安辺営において賊を殺して陣亡したとあるから、郝能は安辺営附近の野馬澗で戦死したのではないかと思われる。安辺営は陝西の楡林鎮（延綏鎮）の西路分守に属する軍事機関であった[72]。したがって、野馬澗の戦いは、『読史方輿紀要』巻六一、陝西一〇、楡林鎮にみえる、「野馬澗は鎮の西、安辺旧営の東北に在り。天順中、寇安辺を犯す。官軍之を野馬澗に敗る」とあるのと照応しているものと思量される。この出来事について、『英宗実録』天順三年春正月甲辰の条にやや詳しく、

【史料T⑯イ】

総兵官定遠伯石彪奏すらく、比者、達賊二万余安辺営に入り搶掠す。臣、彰武伯楊信・右僉都御史徐瑄・都督僉事周賢・都指揮李鑑等とともに軍馬を統領して往き之を勦せんとす。賊に遇い連戦し旗号喇叭を掣奪し、賊酋鬼力赤平章の首級を斬獲す。余賊は奔潰す。追って昌平墩に至り出境す。賊は仍ち衆を聚め復た回りて対敵し、転戦すること六十余里、交鋒すること数十余合、野馬澗・半坡墩に至り、賊衆大敗す。四十七人を生擒し、五百一十三級を斬首し、駝六十七隻・馬五百一十匹・掠られし男婦一十八人・驢騾牛羊二万余を奪う。都督僉事周賢、賊に射られて死す。

とある。石彪・楊信・徐瑄・周賢・李鑑等は安辺営に侵犯してきた二万の達賊を迎え撃つべく出陣し、賊酋鬼力赤平章の首級を斬獲したほか多大な戦果をあげ、さらに転戦して野馬澗・半坡墩にいたり、ここでも顕著な戦果を得た。総兵官定遠伯石彪がこの戦捷報告を上呈したのは、天順三年（一四五九）春正月甲辰（二十一日）のことである。この日付は戦捷報告が北京の朝廷に届いた日であるから、これらの戦いは正月を迎えて間なしのことであったと思量される。ところが、【表K】「開平衛諸站軍の諸戦役」中の事例46では、その発生年次を天順二年（一四五八）に作っている。この年に開平衛豊峪駅総旗郝能は、野馬澗で陣亡したと記しているのである。それでは、石彪等の明軍が安辺営・野馬澗等において赫奕たる戦果をあげたのは、天順二年（一四五八）であったのであろうか、それとも天順三年（一四五九）であったのあろうか。そこが今ひとつ鮮明ではない。ところが甚だ幸運

なことに、先述の（せ）懐安・懐安城東の項でふれたように、野馬澗において結果としては武運つたなく達賊の射た弓矢を受けて陣亡したものの、石彪等とともに出軍して活躍した都督僉事周賢にかかわる記述中に、安辺営・野馬澗等における戦闘年次並びに日付を確定する手掛かりが残されているのである。それは、明・倪岳撰の『青谿漫稿』巻二一に収載されている「大明故平羌将軍後軍都督府右都督謚僖周公神道碑」である。[73] これは周賢の息子周玉の神道碑であるが、その文言中で、父の周賢の事蹟にふれて、

【史料T⑯ロ】
父賢嗣ぐや勇略にして善く戦い、功を以て七遷し、後軍都督府都督僉事に至り、右参将に充てられ、独石等城に分守す。天順改元之明年戊寅、寇延綏を掠し、勢頗る猖獗たり。上、駅召もて京に至らしめ、命じて兵を提げて往きて援けしむ。至れば則ち日び賊と戦い、斬獲する所多し。己卯正月朔、賊を野馬澗に哨し、接戦すること四日。賊益々衆を擁して迎敵す。乃ち身を挺して直ちに前むや、流矢の中る所と為り之に死す。

とあり、周賢が野馬澗で賊と対峙したのは己卯正月朔であったという。つまり、天順三年（一四五九）正月一日のことであった。そして周賢は四日の交戦中に敵の流矢を受けて戦死したのであった。このことから、達賊が安辺営に侵寇してきたのは天順二年（一四五八）の暮れ、そして野馬澗に逃去した達賊による兵を整えての反撃が年明け早々のことであったといえる。そのため、『開平衛選簿』にみえる事例46は、郝能が安辺営や野馬澗で戦い陣亡した年次を天順二年（一四五八）に作っているのである。[74]

さて、このとき、石彪等率いる明軍が戦った相手は、例のごとく賊・寇等のような表記がおおいけれども、【史料T⑯イ】の石彪の戦勝報告には、首級を斬獲したものとして賊酋鬼力赤平章の名をあげている。この鬼力

赤と野馬澗とに関連して、明・程敏政撰の『篁墩程先生文集』巻四二に収録されている「栄祿大夫同知中軍都督府事贈左都督張公神道碑」(75)には、【史料T⑯イ】の石彪の戦捷報告には名がみえていないものの、やはりこの戦いにおいて活躍した張欽に関して、

【史料T⑯ハ】

明年、虜酋孛来、神木県に入寇す。公兵を出して之を柴溝に禦ぐ。斬獲すること甚だ衆し。捷聞するや、白金綵幣を賜い、都督同知左参将に進め、延綏西路を専守せしむ。敵、前《すす》むに志を得ざるを以て、復た安辺営に入る。公、道を分けて之を拒み、野馬澗の諸処に連戦し、其の将鬼里赤を俘《とら》え、駝馬兵仗を獲え、及び掠むる所の子女生畜を還す。

とあり、鬼里赤は虜酋孛来の将であると記している。孛来（ボライ）とは、モンゴル諸部の一つである哈刺嗔部長であった。土木の変後、絶頂期を迎えたエセン（也先）はハーンを僭称したが、それからしばらくして部下の阿剌知院に襲われて横死した。これを契機にオイラトの勢力が一気に傾くと、それまで雌伏していたタタールの勢力が息を吹き返すが、そのタタール勢力を代表するのが孛来であった。孛来は脱脱不花の幼子（小王子）を擁立して阿剌知院を討ってこれを撃破し、太師となった。ついで東モンゴルを統一すると太師淮王と号した(76)。天順三年（一四五九）正月における野馬澗の戦いで斬り殺された鬼里赤とそのときに侵寇してきた勢力は、兀良哈やオイラトではなく当然タタールであったことになる。

（の）徳　勝　墩

事例52は、『開平衛選簿』韓経の条、四輩韓奉の項にかかるが、そこに「嘉靖十三年閏二月、宣府地名徳勝墩にて陣亡せる官旗軍一十五員名、内一員は雲門駅実授百戸より副千戸に陞せられし韓奉なり」とある。嘉靖十三年（一五三四）閏二月、雲門駅百戸の韓奉は宣府の徳勝墩における戦いにおいて陣亡した。この徳勝墩戦については、『世宗実録』嘉靖十三年閏二月乙卯の条に、「山西徳勝墩にて禦虜し陣亡被創せる官軍千戸王佐等三十四人を陞賞す」とある。乙卯は十八日である。その年月日からみて、この二つの記事が同じ戦いを記していることは明白であるが、ただ徳勝墩の位置に関して記述が宣府と山西とにわかれ一致しない。それをいずれに比定するか、今のところその手立てを有しない。このときに対敵したのは、どのような勢力であったのであろうか。『世宗実録』には「禦虜」とあるから、モンゴルである可能性が高い。嘉靖十三年（一五五五）正月・二月には、モンゴル軍の山西大同への侵寇に乗じて大同城中の叛卒が呼応し反乱軍を起こしたが[77]、徳勝墩における備禦戦はその大同反乱とかかわりがあったのであろうか。それもまた残念ながら、今のところ解明に資する材料をもたない。

（は）大鄭家溝口

大鄭家溝口での戦闘については、事例77に、開平駅総旗馬添禄に関して、「嘉靖三十八年十二月十七日、宣府の地名大鄭家溝口にて賊と対敵し功を獲る官旗家丁、相《たが》いに陞賞を応《う》く」とある。大鄭家溝口は宣府にある地名で、ここでの戦闘は嘉靖三十八年（一五五九）十二月十七日のことであったとする。このように日時が特定できるが、これに照応する史料はほかにみいだせない。賊とは（に）馬営等堡等と同じくアルタン（俺答）のモンゴル軍のことであろう。明朝からアルタンに対する王号授与・朝貢・互市実施の許可がでるのは、隆慶五年（一五

七一）三月のことである。(78)

（ひ）関　子　口

関子口は、宣府鎮の中路分守下の趙川堡に属する六堡の一つである。(79)開平衛の軍站が関わったここでの戦闘は、嘉靖十五年（一五三六）のことで、開平駅百戸の馮時はこのとき敵勢力との戦闘中に陣亡した。(80)

（ふ）陝　西

事例19は浩嶺駅百戸王敏のケースで、王敏は正統九年（一四四四）の克列蘇の戦い以後、三岔口、居庸関、紫荊関において軍功をあげたが、『開平衛選簿』王添爵の条、「外黄査有」の下に、「天順三年、陝西に征進して対敵し陣亡す」とあるように、天順三年（一四五九）、陝西において敵勢力と戦闘になり、その結果陣亡した。天順三年（一四五九）と陝西という、その年次・場所から、この戦いは陝西楡林鎮の西方に位置し、かつ安辺旧営の東北にあった（ね）野馬澗での戦闘と照応するのではないかと思量される。明軍はここでの戦闘で赫奕たる戦果をあげる一方、陣亡者もおおく出したこと（ね）で言及したとおりである。

（三）　軍站と戦役の関係性

前節においては、『開平衛選簿』にみえる開平衛諸軍站ならびに站軍がかかわった戦役・戦闘について、煩をいとわず、その戦役・戦闘地名を手掛かりに、その位置・発生年次・対敵勢力・参陣軍站名等を検討した。これらの検討結果を踏まえて、開平衛の諸軍站と戦役・戦闘の関係を考察し、開平衛諸軍站における軍事活動の特徴・傾向等を探ることにする。【表M】「年次別戦役表」は、【表K】「開平衛諸站軍の諸戦役」に、前節の検討結果をくわえて、年次別に整理しなおしたものである。

【表M】「年次別戦役表」

戦闘地名	対敵勢力	参陣軍站	站軍事例数	陣亡数
○宣徳十年				
（あ）瓦房嵯・閔安山瓦房嵯	兀良哈	開平・浩嶺・豊峪・雲門・雲州	一五	
○正統二年				
（す）安子山・鞍子山	兀良哈	開平	二	
（う）西涼亭・西涼亭回回墓	兀良哈	開平・浩嶺・豊峪・雲門・雲州	九	
○正統三年				
（い）伯顔山・伯顔山宝昌州	兀良哈	開平・浩嶺・豊峪・雲門・雲州	二九	
○正統四年				
（お）白塔兒三岔口	兀良哈	浩嶺・雲州	二	
○正統八年				
（な）北只嶺・北穴嶺赤把禿河	兀良哈	豊峪・雲州	二	
○正統九年				
（え）以克列蘇・克列蘇・応昌克列蘇・応昌迤北	兀良哈	開平・浩嶺・豊峪・雲門・雲州	五〇	
（し）別兒克	兀良哈	開平	一	
○正統十三年				
（お）三岔口・灤河三岔口		開平・浩嶺・豊峪・雲門・雲州	二一	
○正統十四年八月以前				

(ぬ) 乾庄兒	也先麾下モンゴル	豊峪	一	
○——**八月**				
(せ) 懐安・懐安城東	也先麾下モンゴル	開平・浩嶺	二	
○——**十月**				
(こ) 固安垻州・垻州固安楊宣務	也先麾下モンゴル	開平・雲門	二	
○**正統十四年—景泰元年**				
(か) 居庸関・居庸関水澗口	也先麾下モンゴル	開平・浩嶺・豊峪・雲門・雲州	五七	一
(き) 紫荊関・紫荊関五郎河	也先麾下モンゴル	開平・浩嶺・豊峪・雲門・雲州	五七	一
(く) 徳勝門・徳勝門外	也先麾下モンゴル	開平・浩嶺・雲門	三	
(け) 宣府東南二門・宣府南関東南二小門・宣府南門二処・宣府南門外・宣府南門外城東	也先麾下モンゴル	開平・浩嶺・豊峪・雲門	六	
○**天順三年**				
(ね) 野馬澗	孛来麾下モンゴル	豊沃	一	一
(ふ) 陝西	孛来麾下モンゴル	浩嶺	一	一
○**成化十年**				
(お) 赤城将軍廟三岔口		開平	一	
○**成化十六年**				
(さ) 威寧海子	モンゴル	開平・浩嶺・雲門	四	
○**成化二十一年**				
(ち) 玉石溝		浩嶺	一	
○**弘治十二年**				

（ち）玉石溝		雲門	一	
○嘉靖十三年				
（の）徳勝墩		雲門	一	一
○嘉靖十五年				
（ひ）関子口		開平	一	一
○嘉靖十七年以前				
（た）羊房堡		浩嶺	一	一
○嘉靖十九年				
（そ）楡林兒		開平・浩嶺・雲門	四	四
○嘉靖二十三年				
（に）馬営等堡	俺答麾下モンゴル	豊峪	一	一
○嘉靖二十六年				
（つ）小石門墩溝（て）馬家門	俺答麾下モンゴル	開平	一	一
○嘉靖三十八年				
（は）大鄭家溝口	俺答麾下モンゴル	開平	一	
○嘉靖四十年				
（た）羊房堡三里庄		雲門	一	一
（と）水草溝		浩嶺	一	

以上の【表M】「年次別戦役表」を通観して気がつくことは、開平衛諸軍站がかかわった戦闘・戦役の際の敵対勢力について、土木の変が発生した正統十四年（一四四九）以前は兀良哈であったのに対して、本事変以後はモンゴルになることである。最初はエセン（也先）が率いるモンゴル軍、エセン（也先）が横死したのちは、ボ

ライ（孛来）麾下のモンゴル軍、そして嘉靖以後はアルタン（俺答）麾下モンゴル軍がその敵対勢力となった。兀良哈に対してとモンゴル勢とに対してのそれぞれのかかわりで、両者におおいに径庭があるのは、兀良哈に対しては開平衛諸軍站、すなわち開平駅・浩嶺駅・豊峪駅・雲門駅・雲州駅の全五駅のかかわりが多いのに対して、モンゴル勢に対しては土木の変以後に散発的に起きている戦闘・戦役で軍站のかかわりが極端に少ないということである。軍站の軍事活動は、正統十四年（一四四九）から景泰元年（一四五〇）への土木の変直後の京師防衛戦をはじめとするさまざまな戦闘・戦役がピークであった。その繁劇紛擾の時期をすぎると、戦闘はたびたび起きているにもかかわらず、それに対する軍站のかかわりの度合いが薄れ、関与軍站の事例数が極端に先細くなっている。しかも、それに反比例して、陣亡の数が増えている。少なくとも、【表M】「年次別戦役表」からは、そのような特徴・傾向が摘索できる。

「擒獲達賊」および「殺賊」は陞進に直結する。軍站の日常業務を支える站軍であっても、衛所軍の身分から脱却して官品を有する衛所官に陞格するのは、これら「擒獲達賊」・「殺賊」等による軍功しかなかったので、そのような軍功→陞進があれば、衛選簿に登記されて当然であった。なぜならば、衛選簿は、本論の冒頭に述べたように、衛所官の本貫・軍に就いた経緯・来衛経路・襲職時期・年齢・続柄・職の昇降等のデータを記載する登記簿であるからである。したがって、衛所官家にかかわる「擒獲達賊」・「殺賊」等による陞進記事が大量に欠落することはありえなかった。土木の変の起きた正統十四年（一四四九）とその翌年をピークに、戦闘・陞進記事が減少し、その件数の少なさの割には陣亡事例がおおくなるというこの反比例の関係は、史料の偶然の残存性等に由来するのではなく、厳苛な現実そのものであった。

明朝が中国を統治した時代、モンゴル高原においては、最初はオイラトが、そのあとはタタールが興亡した。正統十四年（一四四九）の土木の変、嘉靖二十九年（一五五〇）の庚戌の変では、ともに辺関が破られて国都北京が包囲され、北京市民に多大な衝撃を与えた。この土木の変期と庚戌の変期のモンゴル軍に対しての開平衛諸軍站の対処のあり方がおおきく異なっていることは、【表M】「年次別戦役表」に歴然としている。土木の変後の京師防衛戦を含めた長城の辺関等での局地的な戦いには殆どの開平衛軍站がくわわり、かつ軍功を挙げたのに対して、庚戌の変前後のモンゴル軍との戦いでは参加軍站も軍功も極端に少ない。これは、明代中期以降の衛所の制度的弛緩と無関係ではない。いかなる制度でも、成立→弛緩→変容→崩壊・廃止というサイクルを辿るが、衛所制度も無論例外ではなかった。弛緩・変容の最大の契機は、土木の変において英宗の親征軍が覆滅したことである。親征軍は大量の親軍衛・京衛・外衛の衛所官軍によって編制されていたが、土木の変で明朝国軍が大打撃を受けたことで、その組織の有り様が以後めまぐるしく推転していく(81)。それが衛所の制度的弛緩、ひいては衛所の軍事的力量の弱体化を惹起していった。衛所官軍によって組織・運営される軍站もまた、そのような軍事的影響なしに存立しえなかった。開平駅・浩嶺駅・豊峪駅・雲門駅・雲州駅の軍事活動が、土木の変以前と以後とにおいておおきな径庭が生じたのは、それらの軍站を人的に構成する衛所官軍の軍事的力量の弱体化に由来したのである。

おわりに

本論においては、題目に辺城と軍站と軍事活動の三つの用語を掲げた。これらを繋ぎ合わせると、それが、本論においてさまざまな角度から論じたところの主旨となり、それを極端に簡略していえば、辺城には軍站がおかれており、その軍站は業務・責務が郵逓活動に局促されるだけではなく、被堅執鋭して軍事活動にも挺身したということになる。分析の対象にしたのは、開平衛の諸軍站、すなわち開平駅・浩嶺駅・豊峪駅・雲門駅・雲州駅の五駅であり、それらに絞ったうえでのことであるので、きわめて狭い視野での検討・考察であるという誹りは免れない。それでも明代における辺城内軍站の軍事活動としてのモデルケースという意味合いにおいては、一定の研究史的意義をもちうるであろう。

「胡漢陵轢」という言葉がある。陵轢は侮り踏みにじることである。北方あるいは西方の異民族と漢民族（中国）が互いに鎬争うことをいうが、明代中国の北辺においては、歴朝をとおしてまさにこの「胡漢陵轢」の時代であった。その沸騰点が正統十四年（一四四九）に起きた土木の変と嘉靖二十九年（一五五〇）の庚戌の変である。この二つの事変をそれぞれ土木の変期、庚戌の変期として捉え、軍站のモンゴルとの戦闘・戦役に対する関わり方をみると、おおいに様相を異にしている。前者においては、土木の変以前の兀良哈に対しても、土木の変直後の京師防衛戦においても軍站は軍事活動において顕著な戦果をあげている。ところが、後者に対しては、その軍事的かかわりが少なくなり、逆に陣亡事例が増えているという傾向が顕著である。このように時代が降るとともに軍站の軍事活動が先細るとともに軍事的力量も同時に低下していったのは、軍站もまた衛所の所属下にあって衛所官軍によって組織・運営されたからである。衛所の制度的弛緩、それによって惹起される衛所官軍の弱体化は、軍站の軍事的力量の弱体化でもあった。しかしながら、開平衛所属の開平駅・浩嶺駅・豊峪駅・雲門駅・雲州駅の各軍站が、各戦闘・戦役においてはたした役割は、決して過小評価されるべきではない。軍事活動は、開平衛城が分守する宣府鎮下の北路だけにとどまらず、遠くは山西・陝西方面まで出軍している。軍站は衛城や城堡の中におかれ、軍情の飛報、軍需品輸送等の郵逓機能とともに辺境における巡哨等のルーティン的任務、対敵等の軍事活動という機能も、兼ね備えた重要な施設であったので、衛所官軍によって人的に組織・構成され、北辺における軍事防御の一翼をにない、軍事体系を強化させる意味をももっていたのである。

本論の冒頭でものべたように、明代駅伝制研究にあって、軍站の存在は従来まったく重要視されずにきたが、それでは駅伝制全体の理解の上で、一種の跛行性を内包しているといわざるをえない。本論において検証したように、軍站の存在意義の重みを考えれば、軍站の存在はあらためて評価すべきであり、軍站にかかわるさまざまな諸問題を究明し、その成果を蓄積することによって、民駅と軍站とを両輪とする明代駅伝制の全体的相貌が明瞭になるであろう。本論がそうした試みの口火を切る軍站研究への鶴嘴の役割をはたすことになればと念じつつ擱筆することにする。

（1）明清時代の交通史に関して精緻な研究を進められた星斌夫氏は、この幹線ともいうべき七方面について、①北京から南京を経て浙江・福建に至るルート、②北京から江西・広東に至るルート、③北京から河南を経て湖広・広西に至るルート、④北京から陝西・四川に至るルート、⑤北京から貴州・雲南に至るルート、⑥北京から山西に至るルート、⑦北京から山東に至るルート、であるとしている。星斌夫『明清時代交通史の研究』（山川出版社、一九七一年）「前編　一明代における駅伝制度の構成」参照。

（2）前掲星斌夫『明清時代交通史の研究』。

（3）本書は二〇〇六年に増訂本が刊行されたが、おおきく変わったのは、附録としてすでに掲出されていた《一統路程図記》、《士商類要》にくわえて、あらたに《寰宇通衢》を翻刻して追加されたことであり、二《明会典》所載駅考、三《明会典》已革駅考、四《明会典》未載駅考に対する内容の改変はないようである。

（4）清水泰次氏の駅伝制に関する論攷は、つぎの通りである。「明代の駅逓」（『東洋史学論集』三、一九五四年）、「明代の駅夫」（『史観』四三・四四、一九五五年）、「明代駅伝の基本的研究」（『滝川博士還暦記念論文集』一九五七年）、「明代駅伝に於ける江南から華北への協済」（『史観』第五〇号、一九五七年）。

（5）拙稿「明代貴州の軍站について」（『中央大学文学部紀要』史学第五六号、二〇一一年）。

（6）前掲拙稿「明代貴州の軍站について」、拙稿「明代中国の駅站衛所官」（『情報の歴史学』中央大学出版部、二〇一一年）参照。

（7）前掲拙稿「明代中国の駅站衛所官」。
（8）本『中国明朝档案総匯』の検索は、岩渕慎編『中国第一歴史档案館・遼寧省档案館編　中国明朝档案総匯総目録』（二〇〇三年）が便利である。また、『中国明朝档案総匯』の概括的な紹介は、甘利弘樹「明朝档案を利用した研究の動向について―『中国明朝档案総匯』刊行によせて―」（『満族史研究』第一号、二〇〇二年）が簡にして要をえている。
（9）前掲拙稿「明代中国の駅站衛所官」。
（10）拙稿「明代〝以克列蘇〟戦役考」（『中央大学文学部紀要』史学第五八号、二〇一三年）。
（11）前掲拙稿「明代中国の駅站衛所官」。
（12）明軍の順帝追討の様相については、和田清『東亜史研究（蒙古篇）』（東洋文庫、一九五九年）「四、兀良哈に関する研究上」に詳しい。
（13）常遇春については、『太祖実録』洪武二年冬十月庚午の条、宋濂「鄂国公常遇春神道碑」（『国朝献徴録』巻五）、『明史』巻一二五、常遇春伝等参照。
（14）ちなみに、このとき北京留守行後軍都督府に編入された衛所については、『太宗実録』永楽元年二月辛亥の条に、「燕山左・燕山右・燕山前・大興左・済州・済陽・真定・遵化・通州・薊州・密雲中・密雲後・永平・山海・万全左・万全右・宣府前・懐安・開平・開平中・興州左屯・興州石屯・興州中屯・興州前屯・興州後屯・隆慶・東勝左・東勝右・鎮朔・涿鹿・定辺・玉林・雲川・高山・義勇左・右・中・前・後・神武左・右・中・前・後・武成左・右・中・前・後・忠義左・右・中・前・後・武功中・盧龍・鎮虜・武清・撫寧・天津右・寧山六十一衛、梁成・興和・常山三守禦千戸所を以て、北京留守行後軍都督府に隷せしむ」とある。
（15）松本隆晴『明代北辺防衛体制の研究』（汲古書院、二〇〇一年）「第一章　明代前期の北辺防衛と北京遷都」八頁。
（16）明・陳祖綬撰『皇明職方地図』巻中、辺鎮図表序、「蓋し成祖の重んずる所は開平・興和を守るに在り、則ち北虜駆すべし」。
（17）たとえば、『宣宗実録』宣徳二年五月癸巳の条に、「陽武侯薛祿に命じて鎮朔大將軍の印を佩し総兵官に充て、清平伯呉成を副総兵に充て、師を率いて粮餉を防護し開平に赴かしむ。仍お在途の整粛隊伍に勅し、蹂虜を致すを毋からしむ。或いは虜寇に遇えば、即ちに相機《はか》りて勦捕し慎みて窮追する勿かれ。時に開平備禦都指揮唐銘等、屡々虜寇近境に出没せりと奏するが故なり」とあるように、開平衛への補給にあたっては、モンゴルの襲撃から守るためにおおがかりな防護軍を編制せざるをえなかった。

(18)『宣宗実録』宣徳二年六月丁卯の条「独石に城を築き、開平衛を立て、開平備禦の家属を以て新城に移し、且つ耕し且つ守り、而して開平衛及び調する所の他衛の備禦官軍を以て其の精壮を選び、二班に分作し、毎班壹千餘人もて開平旧城に更代して哨備し、新城の守禦官軍の足らざる者は暫く宣府及び附近の衛より分けて酌量添撥し、罪囚を発して軍に充つるを候ち、代りて原伍に還さんことを、と」。

(19)前掲拙稿「明代中国の駅站衛所官」。ちなみに、開平衛の駅站衛所官に関して、右論攷において挙例した一一一件のうち、「為事充軍」による就軍の年次を明示した事例では、洪武元年（一三六八）・洪武九年（一三七六）・洪武二十四年（一三九一）・洪武二十七年（一三九四）・洪武二十八年（一三九五）・洪武二十九年（一三九六）・洪武三十年（一三九七）・洪武三十四年（建文三年、一四〇一）・永楽二年（一四〇四）・永楽五年（一四〇七）・永楽六年（一四〇八）・永楽七年（一四〇九）・永楽八年（一四一〇）・永楽九年（一四一一）・永楽十三年（一四一五）・永楽十七年（一四一九）・永楽十八年（一四二〇）等をみいだす。

(20)前掲『皇明職方地図』巻中。

(21)しかしながら、さきに引用した『明史』巻四〇、地理志一には、「開平衛、元の上都路、中書省に直隷す。洪武二年、府と為り、北平行省に属し、尋いで府を廃して衛を置き、北平都司に属せしむ。永楽元年二月、衛治を京師に徙し、後軍都督府に直隷す。四年二月、旧治に還らしむ。宣徳五年、治を独石堡に遷し、改めて万全都司に属せしむ。而して兵をして分班し此に哨備せしむ。後廃す」とあるように、宣徳内徙以前の所属を北平都司に作っており、『明史』自体の記述に矛盾がある。

(22)『明史』巻九〇、兵志一の、「万全都司。宣徳五年、直隷及び山西等処の衛所を分けて添設す」以下の記事は、この正徳『大明会典』の記述とほぼ同文であるので、後者に依拠したのであろう。

(23)『宣宗実録』宣徳五年閏十二月己亥の条、「行在戸部奏すらく、甘粛・寧夏・大同・宣府・独石・永平等処は辺境の要地なり」。

(24) 辺鎮に関する纏まった史料としては、『四鎮三関志』のように複数の辺鎮を対象にしたものがあるが、嘉靖『宣府鎮志』のように宣府鎮に特化した地志は珍しい。「嘉靖辛酉十月既望上谷孫世芳序」とあるから、当該鎮志の編纂年次は嘉靖四十年(一五六一)のことであり、編者である孫世芳の籍貫は万全都司宣府右衛軍籍(郷貫直隷安東県)で、嘉靖二十六年丁未科(一五四七)に第三甲で進士に登第した。このときの同榜にはのちに鉄腕宰相と呼ばれて汗青に名をとどめる張居正がいる(『嘉靖二十六年進士登科録』参照)。

(25) 【表A】は拙著『明代中国の軍制と政治』(国書刊行会、二〇〇一年)「前編第一部第四章　班軍番戍制」一七五頁からの転載である。

(26) 宣府鎮の北路体制を支える諸機関の名称、嘉靖『宣府鎮志』巻二一、兵籍考、分戍に依拠した。

(27) 清・儲大文撰『存研楼文集』巻六、独石長城形制には、「開平衛、遂に復た雄鎮と為る」とある。

(28) ついでながら、【表B】にみえる大市坊・公署坊・科第坊について、嘉靖『宣府鎮志』に依拠しつつ補足すると、開平衛城内の大市坊は三坊からなり、南は承恩坊、東は長勝坊、西は長寧坊と呼称された。公署坊は二カ所あり、察院前は澄清坊、参将府前は振武坊と名づけられていた。科第坊は、弘治己未科の進士王軏のために作られた。弘治己未科、すなわち弘治十二年(一四九九)におこなわれた科挙において、王軏は第二甲第二四名の成績で進士に合格している(『明清歴科進士題名碑録(一)』華文書局、一九六九年)。ちなみに同年の科挙に一緒に合格した同榜には、第二甲第六名の王守仁(陽明)がいる。王軏の伝は、嘉靖『宣府鎮志』巻三七、忠義伝や『明史』巻二〇一等に収録されている。字は信甫、開平衛官籍の人、郷貫は江都、開平衛学の出であった。順天府郷試に応試し、さらに会試に合格して弘治十二年(一四九九)に進士に合格し、兵部主事を振り出しに累進し、南京戸部尚書・南京兵部尚書に陞った。

(29) 開平衛城郭の厚みを七・四〇四メートルとみなすと、異常に幅広い城壁という印象が思われるが、西路の柴溝堡の場合は、これよりさらに幅広いから、開平衛城郭の事例は特殊ではない。嘉靖二十四年(一五四五)に重修がなされたあとに作られた翰林編修欧陽喚の記(嘉靖『宣府鎮志』巻一一、城堡考に引載)に、「凡そ四たび月を閲して成るを告ぐ。城の周囲八里、高さ二丈八尺、根の厚さ三丈二尺」と記されている。この三丈二尺を換算すると九、九五二メートルになり、このとき重修された柴溝堡の城壁の基底部の厚さは一〇メートル近い長さを具有していたことになる。

(30) 順聖東城の規模については、「天順四年築く。高・広・楼鋪は、礼部尚書倪謙の記に見ゆ」に作るので、陳夢雷の『古今図書集成・方輿彙篇』職方典巻一五八に収録された倪謙の「順聖東城記」を検したが、城堡の高さ・広さ・楼鋪数を記した文言はみえない。

(31) 前掲星斌夫『明清時代交通史の研究』。

(32) 楊正泰『明代駅站考』において典拠とされた史料のうち、《紀要》は贅語するまでもなく清・顧祖禹撰『読史方輿紀要』の、《寰宇志》は明・陳循等撰『寰宇通志』の略称である。

(33) 乾隆『口北三庁志』巻六、台跕志。

(34) 嘉靖『宣府鎮志』巻二四、兵騎考、馬場。

(35) 馬場の面積算出の計算式は、(二五頃×五八〇三二・六平方メートル＋七〇畝×五八〇・三二六平方メートル)÷三・三(＝一坪)である。

(36) 贅語のことながら、【史料R④】末尾の「分兵守備」という文言は、「兵を分けて守備す」もしくは「兵を分けて守備せしむ」と訓読せず、「兵を分けて守備とす」と訓読することも可能である。宣府鎮下における軍事組織上の位置づけとして、この長安嶺堡は、【表A】「鎮守軍組織表」にみえる「分守」につぐ「守備」であったので、「守備」を名詞と捉えることも可能なのである。ただ、長安所城の場合、ここに守備官庁が建てられたのは、景泰二年(一四五一)のことであった(嘉靖『宣府鎮志』巻一二、宮宇考、皇明)。

(37) 乾隆朝『大清会典則例』巻一二一、兵部、車駕清吏司、郵政下。

(38) 嘉靖『宣府鎮志』巻二四、兵騎考、馬場。

(39) 同右書、巻一二、宮宇考、皇明。

(40) なお、『読史方輿紀要』巻一八、直隷九、雲州堡には、【史料Q⑤】に引いた『大明一統志』巻五、京師、万全都指揮使司に載せる雲州堡の記事をさらに敷衍して、本堡の来歴をやや詳しくのべているので、ここに引用することにする。

雲州堡　司の東北二百十里。本と望雲川の地にして、契丹、常に游獵の所と為す。遼主賢、初め潛邸を此に建つ。其の後、号して御荘と為す。尋いで望雲県を置き、奉聖州に属す。金、之に因る。元、雲州を置き焉を治とす。至元二年、県を廃し、州を存す。明初、改めて雲州駅を置く。宣徳五年、河西大路に城を築きて戍を置く。正統末、敵の陷す所と為り、景泰の初め収復す。五年、新軍千戸所を增置す。隆慶二年、展げて堡を築く。城の周り三里有奇。堡は南北通衢に当たり、堡の北五里を龍門口と曰い、路を岐け西は馬營に直り、東北は独石・鎮安に直り衝要を為すの処たり。

(41) 乾隆『宣化府志』巻一七、駅逓軍站志。

(42) 同右。

(43) 嘉靖『宣府鎮志』巻二四、兵騎考、馬場。

(44) 乾隆『宣化府志』巻一七、駅逓軍站志。

(45) この数値の計算式は、(一〇三〇方歩＋一九七〇方歩＋二七一〇方歩)÷一畝(＝二四〇歩)×五八〇・三二六平方メートル÷三・三(＝一坪)である。

(46) 鶏鳴駅は、嘉靖『宣府鎮志』巻一二、宮宇考、皇明に、「鶏鳴駅　鎮城の東南六十里の鶏鳴山の下なり。永楽十八年に建て、成化十七年、都御史秦紘、鎮守官と会同して堡を築き之を衛る」とみえるように、本駅単体で城堡を備えていた。

(47) 各城堡に設置された施設については、嘉靖『宣府鎮志』巻一二、宮宇考、皇明、参照。

(48) 土木駅がハブ駅としての位置にあったことは、たとえば、昌平鎮の居庸関から宣府鎮へのルートに関して、明・劉效祖撰の『四鎮三関志』巻二、形勢考に、昌鎮形勝に、「居庸関　東は西水峪口黄花鎮界より九十里、西は鎮辺城堅子峪口紫荊関界に至ること一百二十里、南は楡河駅宛平県界に至ること六十里、北は土木駅宣府界に至ること一百二十里」とあるのも参考になる。

(49) 土木の変の土木という地名の来由、ならびに土木の変の顛末については、拙著『モンゴルに拉致された中国皇帝―明英宗の数奇なる運命―』(研文出版、二〇〇三年) 参照。

(50) 『太祖実録』洪武元年正月庚子の条。

(51) 駅の置廃等の実態については、前掲楊正泰『明代駅站考』参照。

(52) 嘉靖『通州志略』巻四、駅伝。
(53) 村井章介・須田牧子『笑雲入明記　日本僧の見た明代中国』〈東洋文庫七九八〉、平凡社、二〇一〇年）九八頁。
(53) 前掲星斌夫『明清時代交通史の研究』一六頁。
(54) 拙稿「明代擺站軍考―その創出をめぐって―」（準備中）。
(55) 前掲拙稿「明代中国の駅站衛所官」。
(56) 野口鐵郎編訳『訳注明史刑法志』（風響社、二〇〇一年）二六頁。
(57) 「名将」という評語は、成化十一年（一四七五年）乙未科の殿試第三名（探花）で、正徳年間に戸部尚書、文淵閣大学士を歴任した王鏊の『王文恪公集』巻一九、「辺議八事を上つる」等にみえ、一方モンゴル側からは「楊王」と呼ばれて懼れられたことは『聖廟名世考』巻一一、名将伝等、楊洪の伝記史料中に頻出する。
(58) 『英宗実録』宣徳十年秋七月丁酉の条。
(59) 『太宗実録』永楽八年三月甲戌の条。
(60) 前掲和田清『東亜史研究（蒙古篇）』「三、兀良哈三衛に関する研究（上）」一五一―一五二頁。
(61) 前掲拙稿「明代〝以克列蘇〟戦役考」。
(62) 『憲宗実録』成化十六年三月戊戌の条。
(63) 『明史』巻一七一、王越伝。
(64) 前掲拙稿「明代〝以克列蘇〟戦役考」一〇六頁。
(65) この兀良哈撃破は、『英宗実録』正統四年九月丁巳の条にみえる、【史料T⑩】「右参将都指揮使楊洪、軍を領して叛虜を追捕して、白塔兒三岔口に至るや、兀良哈五百余騎に遇う。之と戦い、十二人を射死せしめ、三人を生擒し、并せて其の馬匹軍器を獲す」とあるのと照応し、正統四年（一四三九）九月のことであろう。
(66) 紀広に対する追封、ならびにその郷貫については、『英宗実録』景泰四年春正月丙寅の条、もしくは弘治『句容県志』巻六、人物類、忠勲、国朝を参照。
(67) 紀広が八月十日に東還中の親征軍を離れ、からくも命拾いしたのは、「召対称旨」、つまり英宗の諮問に対してその答申が英宗の意にかなったためと神道碑銘の撰者たる許彬は書き記している。許彬は、土木の変以後の英宗の回鑾をめぐる明蒙和議交渉の際にモンゴルに派遣された経験もあり、一年後英宗が京師に戻ってきたときには出迎えに宣府に遣わされた人であり、土木の変前後の多難を時期を官僚としてすごしたので、紀広の人となりもある程度掴んでいたものと思われる。死者（墓主）に副えられる墓誌・墓碑・神道碑等の史料をはじめとする石刻史料は当該期の歴史の空隙を埋め、編纂史料の不足を補う第一級の歴史素材ではあるが、しかしながら、遺族から高額なギャラを貰って撰するものであり（一例として拙著『明代中国の疑獄事件―藍玉の獄と連座の人々―』〈風響社、二〇〇二年〉「第三章　藍玉の獄と詩人王行」参照）、その文中には、まったくレトリックが入る余地なしとはしない。「召対称旨」による親征軍からの離脱に関しては、都合良くそんなことがあったのかどうか、とくに気になるところである。そこで、別な史料によってそれを確認しようとしたところ、やはり同時代の人（景泰七年〈一四五六〉郷試合格、のち戸部に在職）である黄瑜の『雙槐歳鈔』巻第五、閲武将台に、「己巳、上、親征す。広、扈従して大同に至るや左右に賂し還るを得たり。八月、召されて沙嶺に至り、都督僉事に陞せらる。仍りて万全を守る」とあり、紀広が親征軍から離れたのは、沙嶺に召し出される前の大同でのことで、しかも「左右に賂し」とあるから英宗に近侍する宦官辺りに賄賂を贈って離脱したのであろう。離脱の理由とその時期についての記述に、許彬の手になる神道碑銘と黄瑜の『雙槐歳鈔』とではおおいなる径庭がある。なお、許彬と土木の変以後の明蒙交渉とのかかわりについては、前掲拙著『明代中国の軍制と政治』「後編　政治と軍事―英宗回鑾を中心として―」のとくに「第八章　交渉再開」以下を参照。

(68) なお付言すれば、玉石溝における軍事衝突は、しばしば起きたようである。『英宗実録』景泰二年秋七月乙巳の条には、「後軍都督府都督指揮千百戸旗軍人等董斌等二百四十人に銀両綵款絹布を賞すること差有り。宣府等処玉石溝の殺賊の功を以て也」とある。

(69) 前掲和田清『東亜史研究（蒙古篇）』「八、俺答汗の覇業」七五三―七五四頁。

(70) 前掲拙稿「明代〝以克列蘇〟戦役考」参照。

(71) 拙著『明代長城の群像』（汲古書院、二〇〇三年）「第一部第一章　明代の間諜「夜不収」」参照。

(72) 前掲拙著『明代中国の軍制と政治』「前編第一部第四章　班軍番戍制」一一〇三頁。

（73）『国朝献徴録』巻一〇六には、当該神道碑について、「平羌将軍後軍都督府右都督謚武僖周公玉神道碑」という名で再録されている。

（74）野野潤の戦いを天順二年（一四五八）に作る史料もまた間々散見するが、嘉慶『定辺県志』もそうである。その官師志巻八、官蹟、明には、「石彪は大同総兵なり。天順二年、夷、辺に寇す。彪に命じて之を禦がしむ。安辺に戦い、追って昌平墩に至り、大いに之を敗る。復た追って野馬潤平陂墩に至り、転戦すること六十里、鬼力赤平章を斬り、擒は算える無し」とある。

（75）『国朝献徴録』巻一〇七には、当該神道碑について、「同知中軍都督府事贈左都督張公欽神道碑」の名で再録されている。

（76）前掲和田清『東亜史研究（蒙古篇）』「三、兀良哈三衛に関する研究（下）」参照。

（77）大同の反乱については、萩原淳平『明代蒙古史研究』（同朋舎、一九八〇年）「第四章第一節　嘉靖期の大同反乱とモンゴリア」に詳しい。

（78）城地孝『長城と北京の朝政　明代内閣政治の展開と変容』（京都大学学術出版会、二〇一二年）「第四章「行政府型内閣の光と影（一）―アルタン封貢をめぐる政治過程―」参照。

（79）嘉靖『宣府鎮志』巻一一、城堡考、皇明に、「趙川堡　高さ二丈八尺、方二里一百八十歩、城楼一、城鋪四、南一門。宣徳三年、屬堡六を築く。黄土・白廟・関子口・古城・李家屯・周善と曰う」とある。

（80）『開平衛選簿』馮勲の条、「嘉靖十五年二月、……開平衛駅実授百戸馮時、地名関子口に在りて、賊に敵して陣亡す」。

（81）前掲拙著『明代中国の軍制と政治』「前編」参照。

Ⅱ　ユーラシア大陸中央部

二〇世紀前半期の新疆におけるムスリム住民の活動とスウェーデン伝道団

新免　康

はじめに

二〇世紀前半期の新疆（＝中国領中央アジア）におけるタリム盆地周縁オアシス地域についての研究は、近年著しい進展をみせている。しかし、そこに居住するテュルク系ムスリムの諸活動をめぐる状況については、政治面や教育面における具体相が基本的な事実関係とともに明らかにされてきたけれども(1)、その背後にあるムスリム住民の意識の様態や社会的背景の内実などについて十分に鮮明化されているとは言い難い。そこで注目されるのが、当時カシュガルやヤルカンドなど新疆南部のオアシス都市に拠点を置いていたスウェーデンのキリスト教伝道団と、オアシス地域、とくにその中心都市に居住していたムスリム住民とのかかわりである。以前の拙稿で触れたように、当該伝道団はキリスト教という「異教」の布教をはかるとともに、病院・学校・活版印刷所の開設・運営を通じて、近代ヨーロッパの新しいモノや生活様式、知識・技術などをソフト面・ハード面を含めてムスリムの居住するオアシス地域、とくに都市部に直接もち込んだ(2)。それは、様々な方向性からの「近代性」の流入と浸透という、当地域ムスリム社会の変容プロセスのなかの看過できない一環として進行したと考えられる。

写真１　楊増新

出典：Hedin, Sven, *The Flight of "Big Horse": The Trail of War in Central Asia*, translated by F. H. Lyon, New York: E. P. Dutton and Co., Inc., 1936, p. 214

スウェーデンの伝道団が活動に従事した二〇世紀前半、清朝が倒れて一九一二年に中華民国が成立したものの、新疆省の政治権力を掌握したのは漢族の楊増新（写真１）であり、(3) 各地域の地方行政も基本的に漢族の官吏たちによって担われていた。テュルク系ムスリム住民は、みずからの政治的活動を推進できる境遇にはなかった。また、新疆省政府の政策においては、社会経済的側面や文化面も含め、清朝時代における旧体制の維持がめざされていたといっても過言ではない。たとえば、テュルク系ムスリムによる近代的な出版活動は許容されなかった。

このような条件下においてムスリム社会においては、一九世紀末より活性化したロシア帝国領との経済関係を背景に、国際交易における利益を原動力として商業資本家たちが台頭し、知識人たちとともに新しい指導的な社会層を形作るとともに、かれらの主導下、一九一〇年代の半ばにムスリム住民による改革運動、とくに近代的な学校教育の導入をめざす「新方式」教育運動が都市部とその周辺地区を中心に勃興し、進展した。しかし、この運動は省政府による弾圧と社会内部からの妨害によって頓挫し、そこでめざされたような社会の変化は、少なくとも指導者たちの目算通りには実現されなかったと考えられる。このようななか、一九三〇年代の前半には同じ指導者層を軸にムスリム住民による大規模な反乱が勃発し、カシュガルを中心とするテュルク系民族としての政権の樹立へとつながった。

ここで注目されるのは、上記のような一連の過程において、スウェーデン伝道団が特定の局面でムスリム住民から攻撃を受け、被害を被る一方で、ムスリム反乱のなかで一部の反乱指導者たちと良好な関係を築いていたという事実である。(4) そこで本稿では、ムスリム住民の主体的な政治的・社会的活動が伝道団と何らかの形で接触し、関与し合った際に生じた具体的な関係性に焦点を当て、そこにおけるムスリム側の動向の様態と背後にある意図・思惑を探ることをとおして、単純な構図へと容易には還元できないと思われる、ムスリムの様々な政治的・社会的活動の特質とそれを支えるメンタリティのありかたの一端にアプローチする。

このような両者の関係に関しては、伝道団の歴史的展開に関する J. Hultvall の総合的な研究(5)のなかでいくらか述べられているほか、伝道団印刷所の活動とその成果に関する G. Jarring の研究(6)においても、ムスリム反乱期の出版物を含め、言及されている。しかしこれらは基本的に伝道団の活動とその影響というコンテキストにおいて事象を扱う姿勢に終始しており、ムスリム側の活動・意識に注目する本稿はこの点において多少の意味をもちうると考える。

史料としては、ムスリム住民側の歴史叙述や回想、スウェーデン人宣教師の報告・著作や日記など伝道団側の資料、(7) さらに両者とは異なる立場からの観察者であったカシュガル駐在英国総領事の報告などを主要な材料として利用する。(8) 議論の段取としては、第一に一九一〇・二〇年代の改革運動の時期におけるスウェーデン伝道団に対する攻撃事件の経緯と背景について述べた上で、第二に一九三〇年代の反乱時の具体的状況について検討を加える、という手順をとる。

一　一九二〇年代におけるムスリム住民のスウェーデン伝道団に対する反対運動とその背景

スウェーデン聖約教団（Svenska Missionsförbundet）[9]は、一八九四年より一九三八年までの四十年間以上にわたり、カシュガル、ヤルカンド、イェンギヒサル[10]、およびカシュガルのイェンギ・シャフル（yengi shahr）[11]というオアシスの中心都市に拠点を置いてキリスト教の布教活動を展開した（地図1・地図2を参照[12]）。その活動は、医療・学校教育・孤児養育・印刷出版など、広範囲にムスリムとかかわり、ムスリム社会に一定程度の影響を及ぼす側面を備えていた[13]。

このようなヨーロッパ人のキリスト教伝道団の存在は、ムスリム側にとってそれぞれの局面においてそれぞれの感覚をもって受容されたのではないかと想像される。医療は実際にムスリム住民に目にみえる恩恵を与え、伝道団に対する好ましい印象を生む一方で、一部の人々の間にはキリスト教布教に対する警戒感や違和感も醸成されていたと推測される。とりわけ一九二〇年代になると、伝道団側のデータながら孤児院や学校が数量的に顕著な発展をみせていた[14]。すなわち、スウェーデン人宣教師を中核とするキリスト教徒コミュニティという、ムスリム社会からみて異質な宗教者の集団が、空間的にはオアシスというムスリム居住地域の内部に、しかも都市というムスリムが集住する区域のすぐ傍らに、すなわちムスリム社会と直接的に接触する形で明確な姿を現しつつあったのである。おそらくこのような状況を背景として、ムスリム社会の側から伝道団に対する負のリアクションが表立った形態で発生することになる。

そもそもムスリム居住地域におけるキリスト教布教には、一般に著しい困難がともなうといわれる。場合によ

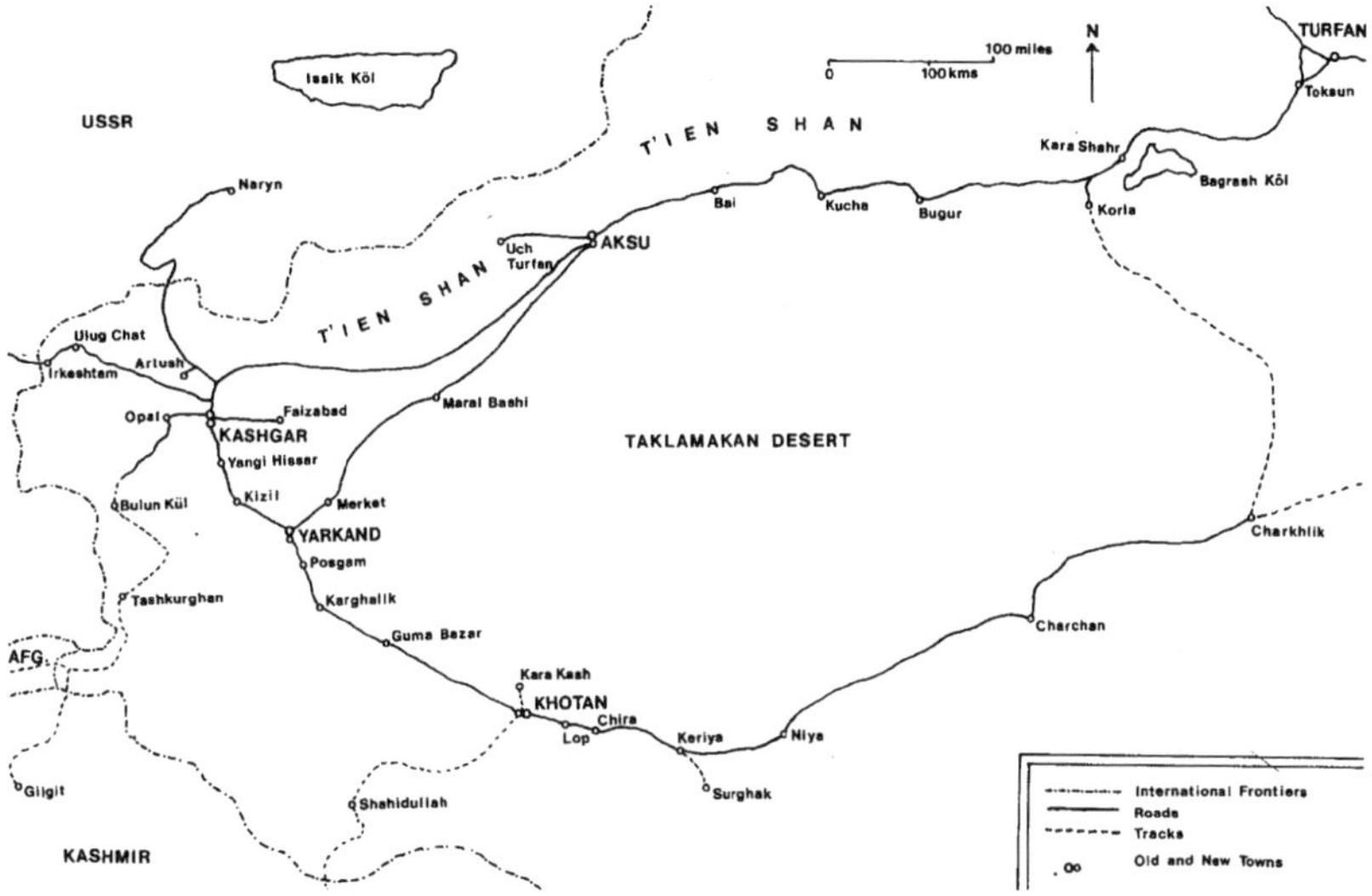

地図１　南部新疆のタリム盆地周縁オアシス地域

出典：Forbes, Andrew D. W., *Warlords and Muslims in Chinese Central Asia: A political history of Republican Sinkiang 1911-1949*, Cambridge University Press, 1986, p. 64

っては反対運動などトラブルに直面することも例外的ではない。新疆のスウェーデン伝道団も、一八九九年四月という初期の段階で、カシュガル拠点の敷地が襲撃され、建物が壊されるという事件を体験している(15)。その後伝道団は、一九二三～二四年には、カシュガルとヤルカンドの都市部においてムスリム住民たちによる大規模な示威運動と宣教師や改宗者たちに対する攻撃を被り、それに対応することとなった。

管見の及ぶ限りでは、伝道団を攻撃対象としたムスリム側の当事者、とくに運動を主導した指導者自身がみずからの活動の有様やその理念・意図などについて記した史料をみいだすことができない。ただし、その際の具体的状況は、宣教師たちの記録とカシュガル駐在英国総領事という第三者の観察によって、ある程度知ることができる。以下に、事態の経緯の概要を再現するとともに、ムスリム側の関連する史料からうかがわれる限りにおいてその背景について探ってみる。

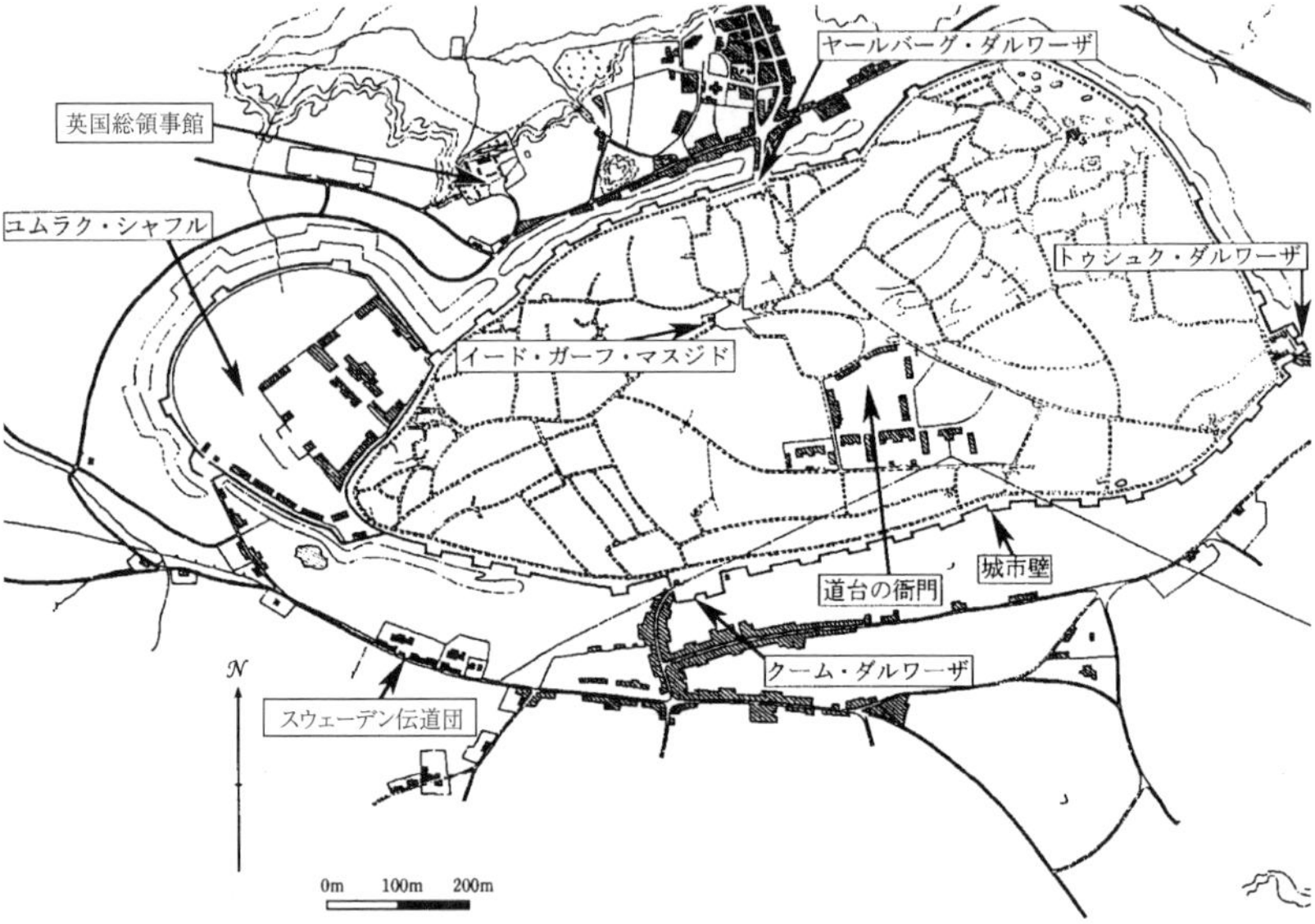

地図２　カシュガル市とスウェーデン伝道団拠点の位置

出典：India Office Records (IOR), Oriental & India Office Collections, British Library, L/P&S/20/A118/2, *Military Report on Sinkiang (Chinese Turkestan) 1929*, "Sketch map of Kashgar" (in pocket at end) をもとに作成

1　一九二三〜二四年の事件の経緯

①カシュガル

一九二三年四月、カシュガル市郊外のクズル・ドゥベ（Qizil-döbä）に伝道団の礼拝場所を設置することが決定され、四月二〇日にキリスト教への改宗者と洗礼志願者たちにより改修工事の作業が開始された。しかし程なくしてかれらは一群のムスリムたちによる襲撃に遭い、キリスト教徒五名と洗礼志願者一名が拘束され、中国人地方官僚配下のテュルク系の役人のところに縛られたまま連れていかれた[16]。それとともに、四月二〇・二一日の両日、ラマダーンの断食明けで郊外の地域よりカシュガル市中心部（写真２）に流入した人々を含む民衆にムッラーやムダッリス（教師）が働きかけ、巨大な群衆による請願がカシュガルの地方政府の道台に提出されたという。その内容は、伝道団のすべての活動を中止し、宣教師たちを帰国させ、キリスト教へ

の改宗者たちをイスラーム法にしたがって処罰せよ、というものであった。宣教師たちの訴えにもかかわらず、連行された改宗者たちは官吏たちの命令により衙門内に収監された。(17) 他のキリスト教改宗者と洗礼志願者たちは、四月二一日の深夜にいったん伝道団の拠点に集まった後、翌日、さらなる迫害への危惧からばらばらになって離散した。地方政府により収監された改宗者たちは、いったん解放されたものの、二三日にはふたたび中国人官吏によって投獄された。道台は、医療活動をのぞく一切の布教活動を停止する指示を出した。(18) 伝道団のカシュガル拠点（写真3）は、学校・印刷所・病院を含め、閉鎖を余儀なくされた。

さらに、示威運動の指導者たちと群衆は、カシュガルのイェンギ・シャフルに駐在していたカシュガル地区の提台たる馬福興（写真4）のもとを訪れ、伝道団の活動を完全に停止させるよう訴えかけを行った。宣教師の記述によれば、馬提台に陳情したムスリムたちは、カシュガルにおける「独裁者」であり、(19) 自身もムスリムのいわゆる「回民」(20) であった馬福興に、(21) 伝道団に対する厳しい処置を期待していたという。他方、キリスト教への改宗者や洗礼志願者たちは、馬提台によってもたらされる可能性のある、自分たちにとっての最悪の事態をことのほか危惧していた。(22) しかし、四月三〇日に同提台は、ムスリムたちの度重なる要求を決然と拒否し、かれらを退去させた。(23) また、同じ四月三〇日に道台が

写真2　1920年代のカシュガル市中心部（大モスク前広場におけるバザール）

出典：Skrine, C. P., *Chinese Central Asia: An Account of Travels in Northern Kashmir and Chinese Turkestan*, London: Methuen & Co. Ltd., 1926, p. 80

写真３　伝道団カシュガル拠点の教会堂

出典：Jarring, Gunnar, *Return to Kashgar: Central Asian Memoirs in the Present*, Translated from the Swedish by Eva Claeson, Durham: Duke University Press, 1986, p. 93

写真４　馬福興と妻子

出典：Nazaroff, P. S., *Moved On! From Kashgar to Kashmir*, London: George Allen & Unwin, 1935, p.76

主要な商人やカーディー（イスラーム法廷の裁判官）らを召喚し、過激な扇動を制止するよう要請した結果、カシュガルの有力商人ウマル・アホン・バイ（ʻUmar Akhun Bay）[24]、アブドゥル・カースィム（ʻAbd al-Qāsim）とイスラーム・ダームッラー（Islām Dāmullā）という二人のカーディーらが住民の集会を召集し、三〇年にわたって有益な医療・慈善事業を行ってきた伝道団に反対する扇動に自分たちは同意しないことを伝えた。これを受けて、五月五日の段階でひとまず平穏な状態に復したという[25]。

しかし、伝道団の活動がこれで再開されたわけではなかった。五月二五日に地方政府の衙門を訪問した宣教師のグスタフソン（David Gustafsson）[26]とヘルマンソン（Oskar Hermansson）[27]は、会見した道台から、ムスリムの間における布教活動を許可しない旨の命令をウルムチ（＝新疆省政府）から受け取ったと告げられた。また、カシュガルのまちでは、ムスリムがみずからの信仰を堅固に保持し、キリスト教への改宗を避けるために子女を伝道団の学校に送らないよう勧告する地方政府の公示が、テュルク語と漢語で貼り出されていた[28]。このような官憲側の伝道団に対する抑圧的な態度を背景として、布教活動は停止状態がしばらく継続されることとなった。

これに対し伝道団側は、中国国内におけるキリスト教布教の権利を保障するという中国とヨーロッパ諸国およびロシアとの間の条約の条項を根拠とし[29]、カシュガル駐在英国総領事を介して[30]、北京駐在スウェーデン代理公使より北京政府に働きかけを行った。すなわち、北京政府に対して、省政府とカシュガルの地方政府に伝道団の活動再開を禁止する命令を取り消すよう指示を出すように要請したのである。一〇月一六日、英国総領事は本国政府より、スウェーデン公使が北京政府への働きかけを行っている旨の通知を受け取っている[31]。宣教師のヘルマンソンによれば、北京のスウェーデン公使より活動の再開について現地の宣教師たちの判断に任せるという通知が届き、それを受けて一一月二四日に布教活動をすべて再開することを宣言したという[32]。実際のところ、カシュガル拠点のテュルク系スタッフであったハサン（Ḥasan）[33]から、ヤルカンド拠点に駐在していた宣教師のラケット

（Gustaf Raquette）[34]への書簡には、自分たちは一一月二七日に病院の仕事を再開した、と記されている。[35]一二月にムスリム側からさらなる請願が行われたが、地方政府はこれを拒否した。[36]要するに、外交的な手段が功を奏す形で地方政府の態度が軟化し、活動の再開が可能になったということであろう。カシュガルにおける示威運動はこの時点で完全に終息をみた。[37]

②ヤルカンド

ところが、伝道団への攻撃はヤルカンドへと拡大した。一九二三年七月初旬に、教師のムッラー・サイフッラー・アホン（Mullā Ṣayf Allāh Akhun）という人物を指導者としてヤルカンドの地方政府に対して伝道団の活動を停止するよう請願が行われた。ヤルカンドの地方当局は断固たる態度を示して、活動が相当規模になるのを回避した。幾人かのカーディーとムッラーは、前述のようにミッションの拠点から離れた都市郊外に位置する孤児院を訪問し、年長のすべての子供を「解放」するよう要求したが、伝道団側は二人の女性宣教師がドアを閉めて対抗したという。[38]

これにより騒動はいったん収束したかにみえたけれども、一二月末にカシュガルから来たムハンマド・イシャン（Muḥammad Ishān）、ホタンから来たアブドゥル・ジェリール（ʻAbd al-Jalīl）といった人々が、まちでキリスト教伝道団に反対する説教を開始した。一月一三日には、群衆をともなって伝道団の拠点（写真5）に赴き、人々が伝道団の教会に行くのを妨害しようとした。これに対応した宣教師のニストルム（Rickard Nyström）[39]は、改宗者らとともに出て説得しようと試みたが、指導者のトゥルディ・イシャン（Turdi Ishān）との間で争論となった。トゥルディ・イシャンがキリスト教の布教をおこなう根拠を問い質したのに対し、ニストルムはマタイによる福音書の内容（第二八章：一八―二〇）[40]と、中国との間の条約における規定について説明したという。しか

写真５　伝道団のヤルカンド拠点

出典：*På Obanade Stigar: Tjngoiem År i Ost-Turkestan. Svenska Missionsförbundets Mission i Öst- Turkestan*, redigerad av J. E. Lundahl, Stockholm: Svenska Missionsförbundets förlag, 1917, p. 377

トゥルディ・イシャンは納得せず、ラクダに乗って伝道団を非難する演説を行い、群衆を扇動した。[41] ムスリム群衆はニストルムらを襲ってかれらに暴行を加えた上で、市内部のアーラム・アホン（a'lam akhun）[42]のもとに連行し、その宅内に引きずり入れた。ムスリムたちは、イスラーム法にしたがってキリスト教徒たちが裁かれることをアーラム・アホンに要求したが、かれは逆にニストルムらを保護し、群衆を待たせている間に地方政府に事態を通報した。地方政府は群衆を解散させ、軍隊をエスコートさせて身の安全を確保しつつ、ニストルムらを伝道団拠点に送り帰した。

翌日の取り調べで、件の示威運動の首謀者たちは収監されるとともに、他のムスリムたちも暴力に訴えた咎で譴責された。[43] ヤルカンドにおいて地方政府が宣教師たちを保護する姿勢を鮮明に示したことは、ヤルカンドの県政府よりニストルムへの書簡に、「われわれは宣教師たちの知識と住民に対する活動を高く評価しており、（したがって）伝道団を保護するとともに、さらなる騒擾をおこさないようムスリムたちを説諭する努力をおこなう」とあることからもうかがわれる。[44]

以上のような経過を辿って、最終的に一九二四年二月にはカシュガルとヤルカンドの両地域で伝道団をめぐる状況は旧に復した。三月初旬の書簡のなかでトゥルンキスト（John Törnquist）[45]は、「われわれは仕事を至るところで再開しました。すべては平穏です。ヤルカンドで不安がありましたが、そこでもまた騒動は終息しました。……われわれには神がともにおられます。[46]」と宣教師らしい表現で、事態の鎮静化について記している。

2　事件の背景と運動の性格

①改革運動とのつながり

上記の経緯からうかがわれる限りでは、伝道団に反対したムスリムたちの具体的な行動様態として、カシュガルにおいては地方政府に対する伝道団の活動の停止の要請、改宗者に対する処罰の要求、ヤルカンドにおいては、地方政府への要請、伝道団に対する孤児院児童の「解放」の要求、宣教師と改宗者に対する暴力的な攻撃をそれぞれ抽出することができる。伝道団の活動が総体的に否定の対象とされるとともに、改宗者や孤児院の存在がとくに問題視されていることもうかがわれる。とすれば、前述のようなキリスト教徒の集団の拡大と影響力に対する不安・懸念が、行動をおこしたムスリムたちの反発の背景にあったとも考えられる。また、宣教師側の認識においても、「（新疆における）諸教区は成功を収めたが、それが、常に現存していたムスリムの狂信主義と、けして停まることのないキリスト教徒に対する敵意とによる新しい爆発の要因となった」とあり、[47]キリスト教徒という「異教徒」の教勢の急速な拡大がムスリムたちの敵対行為をもたらしたとみなされている。

実際、事件直前の一九二三年当時、キリスト教改宗者・洗礼希望者が顕著に増大し、伝道団の活動の場となる敷地・建物も拡大への動きがとられていた。カシュガルにおいては、一九二三年の新年から春にかけて、教会に目立って多くの人々が集まり、洗礼の希望者も格段に増加した[48]。多数の人々が、オパル[49]、イェンギヒサル、アルトゥシュ[50]など、カシュガル・オアシスの各地から友人や親戚とともに伝道団拠点にやってきて宣教会館を満杯にしたので、秩序を保つのが困難なほどであったという[51]。また、このような情勢を受け、市内の伝道拠点以外に、近郊の村落であるクズル・ドゥバに新たに祈祷のための場所を設けることが決定された。前述のように、その建築工事に取りかかっていたキリスト教徒と洗礼志願者たちがムスリムたちの襲撃に遭ったというのが、カシュガルにおける事件の発端にほかならない[52]。ヤルカンドにおいては、一九二三年に敷地の拡大が地方政府の承認のもとに進められ、教徒二〇人余り、学徒一五人で医術と毛紡織技術を学んだと言われており[53]、一般のムスリムたちにとってかなり目につく存在となりつつあった。

しかし、事態の推移からは、ムスリム民衆の反発が自然発生的に攻撃行動につながったというものではなく、ムスリム側の教師やムッラーといった知識人が指導者となり、計画的なプロパガンダ行為を通じて民衆を動員することにより示威行動が展開される、というプロセスをとったことがうかがわれる。とすれば、この運動の性格付けを考える上で、「狂信主義」にもとづくものであったか否かという点も含め、ムスリム指導者たちがどのような立場と考え方からこのような運動を発動したのか、という点について検討してみる必要がある[54]。

ここで想起されるのが、カシュガルにおいて近代的な新方式教育を推進したことで知られるテュルク系ムスリムの改革派ウラマー、アブドゥル・カーディル・ダームッラー（ʻAbd al-Qādir Dāmullā）が、一九二四年にスウェーデン伝道団の病院に対する抗議を携え、青年たちを率いて馬紹武の官署に示威行動に出たが、逆に官憲の弾圧を受けた、という大石真一郎による指摘である[55]。馬紹武が新疆省都督楊増新の命を受けてカシュガルに赴き、提台の馬福興を捕縛・処刑して、みずからは道台の地位に就いたのは、一九二四年七月のことであり、アブドゥ

写真6　セイピディン・エズィズィ

出典：新疆三区革命史編纂委員会編『新疆三区革命』烏魯木斉：新疆美術撮影出版社、1994年、50頁

ル・カーディル・ダームッラーが殺害されたのは同年八月である。管見の限りでは、宣教師たちの記録や英国総領事の報告のなかに、この間の時期に伝道団の医療活動に反対するムスリムの示威運動が行われたことを示す記述はみいだせない。しかし、大石が依拠した、アルトゥシュ出身の知識人・政治家セイピディン（Seypidin Ezizi）[56]（写真6）の回想録におけるエピソードは、顧慮に値する側面を含んでいる。

セイピディンが子供のころ、アルトゥシュにある自宅に、官憲の追及を受けているマンスール・ヒダーヤト（Mansūr Hidāyat）という人が逃げてきて、その人物を家に匿った。「かれら（＝マンスール・ヒダーヤトら）は、そのスウェーデン人たち（＝宣教師たち）がキリスト教を広げ、イスラーム教に反対する活動を行っていることに対し、われわれの郷土に来て横暴に振る舞っていることに対し、われわれの児童たちを騙し、台なしにしていることに対して抗議し、デモを挙行した。デモが進むにつれて参加する人々が増加し、スウェーデンの病院の門前に至ったときには数千人に達していた。かれらは、スウェーデン人たちがただちに出て行くことを要求した。スウェーデン人たちがそれを拒否すると、敷地のなかに押し入り、いくつかの部屋を破壊した。そうこうするうちに政府の兵士たちが入ってきて、デモ参加者たちを解散させた。……かれ（＝マンスール・ヒダーヤト）の話によれば、このデモはアブドゥル・カーディル・ダームッラーをはじめとする一部の人々が組織したものであった。

かれらは道台に、スウェーデン人の病院を閉鎖し、かれらを帰国させるよう何度も要求した。埒があかなかったので、デモ行進を組織したのである。」(57)

事態のプロセスからみると、伝道団の活動の停止と撤退が地方政府に対して要求されるとともに、民衆を率いての示威運動が実施されたという点で、一九二三年四月における前述のカシュガルにおける示威運動のプロセスと合致する面をもつものの、参加したムスリムが、伝道団の拠点に押しかけ、建物内部に侵入して破壊行為に及んだ、という点については、宣教師たちの記録や英国総領事の報告にもみられず、両者を同一の事件に関する記述であるとにわかには断定できない。しかし、セイピディンの記述は、幼少時における運動への参加者からの伝聞にもとづくものである以上、行動様態についてなんらかの誇張や曲解を含んでいる可能性を否定できない一方で、回想とはいえ当時の実際の出来事に関する記憶に依拠した証言であることに鑑みれば、おそらくは一九二三年の伝道団に対する反対運動に関わる情報を提供するものであると考えられる。また、英国総領事の報告も、「カシュガルのカーディーの一人である」アブドゥル・カーディル・ダームッラーが一九二四年八月に殺害された際、ムスリムの反伝道団勢力が、アブドゥル・カーディルによって反対運動の標的とされた伝道団の宣教師たちを、その殺害事件の犯人として追及する動きがあったことを伝えている。(58) これらの点を考慮すれば、少なくともカシュガルにおける一九二三年の伝道団に対する反対運動を率いていた指導者のなかに、アブドゥル・カーディル・ダームッラーが含まれていた可能性を想定してもあながち間違いではないであろう。

アブドゥル・カーディル・ダームッラーは、新疆のテュルク系ムスリムの社会で二〇世紀初頭より開始された近代的な新方式の教育運動において、カシュガルで先駆的な役割を担ったことで知られる。それまで伝統的なイスラーム宗教教育もしくは政府による漢語教育しか存在しなかった当該地域において、ロシア領中央アジアやトルコなど西方のイスラーム地域における近代化をめざした改革運動の影響と、テュルク系ムスリムの社会におけ

写真7　バハー・ウッディーン・バイ

出典：子孫提供

る、資本家や知識人らからなる新しいタイプの指導者の台頭という条件にもとづき、社会改革を視野に置いた教育活動が展開された[59]。すなわち、ムスリム自身の手による近代的な学校教育創出の試みである。大石真一郎の研究によれば、アブドゥル・カーディル・ダームッラーは改革派の著名なウラマーであり、このような動きのなかで一九一二年にカシュガルに逸早く新方式の学校を創立するとともに、やがてアルトゥシュ出身の資本家ムーサーバヨフ家のバハー・ウッディーン・バイ（Bahā al-Dīn Bay）[60]（写真7）の主導下に、トルコから派遣された教師を中心的な担い手として近代的な学校教育事業が大々的に推進されるようになると、その運動をサポートしたことで知られる[61]。要するに、少なくともカシュガルにおける伝道団反対運動の指導者たちのなかには、一九一〇年代より教育運動を展開した指導者が含まれていたことになる。具体的な名前は不詳であるけれども、カシュガルで示威運動へと民衆に働きかけたムッラーやムダッリスたち、ヤルカンドでの運動において初期の段階で地方政府に請願を行ったムッラー・サイフッラー・アホンなる人物などの指導者は、アブドゥル・カーディル・ダームッラーと共通の背景を有する知識人であった可能性がある。

　このようなアブドゥル・カーディル・ダームッラーらと伝道団反対運動との関連に関して注目されるのは、一九一四年に発生した伝道団の学校（写真8）に対する妨害工作と思われる動きである。一一月一八日の朝、伝道団の学校に来る生徒が少数であったため、宣教師のアレル（Gustaf Arell）[62]が確認すると、伝道団の外に一人のカ

写真8　伝道団カシュガル拠点の学校

出典：*På Obanade Stigar*, p. 456

ーディーがいて、児童と両親の名前を調べ、伝道団の学校に行ったことで一五人の児童を追及するとともに、親たちに学校に子供を送らないよう誓わせる、という行為に及んでいたという(63)。ここでは、とくに学校が否定的な働きかけの標的になっていたことがうかがわれる。

翻って、濱田正美と大石の研究にしたがって、アブドゥル・カーディル・ダームッラーらが支援したムーサーバヨフ家によるカシュガルでの新方式教育運動のプロセスをみてみると、同年三月にオスマン帝国の「統一と進歩」により派遣された教師であるアフメド・ケマール（Aḥmed Kemāl）（写真9）がムーサーバヨフ家の出身地たるウストゥン・アルトゥシュ(64)に到着し、まず同地のエキサクに新方式の学校を開校するとともに、同年四月にはアフメド・ケマールが校長を務める統一師範学校と、その運営のための財源を確保する目的をもつイスラーム慈善協会が設立された。さらに、カシュガル市において、青年実業家のハージー・

写真9　アフメド・ケマール

出典：İlkul, Ahmet Kemal, *Türkistan ve Çin Yollarında Unutulmayan Hatıraları*, İstanbul: İ stanbul Zarif İş Matbaasi, 1955, p. 81

アリー（Ḥājī ʿAlī）やアブドゥル・カーディル・ダームッラーによって慈善協会の本部が設立された。九月には中国政府当局によってバハー・ウッディーンに対してウストゥン・アルトゥシュでの教育活動を承認する免許状が与えられ、その後カシュガル市でハージー・アリーらにより上記師範学校卒業生を教師とする新方式の学校が開設されたものの、省政府の弾圧により一九一五年九月に学校は一旦閉鎖された(65)。

上記のような伝道団に対する事件の様相と、ムスリムによる新方式教育運動のプロセスとを対照して吟味してみると、伝道団に対する動きがおもに学校を対象としていること、事件が起こされた一九一四年一一月はまさにカシュガルにおいて新方式学校教育が展開されようとしていた時期に当たることから、伝道団に対する妨害工作を実施した主体が新方式教育運動にかかわっている指導者たちであったと推測しても的外れではあるまい(66)。断定はできないものの、新方式教育の推進者たちの主導下に、一九二三年の伝道団攻撃事件以前、新方式教育が展開されていた最中の一九一〇年代の段階において、すでに伝道団への攻撃的な行動が起こされていたのである。そして、その後の一九二三年の事件は、新方式教育運動が省政府の政策によりあえなく頓挫するに至った一方で、「異教徒」のキリスト教伝道団の学校の方は順調に発展を遂げつつあったという、アブドゥル・カーディルら指導者にとっては理不尽な状況下において、より過激な形態での運動がめざされたと推測される。

それでは、アブドゥル・カーディルのスウェーデン伝道団に対する示威運動の主導は、どのような意識に裏打ちされたものであろうか。大石は、前述のハージー・アリーが『ワクト』(*Waqt*) 誌への寄稿文のなかで、新方式教育が「宗教と民族を辱めている」スウェーデン伝道団の活動への対策であったと主張していることを明らかにしている(67)。すなわち、キリスト教徒による近代的な学校教育の拡大こそが、近代的な教育装置をもたなかった当時のムスリム社会の旧弊を問題視し、近代的な学校教育の普及をとおして社会改革をめざすムスリムの指導者にとっての危機意識の源泉であったというのである。これはきわめて重要な指摘であると言えよう。また、回民の居住地域における中国内地会 (China Inland Mission) の活動に関する研究のなかで松本ますみは、キリスト教布教活動に対するリアクションとして、一部の回民知識人たちがムスリム社会における近代的なイスラーム復興運動に着手し、推進したという明解な構図を描出してみせた(68)。

しかし、新疆のテュルク系ムスリムについて言えば、その新方式教育運動の動向が、全面的にスウェーデン伝道団の活動に対する「リアクション」として出現し、展開したものである、とは言い難い。実際、伝道団の活動が行われていないトルファンなども、テュルク系ムスリムによる教育活動の主要な拠点の一つであった。また、カシュガルの活動についても、大石が明らかにしているように、プロセスとしてはそれ以前からのムーサーバヨフ家の資本家としての活動を基礎とし、そのイリにおける学校教育に対する取り組みの延長線上に位置づけられるものである。そもそも、孤児院の運営と連動してスウェーデン伝道団の学校における教育が本格化するのは一九一〇年代半ばであり(69)、それ以前も小規模ながら教育活動は進められていたものの、それがテュルク系ムスリムにどれほど注目される存在であったかは若干の疑問も残る。テュルク系ムスリムによる近代的な教育活動の顕在化には、むしろ一九世紀末以来のロシア領やトルコなど「先進的」なイスラーム地域からのさまざまな情報・知識・事物の流入とその受容、新しいタイプの商業資本家の台頭といった、タリム盆地周縁オアシスのムスリム居住地域における社会的変動をその底流にみることができる。

ただし、一九一〇年代のカシュガル伝道団拠点における教育活動の活発化を背景として、カシュガルで新方式教育の活動に着手した指導者たちの内面において、スウェーデン伝道団のキリスト教式教育に対する対抗意識や危機感が醸成されていた可能性はもちろん否定できない。実際に自分たちがムスリム自身による近代的な学校教育を開始し、生徒を集め、影響力を強めていこうとする過程において、キリスト教徒による近代的な学校がいわば強力な競争相手として、実際上の障害物として認識されたと推測される。また、運動が省政府の弾圧により頓挫し、みずからの手で近代的な学校教育を社会に浸透させる方途を理不尽にも奪われた段階において、それとは対照的に勢いを増す伝道団の学校が、排除されるべき存在として、より深刻に意識された可能性も十分に想定できよう。そういう意味で、伝道団に対する反対運動は、当時のムスリム社会における改革主義的な指導者たちの意識や思考のあり方を把握する上で、重要な示唆を与えるものである。

②参加者の多様性

しかしながら、管見の限りでは、宣教師側の記録においては、この運動についてムスリムの「狂信主義」にもとづく過激な攻撃という位置付けがなされており、ムスリムみずからの近代的な学校教育を希求していた指導者による思想的な裏付けをともなった運動であったことに関する記述はみられない。宣教師たちが、知識人も含む一部のムスリムたちと懇意な関係にあり、ムスリム住民の内情について情報を得ることが可能であったことを勘案すれば、いささか不可解と言わざるをえない。その理由は明らかでないものの、前述のようなカシュガルとヤルカンドにおける運動全体を仔細に眺めてみると、改革主義的指導者による運動という点だけでは説明がつき難い複雑な側面が浮かび上がってくることと、このことは無関係ではないように思われる。

一つは、示威運動の指導者や扇動者たちのなかに、新方式教育運動に関与した改革主義者以外の人々が含まれていた可能性である。とりわけヤルカンドで一九二三年末より発生した伝道団拠点に対する直接的な示威運動を率いたムハンマド・イシャン、アブドゥル・ジェリール、およびトゥルディ・イシャンらについては、そのうちの二名が「イシャン」というスーフィー指導者を指す呼称を人名に付帯する人物であることから、キリスト教布教に対する反対と言っても、アブドゥル・カーディルなどとはやや異なる思想的・精神的背景をもつ人々であった可能性も否定できない。

もう一つの点は、指導者たちの宣伝・扇動の下で伝道団に対する示威運動に参加した人々の側の意識や感覚についてである。かれらのすべてが近代的な学校教育とそれによる社会の改革をめざしていた指導者たちの特有な考え方や主張を十分に理解し、それに共感した上で加担したのかどうかは、かならずしも明確ではない。これらの「民衆」が具体的にどのような人々であったかについて検討するための材料は少ないものの、カシュガルで断食明けの集団礼拝に参加するために周辺部から集まってきたムスリムたちが指導者たちの演説により扇動され、動員されたという英国総領事の報告における記述にしたがえば、このときたまたま礼拝のために農村部からやってきた人々もかなり含まれていた可能性が強い。スウェーデン人宣教師が描く、「狂信的」な態度で「命で償え！」と改宗者の処刑を求めて叫びをあげる参加者たちの姿[70]は、「被害」を受けた当事者によるやや誇張を含んだ表現に彩られていると考えられるけれども、しかしそこに当時の実際の様相の反映がみられるとすれば、たぶんに群集心理にもとづくある種の興奮状態に支配されたものであったとも推測される。

このような参加者の性格づけとその意識を考える上で参考になるのは、宣教師の記録中にみられる、あるデモ参加者に関する記述である。前述のカシュガル地域の横暴な「独裁者」である馬福興の手先として働き、ムスリム住民から金品を巻き上げていた年配のムスリム男性が、キリスト教への素朴な反感から、伝道団に対する示威運動に参加し、改宗者たちを強制的に連行する際に同行して騒ぎを大きくしたという。その後、一九二四年二月にこの人物は、他の馬福興の手先の者たちとともに馬福興の命令により処罰され、手の指を切り落とされた。かれは伝道団に遣いを送り、みずからの行いについて許しを乞うとともに、伝道団病院での治療を願ったというのである。[71] このエピソードは、いわば「改悛」した人物に関する特殊な事例を掲げたものであろうけれども、示威運動への参加者のなかに多様な背景をもつ人々が含まれていたことを示唆する。

以上のように、示威運動は行動様態において伝道団活動の停止の要求と改宗者に対する攻撃という方向性に収斂していたにもかかわらず、参加者のなかには様々な背景をもつ人々が含まれており、指導者によって掲げられた理念が完全に共有されていたかどうかは定かでない。この点についてはさらに検証の必要がある。このように広範な民衆の動員が実現された背景としては、指導者たちによる示威へと誘う扇動が効果を発揮したという側面とともに、ヨーロッパ人キリスト教徒という「他者」による活動とその影響力の拡大が、この時点においては、一部のムスリムの間になんらかの潜在的な不安・反感を惹起していた可能性を想定できよう。

③ねじれと亀裂

上記の諸点を踏まえた上で、当該運動とムスリム社会との関係性の内実の一端を明らかにするという視点から、運動の基本的な目的を達成するために採られた方法とその「成果」をめぐるある種の「ねじれ」と、この運動がムスリム社会に与えた「負」の影響についても簡単に触れておこう。

前述のように、改革主義的指導者を含む人々により主導された伝道団に対する運動は、キリスト教への改宗者に対して直接的な攻撃を加える集団行為へと転化する前には、カシュガルの地方政府に対して伝道団の活動を停止するよう迫る要求を出すという示威運動として発動されたものであった。すなわち、異教徒の支配者であり、以前に自分たちの改革運動を弾圧した漢族の役人たちに対して、異教徒スウェーデン人の自分たちムスリムに対するキリスト教布教の阻止を期待するという、ややねじれた行動様態を示していたと言えるのである。

しかし、中国領内の新疆省におけるスウェーデン人のキリスト教伝道活動は、中国とヨーロッパ諸国との間の条約によって保護されていた。もしその原則に忠実にしたがうならば、政府の役人がムスリムたちの要求に応じることはありえなかった。実際、ヤルカンドの地方政府は、かれらの要求を拒否するとともに、暴徒化したムスリム群衆を軍事力をもって解散させ、ただちに首謀者たちに対する処罰に踏み切った。他方、カシュガルの地方政府の態度は、当初のムスリム側の政府に対する要求に対しては否定的姿勢を示したものの、その後示威運動が盛り上がった段階においてはややあいまいさを残すものであった。事件勃発当初の英国総領事の観察によれば、地方政府当局は、一方ではムスリムたちの反発を、他方ではスウェーデン人の中国国内における布教の権利を保証する条約の侵害を恐れて、伝道団の活動を医療に限定するよう望むとともに、再開・閉鎖のいずれの命令を下す責任も放棄したとされる(72)。

しかしその一方で、前述のように、カシュガルのまちでは、ムスリムが子女を伝道団の学校に送らないよう勧告する地方政府の公示が貼り出された(73)。また、現場で事態に関与した宣教師は、地方政府、とくに民政を担当する道台たちが、改宗者たちを事実上投獄した上で、イスラーム法の裁判所に連行し公開の鞭打ちに処すなど、「疲れを知らぬ熱心さで布教活動に対する戦いを続けた」としている(74)。すなわち、実質的には伝道団の活動に対してかなり抑圧的な施策を講じていた形跡がある。

ただし、道台をはじめとする役人たちは、ヨーロッパ人によるキリスト教宣教が条約によって保護されており、条約に照らしてみずからの施策が不当性を孕むものであることを承知していなかったわけではない。宣教師たちも英国総領事もその点については当初より道台に伝えていたからである。後に、カシュガルの地方当局は、伝道団による布教のための「プロパガンダ」を中止するようみずからが命じたことを公式声明を出して否定し、さらに口頭でもその事実を否認したとされ、[75]このことはかれらがみずからの抑圧的な施策が条約に抵触しかねない不具合なものであることに自覚的であったことを示している。とすれば、後に英国総領事も指摘しているように、「排外主義」的な漢族の地方官僚たちが、ムスリム側の運動をいわば利用する形で、一定期間、ヨーロッパ人のキリスト教布教活動に対して事実上敵対的な方策をとっていた可能性も排除できない。[76]要するに、条約による保証にもかかわらず伝道団の活動がムスリムたちの運動を契機として短期間であれ実際上の停止状態に追い込まれたとすれば、それは主に漢族からなる地方政府官僚たちのムスリムによる運動の意図に対する肯定的な理解によってではなく、地方官僚たち自身のヨーロッパ人あるいはキリスト教に対する嫌悪感の発露により実現の余地を与えられたものであったと推測されるのである。

最後に、この反対運動がムスリムと、イスラームからの改宗者を含めたキリスト教徒との間の問題にとどまらず、ムスリム住民の内部にも摩擦と軋轢、ある種の亀裂を生み出した可能性があることを指摘しておきたい。

第一に、カシュガルにおいてもヤルカンドにおいても、有力なイスラーム知識人・指導者たちのなかに、伝道団や改宗者を保護する姿勢を示し、運動を少なくとも積極的には支持しない人々が含まれていたことである。ヤルカンドにおいては、示威運動に参加した群衆が改宗者たちの処断を求めて連行した先のアーラム・アホンは、宣教師のニストルムと改宗者を親切に迎え入れ、好意的に接したことが知られている。この人物は、群衆らの主張は間違っていると指摘した上で、当面「宣教師側は、街中で説教をしない、人々を集会に誘うことを目的として薬を出さない（＝医療行為を布教に利用しない）、キリスト教宣伝冊子の購入を強制しない一方で、ムスリム側はキリスト教徒側に危害を加えない」という条件でもって、騒ぐ群衆たちを解散させようとしたという。[77]

カシュガルにおいては、より複雑な状況がみられた。前述のように、示威運動が高まった後、地方政府の呼びかけに応じて、有力商人ウマル・アホン・バイ、アブドゥル・カースィムとイスラーム・ダームッラーという二人のカーディーらが住民の集会を召集し、伝道団に反対する扇動に自分たちは同意しないことを伝えた。このなかのウマル・アホン・バイは、示威運動を主導したとされる指導者たちの手により推進された新方式の教育運動に対して反対する活動を行った同名の人物と同一人である可能性が高い。この事実だけをみれば、新方式教育の運動が進められていた時点におけるカシュガル地域社会における対立構造が、伝道団に対する示威運動に際して再現されたという想定が成り立つ。

しかし、二名のカーディーのうちイスラーム・ダームッラーという人物については、前述のアフメド・ケマールがカシュガル市内に学校を開設した際、保守派と目されるサリーム・アホンが新方式を違法とするファトワーを出したのに対し、ケマールは新方式に好意的なハージー・イスラーム・ダームッラーというカーディー・ライースの支持を得て活動を継続したとされ[78]、この同名の人物と同一人である可能性が高い。とすれば、改革運動を支持した知識人の間にも、群衆を巻き込んだ示威運動が暴力的な色彩をとることになった状況をおそらく背景として、トラブルの穏健的な収束を模索する動きがあったことになる。「新方式教育を中心とする改革運動を推進した知識人たち＝スウェーデン伝道団に対する示威運動を主導した指導者たち」に「改革運動に反対した人々＝伝道団に対する示威運動に否定的な指導者たち」が対抗した、というような単純な図式に事態を集約できるわけではない。伝道団に融和的な事態収束への取り組みは、地方政府のムスリム住民指導者層に対する要請ないしは圧力によるものであったとはいえ、過激な運動が改革派と目される指導者・知識人たちの間においてさえある種の亀裂を生じさせていた可能性も否定はできない。

第二に、ムスリムのなかにも、示威運動に対して少なくとも消極的な態度を示す人々がみられた。たとえば、カシュガルにおいて、ヘルマンソンらが示威運動の群衆によって逮捕・連行されそうになった際、一団のカシュガルのムスリム住民たちによって囲まれ、保護されてことなきを得た、という情報もある[79]。当時のカシュガル在住者のある回想は、宣教師の活動が当地の民衆によって好意的に受け取られていたことを伝えており[80]、宣教師たちとその活動に対するみずからの印象から、反対運動へと誘う扇動に同調しなかった人々も存在した可能性が強い。

第三に、実態の全体像は明らかでないものの、キリスト教に改宗した人々や宣教師たちとかかわりのあるムスリム住民と、その周囲のムスリムたちとの間の関係が、かれらの居住するコミュニティのレベルで悪化した形跡があることも指摘する必要がある。宣教師の報告には、キリスト教の説教の場を自宅に開こうとした男性の母親が夜間にカシュガルの伝道団拠点に姿をみせ、示威運動が発生した後、息子がヤルカンドに難を逃れたこと、自分は村に残ったものの村民から暴行を受けて家を奪われてしまい、苦境に陥っていることを気丈に話した後、去って行ったという逸話が記されている[81]。このような例は、テュルク系の改宗者や洗礼希望者の家族・親戚などのムスリム住民についてかならずしも例外的な現象ではなかったのではないかと推測される。アサト・スライマンはいみじくも、キリスト教の布教が改宗にともなって「ウイグル人」家族たちに分裂・離散という悲劇をもたらしたと指摘しているが[82]、そのような「悲劇」は、反対運動の過激化にともなって、改宗者のムスリム社会からの分離というかたちにとどまらず、ムスリム住民の内部に亀裂を招くという、より先鋭化した様態で表面化したといえよう。

さて、反対運動が終息した後、一九二〇年代半ばから三〇年代初頭にかけて、伝道団はある種のブレークスルーを実現したようである[83]。しかしこのようなキリスト教徒の集団の顕著な拡大は、宣教に感化された成人ムスリムの改宗者が爆発的に増加したことに起因するものではなく、孤児院と学校教育を通した一連の努力の成果により、テュルク系キリスト教徒の若い世代が、この段階になると目にみえるかたちで析出されはじめたことにもとづく趨勢であったと考えられる。伝道団側の認識としては、成人改宗者と幼少期よりキリスト教徒として成長した世代では、伝道団の求めるキリスト教徒としてのあり方という点において落差があり、若い世代の増加はむしろ伝道団側の期待に沿うような動向であった。実際、ある伝道団関係者は、「古いキリスト教改宗者はムスリム聖者の墓を参詣するような古い生活様式から離れられなかったが、伝道団で育てられた若い世代はそうではない」と述懐している。(84)

二　新疆ムスリム反乱（一九三一〜三四年）とスウェーデン伝道団

一九三〇年代になると、新疆のムスリム居住地域は激動の時代を迎えることとなる。

一九二八年、独裁的に新疆省の権力を掌握してきた楊増新が部下の樊耀南によって殺害され、(85)省政府民政庁長であった金樹仁が省主席の座に就いた。しかし金樹仁は暴政を繰り広げたとされ、やがてそのことも背景として、一九三一年にムスリム住民による反乱が勃発することとなった。新疆省政府はそれを鎮圧することができなかったため、反乱は各地に拡大し、やがて新疆のほぼ全域を混乱状態に陥れた。

一九三一年のクムル（哈密）(86)における反乱を嚆矢として、一九三二年一二月にトルファン、続いて翌年二月にホタンにおいて、資本家やイスラーム知識人からなるテュルク系ムスリム指導者たちの主導下に蜂起が起こされた。(87)また、クチャの反乱勢力は、アクスを経てやがてカシュガルへと進撃した。カシュガルにおいては、クルグズたちが蜂起を起こしてカシュガル市に進撃し、旧城を占領する一方、ホタン反乱勢力はイスラーム政府を樹立し、カシュガル方面に向けて領域拡大をはかった。結果としてカシュガルを中心とする地域は、諸勢力の動きが錯綜し、各勢力がヘゲモニーの掌握をめぐって相争う、流血の巷と化したのである。しかし、やがて一九三三年一一月に、テュルク系の反乱勢力の連合により「東トルキスタン共和国」政府を称する政権が、カシュガル市に樹立されるに至った[88]。伝道団の各拠点は、戦闘や政治的争闘を含む混乱状態のただなかに置かれ、反乱における事態の変転に文字どおり翻弄されることとなった。ここでは、反乱勢力の拡大のなかで発生したヤルカンドにおける伝道団迫害事件と、その後のカシュガルにおける状況について、それぞれの場面におけるムスリム反乱勢力と宣教師たちとの接触と関係性という側面にとくに焦点を当てて検討を加える。

1　ホタン反乱勢力と伝道団――ヤルカンドにおける迫害

①迫害の経緯

伝道団がムスリム反乱勢力によって厳しい迫害行為に晒されたのは、ヤルカンドがホタンの反乱勢力によって占領された際のことであり、おそらくはこれが、反乱全体をとおして宣教師たちが顕著な形で被害を受けた唯一の局面ではないかと考えられる。

すでに拙稿で明らかにしたように、ホタン地域では一九三三年二月に、著名なテュルク系ムスリムの民族主義者であるムハンマド・アミーン・ボグラ（Muhammad Amīn Boghra）[89]（写真10）によって設立された秘密組織を中核として、まずカラ・カシュにおいて蜂起が起こされた。その後反乱勢力は、当地域に駐在する省政府軍との戦いを経てイルチ（＝ホタン市）を占領し、ホタン・イスラーム政府を樹立した[90]。この反乱政権は、タリム盆地周縁オアシス地域のなかでも重要度の高いカシュガル方面に向けて勢力範囲の拡大に乗り出した。進撃した反乱軍は、その途次のグマ、カルガリク、ポスカムを順次獲得し、さらにはヤルカンドの旧城（ムスリムが居住する本来のヤルカンド市）を四月一一日に占領した[91]。ヤルカンドの伝道団がホタン反乱勢力による迫害の対象となったのは、ヤルカンドの新城[92]（写真11）に篭城する政府軍に対する攻撃の指揮を目的として、前述のホタン反乱最高指

写真10　ムハンマド・アミーン・ボグラ（手前向かって右）とホタン反乱指導者たち

出典：Ambolt, Nils, *Karavan: Travels in Eastern Turkestan*, London and Glasgow: Blackie & Son, 1939, p. 173

導者ムハンマド・アミーン・ボグラの弟であるアミール・アブドゥッラー（Amīr ʻAbd Allāh）[93]（写真12）が、四月二四日に軍司令官としてヤルカンドの旧城に乗り込んできたことを契機としている。

この事件については、被害に遭ったヤルカンドの宣教師たち（ニストルム、アレル、ヘルマンソンの三名）がカシュガル駐在英国総領事に自分たちの被った迫害と困難な境遇について報告し、支援を求めて記した書簡（一九三三年六月六日付）、かれらが伝道団本部に送った報告文、アレルがこの時の経験・見聞を詳細に記録し、スウェーデンで出版した文献などに、生々しく伝えられている。それらをもとに、経緯を再現してみる。

四月一一日、ホタン・イスラーム政府の軍隊がヤルカンドの旧城に到来し、政府軍との間で戦闘になった。それにともない宣教師たちは、戦闘で負傷したムスリムの兵士たちの手当てを

写真11　ヤルカンド新城の城市門と城市壁

出典：Nazaroff, *Moved On!*, frontispiece

行った[94]。四月二七日になって、二四日にヤルカンドに到着したアミール・アブドゥッラーから召喚があり、三名の宣教師たちは、ヤルカンドの旧城と新城の間に位置する伝道団の拠点から、旧城の城市内に駐屯していたアミール・アブドゥッラーのもとに向かった（地図3を参照）。かれらはバザールを抜けて、アルトゥン門から旧城内に入った[95]。アルトゥン門には、銃と槍をもった一〇〇人ほどの兵士が歩哨として立っていたという。宣教師たちは、ハーキム・ベグ（都市の行政長官）の居処[96]の傍を通り、アミールの軍隊が設営していたモッラ・ベグの庭園のなかのあずまやまで連行され、椅子に座らされた[97]。その間、伝道団病院においてはアブドゥッラーの指示により薬品がすべてホタン軍兵士によって没収され、病院は封鎖された。アブドゥッラーのところに連行された宣教師たちのもとに、やがて没収された薬品の箱が到着した。

アミール・アブドゥッラーは立腹している様子で、宣教師たちが病院の薬品で中国人を治療する一方で、毒薬によりホタンの兵隊たちを害そうとしたと宣教師たちを非難したが、それに対して宣教師たちは冷静に反論した。アブドゥッラーはまた、宣教師たちが挨拶に来なかったので、自分のことを軽視しているのではないかと怒っていた。ついに「おまえたちはわれわれの宗教とわれわれの人々を破壊している。宗教泥棒であり、法に照らして死ぬべきである。」と主張するとともに、兵たちに命令を下して、宣教師たちだけでなく伝道団拠点内にいたキリスト教徒全員を縛り上げたという(98)。

さらにアブドゥッラーは、縛られている宣教師たちを前にして、自分の銃をしっかりと握り、それから剣をつかんで、ニストルムに対し振り上げ、まさに斬りつけようとした。アブドゥッラーの側近トゥルスン・ニヤーズ(Tursun Niyāz)は、ニストルムの前に立ち、「いまやかれを罰しなければならない」と叫んだ。そのとき、ホタン反乱勢力のヤルカンドにおける相談役としてアブドゥッラーの側にいた、カシュガル駐在英国総領事館のヤルカンド駐在アクサカルたち(99)が仲裁に入り、宣教師たちのために命乞いをした。かれらはアブドゥッラーをともなって隣の部屋に入り、協議した結果、死刑判決を撤回するよう説得することに成功したという。その結果、「宣教師たちはその敷地をすべての財産目録とともにイスラーム政府に提出すること、かつ八日以内にギルギット(100)経由で出発すること」という指示が出された(101)。宣教師たちはそれに従わざるを得ず、アクサカルたちの家で監視下に置かれた。

写真12　アミール・アブドゥッラー

出典：Buğra, M. E., *Doğu Türkistan: Tarihi, Coğrafi ve Şimdiki Durumu*, İstanbul, 1952, p. 41

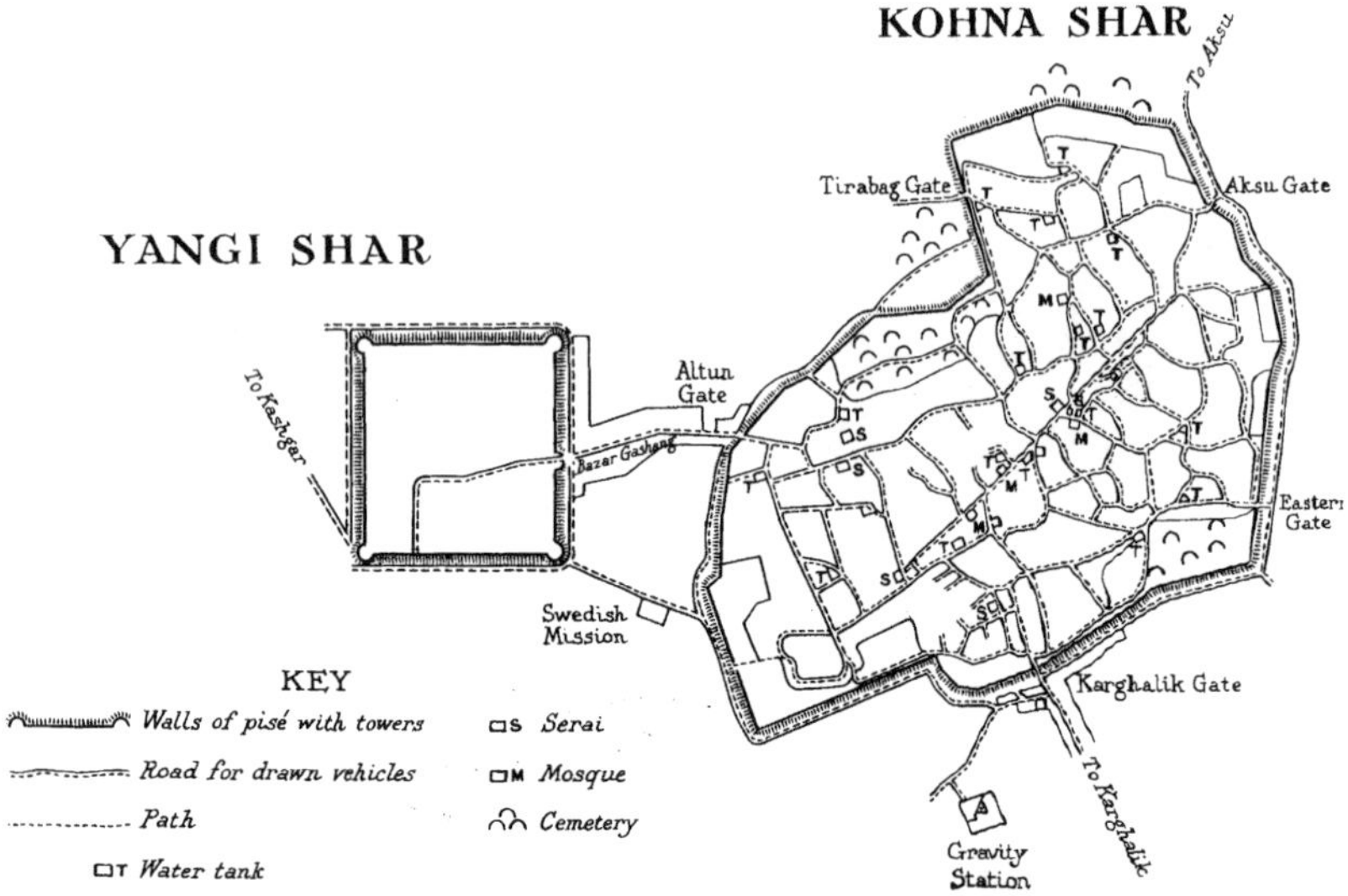

地図３　ヤルカンド市とスウェーデン伝道団の位置

出典：De Filippi, Filippo, *The Italian Expedition to the Himalaya, Karakoram and Eastern Turkestan (1913-1914)*, London: E. Arnold & Co., 1932 (Reprint: New Delhi: Munshiram Manoharlal Publishers Pvt. Ltd, 2005), p. 477, "Plan of the city of Yarkand"

他方、テュルク系のキリスト教徒に対する迫害は、さらに苛烈なものであった。ホタン反乱軍の兵士たちは、女性の宣教師たちと、ハービル（Habil/ Hābil）やヨーセフ（Josef/ Yūsuf）などテュルク系のキリスト教徒、いっしょにいた孤児院の少年たちをも捕縛し、ヤルカンド市内のアミール・アブドゥッラーのもとに連行した。アブドゥッラーは、それぞれの人に名前と親などについて尋ね、ヨーセフは英国の国民、ハービルは中国国民であることがわかると、かれらを鞭で打ち、「かれらすべてを撃て」と命令した。ハービルは縄を解かれ、跪かされて、銃で撃たれた。どっと地面にうつぶせに倒れたところを、上から兵士たちによって剣で斬り付けられ、絶命した。他の若者たちは、「われわれも撃て」と叫んだが、アブドゥッラーはこれで怒りをおさめ、キリスト教徒たちを監獄に連れていくよう命じるとともに、ハービルの遺体を八日間地面に放置して犬に食わせるよう命令を下した。しかし実際は、放置された遺骸を「親切な」ムスリムが引き取って三日後に埋葬したという。[103] ハービルは、もともとはムハンマドという名前で、洗礼を受けた後ハービル（＝アベル）に改名し、ヤルカンド拠点の少女孤児院で働いていたが、[104] このときはカシュガルの拠点の方に来ていて犠牲になったのである。[105]

なお、いったん勾留された孤児院の少年たちは、伝道団の学校に連行され、そこに留置されたが、教師不在の条件下でみずから教育を実施しようとしたもののそれは事実上困難であった。孤児院の少女たちは、一部が勾留され、一部がホタン反乱軍の兵士たちに充てがわれたという。また、少数の少年たちは他の児童たちのいる学校から引き離され、いくつかのムスリム家庭に引き取られた。[106]

ヤルカンド市内の民家に監禁された宣教師たちは、再三にわたり「帰国」のために出発するよう要求されたが、宣教師たちはいろいろと理由をつけて出発しなかった。そのうち政策が変更され、宣教師たちは六月四日に解放された。六月一四日にアミール・アブドゥッラーによって、布教は禁止するものの、病院の再開・運営を許可する命令書がかれらに伝達された。[107] その翌日、没収された医薬品が返還されるとともに、病院の建物の封印が解かれ、医療業務が再開された。[108]

以上が、ホタン反乱勢力により引き起こされたヤルカンドの伝道団に対する迫害事件の顛末である。たしかに宣教師側の書簡・報告の記述は基本的に自分たちの伝道にまつわる「受難」の様子をやや誇張気味に描いている可能性を払拭できないため、それらの諸叙述を総合することをとおして再構成された上述の経緯には、そのような面での偏向がいくらか含まれているとも考えられる。しかし、アミール・アブドゥッラーの中心的な関与と指示によって、伝道団病院・学校などが閉鎖され、宣教師たちが捕縛・脅迫を受けてから監禁されるとともに、テュルク系改宗者たちが虐待され、そのうちの一人が殺害される、という基本的なプロセスは、英国総領事館の報告などを照らし合わせても、事実関係として確認できる。

②迫害の背景

伝道団側にとってこのような迫害は、伝道団の拠点が置かれていない遠方のオアシスを本拠地とする反乱政府の軍事的な勢力拡大に応じて、他律的に直面した、不可抗力の困難な状況であった。とくに改宗者たるハビルの虐殺は当然ながら重大事であり、「狂信的な」ムスリムによって行われた恐ろしい悲劇と受け止められた。アレルの著作も、みずからの体験もさることながらこの事件に触発され、「殉教者」(martyr)と位置づけられたハビルを顕彰する意味で出現したものと思われる。また、当時他の伝道団拠点にいたテュルク系のスタッフの間では、不安とともに深刻な話題になっていた様子がうかがわれる。たとえば、イェンギヒサル拠点のスライマーン(Sulaymān)の書簡は、目下の「トルキスタン」は危険な状態で、自分たちの心も平穏でないと述べた後、ハビルがホタン人に「殉教」(shahīd)させられたことを記している[109]。

他方、ホタン反乱勢力のアミール・アブドゥッラーが、どのような理由と意図からこのような迫害に及んだのか、という点について直接的に伝える材料はみいだしえない。宣教師側の記録によれば、前述のように、薬品の毒性が指弾される一方で、挨拶に来ない非礼が問題にされている。しかし、アブドゥッラー自身のイスラーム法を強調する言葉やその後の改宗者への激しい打撃を考慮すれば、英国総領事も指摘するように、むしろイスラームを重視する宗教的動機から、キリスト教の布教活動自体がアブドゥッラーの意識の上で重大な意味をもっていたのではないか、という推測が成り立つであろう。

このことと関連して注目されるのは、ホタン反乱勢力とその活動の結果設立された反乱政権の性格である。別稿で検討を加えたように、ホタンの指導者たちは、蜂起を組織する段階からイスラームの「聖戦」の義務を宣伝することにより戦闘力として民衆の動員をはかるなど[110]、イスラームを強調する姿勢が顕著であった。その後、反乱政権が樹立されると、その名称が公式的に「ホタン・イスラーム政府」とされ[111]、政権上層部はおもにウラマーによって占められた(112)。また、反乱勢力が周辺諸地域に拡大するにともない、たとえばホタン市の東方に位置するケリヤにおいては「不信者」(漢族の地方官吏など)が全員強制的にイスラームに改宗させられるとともに、新政権により祝祭が催され、新しいイスラーム体制の出現が宣言されたという(113)。また、ホタンとヤルカンドの間の幹線道沿いに位置するカルガリクにおいても同様に、窃盗犯に対する手の切断など、イスラーム法が厳格に執行された(114)。要するに、ホタン反乱勢力の確立と拡大の過程においてはイスラーム法の遵守が重視され、イスラーム的側面が強調されたと考えられる。とすれば、ヤルカンドにおける伝道団に対するアミール・アブドゥッラーの態度、とくに改宗者ハビルの殺害は、本来的なホタン反乱勢力の政治的傾向性に文字通り符合するものであった。イスラーム法にしたがえば棄教者は死刑に当たることから、ハビルに対する扱いはムスリム住民にとって、イスラーム法に沿った、合法性のある処置と判断されうるものであるからである(115)。

しかし、ホタンの反乱政権は、一般的なキリスト教徒のヨーロッパ人、すなわち伝道団と同じスウェーデン人や英国人に対して迫害を加えた例はなく、おそらくはヨーロッパ諸国との関係の良好化を視野に入れつつ、むしろ厚遇したとさえいえる。実際、ちょうどホタン反乱の時期に、西北科学考査団(116)のメンバーとしてホタン地域に滞在して調査に従事していたスウェーデン人のアンボルト(Nils Ambolt)は、ムハンマド・アミーン・ボグラから手厚い待遇を受ける(117)とともに、ホタン・イスラーム政府統治領域におけるその調査活動に関しても便宜供与を受けた(118)。

それだけではない。スウェーデン伝道団に対する処遇という点においても、少なくともホタン・イスラーム政府自身は穏健な姿勢を示した形跡がうかがわれる。ヤルカンドの旧城を制圧した反乱勢力が、アミール・アブドゥッラーの指揮下、新城に籠城している政府軍を攻撃している状況において、若いアブドゥッラーらに不安を感じたホタン・イスラーム政府は、五月二九日に指導者の一人であったサービト・ダームッラー(Thābit Dāmullā)

をホタンからヤルカンドに向けて送り出したといわれる。[119] サービト・ダームッラーは、ホタンにおける蜂起を主導した秘密組織の中心メンバーの一人であり、イスラーム政府樹立後は政権において「シャイフル・イスラーム」(shaykh al-Islām)[120] を務めていたとされる人物である。[121] おそらくそのヤルカンド到着後、六月四日に宣教師たちが解放され、やがて医療活動の再開が許可されたことを考慮すれば、伝道団に対する一連の宥和的な措置は、ホタン・イスラーム政府中央の政策方針が反映された結果であった可能性が高い。[122]

アミール・アブドゥッラーは、前述のようにホタン・イスラーム政府の事実上の最高指導者であったムハンマド・アミーン・ボグラの弟であり、このような反乱政府の基本姿勢についてある程度の理解をもっていたとも推測される。実際、伝道団に対する加害時の態度を検討してみると、そのなかで宣教師たちの処刑という選択肢が一時考慮された可能性も否定できないけれども、宣教師たちに対する捕縛と恫喝、医薬品の没収、帰国命令という表立った過激な言動とは裏腹に、結果として英国総領事館の関係者の保護下に軟禁するにとどまった。没収された医薬品も破棄されず、病院の再開を前に返却されている。また、注意すべきは、テュルク系改宗者・スタッフ・孤児たちに対する扱いであり、たしかにハビルは殺害されたものの、他の者たちはいくらかの暴力行為をうけながらも全員難を免れている。したがって伝道団が被った実質的な被害は、活動の一時的な停止と心理的圧迫、一部の児童の離散を除けば、イスラーム法の執行とみなすことも可能な改宗者一名の処刑に限られたといっても過言ではない。

このように考えてみると、伝道団に与えられた一連の措置は、反乱により異教徒（＝漢族）による統治体制が打倒され、イスラーム政府による新体制が樹立されたこと、新政府によりイスラーム法の遵守が重視されていたこと、といった条件の下で、イスラーム政府のヨーロッパ人優遇という基本姿勢をも考慮に入れながら、ヤルカンドがその新政府の体制下に入ったこと、新たな権力がみずからの手にあることをムスリム住民たちに象徴的に印象づけるために行われた政治的パフォーマンスであったとも考えられる。そもそもアブドゥッラーがヤルカンド到着前あるいは到着当初より、イスラームを重視する立場にもとづき、伝道団の存在を問題視していたかどうかについても、いささか疑問がある。[123] ヤルカンド到着後三日経過してはじめて宣教師たちを呼び出しているからである。ヤルカンド到着後に、他オアシスから乗り込んできた新来の統治者としてヤルカンド市を掌握する過程において政策的な必要性を認識したために、このような攻撃行為に出た可能性も否定できない。その背景として、あくまで憶測に過ぎないものの、ヤルカンド到着後に、ヤルカンド住民の一部、とくにイスラーム知識人の間に伝道団に対する反感なり抵抗感なりを抱く人々がいることを察知してそのような住民感情に配慮するとともに、棄教者の処刑という端的なイスラーム法の執行をとおしてイスラーム政権樹立を印象づけることによって、ヤルカンド住民の人心を掌握しようとはかった、アブドゥッラーの政治的な意図を透視することもできよう。

2　カシュガルにおけるムスリム反乱勢力と伝道団

①反乱勢力と伝道団の関係

一九三三年五月、ムスリム反乱はカシュガル地域にも波及した。蜂起したクルグズ軍がカシュガルの旧城（クフナ・シャフル）に進撃し、政府軍との戦闘に勝利して占領したのである。[124] その直後にクチャのティムール・アリー（Timūr 'Alī）の勢力が到来し、やがてホタン反乱勢力もカシュガルに進出すると、テュルク系の三勢力が相争う形勢が現出した。さらに、ティムールとともに到来した馬占倉配下の回民の軍事勢力が、同じ回民の馬紹武ら省政府役人たちと結合してカシュガルの新城（イェンギ・シャフル）を占拠し、旧城のテュルク系勢力と対峙した。[125] このため、カシュガルはしばらくの間、諸勢力を交えた戦闘が不断に継続する混乱状態を呈することとなった。このような情勢のなか、伝道団は基本的にはムスリム反乱勢力による直接的な攻撃を受けず、とくにテュルク系勢力の指導者たちとの接触・関係をとおして、医療や印刷出版といった活動にかかわることとなった。

まず、一九三三年五月以降の混乱した情勢のなかで、伝道団は戦闘による負傷者の治療活動に従事したことが知られている。(126) 宣教師のアンデルソン（John Andersson）はその際の様子を生々しく伝えている。それによると、クルグズ軍のカシュガル旧城占領後、クルグズ軍と回民軍との抗争が本格化し、伝道団の敷地は戦闘が行われている場所のすぐ近くに位置するため、食堂にまで弾丸が入り込んでくるような有様になった。そこにクルグズ反乱軍の司令官たるオスマーン・アリー（ʻUthmān ʻAlī）からの命令を携えたクルグズ兵士がやって来て、「丸い要塞」(127)に来て負傷者を診療してくれるよう宣教師たちに要請した。アンデルソンらは銃弾のなかを前傾姿勢で進み、大きな鎖金具のある城門の前に出て、機関銃の音が聞こえるなか、負傷者のいる小さな果樹園で治療を開始したという。(128) もちろんカシュガルにおける戦傷者援護は、この場面にとどまらなかったと考えられる。また、逆に政府側の要請に応じるかたちで、しかもカシュガル以外の場所に出張し、治療行為に当たるケースもあった。たとえば、カシュガルの道台であった前述の馬紹武の求めに応えてマラルバシに医療使節を派遣し、戦闘での負傷者の手当を行ったという。(129)

傷を負ったムスリム戦士たちに対する、みずからの身の危険をも顧みない献身的な医療活動に対し、クルグズ勢力はその見返りとして、かなり初期の段階から伝道団拠点の入り口に兵士を配置し、混乱に乗じた略奪などから防護する措置を講じていたことが知られる。(130) 宣教師たちはやがてオスマーンとかなり懇意になり、様々な面においてオスマーンにより厚遇されることとなった。(131) 他方、トルファン反乱の指導者の一人であり、反乱勢力によるカシュガル掌握後に反乱側のカシュガル地区行政長の地位に就いたユーヌス・ベグ（Yūnus Beg）は、一九三三年九月に伝道団拠点の病院にみずから足を運び、負傷した兵士たちの治療に対する特別な感謝の意を伝えたといわれる。(132) このようにムスリム反乱者たちに実際上の利益をもたらす医療活動を介して、宣教師たちは、相互に

写真13　伝道団印刷所内の印刷機

出典：*På Obanade Stigar*, p. 494

対立と軋轢を繰り返す反乱諸勢力のいずれとも良好な関係を結び、そのような関係を維持したといえる。

② 「東トルキスタン共和国」と伝道団

次の段階として、一九三三年一一月にカシュガルで設立された「東トルキスタン共和国」政府の体制下における伝道団の状況についてみてみると、伝道団はとくにテュルク系ムスリムのための印刷・出版活動に従事したことがわかる。

三勢力による争闘が続いたカシュガル旧城においては、やがてクチャの蜂起の指導者であるティムール・アリーが優勢となったものの、一九三三年八月に回民勢力によってティムールが殺害されるにおよび、いったん退潮したホタン反乱勢力が復権するとともに、クルグズ勢力と連携することを通じて、前述のサービト・ダームッラーを中心とする東トルキスタン共和国設立の準備活動が、東トルキスタン独立協会という団体を軸に展開された。その結果、一

写真14　『独立』の表紙

九三三年一一月にカシュガルを首都とする「東トルキスタン共和国」の樹立が宣言された。首相はサービト・ダームッラーである。これは、中国からの分離独立と近代的な民族国家の形成をめざすテュルク系ムスリムたちのナショリズムにもとづく営為が暫定的な結実をみたものであった[133]。

このような状況下にあって、伝道団のカシュガル拠点に設置された印刷所（写真13[134]）においては、「東トルキスタン共和国」にかかわるさまざまな印刷物が、反乱勢力の依頼によって製作・発行された。「東トルキスタン共和国」の憲法などを掲載した東トルキスタン独立協会発行の政治雑誌『独立』（*Istiqlāl*）（写真14[135]）、『独立』に掲載されたサービト・ダームッラーによる東トルキスタン政府設立趣意書に該当する宣言ビラである「カシュガル地区政府設立趣意書[136]」、カシュガル市において反乱勢力とその後の東トルキスタン共和国に近い立場で刊行され、頒布された新聞である『東トルキスタン生活』（*Sharqī Turkistān Ḥayāti*）や『自由トルキスタン』（*Erkin Turkistān*[137]）などである。また、さらに重要なのは、「東トルキスタン共和国」政府発行の紙幣が伝道団印刷所において印刷されたことである（写真15[138]）。新たな紙幣の発行は、新しい政権の誕生を画するという点で特筆に価するできごとであった。要するに、「東トルキスタン共和国」の創設を印刷・出版という側面から、すなわち「国家」の政府を称する政権が優先的に取り組むべき基軸的な事業であり、本来的な権限の行使とも言える通貨（紙幣）の発行と、メディア戦略による宣伝という両面において文字通り支えたのが、スウェーデン伝道団であったという言い方ができる。また、当時依然としてカシュガルの新城に拠点を置く回民勢力との戦闘が継続していたなか、続々と生み出される負傷者に対する近代的な治療の要請に応えうるという点も、伝道団の示した存在意義として看過し難い。

そもそも「東トルキスタン共和国」にあっては、近代的な政体を設立させ、そのもとでみずからの標榜する国家建設や社会改革を遂行していくために、さまざまな器材・技術やノウハウを必要としていたが、そのようなハード・ソフト面における条件を基本的にみずからの社会に欠いていた。実際、新疆省政府のテュルク系ムスリム社会に対する特有の政策にもとづき、近代的な活版印刷を行う印刷所として、伝道団のものが唯一の施設であった。

たしかに、ムーサーバヨフ家による工場の建設・運営、それと連動した新方式学校の開設などが進んでいたイリだけでなく、カシュガルと周辺地域においても、たとえば資本家のタシュ・アホン（前述のセイピディンの父親）が一九一四年にアルメニア人資本家の援助によりロシア領から機器を搬入し、ヤルカンドにマッチ工場を建設するなど[139]、産業経済面におけるいくらかの「発展」の動きが現象化していたと推測される。しかし前述したように、新たに台頭した資本家や一部の知識人たちからなるテュルク系ムスリム指導者たちにより、一九一〇年代に推進された近代的な教育活動を機軸とする社会改革のための運動は、省政府による抑圧的政策を一つの背景と

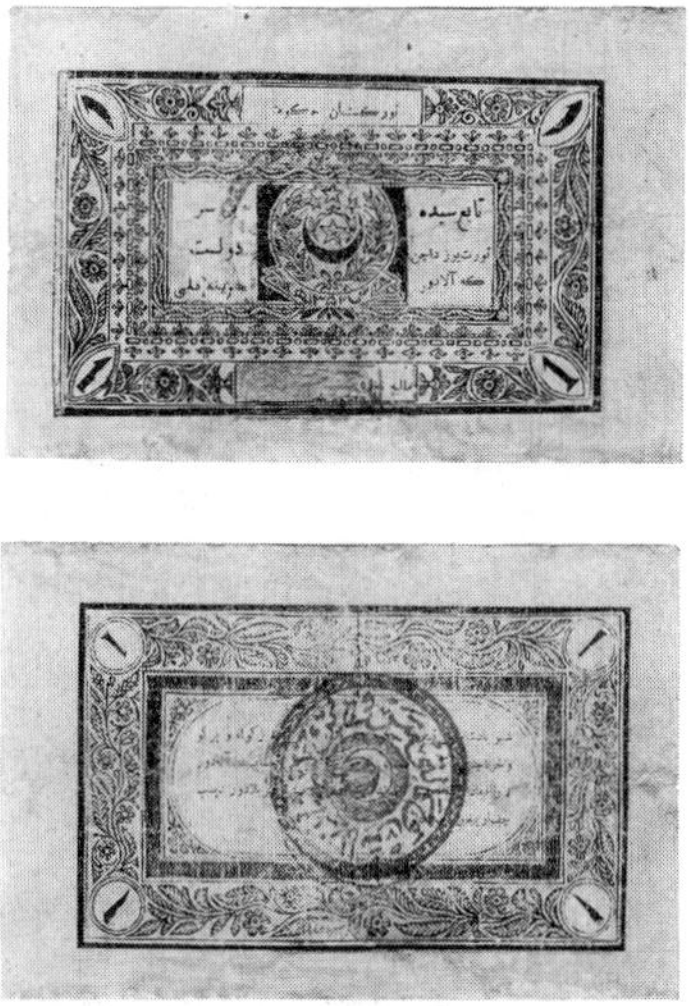

写真15　「東トルキスタン共和国」政府発行の紙幣

出典：王永生『新疆歴史貨幣――東西方貨幣文化交融的歴史考察』北京：中華書局、2007年、418頁

して、相応の結実をみせたとはいい難い。識字率もおそらく依然としてかなり低い水準にあった。要するに、産業や教育文化などの面における「近代化」に向けての社会変化の進度は緩慢なものであったと推察される。
すでに拙稿で言及したように、一九三〇年代のムスリム反乱のさなか、一九三二年に勃発したトルファンの反乱の最高指導者と目せられるマクスード・ムヒーティーの関係者により記されたと推定される、カシュガル駐在英国総領事への書簡においては、中国人の暴政によって自分たち「東トルキスタンのムスリム」が諸科学・技術・工業・貿易などから遠ざけられ、唯一の印刷所さえ閉鎖され、非文明的・非文化的な状態に置かれたと中国政府を糾弾し、そのような圧迫に耐えてきた自分たちが武装蜂起へと立ち上がった理由はまさにそこにあると強調している。[140] マクスード・ムヒーティー自身も、イーサー・ユースフ・アルプテキンに対し、解放が必要であるが、それには反乱しか方法はないと述懐したとされる。[141] 少なくとも一部のテュルク系ムスリム社会の指導者たちにとって、みずからの社会の「後進性」を強く意識し、そしてそのことが、中国政府統治下の体制を払拭してみずからの政権の樹立へと向かう一つの動機づけとなったことは間違いない。[142]
断定はできないものの、このような意識は、前述のような実際のムスリム社会の状況を背景として、カシュガルにおける反乱に関与した「東トルキスタン共和国」政府の指導者たちによっても原則的に共有されていたと考えられる。とすれば、みずからの政権を樹立して運営するという政治的条件が創出された際、外国からさまざまな知識・技術を摂取したうえで、みずからの社会がはらむ負の条件を克服し、「上からの近代化」をはかっていくということが、かれらによって中長期的な政策上の目標として設定されたとしても不思議ではない。実際、「東トルキスタン共和国」の理念が表出されたその「憲法」においては、たとえば、教育省の任務として、東トルキスタンのために外国から学術委員会を招聘すること、そして最も重要な任務の一つとして、重要な地区に印刷所を設立し、簡単で実利的な教科書を発行し、民族的刊行物（の事業）を起こすことが規定されている。また、厚生省の任務としては、病院をつくり、貧者のために産院を設立すること、外国から一二人の医師を招来すること、などが掲げられている[143]。

しかしかれらは政権樹立初期において、すなわち、前述のような政策をおこない、その成果が表れる前の段階で、民衆への宣伝や通貨の発行に際して近代的な技術により印刷設備を運用する緊急の必要に迫られた。そこでかれらは、その時点でみずからに備わっていなかった、キリスト教伝道団のもつ特有な設備・技術の有用性に着眼して、やむなくその活用をはかったということであろう。「紙幣」の印刷は、その典型的な事例である。医療活動も含め、この時点での伝道団はまさに独自の存在価値をもっていたと言えるであろう。

ただし、反乱とそのなかで樹立されたムスリムの政治体制のもとで、伝道団が組織や施設を含めまったくそのままの形で温存され、むしろ庇護されていたようにさえみえる理由については、そのように伝道団が発揮することの可能であった一部の機能の反乱者側にとっての必要性、という点だけでは説明をつけ難いように思われる。武力を背景に、伝道団組織は解体し、財産・施設などを没収した上で、必要な人的パワーだけ接収して使役する、それ以外は排除・追放する、といった方策も採りえたであろうからである。

拙稿ですでに明らかにしたように、「東トルキスタン共和国」を創設するための運動において一定の役割を担い、その閣僚になったような指導者たちのなかには、明らかに、前述した伝道団反対運動を主導したアブドゥル・カーディル・ダームッラーなどのムスリムの指導者たちによって推進された新方式教育に直接的に関与した人々が含まれていた。たとえば、農商業大臣のアブル・ハサン・ハージー（Abū al-Ḥasan Ḥājī）は、前述のトルコ人アフメド・ケマールを中心的な教員として推進された活動を主導したムーサーバヨフ家の一員で[144]、アフメド・ケマールのカシュガルへの派遣にも関与した人物と同一人であろう[145]。また、教育大臣のアブドゥル・カリーム・ハーン（ʿAbd al-Karīm Khān）は、やはり同じ教育運動への参加者であった可能性がある[146]。さらに、カシュガルで政治的影響力を行使していたクルグズの指導者たちも、やはり前述の教育運動を支援し、その学校の教師を務めたことで知られるトゥルスン・エフェンディ（Tursun Efendi）[147]などアルトゥシュのテュルク系の指導者たちと、反乱初期の段階から人的なつながりをもっていた可能性が高い[148]。すなわち、反乱とそのなかで出現した「東トルキスタン共和国」は、一九一〇・二〇年代において伝道団反対運動を担ったと推測される人々に直接的なつながりのある指導者たちによって支えられていたと言えるであろう。

反乱下において、前述の反対運動においては伝道団に対する攻撃の一定の抑制力となった中国の地方政府の権力が事実上消滅し、ムスリムの政権が確立した状況下においては、伝道団に対する攻撃が妨げなく実行される条件が充たされていたことを考慮すれば、戦闘での負傷者たちに対する宣教師たちの献身的な医療活動への恩義にもとづく配慮という面はあるにしても、伝道団が反乱勢力のもとで負の影響を受けなかったのは、不可思議な現象であるといえよう。むしろ宣教師たちは、カシュガルで活動したムスリムの指導者たちとかなり良好な関係を築いていたようにみえる[149]。

このようなカシュガルにおける伝道団をめぐる状況を、とくに以前の反対運動を主導した指導者たちとつながりをもつと考えられる反乱指導者や「東トルキスタン共和国」政府関係者たちの態度との関係において、またイスラームが強調された政治体制との兼ね合いにおいて、どのように理解できるのか、依拠すべき確かな史料を欠いている以上、明確な答えは導きだせない。しかし、あくまで憶測ながら、一つの可能性として思量できることは、とくにみずからの政権を樹立し、中国からの分離をめざした際のみずからの国際的な立場に対する顧慮にもとづき、かれらがヨーロッパ諸国との良好な関係を保持するために腐心した結果ではないかということである。すなわち、外交関係上、宣教師たちがヨーロッパ人であるがゆえに優遇された、という可能性である。

もう一つ想像されることは、伝道団のもつ「近代性」が、彼らによって機能として利用される存在であっただけでなく、伝道団に対する彼らの心理的な面におけるある種の尊重を生み出す源泉であったのではないかという点である。たしかに以前の伝道団に対する反対運動においては、前述のように、ムスリム自身によってではなくヨーロッパ人キリスト教徒によって、キリスト教の教義や価値意識をともなうかたちで「近代性」が当地域社会にもち込まれてしまうことへの反発が背景となっていたけれども、その一〇年後、ムスリム指導者たちがみずから近代的な政体の樹立と社会の近代的改革へと一歩を踏み出すという別の局面においては、それとは逆に、伝道団のもつ「近代性」が宣教師たちに対する尊重と親近感へと導いた可能性も考えられるのである。

そしてこのことは、様々な新しい機械や技術・知識を披露しつつテュルク系ムスリムの社会とかかわりをもってきた伝道団が、カシュガル地域のムスリム住民、とくに政体の中心がおかれた都市に在住する住民たちにとり、一九三〇年代の段階において、それまでの両者の関係性の蓄積と、そして意識面を含めたムスリム社会それ自体の変化をとおして、どのように感覚・認識される存在であったか、存在となっていたのか、という点とも無縁ではあるまい。当然ながら、ムスリム指導者たちはみずからの政権を樹立し、それを維持していく上で、統治下にあるムスリム住民たちの意向や感覚を等閑視できなかったであろうからである。たしかに、一部のムスリム住民にとって、キリスト教布教に対する抵抗感はある程度残っていたと考えられる。しかし、拙稿で指摘したように、ロシア・ソ連や英国領インドなどとの関係を通じて緩やかながらも次第にある種の「近代」的な変容を経験しつつあったカシュガル地域(150)、とくに都市部においては、おそらくはその変容のあり方に対する肯定的な印象を背景としつつ、地域のムスリム住民にとって、スウェーデン伝道団は以前と比してもより親しく認識される存在となっていた可能性がある。

三　活動末期のスウェーデン伝道団とムスリム住民

1　ムスリム反乱後の伝道団とムスリム住民

ムスリム反乱のなか、一九三三年四月一二日に省政府においてクーデターが発生し、省政府主席であった金樹仁が追放された[151]。これを契機として省政府内部における実権を掌握したのは、盛世才（写真16）という軍人であり、やがて競争者を排除して独裁的な体制を確立することになる。しかし、反乱のただなかの新疆において、当時の省政府の実効支配領域は省都ウルムチとその周辺部に限定されていた。とくに、トルファンに軍事的拠点をおく馬仲英指揮下の回民軍の圧力を受け、また、盛世才から省政府の実権を奪取しようとする国民党政府の策謀もあいまって、盛世才は一時危機的状況に陥った[152]。そこで盛世才は、ソ連から軍事的援助を得ることを決断し、新疆領内に進入したソ連の軍事力に頼って馬仲英らの反乱勢力を撃退した[153]。それにともない、カシュガルに樹立された前述の「東トルキスタン共和国」の勢力は、ソ連軍の支援を受けた省政府軍によって駆逐された馬仲英配下の回民軍に敗北し、壊滅した[154]。

劉斌を司令官とする省政府軍が一九三四年の春にカシュガルに進駐すると[155]、省政府のカシュガルとヤルカンド両地域に対する統治が開始された。馬仲英の配下たる馬虎山の政権が温存されていたホタンを除く新疆の全域に対する支配権を確保した盛世才は、その後、ソ連の影響下に民族平等や民族文化尊重などを標榜する六大政策を軸とする新しい諸政策を打ち出す[156]とともに、次第に独裁的な政治体制を固めていった。

このような政治状況下においてスウェーデン伝道団は、反乱期間と同様その後しばらくの間、とくにカシュガルとヤルカンドの両地域における唯一の活版印刷所の運用という点から、当該地域における出版事業面で重要な役割を担っていた。

第一は、カシュガルで刊行された週間新聞である『新生活』(*Yengi Hayāt*)[157]の印刷を担当したことである。伝道団側の資料によれば、一九三三年の実績として、一〇〇〇～一二〇〇〇部が印刷されていたといわれる[158]。本新聞はカシュガルの知識人の編集になる現地テュルク語のメディアとして、外国の情勢、当該地域の社会・文化状況、知識人の言説などをムスリム地域社会に伝え、一定の影響を与えたと考えられる。また、清水由里子の指摘によれば、それまでの「東トルキスタン共和国」期の新聞や政治的な宣伝冊子などにおける言説では、みずからをテュルク民族とする考え方が一般的であったのに対して、当該新聞においては「ウイグル」という枠組とそれに沿った民族意識のあり方が顕著に打ち出され、カシュガルの住民に対するウイグル民族意識の普及と高揚が図られたという[159]。このような点において当該新聞の発行は、カシュガル地域の歴史の上で画期的な意味合いをもっている。

写真16　盛　世　才

出典：Teichmann, Eric, *Journey to Turkistan*, London: Hodder and Stoughton Limited, 1937, p. 160

第二は、ムスリム住民の手になる教育活動にかかわる出版物の印刷である。トルファン反乱の指導者のうちの一人で、反乱終息後のカシュガルに、前述の劉斌とともに省政府軍の指揮官として駐在したマフムード・シジャン[160](師長)は、テュルク系ムスリム社会において一定の影響力を行使し、カシュガル地域の知識人たちとともに、カシュガル市とその周辺地域において、民族言語を授業言語とする、フォーマルな近代的学校教育を普及する活動を推進したことで知られる[161]。このカシュガルでの動向は、ムスリム住民たちが以前にみずからの主意にもとづき実行された近代的な新方式教育に関わる活動を新たな段階へと発展させたという側面をもつとともに、民族平等や民族文化の尊重などを掲げた盛世才の省政府における新しい政策にしたがって実現されたものであった[162]。その学校教科書の一つをみてみると[163]、内容面はマフムードらの手により著作されたけれども、印刷自体はスウェーデン伝道団によっておこなわれたことがわかる。印刷部数は二〇〇〇部であったとされる[164]。このように、反乱以後においても、省政府による新しい民族政策の実施にともない、メディアや学校教育といった分野においてムスリム住民たちがみずからの知的な活動を展開していく上で、伝道団が援助者として一定の役割を担ったことは特筆に価しよう。

ところが、独裁色を強めていった盛世才の省政府は、伝道団に対する締め付けをおこなうようになる。たとえば一九三六年には、カシュガル地方税務局により伝道団に対して不動産税が加算され、強制的に徴収されるという事件が記録されている[165]。また、中華民国政府外交部の档案によれば、同年にカシュガルの新城の伝道団メンバーであるトゥルンキストから、新疆省政府より土地を没収するという命令があったため対処してほしいという訴えが、駐中国スウェーデン公使館に届いたという。これを受けてスウェーデン公使は一二月七日、中華民国政府外交部長の張群に、新疆省政府がスウェーデン人の権利保護の原則を遵守するように中央政府より働きかけをおこなうよう要請したが[166]、盛世才の省政府は国民政府から自律的であったため、外交部から新疆省政府に照会が行われたにもかかわらず、省政府が伝道団に対する強圧的な態度を改めた形跡はない。

このような省政府による迫害とも言える措置にもとづく苦境のなか、伝道団はさらに別の面において困難に直面することとなった。カシュガルの周辺地域が、一九三七年にテュルク系ムスリムの反乱の発生により再び混乱状態に陥ったのである。

カシュガルで省政府軍の一翼を担うテュルク系ムスリム部隊をともなって駐留していた前述のマフムード・シジャンが、当該地域においてかなりの政治的影響力を行使していたことを背景として、盛世才はみずからの独裁的な権力を確立する過程においてマフムードを排除しようとする試みを続けた。最終的に、盛によるウルムチへの召喚命令を拒むかたちで、一九三七年四月にマフムードは少数の部下たちとともにインドに逃走した[167]。省政府は、マフムードを反逆者として糾弾する布告を発表した[168]。これを受けて、カシュガル方面に残存したマフムード麾下のテュルク系の勢力は、五月に省政府に対する反乱を起こした。マフムードの部下であるキチク・アホン（Kichik Akhun）とアブドゥル・ニヤーズ（ʻAbd al-Niyāz）らが五月末にカシュガルを攻撃して旧城を占拠すると、これに呼応して、ホタンに本拠を置いていた前述の回民指導者馬虎山の勢力もカシュガルに向けて移動し、六月三日にカシュガルに到達した。続けてキチク・アホンらは、東方のアクスに向けて進撃した。これに対し、独力での鎮圧に不安を感じた盛世才は、ふたたびソ連に軍事的な支援を要請した[169]。ソ連軍の直接的な援助を受けた省政府軍がアクスでキチク・アホンらの軍と戦闘を行い、勝利すると、馬虎山は九月上旬にカシュガルから南方に移動し[170]、インド方面に逃走した。省政府軍は、カシュガルに続けて九月九日にはヤルカンドを回復し、一〇月には反乱を完全に制圧した。このような反乱とその鎮圧という事態にともなう混乱のなかで、スウェーデン伝道団がその本来の活動を阻害される状況下に置かれたことは想像に難くない。

2　新疆における宣教活動の終焉

しかし、伝道団の活動に決定的な打撃を与えたのは、ムスリム住民による活動ではなかった。反乱鎮圧後まもなくして、新疆省政府から伝道団に対して本格的な攻撃行為が開始されたのである。

まず、一九三七年の一一月から一二月にかけて、地方警察の手によって頻繁に伝道団の活動に圧力が加えられた[171]。これに対して伝道団側は、一二月にカシュガル駐在英国総領事を通じ外交的手段によって事態の打開をはかるための努力を重ねた。しかし、時を移さず当局側の策動はさらに過激化した。一九三八年一月には、ヤルカンドの伝道団拠点に対して武力による攻撃に着手し、病院に砲火を浴びせるとともに、地域の住民たちをすべて伝道団から強制的に引き離した[172]。

ほどなく新疆駐在スウェーデン伝道団の活動に最終局面が訪れた。すなわち、事実上政府によって新疆領内からの撤退を強要されたのである。まず、一九三八年二月三日に、ヤルカンドの伝道団拠点を訪問した地方官吏と警察官が、二月五日までにヤルカンドを退去するようにという省政府の命令を宣教師たちに伝えた[173]。これにともない、五人のスウェーデン人宣教師たちが二月九日にヤルカンドを離れ、カシュガルに到着した。伝道団は、英国総領事を通じて中華民国政府に抗議したけれども、新疆省政府が事実上中央政府からの自律性を維持していたこともあり、このような度重なる試みも功を奏さなかった。伝道団の本部はやむなく同年六月に、カシュガルの伝道団拠点を含む七人の宣教師が新疆から退去するよう指示を送った[174]。カシュガル拠点に最後まで残っていたアンデルソン、モーエン（Sigfrid Moen）[175]、アルベルト（Gustaf Ahlbert）[176]という宣教師三名も、ついに八月一七日にカシュガルをあとにし[177]、中国領を離れてインドに移動した[178]。

その後しばらく移動先のインドに拠点を構えて活動を継続したものの、新疆領内で四五年間にわたって展開された活動は一九三八年をもって終了し、新疆で再開されることはなかった。スウェーデン伝道団のキリスト教布教活動は、最後の三名の宣教師が去った時点で事実上終焉を迎えたと言えよう。その後、伝道団は放置されざるをえなかった拠点における財産の保全をめざし、その管理を英国総領事に委任した。しかしそれは新疆省政府に許容されなかったため、拠点の施設や内部の財産はすべてそのまま打ち捨てられる、もしくは政府機関により接収されて恣意的に使用されることとなった[179]。

なお、盛世才の省政府が、暴力的な手段を用いてスウェーデン伝道団の新疆からの排除をはかった政策上の理由については、史料的な制約のため、明らかでない。一九三七年八月より、新疆省の中央では、多数の政府要人・官僚や知識人たちが漢族・テュルク系民族を問わず逮捕・収監され、そのうちのかなりの部分が処刑された。これは、盛世才によって、自身の独裁的な権力の確立も視野に入れつつスターリンの「粛清」政策に倣って行われた粛清政策と考えられており、そのなかで多数の役職者・知識人が犠牲となった[180]。また、カシュガルやホタンなどの地域においては、一九三七年一〇月より、反乱の協力者の摘発という名目で、二万人以上の地域の人々（主にムスリム住民）が政府により逮捕されたといわれる。英国総領事館に関わりがあるとみなされた人々も、多数捕えられ、財産を没収された[181]。スウェーデン伝道団に対する弾圧と強制退去も、これら一連の施策と連関して計画的に執行された措置であったと推測される[182]。

さて、一九四四年になると、盛世才が政権を放棄して新疆を去り、かわって国民党が新疆省政府の政治的な実権を掌握するに至った。その機会を利用した伝道団側は、中国政府に対し、放置された従前のみずからの拠点財産の視察を願い出て、承認された。一九四六年一一月三〇日、宣教師のモーエンとロベルンツ（George Roberntz）[183]の二人がカシュガルに至り、四七年二月までの期間、カシュガル駐在英国総領事とともにカシュガルの伝道団拠点における財産を調査した後、三月からは同副領事とともにヤルカンドの財産を調査し、五月一〇日に出境したとされる[184]。

調査の結果、カシュガル、ヤルカンドいずれの土地にあっても、建造物は場所によってはまったく消滅し、あるいは崩れてしまって使い物にならない状態にあり、建物内に設置されていた演台などももち去られていたことが判明した。また、使用できる部分については、政府関係の事務所や軍人などの住居として占有されていた[185]。その後、伝道団の活動が新疆において復活させられることはなく、これらの拠点が伝道団の財産として返還されることもなかったのである。

おわりに

以上述べてきたところをまとめてみよう。

（一）新疆におけるスウェーデン伝道団の活動は、布教を中核としつつも、医療・印刷・教育活動など多岐にわたり、それはテュルク系ムスリム住民にある種の便宜を与え、両者の交流を生んだ。しかし、キリスト教徒の集団としての規模の拡大やキリスト教式の教育活動の発展にともない、一九二三年から二四年にかけて、群衆による示威活動を含む、ムスリムによる反対運動がカシュガルとヤルカンドで表面化した。この運動は、アブドゥル・カーディル・ダームッラーら「新方式」教育運動を推進した改革主義的指導者によって主導されたものであったと推定される。その背景として、一部のムスリム指導者の内面において、キリスト教徒によって近代的な教育がみずからの社会にもち込まれることへの対抗意識や危機感が醸成されていたことを指摘できる。省政府の弾圧によりみずからの近代的な教育運動が弾圧されたことを契機として、それが過激な攻撃行動へと転化した可能性がある。

（二）ただし、おそらくキリスト教という「異教」に対する不安や反発を共通の潜在的な動機としつつも、示威運動に参加した指導者や「民衆」のなかには、様々な背景をもつ人々が含まれていた。上記の指導者によって掲げられた理念が、これら参加者たちに十分に共有されていたかどうかは定かでない。また、ムスリム住民のなかには伝道団に対する過激な運動に対し、慎重な姿勢を示す人々、さらには宣教師たちを保護しようとする人々も存在した。過激な運動の様態は、結果としてムスリム住民の内部にも軋轢と亀裂を生み出した形跡がある。

（三）他方、一九三三年のテュルク系ムスリムの大規模な反乱のなかで、ヤルカンドの伝道団拠点は、反乱により樹立されたホタンのイスラーム政権から派遣された司令官アミール・アブドゥッラーによる迫害を被った。病院・学校などが閉鎖され、宣教師たちが捕縛・脅迫を受けてから監禁されるとともに、テュルク系改宗者たちが虐待され、そのうちの一人が殺害された。これは、他オアシスから乗り込んできた新来の統治者としてアブドゥッラーがヤルカンド市を掌握する過程において、棄教者の処刑という端的なイスラーム法の執行をとおして、イスラーム政権の樹立を印象づけるという政治的な意図に基づくものであった可能性がある。

（四）しかし、その後のムスリム反乱の過程において、伝道団は顕著な被害に遭うことはなく、むしろ場合によって各反乱指導者たちと懇意な関係を構築・維持しつつ、医療活動や印刷活動をとおしてムスリムの運動に深く関与したと考えられる。とくにカシュガルで一九三三年に樹立された「東トルキスタン共和国」においては、政治的出版物や国家の紙幣の印刷が伝道団の印刷所によって行われた。ムスリムと伝道団とのこのようなかかわりは、カシュガルを中心とするテュルク系ムスリム社会において伝道団のもつ「近代性」や医療活動にともなう恩恵が、伝道団に対する親近感を醸成していた可能性を示唆する。

以上のような事態の様相を眺めるとき、漢族という「異教徒」の支配下において抑圧的政策を受けつつも、次第に緩やかな「近代」的変容をとげつつあったムスリム社会は、社会改革と政治的自立性をめざす指導者たちの先鋭的な活動のなかで、伝道団によりヨーロッパからもち込まれた「異教」および「近代性」と接触した際に、その複雑な内情を浮き彫りにしたといえよう。当該地域の社会「近代化」のプロセスにおけるさまざまなベクトルの交錯のなかで、伝道団が一定の意味をもつプレーヤーとして存在したことは疑いない。二〇世紀前半期におけるテュルク系ムスリム社会の変容のあり方が細部にわたってどのようなものであり、その全体的な趨勢のなかで伝道団がどのような位置付けをもっていたかを精確に見定めるには、さらなる検討が必要であろう。

（1）現在のウイグル族に当たる。一九二〇年代のソヴィエト領において、新疆のオアシス地域に居住する、テュルク系言語を使用するムスリム住民を一体性のある民族として「ウイグル」という名称で呼ぶことが決定された。新疆においては一九三〇年代に新疆省政府によってこのような民族区分と民族名称が採用されて普及が図られ、さらに中華人民共和国成立後にその民族政策により、自称・他称として完全に定着した。本稿においては、一九二〇・三〇年代には新疆において「ウイグル」という民族区分・名称がオアシス地域住民の間で一般的でなかったという点に鑑み、テュルク系ムスリム（住民）という呼び方を用いる。

（2）新免康「新疆におけるスウェーデン伝道団の活動とムスリム住民」梅村坦・新免康編『中央ユーラシアの文化と社会』（「中央大学政策文化総合研究所研究叢書」一二）中央大学出版部、二〇一一年、一二三—一六二頁。

（3）楊増新は雲南省蒙自県の出身で、新疆省布政使王樹枏の推挙により新疆で官職をえ、各地で行政長官を歴任した後、辛亥革命に際して巧みな手腕により省政府の権力を掌握した。楊は清朝統治期の体制をそのまま残しつつ、中央政府から自律的に新疆を支配したといわれる。楊増新について詳しくは、李信成『楊増新在新疆：民國元年～民國十七年』（台北：國史館、一九九三年）を参照。

（4）新免康「新疆ムスリム反乱（一九三一～三四年）とクルグズ」『アジア史研究』第二五号、二〇〇一年、一—二一頁を参照。

（5）Hultvall, John, *Mission och revolution i Centralasien: Svenska Missionsförbundets Mission, Östtuukestan 1892-1938*, Stockholm: Gummessons, 1981.

（6）Jarring, Gunnar, *Prints from Kashgar: The Printing Office of the Swedish Mission in Eastern Turkestan, History and Production with an Attempt at a Bibliography*, Stockholm: Svensca Förskningsinstitutet i Istanbul, 1991.

（7）本稿で用いられる伝道団関係の資料は、スウェーデン国立文書館（Riksarkivet）所蔵の“Östturkestan samlingen”（Fränne collection）に含まれる宣教師たちの日記・記録・書簡など、スウェーデン聖約教団本部・図書室およびスウェーデン王立図書館（Kungliga biblioteket）所蔵の教団刊行物に掲載された宣教師たちの報告などからなる。これらは、資料収集当時に参照可能であったものに限られており、新疆で活動した宣教師たちのうちの一部による記述にとどまる。したがって、これらに依拠した本稿の議論にも、ある種の偏りが含まれている可能性があり、この点ご容赦いただければ幸いである。

(8) もう一方の当事者であった中国政府側の史料については、遺憾ながら新疆ウイグル自治区档案館において、関連する新疆省政府檔案の閲覧を許可されなかった（二〇一一年九月）ため、本稿での参照は一部の国民政府外交部檔案（台湾國史館所蔵）に限定されることをお断りしておきたい。

(9) 二〇〇三年にSvenska Missionskyrkanに改称され、さらに二〇一二年にはスウェーデン・バプティスト協会（Svenska Baptistsamfundet）およびスウェーデン・メソジスト教会（Metodistkyrkan i Sverige）と合同で、新たな枠組としてエキュメニア教会（Equmeniakyrkan）が設立された。

(10) イェンギヒサルは、カシュガル―ヤルカンド間の幹線上、カシュガルの南方五〇キロメートル余りの所に位置する小都市。広域的なカシュガル・オアシスの中に含まれる。

(11) カシュガルには、ムスリムを主たる住民とする従来からのオアシス都市であるカシュガルの旧城（クフナ・シャフル（kuhna shahr））（「回城」とも呼称され、現在の喀什市に該当する）と、清朝時代に政府軍・役人たちが駐在するために、旧城の南方に建設された新城（イェンギ・シャフル（yengi shahr））（「漢城」とも呼称され、現在の喀什地区疏勒県鎮に該当する）があり、その間は一〇キロメートルほど離れていた。「イェンギ・シャフル」とは、テュルク語で「新しい都市」を意味する。なお、スウェーデン人宣教師たちの叙述において、このカシュガルのイェンギ・シャフルは、漢語の「漢城」のローマ字表記に由来する「Hancheng」として言及されている。

(12) 伝道団の拠点は、カシュガルやヤルカンドの城市壁内部ではないものの、城市壁のすぐそばの地点に設置された。カシュガル市における伝道団拠点の位置については、India Office Records (IOR), Oriental & India Office Collections, British Library, L/P&S/20/A118/2, *Military Report on Sinkiang (Chinese Turkestan) 1929*, "Sketch map of Kashgar" (in pocket at end) を、ヤルカンド市における拠点の位置については、De Filippi, Filippo, *The Italian Expedition to the Himalaya, Karakoram and Eastern Turkestan (1913–1914)*, London: E. Arnold & Co., 1932 (Reprint: New Delhi: Munshiram Manoharlal Publishers Pvt. Ltd, 2005), p. 477, "Plan of the city of Yarkand" を参照。

(13) 新免康「新疆におけるスウェーデン伝道団の活動とムスリム住民」を参照。
(14) 新免康「新疆におけるスウェーデン伝道団の活動とムスリム住民」一三〇、一三七頁。
(15) Skrine, C. P. and Nightingale, Pamela, *Macartney at Kashgar: New Light on British, Chinese, and Russian Activities in Sinkiang, 1890–1918*, London: Methuen & Co. Ltd., 1973, p. 108.
(16) Hermansson, Oskar, "Några minnen från forfoljelsen i Kashgar 1923–1924," *Ansgarius, 1924*, 1924, p. 46.
(17) India Office Records, L/P&S/10/ 976, P.2712/1923, Diary for March and April 1923.
(18) Hermansson, op. cit., pp. 47–50.
(19) 馬福興は、新疆省都督楊増新によりカシュガルの軍事司令官である提台に任命され、一九一五年に回民の軍隊を率いてカシュガルの新城に着任した。カシュガルの旧城に駐在する文官の道台を抑えて、カシュガル地域における実権を掌握し、テュルク系ムスリム住民に対する行政において専横を極めたと言われる。しかし一九二四年に楊増新の命令を受けた馬紹武の手により捕縛され、処刑された。詳しくは、Forbes, Andrew D. W., *Warlords and Muslims in Chinese Central Asia: A political history of Republican Sinkiang 1911–1949*, Cambridge University Press, 1986, pp. 21–28を参照。
(20) 本稿では、漢語を使用する中国のムスリムを、当時の一般的な呼称にしたがって「回民」と呼称する。現代中国において回民に当たる人々は、公式的に「回族」という中国の「少数民族」の一つとして認定されている。なお、新疆のテュルク系ムスリムは歴史上、回民のことを「トゥンガン」(Tungan/Tungani)と呼称してきたが、現在は公式的には使用されていない。
(21) 楊増新は、みずから組織した回民の軍隊(=「回隊」)の力を利用して新疆省政府の権力を握ったことを背景として、新疆各地に駐在する軍隊とその司令官の一部に回民を当てた(中田吉信「新疆都督楊増新」江上波夫教授古稀記念事業会(編)『江上波夫教授古稀記念論集・歴史篇』東京:山川出版社、一九七七年、五六〇—五六五頁)。馬福興は、楊増新の敵対勢力の鎮圧に功績のあった「回隊」の統領であった。
(22) Hermansson, op. cit., p. 47.

（23） Törnquist, John, "Var Mission i Öst-Turkestan: Från de oroliga dagarna," *Missionsförbundet*, Nir 31, Den 2 augusti 1923, Arg. 41, 1923, p. 488; Hermansson, op. cit., pp. 50-51.

（24） ここで言及されているウマル・アホン・バイは、一九一〇年代に資本家のムーサーバヨフ家の主導下にカシュガルで展開された近代的な新方式の教育運動に対して、敵対的な態度を示したことで知られる同名の有力商人（大石真一郎「カシュガルにおけるジャディード運動——ムーサー・バヨフ家と新方式教育——」『東洋学報』第七八巻第一号、一九九六年、〇一〇—〇一一頁）と同一人である可能性が高い。地方政府権力と近い関係にあったとされる。

（25） India Office Records, L/P&S/10/976, P.2712/1923, Diary for March and April 1923.

（26） 一九〇八年に新疆での活動を開始した古株の宣教師。

（27） 一九二〇年より新疆での伝道団活動に参加し、とくにカシュガルを中心とする地域の言語・文化・歴史の研究に従事して、テュルク語の文法書（O. Hermansson, *Alti Shahr Turkī: nahu wa sirf*, 1935）や中央アジア史に関する著作（O. Hermansson, *Ottura Asiyaning Tārikhi*, 1936）などをカシュガルの伝道団印刷所から出版した。バイブルの東テュルク語への翻訳者としても知られる（Jarring, Gunnar, *Return to Kashgar: Central Asian Memoirs in the Present*, tr. by Eva Claeson, Durham: Duke University Press, 1986, p. 100）。

（28） India Office Records, L/P&S/10/976, P.2879/1923, Kashgar Diary for May 1923.

（29） 不平等条約の天津条約（一九五八年）・北京条約（一九六〇年）において、外国人宣教師によるキリスト教布教権、宣教師・中国人信徒の安全保護を保証した保護享有権が規定された。スウェーデンに関しては、Old Russian Treaty, vide Article 4, Chinese Swedish Treaty joined 2nd July, 1908 (MacMurray, John V. A., *Treaties and Agreements with and concerning China, 1894-1919*, New York, 1921, vol. 1, reprint: 1973, 1908/11).

（30） 宣教師たちは英国総領事と良好な関係を築いており（Skrine, C. P., *Chinese Central Asia: An Account of Travels in Northern Kashmir and Chinese Turkestan*, London: Methuen & Co. Ltd., 1926, p. 66）、困難な状況のなかでその支援を受けていた。

（31） India Office Records, L/P&S/10/976, P.824/1924, Kashgar Diary for October and November 1923.

(32) Hermansson, op. cit., p. 53.

(33) ハサンについては、新免「新疆におけるスウェーデン伝道団の活動とムスリム住民」一二九、一三四―一三五頁を参照。

(34) リヴァプール大学で熱帯病医学を修めたことで知られ、一八九六年から一九二四年の間、断続的に二〇年間にわたり新疆に滞在して（*Svenska missionsförbundet: dess uppkomst och femtioåriga verksamhet: Yttre missionen*, redigerad av Theodor Anderson, Stockholm: Svenska Missionsförbundets Förlag, 1928, p. 495）、主にヤルカンド拠点で医療に従事した。宣教師たちは、スウェーデンへの一時帰国を繰り返しながら、長年にわたり新疆での活動に従事するのが一般的であり、ラケットもその例に漏れない。医療活動のかたわら、ラケットはカシュガル地域のテュルク語の研究も行い、スウェーデンに帰国後、ルント大学（Lunds universitet）でテュルク語を講じた。英語によるテュルク語の文法書も出版している（Raquette, Gustaf, *Eastern Turki Grammar: Practical and Theoretical with Vocabulary*, Stockholm, 1912）。ラケットのテュルク言語の研究活動については、Eset Sulayman, *Özlük we Kimlik: Yawlopa qirghaqliridin Merkiziy Asiya chongqurluqlirigha qarap*, Ürümchi: Shinjang Uniwërsitëti Neshriyati, 2006, pp. 178–181も参照のこと。

(35) Jarring Collection（Lund Universitets Biblioteket）, Prov. 476, No. 6, p. 7, "Ḥasan, Rābiya Khāndin Raquette Ṣāhib, Eva Khānimgha."

(36) India Office Records, L/P&S/10/976, P. 1660/1924, Kashgar Diary for December 1923 and January 1924.

(37) ただし、収監されていた人々のうち、四名の洗礼志願者はクリスマス後に解放されたものの、改宗者が最終的に解放されたのは翌年の四月であった（Hermansson, op. cit., p. 54）。

(38) IOR, L/P&S/10/976, P.3712/1923, Kashgar Diary for July 1923.

(39) 一九一〇年より主にヤルカンド拠点で活動を行った。近代的医療技術をもった当該地域唯一の歯科医師としてムスリムの間で知られた存在で、ミッションの会議のためにカシュガルに赴く際には、歯科診療用の椅子と器具を携帯し、政府の漢人官吏などの治療も行ったという（Skrine, *Chinese Central Asia*, pp. 126–127）。

(40) 「(復活した)イエスは(弟子たちに)近寄ってきて言われた。『わたしは天と地の一切の権能を授かっている。だから、あなたがたは行って、すべての民をわたしの弟子にしなさい。かれらに父と子と聖霊の名によって洗礼を授け、あなたがたに命じておいたことをすべて守るように教えなさい。……』」(共同訳聖書実行委員会『聖書:新共同訳』日本聖書協会、二〇一二年(初版:一九八七年、一九八八年)、新約聖書部分:六〇頁)

(41) Niström, Rickard, "Om oroligheterna i Jarkend," *Missionsförbundet*, 1924, Nir 19, Den 8 maj, Arg. 42, 1924, p. 317.

(42) 英国総領事の報告においては、「アーラム・アホンという名のカーディー」となっている(India Office Records, L/P&S/10/976, P.1660/1924, C. P. Skrine, Kashgar diary for December 1923 and January 1924)けれども、「アーラム・アホン」は首席カーディーを意味すると考えられる。そういう意味では、英国総領事の別の報告に同一人について「leading Mussalman Judge」と記されている(L/P&S/12/2344, P.1168/1924)のは、比較的精確な表現といえる。Hultvallはこのときの経緯の概要を叙述するなかで、このアーラム・アホンに該当する人物について「中国人裁判官」として言及している(Hultvall, *op. cit.*, p. 137)が、宣教師たちの叙述のあり方からみても、テュルク系ムスリムのアーラム・アホンであることは疑いない。

(43) India Office Records, L/P&S/10/976, P.1660/1924, Kashgar Diary for December 1923 and January 1924.

(44) Östurkestan samlingen (Fränne collection), Riksarkivet (National Archives of Sweden), vol. 79a, Rickard Niströms Östurkestansamling, Rickard Niströms brev, Avskrift av att oversatt brev från mandarinen i Jarkand, 13 Januari, 1924.

(45) 一九〇四年に新疆での滞在を開始し、おもにカシュガルのイェンギ・シャフルで活動に従事した。写真撮影の愛好者として知られ、Östurkestan samlingenにはその撮影になる多数の写真が残されている。また、それら写真をふんだんに用いたカシュガルに関する著作を出版した(Törnquist, John, *Kaschgar: några bilder från innersta Asiens land, folk och mission*, Stockholm:Svenska missionsförbundet, 1926)。

(46) Östurkestan samlingen, vol. 82, John Törnquists brev till Hilda Nordquist, Hancheng, Kashgar, den 3 Mars

1924.

(47) Östurkestan samlingen, vol. 56, John Anderssons Östurkestan samling, "Svenska Missionsförbundets Mission i Östurkestan 1892–1938."

(48) Hermansson, op. cit., p. 45.

(49) カシュガル市の南西四〇キロメートル余りに位置する。広域的なカシュガル・オアシスに属する。

(50) アルトゥシュには、カシュガルの西北方向三〇キロメートルほどのところに位置するアストゥン（＝下）・アルトゥシュとカシュガル市の北東方向約二〇キロメートルに位置するウストゥン（＝上）・アルトゥシュがあり、単にアルトゥシュといわれるときはアストゥン・アルトゥシュを指すことが多い。なお、アストゥン・アルトゥシュには、サトゥク・ボグラ・ハーンの墓廟がある。

(51) Törnquist, "Vår Mission i Öst-Turkestan: Från de oroliga dagarna," p. 487.

(52) Hermansson, op. cit., p. 46.

(53) 黒尼亜提・木拉提「喀什噶爾瑞典伝教団建堂歴史考」『新疆社会科学』二〇〇二年第三期、二〇〇二年、六八頁。

(54) Hultvall は、このようなムスリムたちの過激な動きの背景として、一九二二年におけるオスマン帝国の滅亡を始めとする、当時のイスラーム世界の不安な情勢を推定している（Hultvall, *op. cit.*, p. 136）。注目に値する見解の提示と考えられるが、新疆におけるムスリム指導者に対するその直接的な影響の証拠などは挙げられていない。

(55) 大石前掲論文、〇一六頁。

(56) セイピディンは、民族資本家タシュ・アホンの息子で、一九三一～三四年の新疆における大規模なムスリム反乱のなかでカシュガルにおける蜂起に参加した経験をもち、その後一九四四年にイリで樹立された「東トルキスタン共和国」に指導者として加わって教育庁長などを務めた。中華人民共和国成立後には、ウイグル人の代表的な民族幹部として、新疆ウイグル自治区政府主席などを歴任した。

(57) Ezizi, Seypidin, *Ömür Dastani, 1, Zulum Zindanlirida*, Beijing: Milletler Neshriyati, 1990, p. 43.

(58) India Office Records, L/P&S/10/976, P. 4662/1924, Kashgar Diary for August 1924, p. 1; P. 4663/1924, Kashgar

Diary for September 1924, p. 1.

(59) 新免康「新疆ムスリム反乱（一九三一～三四年）と秘密組織」『史学雑誌』第九九編第一二号、一九九〇年、一―五頁。

(60) イリに拠点を置いて対ロシア貿易により資本を蓄積し、その後ヨーロッパから機械を搬入してイリなどに近代的な工場を操業したことで知られるテュルク系ムスリムの資本家である。イリやカシュガルでテュルク系言語による近代的な学校教育を導入する運動を推進した（大石「ウイグル人の近代――ジャディード運動の高揚と挫折――」『アジア遊学』第一号、一九九九年、二六―三一頁。

(61) 大石「カシュガルにおけるジャディード運動」一〇頁。

(62) 一九一一年より、おもにヤルカンドの拠点において、長年にわたり宣教師として活動した。とくに一九一五年にヤルカンドにはじめて伝道団の孤児院を開設したことで知られる（*Svenska missionsförbundet: dess uppkomst och femtioåriga verksamhet: Yttre missionen*, p. 475）。

(63) Östturkestan samlingen, vol. 50, Gustaf Adolf Arells dagbok, p. 68 (18 Nov. 1914).

(64) 前述のように、カシュガル市の北東方向約二〇キロメートルに位置する。アストゥン・アルトゥシュとは別の地である。

(65) Hamada, Masami, "La transmission du mouvement nationaliste au Turkistan oriental (Xinjiang)," *Central Asian Survey*, Vol. 9, No. 1, 1990, pp. 35-39; 大石「ウイグル人の近代――ジャディード運動の高揚と挫折――」三三、三六頁。

(66) 同じアレルの記録によれば、同日の午後にカーディル・エフェンディ（Qādir Effendi）という人物が宣教師の所にやってきて、弁士たちがムスリムたちに、宣教師たちを追い出すために伝道団の拠点に行くよう勧告した、と伝えたという。このカーディル・エフェンディというのが伝道団に対する反対派の人物かどうか、この記録自体から定かではないものの、もしそうであるならば、アブドゥル・カーディル・ダームッラーに該当する可能性も否定はできない。また、当時のカシュガルには、イスタンブルに留学し、アフメド・ケマールに同伴してカシュガルに帰還したアブドゥル・カーディル・サーマーンという指導者もおり、新方式教育運動の支持者として知られる（濱田正美「サトク・ボグラ・ハンの墓廟をめぐって」『西南アジア研究』第三四号、一九九一年、一〇五頁）。

（67）大石「カシュガルにおけるジャディード運動」一三―一四頁。

（68）Matsumoto, Masumi, "Protestant Christian Missions to Muslims in China and Islamic Reformist Movement," *Nippon Chutogakkai Nenpo* (*AJAMES*), Vol. 21, No. 1, 2005, pp. 147–171.

（69）新免「新疆におけるスウェーデン伝道団の活動とムスリム住民」一三七頁を参照。

（70）Törnquist, "Vår Mission i Öst-Turkestan: Från de oroliga dagarna," p. 487.

（71）Hermansson, op. cit., pp. 54-56.

（72）India Office Records, L/P&S/10/976, P.2712/1923, Diary for March and April 1923.

（73）India Office Records, L/P&S/10/976, P.2879/1923, Diary for May 1923.

（74）Hermansson, op. cit., p. 51.

（75）Ibid., p. 54.

（76）India Office Records, L/P&S/10/976, P.4521/1923, Kashgar Diary for August 1923.

（77）Nyström, "Om oroligheterna i Jarkend," p. 317.

（78）Hamada, "La transmission du mouvement nationaliste au Turkistan oriental (Xinjiang)," p. 37.

（79）Hultvall, *op. cit.*, p. 170.

（80）一江「瑞典伝教士在喀什噶爾」中国人民政治協商会議喀什市委員会文史資料研究委員会編『喀什市文史資料』第四巻、喀什日報印刷廠印刷、一九八九年、一六〇頁。

（81）Hermansson, op. cit., pp. 52-53.

（82）Eset Sulayman, *op. cit.*, p. 168.

（83）Palmaer, G., *En Ny Port Öppnas: Från Svenska Missionsförbunts Arbete i Östurkestan Åren 1842–1942 och Indien Åren 1940–1942*, Stockholm: Svenska Missionsförbundets Förlag, 1942, p. 222.

(84) Hultvall, *op. cit.*, p. 166; *Ansgarius*, 1932, p. 83.

(85) 一般的にはこの殺害に樊が主に関与したとされているが、否定する説を提示する著作もある（樊明苹『新疆三七政變血案真相：被國民政府湮沒七十餘年的一頁血腥史事』屏東：樊明苹、二〇〇一年）。

(86) 新疆の東部に位置するオアシスおよびその中心都市を指す。テュルク系ムスリムが集中居住するオアシスとしては、もっとも東方に位置する。

(87) トルファンとホタンの反乱については、新免康「新疆ムスリム反乱（一九三一～三四年）と秘密組織」を参照。

(88) 当該反乱の経緯の事件史的な詳細については、Forbes, *op. cit.*, chapter 3, 4 を参照。

(89) 代表的なテュルク系民族主義者の一人で、新疆ムスリム反乱の収束後、アフガニスタンに亡命し、亡命生活中にテュルク系民族としてのナショナリズムにもとづく「祖国」の歴史叙述としての『東トルキスタン史』（*Sharqī Turkistān Tārīkhi*）を著述したことで知られる。この人物について詳しくは、清水由里子「ムハンマド・エミン・ボグラに関する一考察――その思想形成の背景と著作『東トルキスタン史』を中心に――」（『日本中央アジア学会報』第五号、二〇〇九年）を参照。

(90) 新免康「新疆ムスリム反乱（一九三一～三四年）と秘密組織」一二二頁。

(91) Forbes, *op. cit.*, p. 87.

(92) 旧城の西方に位置する、政府の軍隊・官吏が駐在した方形の要塞都市。堅牢な城市壁によって囲まれていた（De Filippi, *op. cit.*, pp. 472-474）。この新城は清朝時代の道光八年（一八二八年）に建設され、それまで旧城内にあった弁事大臣の衙門は新城の方に移動した（堀直「回疆都市ヤールカンド――景観的復原の試み――」『甲南大学紀要・文学編』第六三号、一九八六年、四二頁）。

(93) 「アミール」は軍事司令官としてのタイトルで、「アブドゥッラー」が名前である。

(94) Östturkestan samlingen, vol. 79a, Rickard Nyströms Östturkestansamling, "Opoligheterna i Östturkestan" (8 Aug. 1933), p. 2.

(95) ヤルカンドの旧城と新城の間には、二つの道が南と北に並んで東西方向に通っており、伝道団の拠点はその南の方の道の南側に接する形で設けられていた。かれらが通ったバザールというのは、両都市を結ぶ北の道の周りに存在した市場を指している可能性がある。その道路の東端、すなわち旧城と接する部分が、旧城の城市門のうちの一つである「アルトゥン門」となっていた（Валиханов, Ч. Ч., *Собрание сочинений в пяти томах*, Т. 3, Алма-Ата: Главная редакция Казахской советской энциклопедии, 1985, стр. 120; De Filippi, *op. cit.*, p. 477）。

(96) ハーキム・ベグの居処は、都市の南部にあるハーンカーフ門の近くに位置していたと推定される（堀前掲論文、四二頁）。

(97) Arell, Gustaf, "Kriget i Jarkend. De Kristna förföljas," Nr 39, Arg. 51, Den 25 Sept. 1933, *Missionsförbundet*, 1933, p. 614.

(98) IOR, L/P&S/12/2331, PZ. 4807/1933, Letter to British Consul General from Sd. R. Nyström, Sd. G. A. Arell, Sd. O. Hermansson, Yarkand, June 6th 1933; Arell, "Kriget i Jarkend. De Kristna förföljas," p. 615.

(99) カシュガル駐在英国総領事館は、ヤルカンドやホタンなどの主要オアシスに、みずからのエージェントかつ情報提供者たる、英国籍の英領インド出身者のムスリムを駐在させていた。かれらは一般に「アクサカル（aqsaqal）」と呼称された（Skrine and Nightingale, *op. cit.*, pp. 182-183）。ムハンマド・アミーン・ボグラは、『東トルキスタン史』のなかでこのアクサカルたちの横暴を指弾している（Boghra, Muḥammad Amīn, *Sharqī Turkistān Tārīkhi*, Reprint: İstanbul: Fāṭima Boghra, 1987, pp. 495-496）。

(100) カシュガルからインド方面に至る交通路上にある、カラコラム山脈中の都市。現在パキスタンのギルギット・バルティスタン州の州都。

(101) Arell, Gustaf, *Din broders blod ropar*, Stockholm, 1935, pp. 80-82; Hermansson, Oskar, "Skrackrider Jarkend: Muhammad Habil Östturkestanmissionens förste martyr," Nr 34, Arg 51, Den 25 Aug. 1933, *Missionsförbundet*, 1933, p. 533.

(102) ヨーセフは、実際は英国籍の三代目であった。カシュガルの伝道団印刷所で働き、後にキリスト教に改宗した人物である。迫害後、少女孤児院の教師ヤーコブ（Jacob Stephen）らとともにカシュガル経由で一〇月にインド方面に出た

（Stephen, Jacob, *Flykting för Kristi skull*, Stockholm, 1947, pp. 41–53）。

(103) Hermansson, "Skrackrider Jarkend: Muhammad Habil Östturkestanmissionens forste martyr," p. 534; Arell, *Din broders blod ropar*, pp. 110–111.

(104) ヤーリング・コレクションには、おそらくは殺害される少し前に出されたと思われる、ハービルのヤーリング宛の書簡（テュルク語）が残されている（Jarring Collection, Prov. 476, No. 2, p. 8）。一九三三年の日付で、「今年のトルキスタンにおける事件」に言及している。

(105) Palmaer, G., "Ur missionärbrev från Östturkestan," *Ansgarius*, 1933, pp. 106–107 (av Oscar Hermansson).

(106) Hultvall, *op. cit.*, p. 181.

(107) Östturkestan samlingen, vol. 79a, Rickard Niströms Östturkestansamling, "Opoligheterna i Östturkestan" (8 Aug. 1933), p. 3; Törnquist, John, "Östturkestan," *Ansgarius*, 1933, p. 101.

(108) Östturkestan samlingen, vol. 79a, Rickard Niströms Östturkestansamling, "Letter to the British Consul General from O. Hermansson, G. A. Arell and R. Nyström."

(109) Jarring Collection, Prov. 524, No. 3, p. 16.

(110) Boghra, *op. cit.*, p. 557.

(111) 当政府によって発行された命令書にも、そのように明記されている（Jarring Collection, Prov. 471, No. 13）。

(112) 新免「新疆ムスリム反乱（一九三一～三四年）と秘密組織」二三—二四頁。

(113) Ambolt , Nils, *Karavan: Travels in Eastern Turkestan*, London and Glasgow: Blackie & Son, 1939, p. 169.

(114) Hojehmet, Abdurishit, "Qarghaliq nahiyisining 1926-yildin 1936-yilghiche bolghan 10 yilliq tarixidin eslime," *Shinjang Tarix Matiriallirí* 12, Ürümchi: Shinjang Xelq Neshriyati, 1983, pp. 234-35.

(115) ただし、これがイスラーム法学者ムフティーの発したファトワー（法判断）に基づいてなされた正式のものであったかどうかは定かではない。また、一般に他宗教への改宗者が出たとしても、実際に死刑の処断が下されることは少ないとされる。キリスト教徒になれば、その時点でムスリムではなく、イスラーム法の埒外にあるとみなされるべき、という見解も成り立つからである。

(116) 中華民国政府の協力のもと、スヴェン・ヘディンを隊長、スウェーデン人と中国人を隊員とし、一九二七～三五年に中国西北部の新疆省や寧夏省において調査活動に従事した。

(117) Ambolt, *op. cit.*, p. 175.

(118) Jarring Collection, Prov. 471, No. 13. 本文書（テュルク語）は、ホタン・イスラーム政府発行のヘジュラ暦一三五二年ムハッラム月一七日（西暦一九三三年五月一二日）付命令書であり、山地民のムスリムに対して、同地域で調査をおこなうアンボルトと同伴者に妨害を加えないようにせよと命じる内容をもつ。

(119) Boghra, *op. cit.*, p. 564.

(120) ホタン・イスラーム政権における「シャイフ・アル・イスラーム」の具体的な権限は明らかではないけれども、ウラマーの最高位に位置付けられていたことは間違いない。

(121) 新免「新疆ムスリム反乱（一九三一～三四年）と秘密組織」二四頁。また、Ṭārīm, Ḥamīd Allāh, *Turkistān Tārīkhi*, İstanbul, 1983, p. 66を参照。

(122) ヤルカンドに続いてホタン軍が進出したイェンギヒサルでは、改宗者の学校教師が叱責されたものの害は受けず、拠点それ自体にも影響はなかったという（Palmaer, "Ur missionärbrev från Östturkestan," p. 106 (av. John Andersson)）。また、いったんホタン反乱勢力がヤルカンドから撤退し、その後ヤルカンドを回復した際にも、伝道団は攻撃に晒されることはなく、いたって平静な状態にあった（Östturkestan samlingen, vol. 79a, Rickard Nyströms Östturkestansamling, R. Nyströms brev till J. E. Lundahl, Jarkand den 29 november 1933）。

(123) 兄のムハンマド・アミーン・ボグラの著作『東トルキスタン史』において、新疆における英国やロシアという列強の横暴については強く批判されている（Boghra, *op. cit.*, pp. 494-496）ものの、スウェーデン人伝道団に対する言及はみいだすことができない。断定はできないものの、ホタン・イスラーム政府指導者たちの伝道団に対する認識自体が薄かったとも想像される。なお、もう一人の著名なテュルク系民族主義者イーサー・ユースフ・アルプテキン（ʿĪsā Yūsuf Alptekin）も、その回想録において、英国籍インド人商人などの横暴を批判の対象としている（İsa Yusuf Alptekin,

Derleyen: M. Ali Taşçı, *Esir Doğu Türkistan İçin: İsa Yusuf Alptekin'in Mücadele Hatıraları*, İstanbul: Doğu Türkistan Neşriyat Merkezi, 1985, pp. 31-33）けれども、スウェーデン伝道団の拠点が設置されていたイェンギヒサルの出身であるにもかかわらず、キリスト教宣教師たちに対する否定的な言辞を表してはいない。

（124）Törnquist, John, "Östurkestan," *Ansgarius*, 1933, p. 100; 新免康「新疆ムスリム反乱（一九三一～三四年）とクルグズ（二）」『アジア史研究』第二六号、二〇〇二年、二五四—二五六頁。

（125）Forbes, *op. cit.*, pp. 80-83, 90.

（126）新免「新疆ムスリム反乱（一九三一～三四年）とクルグズ（二）」二五七頁。

（127）カシュガル旧城の城市壁の西北部分につきだした半円形の小要塞（yumlaq shahr）を指す。テュルク語で「グルバーグ gülbāgh」（花園）ともいわれる。

（128）Andersson, "Oro och strid," pp. 115-116.

（129）中華民国政府外交部檔案（台湾國史館所蔵）、欧三二、一〇一五八号、中華民国三二年一〇月九日収到、附件："Concerning Swedish Mission in Chinese Turkestan," O. Hermansson to the Ministry of Foreign Affairs, Chunking, China, 20th, Sept. 1943.

（130）India Office Records, L/P&S/12/2331, PZ. 4807/1933.

（131）たとえば、オスマーンの逆鱗に触れて長期間拘禁された職人が、宣教師たちの執り成しによる特赦で解放されるなどした（Andersson, "Oro och strid," pp. 116-117; 新免「新疆ムスリム反乱（一九三一～三四年）とクルグズ（二）」二五七—二五八頁）。

（132）India Office Records, L/P&S/12/2331, PZ. 7031/1933, 21st Sep., p. 5.

（133）東トルキスタン共和国については、新免康「東トルキスタン共和国（一九三三～三四年）に関する一考察」『アジア・アフリカ言語文化研究』第四六／四七号、一—四二頁を参照。

（134）一九一〇年に近代的な活版印刷機器をスウェーデンからカシュガルに搬入し、本格的な印刷所がカシュガルの拠点に設立された。ラテン文字はもちろんのこと、アラビア文字の活版フルセットを利用した現地テュルク語による印刷・出版が可能となった。この印刷所では、布教活動のための宣伝冊子や学校の教科書など本来の伝道団の活動に必要な出版物はもちろんのこと、宣教師がその研究成果を活かしたテュルク系言語の教科書や正書法のガイド、当該地域のカレンダー、またパーティーの招待状など、直接的にキリスト教にかかわらないさまざまな出版物が現地社会の必要と宣教師の希望に応じて印刷された（新免「新疆におけるスウェーデン伝道団の活動とムスリム住民」一三九―一四〇頁）。

(135) Sharqī Turkistān Istiqlāl Jamʿīyati, *Istiqlāl*, Kāshghar: Swedish Mission Press, 1352H. 当該文献については、Jarring, *Prints from Kashgar*, pp. 85-86 および、新免「東トルキスタン共和国（一九三三～三四年）に関する一考察」一九―二一頁を参照。

(136) ʿAbd al-Bāqī, Thābit, *Kāshghar wilāyat hukūmat qurulushining bayān nāmasi*, 1352H.

(137) 新免「東トルキスタン共和国（一九三三～三四年）に関する一考察」二四―二六頁を参照。伝道団側の記録によれば、新聞は一七号分で一号につき三〇〇部、『独立』誌は三〇〇部が印刷された（Persson, Carl, "Tryckeriet i Kashgar," *Åresberättelse*, 1933, p. 146）。かつて拙稿で検討を加えたように、「東トルキスタン共和国」の実際の統治領域はカシュガルとその周辺地域に限定されていたと考えられる（新免「東トルキスタン共和国（一九三三～三四年）に関する一考察」三二―三三頁）ため、数量面では小規模なものにとどまった。識字率の低さを反映して、これら新聞や雑誌の内容の民衆への伝達には、政治指導者や知識人が民衆に向けて口頭で解説することにより周知される、という手法がとられたと推測される。

(138) 伝道団側の記録によれば、ミスカル紙幣一七九六三枚、サル（両）紙幣：八三一七四枚、テンゲ紙幣：一二五〇九枚、がそれぞれ印刷されたという（Persson, Carl, "Tryckeriet i Kashgar," *Åresberättelse*, 1933, p. 146）。王永生の著作には当該紙幣の鮮明なカラー写真が掲載されている（王永生『新疆歴史貨幣――東西方貨幣文化交融的歴史考察』（中華銭幣叢書甲種本之二十二）北京：中華書局、二〇〇七年、四一六―四二〇頁）。他方、銀貨と銅銭からなる貨幣も発行された形跡があり（買買提・尤系甫編『新疆銭幣史』烏魯木斉：新疆人民出版社、一九九四年、五一―五二頁、図版部分四八頁；王永生前掲書、四一一―四一二頁）、東トルキスタン共和国政府の通貨政策についてはさらに検討が必要である。

(139) Shirip Xushtar, *Shinjang Yëqinqi Zaman Tarixidiki Meshhur Shexsler*, Ürümchi: Shinjang Xelq Neshriyat, 2000, pp. 267–268.

(140) 新免「新疆ムスリム反乱（一九三一～三四年）と秘密組織」一二—一三頁。

(141) İsa Yusuf Alptekin, *op. cit.*, p. 181.

(142) 新疆省政府による抑圧的な政策がテュルク系ムスリム社会の「後進性」の決定的な要因であったかどうかという点については、検討が必要であろう。なお、前述のムハンマド・アミーン・ボグラはその著作『東トルキスタン史』のなかで、同様の見解を述べつつも、最終的な責任は自民族にあると主張している（清水由里子ほか『ムハンマド・エミン・ボグラ著『東トルキスタン史』の研究』東京：NIHUプログラム・イスラーム地域研究東京大学拠点、二〇〇七年、七二—七五頁）。

(143) Sharqī Turkistān Istiqlāl Jamʿīyati, *Istiqlāl*, pp. 35-36; 新免「東トルキスタン共和国（一九三三～三四年）に関する一考察」二〇—二一頁。

(144) 趙瑞生、續春「新疆民變紀實」『邊鐸半月刊』第二巻第一号、一九三四年、六八頁。

(145) Hamada, "La transmission du mouvement nationaliste au Turkistan oriental (Xinjiang)," p. 35.

(146) Ḥabībzāde, Aḥmed Kemāl, *Chīn-Turkistān Khāṭiralar*, İzmir: Maʿārfat Matbaʿasi, 1925, p. 34.

(147) İlkul, Ahmet Kemal, *Türkistan ve Çin Yollarında Unutulmayan Hatıraları*, İstanbul: İstanbul Zarif İş Matbaasi, 1955, p. 61.

(148) 新免「新疆ムスリム反乱（一九三一～三四年）とクルグズ（二）」二六一—二六二頁。

(149) 宣教師たちによって撮影された膨大な写真の中には、前述のオスマーン・アリーや「東トルキスタン共和国」の指導者たちと覚しき写真、その後一九三四年四月にカシュガルに到来した回民軍閥の馬仲英（Törnquist, John, "Östturkestan," *Ansgarius*, 1934, p. 132）とともに撮影された写真などが、相当量残されている（Östturkestan samlingen, vol. 148, Militärer）。

(150) 新免「新疆におけるスウェーデン伝道団の活動とムスリム住民」一四四—一四五頁。

(151) 呉藹宸『新疆紀遊』上海：商務印書館、中華民国二四年（再版：亜洲民族考古叢刊第五輯、台北：南天書局、中華民国七六年）、七四―七七頁。
(152) この間の経緯については、新疆社会科学院歴史研究所『新疆簡史』第三冊、烏魯木斉：新疆人民出版社、一九八八年、一六六―一九三頁に詳しい。
(153) Forbes, *op. cit.*, pp. 120-121.
(154) 新免「東トルキスタン共和国（一九三三～三四年）に関する一考察」三七―三八頁。
(155) 劉斌はカシュガルに到来した際、みずからをクリスチャンと称し、伝道団に対して親しい態度を示したとされる（Andersson, John, "Från Östturkestan, Kashgar, den 12 aug. 1934," Nr. 43, Årg. 52, Den 26 Okt. 1934, *Missionsförbundet*, p. 743）。
(156) 盛世才の民族政策の特徴については、木下恵二「新疆における盛世才政権の民族政策の形成と破綻」『アジア研究』第五八巻第一・二号、二〇一二年、一九―二二頁を参照。
(157) Jarring, *Prints from Kashgar*, p. 21.
(158) Moen, S., "Betraffande Kaschgar-tryckeriet skriver," *Åresberättelse*, 1935, p. 158.
(159) 清水由里子「『新生活』紙にみる「ウイグル」民族意識再考」『（中央大学）アジア史研究』第三五号、二〇一一年、六〇―六三頁。
(160) トルファン反乱の指導者のうちの一人で、前述のトルファン反乱最高指導者マクスード・ムヒーティーの弟に当たる。後述のように、その後インドに亡命し、日本滞在を経て北京で客死したとされる。Bay Ëziz, "Mehmut Sijang bilen bille bolghan 12 yil," *Shinjang Tarix Matiriallıri*, 5, Ürümchi: Shinjang Xelq Neshriyat, 1982. を参照。
(161) 清水由里子「カシュガルにおけるウイグル人の教育運動（一九三四―三七年）」『内陸アジア史研究』第二二号、二〇〇七年、五三―五五、六二頁。
(162) 木下恵二は、盛世才が、中心的なエスニック集団以外のエスニック集団の同化の実現が容易でない状況下における「国民形成」のための手段、という意味での近代的な民族政策を、多民族社会の政治的統合政策として新疆ではじめて導入した、と指摘する（木下「一九三〇年代新疆盛世才政権下の「ソ連型」民族政策とその政治的矛盾」『史学』第七八巻第四号、二〇〇九年、三三頁）。この見解にもとづくならば、民族文化の重視に基づく民族語による近代的な学校教育の認容と促進は、そのような民族政策の象徴的な表れと見なすことができる。

(163) Nājībī, Abbās, *Bash Kitāb Ibtidā'ī Uyghur Maktablari uchun Alifbā*, Nashiri: Maḥmūd Sijang, Kāshghar, 1935.

(164) 伝道団側の記録によると、政府宛てに二〇〇〇部が発行されたという（Jarring, *Prints from kashgar*, pp. 98–99）。

(165) 黒尼亜提・木拉提「喀什噶爾瑞典伝教団建堂歴史考」『新疆社会科学』二〇〇二年第三期、二〇〇二年、六六頁。

(166) 中華民国政府外交部檔案（台湾國史館所蔵）、欧三六、一一五〇七号。

(167) Forbes, *op. cit.*, p. 141.

(168) *Muhtaram Duban janāblaridin telegram*, 1937. 本布告文書は、記録に残る限りでは、スウェーデン伝道団のカシュガル印刷所において製作・発行された印刷物として末尾に位置する（Jarring, *Prints from Kashgar*, p. 110）

(169) Whiting, Allen S. and Sheng, Shih-ts'ai, *Sinkiang: Pawn or Pivot*, East Lansing: Michigan State University Press, 1958, pp. 50–51.

(170) 宣教師の日記に、一九三七年九月四・五日に行われた「トゥンガン」（回民）軍によるカシュガル略奪の記述がみられる（Östturkestan samlingen, vol. 89, Elin Svenssons dagbok, pp. 27–28）。

(171) Östturkestan samlingen, vol. 71b, Sigrid Larssons dagbok, pp. 170–171; Östturkestan samlingen, vol. 89, Elin Svenssons dagbok, p. 31.

(172) India Office Records, L/P&S/2344, PZ.1077/1938.

(173) 中華民国政府外交部檔案（台湾國史館所蔵）: John Anderson and Oscar Hermansson to the Ministry of Foreign Affairs , China, Subject: Concerning Swedish Mission in Chinese Turkestan, 20th Sept. 1943; IOR, L/P&S/2344, PZ. 1077/1938. カシュガル駐在英国総領事の報告書には、このような省政府の行為は中国と西洋諸国との間の条約（前述の、Old Russian Treaty, vide Article 4, Chinese Swedish Treaty joined 2nd July, 1908）に抵触するという認識が示されている。

(174) Östturkestan samlingen, vol. 89, Elin Svenssons dagbok, p. 32.
(175) カシュガルを中心とする地域の言語や民俗の研究に従事したことで知られる（Jarring, *Return to Kashgar*, p. 100）。現地で人々から収集した民間歌謡が、ヤーリングの編集・解説により出版されている（Jarring, Gunnar and Moen, Sigfrid, *The Moen collection of eastern Turki (New Uighur) popular poetry*, Scripta Minora Series, Almqvist & Wiksell International, 1996）。
(176) 一九一二年より新疆での活動を開始し、一九一五年にカシュガル拠点において本格的な学校を開設したことで知られる（Hultvall, *op. cit.*, p. 106）。また、カシュガルを中心とする地域のテュルク系言語を研究し、その正書法に関する重要な著作（Ahlbert, G, *Kitāb-i 'Ilm-i Imlā*, Swedish Mission Press, Kashgar, 1929）を残している。
(177) *Åresberättelse*, 1938, p. 176.
(178) Östturkestan samlingen, vol. 71b, Sigrid Larssons dagbok, p. 173.
(179) 黒尼亜提前掲論文、六六―六七頁。
(180) 新疆社会科学院歴史研究所前掲書、二八九―二九七頁；Forbes, *op. cit.*, pp. 150–151.
(181) 木下恵二「新疆における盛世才の統治と粛清」『法学政治学論究』第八九号、二〇一一年、一二一―一二三頁。
(182) フォーブズは、英国の勢力を排除するために盛世才によってとられたさまざまな施策との関連のなかで、省政府によるスウェーデン伝道団の排斥をとらえている（Forbes, *op. cit.*, pp. 146–147）。
(183) カシュガルの伝道団印刷所の責任者として知られる（Jarring, *Return to Kashgar*, p. 100）。
(184) 中華民国政府外交部檔案（台湾國史館所蔵）：欧三六、一五三八一号、中華民国二六年五月二八日収到、外交部駐新疆特派員公署「呈報瑞典教士来新視察教産出入境日期由」（劉澤栄、中華民国二六年五月一七日付）。
(185) 中華民国政府外交部檔案（台湾國史館所蔵）：欧三六、二八二一〇号、中華民国二六年九月一三日収到、英国駐喀什総領事薛普登「照抄瑞典教会在南疆財産勘査報告」、外交部駐新疆特派員公署代電「為検送瑞典教会在南疆財産勘査報告一份由」（劉澤栄、中華民国二六年九月八日付）。

Ⅲ　ユーラシア大陸西部・アフリカ大陸

『サラディンの稀有で至高の歴史』―その1
バハー・アッディーン・イブン・シャッダード著

松田俊道訳

はじめに

サラディン（一一三七～三八―九三）は十字軍と戦い、八八年間占領されていた聖地エルサレムを奪回したイスラームの英雄として知られている。その強烈な印象は、イスラーム圏だけではなく、西欧でも何世紀にもわたって賞賛されその記憶から忘れ去られることがなかった。特にイスラーム圏では、サラディンは、ヨーロッパ人を撃退しイスラーム圏の中心部分を再び統合することに成功した人物として評価されている。その栄光と人気は絶大のものである。特にアラブ地域では、ヨーロッパの植民地支配が終わっても、その統合に失敗し、現在に至るまで負の遺産を引きずっているので、サラディンの功績はとりわけ眩しく映るのである。

サラディンの生涯を研究する者が最も重要と位置付ける史料は、イブン・シャッダード（一一四五～一二三四）の『サラディンの稀有で至高の歴史』、イブン・アルアスィール（一一六〇～一二三三）の『完全なる歴史』であろう。

イブン・シャッダードはサラディンの信頼厚き側近であったので、彼が見た通りに忠実に出来事の記録を残しているだけでなく、通常の年代記とは違って、サラディンが重要な決定をする際の動機に至るまでをわれわれに教えてくれる。

しかし、この伝記は、それまでのイスラーム史における偉人たちを記した伝記のように、いわばアラビア語でマナーキブと呼ばれる善行や徳の素晴らしさを讃える聖人伝の性格も兼ね備えていることに注目しなければならない。すなわち、この伝記は偉人たちに匹敵する人物としてのサラディン像を生み出すという前提のもとに書かれているのである。

イブン・アルアスィールは、サラディンと同時代の偉大な歴史家であったが、人生の大部分をモスルで過ごし、サラディンの権力と対立したザンギー朝の有力者と関係があったという点で大きな意味をもつ。しかし、モスルのザンギー朝は一一八六年にサラディンとの間で平和協定が締結されて以後は、サラディンの支配権を認めた。そのためサラディンに援軍を送ることを約束した。一一八八年には、イブン・アルアスィール自身もモスルのアミールと共に、北シリアおける十字軍との戦にサラディンの援軍として参加している。これまでは、イブン・アルアスィールがとった親ザンギー朝の立場から、サラディン対する批判的態度に注目されてきたが、しかし全体的にみれば必ずしもそうではないことがわかる。彼は、イブン・シャッダードや『エルサレム征服に関する書』[1]の著者イマード・アッディーン・イスファハーニー（一一二五～一二〇一）の著作の影響を受けていることもわかる。

アラビア語の伝記としては、その他にイスファハーニーの『シリアの稲妻』[2]が知られている。この書は、サラディンの生涯とその時代を記した七巻の年代記として書かれた。しかし、現存するのは二つの巻のみである。しかし、失われた部分は引用されて元の内容を推測することが可能である。その要約がブンダーリー著『シリアの稲妻の輝き』[3]としてまとめられた。

それゆえ、完全な形で現存するサラディンの伝記は、イブン・シャッダードの伝記のみである。本稿では『サラディンの稀有で至高の歴史』のカイロ版である Bahāʾ al-Din Ibn Shaddād, *al-Nawādir al-Sulṭānīya wa-l-Maḥāsin al-Yūsufīya*, al-Qāhira, 1964. をテキストとして翻訳する[4]。

一　著者イブン・シャッダード

イブン・シャッダードの正式名は、バハー・ウッディーン・アブー・アルマハーシン・ユースフ・ブン・ラーフィウ・ブン・タミームである。彼はイブン・シャッダードとして知られているが、それは彼の母方の祖父がシャッダードであったこと、およびイブン・シャッダードは幼少のときに父を失ったため、母方の伯父によって育てられたためである。一一四五年三月七日モスルで生まれ、一二三九年アレッポで死去した。

彼は郷里でコーラン、ハディース、イスラーム法などを学んだ後、バグダードに移り、有名なニザーミーヤ学院で寄宿生となって勉学に励んだ。二七歳のとき、同学院の助手（ムイード）に任命された。およそ四年間滞在した後、一一七三～七四年にモスルに於いてマドラサの教授に任命された。

イブン・シャッダードは一一八八年に、メッカ巡礼及びメディナの預言者の廟の参詣に出かけた。帰路、彼はエルサレム及びヘブロンの訪問を熱望して、シリアに帰還する隊商に加わり十字軍から奪回した直後のダマスクスに到着した。そのときカウカブの塞を包囲中のサラディンは、彼を面前に招聘した。彼らは既に二度会見していた。最初は、一一八四年モスルのザンギー朝の支配者の外交使節の一員としてダマスクスにやってきたときであった。その際、サラディンはイブン・シャッダードに強い印象を覚え、古カイロにあるマドラサ・マナーズィル・アルイッズの教授職を提示したが、彼はそれを受け入れなかった。二度目は、一一八六年モスルからサラディンに送られた別な外交使節のときであった。そのときサラディンはハッラーンで病を得ていたが、和平条約が締結に至り満足していた。

一一八四年、イブン・シャッダードはエルサレムを訪問した際に、『ジハードの美徳』と題する著作を編集した。帰路彼は、クラク・デ・シュバリエにいたサラディンに再会し、この新しい著作を献呈した。この会合の結末は、イブン・シャッダードが生涯サラディンに奉仕することとなった。このことについては『サラディンの稀有で至高の歴史』の中で、次のように記されている。

私がエルサレムに向って出発しようとしていたとき、彼の側近の一人（おそらくイマード・アッディーン・アルイスファハーニーと思われる）が私の所に現れ、私がエルサレムから戻ったら彼に仕えるようにという彼の命を届けたのである。(5)

かくして、彼はサラディンに仕えることとなったのである。彼は、軍事裁判官に任命され、次いでエルサレムにおける司法と行政の責任者に任命された。イブン・シャッダードはサラディンの残りの生涯を通じて親密な側近として仕え、いつでも彼の側にいて、長期間彼のもとを離れることがなかった。サラディンの死後、イブン・シャッダードはサラディンの家系の間で権力の平和的移行が行われるように影響力を行使した。(6)

序言

慈悲深く慈愛あまねきアッラーの名において

神を讃えよ、われわれにイスラームをお授けなされ、われわれを信仰にお導きになされた方。われわれに最も正しき道を歩ませ、われわれに預言者ムハンマドのとりなしをお与えになられた方。初期の世代の人々を生き方のお手本にした方、幸運な人が誤った方向に導かれないように、軽くあしらっていた幾度もの病で人生に絶望しないように、人生を送る際に伴うあらゆる状態を運命づけたお方。

私は、アッラーが唯一の神であること、いかなる伴侶もなく、焼け付く心の渇きを癒す証であることを告白します。

私は、われらが主ムハンマドがアッラーの僕であること、預言者であること、真の導きの扉を開かれた方であることを告白します。扉を開けることを求める者は服従の鍵を信じなければならない。彼と彼の家族にお恵みあれ、時が続く間永遠に。

扨それでは

私が、われらが主スルターン・アルマリク・アッナースィル、イスラームの統合者、キリスト教の信仰者の抑圧者、正義の権威ある保持者、サラーフ・アッドゥンヤー・ワッディーンṢalāḥ al-Dunyā wa-l-Dīn(7)、イスラームとムスリムのスルターン、異教徒の手からエルサレムを解放した者、二つの聖地の奉仕者、アブル・ムザッファル・ユースフ・ブン・アイユーブ・ブン・シャーズィー——神が彼の墓所を喜びの露で湿らせるように、彼に神の慈悲の椅子で信仰の報いの甘味を味わわせますように―の日々を注視したとき、私は、起こり得ないことを偽りと呼んだ初期の世代の人々の話を信じるに至った。彼の時代の勇敢なマムルークたちの行動が、疑いの誤りが証明された英雄たちの話を確かなものにした一方で、私は、高貴な英雄たちのことを語る稀有な物語の真実性のための証言を引き受けた。私は神のご加護でそのような試練を目撃してそのような話を強く信じることにした。これらの日々の奇妙さは、いかなる精神によって捉えるにも、いかなる心で理解するにも偉大過ぎた。その並外れた諸事実は、いかなる舌によっても十分に語られるには、またいかなるに手によって記述されるにも栄光に満ち溢れ過ぎていた。

それにもかかわらず、このようなことは、ひとたび知ってしまうと誰もがそれを隠してはおけないようなものであり、また誰かがそのことを知ってしまうとそれらの話や物語を関係付けずにはいられないのである。私は彼の私への厚意によって虜になり、彼の真の友情と私が彼のために負った奉仕に惹きつけられていたので、私が直接知った彼のあらゆる徳を明るみに出すこと、そして私が知った彼のあらゆる卓越した資質を関係付けることは私の義務であった。私は、個人的な経験が書き取らせたもの、あるいは私が語っていたもの、すなわち完全なる信頼性に依拠した資料をその関係において手短に記述することに決めた。これは、より小さいものを通じて全体像を示すためには、その光による真実の夜明けの後に偽りの夜明けを見分けるための全体の一部に過ぎない。

私はこの歴史の要約を『サラディンの稀有で至高の歴史』と名づけた。私はそれを二つの部分に分けた。

第一部は、彼の出生、しつけ、個人的特質、描写、優れた性質、イスラーム法の観点から賞賛される完全な卓越性を含む。第二部は、彼の人生の移り変わり、戦闘と勝利、彼の人生の終焉に至るまでの年代記を含む。アッラーは舌やペンの誤りから我々をお守りくださる方。ペンがすべることの危険をさけてくれるお方。神は全てを知り給う。

第一部

彼の誕生、彼の上に神のお恵みあれ

信頼すべき筋からわれわれが聞いた情報によれば、天文学の命ずるところにより苦心して生み出された彼の十二宮図の基礎のもとに辿ると、彼の誕生はヒジュラ暦五三二年（一一三七〜三八）のある月のことであり、タクリート Takrīt の城塞においてのことであった(8)。彼の父は、アイユーブ・ブン・シャーズィー（彼の上に神のお恵みあれ）で、そこの総督であり、気高く寛大な男で、温和で卓越した性格の持ち主であった。彼は、ドゥヴィン Dvin(9) の生まれであった。彼は後に息子を伴ってタクリートからモスルに移ることになり、彼はそこで成人になるまで暮らした。彼の父は評判の高い指揮官であり、彼の父の兄弟のシールクーフ Asad al-Dīn Shīrkūh と同様にザンギー朝に仕えた。

その後彼の父はシリアに移る機会に恵まれ、彼はしばらくの間バールベクに滞在した。彼の息子はバールベクに移り、彼の父に仕えてそこに留まった。彼は父の保護のもとで教育を受け、彼の良き道徳と振る舞いを吸収した。幸運の兆しが彼に現れるまで、統率者や統治者の兆候が明白になるまで。ヌール・アッディーンは、彼を信頼し、見守り、彼を腹心の部下にした。それは彼がより高い地位への昇進を求めるさらなる理由を示すことが慣例になるまで続いた。それから彼の叔父のアサド・アッディーンがエジプト遠征をするときがやってきた。われわれはそのことの詳細については神の御意思でしかるべき場所で取り扱う。

われわれが目撃した彼の信仰への執着とイスラーム法の遵守に関する記述

預言者（神のお恵みと平安あれ）に由来する真正ハディースにおいて語られていること。

「イスラームは五つの柱の上に建てられている。すなわち、アッラー以外に神はなしという告白、礼拝を行うこと、喜捨、ラマダーン月の断食、聖地への巡礼である。」

彼の信念はすばらしく、彼は全能の神への意識を絶えずもっていた。彼は、主導的な宗教学者と卓越した法学者の探求による証明から自分の信念を引き出した。彼は、人が理解する必要があるものを理解した。たとえば、彼の面前で議論が起こったとき、彼は秀逸な見解を述べることができるということ、たとえそれらが学識ある専門家の言葉でなかったとしても。結局、彼は擬人化の悩みから逃れて信念を獲得した。しかし、彼の学問は神の属性または誤伝を否定するまでには深く掘り下げることができなかった。彼の信念は正しき道に従い、真実を認識する原理に一致し、もっとも偉大なウラマーによって是認された。

高名なシャイフのクトゥブ・アッディーン・アルナイサーブーリーは、かつて彼のためにこの分野で必要なあらゆるものを集めた教義を編集していた。彼のそのことに対する強い傾倒は、子供の頃からそれが彼らの精神に定着するように、自らが教える子供たちに教育をしていたことに現れている。私は、彼らが彼の前でそれを諳んじて復唱しているので、彼が彼らに受け入れられているのを感じた。

礼　拝

彼は集団礼拝の履行には熱心であった。そしてある日語ることには、彼は数年の間集団でしか礼拝をしなかったのである。彼が病に臥しているときでさえ、イマーム一人のみを呼び寄せ、彼に立たせてもらい一緒に礼拝をしたほどである。また、何年もの間スーフィーの日々の勤めを履行するのを常とした。

彼が夜中に目が覚めたときは、夜明けの礼拝の前にそれを完全に終えてしまうほどであった。彼は精神的能力がある限り、礼拝を怠ることはなかった。私は、彼（神が彼の精神を神聖にしますように）が死に至る病のときも礼拝に立つのを見た。彼が礼拝の義務を果たせなかったは、彼の精神が彷徨よった三日間のみであった。もし彼が旅の最中に礼拝のときが来てしまった場合でも、彼は馬から降り礼拝を行った。

ザカート

彼が死去したとき、ザカートのためのものしか所有していなかった。義務ではないサダカに関して言えば、彼は所有した財産のすべてをそのために使い尽くした。彼は彼が所有できるあらゆるものを所有したが、彼がこの世を去ったとき、彼が残した金貨や銀貨に関しては、四七ナースィリー銀貨と一タイル金貨のみであった。彼は所有物、家、不動産、果樹園、村、農地、あらゆるものの中で何物も残さなかった。

ラマダーン月の断食

彼は断食に関しては、何度かのラマダーン月に継続して被った病気が理由で不十分であった。カーディー・アルファーディル（一一三五～一二〇〇）[10]はそれらの日々を書き留めることになった。そして彼は亡くなる年にエルサレムに於いて果たせなかった義務の日を満たした。彼は厳密に一か月以上断食をやり抜いた。というのも、彼は、病やジハードの執行が断食を遂行することを妨げていたラマダーン月もあったからである。断食は彼の体質に合わなかったが、神は彼が果たせなかった分の埋め合わせを行うように、彼を断食へと奮起させた。彼が断食を行ったので、私は彼が断食を行った日々を勘定した。というのは、カーディー（アル・ファーディル）が不在であったからである。医者は彼を制止したが、彼は聞き入れず、「私はどのような行く末が待っているのかを知らないので」と答えた。それはあたかも彼が義務からの解放に駆り立てられているかのようであった。彼は義務を果たすまで続けた。

巡　礼

彼は常にそれを意図していたが、特に死の年にそれを計画していた。彼はそれを遂行する決意を確かにし、その準備を命じた。準備が整えられ旅立ちを待つのみであった。しかしながら、彼には許されたときが僅かであり、そのような人に当然そうあるべきものが入手不可能であった。それゆえ彼は、翌年まで延期しなければならなかった。神はお定めになったものを命じ給うた。高貴な人も民衆もこのことを知っていた。

彼は、麗しきコーランの朗誦に耳を傾けるのを好み、彼がイマームを選ぶ際には、偉大なるコーランを諳んじていてその知識をもった学者であることを条件にしたほどであった。彼が砦の中にいたとき、夜彼と共にそこに居た者に二節、三節、時には四節の朗誦を求めるのが常であった。彼が公の会議を開催する際には、通常それを行う者に一節の朗誦を求めるが、二〇以上の節を求めることもあった。かつて彼は、父親の前でコーランを朗誦している少年の側を通り過ぎたことがあった。彼は彼の朗誦に感嘆し彼に好意を示し、彼専用の食べ物の中から分け前を与えた。少年とその父親に一片の農地をワクフ物件として贈った。

彼は感情的で涙もろかった。彼がコーランを聞くときは、ほとんどの場合感情が高ぶり、目に涙をためたものであった。

彼はハディースを聞く望みが強まっていた。高い権威のあるシャイフのハディースを聞くときには、また多くを聞くときには、もし彼が彼の元に出席する者の中の一人であったならば、彼は彼を呼び出し彼からハディースを聞いた。また彼の息子たちや彼の配下のマムルークたちのうちその場に出席していた者にはハディースを聞かせた。また人々に対しては、ハディースを聞く際には彼に敬意を払って座して聞くことを命じた。もしそのシャイフがスルターンたちの門を叩かない者の一人であるならば、またスルターンたちの会議に出席するのを避けていたならば、彼は自ら彼の元に出向き、彼のハディースを聞いた。彼はアレクサンドリアに滞在していたハーフィズ・アルイスファハーニー(11)を訪ね、彼の権威で多くのハディースを広めた。彼は個人でもハディースを読むことを好んでいた。彼は私邸に私を招き、ハディースの本の中から何冊かを取り出し、それを読んだ。彼が道徳的な教えを含んだハディースに行き当たると、感動し目に涙が溢れた。

彼は、死者は蘇り、信仰厚き者は天国に至り、罪深き者は地獄に落ちると言って、宗教儀礼に多大な敬意を払った。イスラーム法に含まれる規定を受け入れ、そのことで幸せな気分になり、また哲学者、神の属性を否定する者、物質主義者、イスラーム法を否定する者を嫌った。彼はかつて彼の息子でアレッポの統治者であったマリク・アッザーヒルに、反乱を起こしたスフラワルディーと呼ばれる若者を処刑することを命じていた。彼はイスラーム法を否定しそれが無効であると公言していたと言われていた。彼の息子は、彼が聞いた彼に関する報告から彼をすでに逮捕していた。彼は彼の処刑を命じたスルターンにこのことを報告した。そして彼の処刑、数日間の磔を命じた。処刑は執行された。

彼の神への思いは正しく、神への信仰は厚く、神への改悛の情は深かった。私が目撃したこの事の結果の一つを語ってみよう。

フランクたちがエルサレムの近くのバイト・ヌーバで宿営していた。両者の間は数日旅程の距離であった。スルターンはエルサレムに滞在していて、すでに敵の前線を把握していた。というのも彼はすでに彼らのもとに間諜や諜報員を送り込んでいたからである。エルサレムに進軍して包囲し攻撃するという彼らの強い決定に関する一連の報告が届いた。そのことによりムスリムたちの恐怖が強まった。彼は武将たちを招集し、ムスリムたちが強く脅威にさらされていることを知らせ、エルサレムに留まるべきかどうかについて諮問した。彼らは、内面は外面とまったく異なっているという結論に達した。全ての者は、彼自らがそこに留まることは有利ではないと主張した。それはイスラームを危険に晒すことになろう。アッカの場合と同様に敵を包囲できる軍隊の一団とともに彼が外に出る一方で、彼らは留まるであろうと言った。彼自身と彼と共にいた軍隊は敵の補給の分断と敵を狭めることに従事し、彼らは持ちこたえ都市の防衛に従事するというものである。彼は自らが留まると主張して会議は終わった。というのはもし彼がそうしなかったら誰もそうしないことを彼は知っていたからである。武将たちが彼らの家々に戻ったとき、彼らの元から知らせる者が現れた。もし彼の兄弟のマリク・アーディルかまたは彼の息子の一人が、彼の命令を命じることができる権威者として留まらないならば彼らも留まらないと告げた。するとと彼は、このことは彼らが留まる意思がないことの現れであることを知った。彼は動揺し、彼の考えは混乱し、ためらいが強まった。

その夜、それは金曜日の夜明け前であったが、私はその夜の始まりから夜明け近くまで彼の前に座っていた。季節は冬であり、われわれは二人だけで神を除けば第三者はいなかった。われわれは仲間の取り決めをしていてそれに従ってあらゆることを取り決めていた。彼への心配と彼の健康状態の恐れが私を捉えるほどであった。というのも乾きが彼の潤いを凌駕していたからである。私は暫くの間彼が眠りにつくことを望み横になるように懇願した。すると彼は─神が彼にお恵みを─「たぶんあなたは眠いのだ」と言った。それから彼は立ち上がった。私は家に戻ると、ムアッズィンがアザーンを呼びかけ、夜が明ける前に私の事に着手した。ほとんどの場合、私は彼と夜明けの礼拝を行うのを常としていた。そこで再び私が彼の元に行くと彼は手と足を水で濯いでいた。彼は言った。

「私はちっとも眠っていませんでした」

「知っています」と私は答えた。

「どうして?」と彼は言った。

「というのは私も眠っていないからです。眠る時間がなかったのです」私は答えた。

われわれは礼拝を終えた。何時ものようにわれわれが座る場所に座った。

「何かが私に起こりました。もし神がお望みならば、私はそれが有益であると思います」と私は言った。

「それは何かな?」と彼は言った。

「神への信頼です。改悛の情です。この心配事を片付けるために神にお頼みすることです。」と私は答えた。

「われわれは如何に振る舞うのかな?」と彼は言った。

「今日は金曜日です。わが主よ、アクサー・モスク（預言者の夜の旅の御場所）へいつものようにお出かけの際にお体をお洗いください。わが主よ、信頼すべき方を通じて施しをお与えになりますように。わが主よ、アザーンとイカーマ(12)の間に二ラカア(13)を行い、神への祈願を行いますように。あなたの心の中で次のように言うように真正なるハディースには記されていた。「わが神よ、私のこの世での財産はあなたの宗教の援助のために捧げました。あなたへの信頼、あなたの愛へのおすがり、あなたのお寛大さへのお頼み以外には何も残っておりません。あなたは十分であられます。何と素晴らしき信頼者であられることか。」神はあなたの意図を妨げることよりもより寛大であられる。」と私は言った。

　彼はそのすべてを行った。私はいつものように彼の傍らで礼拝を行った。彼は、アザーンとイカーマの間に二ラカアの礼拝を行った。私は平伏している彼を見た。涙が彼のあご髭から滴り落ち、彼の礼拝絨毯の上に落ちた。だが、私は彼が何を言ったかを聞くことが出来なかった。その日が終わる前に、一通の伝言が見張り番のイッズ・アッディーン・ジュルディークから届いた。フランクが動き始めたことを知らせていた。その日彼らの全軍が荒野に乗り出した。彼らは正午まで停止し、それから彼らの天幕まで戻った。

土曜日の朝、同じことを伝える二通目の伝言が届いた。

昼の間に、彼らが意見を違えたことを知らせる間諜からの知らせが届いた。フランス人たちは自分たちがエルサレムを包囲すべきであるという意見をもっていた。一方、イングランドの王[14]と彼に従う者たちは、彼はキリスト教徒を危険にさらすべきではない、また水の供給がないのにこの高地に彼らを送り出すべきではないという意見であった。というのもスルターンがエルサレムの周辺のあらゆる井戸を汚していたからである。彼らは協議のために集結した。彼らの習慣で、戦争に関して議論するときは馬の背で行った。彼らは一〇人を任命し、彼らに判断をさせた。そして彼らが如何なることを示しても、彼らに意義を唱えることをしなかった。

月曜日の朝、彼らがラムラ方向に退却したとの知らせを携えて使いの者が届いた。

これは彼の全能の神への信頼と神への確信を私が目撃したことの効果の一つであった。

（以下続く）

（1）ʿImād al-Dīn al-Isfahānī, *Kitāb al-Fatḥ al-Qussī fi-l-Fatḥ al-Qudsī*. Trans. Henri Massé, *Conquête de la Syrie et de la Palestine par Saladin*, Paris, 1972.

（2）Al-al-Isfahānī, *al-Barq al-Shamī.*

（3）al-Bundārī, *Sanā al- Barq al-Shamī*, al-Qāhira, 1979.

（4）*al-Nawādir al-Sulṭānīya wa-l-Maḥāsin al-Yūsufīya* の翻訳に関しては、以下のものがある。D. S. Richards, *The Rare and Excellent History of Saladin*, Aldershot, 2001. *Recueil des Historiens des Croisades: Historiens Orientaux*, vol. III, Paris, 1884.

また、書誌情報としては H. A. R. Gibb, The Arabic sources for the life of Saladin, *Speculum* XXV, 1950, pp. 58–72. を

参照した。

(5) Bahā' al-Din Ibn Shaddād, *al-Nawādir al-Sulṭānīya wa-l-Maḥāsin al-Yūsufīya*, al-Qāhira, p. 85.

(6) Ibn Khallikān, *Wafāyāt al-A'yān*, ed. Iḥsān 'Abbās, 8 vols., Beirut, 1977, 7vol., pp. 84–100.

(7) 文字通りの意味は、「この世と宗教の美徳」で、一般的には縮められたṢalāḥ al-Dīn、すなわちサラディンとして知られている。

(8) タクリートは、バグダードの北方のティグリス川の西岸に位置する城塞都市であった。中世の頃は豊かな町であったことがわかる。

(9) Tifris の近くに位置し、この時代はクルド王朝によって直接統治されていた。

(10) カーディー・アルファーディルはサラディンの顧問であり、友人であり、二歳年上の兄のようであった。ファーディルは一一七一年にサラディンに仕える前は、エジプトにおいてファーティマ朝の廷臣であった。サラディンに仕えるとすぐに多大な影響力を発揮した。エジプトでは、全行政と軍事支出に必要な税の受領に責任をもった。また、文書庁から発布される様々な公文書の起草、通信文を起草した。そのうちおよそ八〇〇の文書が知られていて、サラディンの諸政策を探る上で重要な情報を提供する。

(11) 彼はイスファハーン生まれの高名なハディース学者であった。イスファハーンで初等教育を終えた後、巡礼に出かけ、両聖地でハディース学び、ハディースを求めて諸国を遍歴した。

(12) 礼拝の開始

(13) ラクアは礼拝における一連の動作をいう。

(14) 獅子心王リチャードをさす。

後期マムルーク朝の官僚と慈善事業
――ザイン・アッディーン・アブドゥルバースィトの事例を中心に――

五十嵐大介

はじめに

本研究の目的は、年代記・人名録・地誌・ワクフ（寄進）文書などの史料を用い、後期マムルーク朝（チェルケス・マムルーク朝 七八四―九二二／一三八二―一五一七年）[1]を代表する有力官僚の一人、ザイン・アッディーン・アブドゥルバースィト Zayn al-Dīn ʻAbd al-Bāsiṭ ibn Khalīl al-Dimashqī（八五四／一四五一年没）が生前おこなった数々の慈善事業[2]について整理・検討し、その全体像を明らかにすることにある。

マムルーク朝時代（六四八―九二二／一二五〇―一五一七年）のエジプト・シリアにおいて、王朝の支配層がさまざまな機会に多種多様な慈善事業を実施し、それが都市の人々の生活や社会活動において不可欠なものであったことは論を待たない。とくに、農地や住宅・商業施設などを財源として寄進し、その収益を特定の事業や施設の運営に支出するワクフ制度は、サダカ（ṣadaqah 自発的喜捨）のような一回性の慈善行為とは異なり、継続的な事業運営を支えるシステムとして広く用いられた。モスク（masjid, jāmiʻ）、マドラサ（madrasah 学院）、ハーンカー

(khānqāh 修道場) などの宗教・教育施設の建設は、宗教・教育活動のための場所と設備を提供するのみならず、ウラマー ('ulamā', sg. 'ālim イスラーム知識人)、学生、スーフィー (sūfī 修道者) らの生活と活動を経済的に支えた。各種の公共用の給水場は、水が貴重な中東諸都市において不可欠なインフラであり、地域の人々や旅行者の喉を潤した。墓廟 (qubbah, turbah) などで定期的に実施される食事の配給は、救貧事業としての役割を担った。マムルーク朝時代の都市の繁栄と人々の営みは、こうしたワクフ制度を通じた「宗教的善行」によって支えられていたといっても過言ではないだろう。

こうした慈善事業は、とくに大規模なものであるほど、スルターンを中心としたマムルーク軍人たちの手によって実施された。一一世紀以降のイスラーム諸王朝における活発な宗教・教育施設の建設には、異民族出身の軍人支配層が、スンナ派を支援してウラマーの支持を獲得し、かれらの「支配の正統性」を示すという政治的意図があったとされる(3)。それに加え、マムルーク朝においては、支配層がもともと外来の奴隷身分の出身で、在地社会に何ら基盤をもたなかったゆえに、子供たちが将来にわたって一定の利益を得られるよう、その手段としてワクフ制度を用いた、という別の理由が加わる(4)。ワクフ文書をはじめとする史料の豊富さ、また巨大かつ豪華な施設ほど破壊を免れ残りやすいという遺跡の残存状況とも相まって、ワクフおよび慈善事業に関わる研究は、もっぱらかれら (およびその家族を含む) 軍人支配層のものに集中してきたといえよう。

他方、ウラマー、行政官僚、商人ら文民層の手によるワクフ/慈善事業については(5)、個別の施設の研究も含め、研究が立ち後れている(6)。しかしながら、マムルーク朝時代のワクフや慈善について論じようとするならば、軍人層のみならず、それ以外の人々によっておこなわれた事業についても無視できないことは明らかであろう。そもそも、先にみたような「支配の正統性」や「奴隷出身ゆえの子孫への経済支援」という解釈は、もともと現地社会に根を下ろし、溶け込んでいた人物が多いと想定される文民層にそのまま当てはめることはできない。それを突き詰めれば、所属する社会階層／集団によって、慈善活動やワクフ事業に何らかの性格の違いが見いだせるのか、といった問いにつながるであろう。ワクフ／慈善事業の繁栄は、前近代のイスラーム世界各地で広くみられた共通の現象であるが、その中に過度に一般化して論じることなく、他の地域・時代のそれとは異なった、マムルーク朝時代のワクフ／慈善事業の総体としての特徴と独自性を見出していくことを筆者は志向している。そのためには個別具体的な事例について時期、地域、個人的社会的状況など複数の参照軸から複眼的にアプローチし、その成果を積み重ねていく必要があると考えており、ここで生起した社会階層／集団の問題も、参照軸の一つとして極めて有効な視座を提供するであろう。

このような目的のもと、本章の議論は以下のように進めていく。まずアブドゥルバースィトのキャリアを概観し、文民としてのかれのキャリアの性格を把握する。ついでかれが生涯にわたって実施した慈善事業の全容を整理する。最後に、かれの事業を他の官僚のものと比較しつつ、暫定的ながら官僚による慈善事業の傾向を示したい。なお筆者は、アブドゥルバースィトが建設したマドラサのシャイフ職就任者について考察した別稿を発表したが[7]、それは本研究と相互補完的な関係にある。

一　アブドゥルバースィトの経歴[8]

1　前半生

アブドゥルバースィトは七八四／一三八二—八三年、シリア第一の主都ダマスクスに生まれた。かれの親や家族についてはほとんど情報がなく、父ハリールはスルターンからダマスクス近郊の農村地帯グータ al-Ghūṭah のジスライン Jisrayn 村を拝領していたが、それが軍人としてのイクターだったのか、何らかの褒美であったのかも不明である。ただし、アブドゥルバースィトの母はチェルケス人であったというから、マムルーク軍人の子女を娶った自由身分出身の軍人であったかもしれない。

アブドゥルバースィトの教育については、史料ではまったく言及されておらず、ウラマーが学習過程で一般的に修めるような、いわゆるイスラーム的知識に関わる学問（たとえばコーランの暗唱や読誦法の習得、ハディースの伝授なども含めて）を修めていた形跡はない。長じてからは、かれはダマスクスの秘書長（kātib al-sirr 文書庁〈dīwān al-inshā'〉の長官にあたる）イブン・アッシハーブ・マフムード Badr al-Dīn Muḥammad ibn al-Shihāb Maḥmūd の徒弟となって書記としてのキャリアをスタートさせ、やがてかれに重んじられた。[9]

時に、スルターン・ファラジュ al-Nāṣir Faraj ibn Barqūq の治世第二期（八〇八―八一五／一四〇五―一二年）のシリアは、アミール・ジャカム Jakam やヌールーズ Nūrūz al-Ḥāfiẓī など、各地の総督（nā'ib al-salṭanah）が頻繁に反乱を起こした内乱状態にあり、ファラジュの支配権はシリアの諸地方に対してほとんど及ばない状態であった。[10]この時代のシリアで独立した勢力を築いた有力アミールの一人が、後にスルターンとなるシャイフ Shaykh al-Maḥmūdī であった。イブン・アッシハーブ・マフムードはシャイフがダマスクス総督にあった時分、当地の秘書長の地位にあったが、八一二／一四〇九年にファラジュ軍がシャイフを逐ってダマスクスを占領した際に殺された。アブドゥルバースィトは主人の死後、その縁を頼ってシャイフに仕えることとなった。翌年シャイフがファラジュと一時関係を修復し、アレッポ総督を拝命した際には、かれに付き随ってアレッポにも一時住んだという。[11]

2　内帑監督官時代

八一五／一四一二年、シャイフがファラジュを打倒し、アッバース家のカリフ・ムスタイーン al-Musta'īn bi-

Allāh をスルターンとして担ぎ、七ヶ月後にシャイフ自身がスルターンとして即位したことは、アブドゥルバースィトにとって大きな転機となった。シャイフとともにエジプトへ上ったかれは、スルターンに即位したシャイフ（al-Muʾayyad Shaykh: r. 815–24/1412–21）によってかれの内帑監督官（nāẓir al-khizānah）の職に任じられた。

シャイフはシリアの各地で反乱中、シリアの知識人・官僚と関係を深め、かれらを雇用していたが、即位後かれらを中央政府の高官に抜擢し、重用した。秘書長ナースィル・アッディーン・イブン・アルバーリズィー Nāṣir al-Dīn Muḥammad ibn al-Bārizī（ハマー出身）[12]や、秘書長代理（nāʾib kātib al-sirr）バドル・アッディーン・イブン・ムズヒル Badr al-Dīn Muḥammad ibn Muzhir（ダマスクス出身）[13]、軍務庁長官（nāẓir al-jaysh 軍務庁〈dīwān al-jaysh〉の長官）ダーウード・イブン・アルクワイズ ʿAlam al-Dīn Dāwūd ibn al-Kuwayz（カラク出身）[14]（なおこれら三者の一族は、以後エジプトの行政官僚を代々輩出する有力官僚家系となる）、ウスターダール（ustādār al-ʿāliyah ムフラド庁〈dīwān al-jaysh〉の長官）で一時国家財政の最高責任者たる財務総監（mushīr al-dawlah）の座にあったイブン・ムヒッブ・アッディーン Badr al-Dīn Ḥasan ibn Muḥibb al-Dīn ʿAbd Allāh（トリポリ出身）[15]といった、シャイフの治世を支えた行政官たちは、皆こうして登用された人物である。アブドゥルバースィトの内帑監督官への任命も、この方針の一環とみることができよう。歴史家イブン・タグリービルディー Ibn Taghrībirdī は、シャイフの側近の文官にはかれよりも上席の人物が多数おり、またかれの官僚としての技能からも、これ以上の職は望むべくもなかったとのべる[16]。しかし、この時代のスルターンの内帑（al-khizānah al-sulṭānīyah）は、スルターンの私財を管轄するスルターン直属の財庫として組織化し、財政上の役割を拡大させていた[17]。内帑監督官の職は、伝統的な政府の高位のポストではなかったものの、スルターン自身の財政基盤と密接に結びついた重要な官職であった。実際、任命の年は不明であるが、かれはスルターンの独自収入源であるカイロとシリアの賃借地の監督官（nāẓir al-mustaʾjarāt al-sulṭānīyah bi-al-Shām wa-al-Qāhirah）も兼務した[18]。かれは「内帑［の業務］において能力と信頼性で知られ[19]」、その職務を十全に果たした。

こうしてかれはシャイフに重用され、政権内における地位を高めていった。シャイフはみずからかれの私邸をたびたび訪れたという。その働きが認められ、八一八／一四一五年にはキスワ管財人（nāẓir al-kiswah）の職も兼任することになった[20]。メッカのカーバ神殿を覆う黒布であるキスワは、マムルーク朝スルターンがそれを奉納する権利をもち、毎年エジプトのメッカ巡礼団とともに運ばれ、交換された。このキスワの財源としては、七四三／一三四二―四三年に時のスルターン・イスマーイール al-Ṣāliḥ Ismāʿīl がカイロ近郊（Ḍawāḥī al-Qāhirah）のバイスース Baysūs 村の三分の二を国庫代理人（wakīl bayt al-māl）を通じて国庫から購入し、キスワ奉納のためのワクフに設定した。しかし、このワクフ収入が十分でなくなったことから、シャイフがみずからその費用を捻出せざるを得なくなっていた。こうした状況下で、シャイフはアブドゥルバースィトをキスワ管財人職に任じたのである[21]。かれはこの役割を十全に果たし、キスワの状況は改善された。八二二／一四一九年には、かれの手によって制作されたキスワが、金の装飾をふんだんに用いた豪奢なものであったことが、「慣習のとおりにキスワを作成した余剰は善行に配分する」と定めているワクフ規定に違えているのではないかと一部のウラマーから訴えられるほどであった（スルターンの御前会議で議論され、これは善行であると結論が出された[22]）。

3　軍務庁長官時代

八二四／一四二一年にシャイフが死去したあと、一年数ヶ月の短期間の間に、その息子アフマド al-Muẓaffar Aḥmad ibn Shaykh、タタル al-Ẓāhir Ṭaṭar、タタルの息子ムハンマド al-Ṣāliḥ Muḥammad ibn Ṭaṭar、バルスバーイ al-Ashraf Barsbāy と、次々にスルターンが交代したが、アブドゥルバースィトはかかる不安定な政治状況の中で巧みに身を処した。八二四年第一一月七日／一四二一年一一月三日、積極的な任官運動の甲斐あって、かれはスルターン・タタルから政府の要職である軍務庁長官に任命された[23]。タタルの急死後、その盟友バルスバーイが実権を握ると、莫大な贈物を献上することでかれの歓心を買い、バルスバーイが八二五／一四二二年にスルターンとして即位したあとも引きつづき同職に任じられ、一六年におよぶかれの長い治世を通じて軍務庁長官の座を保った。かれがこの職にあった期間は計一八年におよび、チェルケス・マムルーク朝時代の軍務庁長官中で最長の在任期間を誇る。かれは王朝の有力者の一人として権勢を誇り、「かれのもとですべてのことが相談されるようになった[24]」。アミール、官僚、裁判官、知識人、商人といった有力者がかれの私邸を入れ代わり立ち替わり訪れたという[25]。かれは軍務庁長官に加え、キスワ管財人や人頭税監督官（nāẓir al-jawālī）職も兼務した[26]。こうした公職以外にも、バルスバーイはしばしばかれに特別な任務を任せた。八二六／一四二三年、バルスバーイがカイロ中心部にかれの金曜モスク＝マドラサ、アシュラフィーヤ学院（al-Madrasah al-Ashrafīyah）を建設した際には、アブドゥルバースィトが建設責任者を務めた[27]。八三〇／一四二七年には、城壁の修復とその他のスルターンの任務を帯びてアレッポに派遣されている[28]。また、後述するようにメッカでの諸事の差配と公益の増進も任されていた。バルスバーイの治世においては、官房次長（dawādār thānī）ジャーニベク Jānibak al-Ashrafī、秘書長バドル・アッディーン・イブン・ムズヒル、内帑長（khāzindār）ジャウハル・アルクヌクバーイー Jawhar al-Qunuqbāīなど他にも有力者があらわれたが、かれはかれらと対立することはせず、賄賂や贈物によって巧みに取り入り、その地位を保持した[29]。

バルスバーイの時代、ワズィール庁（Dīwān al-Wizārah, Dīwān al-Dawlah 財務庁）の長官であるワズィール（wazīr）と、ムフラド庁の長官であるウスターダールという近衛マムルーク軍団の俸禄支給を担当する財務官僚のポストは、官僚にとっての鬼門であった。この時代、財政難からこれらの業務が滞り、担当するワズィールやウスターダールは職務の困難さゆえにしばしば逐電した。支給の遅滞から近衛マムルーク軍団による怨嗟の対象となって襲撃されることも少なくなく、不足分をまかなうためスルターンによって財産没収されることも多かった。[30] アブドゥルバースィトは持ち前の慎重さからこれらの職務につくことからは逃げ回っていた。[31] しかしバルスバーイは八三八年第二月二二日／一四三四年九月二七日、アブドゥルバースィトのマムルークでかれの私設官房長（dawādār）であったジャーニベク Jānibak を半ば強引にウスターダールに据え、アブドゥルバースィトが実質的にその任務を引き受けることとなった。[32] さらに八三九年一〇月八日／一四三六年四月二五日にはワズィールの任命権を任せられ、財務庁の業務の最高責任者とされた。[33] こうして、本来の軍務庁の任務に加え、財政難にある二つの財務官庁の運営という困難な業務を引き受けることとなったが、かれはバルスバーイが死ぬまで何とかその職務を全うした。[34]

4　失脚

八四一／一四三八年のバルスバーイ没後、父の跡を継いで即位したユースフ al-ʿAzīz Yūsuf ibn Barsbāy の治世（八四一―八四二／一四三八年）において、アブドゥルバースィトは政権の実質的運営者の一人であった。しかし八四二年第三月／一四三八年九月にジャクマク al-Ẓāhir Jaqmaq（在位八四二―八五七／一四三八―五三年）がスルターンに即位すると、かれの運命は暗転する。同年第一二月の末／一四三九年六月、アレッポ総督タグリービルミシュ Taghrībirmish の反乱を鎮圧し、政権が一応の安定を得ると、ジャクマクは突然アブドゥルバースィトおよびかれの一族郎党を逮捕・拘束した。その直接の理由は明らかにされていないが、かれが故バルスバーイのマムルーク軍団であるアシュラフィーヤ（al-Ashrafīyah）軍団と対立していたことや、長らく政権の重鎮の座にあったかれの影響力を恐れたことなどが背景にあったと思われる。かれはすべての公職から解任され、王城（qalʿat al-jabal）に投獄された。かれの一族・郎党も自宅に軟禁された。しかし時の秘書長カマール・アッディーン・イブン・アルバーリズィー Kamāl al-Dīn ibn al-Bārizī やその姉妹でジャクマクの正妻であったファーティマ Khuwand Fāṭimah ら、国家の有力者たちの仲裁によってかれは拷問などの過酷な待遇を免れ、スルターンに財産没収される金額も、当初の提示額一〇〇万ディーナールから二五万ディーナールにまで減額された[35]。その後解放されたアブドゥルバースィトは、ジャクマクより賜衣（khilʿah）が与えられ、家族・郎党とともに名誉を保ったままメッカへ行くことが許された[36]。かれらがカイロを発ったのは八四三年第四月一五日／一四三九年九月二五日であった[37]。かれの官僚としてのキャリアはこれで終わり、以後公職に復帰することはなかった。

翌八四四／一四四〇年、かれはスルターンの命令によって、メッカ巡礼を終えてシリアへ帰還する巡礼団に同行してエルサレムへ入り[38]、その後出身地であるダマスクスに住んだ[39]。かれは公職への復帰は断念したようであるが[40]、カイロへ戻ることは望んでいた。八四七年第六月八日／一四四三年一〇月三日、かれはジャクマクからの許可を得て、かれへの盛大な贈物をもってカイロを訪問した。国家の高官は皆かれを出迎えに出たためカイロには誰もいなくなり、中にはカイロからシリア方面へ五〇キロメートル程のところにあるビルバイス Bilbays や、さらにはシナイ半島のカトヤー Qaṭyā にまで出向いた者もいたという。しかしこの時は、ジャクマクは贈物を受け取り、かれとかれの息子たちに賜衣こそ与えたものの、歓迎する言葉は少なく、アブドゥルバースィトはカイロに数日の滞在を許されたのみで、すぐにダマスクスへ戻らざるを得なかった[41]。しかし翌八四八年第一一月二五日／一四四五年三月五日、かれは再びカイロを訪れ、スルターンと面会、莫大な贈物を献上し、カイロに住むことを許された[42]。以後かれは政治の表舞台に立つこともなくひっそりと暮らした。

かれは晩年の八五三／一四四九—五〇年にメディナの参詣とメッカ巡礼をおこない、八五四年第一月／一四五〇年二月にカイロへ戻った。しかしその後病に伏せり、八五四年第一〇月四日／一四五〇年一一月一〇日に死去、七〇年におよぶ生涯を閉じた。翌日、ナスル門の祈祷所（muṣallā）で葬送の礼拝がおこなわれたあと、遺体はカイロ北部の墓地区であるサフラー al-Ṣaḥrā᾽地区にかれが建設した墓廟（後述）に埋葬された。かれの死に及んでは、遠くダマスクスでも礼拝（ṣalāt al-ghaybah）がおこなわれたという。(43)

5　特　徴

かれのキャリアから、アブドゥルバースィトの文官としての性格をまとめるならば、以下のようになろう。まずかれは、イスラーム諸学を含む幅広い知識を備えた「宗教的知識人」ではなく、官僚としての技術に特化した専門的な行政官僚であったといえる。マムルーク朝の「筆の人（arbāb al-aqlām）」すなわち文官職は、政府のディーワーン（官庁）に仕え、文書行政や財務行政に携わる「ディーワーンの官僚（arbāb al-waẓā᾽if al-dīwānīyah）」（ワズィールや秘書長、その他各ディーワーンの長官などがこれにあたる）と、司法・教育に従事する「宗教官（arbāb al-waẓā᾽if al-dīnīyah）」（首席裁判官〈qāḍī al-quḍāt〉や代理裁判官〈nā᾽ib〉、ムフタスィブ〈muḥtasib 市場・風紀監督官〉など）に分類されていた。文官はいずれかの分野を活動の場とし、自身のキャリアを重ねていくことが一般的であったが、この両方のカテゴリーを横断的に活動する人物も少なからずいた。(44) アブドゥルバースィトの場合は、明確に「ディーワーンの官僚」としてのキャリアのみを積んできた人物といえよう。(45)

それに加え、かれは一族から複数の官僚や知識人を輩出するような名家の出身ではなく、独力で道を切り開いてきた「叩き上げ」であることも指摘しておきたい。かれは何ら一族のサポートもない中で、地方の一書記官から中央政府の最高位の有力行政官の一人にまで上り詰め、かつその地位と影響力を長期にわたって維持した。一方で、かれの子や孫も官僚としてある程度の職は得るものの、(46) その後官僚社会で一定の地歩を築くことはなく、かれを始祖として新たな「官僚名家」の創設をみることはなかった。

また、メッカ巡礼（ḥajj）の多さも目を引く特徴である。かれはその生涯を通じて五度のメッカ巡礼をおこなった。一度目が、シャイフ治世下で内紹監督官の職にあった八一七／一四一五年。二度目と三度目が、バルスバーイの治世で、軍務庁長官として権勢を誇っていた時期にあたる八二六／一四二三年と八三四／一四三一年。四度目と五度目が、ジャクマクの治世で、逮捕・財産没収のあと一族郎党とともにメッカを追放された際の八四三／一四四〇年と、死去する前年の八五三／一四四九—五〇年である。(47) 最後の巡礼の際は、ヒジャーズ地域により長く滞在するため、第七月に出発するキャラバン（al-Rakb al-Rajabī）に参加し、巡礼に先立ちメディナを参詣した。(48) 後述するヒジャーズ地方での積極的な慈善事業は、こうした機会に実施された。

かれの人物評は、史料によって大きく異なる。サハーウィー al-Sakhāwī は、かれの師であるシャーフィイー派の首席裁判官イブン・ハジャル Ibn Ḥajar al-ʻAsqalānī がアブドゥルバースィトと親密な関係を築いていたこともあり、概ね高い評価を与えている。それに対して、無名時代のアブドゥルバースィトと顔見知りでもあったイブン・タグリービルディー Ibn Taghrībirdī は、(49) かれの虚栄心や意地の悪さ、周囲のものへの残酷な仕打ち、賄賂を贈り、上のものにはへつらい、下のものには傲岸な態度をとる様など、その行状やひととなりを扱き下ろしている。(50) このようにかれは毀誉褒貶相半ばする人物であったが、かれが在職中に巨額の富を築いたこと、および多くの建設事業を各地で実施したことについては意見が一致している。かれの人並み外れた財力が、これからみていくような大規模な慈善事業を可能にしたことは確かであろう。

二　アブドゥルバースィトの慈善事業

アブドゥルバースィトが実施した慈善事業として史料から確認できるものについて、地域別にエジプト、シリア、ヒジャーズの三つに分け、それぞれの地域ごとに実施年の順に並べた。実施年が不明のものは、その地域の最後尾に置いた。以下、順を追ってみていくこととしよう。

1　エジプト[51]

①　金曜モスク＝マドラサ（al-Jāmiʻ al-Bāsiṭī/al-Madrasah al-Bāsiṭīyah）[52]（カイロ市内）

アブドゥルバースィトは、その生涯を通じて、各地に計六つの宗教・教育施設（マドラサ／ハーンカー）を建設したが、そのいずれもが、創設者であるかれの名前から「バースィティーヤ（al-Bāsiṭīyah）」と呼ばれた。これらのうちもっとも早い時期に建設されたのが、このカイロの施設である。八二二／一四一九年、当時内帑監督官の職位にあったアブドゥルバースィトは、前年に購入し改修したカイロ市内北西部カーフーリー地区 Khuṭṭ al-Kāfūrī の自宅[53]の門前に、かれにとって最初となる宗教・教育施設を建設し、翌八二三／一四二〇年末に完成した。[54]この施設は、マドラサ、金曜モスク（jāmiʻ）、マスジドと史料によってさまざまな呼び方がされているが、マドラサの用例がもっとも多く、この施設内に掲げられた碑文でも「マドラサ」と呼ばれている。[55]ただし、このマドラサは、かれが各地で建設した施設の中で唯一、毎週金曜日の集団礼拝においてフトバ（khuṭbah 説教）をおこなう、金曜モスクとしての機能を備えていた。フトバの設置にはスルターンの許可が必要であり、[56]これも当時のスルターン・シャイフの許可を得て行われた。しかし、このわずか七軒隣には別の金曜モスクが既に存在しており、[57]地域の必要性というよりは、いわば施設の「箔付け」のためのフトバ設置であったこと、そして先にのべたようなスルターン・シャイフとの親密な関係が、かかる目的でのフトバ設置を可能にしたことを示していよう。

このマドラサのワクフ文書は残存していないため、スタッフや活動内容などの詳細は不明であるが、地誌や年代記からは以下のことがわかる。まずこのマドラサには開設時より複数のスーフィーと、かれらのシャイフ（shaykh al-ṣūfīyah/al-taṣawwuf 導師）が配置され、ワクフ収入から月給と毎日のパンが支給された。[58]かれらのための住居も備えられており、マドラサの背後にスーフィーたちおよび女性と旅行者（ghurabāʾ）のためのリバートが建てられていた[59]。エジプトのシャーフィイー派代理裁判官の名士であったイッズ・アッディーン・アルクドゥスィー ʿIzz al-Dīn ʿAbd al-Salām al-Qudsī[60] が初代のシャイフに就任し、八二三年第七月一日／一四二〇年七月一二日金曜日に最初のハドラ（haḍrah スーフィーの修行の集会）が開かれた[61]。マドラサ開設時のスーフィーとしては少なくとも二名の名前が知られている[62]。また、このマドラサが金曜モスクとしての機能を備えているため、フトバをおこなうハティーブ（khaṭīb 説教師）職も置かれていた。このマドラサで最初の金曜礼拝が実施された日は、マクリーズィーによれば八二三年第二月二日／一四二〇年二月一七日[63]、イブン・ハジャルによれば、このマドラサに対してスルターンによる金曜礼拝の実施許可が下りたのが八二三年第六月／一四二〇年六—七月で、最初にフトバが行われたのが同年第七月一日／一四二〇年七月一二日のことであったという[64]。フトバは当初シャイフのイッズ・アッディーン・アルクドゥスィーがおこなっていたようであるが、すぐに専任のハティーブが任じられた[65]。

この施設が一般的に「マドラサ」と呼ばれていたにもかかわらず、実際にそこでどのような学問が講義されていたかは情報が極めて限られており、不明な点が多い。この施設に関わるポストとしては、スーフィーのシャイフ職に言及される例が圧倒的に多く、この職がこのマドラサを代表するポストであったことは疑いない。九／一五世紀には、スーフィーの修道場であるハーンカーと、法学を中心とする高等教育機関であるマドラサとの間の機能上の区別が失われ、同一施設が時には「マドラサ」、時には「ハーンカー」と呼ばれるように、名称上も区別できなくなった[66]。たとえば、同時期に設立されたスルターン・シャイフの複合宗教施設、ムアイヤディーヤ学院（al-Jāmiʿ al-Muʾayyadī/al-Madrasah al-Muʾayyadīyah）は、史料中で「マドラサ」と表記されることが一般的であったが、金曜モスク・マドラサ・ハーンカー・墓廟の機能を兼ね備えていた。ここではスンナ派の四法学派が教えられ、各学派の法学を教える教師とそれを学ぶ法学生たちがいたが、その学生はスーフィーを兼務し、ハナフィー派の法学教授がスーフィーのシャイフを兼務していた(67)。このアブドゥルバースィトの施設においても、歴代シャイフたちが全員シャーフィイー派に属していることに鑑みれば(68)、同時代の慣習に倣って、スーフィーのシャイフがシャーフィイー派の法学教授を兼任していた可能性は高い。また、ハナフィー派の人物がこのマドラサの講師（mutaṣaddir）に任じられている事例が確認できることから(69)(70)、おそらくハナフィー派法学の講義も開かれ、それを学ぶ学生も配置されていたと思われる。

また、このマドラサには書庫（khizānat al-kutub）が備えられ、それを管轄する司書職が置かれていた。八二八年第六月／一四二五年五月に詩人としても有名な学者アーサーリー Shaʻbān ibn Muḥammad ibn Dāwūd al-Miṣrī al-Āthārīがカイロで客死した際、アブドゥルバースィトが生前かれを名誉をもって遇していたことから、かれの蔵書と著作がバースィティーヤ学院にワクフとして寄贈されたという(71)。この職に就任した人物として確認できるもっとも古い人物が、カイロのウラマー名家ブルキーニー家の出身で、シャーフィイー派の代理裁判官などを務めたワリー・アッディーン・アルブルキーニー Walī al-Dīn Aḥmad ibn Muḥammad al-Bulqīnīである(72)。かれはアブドゥルバースィトと親交が篤かったことで知られており(73)、おそらくこの個人的関係から同職に任命されたものと思われる。

史料中には確認できないが、現存する施設には給水場兼コーラン学校（sabīl al-maktab）が付設されている(74)。これは、一般的に孤児を対象に、コーランの暗唱やアラビア語の読み書きを教える初等教育施設と、公共用の給水場とがセットになったもので、マムルーク朝時代には、マドラサをはじめとする宗教・教育施設に併設されることが一般的であった(75)（後にみるように、アブドゥルバースィトが建設したすべての宗教・教育施設も、これを併設している）。このため、このカイロのマドラサにも、ここで学ぶ孤児や教える教師（muʼaddib）もいたはずである。マクリーズィーはこのマドラサには水槽（ṣihrīj）が備えられ、ナイル川の水がそこに貯められて日々公共の用に供され、かれの善行が人々に広まったと伝えているが[76]、これはこの付設給水場についてのべたものであろう。

② 噴水盤（fasqīyah）、水鉢（ḥawḍ al-sabīl）（カイロ郊外）

アブドゥルバースィトはカイロの北門から約一三キロメートル北方のビルカ・アルハーッジュ Birkat al-Ḥājj（巡礼団の池）[77]にある庭園（bustān）に隣接して、噴水盤（fasqīyah）と水鉢（ḥawḍ al-sabīl）を新設した。これに関しては、八二九年第三月三〇日／一四二六年二月九日付のワクフ文書で、毎年八〇〇〇ディルハムをこれらに給費することが規定されているが[78]、文書の文面からはこれに対する別のワクフが既に設定済であることがうかがえるので、この設備が実際に新設された時期はこの日付以前であろう。なお八三一年第二月九日／一四二七年一一月二九日付のワクフでも、さらに毎年四〇〇〇ディルハムをこれに給費することが追加されている[79]。

③ ライス・イブン・サアド廟の水場（mīḍa'a）への給費（カイロ市外小カラーファ地区）

アブドゥルバースィトは、自身が建設した施設以外にも、既存の施設に対するワクフ設定と経済的支援もおこなっていたが、このライス・イブン・サアド廟のウドゥー（礼拝前の清め）用の水場に対するワクフもその一つである。ライス・イブン・サアド al-Layth ibn Sa'd は、八世紀に主にエジプトで活躍した大学者であるが、この時代小カラーファ（al-Qarāfah al-Ṣughrá）地区にあるかれの墓は、バラカ（barakah 神の恵み）が得られ祈願がかなう場所として、大勢の人々が参詣に訪れた[80]。かれは八三一年第二月九日／一四二七年一一月二九日に前述のビルカ・アルハーッジュの水利施設への追加ワクフを含め、さまざまな対象への給費を定めたワクフを設定したが、この廟もそうした給費対象の一つであった。マクリーズィーは、七八〇／一三七八―七九年ごろ、八一一／一四〇八年、八三二／一四二八―九年にこの廟が改築されたことを伝えており[81]、アブドゥルバースィトのワクフ設定も、この施設の活動が活発となっていた時期に重なることがみて取れよう。

④　墓廟（turbah）（カイロ市外サフラー地区）

アブドゥルバースィトは、カイロ郊外の墓地区であるサフラー地区北部の、後にスルターン・イーナール al-Ashraf Īnāl の墓廟やアミール・クルクマース Qurqumās の複合施設が建設される地域に自身と一族の墓廟を建設し、八三三年第一二月六日／一四三〇年八月二六日にワクフを設定した[82]。これに先立つ同年第一〇月／六月には、かれの長子アフマド Aḥmad がペストで若くして死亡しており[83]、息子の死がこの墓廟建設の直接の契機になったことは想像に難くない。この墓廟については、これを対象としたワクフ文書がエジプト国立文書館に残されており（DW, 13/84）、そこからこの墓廟の詳細をみてみることとしよう。

まず、この建物のイーワーン（アーチ状開口部）が礼拝所（masjid）として用いられ、そのマクスーラ（礼拝用の個室）内部の三つの埋葬場所（fasāqī）が、アブドゥルバースィトとかれの子孫の墓に指定された。一人のハーフィズ（ḥāfiẓ コーラン暗唱者）がワクフの寄進者であるアブドゥルバースィトとその子供、子孫、さらに生けるムスリムたちと死せるムスリムたちのためにこの場所でコーランを読誦し、最後に預言者ムハンマドと教友たちへのサラートとサラームをおこない、別の三人のハーフィズが日中コーランの読誦をつづけることが定められた。また、中庭はアブドゥルバースィトの解放奴隷と黒人奴隷（ʻabīd-hu al-sūd）、およびかれらの子孫のための墓地に指定された。この墓廟も給水場兼コーラン学校の機能を備えており、水槽（ṣihrīj）が置かれ、ここで学ぶ一〇名の孤児と、かれらにコーランを教えるハーフィズの教師一名、助手（ʻarīf）一名を置くことが定められた。墓廟の管理スタッフとしては、運営の責任者である管財人（nāẓir）の他、ワクフ財から賃料を徴収する担当者（jābī）一名、門番と掃除夫と用務員と照明の点灯人を兼ねる雑役夫一名と貯水槽に給水する担当者一名が置かれた。管財人職は、ワクフ寄進者であるアブドゥルバースィトがみずから務め、没後はかれの子孫のうちで最適な人物が、子孫の断絶後は前述のかれのマドラサの管財人（これに関する規定は不明）がこれを務めることとなっていた。この建物には、先の礼拝所向かいの建物はアブドゥルバースィトおよびその子孫、断絶後は管財人のための居住スペースとなっていた。また、コーラン読誦者、孤児、雑役夫ら前述の墓廟関係者たちが住む部屋と、二つの倉庫、二つの厠、台所を備えていた。また、毎週金曜日に五ディルハムでメボウキ（riḥān）を購入し、雑役夫が墓の上にそれを振りまくこと、毎年犠牲祭（ʻĪd al-Aḍḥā）には、二〇〇〇ディルハムを費やして牛を購入し、その肉の半分を孤児と墓廟のスタッフに分配し、残りの半分を門前で貧者／スーフィー（fuqarā'）に配分すること、断食明けの祭（ʻĪd al-Fiṭr）では孤児たちに一人一〇〇ディルハムの臨時手当を支給することが定められていた。

⑤　メッカ巡礼団の日傘（suḥābah）[84]

アブドゥルバースィトは、エジプトから出立するメッカ巡礼のキャラバンのために、日傘を割り当てた、この日傘とは、巡礼へ行く貧者／スーフィー（fuqarā'）のためのドーム状のテントであり、かれらがそこで休息するとともに、道中飲食をするため二五キンタールのバクサマート（baqsamāṭ カアク、乾パンの一種）と、十分な量の水の荷（aḥmāl）があてがわれていた。また水場ではかれらのために料理がつくられ、ヒツジが屠殺されてふるまわれた。これらはエジプトとメッカの往復路、およびメッカでの滞在中にも行われたという。[85] かれは死に及んで、このテントの管財人にエジプトの軍務庁長官イブン・アルアシュカル Muḥibb al-Dīn ibn al-Ashqar とアミール・ジャーニベク Jānibak al-Jarkasī[(86)]を指名した。なお、かれは同様のものをもう一揃い、ダマスクスの巡礼団のためにも準備した。

⑥　給水場（sabīl）（カイロ市内）

アリー・ムバーラク ʿAlī Mubārak の『新編地誌 *al-Khiṭaṭ al-Tawfīqīyah*』は、カイロ市内アッカーディーン al-ʿAqqādīn 地区に、アブドゥルバースィトが建設した給水場があること、それが一九世紀には荒廃していることを伝えている。[(87)]しかし同時代史料からは、この施設についての情報は管見の限りみつけられなかった。

2　シリア

⑦　エルサレムのマドラサ＝ハーンカー（al-Madrasah/al-Khānqāh al-Bāsiṭīyah）[(88)]

これは、イスラーム第三の聖都であるエルサレムのハラム・シャリーフ（聖域）の北門の一つ、ダワーダーリーヤ門に接して建設された施設で、マムルーク朝末期に執筆されたウライミー al-ʿUlaymī の『エルサレム・ヘブロン史 *al-Uns al-Jalīl bi-Taʾrīkh al-Quds wa-al-Khalīl*』では「マドラサ」と呼ばれるが、[(89)]後述するオスマン朝時代の土地台帳に一部引用されているワクフ文書では「ハーンカー」と呼ばれている。この施設は当初、エルサレムの高名なウラマーの一人で、エジプトのシャーフィイー派首席裁判官も務めたハラウィー Shams al-Dīn Muḥammad al-Harawī[(90)]がマドラサとして建設を開始したものであったが、完成前の八二九年第一二月一九日／一四二六年一〇月二二日に死去し、そのまま放置されていた。それをアブドゥルバースィトが引き継いで完成させ、八三四年第五月／一四三一年一—二月にワクフを設定したのである。[(91)]この施設は完成させたアブドゥルバースィトの名前から、カイロに建設したマドラサと同様、バースィティーヤの名前で知られたが、創建者であるハラウィーの遺体はここに埋葬され、アブドゥルバースィトはこの施設のスーフィーたちに、ハドラの最後にコーランの開扉章（al-Fātiḥah）を読誦し、その報酬（thawāb）をハラウィーに贈ることを定めた[92]。

このマドラサの開設時、アブドゥルバースィトの私設書記の一人であったイブン・アルミスリー Shams al-Dīn Muḥammad ibn al-Miṣrī がシャイフとして就任したが[93]、スーフィーとかれらのシャイフ以外にこのマドラサで宗教・教育活動に従事したスタッフの存在は、マムルーク朝期の史料には管見の限り見いだせない。ただし、オスマン朝時代の土地台帳に抜き書きされているワクフ文書によれば、この施設も給水場兼コーラン学校の機能を備えており、一〇人の孤児たちが教師（muʼaddib）からコーランとアラビア語書道（khaṭṭ ʻarabī）を学んだ。孤児たちには月給が支給されたほか、断食明けの祭の際には衣料費が支給された。それ以外の関係者としては、給水場の担当者（saqqāʼ）が置かれていた[94]。また未見ではあるが、オスマン朝時代のイスラーム法廷台帳の記載から、このマドラサで宗教活動に携わるスタッフとして、シャイフの他、イマーム一名、ハディース読誦者一名、コーラン読誦者（おそらくスーフィーを兼ねていたと思われる）一二名、ハドラの際にコーラン本の分冊を配布する介添人一名の名前がみえるという[95]。これらの例からは、主にスーフィーとしての活動の実践に重きを置く「ハーンカー的」性格が強く、法学などを学ぶ「マドラサ」としての性格は希薄であった様子が窺えるが、歴代シャイフがシャーフィイー派に属していることから、やはりスーフィーのシャイフがシャーフィイー派の法学教授を兼務していた可能性は捨てきれない。

⑧　ダマスクスのハーンカー＝マドラサ（al-Khānqāh al-Bāsiṭīyah）[96]

アブドゥルバースィトの出身地でもあるシリア最大の都市ダマスクスには、郊外のカースィユーン山の麓にあるサーリヒーヤ al-Ṣāliḥīyah 街区のジスル・アルアブヤド al-Jisr al-Abyaḍ 地区に、宗教・教育施設を建設した。ヌアイミー al-Nuʿaymī の『マドラサ史 *al-Dāris fī Taʾrīkh al-Madāris*』やイブン・トゥールーン Ibn Ṭūlūn の『サーリヒーヤ史 *al-Qalāʾid al-Jawharīyah fī Taʾrīkh al-Ṣāliḥīyah*』では、この施設は「ハーンカー」として分類されているが、史料中では「マドラサ」と呼ばれることも多々みられる。[97]

アブドゥルバースィトは、八三六／一四三二―三三年にこの場所にあった私邸を改築し、この施設を開設したのだが、ヌアイミーはその理由を以下のように伝える。すなわち、当時のスルターン・バルスバーイが軍勢を率いて対アクコユンル遠征へ向かう途上、ダマスクスに停泊した。その遠征に同行していたアブドゥルバースィトは、兵士がかれの私邸に宿泊してそれを荒らすことを恐れ、それを避けるためミフラーブを設置し、ワクフに設定したのである。[98]この施設には、複数のスーフィー[99]と一人のシャイフ（初代のシャイフはブルハーン・アッディーン・アルバーウーニー Burhān al-Dīn Ibrāhīm al-Bāʿūnī[100]）が置かれ、アスルの礼拝の後に集まり、コーランを読誦した。建物にはシャイフの居室の他、厠とおそらくスーフィーたちのための房が複数あった。給水場兼コーラン学校としての機能も備えており、公共に水を供するための石鉢（jurn）、二つの水鉢（ḥawḍ）、水溜（birkah）を備えた中庭（ṣaḥn）があった。孤児のためのコーラン学校は二階にあった。[101]

オスマン朝時代には、ハナフィー派の代理裁判官の有力者の一人がこの施設の教授（mudarris）を務めている例が確認できるが、[102]マムルーク朝時代の史料には管見の限りみられない。なお、マムルーク朝時代にはこの施設のスーフィーのシャイフはシャーフィイー派であったから、シャイフがシャーフィイー派の法学教授を兼務し、それと別にハナフィー派法学教授が置かれていたとも考えられるが、イブン・トゥールーンの時代（マムルーク朝末期からオスマン朝初期。かれの没年は九五三／一五四六年）には既にこの施設は廃れ、あちこちが壊れていたようであるから、[103]オスマン朝時代に誰かの手によって再建された際に、オスマン朝の公用学派であるハナフィー派の教授職が立てられた可能性が高いかと思われる。

⑨ カースィユーン山麓の墓廟

カースィユーン山の麓にはアブドゥルバースィトの墓廟（turbah）が存在していたとされるが[104]、史料でこれに言及している例は管見の限り一件しかみられない。実際にかれおよびその一族が埋葬されたのは、前述したカイロ郊外サフラー地区の墓廟であった。とはいえ、ダマスクスに追放処分にあったアブドゥルバースィトが、その期間にここに別の墓廟を建てていたとしても不思議ではないだろう。あるいは、「カースィユーン山の麓」には前述のサーリヒーヤ街区があることから、サーリヒーヤにある前述のかれの修道場＝マドラサ（⑧）に併設されていた可能性もあろう。

⑩ ガザのマドラサ（al-Madrasah al-Bāsiṭīyah）

アブドゥルバースィトはガザにもマドラサを設立したが、設立時期やその機能などは不明であり、このマドラサに関連したポスト（シャイフなど）に就いた形跡のある人物もみつけることができなかった[105]。サーデク M-M. Sadek によれば、一九世紀の同地のイスラーム法廷文書から、ガザの市壁外のシュジャーイーヤ al-Shajāʻīyah 地区にバースィティーヤ学院（al-Madradah al-Bāsiṭīyah）があったことが確認できるというが[106]、それ以外のことは不明である。

3 ヒジャーズ

⑪ 給水場（sabīl）（メッカ）

メッカ中心部のマアッラート al-Maʻallāt 地区に、アブドゥルバースィトの給水場（sabīl）があった。ファースィー al-Fāsīは、これには大いなる利便があり、アブドゥルバースィトを称えるドゥアーが多くなされたと伝えている。[107] これが建設された時期については、ファースィーは八二六／一四二三年（すなわちアブドゥルバースィトの二度目の巡礼の時）と伝えるのに対して、[108] イブン・ファフド Ibn Fahd は八一九／一四一六年、ヒジャーズィー al-Hijāzī なるアミールが、アブドゥルバースィトのためにここに公衆水場を建設したとのべる。[109] この場所にかれの公衆水場が二つ存在した形跡はないため、当初八一九／一四一六年に建設されたが、その時のかれの地位からいっても十分なものではなく、その後それをもとに八二六／一四二三年に改築され、それが広く公衆に供されるようになったものと思われる。なお八三一年第二月九日／一四二七年一一月二九日付のワクフ文書（WA, j189）でも、この公衆水場を受益対象の一つに指定されている。

⑫　病院への給費（メッカ）

アブドゥルバースィトによる支援を受けた既存の施設としては、メッカの聖モスク（Masjid al-Ḥarām）北にある病院（bīmāristān）がある。この病院は、アッバース朝カリフ・ムスタンスィル al-Mustanṣir al-ʿAbbāsī が六二八／一二三〇―三一年にワクフを設定したものである。[110] アブドゥルバースィトは、八二九年第一月二一日／一四二五年一二月三日、バールベックの一村をワクフに設定し、その収益から毎年金一〇〇ミスカールをこれに給費することを規定した（WA, j189）。[111] また八三一年第二月九日／一四二七年一一月二九日のワクフでは、子孫の断絶後の給費先の一つにこの病院が指定されている。

⑬　給水場（sabīl）（メディナ）

八三一年第二月九日／一四二七年一一月二九日付のワクフ文書（WA, j189）では、前述のメッカの給水場と並んで、かれがメディナの西門、サラーム門（Bāb al-Salām）に建設した給水場が受益対象として指定されている。

ただし、この給水場がいつ建設されたかは明らかでない。

⑭　井戸（biʾr）（ヒジャーズ道）

八三四年第一一月／一四三一年七―八月、三度目のメッカ巡礼のためヒジャーズを訪れたアブドゥルバースィトは、ヒジャーズ道の巡礼団の停泊駅の一つウユーン・アルカサブ ʿUyūn al-Qaṣab(112) に井戸を掘ることを命じている(113)。

⑮　メッカのマドラサ＝ハーンカー（al-Madrasah/al-Khānqāh al-Bāsiṭīyah）(114)

八三四年第一一月／一四三一年七―八月、三度目のメッカ巡礼のため同地を訪れたアブドゥルバースィトは、アジュラ門（Bāb al-ʿAjlah）から聖モスクへと通じる通りの左側にある邸宅を購入した。かつてこの邸宅はバフリー・マムルーク朝スルターン・ナースィル al-Nāṣir Muḥammad ibn Qalāwūn のエジプト総督（nāʾib al-salṭanah）アルグーン・シャー Arghūn Shāh al-Nāṣirī が七二〇／一三二〇―二一年ごろに建設したマドラサであったが(115)、一四世紀半ばにシャリーフ・ラージフ Rājiḥ ibn Abī Numay によって没収され、その後かれの子孫が邸宅として使用していたのである。アブドゥルバースィトは自身の私設ウスターダール、ルクン・アッディーン Rukn al-Dīn ʿUmar al-Shāmī に、メッカに留まりそれをマドラサとして改築するよう命じた。ルクン・アッディーンは翌八三五／一四三一―三二年から建設を開始し、八三六／一四三二―三三年に完成した(116)。

この施設もまた、史料中でマドラサともハーンカーとも呼ばれるが(117)、アブドゥルバースィトが建設した施設の中では唯一、教授職（tadrīs）が置かれ、実際に講義が行われていたことが史料中に確認できる。メッカ・メディナの首席裁判官を数多く輩出したズハイラ（ザヒーラ）家に属し、自身も八三〇／一四二七年までメッカのシャーフィイー派首席裁判官を務めたアブー・アッサアーダート Jalāl al-Dīn Abū al-Saʻādāt Muḥammad ibn Ẓuhayrah（Ẓahīrah）が最初の教授に就任し、このマドラサの完成間近の八三五年第一二月一〇日／一四三二年八月八日に講義をおこない、学生が出席したとある。[118] しかし八三七／一四三三―三四年にかれがメッカの首席裁判官に再任すると、首席裁判官職とこのマドラサの教授職の兼任を禁じたワクフ規定に則り、教授職を退任した。[119] アブー・アッサアーダート以後、このマドラサの「教授（mudarris）」という肩書きは史料中にあらわれず、かれが建設した他の施設と同じく「シャイフ」の呼称が用いられ、かつ歴代シャイフはシャーフィイー派の人物で占められていた。[120] また開設時よりこのマドラサにはスーフィーが居留していた。[121] 以上のことから、この施設において、シャーフィイー派の法学教授がスーフィーのシャイフを兼務していたと考えるのが妥当であろう。[122] また、この施設にも給水場が付設されていた。[123]

⑯　メディナのマドラサ（al-Madrasah al-Bāsiṭīyah）[124]

アブドゥルバースィトは死去する前年の八五三／一四四九―五〇年、生涯最後の五度目のメッカ巡礼を挙行したが、その際、メッカ巡礼に先立って預言者モスクを参詣するため、メディナを訪れた。この時、メディナのサラーム門に隣接した場所に、この施設を建設した。この施設はサハーウィーの『メディナ史 *Al-Tuḥfah al-Laṭīfah fī Ta'rīkh al-Madīnah al-Sharīfah*』において「マドラサ」の一つに数えられているものの、ほとんどの場合で単に「バースィティーヤ」とのみ言及されている。アブドゥルバースィトはシャーフィイー派の学者で、各地を遍歴したあとメディナで書術教師（mukattib）として高名を馳せていたサイイド・アリー al-Sayyid Zayn al-Dīn ʻAlī ibn Ibrāhīm al-ʻAjamī al-Juwyimī al-Shāfiʻī のためにこの施設を建設し、かれをシャイフに任じたという。[125]

⑰　給水場と井戸（メッカ）

ナフラワーリー al-Nahrawālī によれば、アブドゥルバースィトはメッカのウムラ道（Ṭarīq al-ʿUmrah）沿いに給水場を建設し、井戸を掘り、それらはかれの時代（一六世紀）まで使われていたという。[126] しかしその建設年は不明である。

⑱　ヒジャーズの諸道の修復

その他、アブドゥルバースィトはヒジャーズの諸道を修復したと伝えられるが、[127] 実施した年については明らかでない。おそらく、かれがメッカ巡礼をおこなった五回のいずれか（かれが政治的に高い地位にあった二回目か三回目の可能性が高い）でおこなったものであろう。

以上が、アブドゥルバースィトが生涯にわたって実施した慈善事業である。もちろん、ワクフ文書がすべて残っているわけではないため、ここであげたもの以外にも手がけていることは充分想定できるが、これらの情報から読み取れる傾向と特徴をまとめると、以下のようになろう。

第一に、かれが慈善事業を実施した地域は、マムルーク朝の政治的中心地であるエジプトから、各地に総督を置き直接の支配下にあったシリア、シャリーフ政権を保護下に置き間接的に支配権を及ぼしたヒジャーズと、王朝の支配領域全体にわたっている。これほど広範な地域において慈善事業を実施していた人物は、一部のスルターンを除いて、マムルーク朝時代を通じてもほとんどみることはできず、かれが慈善事業に対していかに積極的であったか理解できよう。また、その実施場所をより細かくみていくと、活動の拠点であったエジプト・カイロ周辺がもっとも多いのは当然であろうが、出身地であるダマスクスにおいても宗教・教育施設を建設するなど、相応の貢献がみられる。一方、ガザについては、かれがこの都市と何らかの関係をもっていた形跡はない。特徴的なのが、メッカ・メディナ・エルサレムというイスラームの三聖都にいずれも宗教・教育施設を創設している点である。

第二に、これらを実施した時期であるが、そのほとんどがかれのキャリアの絶頂期である、バルスバーイの治世に軍務庁長官の職にあった時代におこなわれている。ただし、最初に建設したカイロのマドラサは、シャイフ期に内帑監督官の職にあった、まさに頭角をあらわしつつあった時期に建設したものである。一方、かれが失脚した後も、メディナのマドラサを始めとして、慈善やワクフを実施している。失脚し財産没収されたあともなお、かれがそれを可能とするだけの資力を備えていたことを示していよう。

第三に、巡礼関係の事業へのひとかたならぬ関心の高さが指摘できよう。前述のように、かれは生涯で五度のメッカ巡礼を実施し、その度にメッカ・メディナで喜捨（ṣadaqāt）やその他の施設建設といった慈善活動を実施したとされる。また、エジプトやダマスクスにおいても、巡礼団を支援する事業をおこなっていた。かれの巡礼や両聖都に対する関与の深さは、個人的な宗教的信条に加え(128)、この地域に対するかれの政治上・職務上のかかわりも影響したであろう。アブドゥルバースィトは八一八／一四一五―一六年にキスワ管財人に就任し、毎年カーバ神殿にキスワを奉納する役目を担った。また、バルスバーイは香辛料貿易を有利におこなうためヒジャーズ地方に対する直接的な関与を強めたスルターンとして有名であるが、かれはアブドゥルバースィトにメッカの諸事の差配と公益の振興を任せていたという(129)。かれのこうした立場が、頻繁な巡礼と慈善事業の背景にあったと考えて間違いないであろう。

かれが建設した六つの宗教・教育施設についていえば、いずれもマドラサと称されることも多く、一部の施設では実際に法学などの講義が行われていた様子もあるが、機能的にはいずれもハーンカー、すなわちスーフィーの修道場としての機能が第一に置かれていた、とみなして良かろう。ベーレンス＝アブーセイフ D. Behrens-Abouseif は、文民がハーンカーの建設に関わることは稀であったとのべるが[130]、この見解はかれについては当てはまらない。九／一五世紀におけるスーフィズムの隆盛が、マムルークのみによって担われたわけではないことを示していよう。また、いずれも給水場兼コーラン学校を併設しているが、こうした方法は前述のように軍人建設の施設とも共通する、当時の流行であった。マムルーク軍人が建設した施設との違いをあえて探すとするならば、優先される法学派であろうか。アブドゥルバースィトが建設した施設では、当時のエジプト・シリアでもっとも影響力があり、マムルーク朝の筆頭法学派であったシャーフィイー派が優遇されている。一方、マムルーク軍人によって設立された宗教・教育施設では、ハナフィー派が優遇されているものが多かった。外来のマムルークと、その土地に生まれた文民との違いをうかがわせるが、より多くの事例を検証する必要があり、結論とするには早計であろう。

墓廟は、当時王朝の支配層の墓地として拡大していたサフラー地区に置かれていたこと、また本人、一族、奴隷とその子孫の埋葬場所が用意され、被葬者のためにコーランが読誦されたこと、給水場兼コーラン学校が付設されていたこと、祭日には門前で貧者／スーフィーに食事が配られたこと、住み込みの管理者が置かれていたことなど、当時の墓廟の一般的な形態を備えていた。そして、実際にアブドゥルバースィトは死後この墓廟に埋葬され、かれの子供[131]やマムルークたちも同じくここに埋葬された[132]。

また、各種の水利施設の多さも指摘できよう。水利施設の建設とワクフ寄進は、マムルーク朝において八／一四世紀後半以降流行した慈善形態であり、かれの事業もそうした流れを受けたものといえよう[133]。これらの施設が比較的安価で場所をとらず、善行としての「費用対効果」が高かったこと、また水を寄付することはコーラン第二章二六二節でのべられるように、重要な善行として位置づけられていたことも、その建設を後押しした要因といえよう[134]。

アブドゥルバースィトがこれだけの規模で慈善事業を実施した動機は何か、それを通じて何を求めていたのか、その背後に何らかの「戦略」があったのか、という問題については、かれの宗教的信条に加え、個々の慈善活動について、その時々のかれを取り巻く個人的社会的状況などと照らし合わせながら検証していく必要があろうが、それについては別の機会に譲ることとする。その代わりとして、以下では、こうしたアブドゥルバースィトの活動を他の官僚たちの手による慈善事業と比較し、共通性を見出しながら、「官僚の慈善事業」の傾向と特徴を示すことを試みる。

三　官僚の慈善事業

1　文民の慈善事業概観

議論の出発点として、マムルーク朝時代の文民によるワクフおよび慈善事業に関する全般的な状況から整理してみよう。まず、マムルーク朝時代を通じて、こうした事業のパトロンとなる人物は、圧倒的にスルターンやアミールら有力なマムルーク軍人とその家族によって占められていた。九／一五世紀にイスラーム法廷文書の書式便覧を著したアスユーティー al-Asyūṭī は、ワクフ文書に関する項において、以下のように解説する。

原則。ワクフは大部分において君主ないしスルターン、総督、百騎長の有力階級に属するアミール、もしくはかれら［と同等］の地位にある者以外［による設定］を起源とすることがないことを知れ[135]。

こうした状況は、とくに王朝の中心地であるエジプトにおいて、諸研究の成果と概ね合致する。デノワ **S. Denoix** によれば、エジプトの国立文書館に保管されるマムルーク朝時代のワクフ文書にあらわれるワクフの寄進者は計二三一人に及ぶが、そのうち一七一人（約七四%）を軍人およびその家族が占めるのに対し、「宗教人と文民エリート（groupe des religieux et des élites civiles）」は二〇人（八・六六%）、商工業者は四人（一・七六%）にすぎないという（残りは不明）。[136] また、三浦徹によれば、マムルーク朝時代のカイロで建設されたマドラサ一〇六件のうち、八一%が軍人層による建設であるのに対し、ウラマーは一〇%、ウラマー以外の文官四%、商人・市民五%であるという。[137]

しかしながら、全体としては軍人層には遠く及ばないとはいえ、少なくない数の文民が宗教・教育施設の建設・寄進を含む慈善事業に積極的に関わっていた。フェルナンデス **L. Fernandes** やベーレンス＝アブーセイフは、マムルーク朝時代の宗教・教育施設を概観した研究の中で、こうした文民層による建築活動についても頁を割き、かれらが宗教施設の創建や修復事業に関わっている事例を示している。[138] 文民層の中では、先の三浦の概算が示すように、ウラマー層による建築活動が件数としてはもっとも多かったようであるが、事業規模からみれば、国家の高位の行政職の座にあった有力行政官僚（先の分類で言えば、「宗教官」ではなく「ディーワーンの官僚」にあたる人々）の手によるものがそれを大きく凌ぐ。一部の高位の行政官僚は、豪華な宗教・教育施設を各地に建設し、その活動は有力マムルーク・アミールのそれに匹敵する人物もいたのである。チェルケス・マムルーク朝時代の行政官僚についての包括的な研究を著したマルテル＝トゥミアン **B. Martel-Thoumian** は、かれらが実施した宗教・教育施設を含む各種建設事業を網羅し、地域別にリスト化している。[139]（図表）は、彼女の作成したリストを参考に、彼女が取り上げていない墓廟についてのデータをハムザ **H. Hamza** の研究[140]によって補い、チェルケス・マムルーク朝時代を通じて独立した宗教・教育施設を複数設立したことが確認できる行政官僚についてまとめたものである。[141]

かれらはいずれも、チェルケス・マムルーク朝時代に活躍した名高い（あるいは悪名高い）有力官僚である。この表から読み取れることを以下に整理してみることとしよう。

2　官職と経歴

第一に、在任期間の長さが指摘できる。チェルケス・マムルーク朝時代、多くの官僚が短期間でその職を逐われ、任命と解任、それにともなう財産没収が頻繁に繰り返された。[142]それに対して、表中の人物のほとんどが、アブドゥルバースィトと同様、長期にわたってポストを維持していた。とくに、アブドゥルバースィトがチェルケス朝時代の軍務庁長官のなかで最長の在任期間を誇ることは既にのべたが、№5のイブン・カーディブ・ジャカム Jamāl al-Dīn Yūsuf ibn Kātib Jakam はハーッス庁長官（nāẓir al-khāṣṣ ハーッス庁〈Dīwān al-Khāṣṣ〉の長官にあたる）として、№7のアブー・バクル・イブン・ムズヒル Zayn al-Dīn Abū Bakr ibn Muzhir は秘書長として、それぞれ最長の在任期間をもつ人物である。長期にわたって安定した地位を築いた人物であるほど、大規模な慈善事業を実施する財力および動機があったとみることができよう。

第二に、ほとんどの人物が財務系の三官庁（ワズィール庁、ハーッス庁、ムフラド庁）のいずれかの長官職を務め（七人中六人）、かつ多くの人物がそのうちの複数（あるいはすべて）を同時に兼務している（六人中四人）。また、四人は、複数の財務官庁を統轄し国家財政の最高責任者である特任ポスト、財務総監（mushīr al-dawlah）の任にあった（Nos. 1-4）。アブドゥルバースィトは、自身ではこれらの職にはつかなかったものの、前述したように実質的にワズィール庁とムフラド庁の運営を任され、また本人も内帑監督官として、スルターンの直轄財源にかかわっていたことから、同列に位置づけられるだろう。一方で、官僚の頂点に位置する秘書長の座に長くあった

（図表）複数の宗教・教育施設を創設した官僚たち

No.	名前	没年	主な官職	財務	最長在職年	施設（エジプト）		施設（エジプト以外）			出自	典拠
						カイロ圏	その他	エルサレム	メッカ	メディナ		
1	Sa'd al-Dīn Ibrāhīm ibn Ghurāb	808/1406	n. al-khāṣṣ, n. al-jaysh, ustādār, kātib al-sirr	2 M	5	修，墓	—	—	—	—	アレキサンドリア出身、コプト系、官僚→軍人官僚	M, 99-103; H, 11.
2	Jamāl al-Dīn Yūsuf al-Bīrī	812/1409	ustādār, wazīr, n. al-khāṣṣ	3 M	5	学，墓	—	—	—	—	Bīrah 出身、軍人官僚	M, 103-105; H, 11.
3	Fakhr al-Dīn 'Abd al-Ghanī ibn Abī al-Faraj	821/1418	ustādār wazīr	2 M	2	学，墓，水	—	—	—	—	Qaṭyā出身、アルメニア系、軍人官僚、軍人官僚家系	M, 229-230, 236-237; H, 12.
4	Badr al-Dīn Ḥasan ibn Naṣr Allāh	846/1442	n. al-khāṣṣ, ustādār, wazīr, n. al-jaysh, kātib al-sirr	3 M	12	墓	学	—	—	—	Fuwwa 出身、官僚→軍人官僚、官僚／軍人官僚家系	M, 216-218, 224-225; H, 14.
5	Jamāl al-Dīn Yūsuf ibn Kātib Jakam	862/1458	n. al-khāṣṣ, n. al-jaysh, wazīr	1	21	学×3，墓	学，水	—	—	—	カイロ出身、コプト系、官僚家系	M, 285-286, 292-294; H, 16.
6	Zayn al-Dīn Yaḥyá al-Ashqar	874/1469	ustādār, n. d. al-mufrad	1	11	金×2，学，修	—	—	—	—	カイロ出身、コプト系、Ibn Abī Faraj 家の縁戚、官僚→軍人官僚	M, 112-115, 415-417.
7	Zayn al-Dīn Abū Bakr ibn Muzhir	893/1488	kātib al-sirr n. al-jaysh	0	27	学	—	学	修※，水×2	修，学	カイロ出身、官僚家系	M, 270-272, 279, 281

注記　主な官職：原則として通算の職歴が長い順番に並べている。n.= nāẓir d.= dīwān

財務：0～3の数字は、財務三官庁の長官職（wazīr, n. al-khāṣṣ, ustādār）のうち、同時にいくつ任官／兼任したか示す。M は mushīr al-dawlah に任じられていることを示す。

最長在職年：一つの職を任命から解任まで務めた期間で、最も長いものをひとつあげた。同じ職に何度も解任と再任を繰り返すこともあったが、通算の在職期間は考慮していない。

施設：学＝学院、修＝修道場、金＝金曜モスク、墓＝墓廟、水＝各種水利施設

典拠：M = Martel-Thoumian, B., *Les civils et l'administration dans l'État militaire mamlūk (IXe/XVe siècle)*, Damascus, 1992. H = Hamza, H., *The Northern Cemetery of Cairo*, Cairo, 2001.

※　Mortel, R. T, "Ribāṭs in Mecca during the Medieval Period: A Descriptive Study based on Literary Sources," *Bulletin of the School of Oriental and African Studies*, Vol. 61, 1998, p.47.

人物のほとんどは、表中に名前がみえない。たとえば、先に名前をあげたナースィル・アッディーン・イブン・アルバーリズィーとその息子カマール・アッディーンは、いずれも秘書長として長期にわたって活躍した有力官僚であったが、意外なことに慈善事業には（少なくともメモリアルな施設を建設することには）消極的であった。その中で、財務とは無関係にキャリアを積んだ秘書長アブー・バクル・イブン・ムズヒル（No.7）は例外的存在といえる。直接財務にかかわる官僚ほどその権益を通じて財を成すことが可能であり、かかる事業を実施する資金を備えていたと考えられよう。

また、かれらが財務行政において大きな影響力を果たしていたこととも関係するが、年代記や人名録においてその「不正」や財貨徴収の厳しさ、支給削減などが糾弾される「悪評」を買った人物が多い(143)。アブドゥルバースィトも毀誉褒貶相半ばする人物であったことは前述の通りである。こうした「悪評」のほとんどは、財政難に陥っていたこれらの財務官庁を長期にわたって運営するうえで必須であった、徹底的な税の徴収や歳出減などにより不利益をこうむった層の反発に起因するものといえるが、かれらが積極的な慈善事業を展開した目的の一つとして、敬虔さをアピールしこうした「悪評」を少しでも払拭したい、ということがあったのかもしれない。

なお、非ムスリムの家系の出身者が七名中四名と半数以上を占めているが、そもそもエジプトにおいては歴史的にコプト系の官僚が行財政において中心的な役割を担ってきた事実があるので、改宗ムスリムの子孫であるという出自がこうした寄進事業に影響したといえるのか、それとも単に改宗ムスリムの子孫が行政官僚に多かったからにすぎないのか、軽軽には断定できないだろう。

第三に、上記の傾向とも関係するが、純粋な文民の行政官僚というよりは、軍人官僚に属する人物が大勢を占めている（七人中五人）。軍人官僚とは、ここでは主に財務に関連する武官職に従事する軍人を指し、マムルーク／非マムルークともにみられた。これは、チェルケス・マムルーク朝時代におけるムフラド庁の新設と重要性の高まりと深く関係している。近衛マムルーク軍団への俸禄支給業務を担当するムフラド庁は、さまざまな財源を吸収して、チェルケス・マムルーク朝政府においてもっとも重要な財務官庁となったが、この長官に当たるウスターダールの職は、軍人が就任する武官職に分類され、任官者は当初は四十騎長、後には百騎長のアミール位を与えられていた。(144) このため、行政官僚としてキャリアを積んだ文民であっても、この職に就任する際にはアミール位を受けて軍人身分となり、帯剣して軍人の衣装を身にまとったのである。(145) かねてより、アミールたちは自身が保有するイクターやその他の権益にかかわる財務の監督を、私設のウスターダールに任せており、(146) ムフラド庁のウスターダールもこうした財務管理者としての機能を引き継いでいる。ムフラド庁の設立後、アミールの私設ウスターダールや、ウスターダールの指揮下にあったエジプトの地方行政官（wālī, kāshif）、シリア諸州のウスターダールなどを主な活動の場とする集団がいたが、かれらはマムルークの場合も非マムルークの場合もあるものの、いずれも「剣の人」＝軍人として活動し、主に財務に関連する武官職においてキャリアを積んだ。こうした軍人官僚職の頂点に位置するのが、ムフラド庁の長官たるウスターダールであった。

表中の人物のうち、ファラジュ期の有力ウスターダール、ジャマール・アッディーン・ユースフ（№2）はこのようなキャリアを積んだ生粋の軍人官僚であり、№3のイブン・アビー・ファラジュ家は、非マムルークながら軍人身分に属し、一族から軍人官僚を多く輩出した軍人官僚名家といえる存在である。(147) №1、4、6は、当初は「筆の人」として行政官僚としてのキャリアを積み、その後ウスターダールに抜擢され、軍人身分に転身し軍人官僚となっている。そのうち№4のイブン・ナスルッラーは、もともと一族から官僚を輩出する官僚一族であったが、かれが軍人官僚に転じたあと、かれの息子も同じく軍人官僚としての道を進むこととなった。(148) こうした軍人官僚についてはまだ不明な点が多く今後研究を深めていく予定であるが、あくまで軍人のカテゴリーに属しているため、その行動様式をマムルークたちに倣っているとしても不思議ではなく、その結果、マムルークたちと同様に、積極的な慈善事業に努めていたという可能性もある。また、かれらが軍人としてイクターという確固たる収入源をもっていたことも、かれらの慈善事業を支える経済的基盤となったであろう。その意味で、かかる軍人官僚の慈善事業は、官僚よりもむしろ軍人のそれとして扱うべきかもしれない。

第四に、アブドゥルバースィトのように一代の叩き上げの人物か、あるいは官僚／軍人官僚家系の出身か、という視点からみれば、前者が二名（No.1・2）、後者が四名（No.3・4・5・7）、No.6のアシュカルは、素性はよく分からず、貧困な境遇から身を起こしながら、イブン・アビー・ファラジュ家と縁戚関係にもあったという複雑な出自のため、両者の中間に位置づけられよう。いずれにせよ、出自と慈善事業との間に明確な関連性はみいだせない。

3　施　設

建設した施設の数と地域分布では、一見して分かるように、先にみたアブドゥルバースィトの事例が群を抜いており、唯一比肩できるのがアブー・バクル・イブン・ムズヒル（No.7）であろう。ただし、マルテル＝トゥミアンはワクフ文書を参照していないため、表にあげられたもの以外にも慈善事業をおこなっている可能性は高い[149]。施設の建造場所としては、やはりカイロとその近郊が中心であった。出身地との関係では、下エジプトのフーワ Fuwwa 出身のイブン・ナスルッラー（No.4）のみが、自身の出身地にマドラサを建設している。故郷での慈善事業は、アブドゥルバースィトもおこなっていたが、ここであげた事例から判断する限りそれが一般的であったとはいえないだろう。

施設の種類では、前述のようにマドラサ、ハーンカー、金曜モスクといった用語は、この時代錯綜しているため、それのみにもとづいて何かをいうことはできない。表中での表記も、マルテル＝トゥミアンに依拠しているが、史料中で別の用語がとられている例も散見される。その中で、墓廟を建設している割合が高く（七人中五人）、アブー・バクル・イブン・ムズヒル（No.7）も、自身でこそ建設していないものの、前述した父のナースィル・アッディーンが建設した一族の墓廟が既に存在していた[150]。また、かれらの墓廟はいずれもサフラー地区にあった。マドラサなどを建設しなかった有力官僚でも、自身の墓廟は建設していることから[151]も、墓廟の建設は他の施設に比べて優先順位が高かったと考えられ、かれらの死生観を考える上でも興味深い。

以上、有力官僚の慈善事業について、官僚のキャリアや出自、事業の場所や種類について概観し、大まかな特徴と傾向を示した。ただし、こうした官僚と同様の傾向（キャリアや任期の長さなど）を備えた人物が全員慈善事業に熱心であったわけではなく、あまり関与しなかった人物も少なからずいた。その違いを、単なる個人の嗜好の問題とみるか、それとも個人や社会を取り巻く状況の違いが影響しているのか、という問題は、より個別具体的な検証が必要であろう。

おわりに

本章では、アブドゥルバースィトがその生涯を通じエジプト・シリア・ヒジャーズの各地で実施した慈善事業全一八件を取り上げ、その詳細を明らかにした。本文中でものべたように、今後はこうした事業内容を、その当時のかれを取り巻く個人的／社会的状況と重ね合わせて検証し、それぞれをおこなった動機や目的について考察を深める必要がある。それは、当時のマムルーク朝社会において慈善活動がもっていた意味と機能を理解することにつながるだろう。また、本研究では暫定的に、「慈善家」行政官僚の人物と事業の全体的な傾向を示したが、これはあくまで議論の出発点にすぎない。シリアの行政官僚との地域間比較、バフリー・マムルーク朝時代の行政官僚との時代間比較、宗教官との文民層内での比較、軍人層などとの社会集団別の比較、といった具合に、具体的事例に依拠した比較研究によって全体の共通性と個別の特性を見いだし、総合的な「マムルーク朝時代の慈善／ワクフ事業」像を提示することが今後のめざす課題である。

（1）年月日は原則としてヒジュラ暦／西暦の順に表記し、単独で用いる場合は西暦をあらわす。

（2）本章で扱う「慈善事業」には、年代記や人名録において、かれの「偉業（maʾāthir, sg. maʾtharah）」と「敬虔行為（qurab, sg. qurbah）」と例示される事績、およびワクフ（waqf, pl. awqāf 寄進）文書で受益対象とされる施設・事業を含む。具体的には、何らかの宗教・教育的、あるいは公共的な施設・設備・事業の創建／創始、および既存の施設・設備に対する給費を扱う。一方、ワクフの受益対象として指定されている、ワクフの寄進者（wāqif）自身や子供・子孫に対する給費については本稿では扱わず（それが「慈善事業」ではなかったと主張するものではない）、別の機会に委ねたい。また、ワクフ文書にて寄進者の子孫が断絶したあとの受益対象に指定されている施設／事業についても、少なくともマムルーク朝末期まではかれの子孫がつづいていたことから、実際には給費が行われていないと考え、本稿では扱っていない。

（3）こうした議論については、以下の研究でまとめられている。Berkey, J., *The Transmission of Knowledge in Medieval Cairo: A Social History of Islamic Education*, Princeton, 1992, pp. 128-132; 阿久津正幸「中世イスラム世界における教育施設マドラサの政治的機能の再検討」（『史学』第六九巻一号、一九九九年）一四一―一五八頁。

（4）イブン・ハルドゥーン『歴史序説』森本公誠訳、中公文庫、全四巻、二〇〇一年、第三巻、一六〇―一六一頁。

（5）本章において「文民」とは、マムルークを中心とする軍人とその家族以外の人々を指し、ウラマー（裁判官などの公職にある者もそうでない者も含む）、行政官僚、商工業者などを含む。

（6）伊藤隆郎「研究動向：マムルーク朝時代のワクフ研究」（『神戸大学史学年報』二四号、二〇〇九年）四二頁。

(7) Igarashi, D., "*Madrasah*s, Their *Shaykh*s, and the Civilian Founder: The Bāsiṭīyah *Madrasah*s in the Mamlūk Era," *Orient*, Vol. 48, 2013.

(8) かれの経歴については以下を参照。 al-Sakhāwī, *Al-Ḍaw' al-Lāmi' li-Ahl al-Qarn al-Tāsi'*, 12 vols., Cairo, 1934–37, Vol. 4, pp. 24–27; idem, *Al-Tuḥfah al-Laṭīfah fī Ta'rīkh al-Madīnah al-Sharīfah*, ed. by 'Ārif Aḥmad 'Abd al-Ghanī and Khālid Aḥmad al-Mallā al-Suwaydī, 4 vols., Damascus, 2010, Vol. 2, pp. 9–14; idem, *Al-Tibr al-Masbūk fī Dhayl al-Sulūk*, Cairo, n.d. pp. 329–332; idem, *Wajīz al-Kalām fī al-Dhayl 'alá Duwal al-Islām*, 4 vols., Beirut, 1995, pp. 653–654; Ibn Taghrībirdī, *Al-Manhal al-Ṣāfī wa-al-Mustawfī ba'da al-Wāfī*, 12 vols., Cairo, 1985–2006, Vol. 7, pp. 136–143; idem, *Al-Nujūm al-Zāhirah fī Mulūk Miṣr wa-al-Qāhirah*, 16 vols., Cairo, 1963–72, Vol. 15, pp. 552–554; al-Nu'aymī, *Al-Dāris fī Ta'rīkh al-Madāris*, ed. by Ja'far al-Ḥasanī, 2 vols., Damascus, 1988, Vol. 2, pp. 141–143; 'Abd al-Bāsiṭ al-Ḥanafī, *Nayl al-Amal fī Dhayl al-Duwal*, 9 vols., Sidon/Beirut, 2002, Vol. 5, 321; al-Suyūṭī, *Naẓm al-'Aqyān fī A'yān al-A'yān*, ed. by Philip Hitti, New York, 1927, p.122; Ibn Iyās, *Badā'i' al-Zuhūr fī Waqā'i' al-Duhūr*, ed. by Muḥammad Muṣṭafá, 5 vols., 2nd ed. Cairo, 1982–84, Vol. 2, pp. 285–286; Burgoyne, M. H., *Mamluk Jerusalem: An Architectural Study*, Jerusalem, 1987, pp. 519–521; Martel-Thoumian, B., *Les civils et l'administration dans l'État militaire mamlūk (IXe/XVe siècle)*, Damascus, 1992, pp. 344–345.

(9) かれについては、 al-Sakhāwī, *Ḍaw'*, Vol. 10, p.63; Ibn Taghrībirdī, *Manhal*, Vol. 11, pp. 133–134.

(10) Holt, P. M., *The Age of the Crusades: The Near East from the Eleventh Century to 1517*, London/New York, 1986, pp. 179–182.

(11) Al-Sakhāwī, *Tibr*, p. 329.

(12) かれについては、 al-Sakhāwī, *Ḍaw'*, Vol. 9, pp. 137–139; Ibn Taghrībirdī, *Manhal*, Vol. 11, pp. 7–10; al-Maqrīzī, *Durar al-'Uqūd al-Farīdah fī Tarājim al-A'yān al-Mufīdah*, ed. by Maḥmūd al-Jalīlī, 4 vols., Beirut, 2002, Vol. 3, pp. 115–117; idem, *Kitāb al-Muqaffá al-Kabīr,* ed. by Muḥammad al-Ya'lānī, 9 vols., Beirut, 1991, Vol. 7, pp. 71–72. かれ以後、かれの一族はエジプトを代表する官僚名家としての地位を確立する。かれの一族については、Martel-

Thoumian, B., *op.cit.*, pp. 249–266.

(13) かれについては、al-Sakhāwī, *Ḍawʾ*, Vol. 9, pp. 39–40; Ibn Taghrībirdī, *Manhal*, Vol. 11, pp. 25–27; al-Maqrīzī, *Durar al-ʿUqūd*, Vol. 3, pp. 442–443. かれの一族については、Martel-Thoumian, B., *op. cit.*, pp. 267–281.

(14) かれについては、Ibn Taghrībirdī, *Manhal*, Vol. 5, pp. 289–292; al-Sakhāwī, *Ḍawʾ*, Vol. 3, pp. 212–214; al-Maqrīzī, *Durar al-ʿUqūd*, Vol. 2, pp. 81–82. かれの一族については、Martel-Thoumian, B., *op.cit.*, pp. 283–294.

(15) Al-Sakhāwī, *Ḍawʾ*, Vol. 3, p. 102; Ibn Taghrībirdī, *Manhal*, Vol. 5, pp. 85–88.

(16) Ibn Taghrībirdī, *Manhal*, Vol. 7, p. 137.

(17) 五十嵐大介『中世イスラーム国家の財政と寄進—後期マムルーク朝の研究—』（刀水書房、二〇一一年）一〇七—一〇九頁。

(18) Al-Sakhāwī, *Ḍawʾ*, Vol. 4, p. 24.

(19) Al-Sakhāwī, *Tibr*, p. 329.

(20) Al-Maqrīzī, *Kitāb al-Sulūk li-Maʿrifat Duwal al-Mulūk*. 4 vols., Cairo, 1939–73., Vol. 4, p. 382.

(21) Al-Sakhāwī, *Ḍawʾ*, Vol. 4, p. 26.

(22) Ibn Ḥajar, *Inbāʾ al-Ghumr bi-Abnāʾ al-ʿUmr*, ed. by Ḥasan Ḥabashī, 4 vols., Cairo, 1969–98, Vol. 1, p. 200.

(23) Ibn Taghrībirdī, *Nujūm*, Vol. 14, p. 205; al-ʿAynī, *ʿIqd al-Jumān fī Taʾrīkh Ahl al-Zamān*, ed. by ʿAbd al-Rāziq al-Ṭanṭāwī al-Qarmūṭ, Cairo, 1989, pp. 150–152; Ibn Ḥajar, *Inbāʾ al-Ghumr*, Vol. 3, pp. 249–250; al-Maqrīzī, *Sulūk*, Vol. 4, p. 586.

(24) Al-Sakhāwī, *Tibr*, p. 330.

(25) Al-Maqrīzī, *Sulūk*, Vol. 4, p. 1170.

(26) 後述する八四二／一四三八年の失脚時に、これらの職から解任されている。Ibn Taghrībirdī, *Nujūm*, Vol. 15, pp. 328–329; al-ʿAynī, *ʿIqd*, p. 535; al-Maqrīzī, *Sulūk*, Vol. 4, p. 1155.

(27) Al-ʿAynī, *ʿIqd*, p. 202. 同学院の入口に掲げられた碑文には、建設の監督者としてアブドゥルバースィトの名前が刻まれている。van Berchem, M., "Matéliaux pour un corpus inscriptionum arabicarum, 1er partie, Égypte," *Mémoires de la mission archéologique française au Caire*, Vol. 19, 1903, p. 350; Behrens-Abouseif, D., *Cairo of the Mamluks: A History of the Architecture and its Culture*, London/New York, 2007, p. 252.

(28) Al-Maqrīzī, *Sulūk*, Vol. 4, p. 744; Ibn Taghrībirdī, *Nujūm*, Vol. 14, p. 309; al-'Aynī, *'Iqd*, p. 315. 一方 Ibn al-Khaṭīb al-Nāṣirīyah は、これを八三一／一四二八年のことと記す（Ibn al-Khaṭīb al-Nāṣirīyah, "Al-Durr al-Muntakhab fī Ta'rīkh Mamlakat Ḥalab," London, British Library, MS ARUN OR 25/2, fols. 86v–87r）。

(29) Ibn Taghrībirdī, *Nujūm*, Vol. 15, p. 553; idem, *Manhal*, Vol. 7, pp. 139–140.

(30) 五十嵐　前掲書、五六—五七頁。

(31) Ibn Taghrībirdī, *Nujūm*, Vol. 15, pp. 42–43.

(32) Ibn Taghrībirdī, *Nujūm*, Vol. 15, pp. 51–52; Ibn Ḥajar, *Inbā' al-Ghumr*, Vol. 3, p. 537; al-Sakhāwī, *Ḍaw'*, Vol. 3, p. 56. アイニーは、ウスターダールとなったアブドゥルバースィトのマムルークの名前をアルグーン Arghūn と伝えている（al-'Aynī, *'Iqd*, pp. 455–456）。アルグーンについては、al-Sakhāwī, *Ḍaw'*,Vol. 2, p. 268.

(33) Ibn Taghrībirdī, *Nujūm*, Vol. 15, pp. 77–78; al-'Aynī, *'Iqd*, p. 473.

(34) Ibn Taghrībirdī, *Nujūm*, Vol. 15, p. 553.

(35) こうした逆境のなかで、大勢の有力者が仲裁に乗り出したことは、アブドゥルバースィトが政権内に広げていた人的ネットワークと影響力の大きさを示していよう。とくに、かれとバーリズィー家との親密な関係については、Igarashi, D., *op. cit.* に詳しい。

(36) かれがメッカに到着したのは八四三年第六月一日／一四三九年一一月九日のことであったが、メッカのマーリク派首席裁判官の任命書と賜衣を運んでくるなど、体面を保った形で到着している。Ibn Fahd, *Itḥāf al-Wará bi-Akhbār Umm al-Qurá*, ed. by Fahīm Muḥammad Shaltūt, 5 vols., Mecca, 1983–90, Vol. 4, pp. 140–141.

(37) Al-Maqrīzī, *Sulūk*, Vol. 4, p. 1170; Ibn Taghrībirdī, *Nujūm*, Vol. 15, pp. 334–335; al-'Aynī, *'Iqd*, p. 547. アブドゥルバースィトの失脚と追放については、Ibn Taghrībirdī, *Nujūm*, Vol. 15, pp. 327–331, 333–335; idem, *Manhal*, Vol. 7,

pp. 140–141; al-Ṣayrafī, *Nuzhat al-Nufūs wa-al-Abdān fī Tawārīkh al-Zamān*, ed. by Ḥasan Ḥabashī, 4 vols., Cairo, 1970–94, Vol. 4, pp. 120–123, 138–141, 145–147, 151, 154–155, 157–159; al-Sakhāwī, *Ḍaw'*, Vol. 4, p. 25.

（38）Al-ʿAynī, *ʿIqd*, p. 558.

（39）Ibn Taghrībirdī, *Nujūm*, Vol. 15, p. 357. なおこれはダマスクスの軍人名家マンジャク家の当主で、シャイフとバルスバーイの信任が篤かったアミール、ナースィル・アッディーン・イブン・マンジャク Nāṣir al-Dīn Muḥammad ibn Manjak の仲裁によるものであったが（al-Sakhāwī, *Ḍaw'*, Vol. 6, p. 281; Ibn Taghrībirdī, *Nujūm*, Vol. 15, p. 357）、アブドゥルバースィトは娘の一人をこのナースィル・アッディーンの息子イブラーヒーム Ibrāhīm（かれについては al-Sakhāwī, *Ḍaw'*, Vol. 1, p. 125）に嫁がせている（al-Nuʿaymī, *Dāris*, Vol. 2, p. 142）。

（40）Al-Sakhāwī, *Tibr*, p. 330.

（41）この時のかれの一時帰国については、Ibn Taghrībirdī, *Nujūm*, Vol. 15, p. 357; al-ʿAynī, *ʿIqd*, pp. 599–600; al-Sakhāwī, *Tibr*, pp. 66–67; al-Ṣayrafī, *Nuzhat al-Nufūs*, Vol. 4, pp. 275–276. なおこの時ジャクマクは、かれにダマスクスの二十騎長のアミール位を与えたとされるが、これは軍人として実際に軍務に携わることを要求したというよりは、そのイクターをいわば「恩給」として与えたとみるべきだろう。「恩給のイクター」については、熊倉和歌子「マムルーク朝後期エジプトにおけるイクター保有の実態—オスマン朝期『軍務台帳』にもとづいて—」（『史学雑誌』一二一編一〇号、二〇一二年）五二頁を参照。

（42）Ibn Taghrībirdī, *Nujūm*, Vol. 15, p. 367; al-ʿAynī, *ʿIqd*, pp. 630–631; al-Ṣayrafī, *Nuzhat al-Nufūs*, Vol. 4, pp. 310–311; al-Sakhāwī, *Tibr*, p. 101.

（43）Al-Nuʿaymī, *Dāris*, Vol. 2, p. 142.

（44）Escovitz, J. H., "Vocational Patterns of the Scribes of the Mamlūk Chancery," *Arabica*, Vol. 23, No. 1, 1976, pp. 42–62; Petry, C. F., *The Civilian Elite of Cairo in the Later Middle Ages*, Princeton, 1981, chap. 4, esp. pp. 203–205; Martel-Thoumian, B., *op. cit.*, pp. 373-382.

（45）一部の研究者は、史料中でしばしば「al-Qāḍī ʿAbd al-Bāsiṭ」と、一般に裁判官を意味する al-Qāḍī という称号が付与されていることから、アブドゥルバースィトを宗教的知識人とみなしている（たとえばFernandes, L., "Mamluk Architecture and the Question of Patronage," *Mamlūk Studies Review*, Vol. 1, 1997, p. 116など）。しかし、かれの経歴をみても、かれが裁判官として必要な教育やキャリアを積んでいた様子はまったくない。ここでの「al-Qāḍī」は、政府の高位の文官（行政官僚）に与えられた称号として理解するべきであろう（al-Bāshā, Ḥ., *Al-Alqāb al-Islāmīyah fī al-Ta'rīkh wa-al-Wathā'iq wa-al-Āthār*, Cairo, 1989, p. 424）。

（46） かれの跡継ぎであるアブー・バクル Abū Bakr は、スルターン・カーイトバーイ al-Ashraf Qāytbāy と親交篤く、人頭税監督官やトリポリのウスターダール職なども務めた。またその息子でアブドゥルバースィトの孫になるムハンマドも人頭税監督官を務めた。両者はいずれもある程度の教育（本人と異なり、一定の宗教的知識を学び、イジャーザも得ていたという）を受け、公職にも就いたが、いずれもその能力は高いものではなかったという。Al-Sakhāwī, *Ḍaw'*, Vol. 7, p. 169; Vol. 11, pp. 42-43.

（47） 一回目…Ibn Fahd, *Itḥāf*, Vol. 3, p. 520. 二回目…*Ibid.*, 596. 三回目…*Ibid.*, Vol. 4, p. 57. 四回目…al-Sakhāwī, *Tibr*, p. 330. 五回目…*Idem.*, p. 267; Ibn Fahd, *Itḥāf*, Vol. 4, p. 286.

（48） Al-Rakb al-Rajabīについては、'Ankawi, A., "The Pilgrimage to Mecca in Mamlūk Times," *Arabian Studies*, Vol. 1, 1974, p. 147を参照。なお通常の巡礼団は、毎年ヒジュラ暦の第一〇月にカイロを出発した。

（49） アブドゥルバースィトはカイロに出てきた当初、イブン・タグリービルディー一家が住む街区に住み、その後かれらに頼み込んでかれらのもち家に数年間住まわせてもらっていたという（Ibn Taghrībirdī, *Manhal*, Vol. 7, p. 137）。

（50） とくにIbn Taghrībirdī, *Nujūm*, Vol. 15, p. 554; idem, *Manhal*, Vol. 7, pp. 142-143.

（51） ここであげたもの以外に、マルテル＝トゥミアンは、マクリーズィーの『エジプト地誌 *Khiṭaṭ*』に依拠して、かれが改築し、フトバを設置したモスクの一覧を挙げているが（Martel-Thoumian, *op. cit.*, p. 346）、これはマクリーズィーが、アブドゥルバースィトの金曜モスク以後に、新たにフトバの機能が加えられ金曜モスクとなった施設を列挙したものであり、アブドゥルバースィトがそれを行ったものではなく、彼女の誤読である（al-Maqrīzī, *Al-Mawā'iẓ wa-al-I'tibār fī Dhikr al-Khiṭaṭ wa-al-Āthār*, ed. by Ayman Fu'ād Sayyid, 5 vols., London, 2002-04, Vol. 3, pp. 354-360）。

（52）この施設については、al-Maqrīzī, *Khiṭaṭ*, Vol. 4, pp. 351-354; Behrens-Abouseif, D., *op. cit.*, pp. 247-249; ʻAbd al-Wahhāb, Ḥ., *Tārīkh al-Masājid al-Atharīyah fī al-Qāhirah*, 2 vols., 2nd. ed., Beirut, 1993, pp. 202-206; Martel-Thoumian, B., *op. cit.*, pp. 408-409.

（53）この邸宅はもともと「タンキズの館（Dār Tankiz）」と呼ばれ、バフリー・マムルーク朝（六四八—七八四／一二五〇—一三八二年）のアミール・タンキズがかれのワクフの一部として設定したものであった（al-Maqrīzī, *Khiṭaṭ*, Vol. 3, p. 179）。

（54）完成年は、al-Sakhāwī, *Ḍaw'*, Vol. 4, p. 24.

（55）van Berchem, B., *op. cit.*, pp. 344, 349.

（56）Behrens-Abouseif, D., *op. cit.*, p. 23.

（57）Ibn Ḥajar, *Inbā' al-Ghumr*, Vol. 3, p. 226.

（58）Al-Maqrīzī, *Khiṭaṭ*, Vol. 4, p. 354.

（59）Ibn Iyās, *Badā'i'*, Vol. 2, p. 59; Fernandes, L., *op. cit.*, p. 116. Behrens-Abouseifは、現存するこのマドラサには、スーフィーらの居住区の形跡がみられないとするが（Behrens-Abouseif, *op. cit.*, pp. 247-249）、このリバートがスーフィーたちの住居とされていたのだろう。

（60）この人物については、Igarashi, D., *op. cit.*, pp. 84-85.

（61）Al-Maqrīzī, *Khiṭaṭ*, Vol. 4, p. 354.

（62）Al-Sakhāwī, *Ḍaw'*,Vol. 7, pp. 203, 272.

（63）Al-Maqrīzī, *Khiṭaṭ*, Vol. 4, p. 354.

（64）Ibn Ḥajar, *Inbā' al-Ghumr*, Vol. 3, p. 226.

（65）Igarashi, D., *op. cit.*, p. 86.

（66）Berkey, J., *op. cit.*, pp. 56-60; Fernandes, L., *The Evolution of a Sufi Institution in Mamluk Egypt: The Khanqah*, Berlin, 1988, pp. 33, 50.

（67）五十嵐大介「中世エジプトの寄進文書」（中央大学人文科学研究所編『アフロ・ユーラシア大陸の都市と宗教』中央大学出版部、二〇一〇年）二一五―二一六頁。
（68）Igarashi, D., *op. cit.*, pp. 84–85.
（69）マクディスィーによれば、mutaṣaddir は教授（mudarris）とは区別され、主に金曜モスクで開かれた授業に関連し、他者の学問修得を助ける役割などを果したという（Makdisi, G., *The Rise of Colleges: Institutions of Learning in Islam and the West*, Edinburgh, 1981, pp. 203–210）。ただし、かれが用いていないワクフ文書中の同職に関する規定の分析から、再考の余地はあると思われる。
（70）Al-Sakhāwī, *Ḍaw'*, Vol. 4, pp. 198–203; Vol. 7, p. 52.
（71）*Ibid.*, Vol. 3, p. 302; Ibn Ḥajar, *Inbā' al-Ghumr*, Vol. 3, p. 355. これによって書庫が設立されたのか、それ以前からあったのかは定かではない。なおこのマドラサには一九世紀の段階で二九七冊の本が所蔵されていたという（'Abd al-Ḥamīd Nāfi', *Dhayl Khiṭaṭ al-Maqrīzī*, Cairo, 2006, p. 65）。
（72）史料中にかれがこの施設の司書に任じられたという直接の言及はみられないが、かれの代理を務めた人物（al-Sakhāwī, *Ḍaw'*, Vol. 7, p. 139）、およびかれのあと司書に任じられた人物については確認できる（*Ibid.*, Vol. 8, p. 96）。
（73）*Ibid.*, Vol. 2, p. 189.
（74）'Abd al-Wahhāb, H., *op. cit.*, Vol. 1, p. 202; Behrens-Abouseif, D., *op. cit.*, p. 249.
（75）長谷部史彦「中世後期アラブ地域における複合宗教施設の教育機能―カイロのハサン学院の場合―」（山本正身編『アジアにおける「知の伝達」の伝統と系譜』慶應義塾大学言語文化研究所、二〇一二年）二八一―二八五頁。
（76）Al-Maqrīzī, *Khiṭaṭ*, Vol. 4, p. 354.
（77）エジプトを発つメッカ巡礼団の行路に位置し、かれらが停泊する宿駅にあたる。Popper, W., *Egypt and Syria under the Circassian Sultans 1382–1468: Systematic Notes to Ibn Taghrî Birdî's Chronicles of Egypt*, 2 vols., Berkeley and Los Angels, 1955–57, Vol. 1, pp. 33, 53.
（78）Waqf deed, Cairo, Wizārat al-Awqāf (WA), j189.

(79) この時文書中では「井戸 (bi'r)」の語が用いられているが、同じものを指していると思われる。

(80) Nūr al-Dīn al-Sakhāwī, *Tuḥfat al-Aḥbāb wa-Bughyat al-Ṭullāb fī al-Khiṭaṭ wa-al-Mazārāt wa-al-Tarājim wa-al-Biqā' al-Mubārakāt*, Cairo, 1986, pp. 216–219.

(81) al-Maqrīzī, *Khiṭaṭ*, Vol. 4, pp. 914–915.

(82) Waqf deed, Cairo, Dār al-Wathā'iq al-Qawmīyah (DW), 13/84.

(83) Al-Sakhāwī, *Ḍaw'*, Vol. 1, p. 322; Ibn Ḥajar, *Inbā' al-Ghumr*, Vol. 3, p. 441.

(84) Al-Nu'aymī, *Dāris*, Vol. 2, p. 142; al-Nahrawālī, *Kitāb al-I'lām bi-A'lām Bayt Allāh al-Ḥarām*, Leipzig, 1857 (repr. *Akhbār Makkah al-Musharrafah*, Vol. 3, Beirut, 1964), p. 213.

(85) かれはアブドゥルバースィトの解任時に後任の軍務庁長官に任じられた人物で、もともとアブドゥルバースィトと親密な関係にあった (Igarashi, D., *op. cit.*, p. 82, note 11)。かれについては、al-Sakhāwī, *Ḍaw'*, Vol. 8, pp. 143–145.

(86) 当時メッカの外港ジッダの長官 (shādd Jiddah) として名を馳せた軍人官僚ジャーニベク・ナーイブ・ジッダを指すと思われる。かれについては、al-Sakhāwī, *Ḍaw'*, Vol. 3, pp. 57–59; Mortel, R. T., "Grand Dawādār and Governor of Jedda," *Arabica* 43, no. 3, 1996, pp. 437–456.

(87) 'Alī Mubārak, *Al-Khiṭaṭ al-Tawfīqīyah al-Jadīdah li-Miṣr al-Qāhirah wa-Muduni-hā wa-Bilādi-hā al-Qadīmah wa-al-Shahīrah*, 20 vols., Būlāq, 1304-06 A. H. (1886–88 A. D.), Vol. 2, p. 30; Vol. 6, p. 61.

(88) この施設については、Burgoyne, M. H., *op. cit.*, pp. 519–525; 'Abd al-Mahdī, 'A. al-J. Ḥ., *Al-Madāris fī Bayt al-Maqdis fī al-'Aṣrayn al-Ayyūbī wa-al-Mamlūkī: Dawru-hā fī al-Ḥarakah al-Fikrīyah*, 2 vols., Amman, 1981, Vol. 2, pp. 112–118.

(89) Al-'Ulaymī, *Al-Uns al-Jalīl bi-Ta'rīkh al-Quds wa-al-Khalīl*, 2 vols., Amman, 1973, Vol. 2, p. 39.

(90) *Ibid.*, pp. 111–112; al-Sakhāwī, *Ḍaw'*, Vol. 8, pp. 151–155.

(91) オスマン朝時代の土地台帳によれば、エルサレム地方のṢūr Bāhir村の四分の三がそのためのワクフ財源に設定されている。*Awqāf wa-Amlāk al-Muslimīn fī Filasṭīn fī Alwiyat Ghazzah, al-Quds al-Sharīf, Ṣafad, Nābulus,*

ʻAjlūn ḥasaba al-Daftar Raqam 522 min Dafātir al-Taḥrīr al-ʻUthmānīyah al-Mudawwanah fī al-Qarn al-ʻĀshir al-Hijrī, ed. by M. İpşirli and M. D. al-Tamimi, Istanbul, 1982, pp. 38, 178; Burgoyne, M. H., *op. cit.*, p. 521.

(92) Al-ʻUlaymī, *Uns*, Vol. 2, pp. 39, 112.

(93) このマドラサの歴代シャイフについては、Igarashi, D., *op. cit.*, pp. 86–88.

(94) *Awqāf wa-Amlāk al-Muslimīn fī Filasṭīn*, pp. 38, 178; Burgoyne, M. H., *op. cit.*, p. 521.

(95) Burgoyne, M. H., *op. cit.*, p. 521.

(96) この施設については、al-Nuʻaymī, *Dāris*, Vol. 2, pp. 141–143; Ibn Ṭūlūn, *Al-Qalā'id al-Jawharīyah fī Ta'rīkh al-Ṣāliḥīyah*, ed. by Muḥammad Aḥmad Dahmān, 2 vols., Damascus, 1980, pp. 274–278.

(97) たとえば、al-Ḥaṣkafī, *Mutʻat al-Adhhān min al-Tamattuʻ bi-al-Iqrān bayna Tarājim al-Shuyūkh wa-al-Aqrān*, ed. by Ṣalāḥ al-Dīn Khalīl al-Shaybānī al-Mawṣilī, 2 vols, Beirut, 1999, p. 648.

(98) Al-Nuʻaymī, *Dāris*, Vol. 2, p. 142.

(99) 史料中でこの施設のスーフィーであったことが確認できる人物として、ʻAbd al-Raḥmān ibn ʻĪsá ibn Sarrār al-Aydūnī がいる。al-Biqāʻī, *ʻUnwān al-Zamān bi-Tarājim al-Shuyūkh wa-Aqrān*, ed. by Ḥasan Ḥabashī, 5 vols., Cairo, 2001–09, Vol. 3, p. 90.

(100) Igarashi, D., *op. cit.*, pp. 88–89.

(101) Ibn Ṭūlūn, *Qalā'id*, pp. 277–278.

(102) Ibn Kannān, *Yawmīyāt Shāmīyah*, ed. by Akram Ḥasan al-ʻUlabī, Damascus, 1994, pp. 178, 282.

(103) Ibn Ṭūlūn, *Qalā'id*, p. 278.

(104) 八五三／一四四九年にダマスクスで死去した商人 al-Khawājā Shams al-Dīn Muḥammad ibn Ṣadaqah なる人物がここに埋葬されたとされる。al-Sakhāwī, *Ḍaw'*, Vol. 7, p. 272.

(105) マムルーク朝時代の史料では、かれが建設したモスク（masājid）の一つがガザにあることを示しているサハーウィーの記事が唯一の事例である（al-Sakhāwī, *Ḍaw'*, Vol. 4, p. 26）。マムルーク朝時代のガザに関する専著であるʻAṭā

Allāh, M. ʻA. Kh., *Niyābat Ghazzah fī al-ʻAhd al-Mamlūkī*, Beirut, 1986 にもこの施設についての言及はない。

(106) Sadek, M.-M., *Die mamlukische Architektur der Stadt Gaza*, Berlin, 1991, p. 325.

(107) Al-Fāsī, *Al-ʻIqd al-Thamīn fī Taʼrīkh Balad al-Amīn*, 2nd.ed., 8 vols., Beirut, 1985–86, Vol. 1, p. 124.

(108) Al-Fāsī, *Shifāʼ al-Gharām bi-Akhbār al-Balad al-Ḥarām*, 2 vols., Mecca, 1956, Vol. 1, p. 338.

(109) Ibn Fahd, *Itḥāf al-Wará bi-Akhbār Umm al-Qurá*, ed. by Fahīm Muḥammad Shaltūt, 5 vols., Mecca, 1983–90, Vol. 3, p. 537.

(110) Al-Fāsī, *Al-Zuhūr al-Muqtaṭifah min Taʼrīkh Makkah al-Musharrafah*, ed. by Adīb Muḥammad al-Ghazzāwī, Beirut, 2000, p. 157.

(111) Shaynī, A. H., *Awqāf al-Ḥaramayn al-Sharīfayn fī al-ʻAṣr al-Mamlūkī: Dirāsah Taʼrīkhīyah Wathāʼiqīyah Ḥaḍārīyah*, Medina, 2005, p. 433.

(112) カイロから一三番目の宿駅で、カイロから約五八四キロメートルの行程にある。Popper, *op. cit.*, p. 53.

(113) Ibn Fahd, *Itḥāf*, Vol. 4, p. 58; al-Maqrīzī, *Sulūk*, Vol. 4, pp. 859–860.

(114) この施設については、al-Nahrawālī, *Iʻlām*, p. 212; Mortel, R. T., "Madrasas in Mecca during the Medieval Period: A Descriptive Study Based on Literary Sources," *Bulletin of the School of Oriental and African Studies*, Vol. 30, 1997, pp. 246–247; al-Dahhās, F. ʻA., *Al-Madāris fī Makkah khilāl al-ʻAṣrayn al-Ayyūbī wa-al-Mamlūkī*, Cairo, 2006, pp. 16–17.

(115) アルグーンのマドラサについては、Mortel, *op. cit.*, pp. 240–241; al-Dahhās, *op. cit.*, p. 16.

(116) Ibn Fahd, *Itḥāf*, Vol. 4, pp. 59, 63–64, 66.

(117) 同じイブン・ファフド Ibn Fahd の著作であっても、*Itḥāf* ではマドラサと呼ばれているのに対し、*al-Durr al-Kamīn* ではハーンカーと呼ばれることが多く（Ibn Fahd, *Al-Durr al-Kamīn bi-Dhayl al-ʻIqd al-Thamīn fī Taʼrīkh al-Balad al-Amīn*, ed. by ʻAbd al-Malik ibn ʻAbd Allāh ibn Duhaysh, 3 vols., Beirut, 2000, pp. 483, 1207）、「Khānqāh al-Madrasah al-Bāsiṭīyah」という表現もみられる（*Ibid.*, p. 971）。

(118) Ibn Fahd, *Itḥāf*, Vol. 4, pp. 63–64; idem, *al-Durr al-Kamīn*, pp. 338, 340.
(119) アブー・アッサアーダートの教授就任と歴代シャイフについては、Igarashi, D., *op. cit.*, pp. 90–91.
(120) Ibn Fahd, *Itḥāf*, Vol. 4, pp,525, 538, 539; idem, *al-Durr al-Kamīn*, pp. 352–354, 483, 1120–1122.
(121) Ibn Fahd, *al-Durr al-Kamīn*, pp. 483, 1207.
(122) ダッハース al-Dahhās は、これをハナフィー派のマドラサとして分類しているが（al-Dahhās, *op. cit.*, p. 16）、これはおそらく、典拠としたナフラワーリー al-Nahrawālī の記述によるもので、オスマン朝時代のことである。
(123) Al-Nahrawālī, *I'lām*, p. 212.
(124) Al-Sakhāwī, *Tuḥfah al-Laṭīfah*, Vol. 1, p. 65.
(125) *Ibid.*, Vol. 2, p. 235. かれについては、Igarashi, D., *op. cit.*, p. 92.
(126) Al-Nahrawālī, *I'lām*, p. 213.
(127) Al-Sakhāwī, *Ḍaw'*, Vol. 4, p. 26.
(128) かれがカイロに建設した金曜モスク＝マドラサのミナレットには、『コーラン』巡礼章（第二〇章）二八節の、巡礼を呼びかける章句が碑文に刻まれているが、これはモスク等に掲げられる碑文で用いられるコーランの章句としては非常に稀なものであり、キスワ管財人として、あるいはかれ個人の巡礼に対する特別の関心の深さを示す例といえよう。
Behrens-Abouseif, D., *op. cit.*, p. 249.
(129) Ibn Fahd, *Itḥāf*, Vol. 3, p. 596. バルスバーイの対ヒジャーズ政策については、Meloy, J. L., *Imperial Power and Maritime Trade: Mecca and Cairo in the Later Middle Ages*, Chicago, 2010, pp. 113–139.
(130) Behrens-Abouseif, D., *op. cit.*, p. 22.
(131) Al-Sakhāwī, *Ḍaw'*, Vol. 11, pp. 42–43.
(132) *Ibid.*, Vol. 3, p. 56.
(133) Rogers, J. M., "Innovation and Continuity in Islamic Urbanism," in *The Arab City: Its Character and Islamic Cultural Heritage*, ed. by Ismail Serageldin and Samir El-Sadek, Riyadh, 1982, pp. 57–58.

(134) 後のスルターン・カーイトバーイが同じく水利施設を多く建設・寄進したことについて、ニューホール A. W. Newhall は、これらの理由に加え、sabīl という名称がジハード（聖戦）と同義語である sabīl Allāh を彷彿とさせることが、慈善事業をジハードに置き換えるカーイトバーイの政略と符合すること、を理由にあげている（Newhal, A. W., "The Patronage of the Mamluk Sultan Qa'it Bay 872–901/1468–1496," Ph. D. diss., Harvard University, 1987, pp. 96–97）。しかし水利施設の建設はアブドゥルバースィトの事例にも見られるように、カーイトバーイの事業のみの特徴とはいえず、首肯しがたい。

(135) Al-Asyūṭī, *Jawāhir al-'Uqūd wa-Mu'īn al-Quḍāt wa-al-Muwaqqi'īn wa-al-Shuhūd*, 2 vols., Cairo, 1955, Vol. 1, pp. 321–322.

(136) Denoix, S., "Pour une exploitation d'ensemble d'un courps: les waqfs mamelouks du Caire," in *Le waqf dans l'espace islamique outil de pouvoir socio-politique*, ed. by Randi Deguilhem, Damascus, 1995, pp. 34–35.

(137) 三浦徹「中世イスラム都市の諸相」（鈴木博之・石山修武・伊藤毅・山岸常人編『中世的空間と儀礼』東京大学出版会、二〇〇六年）三一九、三二三—三二四頁。しかし、全体として軍人層の優位は揺るがないものの、かれらの活動が占める割合については地域的な違いも考慮する必要がある。たとえばダマスクスでは、三浦が作成したダマスクスのマドラサについてのリストから、マムルーク朝時代に限定してデータを集計すれば、マムルーク朝時代のマドラサ創設者は軍人層二〇人に対しウラマー一〇人、文官二人、商人六人となる（三浦徹「ダマスクスのマドラサとワクフ」『上智アジア学』一三号、一九九五年、表2）。これをみる限り、ダマスクスにおいてはエジプトと比べて軍人層の比率は低くなり、文民の活動がより活発であったようである。

(138) Fernandes, L., "Mamluk Architecture," pp. 115–117; Behrens-Abouseif, D., *op. cit.*, pp. 21–23.

(139) Martel-Thoumian, B., *op. cit.*, pp. 404–422.

(140) Hamza, H., *The Northern Cemetery of Cairo*, Cairo, 2001.

(141) なおここでは、アブドゥルバースィトとの比較から、かれと同様に主にエジプト中央政府で活動した官僚を対象としている。また、新規の施設の建設のみを対象とし、既存の施設の改築・増築については考慮に入れていない。

(142) 三浦徹によれば、チェルケス・マムルーク朝時代のウスターダールとワズィールの平均の任期は、前者が一・〇九年、後者が一・三年であった。Miura, T., "Administrative Networks in the Mamlūk Period: Taxation, Legal Execution, and Bribery," in *Islamic Urbanism in Human History: Political Power and Social Networks*, ed. by Sato Tsugitaka, London and New York, 1997, pp. 63-64.

(143) たとえば、ジャマール・アッディーン・ユースフ（№2）に対するマクリーズィーの評価（al-Maqrīzī, *Durar al-'Uqūd*, Vol. 3, pp. 565-566）、ファフル・アッディーン（№3）に対するイブン・ハジャルの評価（Ibn Ḥajar, *Inbā' al-Ghumr*, Vol. 3, pp. 182-184）、アシュカル（№6）に対するイブン・タグリービルディーの評価（Ibn Taghrībirdī, *Manhal*, Vol. 12, pp. 82-83）など。

(144) ムフラド庁については、五十嵐 前掲書、第二章を参照のこと。

(145) 例として、al-Maqrīzī, *Sulūk*, Vol. 4, pp. 26, 110.

(146) Al-Subkī, *Mu'īd al-Ni'am wa-Mubīd al-Niqam*, ed. by Muḥammad 'Alī al-Najjār et al., 3rd ed., Cairo, 1996, pp. 26-27.

(147) Ibn Abī al-Faraj 家については、Martel-Thoumian, B., *op. cit.*, pp. 227-238.

(148) Naṣr Allāh 家については、*Ibid.*, pp. 213-226.

(149) 実際に、アシュカル（№6）は図表にあげたもの以外にも、場所は不明ながらモスクやリバートや給水場を建設するなど、多くの建設事業とワクフ寄進を実施したという。Ibn Taghrībirdī, *Manhal*, Vol. 12, p. 83.

(150) Hamza, H., *op. cit.*, p. 13.

(151) たとえば、ファラジュ期の秘書長ファトフ・アッディーン Fatḥ al-Dīn Fatḥ Allāh や、アブー・バクル・イブン・ムズヒルの父である前述のバドル・アッディーン・イブン・ムズヒルなど。*Ibid.*, pp. 12-13.

中世ブリュッセルの都市と宗教
——ミッシェル・ヴィシュマールの遺言書を素材として——

舟橋倫子

はじめに

中世の遺言書は、人々の死後に備えた宗教的・社会的配慮を文書の形で残したものといえる。ローマ法の復活と教会法の影響下で、とくに中世後期に急増する都市民の遺言書は、死後の魂の救いを願う文言で書き始められ、さまざまな喜捨や記念祈祷の必要経費の割り当てを主な内容としていた(1)。遺言書は、商業活動に深く関わっていた都市住民の意識を、死後の魂の救済に結びつける重要な役割を担っていたのである。その普及には、都市の商人によって蓄積された富は、遺言書を通じた死者個人の意思によって教会や貧者に遺贈されることで、商人自身の魂とともに、煉獄に落ちた同胞の魂を救済することに貢献しうるという、都市特有の新たな価値意識の形成があった(2)。本稿では、中世盛期に作成されたブリュッセルの織物商人ミッシェル・ヴィシュマールの遺言書を手がかりとして、家系的な束縛から離れた都市住民達が、血縁によらない連帯と扶助の意識に新たな絆を見いだしていく姿を検証する(3)。

一　ブリュッセル初期史の概観と課題

ブリュッセルという名は、一〇一五年から一〇二〇年の間に作成された聖ヴェローヌの奇跡譚のなかに portus として初めて登場する。(4) それが意味するところはかならずしも明確ではないが、周辺農村所領の生産物をケルンの教会へ運ぶためにセンヌ河岸で荷の積み替えを行ったという九世紀の修道院史料から、地域の農業生産物のトランジットのためにセンヌ河沿いに設置された船着場（port）と考えられている。(5) この船着き場の下流には、ブリュッセル最古の小教区教会の一つとされている聖ジェリィ教会があり、これを中心とした交易的な集落が成長していた。(6) 次いで、現在のグラン・プラス近くに、商人と船頭の守護聖人である聖ニコラに捧げられた教会が建設されたことから、この集落が東に拡大していったことが明らかとなる。(7) 一一七四年に教皇アレクサンデル三世によって発給された文書は、この聖ニコラ教会周辺に、最初の二つの市場と聖ニコラ施療院の存在を確認しているのである。(8) 当時レウヴェンに居城をかまえていたブラバン公（当時レウヴェン伯）は、一一世紀中ころに東の高台に新たな居城となる城を建設すると同時に、その近隣に聖ミシェル参事会教会を創設して、聖ジェリィ教会から聖ギュデュルの聖遺物を奉還した。(9) その後、一二世紀にはセンヌ川沿いの集落からこれらを囲む石造防壁が建設されて、ブリュッセルは明確な都市的景観を示すようになる。(10)

以上のような都市的成長においては、周辺農村の経済発展と、センヌ河を中心とする南北方向での河川ネットワークが決定的な役割を演じていた。(11) 九世紀から一一世紀にかけての農業成長は、在地の商業活動を活性化し、在地領主は新しく生まれたこの余剰の獲得にのりだしてゆく。(12) ブリュッセルの成長に重要な貢献を果たしたのは、農村での所領の形成と平行して都市周辺のセンヌ河ぞいに複数の分院を設置したアッフリヘム修道院と、ブリュッセルを中心とした領邦形成を目指したブラバン公とその側近達であった[13]。これら「領主」達によって、農村経済の組織化は都市周辺でよりいっそう進展していった。

一二・一三世紀にかけての都市経済の発展によって、都市周辺の資源は、何よりも都市の市場や消費と関連づけて評価されるようになり、都市住民を中心とした新しい体制が姿を現してゆく。都市に住んでいる人々は決して均質ではなく、多様な出身・階層の人々がその社会に含まれるようになる。また、都市的展開につれて増加する周辺農村からの人口流入がその流動性に拍車をかけていた[14]。都市と周辺農村の経済成長は、多様な都市住民達に、有力市民層として社会的な上昇をとげる機会を提供した。彼らのなかで、生産と流通に直接関与して都市経済に結びつくことに成功した家系が、商工業者層を形成してゆくのである[15]。そのような人々は、都市領主の封臣を中心とする旧来の貴族層や、役職をもつ都市貴族層に接近し、有力市民層として都市の新たな立役者となっていった[16]。

都市という、農村とは異なった社会環境において、人々は新たな習俗の価値体系を生み出していった。都市における人々の新たな「共同性」は、地縁・血縁といった農村的な共同体の絆以上に、職業や信仰といった理念的な絆の共有にもとづく結合関係から生まれ、多様な他者との恒常的な接触のなかで練り上げられてゆく。都市住民にとって、特定の団体に所属する同時に、祝祭儀礼や相互扶助を通じて水平的な社会結合を維持することが、都市共同体の担い手として不可欠な要素となっていったとされている[17]。

このような社会経済状況の解明は、フルヒュルスト、デスピィに代表されるベルギー社会経済史家達によって進められ、彼らの研究成果は森本芳樹氏の著作をとおして我が国でもよく知られている[18]。しかし、筆者は、近年手がけてきたアッフリゲム修道院の所領経営の検討から、都市ブリュッセルにおける都市住民と宗教施設との関係に関して、宗教的結合の新たな形態という視角からのさらなる実態調査の必要性を感じている[19]。その場合、この問題領域でもっとも有効な情報を含んでいると見なされるのが、一三世紀初頭に作成されたミッシェル・ヴィシュマールの遺言書であり、本稿ではこれを中心素材として取り上げることで、これまでの社会経済史的アプローチとは異なった形で、ブリュッセル都市民の宗教生活の解明を試みる。

二　ミッシェル・ヴィシュマールの遺言書

アッフリゲム修道院の分院として、一二世紀初頭にブリュッセルの南西のセンヌ河沿いに創建されたフォレスト（一三世紀半ばに修道院となる）の文書庫に、一通の遺言書のオリジナルが収蔵されていた[20]。それは、死の床にあったブリュッセルの毛織物商人ミッシュル・ヴィシュマールが最後の意思を記すために、一二二八年三月に兄弟である聖ジェルトルード修道参事会員アダムを執行人として作成させた私文書である。当時の私文書とは、譲渡や売却といった私的な法行為を、一人称の形式で文書化したもので、実際に文書を作成したのは、当該文書によって実際に利益を享受する受益者である在地の教会や修道院であると考えられている[21]。このミッシェル・ヴィシュマールの遺言書の場合、フォレスト修道院に伝来してきたことにくわえて、保証人として聖ギュドル参事会長と聖ジャック教会の代表が登場し、さらに両組織の多くのメンバーが証人となっていることから、ブリュッセルの複数の教会組織との関係のなかで作成されたと思われる[22]。

当該遺言書は、中世盛期のブリュッセルの都市民の経済状況を具体的に記している希有な史料として、都市史研究において度々分析対象とされてきた。しかし、その視角は、ブリュッセルにおける毛織物商工業の実証という非常に経済的に限定されたものであった。これまでの研究史で、ミッシェル・ヴィシュマールという人物について確認された基本情報は以下のとおりである。当該文書に遺贈対象として多くの不動産と商品ストックが記載されていることから、経済的に豊かな織物商であったこと。商品ストックに麻織物があることから、在地の麻織物工業に関わっていた可能性があること。また、商品ストックにイングランド産の毛織物があることから、毛織物の輸入を行っていた商人であったこと。さらに一二一七年のイングランド関係の文書に父ギヨームがブラバンの商人として記載されていたことから、毛織輸入は家の事業として営まれていたことである。[23]

遺言書の情報は、ミッシェル・ヴィシュマールが裕福な織物商であることを明らかにしてくれた。しかし、今、あらためてこの文書と向かい合うと、むしろその文面は、当時の一都市住民の意識と関心を鮮明に浮かび上がらせてくれていることに気づく。したがって、死後に備えた宗教的・社会的配慮を文書の形で残すという、遺言書という文書の基本性格[24]に立ち返って、内容の分析を進めることが重要であると考える。

ミッシェル・ヴィシュマールの遺言状は以下のような構成となっている。はじめに、ブリュッセル市民（burgensis）であるミッシェルが、みずからの魂のすくいのために、聖ジェルトルード参事会員で兄弟であるアダムを執行人として、最後の意思を知らしめるために遺言書作成するという動機が示される。つぎに、財産の宗教施設への寄進と家族への贈与が次の順番で列挙される。それは、ブリュッセル南西部に所在する不動産の遺贈、動産（商品ストック）の処分と分配、ブリュッセル北西部の不動産の遺贈である。最後に、聖ギュデュル参事会と聖ジャック教会の聖職者達が保証人、証人として登場し、さらに妻と息子、兄弟アダムも証人として記載されて、年月日が記されて終わる。

遺贈条項をより詳細に列挙すると以下のような内容となる。遺言者の死後の不動産の遺贈：一ボニエ（イクセル）、聖ジャック教会へ、灯明料と聖職者のため：一ボニエ（サンジル）、ブリュッセルのハンセン病院へ：二ボニエ（アンデルレヒト）アンデルレヒト教会へ、灯明代と聖職者、遺言者の記念ミサのため：八ボニエ（アンデルレヒト）、収益はフォレスト修道女である妹イダへ、死後所有権はフォレスト分院へ、遺言者の記念ミサと記念会食のため：五ボニエ（オーヴェル・ヘンベック、ネーデル・ヘンベック）姪イダへ：一ボニエ（ネーデル・ヘンベック）聖ジャン施療院へ：一ボニエ（ネーデル・ヘンベック）グリンベルゲン修道院へ、遺言者の記念ミサのため：一ボニエ（ネーデル・ヘンベック）、聖ジャック教会へ、灯明料と聖職者のため：一ボニエ（ネーデル・ヘンベック）聖ギュデュル参事会へ、灯明と聖職者のため：一ボニエ（ネーデル・ヘンベック）カンブル修道院へ、遺言者の記念ミサのため：四ボニエ（オーヴェル・ヘンベック）終身用益権は息子のミッシェルと妻フレズュアンデへ、所有権は聖ジャック教会へ（五年以内に律修参事会にならなければ、一ボニエずつ、デンデルモンデ修道院・聖ジェルトルードの施療院・パーク修道院・アイウェル修道院へ）　動産については商品ストックの売却益を分配：負債の返済した残りを貧民に分配。内三〇マルクを聖ジェルトルード参事会へ、遺言者と父母の記念ミサのため。[25]

三　遺言者をめぐる状況

死後のみずからの魂の救いを願う文言ではじまるミッシェル・ヴィシュマールの遺言書は、遺言者が当然所持しているはずの家屋敷が書かれておらず、すべての財産の分配と相続を主目的とする古代の遺言書とは明らかに異なっている。[26] 大半を占めるのは、さまざまな宗教施設への喜捨や記念祈祷の必要経費の割り当てである。身近な家族に限定される親族への分配に関する条項においては、一人の姪を除いて、彼らに与えられるのは不動産からの終身収入のみであり、しかもそれらの所有権は宗教組織に移管される。以上から、ミッシェル・ヴィシュマールの遺言書は、一部の不動産[27]（ブリュッセル周辺地域の二六ボニエ）と商品ストック売却益の修道院・教会・施療院・貧者への遺贈が主な内容であり、全体を貫く宗教的モチーフを特徴としているといえる。

このような個人による遺言書の作成の普及には、商人家系をとりまく都市特有の社会環境が大きく影響していた。ブリュッセルは、経済的には食料・工業原料の供給源であった周辺農村地帯に開かれており、多様なレベルで高い流動性をもつこととなった[28]。富裕な農民層の都市への移住や、封建領主層が都市に取り込まれる事例も多く確認される。これらが融合して、有力市民層となる家系が形成されてゆく。しかし、それらの家系も決して永続的なものではなく、分裂と結合をくりかえして、徐徐に全体として都市の上層階層を形成してゆく[29]。周辺農村から移住してきた多くの人々は、まず、地縁・血縁の強い出身地と切り離され、次いで、都市で新たな家系を形成してゆくこととなった。ヴィシュマール家は、その家名だけでは、父ギヨーム以上に遡ることはできないため、その出自と出身が明確にされてこなかった。しかし、近年のプロソポグラフィの成果は、ヴィシュマール家がブリュッセル北西部の農村から都市へ移住してきた農村エリート層出身で、一二世紀にエシュバンとなったクルティンク家の傍流であったことを明らかにしている[30]。永続的な家という意識が希薄なってゆくなかで、逆に個人の裁量が及ぶ範囲が拡大し、個人としての自分の存在に自覚的になっていったなかに、ミッシェル・ヴィシュマールの遺言書の起草をとらえることができよう。

また、都市と周辺農村の経済成長は、有力市民層として社会的な上昇をとげるために重要な機会を提供した。生産と流通に直接関与して都市経済に結びつくことに成功した家系が、商工業者層を形成してゆく。周辺農村から都市に移住し、織物の商取引を家業として頭角をあらわすヴィシュマール家はその典型といえよう。しかし、そのような家系は非常に不安定であり、くわえて、彼らが、新たな人的絆を求めて相互に繰り返した婚姻関係の結果、家産は分散し、三・四代以下で途絶えるのが一般的であったとされる[31]。毛織物関係の輸入商人として富を築いたとされるヴィシュマールという名前も、三代しかブリュッセル関連史料上で確認することはできない。ミッシェル・ヴィシュマールの遺言書においても、息子が終身利益を享受する四ボニエの土地に関して「貧困時においても、質入れ、あるいは売却することを禁ずる」「non poterit obligare nec vendere occacione alicujus inpopie」という条件をつけているが、これは家業と家門の不安定さを危惧するミッシェル・ヴィシュマールの心情が吐露された部分と考えられよう。これまでの家系意識に代わって、身近な家族への贈与者の思いが伺えるのである。

四　複数宗教施設への遺贈「祈りを購う」

つぎに、この遺言書で、ミッシェル・ヴィシュマールという一個人のためのミサが複数の宗教施設で設定されている点に着目する。それらは、アンデルレヒト教会、カンブル修道院、グリンベルゲン修道院、聖ジェルトルード参事会、フォレスト修道院であり、ほぼすべてがブリュッセル郊外に所在する。これらへの遺贈は、記念祷維持のための財源の譲渡であり、宗教機関との間の一種の相互契約といえよう。死者の魂のための祈りを修道院に依頼する慣行は、以前から存在しており、一〇・一一世紀に、おもにクリュニー修道院の貢献によって定着した。そこでは、特定家門と緊密な関係にあった菩提寺的役割をはたす修道院において、一族のために祈祷がなされるという点に特徴があった[32]。寄進や遺贈を記す文書では、「私と私の祖先達の魂の救いのために」「pro salute animae meae et antecessorum meorum」という文言が繰り返し記載されてきたのである[33]。しかし、この遺言書では「私の永遠の記念ミサの挙行のために」「ut celebrent in perpetuum aniversarium meum」と記されており、死者の魂をめぐる信心形態の変化が明確となる。

個人の救済を求めて富裕層がミサを購う行為は、一見利己的とも見えるが、それがかならずしも自分の利益のためだけになされたとは言い切れない。都市民の遺言書において、ミサ関連の条項が増加しており、死後の魂のための神へのとりなしの手段として、これまで以上にミサの重要性が認識されるようになってきたと考えられている。[34] しかし、ミサが執行される小教区教会をめぐる状況は安定的なものではなく、司祭によるミサも毎日挙げられたわけではなかった。[35] ブリュッセルにおいても、急激な人口増加によって小教区の規模に不均衡が生じ、聖職者の確保、祭務の挙行等においてさまざまな混乱が生じることとなった。[36] このような状況において、個人の遺贈は確実にミサの回数を増やすことになり、それは都市住民にとっても、魂の救済に必要な神への礼拝に参加する機会の増加へとつながったのである。

教会は中世中期以降、貨幣を媒介とした商業・金融活動における富の蓄積を、魂の救済への障害として非難した。都市民が富の獲得と経済活動を正当化するためには、「煉獄」という観念が重要な役割をはたすことになる。天国と地獄の中間に位置する「煉獄」とは、生前に善行をなすことによって、救済への可能性が与えられる審判の場であった。富を蓄えた商人の魂は、天国に入るために、煉獄において一定期間浄化の炎に焼かれる苦しみを経なければならないとされた。[37] この煉獄で苦しむ死者達にとって有益なのは、教会が捧げる取りなしの祈りであるとの意識の定着は、人々がより多くのミサの機会を求めた理由の一つとして考えられる。[38] ミッシェル・ヴィシュマールの遺言書においては、複数の都市の教会や参事会を対象とし、その聖職者と灯明のための遺贈が指示されている。富裕層の遺贈は、不安定な状況のなかでミサを執行する聖職者の存在を経済的に支えることに貢献したことは確かである。

興味深いのは、ブリュッセルの中心部に位置する聖ジャック教会への遺贈に関して、その「五年以内」の律修化にミッシェル・ヴィシュマールがこだわっている点である。聖ジャク教会はもともとブラバン公の宮殿内に建てられた私的礼拝堂であったが、一二世紀中に小教区教会となり、同世紀末にアンリ一世が在俗参事会を設置した。[39] ミッシェル・ヴィシュマールが遺言書を作成させた一二一八年は、アンリ一世が、聖ジャックの在俗参事会をアウグストゥス律修参事会（アウグストゥス戒律にしたがって司祭共同体が共住生活を送る）として、カンブレ司教の監督下で、聖ミッシェルから完全に独立した組織とする決定を宣言した年にあたる(40)。中世盛期にグレゴリウス改革の教会刷新運動が進むにつれて、聖堂参事会員による私的所有の問題が批判の対象となった。聖職者の共同体に対して、財産の共有とより厳格な共同生活の実践が強く求められるようになったのである。これをうけて、司祭的生活と修道者的生活の統合という理念の実現を目指したのが、アウグストゥス律修参事会である(41)。

改革は個々の参事会ごとに行われたため、その実態はきわめて多様性に富むものであり、改革の導き手である司教・聖職者・在俗の人々の裁量によるところが大きかった。ブリュッセルの場合は、ブラバン公、さらにはミッシェル・ヴィシュマールのような周辺在地有力者との連携によって、在俗から律修へという参事会の変化が実現されていったことになる。そこには、司祭の生活と司牧における規律の実践に対する都市住民達の関心が感じられる。全員が司祭であった参事会員にとって、祈りと司牧は大きな意味をもっていた。彼らは、都市での共同生活と司牧活動を通じて、宗教的な関心を強くもつ俗人達と直接に接触する多くの機会を持つ点において、観想修道会とは異なる社会的機能をはたすことになる(42)。ミッシェル・ヴィシュマールの遺言書の作成において、聖ジャク参事会は中心的な役割をはたしていた。その参事会の律修化へのミッシェル・ヴィシュマールのこだわりには、公の私的な礼拝堂であった聖ジャク教会を、都市民への司牧と禱りのための組織に早急につくりかえる必要性と、その財政的基盤の整備にみずから貢献するという意志を読み取ることができるのではないだろうか。

五　施療院への遺贈と貧者への施し　慈善活動

ミッシェル・ヴィシュマールの遺言書には、ハンセン病院、聖ジャン施療院、貧者への遺贈という慈善活動が記載されている(43)。このような慈善活動もまた、都市民の魂の救済にとって重要な意味をもっていた。都市の商人によって蓄積された富は、教会や貧者に遺贈されることによって、商人自身の魂とともに、煉獄に落ちた同胞の魂を救済することに貢献しうると考えられたからである。(44)

当該文書で遺贈先とされているブリュッセルのハンセン病院は、一一七四年に、都市当局によって設立された。中世においてハンセン病は、伝染性と遺伝性をもつと見なされていたため、共同体からの隔離を目的として市門の外に設置されるのが一般的であり、ブリュッセルにおいてもその例にならっている。一方、聖書においてハンセン病患者は、神の祝福をもっとも受けるべき聖なる存在とされたことから、行為者の側の宗教的必要性を重視する慈善活動において重要な対象であった。(45)

ブリュッセルにおいては一二世紀中に、一二使徒、聖ニコラ、聖ジャン、聖ジャック、聖ピエールの五つの施療院が設立された。前三者は、貧者の救済のために有力都市住民達によって創建されている。中世において「キリストの貧者」はつねに慈善行為の対象であるが、貧者とは多義的な存在で、中世初期においては、おもに目に見える身体的な能力の欠如において「貧民」とされた。中世盛期にあっては、経済的困窮者を含むより広い意味をもつようになっていく。(46)その多くは下層労働者となった周辺農村からの移民であり、ブリュッセルにおける多数の施療院の創設は、貧困者の増加と貧困問題の深刻さを反映していると考えらる。

本来、施療院は修道院や教会に付属する施設であったが、一二・一三世紀に多くの都市で俗人層により、個別の施設として創建されていった。そうした施療院の活動の中心は、貧者、病者、巡礼などの受け入れと世話で、医療的処置はきわめて限られていたとされる。(47)しかし、ブリュッセルの施療院についての研究史は、当該都市の施療院の特徴として、たとえ時期が限られるにせよ、いずれの施設も貧民・障害者・老人・病人のために病院としての機能を果たしたことを強調している。(48)ブリュッセルの聖ジャン施療院は、都市の経済発展とともに増加する広義の貧民である社会的な弱者の救済のために、ケルンの慈善兄弟団にならって結成された聖霊兄弟団によって創建され、しだいに病人の受け入れを中心とした病院としての機能を強めてゆく。経済的な管理をおこなう俗人の有力市民、祭務の執行をおこなう司祭、実際のケアを行う修道士・修道女を中心として運営されていた。その財源は、ヴィシュマール家のような商工業活動や不動産所有を中心に富を蓄積した一部富裕層のメンバーからの寄進と遺贈によってまかなわれていたのである(49)。

ミッシェル・ヴィシュマールの遺言書においては、商品ストックの売却益を貧民に分配することが指示されている。このようなある種儀礼的な慈善活動が、どこまで現実的な問題の解決に有効であったかは定かではない。しかし、少なくとも、社会的弱者の救済を共通の克服すべき課題とする意識の形成に、血縁によらない連帯と扶助の新たな絆、すなわち都市住民による新たな「共同性」をみることができると考える。この意識を端的に示す興味深い事例として、アッフリゲム修道院の年代記に記載されている、院長とブリュッセル都市民と間に一二世紀半ばに生じた対立をあげることができる。ワーブル分院の修道士達は、聖母マリアの聖遺物を納めたる箱を都市の金属細工師によって装飾してもらうために、聖遺物箱をブリュッセルへ運び、聖ニコラ教会に預けた。その間、聖遺物箱のまわりで病気治癒等の多くの奇跡がおこったため、多くの奉献があつまった。その分配に際して、都市住民たちが一致して、三分の一を貧民の救済に当てるべきであると強行に主張したというのである(50)。この逸話は、俗人の宗教施設への贈与は、それを媒介として富が社会に還元されることを前提としてなされるという都市民の意識を物語っているのではないだろうか。

六　フォレスト分院への遺贈　経済的側面

ミッシェル・ヴィシュマールの遺言状において、フォレスト分院は、一ボニエといった小規模な所領の遺贈先である他の多くの教会施設とは明らかに扱いが異なっている。遺言書に記載されているように、ミッシェルの妹イダはフォレストの修道女であり、八ボニエという例外的に多くの所領が、記念禱と記念会食の財源としてフォレストに遺贈されている。さらに、ミッシェルの三ヶ月後に死亡した父ギヨームも同じく遺言書をフォレストに残しており、それはヴィシュマール家と分院フォレストとのより緊密な関係を示している。父ギヨームの遺言書は、フォレストのカルチュレールに転写された形で伝来し、息子の八ボニエの遺贈と記念ミサを確認したうえで、みずからの一〇ボニエの遺贈を明記しているのである。その条件としては、妻エリザベスが存命中は収益を享受し、その死後は所有権をフォレストに移管させるとともに、ギヨームとエリザベスの記念ミサを挙行するというものである。(51) このような修道院とヴィシュマール家との関係は、上述したクリュニー型の騎士階級と修道院の関係を彷彿とさせる。しかし、ブリュッセルにおいてフォレストが果たした役割を考慮するとき、両者を結びつける絆の新たな性質が浮かび上がってくる。

まず、重要であるのは、アッフリゲム修道院とその分院であるフォレストとビガールが、都市ブリュッセルの発展過程で社会的結節点となっていたことである。都市の中心地機能に引きつけられてきた、出身においても出自においても多様な人々は、そこに定着するために新たな絆を取り結ぶ必要があった。公を始めとする有力者層の強力な庇護のもとで、社会・経済的なネットワーク形成しつつあったアッフリゲム修道院と何らかの関係を結ぶことは、非常に有益であったのである。(52) 一二・一三世紀に都市エリートの一つの指標であるエシュバン職を経験した五八家系のうち、クルティンク家を含む五一家系がアッフリゲムとその分院と寄進や入会によって緊密な関係を結んでいたことからも、彼らが修道院の成長と連携して社会的上昇を遂げていったことが見て取れる。(53)

このような修道院と周辺関係者との結びつきは、まずは相互の経済的なメリットから説明されうる。政治・宗教的中心地から離れていたブリュッセル周辺地域は、中世初期から地域的中心となる存在が欠如していたため、多数の在地有力者の所領の散在に特徴があった。ここに、ブラバン公のイニシアチィブによって、一一世紀末にアッフリゲム修道院が出現したことによって、修道院を中心とした聖・俗両面においての地域の再編成が進行していった。ブラバン公は、フランドル・ブラバンの領主層をアッフリゲムの下に結集し、みずからがその上に立つものであることを示すという政治的な意図をもって修道院の創建を行ったと考えられている(54)。アッフリゲムは在地有力者層との連携によって、遠方に所在する修道院の遠隔地所領を吸収しつつ、フランドル方面で大規模な所領を形成してゆく。さらにそれと平行してブリュッセル方面に進出し、その近郊にビガール、フォレスト両女子分院とワーブル分院を創立した。これら分院には、都市経済の担い手となって台頭してゆく社会集団からの入会や寄進が集中してゆく(55)。

修道院と諸分院は、湿地というブリュッセル周辺地域の地理的条件に適応した集約的な所領経営を展開した。浸水による肥沃さを特徴とする湿地は、野菜栽培・牧畜・漁労などの生産活動から泥炭などの資源採掘まで、多様な潜在能力をもった空間であった(56)。修道院は所領での生産を入念に管理し、都市の需要に応じた商品作物生産をも早い時期から展開していた(57)。穀物、牧畜生産物、魚、野菜、果実等の豊富な物資が都市ブリュッセルに供給されており、その商取引を実際に行っていたのは、修道院や分院の関係者となっていた都市住民達であると想定される(58)。

とくにフォレスト分院は、ブリュッセルの毛織物工業において重要な役割をはたしてきた。多くの都市有力家門からの入会金を資金源として、合計三〇〇マルクに及ぶ金額で都市の羊毛需要を見据えた投機的な未耕地の購入を行ったとされる(59)。そこには、「羊飼い」によって集中的に羊毛生産が行われていたゼーランドの遠隔地所領も含まれる(60)。また、センヌ河沿いのフロネデ農場は、ブリュッセルへの流通のための羊の集積所として機能していたと考えられている(61)。中世後期の会計記録は、牧畜、とくに羊毛に特化した所領経営がフォレストで大規模に展開されたことを明らかにしている(62)。さらに、フォレストにおいては、入会後も修道女が私有財産を保持し、出身家系との連携によって牧畜関連の経済活動を行っていた興味深い事例も確認できる。(63) 毛織物商人であったヴィシュマール家にとって、フォレストが近しい存在であったことは想像に難くない。

七　フォレスト分院への遺贈　宗教的側面

フォレストとの関係を、聖人崇敬による都市における新たな宗教的結合という側面から検討する。ブリュッセル都市住民の崇敬を集めた二人の聖女アレーヌとヴィヴィンヌの聖遺物は、それぞれフォレスト、ビガール分院に置かれ、両分院と深く結びつけられていた。古代末期にはじまる聖人への崇敬は中世にいっそうの発展をみせた。はじめ聖人とされたのは迫害時代の殉教者たちだが、中世にはいると、修道者や自分たちの教会の基礎をすえた聖職者達が聖人の列に加わる。やはり古代末期にはじまる殉教者の墓所崇敬の風習は、聖遺物への崇敬に発展した。聖遺物は奇跡を起こすとされ人々に強くもとめられたのである。人々の地方的な聖人に対する崇敬感情はきわめて強く、聖なる場所への集住を引き起こすこともあった。崇敬された聖人の聖遺物や遺骸（墓所）の所在する修道院や教会は、都市的定住地の発展に貢献したのである。(64)

フォレストには、周辺の中小貴族家系であるディルベーク家の娘で、七世紀に殉教した聖アレーヌの墓所があった。彼女への崇敬が、フォレストに最初の定住を引き起こしたとされている。(65) アッフリゲム修道院は、この聖アレーヌへの崇敬をフォレスト分院に結びつけることによって、地域の把握を行っていったと考えられる。(66) 一一〇五年ころ、修道院はフォレストと隣接するユクル（ブリュッセル中心部まで広範囲を管轄する、ブリュッセル最初の小教区の一つ）の小教区教会を獲得する。(67) フォレストの小教区には、聖アレーヌの埋葬地の上に立てられた礼拝堂と、小教区教会がほぼ隣接して存在し、それぞれ聖女の遺物を所持していた。(68) まず、アッフリゲム院長は、この礼拝堂に女子分院を移動してフォレスト分院とする。[69] 一一四〇年ころにカンブレ司教は新たに礼拝堂と小教区教会の献堂式を行い、女子分院のためにフォレストに派遣されていたアッフリゲムの修道士達が、小教区教会で住民のためにミサを挙行することを承認している。[70] このころ、アッフリゲムの修道士によって聖アレーヌの聖人伝が作成されるが、そこには聖アレーヌの名を知らしめるとともに、フォレストと聖アレーヌの結びつきをいっそうアピールする意図があったと推測される。[71] その後、聖女の聖遺物の管理をめぐって、小教区民と分院は争論を経験することとなった。一一九三年、アッフリゲム院長はフォレストの小教区教会に赴き、壮麗な顕示式を挙行して聖遺物に対する修道院の管理権を誇示しつつ、小教区教会に聖遺物の一部をおきつづけることを承認するのである。[72] この背景には、なにより、聖アレーヌの聖遺物がおこした奇跡の評判がブリュッセルで高まったことにある。奇跡伝には、聖アレーヌ詣でにフォレストを訪れたことによって病気が治癒したとする、多数のブリュッセル都市民の名前が記載されているのである。[73]

同じく、病気治癒の奇跡によって、都市住民の崇敬を集めたのが、ビガール分院の聖ヴィヴィンヌであり、彼女達への崇敬は、ブリュッセルの守護聖女である聖ギュデュルをしのぐものであったと考えられている。[74] 聖ヴィヴィンヌは、フランドルでもっとも古い貴族家系オワジィ家出身で、ビガール修道院を創建して初代院長となった。[75] 一一三三年にアッフリゲム修道院がビガールを吸収した後は分院長となる。一一七七年にアッフリゲム院長は、彼女の遺骨をビガール分院教会の祭壇に移転する式典を主催した。この行為の背景には、聖ヴィヴィンヌへの崇敬を高めるとともに、それをアッフリゲム主導のもとでコントロールする意図があろう。

アッフリゲム修道院には、ブリュッセル都市住民とビガール分院との間に一二世紀を通じて結ばれていた兄弟盟約を記載する興味深い文書が伝来している。[76] それによると、まず、毎年ペンタコステ（復活祭後七週目の日曜日）後の水曜日に、人々がブリュッセルの聖女ギュデュルの棺とともにビガールに赴き、修道女達のために石を集めるという習慣が一二世紀半ばに定着していた。そして、その後、この兄弟盟約を活気づけるために、ペンタコステの日に修道女達がブリュッセルにやってきて、奉献物を集めるために三日間滞在することを許可するという新たな取り決めがなされた。これらの毎年繰り返される宗教儀礼は、その参加によって都市住民の結束力を高める効果があったろう。さらに共通の聖女への崇敬の可視化は、病気治癒といった個々人の利得にくわえて、集団に功徳をもたらす行為であるという認識を都市住民に定着させ、都市における宗教的結合の新たな形態を生み出すことに貢献したと考えられる[77]。

都市民にとって彼らが帰依する聖人は、死んだ仲間とやがて死すべき自己の魂の救済のための取りなし手であり、共通の聖女達への崇敬は、人々の都市への帰属意識を高めることに貢献した[78]。アッフリゲム修道院は、聖人崇敬をリードすることによって、広範な市民層の信頼を得て、さまざまな利害集団から構成されていた都市共同体をまとめる、水平的社会的結合の促進という新たな役割をも担っていったと思われるのである。

おわりに

一二二八年に作成された織物商人ミッシェル・ヴィシュマールの遺言書は、中世盛期のブリュッセル都市住民の意識をかいま見せてくれた。

センヌ河沿いの交易集落から出発したブリュッセルの都市的成長は、周辺農村の経済発展に支えられて一二世紀に急速に進展してゆく。都市的発展にともなって、周辺農村から多くの人々のが都市に流入した。都市と農村の経済発展は、多様な出自の都市住民達に社会的な上昇の機会を提供し、都市経済と結びつくことに成功した家系が有力市民層となってゆく。しかし、そのような家系は決して永続的な存在ではなく、分裂と結合をくりかえして、徐徐に全体として都市上層階層を形成してゆく。周辺農村出身で、ブリュッセルでの織物取引で材を築いたミッシェル・ヴィシュマールは、その典型といえる。

多くの都市民による遺言書の起草を引き起こしたのは、都市という環境によって形成されてゆく個人と家族という意識であった。ミッシェル・ヴィシュマールの遺言書においても、財産の一部を分配されるのは身近な家族に限られる。遺言書の主要な内容は、多くの修道院・教会への細かな遺贈である。それらは自分個人の記念禱の設定のためでもあったが、祈りの機会を増加させ、ミサを挙行する聖職者を経済的に支えることにもつながった。聖ジャック参事会の律修化を遺贈の条件としている点からも、都市住民のための祈りと司牧の機会の増加によせる強い関心が伺える。また、病院・施療院への遺贈と貧者への施しといった慈善活動は、社会的弱者の救済を共通の課題とする都市住民の、血縁によらない新たな連帯意識形成の現れと考えられる。

遺言書で特別な配慮をされているフォレスト修道院との緊密な関係には、毛織物商業における利得と、聖人崇敬という新たな社会的結合への参加という二重の動機が想定される。フォレストは都市の有力者層との連携によって、ブリュッセルとその周辺で毛織物商工業を積極的に展開していた。また、アッフリゲム修道院は分院であるフォレストとビガールに、それぞれに聖アレーヌ・聖ヴィヴィンヌという聖女への都市住民の崇敬を結びつけた。共通の「とりなし手」である聖女への崇敬と宗教行事への参加は、病気治癒という個人的な利得にくわえて、集団に功徳を与える行為となっていったのである。

ミッシェル・ヴィシュマールの遺言書の全体を貫く宗教性は、さまざまな利害集団から構成されていたブリュッセルという社会環境を生き抜くために、新興商人家系の必要によって生み出されていった新たな価値体系を示していると思われる。遺言書から読み取れる彼の思いとは、信仰という理念的な絆に基づいて、祈りや慈善といった相互扶助の行為によって形成されてゆく、水平的な社会結合への希求ではないだろうか。

(1) 中世の遺言書の例として、ウイの市民の遺言書 Joris A., Le testament de Pierre Strameris, oppidain de Huy (ca. 1263), *Annales de Circles Hutois des Sciences et des Beaux Arts*, 31, 1977, Annexe, pp. 16-17 を挙げておく。この遺言書には、河原温氏による抄訳がある。ヨーロッパ西洋中世史研究会編『西洋中世史料集』東京大学出版会、二〇〇〇年、三三九—三四一頁。なお、ミッシェル・ロウェルスによって作成された一三世紀のリエージュ司教領における遺言書の一覧表を参照。Lauwers, M., *La mémoire des ancêtres, le souci des morts. Morts, rite et société au Moyen Age*, Paris, Beauchesne, 1996, Annex III, pp. 517-523.

(2) 中世都市民の宗教意識については、Boucheron, P. et Chiffoleau, J. (éd), *Religion et société urbaine au Moyen Age. Etudes offerts à J.-L. Biger par ses anciens élèves*, Paris, 2000; Vouchez, A. (éd), *La religion civique à l'époque médiévale et moderne*, Ecole française de Rome, 1995; 河原温『中世フランドルの都市と社会——慈善の社会史』中央大学出版部、二〇〇一年を参照。

(3) ブリュッセル都市住民の社会的結合への関心を端的に示すものとして、論文集 *Voisinages coexistences, appropriations. Groupes sociaux et territoires urbains. Actes du Colloque international de Bruxelles (4-6 déc. 2004)*, Deligne, C. et Billen, C. (éd), Turnhout, 2007 の刊行がある。

(4) *De sancro Verono Lembecae et Montibus Hannoniae, Acta sanctorum, Martii*, 30, 1865, pp. 841-847.

(5) 都市ブリュッセルの起源に関する最新の研究は、Charruadas, P., Croissance rurale et action seigneuriale aux origines de Bruxelles (haut Moyen Age-XIIIe siècle), *Voisinages coexistences,op.cit.*, pp. 175-201.

(6) Despy, G., La genèse d'une ville, *Bruxelles, Croissance d'une capitale*, Stengers, J., (éd), Anvers, 1979, pp. 28-37.

(7) Billen, C., *Commerce et négoce*, Liège, 2003, pp. 9-11.

(8) Lefèvre, P., Godding, P. et Ganshof, F. (éd), *Chartes du chapitre de Sainte-Gudule à Bruxelles, 1047-1300*, Louvain la Neuve, 1993, no. 10, pp. 18-19.

(9) 聖女の聖遺物は、もともとブリュッセル郊外のモーゼル教会にあったが、ブラバン公が在地有力者の略奪を恐れて、一〇世紀に聖ジェリィ教会に移送し、その後聖ミッシェル教会に移動させたとされる。*Ibid.*, no. 1, pp. 10-3.

（10）Despy, G., Un dossiers mystérieux: les origines de Bruxelles, *Bulletin de la Classe des Lettres et des Sciences Morales et Politiques*, 8, 1997, pp. 285-287.

（11）センヌ河水系の利用によるブリュッセルの発展については、Deligne, C., *Bruxelles et sa rivière. Genèse d'un territoire urbain (12e-18e siècle)*, Turnhout, 2003が詳しい。

（12）Thoen, E., Le démarrage économique de la Flandre au Moyen Age: le rôle de la campagne et des structures politiques (XIe-XIIIe siècle). Hypothèses et voies de recherches, *Economie rurale et economie urbaine au moyen age*, Verhulst, A.et Morimoto, Y. (éd), 1994, Gent/Fukuoka, pp. 165-184; 山田雅彦『中世フランドル都市の生成』ミネルヴァ書房、二〇〇一年、一一一―一四二頁。

（13）De Waha, M., La mise en exploitation du sol anderlechtois (XIe-XIIIe siècles), *Cahiers bruxellois*, 21, 1976, pp. 5-59. ブリュッセル近郊で古代からの定住地であるアンデルレヒトにおける、Aa家の所領経営の検討。なお、アンデルレヒトは、ヴィシュマールの遺言書で遺贈対象となる不動産の所在地の一つ。

（14）Diskstein-Bernard, C., Activités économiques et développement urbain à Bruxelles (XIIIe-XVe siècle), *Cahiers Bruxellois*, 24, 1979, pp. 52-62; Id., Entre les villages et la ville: liens visibles et invisibles, *La région de Bruxelles. Des villages d'autrefois à la ville d'aujourd'hui*, Smolar-Meynard, A. et Stengers, J. (éd), Bruxelles, 1989, pp. 118-129.

（15）Deligne, C., Bellen, C. et Kusmand, D., Les bouchers bruxellois au bas Moyen Age. Profils d'entrepreneurs, *Patrons, gens d'affaire et banquiers. Hommages à Ginette Kurgan-van Hentenrijk*,. JAUMAIN , S. et BERTRAMS, K. (éd), Bruxelles, 2004, pp. 69-92; Charruadas, P., Champs de légumes et jardins de blés. Intensification agricole et innovations culturales autour de Bruxelles au XIIIe siècle, *Histoire et société rurales*, 28, 2007, pp. 11-32.

（16）Smolar-Meynard, A., Ducs de Brabant et lignages bruxellois. De la stabilité d'une alliance d'affinité soutenue par l'intérêt, *Les lignages de Bruxelles,* 137-138, 1994, pp. 183-199. 北西ヨーロッパ地域の中世都市形成については、フルヒュルスト、A.（森本芳樹、藤本太美子　森貴子　訳）『中世都市の形成』岩波書店、二〇〇一年を参照。

（17） 河原温『都市の想像力』岩波書店、二〇〇九年：Boone, M. et Lecuppre, E., Espace vécu, espace idéalisé dans les villes des anciens Pays-Bas bourguignons, *Villes et villages. Organisation et représentation de l'espace. Mélanges Jean-Marie Duvosquel*, Dierkens, A., Loir, C., Morsa, D. et Vanthemsche, G. (éd), Bruxelles, pp. 111-128.; Dutour, T., Les nobles, les activités civiles et la vie urbaine dans l'espace francophone (XIIIe-XVe siècle), *Histoire Urbaine*, 16, 2006, pp. 115-129.

（18） 森本芳樹（編訳）『西欧中世における都市と農村』九州大学出版会、一九八七年、森本芳樹『西欧中世初期農村史の革新——最近のヨーロッパ学会から——』木鐸社、二〇〇七年。

（19） 拙稿「中世盛期農村における非農耕的経済活動——アフリヘム修道院史料をてがかりとして——丹下栄編著『西欧中世農村における非農耕的活動』平成一七—一九年度科学研究費補助金（基盤研究C）研究成果報告書、二三—五二頁、「一二世紀ベルギーにおける修道院と周辺社会——アッフリゲム修道院のブリュッセル地域——」『エクフラシス』第三号、二〇一三年、四八—六五頁。

（20） フランス統治下で解散させられたフォレスト修道院に所蔵されていた文書は、いったん散逸を余儀なくされたが、最終的には王立総合文書館（AGR）に、ブラバン教会文書（AEB）として収録された。拙稿「文書史料刊行とは何であったか——アフリヘム修道院関係文書の事例を通じて——」『歴史学研究』第七九五巻、二〇〇四年、四四—五四頁。ミッシェル・ヴィシュマール遺言書のオリジナルは、AEB. 7014, A 1201-1257, no72 という分類番号を付されて収録されている。この遺言書は四冊の写本（一五世紀から一七世紀にかけて作成されたアッフリゲム修道院のカルチュレールA、B、Cと、一六世紀のフォレスト修道院のカルチュレール）に書き写されており、ウォテルスはAから、ド・マルヌフはB、Cに基づいてこの文書の刊行を行った。Wauters, A., *Les libertes communales, Preuves*. Bruxelles, 1869, p. 104; De Marneffe, E., *Cartulaire de l'abbaye d'Afflighem et des monastères qui en dépendaient*, Louvain, 1894-1901, pp. 462-464. しかし、デスピィはいずれも不完全なものであるとして、みずからこの遺言書を分析した論文の末尾にオリジナルからの文書刊行を行っている。本稿ではこのデスピィ版をおもに利用した。Despy, G., Secteurs secondaire et tertiaire dans les villes des anciens Pays-Bas au XIIIe siècle: l'exemple de Michel Wichmar à Bruxelles,

Acta Historica Bruxellensia, 4, pp. 163-165. また、フォレスト修道院のカルチュレールは、ローランによってファクシミリ版として刊行されており、当該文書も収録されている。Laurent, R. (éd), *Le Cartulaire et le chartrier de l'abbaye de Forest (avec fac-similé du cartulaire*, Bruxelles, 2003, pp. 191-193.

(21) Guyotjeannin, O., Pycke, J. et.Tock, B., *Diplomatique médievale*, Turnhout, 2006, pp. 115-118.

(22) Ut autem hoc testamentum deinceps firmum permaneat et inviolabile, sigillis Godefridi chori decani et Godescalici plebani canonicorum Bruxellentium et magistri Giselberti presbiteri Beati Jacobi de Frigido Monte in Bruxella duxi roboramdum.... Testes...magister Godefridus chori decanus ecclesie Sancte Gudule in Bruxella, dominus Godescalcus plebanus et canonicus ejusdem loci, Albertus sacerdos, magister Giselbertus et Gerardus Papa capellani ecclesie Beati Jacobi in Bruxella, Godefridus de Quakenbeke clericus. (Despy, Secteurs secondaire, art.cit., p. 165)

(23) Despy, Secteurs secondaire, art. cit., pp. 147-163.; Favresse, F., Les draperiers bruxellois en 1282, *Revue belge de Philologie et d'Histoire*, 33, 1955, p, 295; Sturler, J., *Les relations politiques et les échanges commerciaux entre le duché de Brabant et l'Angleterre au moyen age*, Paris, 1936, pp. 84 et 115; Van Utyven, R., Les bourgeois dans les villes brabançonnes au XIIIe siècle, *Revue de l'Université de Bruxelles,* 1978, p. 477; Verhulst, A.,La laine indigène dans les anciens Pays-bas entre le XII et le XVIIe siècle, *Revue historique*, 247, 1972, p. 283.

(24) Lauwers, M., *op. cit.*, p. 355.

(25) ....unum bonarium terre quod jacet prope Elterken ecclesie Beati Jacobi in Bruxella, partem ad luminaria ejusdem ecclesie, partem clericis Deo servientibus in jamdica ecclesia; unum bonarium terre parum minus quod jacet prope Obbruxellam Leprosis in Bruxella; duo bonaria terre, ..., partem clericis Deo servientibus in ecclesia de Anderlecht ut celebrant in perpetuum anniversarium meum, partem ad luminaria ejusdem ecclesie; octo bonaria terre, ...ut ipsi percipiant fructus ex eadem terra provenientes, quamdiu vixerit Ida soror mea monialis in Fresto, et distribuent pro voluntate sua; post mortem vero jamdicte Ide, libere trnsibunt hec octo bonaria ad ecclesiam de Foresto, ut in eadem

ecclesia Deo servientes in perpetuum celebrant anniversarium meum et in ipso anniversario recipient pitantiam de omnibus fructibus terre illius. Omnes etiam lineos pannos meos et lignum meum brisilie vendidi et nummos exinde in majori parte in usus proprios et in quitationem debitorum meorum converti, residuum fratri meo Ade ad distribuendum pauperibus ubi vellet prout melius sciret et posset commisi. Dedi etiam canonicis regularibus sancte Gertrudis in Lovanio triginta marcas sterlingorum legalium, ita quod ex eis nulla debita quitabunt sed cum eis comparabunt redditus, ut exinde in perpetuum in anniversario meo et patris et matris mee et Elysabet sororis mee recipiant pitantiam, et istas marcas assignavi per cipiendas de lana mea, que allata fuit michi de Anglia, ... Quator bonaria terre que jacent in territorio de Superiori Hembeke et etiam unum quod jacet apud Hembeke Inferiorem dedi Ide filie Elyzabeth sororis mee. Insuper habui quinque bonaria terre apud Inferiorem Hembeke inde contuli: unum domui infirmorum Sancti Johannis in Brixella; unum monachis in Grenbergis ut celebrent anniversarium meum; dimidiam partem unius bonarii dedi clericus Sancti Jacobi in Bruxella, alteram dimidiam ad luminaria ejusdem ecclesie; dimidiam partem unius bonarii contuli canonicis Sancte Gudule in Bruxella, alteram dimidiam ad luminaria ejusdem ecclesie; unum monialibus de camera ut in perpetuum celebrent anniversarium meum. Quator bonaria que jacent apud Superiorem Hembeke dedi in elemosinam Mychaeli filio meo ita quod fructus ex eis provenientes percipiat ad vitam suam et ipsam terram non poterit obligare nec vendere occasione alicujus inopie. Si vero contingat quod canonici regulare instituantur in ecclesia Beati Jacobi in Bruxella infra quinque annos, volui et dixi quod hec quatuor bonaria terre libere transirent ad eos; quod si non instituantur infra terminum jam determinatum, dedi: unum bonarium monialibus de Demremonde, unum domui infirmorum Sancte Gudule in Bruxella, unum monialibus de Diven prope Lovanium, unum monialibus de Ewires. Ita tamen quod de universis fructibus dictarum terrarum prefata Fresuendis usufructum habebit.... (Despy, pp. 164-165.)

(26) Bongert, Y., La renaissance du testament dans le Cambrésis du XIIe au XVe siècle, *Mémoires de la Société pour l'histoire du Droit et des Institutions des anciens Pays-Bas bourguignons, comtois et romands*, 29, 1968-1969, pp.

113–141; Lauwers,M., *op. cit.*, p. 358.

(27) いずれもブリュッセル西部に所在し、センヌ河に沿って南北に展開している。

(28) Van Uytven, R., L'approvisionnement des villes dans anciens Pay-Bas au Moyen Age, *l'approvisionnement des villes de l'Eupore occidentale au Moyen Age et Temps Modernes. Actes des 5e Journée internationales d'histoire de l'abbaye de Flaran (16–18 septembre 1983)*, Toulouse, 1985, pp. 75–116.

(29) Charruadas, P., La genèse de l'aristocratie urbaine à Bruxelles au miroir de l'historiographie italienne (XIIe–XIVe siècles), Entre service militaire à cheval et activités civiles lucratives, *Histoire Urbaine*, 21, 2008, pp. 49–68.

(30) 〈Clutinc〉一一三八年文書で、十二使徒施療院の創立メンバーとして初出。*Charte de Sainte-Gudule*, pp. 13–15, no. 8; Charruadas, P., Croissance rurale, *op. cit.*, p. 329.; Laurent, R. et Roelandit, C., *Les échevins de Bruxelles (1154–1500). Leur sceaux (1239–1500)*, Bruxelles, 2010, pp. 118–126.

(31) Deligne, C. Billen C. et Kusman, D., Les bouchers, art. cit., pp. 82–85.

(32) 代表的な著作として、Rosenwein, B., *To be Neighor of Sant Peter. The Social Meaning of Cluny's Property (909–1049)*, Ithaca-London, 1989を参照。

(33) Bouchard, C., *Holy Entrepreneurs. Cistercians, Knights, and Economic Exchange in twelfth-century Burgundy*, Ithaca-London, 1991, pp. 75–79.

(34) リエージュ司教領で作成された遺言書については、Lauwers, M. *op. cit.*, pp. 364–372. 一般的な状況については Vincent, C. *Eglise et société en Occident XIIIe–XVe siècle*, Paris, 2009, pp. 133–140を参照。

(35) Chiffoleau, J., *La religion flamboyante (1320–1520)*, Paris, 2011, pp. 65–66.

(36) ブリュッセルの小教区に関しては詳細な検討が試みられてきたが、一三世紀を通じて聖ギュデュル教会の主導による再編が繰り返されたため、初期の形成過程を史料から追跡することは非常に困難であるとされる。Charruadas, P., Bruxelles et ses communes. Une rérion, une histoire..., *La région de Bruxelles-capitale*, 2008, Bruxells, pp. 18–25; De Ridder, P., Paroisse et urbanisme, *La région de Bruxelles. Des villages d'autrefois à la ville d'aujourd'hui*, Bruxelles,

1989, pp. 138–145. ブリュッセルの聖職者については、Charruadas, P. et De waha, M., Centralité religiuese et dévéloppement urbain. Note sur la fixation du doyenné de Bruxelles aux XIe–XIIe siècles, *Cahiers bruxellois*, 41, 2009, pp. 43–72 を参照。

(37) J・ル・ゴフ著、渡辺香根夫・内田洋訳『煉獄の誕生』法政大学出版局、一九八八年、大黒俊二『嘘と貪欲――西欧中世の商業・商人観』名古屋大学出版会、二〇〇六年。

(38) Lauwers, M. *op. cit.*, pp 381–389.

(39) Demeter, S., Le château du Coudenberg à Bruxelles. La Résidence des ducs de Brabant dans la basse-cour du châtelain ?, *Château Gaillard 21. Actes du colloque international de Maynooth (2002)*, Caen, 2004, pp. 45–50.

(40) Van Derveeghde, D., *Inventaire des archives de Saint-Jacques sur Coudenberg*, Bruxelles, 1962, pp. 1–3.

(41) Châtillon, J., *Le mouvement canonical au moye age, réforme de l'église, spiritualité et culture,* Turnhout, 1992; Vauchez, A., *La spiritualité du moyen age occidental (VIIIe–XIIe siècles),* Paris, 1975, pp. 75–95.

(42) Despy, G., Chapitre séculiers et réguliers en Brabant: les débuts de l'abbaye de Dieleghem à Jette, *Cahiers bruxellois*, 8, 1963, pp, 1–8.

(43) ボナンファンはブリュッセルのハンセン病院、施療院に関して一連の包括的な研究を行っており、その成果は論文集、Bonenfant, P., *Les Bienfaiteurs des Pauvres de Bruxelles, Hôpitaux et bienfaisance publique dans les anciens Pay-Bas des origines à la fin du XVIIIe siècle*, Bruxelles, 1965 にまとめられている。また、近年のこの研究分野に対する関心の高まりを示すものとして、以下の研究集会の開催と成果の出版が挙げられる。*Hôpitaux du Moyen Age et des temps Modernes, Actes, Bruxelles—Gent—Namur, 14–15–16/03/2002*, Bruxelles, 2007.

(44) Lauwers, M., *op. cit.*, pp. 461–464.

(45) Bonenfant, P., L'ancienne Léproserie Saint-Pierre à Bruxelles, *Rapport annuel de la Commission d'Assistance publique de la Ville de Bruxelles pour 1927*, Annexe, Bruxelles, 1930, pp. 1–15; Uytterbrouck, A .,Hôpitaux pour lépreux ou couvent pour lépreux ? Réflexions sur le caractère des premierès grandes léproseries de nos région à

l'origine, *Annales de la Société belge d'Histoire des Hôpitaux*, 10, 1972, pp. 3–29.

（46）　Bonenfant, P., Les Bienfaiteurs des Pauvres de Bruxelles, *Hôpitaux et bienfaisance*, *op. cit.*, pp. 49–56.

（47）　Lauwers, M., *op. cit.*, pp. 461–465.

（48）　Dickstein-Bernard, C., Le sens de l'hospitalité à Bruxelles au Moyen Age, *Hôpitaux du Moyen Age et des temps Modernes, op. cit.*, Actes, pp. 69–80.

（49）　Bonenfant, P., Les origines de l'hôpital saint-Jean, in op. cit, pp. 57–78; Bonenfant, P. (éd), *Cartulaire de l'hôpital Saint-Jean de Bruxelles (Actes des XIIe et XIIIe siècle)*, Bruxelles, 1953, no. 2 pp. 5–7、ギラルディアンは建築学的なアプローチから、聖ジャン施療院の構造を検討し、病人の受け入れが施設にとって重要であったことを検証している。Guilardian, D., Le plan de l'hôpital Saint-Jean de Bruxelles (1708), *Villes et villages. Organisation et représentation de l'espace. Mélanges Jean-Marie Duvosquel,* Dierkens, A., Loir, C., Morsa, D. et Vanthemsche, G. (éd), Bruxelles, pp. 361–374; Van Goubergen, W., *Les souers hospitalières augustines de Bruxelles, 1186–1986. 8000 ans au service des malades*, Bruxelles, 1986.

（50）　Gorissen, P., *Sigeberti Gemblacensis Chronographiae Auctarium Affligemense, Bruxelles*, 1952, p. 133; Despy, G., Les Bénédictins en Brabant au XIIe siècle: la chronique de l'abbaye d'Afflighem, *Problèmes d'histoire du christianisme*, 12, Bruxelles, 1983, pp. 59–65.

（51）　ミッシェルの文書とはまったく形式の異なっており、聖ギュデュル参事会の長と聖ジャック教会の代表によって発給され、三人称で書かれている。最初の通告として、息子の遺贈とミサ、ついで二番目の通告として父ギヨームの遺贈とミサが記載されている。一六世紀の写本および、カルチュレールIとKからド・マルヌフが刊行している。mychael filius willelmi in extremis laborans in remissionem dictorum suorum octo bonaria terre.....willelmus filius wichmari pater jamdicti mychaelis in extremis laborans pro salute anime sue decem bonaria terre...eidem ecclesie in elemosinam contulit...（De Marneffe, *op. cit,* p. 457.）

（52）　Bonenfant, P. et Despy, G., La noblesse en Brabant aux XIIe et XIIIe siècles, *Le Moyen Age*, 64, 1958, pp. 27–66;

Godding, PH., La ville et ses alentours: rapports juridiques, *La région de Bruxelles. op. cit.,*, pp. 110-117; Van Uytven, R., Les bourgeois dans les villes brabançonnes au XIIIe siècle, *Bourgeois et littérature bourgeoise dans les anciens Pays-Bas au XIIIe siècle. Actes du Colloque de Bruxelles (13-14 mars 1978).* Despy, G. *et al.*, (éd) Bruxelles, pp. 468-482.

(53) Laurent, R. et Roelandt, C., *Les échevins de Bruxelles (1154-1500). op. cit.,* Bruxelles, pp. 17-72; Charruadas , P., *Aux origines de l'aristocratie bruxelloise. Répertoire prosopographique (XIe-XIIIe siècles)*, Bruxelles 刊行予定。

Anslier, Asse, Arka, Atrio-Nossegem, Bekkerzeel, Bever, Bigard, Bole, Chapelle, Coleman, Clutinc, Dechelpoel, Domo, Eppegem, Faiter, Frigido, Grolst, Hamme, Hebe, Heembeek, Itterbeek, Laeken, Lennik, Leeuw, Meinard, Melsbroek, Merchtem, Molembeek, Monetarius, Obbruxella, Onin-schalie, Oppem, Ossel, Overhem, Parvus, Parrochianus, Pols, Portre, Quakenbeek, Rex, Ruisbroek, Sone, Spelt, Stalle, Strombeek, Uccle, Vilvorde, Vulpes, Wezembeek, Woluwe, Zaventem. 下線家系が入会。

Gosuin Clutinc は、一一四五―一一八一年にかけて、証人として六回登場。De Marneffe, op. cit., no. 57, 61, 66, 74, 87, 138: pp. 94, 99, 115, 136, 210.

(54) De Waha, M., Du *pagus* de Brabant au comté de Hainaut. Eléments pour servir à l'histoire de la construction d'une principauté, *La charte-loi de Soignies et son environnement, 1142. Hommage à Jacques Nazet. Actes du colloque de Soignies, 24 octobre 1992,* Soignies, 1998 pp. 19-111.

(55) Charrusdas, P., *Croissance, op. cit*, pp. 205-228.

(56) De Waha, La mise en exploitation du sol anderlechtois, *op. cit.,* pp. 5-59; Charruadas, P., *In humidis et siccis.* Zones humides et terres sèches: une caractéristique de l'histoire agricole de Molenbeek-Saint-Jean, *Atlas du sous-sol archéologique de la région bruxellois*, 17, 2007, pp. 118-120.

(57) De Mareneffe, *op. cit.*, no. 4, pp. 8-11.

(58) Schroeder, N., Organiser et reprsenter l'espace d'un site monastique. L'exemple de Saint-Hubert du IXe au XIIe

siècle, *Villes et villages. op. cit.*, pp. 711–745.

(59) Verniers, L., *Histoire de Forest lez Bruxelles*, Bruxelles, 1949, pp. 58–65; De Marneffe, *op. cit.*, no. 18, pp. 34–35. Despy, G.,Un prieuré dans la banlieue rurale de Bruxelles: les Bénédictines de Forest du début du XIIe au milieu du XIIIe siècle, *Cahiers bruxellois*, 35, 1997, pp. 1–42, Billen, C., La gestion domaniale d'une grande abbaye périurbaine: Forest à la fin du Moyen Âge, *Peasants and Townsmen in Medieval Europe. Studia in honorem Adriann Verhulst*,. Duvosquel, J.-M. et Thoen, E. (éd), Gand, 1995 pp. 493–515.

(60) 拙稿「一二世紀ゼーラントにおけるアフリヘム修道院領をめぐる一考察」『史学』第七六巻一号、二〇〇七年、五七―六五頁。

(61) Volters, C., *Le domaine d'Uccle, des origines aux environs de 1300*, mémoire de licence en histoire (ULB), 1983, pp. 234–235.

(62) Billen, C., La gestion domaniale, art. cit., pp. 493–515.

(63) たとえば、修道女ジスラが、入会後も私有財産を所持しており、それを使ってフォレスト分院と出身家系のために採草地を一二マルクで購入したこと、さらにその土地にかかわる争論を解決するために五ソリドゥスを支払ったことが記載されている。De Marneffe, *op. cit.*, no. 175, pp. 251–252. *Ibid.*, no. 210, pp. 289–290.

(64) Dierkens, A., Quelque réflexions sur la présentation des sacrophages dans les église du Haut Moyen Age, *Inhumations de prestige ou prestige de l'inhumation ? Expressions du pouvoir dans l'au-dela (IVe–XVe siècle), Alduc-Lebragousse*, A. (éd), Cean, 2009, pp. 265–302.

(65) Ghislain, J. C., Forest-lez-Bruxelles. Le cénotaphe roman de sainte Alène en l'eglise Saint-Denis, *Bulletin de la Commission Royale des Monuments et des Sites,* 9, 1980, pp. 5–29.

(66) アッフリゲム修道院によるフォレスト分院と聖アレーヌの結びつきについては、この分野に関する最新の研究でもある、Dierkens, A., La réception des observances clunisiennes dans les abbayes de femmes au Moyen Age. Le cas de l'abbaye de Forest (Bruxelles) vers 1100, *La place et le rôle des femmes dans l'histoire de Cluny. En hommage à Er,*

engqrde de Blesle ,mère de Guillaume le Pieux. Actes du colloque de Blesle des 23 et 24 avril 2010, Créer, 2013, pp. 200-216を参照。

(67) De Marneffe, *op. cit.*, no. 15, pp. 28-30.

(68) Verniers, L., *Histoire de Forest les Bruxelles*, Bruxelles, 1949, pp. 52-53.

(69) De Marneffe, *op. cit.*, no. 16, pp. 30-32.

(70) *Vita sanctae Alenae virginis, Acta Sanctorum,* Junii, 4, pp. 315-321; Dierkens, A., Bref survol de l'histoire du prieuré, puis abbaye de Forest, de sa fondation (vers 1100) à sa suppression en 1796, *Saint Alène: Image et dévotion*,. Dierkens, A. *et al*, (éd), 2006, Bruxelles, pp. 7-14.

(71) Van der Deressen, L. (1907), *Etude critique et litteraire sur les Vitae de saints mérovingiens de l'ancienne Belgique,* Louvain, 1907, pp. 320-321.

(72) *Vita sanctae Alenae, op. cit.,* p. 315.

(73) 聖アレーヌの奇跡に関しては、Helvétius, A. Hagiographie et architecture en Basse-Lotharingie médiévale, *Productions et échanges artististique en Lotharingie médiéval. Act des 7e Journées lotharingienne (30-31 octobre 1992)*, Luxembourg, 1994, pp. 29-45.

(74) Despy, Un dossier mystérieux, art, cit., p. 282, 聖ヴィヴィンヌの奇跡に関しては、Despy, *Vir quidam de Bruxella Ghiselbertus nomie, Album N, Huyghebaert*, La Haye, 1983, pp. 175-185.

(75) Coppens, C., Sinte Wivina, *Eigen schoon en de Brander,* 32, 1949, pp. 17-24.

(76) アッフリゲム修道院のカルチュレールMからの刊行。De Marneffe, *op. cit.,* no. 168, pp. 245-246.

(77) Charruadas, *Croissance, op. cit.,* p. 156.

(78) Vincent, *op. cit.*, pp. 172-178.

執筆者紹介（執筆順）

阿《あ》部《べ》幸《ゆき》信《のぶ》　研　究　員　中央大学文学部教授

角《かく》山《やま》典《のり》幸《ゆき》　準研究員

妹《せ》尾《お》達《たつ》彦《ひこ》　研　究　員　中央大学文学部教授

西《にし》村《むら》陽《よう》子《こ》　客員研究員　中央大学文学部兼任講師

川《かわ》越《ごえ》泰《やす》博《ひろ》　研　究　員　中央大学文学部教授

新《しん》免《めん》康《やすし》　研　究　員　中央大学文学部教授

松《まつ》田《だ》俊《とし》道《みち》　研　究　員　中央大学文学部教授

五十嵐《いがらし》大《だい》介《すけ》　客員研究員　中央大学文学部兼任講師

舟《ふな》橋《はし》倫《みち》子《こ》　客員研究員　中央大学文学部兼任講師

アフロ・ユーラシア大陸の都市と国家

中央大学人文科学研究所研究叢書　59

2014年3月25日　第1刷発行

編　　者　中央大学人文科学研究所

発行者　中央大学出版部

代表者　遠山　曉

〒192-0393　東京都八王子市東中野742-1

発行所　中央大学出版部

電話　042(674)2351　FAX 042(674)2354

http://www2.chuo-u.ac.jp/up/

藤原印刷㈱

ISBN978-4-8057-5344-6

中央大学人文科学研究所研究叢書

1 五・四運動史像の再検討
A5判　五六四頁
（品切）

2 希望と幻滅の軌跡　反ファシズム文化運動
様々な軌跡を描き、歴史の壁に刻み込まれた抵抗運動の中から新たな抵抗と創造の可能性を探る。
A5判　四三四頁
三五〇〇円

3 英国十八世紀の詩人と文化
A5判　三六八頁
（品切）

4 イギリス・ルネサンスの諸相　演劇・文化・思想の展開
A5判　五一四頁
（品切）

5 民衆文化の構成と展開　遠野物語から民衆的イベントへ
全国にわたって民衆社会のイベントを分析し、その源流を辿って遠野に至る。巻末に子息が語る柳田國男像を紹介。
A5判　四三四頁
三四九五円

6 二〇世紀後半のヨーロッパ文学
第二次大戦直後から八〇年代に至る現代ヨーロッパ文学の個別作家と作品を論考しつつ、その全体像を探り今後の動向をも展望する。
A5判　四七八頁
三八〇〇円

中央大学人文科学研究所研究叢書

7

近代日本文学論　大正から昭和へ

時代の潮流の中でわが国の文学はいかに変容したか、詩歌論・作品論・作家論の視点から近代文学の実相に迫る。

Ａ５判　三六〇頁
二八〇〇円

8

ケルト　伝統と民俗の想像力

古代のドイツから現代のシングにいたるまで、ケルト文化とその稟質を、文学・宗教・芸術などのさまざまな視野から説き語る。

Ａ５判　四九六頁
四〇〇〇円

9

近代日本の形成と宗教問題〔改訂版〕

外圧の中で、国家の統一と独立を目指して西欧化をはかる近代日本と、宗教とのかかわりを、多方面から模索し、問題を提示する。

Ａ５判　三三〇頁
三〇〇〇円

10

日中戦争　日本・中国・アメリカ

日中戦争の真実を上海事変・三光作戦・毒ガス・七三一細菌部隊・占領地経済・国民党訓政・パナイ号撃沈事件などについて検討する。

Ａ５判　四八八頁
四二〇〇円

11

陽気な黙示録　オーストリア文化研究

世紀転換期の華麗なるウイーン文化を中心に二〇世紀末までのオーストリア文化の根底に新たな光を照射し、その特質を探る。巻末に詳細な文化史年表を付す。

Ａ５判　五九六頁
五七〇〇円

12

批評理論とアメリカ文学　検証と読解

一九七〇年代以降の批評理論の隆盛を踏まえた方法・問題意識によって、アメリカ文学のテキストと批評理論を多彩に読み解き、かつ犀利に検証する。

Ａ５判　二八八頁
二九〇〇円

中央大学人文科学研究所研究叢書

13
風習喜劇の変容　王政復古期からジェイン・オースティンまで
王政復古期のイギリス風習喜劇の発生から、一八世紀感傷喜劇との相克を経て、ジェイン・オースティンの小説に一つの集約を見る、もう一つのイギリス文学史。

A5判　二六八頁　二七〇〇円

14
演劇の「近代」　近代劇の成立と展開
イプセンから始まる近代劇は世界各国でどのように受容展開されていったか、イプセン、チェーホフの近代性を論じ、仏、独、英米、中国、日本の近代劇を検討する。

A5判　五三六頁　五四〇〇円

15
現代ヨーロッパ文学の動向　中心と周縁
際だって変貌しようとする二〇世紀末ヨーロッパ文学は、中心と周縁という視座を据えることで、特色が鮮明に浮かび上がってくる。

A5判　三九六頁　四〇〇〇円

16
ケルト　生と死の変容
ケルトの死生観を、アイルランド古代／中世の航海・冒険譚や修道院文化、またウェールズの『マビノーギ』などから浮かび上がらせる。

A5判　三六八頁　三七〇〇円

17
ヴィジョンと現実　十九世紀英国の詩と批評
ロマン派詩人たちによって創出された生のヴィジョンはヴィクトリア時代の文化の中で多様な変貌を遂げる、英国十九世紀文学精神の全体像に迫る試み。

A5判　六八八頁　六八〇〇円

18
英国ルネサンスの演劇と文化
演劇を中心とする英国ルネサンスの豊饒な文化を、当時の思想・宗教・政治・市民生活その他の諸相において多角的に捉えた論文集。

A5判　四六六頁　五〇〇〇円

19 ツェラーン研究の現在　詩集『息の転回』第一部注釈

二〇世紀ヨーロッパを代表する詩人の一人パウル・ツェラーンの詩の、最新の研究成果に基づいた注釈の試み、研究史、研究・書簡紹介、年譜を含む。

A5判　四四八頁
四七〇〇円

20 近代ヨーロッパ芸術思想

価値転換の荒波にさらされた近代ヨーロッパの社会現象を文化・芸術面から読み解き、その内的構造を様々なカテゴリーへのアプローチを通して、解明する。

A5判　三二〇頁
三八〇〇円

21 民国前期中国と東アジアの変動

近代国家形成への様々な模索が展開された中華民国前期（一九一二～二八）を、日・中・台・韓の専門家が、未発掘の資料を駆使し検討した国際共同研究の成果。

A5判　六〇〇頁
六六〇〇円

22 ウィーン　その知られざる諸相
もうひとつのオーストリア

二〇世紀全般に亙るウィーン文化に、文学、哲学、民俗音楽、映画、歴史など多彩な面から新たな光を照射し、世紀末ウィーンと全く異質の文化世界を開示する。

A5判　四二四頁
四八〇〇円

23 アジア史における法と国家

中国・朝鮮・チベット・インド・イスラム等における古代から近代に至る政治・法律・軍事などの諸制度を多角的に分析し、「国家」システムを検証解明する。

A5判　四四四頁
五一〇〇円

24 イデオロギーとアメリカン・テクスト

アメリカン・イデオロギーないしその方法を剔抉、検証、批判することによって、多様なアメリカン・テクストに新しい読みを与える試み。

A5判　三二〇頁
三七〇〇円

25 ケルト復興

一九世紀後半から二〇世紀前半にかけての「ケルト復興」に社会史的観点と文学史的観点の双方からメスを入れ、複雑多様な実相と歴史的な意味を考察する。

A5判　五七六頁
六六〇〇円

26 近代劇の変貌　「モダン」から「ポストモダン」へ

ポストモダンの演劇とは？　その関心と表現法は？　英米、ドイツ、ロシア、中国の近代劇の成立を論じた論者たちが、再度、近代劇以降の演劇状況を鋭く論じる。

A5判　四二四頁
四七〇〇円

27 喪失と覚醒　19世紀後半から20世紀への英文学

伝統的価値の喪失を真摯に受けとめ、新たな価値の創造に目覚めた、文学活動の軌跡を探る。

A5判　四八〇頁
五三〇〇円

28 民族問題とアイデンティティ

冷戦の終結、ソ連社会主義体制の解体後に、再び歴史の表舞台に登場した民族の問題を、歴史・理論・現象等さまざまな側面から考察する。

A5判　三四八頁
四二〇〇円

29 ツァロートの道　ユダヤ歴史・文化研究

一八世紀ユダヤ解放令以降、ユダヤ人社会は西欧への同化と伝統の保持の間で動揺する。その葛藤の諸相を思想や歴史、文学や芸術の中に追求する。

A5判　四九六頁
五七〇〇円

30 埋もれた風景たちの発見　ヴィクトリア朝の文芸と文化

ヴィクトリア朝の時代に大きな役割と影響力をもちながら、その後顧みられることの少なくなった文学作品と芸術思潮を掘り起こし、新たな照明を当てる。

A5判　六六〇頁
七三〇〇円

31

近代作家論

鴎外・茂吉・『荒地』等、近代日本文学を代表する作家や詩人、文学集団といった多彩な対象を懇到に検証、その実相に迫る。

A5判　四三二頁
四七〇〇円

32

ハプスブルク帝国のビーダーマイヤー

ハプスブルク神話の核であるビーダーマイヤー文化を多方面からあぶり出し、そこに生きたウィーン市民の日常生活を通して、彼らのしたたかな生き様に迫る。

A5判　四四八頁
五〇〇〇円

33

芸術のイノヴェーション　モード、アイロニー、パロディ

技術革新が芸術におよぼす影響を、産業革命時代から現代まで、文学、絵画、音楽など、さまざまな角度から研究・追求している。

A5判　五二八頁
五八〇〇円

34

剣と愛と　中世ロマニアの文学

一二世紀、南仏に叙情詩、十字軍から叙事詩、ケルトの森からロマンスが誕生。ヨーロッパ文学の揺籃期をロマニアという視点から再構築する。

A5判　二八八頁
三一〇〇円

35

民国後期中国国民党政権の研究

中華民国後期（一九二八～四九）に中国を統治した国民党政権の支配構造、統治理念、国民統合、地域社会の対応、対外関係・辺疆問題を実証的に解明する。

A5判　六五六頁
七〇〇〇円

36

現代中国文化の軌跡

文学や語学といった単一の領域にとどまらず、時間的にも領域的にも相互に隣接する複数の視点から、変貌著しい現代中国文化の混沌とした諸相を捉える。

A5判　三四四頁
三八〇〇円

37 アジア史における社会と国家

国家とは何か？　社会とは何か？　人間の活動を「国家」と「社会」という形で表現させてゆく史的システムの構造を、アジアを対象に分析する。

A5判　三五四頁　三八〇〇円

38 ケルト　口承文化の水脈

アイルランド、ウェールズ、ブルターニュの中世に源流を持つケルト口承文化——その持続的にして豊穣な水脈を追う共同研究の成果。

A5判　五二八頁　五八〇〇円

39 ツェラーンを読むということ

詩集『誰でもない者の薔薇』研究と注釈

現代ヨーロッパの代表的詩人の代表的詩集全篇に注釈を施し、詩集全体を論じた日本で最初の試み。

A5判　五六八頁　六〇〇〇円

40 続　剣と愛と　中世ロマニアの文学

聖杯、アーサー王、武勲詩、中世ヨーロッパ文学を、ロマニアという共通の文学空間に解放する。

A5判　四八八頁　五三〇〇円

41 モダニズム時代再考

ジョイス、ウルフなどにより、一九二〇年代に頂点に達した英国モダニズムとその周辺を再検討する。

A5判　二八〇頁　三〇〇〇円

42 アルス・イノヴァティーヴァ

レッシングからミュージック・ヴィデォまで

科学技術や社会体制の変化がどのようなイノヴェーションを芸術に発生させてきたのかを近代以降の芸術の歴史において検証、近現代の芸術状況を再考する試み。

A5判　二五六頁　二八〇〇円

43

メルヴィル後期を読む

複雑・難解であることが知られる後期メルヴィルに新旧二世代の論者六人が取り組んだもので、得がたいユニークな論集となっている。

A5判　二四八頁
二七〇〇円

44

カトリックと文化　出会い・受容・変容

インカルチュレーションの諸相を、多様なジャンル、文化圏から通時的に剔抉、学際的協力により可能となった変奏曲（カトリシズム（普遍性））の総合的研究。

A5判　五二〇頁
五七〇〇円

45

「語りの諸相」　演劇・小説・文化とナラティヴ

「語り」「ナラティヴ」をキイワードに演劇、小説、祭儀、教育の専門家が取り組んだ先駆的な研究成果を集大成した力作。

A5判　二五六頁
二八〇〇円

46

档案の世界

近年新出の貴重史料を綿密に読み解き、埋もれた歴史を掘り起こし、新たな地平の可能性を予示する最新の成果を収載した論集。

A5判　二七二頁
二九〇〇円

47

伝統と変革　一七世紀英国の詩泉をさぐる

一七世紀英国詩人の注目すべき作品を詳細に分析し、詩人がいかに伝統を継承しつつ独自の世界観を提示しているかを解明する。

A5判　六八〇頁
七五〇〇円

48

中華民国の模索と苦境　1928～1949

二〇世紀前半の中国において試みられた憲政の確立は、戦争、外交、革命といった困難な内外環境によって挫折を余儀なくされた。

A5判　四二〇頁
四六〇〇円

49

現代中国文化の光芒

文字学、文法学、方言学、詩、小説、茶文化、俗信、演劇、音楽、写真などを切り口に現代中国の文化状況を分析した論考を多数収録する。

A5判　三八八頁
四三〇〇円

50

アフロ・ユーラシア大陸の都市と宗教

アフロ・ユーラシア大陸の都市と宗教の歴史が明らかにする、地域の固有性と世界の普遍性。都市と宗教の時代の新しい歴史学の試み。

A5判　二九八頁
三三〇〇円

51

映像表現の地平

無声映画から最新の公開作まで様々な作品を分析しながら、未知の快楽に溢れる映像表現の果てしない地平へ人々を誘う気鋭の映像論集。

A5判　三三六頁
三六〇〇円

52

情報の歴史学

「個人情報」「情報漏洩」等々、情報に関わる用語がマスメディアをにぎわす今、情報のもつ意義を前近代の歴史から学ぶ。

A5判　三四八頁
三八〇〇円

53

フランス十七世紀の劇作家たち

フランス十七世紀の三大作家コルネイユ、モリエール、ラシーヌの陰に隠れて忘れられた劇作家たちの生涯と作品について論じる。

A5判　四七二頁
五二〇〇円

54

文法記述の諸相

中央大学人文科学研究所・「文法記述の諸相」研究チーム十一名による、日本語・中国語・英語を対象に考察した言語研究論集。

A5判　三六八頁
四〇〇〇円

55

英雄詩とは何か

古来、いかなる文明であれ、例外なくその揺籃期に、英雄詩という文学形式を擁す。『ギルガメシュ叙事詩』から『ベーオウルフ』まで。

A5判　二六四頁
二九〇〇円

56

第二次世界大戦後のイギリス小説

ベケットからウインターソンまで

一二人の傑出した小説家たちを俎上に載せ、第二次世界大戦後のイギリスの小説の豊穣な多様性を解き明かす論文集。

A5判　三八〇頁
四二〇〇円

57

愛の技法

クィア・リーディングとは何か

批評とは、生き延びるために切実に必要な「技法」であったのだ。時代と社会が強制する性愛の規範を切り崩す、知的刺激に満ちた論集。

A5判　二三六頁
二六〇〇円

58

アップデートされる芸術

映画・オペラ・文学

映画やオペラ、「百科事典」やギター音楽、さまざまな形態の芸術作品を「いま」の批評的視点からアップデートする論考集。

A5版二五二頁
二八〇〇円

定価は本体価格です。別途消費税がかかります。